JN442310

design school

이영주 지음

포토샵 CC 2019

ADOBE PHOTOSHOP CREATIVE CLOUD

한빛아카데미
Hanbit Academy, Inc.

지은이 **이영주** yjlee@chungwoon.ac.kr

Western Sydney University에서 Digital Media를 전공했으며 홍익대학교 영상학과에서 박사과정을 수료했다. 현재는 청운대학교 멀티미디어학과 교수로 재직 중이다. 주요 저서로 한빛아카데미(주)에서 출간한 『design school 일러스트레이터 CC』(2018), 『모바일 UI/UX 디자인 실무』(2018), 『UI/UX 디자인 이론과 실습』(2015) 등 다수가 있다.

design school 포토샵 CC 2019

초판발행 2019년 4월 19일
3쇄발행 2022년 3월 20일

지은이 이영주 / **펴낸이** 전태호
펴낸곳 한빛아카데미(주) / **주소** 서울시 서대문구 연희로2길 62 한빛아카데미(주) 2층
전화 02-336-7112 / **팩스** 02-336-7199
등록 2013년 1월 14일 제2017-000063호 / **ISBN** 979-11-5664-445-3 93000

책임편집 김성무 / **기획** 변소현 / **편집** 권수연 / **진행** 안비단
디자인 표지, 내지 이아란 / **전산편집** 이소연 / **제작** 박성우, 김정우
영업 김태진, 김성삼, 이정훈, 임현기, 이성훈, 김주성 / **마케팅** 길진철, 김호철, 주희

이 책에 대한 의견이나 오탈자 및 잘못된 내용에 대한 수정 정보는 아래 이메일로 알려주십시오.
잘못된 책은 구입하신 서점에서 교환해 드립니다. 책값은 뒤표지에 표시되어 있습니다.

홈페이지 www.hanbit.co.kr / 이메일 question@hanbit.co.kr

지은이 머리말

포토샵,
누구나 쉽게 배울 수 있습니다!

포토샵을 잘 하려면 각 툴과 메뉴의 기능을 정확히 이해하고 많은 예제를 따라해 봐야 합니다. 처음 배울 때에는 생소하더라도 쉬운 이미지부터 하나하나 만들다 보면 어느새 포토샵의 매력에 푹 빠지게 됩니다. 이 책은 포토샵의 기본부터 활용까지 다음과 같은 차례로 설명합니다.

포토샵 설치 및 시작(1~2장)

포토샵 CC의 무료 체험판을 설치한 후 포토샵을 활용하기 전에 반드시 알아야 할 기본 사용법을 배웁니다.

포토샵 기본(3~9장)

포토샵의 주요 툴과 메뉴의 기능을 익히고 예제로 연습해 봅니다. 기본기부터 탄탄하게 다진 후 재미있게 학습할 수 있습니다.

포토샵 응용(10~13장)

포토샵의 여러 기능을 종합하여 응용 작품을 만들어 봅니다. UI 디자인, 인포그래픽 디자인, 타이포그래피, 특수 효과 등을 연습할 수 있습니다.

포토샵은 살아 있는 유기체와 같아서 어떻게 다루는지에 따라 놀라운 결과물을 만들어 냅니다. 독자 여러분도 이 책의 여러 예제를 따라하면서 자신에게 가장 편리한 방법을 찾기 바랍니다. 또한 단순히 따라만 할 것이 아니라, 배운 내용을 어떻게 응용할 수 있을지 생각하면서 작업하기 바랍니다. 그러면 이 책의 마지막 장을 덮을 때 포토샵에 대해 어느 정도 자신감을 가질 수 있을 것입니다.

책 한 권을 만들기 위해 불철주야 애쓰고 노력하는 한빛아카데미(주)에 깊은 애정과 감사를 드립니다.

저자 **이영주**

이 책의 사용 설명서

강의 보조 자료

한빛아카데미 홈페이지에서 '교수회원'으로 가입한 분은 인증 후 교수용 강의 보조 자료를 제공받을 수 있습니다. 한빛아카데미 홈페이지 상단의 〈교수전용공간〉 메뉴를 클릭해 주세요.

http://www.hanbit.co.kr/academy

본문 구성

SECTION 03 유사한 부분을 가져와 복제하기

• 핵심 기능 | 패치 툴[ ](단축키[J])

핵심 기능
해당 섹션에서 배울 주요 툴과 메뉴를 소개합니다.

패치 툴의 기능

패치 툴(Patch Tool, [ ])은 원하는 영역을 선택하여 채워 넣을 때 주변과 자연스럽게 어우러지도록 채웁니다. 보정할 부분을 선택하고 선택한 영역을 복제할 위치로 드래그 앤 드롭하면 복제할 위치에 있는 이미지 영역이 선택 영역에 자연스럽게 채워지면서 보정됩니다.

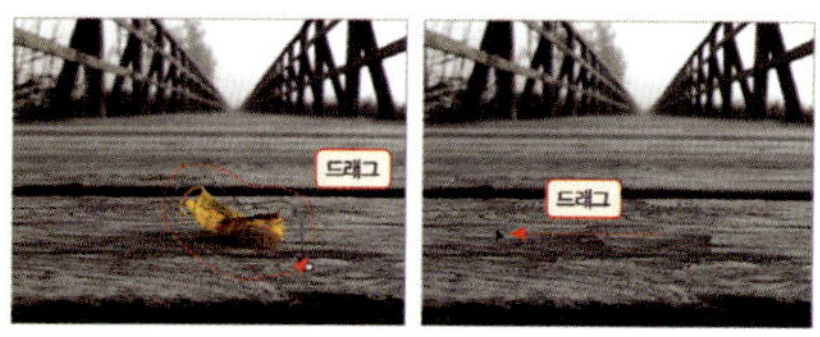

■ 선택 영역에 복제할 이미지를 자연스럽게 채워 넣기(leaf.jpg)

본문
툴이나 메뉴의 기능을 설명하고, 간단한 실습으로 사용법을 익힙니다.

• 준비 파일 green.jpg • 완성 파일 green_result.jpg

응용 예제 **풀잎에 맺힌 이슬 제거하기**

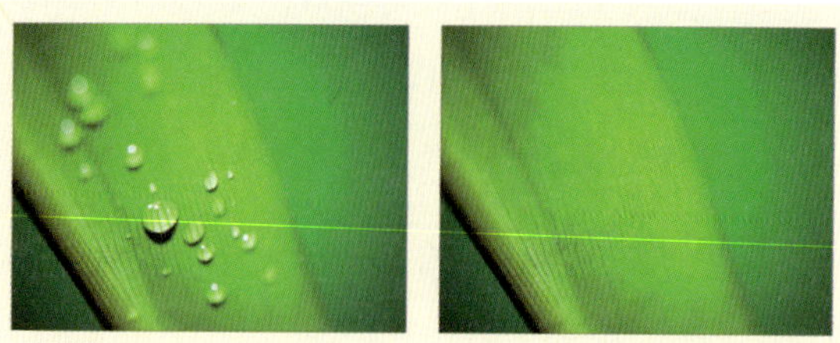

■ 준비 이미지 ■ 완성 이미지

156 Chapter 04_ 이미지의 복원과 복제

응용 예제
본문에서 배운 기능을 활용하여 응용 작품을 만들어 봅니다. 준비 이미지와 완성 이미지를 비교하여 어떤 작업을 하는지 미리 알 수 있습니다.

예제 소스

실습에 필요한 파일은 아래 주소에서 내려받을 수 있습니다. 준비 파일과 완성 파일이 섹션별로 정리되어 있습니다. 계속 사용할 파일이므로 하드디스크에 복사해 두고 사용하세요.

http://www.hanbit.co.kr/src/4445

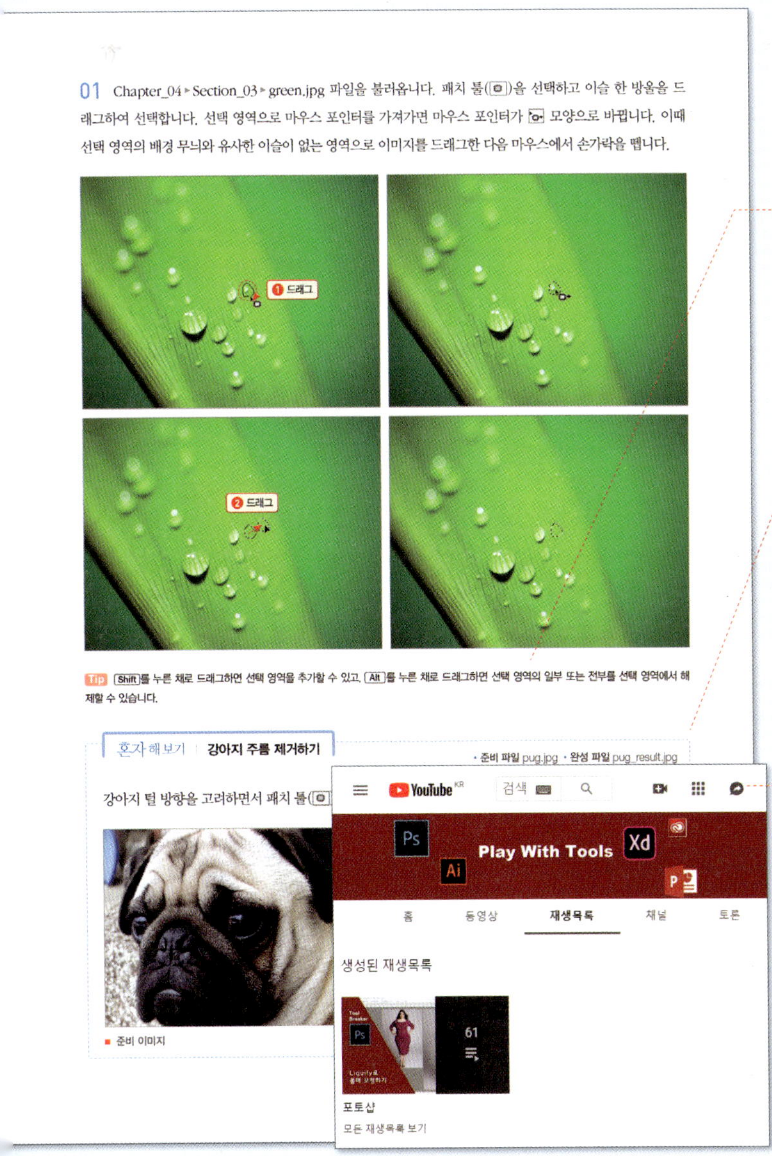

팁

참고로 알아 두면 좋을 내용, 실습하면서 주의할 사항과 본문에서 다룬 툴이나 메뉴의 세부 옵션을 설명합니다.

혼자 해 보기

응용 예제에서 실습한 내용을 바탕으로 스스로 작품을 만들어 봅니다.

무료 동영상 강의

아래 주소에 접속하거나 스마트폰으로 QR 코드를 찍은 후 [재생목록]에서 포토샵 섬네일을 클릭하세요. 저자의 무료 동영상 강의를 들을 수 있습니다.

https://www.youtube.com/c/yurilee

이 책의 예제 미리보기

92p / 모델 다리 늘리기

112p / 티셔츠 복제하고 색상 변경하기

140p / 아웃포커스 이미지 만들기

147p / 티셔츠의 얼룩 제거하기

162p / 배경에서 원하지 않는 부분 제거하기

169p / 벤치 복제하기

205p / 원하는 부분의 색상만 살리기

213p / 그레이디언트 툴로 아이팟 만들기

227p / 3D 콜라캔 만들기

199p / 얼굴 도장 브러시 만들기

252p / 미니언 복제하여 동생 만들기

273p / 점선 말풍선 만들기

304p / 마스크 레이어로 사진 합성하기

338p / 밝기를 조절하여 생기 있는 사진 만들기

362p / 스케치 이미지 만들기

401p / 움직이는 이모티콘 만들기

426p / 날씨 앱 아이콘 만들기

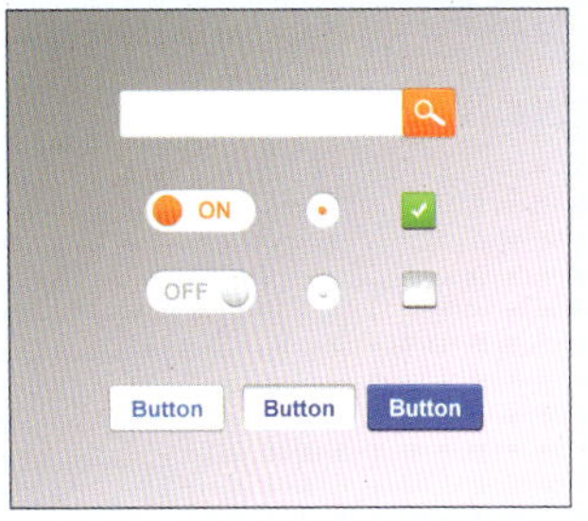

434p / 모바일 UI 키트 만들기

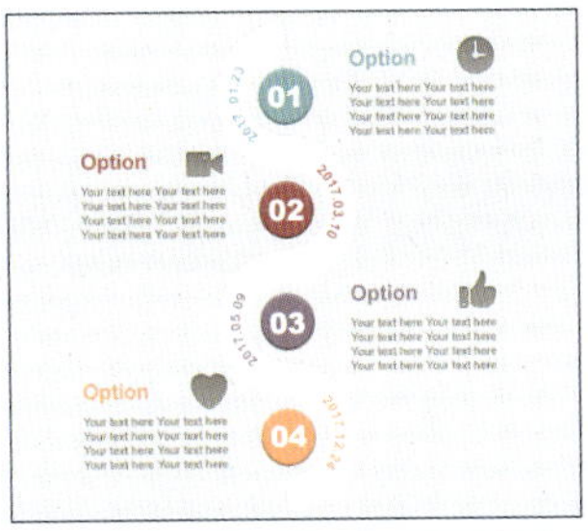

482p / 타임라인 인포그래픽 만들기

501p / 투명 문자 만들기

527p / 수채화 효과 만들기

382p / 볼록하게 찍힌 사진 보정하기

388p / 갸름한 얼굴 만들기

508p / 먼지로 변하면서 날리는 효과 만들기

목차

NEW 포토샵 CC 2019의 새로운 기능 또는 이전 버전에서 달라진 부분입니다.

목차

목차

CHAPTER 06 도형과 텍스트

목차

CHAPTER 08 이미지의 색상 보정

CHAPTER 09 이미지의 변형과 움직임

CHAPTER 12 텍스트 디자인

CHAPTER 13 특수 효과 디자인

CHAPTER

01

포토샵 CC 시작

포토샵 CC는 클라우드 서비스 방식으로 제공되며 어도비 홈페이지에서 내려받아 설치할 수 있습니다. 설치한 다음에는 필요한 기간과 조건에 따라 비용을 지불해야 정식으로 사용할 수 있습니다. 다만 무료 체험판을 내려받아 설치하면 7일 동안 무료로 사용할 수 있습니다. 이번 장에서는 포토샵 CC 무료 체험판을 컴퓨터에 설치하여 실행해 보고 포토샵 화면의 구성 요소도 살펴봅니다.

SECTION

01 포토샵 CC 설치하기

• 핵심 기능 | 무료 체험판 설치

포토샵 CC 설치를 위한 시스템 요구 사항

포토샵 CC를 설치하려면 다음과 같은 시스템 사양이 필요합니다.

* 적용 가능 버전 : CC 20.0(2018년 10월 릴리스)

윈도우	맥 OS
• Intel® Core 2 또는 AMD Athlon® 64 프로세서(2GHz 이상) • Microsoft Windows 7 서비스 팩 1, Windows 10(버전 1709 이상) • 64비트 설치 시 3.1GB 이상의 하드디스크 여유 공간 필요(대소문자를 구분하는 파일 시스템을 사용하는 볼륨에 설치할 수 없음)	• Multicore Intel 프로세서(64비트 지원) • 맥 OS 버전 10.12(Sierra), 맥 OS 버전 10.13(High Sierra), 또는 맥 OS 버전 10.14(Mojave) • 설치 시 4GB 이상의 하드디스크 여유 공간 필요(대소문자를 구분하는 파일 시스템을 사용하는 볼륨에 설치할 수 없음)

• 2GB 이상 RAM(8GB 권장)
• 16비트 색상 및 512MB 이상 전용 VRAM 장착(2GB 권장), 1024×768 디스플레이(1280×800 권장)
• OpenGL 2.0 지원 시스템
• 필요한 소프트웨어를 활성화하거나 가입을 확인하고 온라인 서비스를 이용하려면 인터넷 연결 및 등록이 필요함

포토샵 CC 무료 체험판 설치하기

매월 일정액을 내면 포토샵 CC를 비롯한 어도비에서 나온 다양한 제품을 자유롭게 사용할 수 있습니다. 어도비에서는 유료 결제를 하기 전에 미리 경험해 볼 수 있도록 7일 동안 사용할 수 있는 무료 체험판을 제공합니다.

01 어도비 홈페이지(http://www.adobe.com/kr)에 접속하고 화면 상단의 [크리에이티비티 및 디자인]-[Photoshop]을 선택합니다.

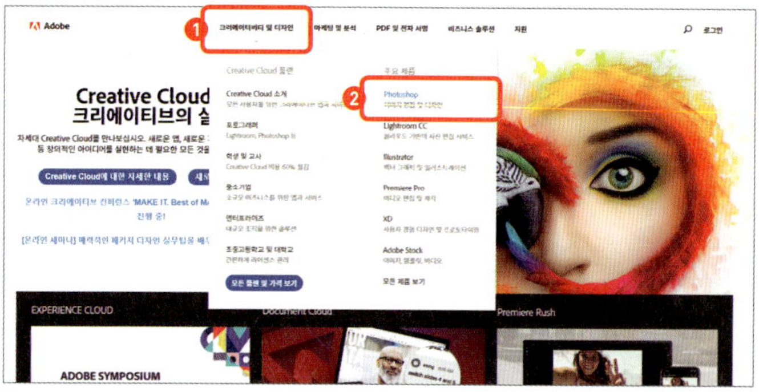

02 포토샵 페이지에서 [무료 체험판]을 클릭합니다.

03 어도비 계정이 있다면 〈로그인〉을 클릭한 후 아이디와 패스워드를 입력하여 로그인합니다. 어도비 계정이 없다면 〈회원가입〉을 클릭하여 회원으로 가입한 후 로그인합니다.

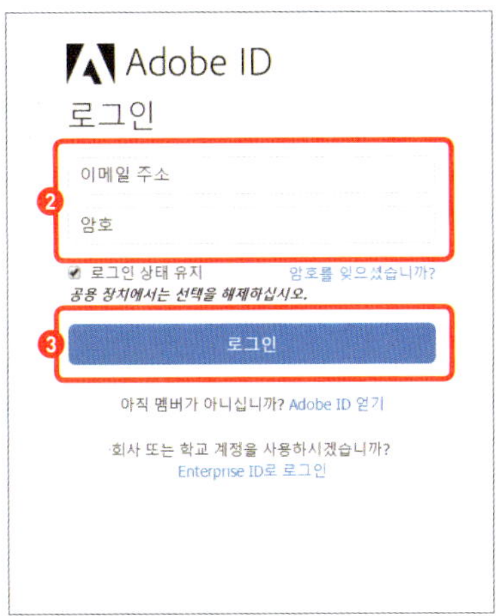

04 브라우저 종류에 따라 다음과 같은 창이 뜹니다. 컴퓨터에 Creative Cloud Desktop App이 설치되어 있지 않다면 〈허용〉 또는 〈Creative Cloud Desktop App 열기〉를 클릭하여 앱을 설치합니다.

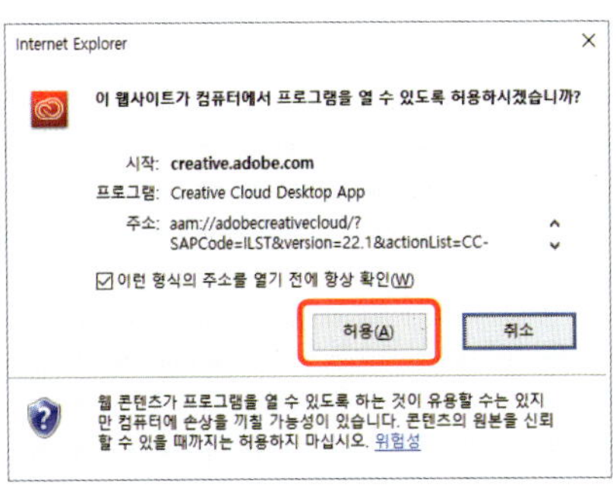

■ 인터넷 익스플로러

■ 크롬

05 Creative Cloud 설치 프로그램이 제대로 설치되면 Creative Cloud 앱이 나타납니다.

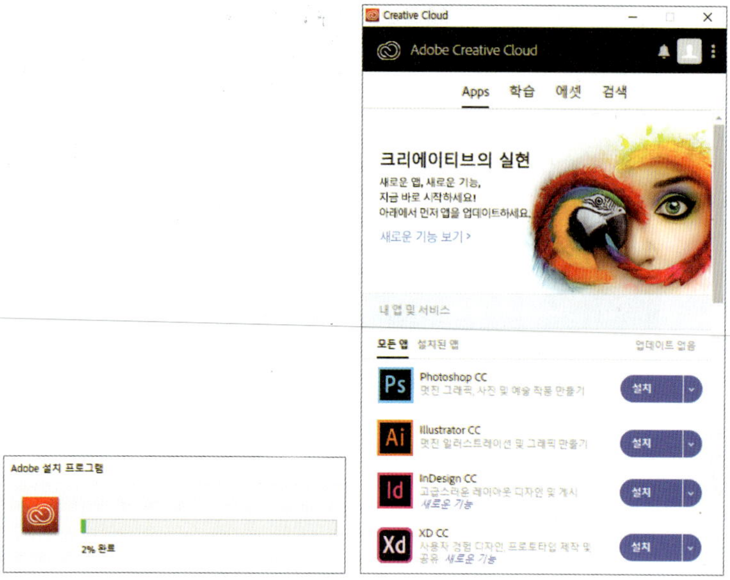

06 설치 프로그램의 언어를 설정해 보겠습니다. Creative Cloud 앱 오른쪽 위에 보이는 [설정]-[환경 설정]을 선택합니다. 환경 설정 화면의 [Creative Cloud] 탭을 선택하고 앱 언어를 English (International)로 변경합니다. 왼쪽 위에 있는 돌아가기(<) 버튼을 눌러 언어 설정을 마칩니다.

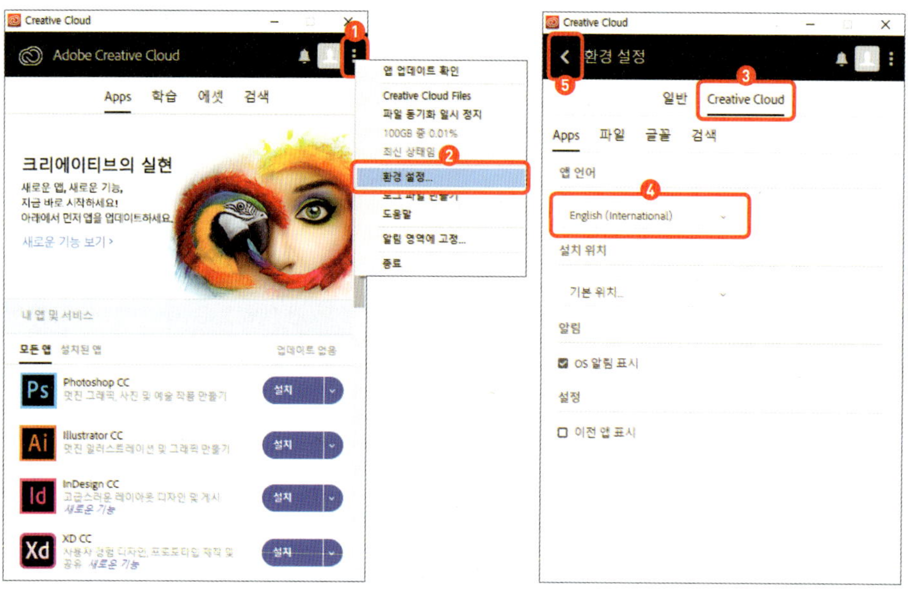

Tip 한글 버전과 영문 버전은 기능이 크게 차이 나지 않습니다. 다만 한글 버전은 메뉴가 어색하게 번역되어 헷갈릴 수 있고 업계에서도 영문 버전을 주로 사용하므로 이 책에서는 영문 버전을 기준으로 설명합니다.

07 앱 화면으로 돌아와 Photoshop CC의 〈설치〉를 클릭합니다. 설치가 완료되면 〈설치〉가 〈열기〉로 바뀝니다. 〈열기〉를 클릭하여 포토샵을 실행합니다.

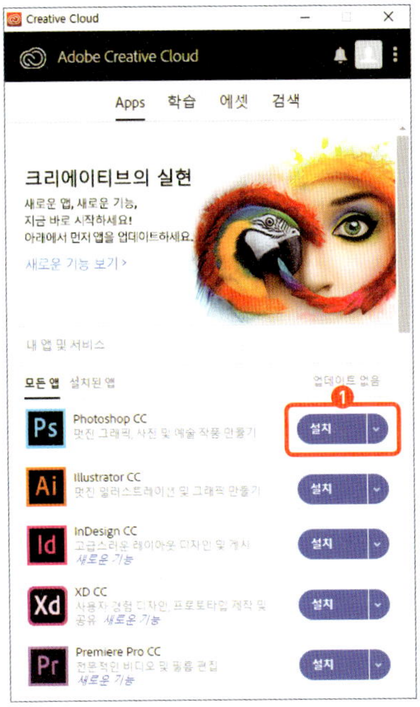

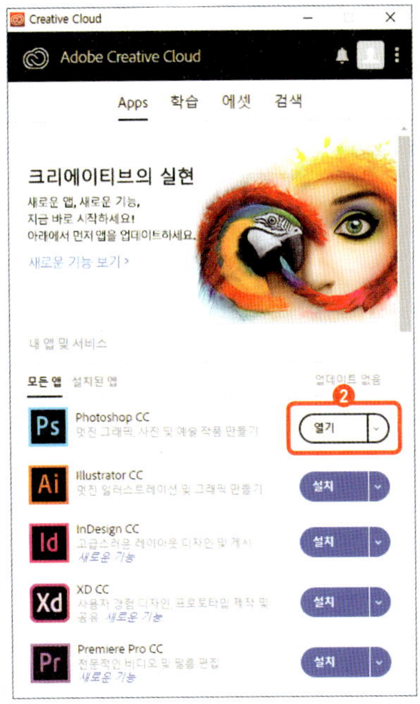

08 다음과 같은 화면이 뜨고 포토샵이 열립니다. 무료 체험판은 정품과 기능이 같지만 7일이 지나면 열리지 않기 때문에 계속 사용하려면 유료로 전환해야 합니다.

Tip 매번 어도비 홈페이지를 방문하는 것이 번거롭다면, 바탕 화면에 생성된 Adobe Creative Cloud 바로 가기 아이콘을 클릭하여 프로그램을 설치하거나 실행할 수 있습니다.

SECTION 02

포토샵 CC 작업 화면 설정하기

• 핵심 기능 I Interface 메뉴

포토샵 CC 시작 화면

포토샵 CC를 실행하면 다음과 같은 화면이 나타납니다.

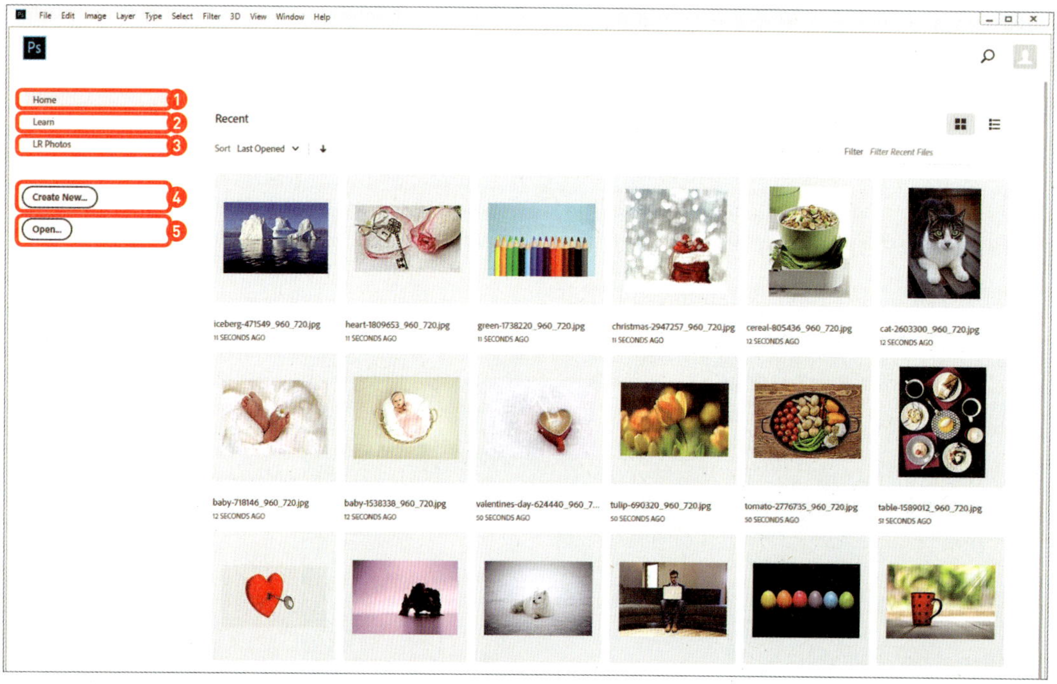

❶ Home 처음 포토샵을 실행했을 때 나타나는 화면으로 최근 사용한 파일의 미리보기 섬네일이 나타납니다. 각 섬네일을 클릭하면 선택된 파일이 열립니다.

❷ Learn 포토샵 사용 방법과 여러 가지 유용한 기술을 소개하는 자습서 목록입니다. 영문으로만 제공되고 인터넷이 연결되어 있어야 사용할 수 있습니다.

❸ LR Photos 라이트 룸 소프트웨어 사용자인 경우 사용했던 라이브러리가 나타납니다.

❹ Create New 새로운 빈 작업 화면을 만듭니다.

❺ Open 컴퓨터 또는 저장장치에 저장되어 있는 파일을 불러옵니다.

Tip 포토샵에서 작업하는 도중 홈 화면으로 돌아가 미리보기 섬네일에서 이미지를 열고 싶다면 화면 왼쪽 상단에 있는 홈 버튼을 클릭하면 됩니다. 홈 화면에서 다시 작업 화면으로 돌아가려면 포토샵 아이콘을 클릭합니다.

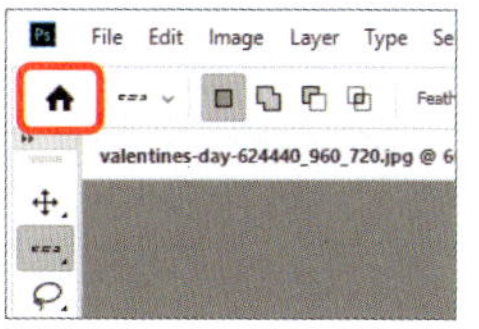

■ 홈 화면으로 이동

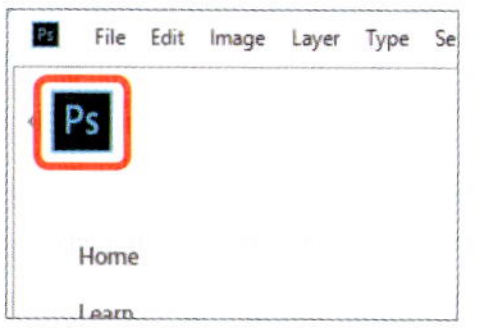

■ 작업 화면으로 이동

포토샵 CC 작업 화면

포토샵 CC를 실행하고 이미지를 열거나 새 파일을 만들면 다음과 같은 화면이 나타납니다.

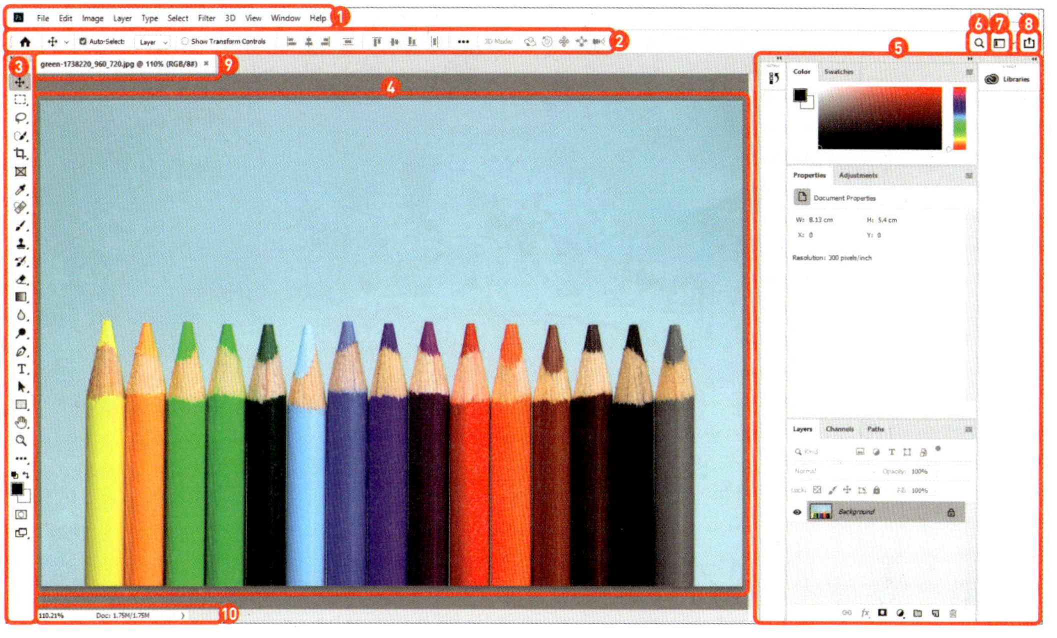

❶ **메뉴 바** 명령을 실행할 수 있는 메뉴를 모아 둔 공간입니다. 각 메뉴를 클릭하면 세부 항목을 볼 수 있습니다.

❷ **옵션 바** 툴 박스에서 선택한 툴의 추가 옵션을 지정할 수 있습니다.

❸ **툴 박스** 작업하는 데 필요한 여러 툴을 상자 형태로 모아 둔 공간입니다.

❹ **이미지 작업 창** 실제로 작업하는 이미지를 보여 주는 창입니다.

❺ **패널 모음** 레이어, 채널, 패스 등 자주 사용하는 기능의 옵션 패널을 모아 둔 공간입니다.

❻ **찾기** 포토샵 툴이나 메뉴 사용법 등을 검색할 수 있습니다.

❼ **작업 화면 설정** 작업 종류에 따라 패널을 새롭게 정렬할 수 있고 시작 화면을 열 수도 있습니다.

❽ **이미지 공유** 포토샵에서 작업한 이미지를 온라인상에서 공유할 수 있습니다.

❾ **제목 표시줄** 작업 중인 이미지의 파일명, 화면 확대 비율, 색상 모드 등의 정보를 보여 줍니다.

❿ **상태 표시줄** 작업 중인 이미지의 정보를 확인할 수 있고, 화면 확대 비율도 조절할 수 있습니다.

작업 화면의 색상과 크기 변경하기

01 메뉴 바에서 [Edit]-[Preferences]-[Interface]를 선택하거나 Preferences 창을 호출하는 단축키 Ctrl + K를 누릅니다.

02 옵션 창의 Color Theme 항목에서 4단계 색상 중 하나를 선택하면 화면이 선택한 색상으로 바뀝니다. 또한 UI Font Size 항목에서 폰트 크기를, UI Scaling 항목에서 화면 비율을 조절할 수 있습니다. 단, 포토샵을 재실행해야 인터페이스가 변경되며 크기의 변화는 아주 미미합니다.

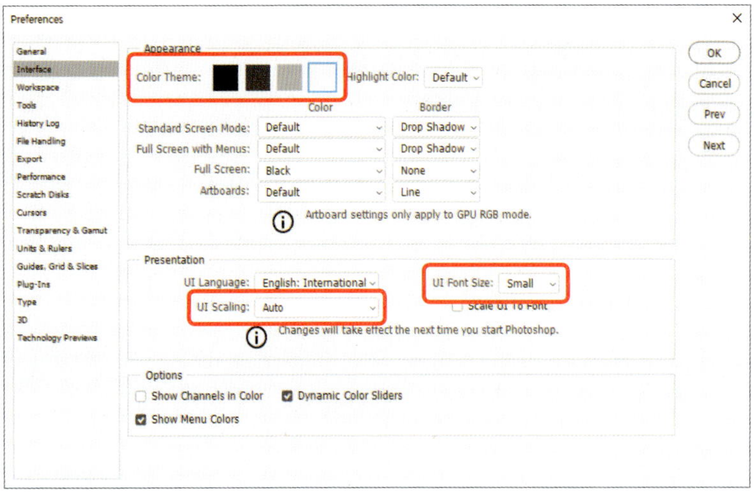

■ Color Theme : Black Interface

■ Color Theme : Dark Gray Interface

■ Color Theme : Medium Gray Interface

■ Color Theme : Light Gray Interface

■ UI Font Size : Font Small, UI Scaling : Auto

■ UI Font Size : Font Large, UI Scaling : 200%

SECTION 03

포토샵 CC 툴 박스 살펴보기

• 핵심 기능 I 툴 박스

툴 박스의 명칭과 사용법

툴 박스는 포토샵 작업을 하는 데 필요한 툴을 상자 형태로 모아 둔 공간입니다.

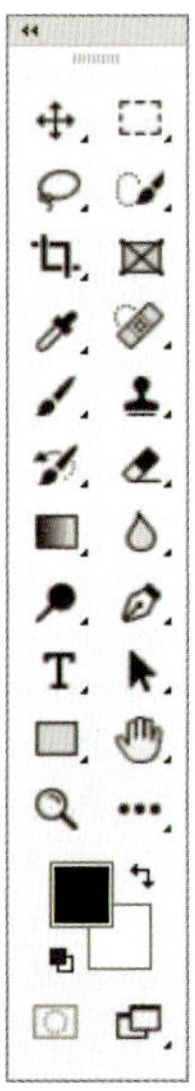

클릭하면 툴 박스에 보이는 툴이 세로 두 줄로 정렬되고 다시 클릭하면 세로 한 줄로 정렬됩니다.

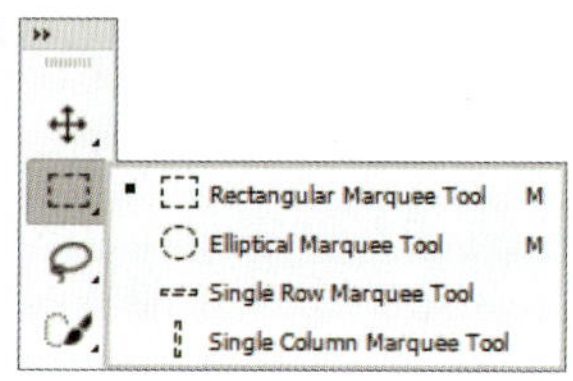

툴 아이콘 오른쪽 아래에 보이는 작은 삼각형은 비슷한 역할을 하는 숨은 툴이 있다는 표시입니다. 1초 정도 클릭하거나 마우스 오른쪽 버튼을 누르면 숨은 툴이 나타납니다.

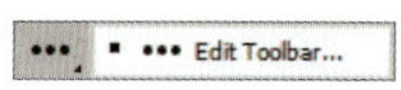

툴 박스 설정 아이콘을 1초 정도 클릭하면 [Edit Toolbar]가 보이고, 이 메뉴를 선택하면 툴 박스 조합을 변경할 수 있는 설정 창이 나타납니다.

툴 박스 조합 바꾸기

01 툴 박스 설정 아이콘(•••)을 1초 정도 클릭하고 [Edit Toolbar]를 선택하면 툴 박스 조합을 바꿀 수 있는 창이 열립니다. 사용하지 않는 툴을 오른쪽 Extra Tools 영역으로 옮길 수 있고 반대로 Extra Tools 영역에 있는 툴을 Toolbar 영역으로 옮겨 조합을 바꿀 수도 있습니다. Extra Tools 영역으로 옮겨진 툴은 〈Done〉을 누르면 툴 박스에서 사라집니다.

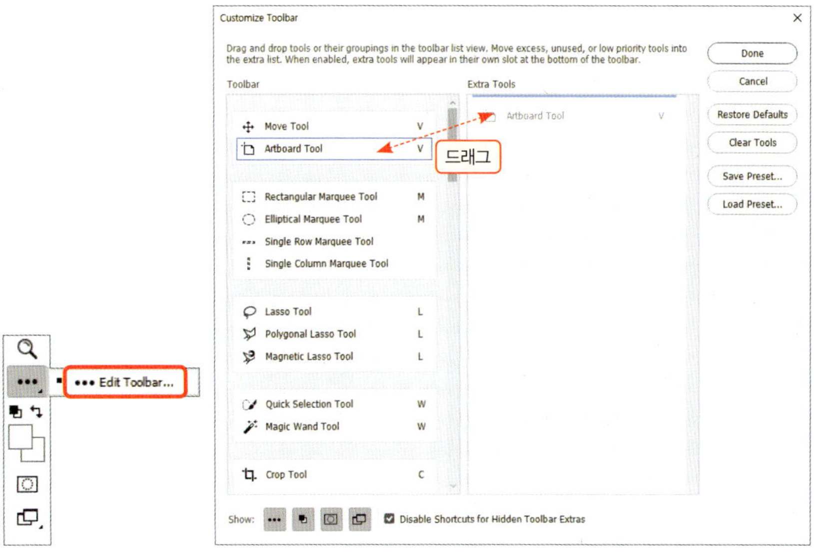

02 각 툴을 선택하면 해당 툴만 이동하지만 툴 조합 그룹의 가장자리를 선택하여 움직이면 그룹 전체가 한 번에 다른 위치로 이동합니다.

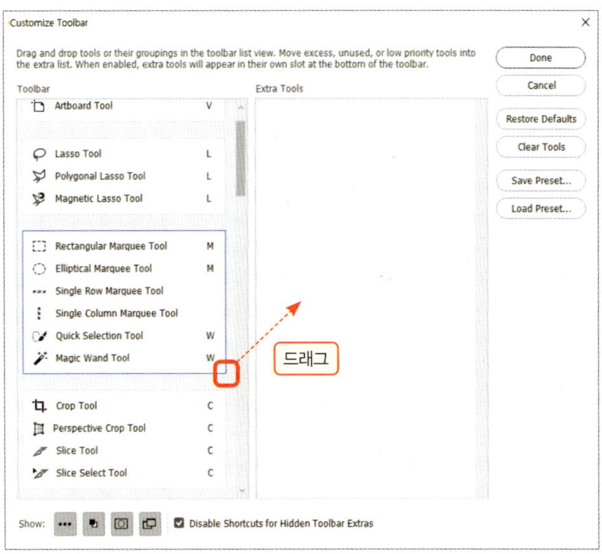

툴의 종류와 기능

❶ 이동 툴(Move Tool) V

이미지 창에 보이는 오브젝트, 레이어, 가이드 등을 이동시킵니다. 모바일 디바이스용 캔버스를 생성하는 아트보드 툴이 포함되어 있습니다.

❷ 선택 툴(Marquee Tool) M

선택 영역을 지정합니다. 사각형 선택 툴, 원형 선택 툴, 한 줄 가로 선택 툴, 한 줄 세로 선택 툴이 포함되어 있습니다.

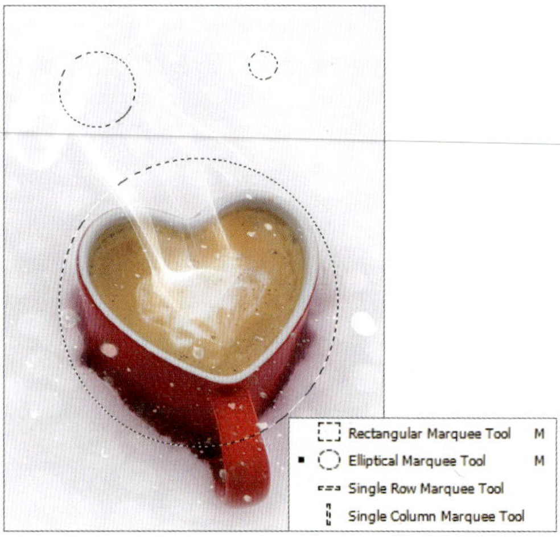

❸ 올가미 툴(Lasso Tool) L

드래그한 모양대로 자유롭게 선택 영역을 지정합니다. 직선 형태로 선택하는 다각형 올가미 툴과 색상 차이가 분명한 경계선을 따라 자동으로 선택하는 자석 올가미 툴이 포함되어 있습니다.

❹ 퀵 셀렉션 툴(Quick Selection Tool) W

비슷한 색상 영역을 자동으로 선택합니다. 클릭한 지점을 기준으로 색상이 비슷한 영역을 자동으로 선택하는 마술봉 툴이 포함되어 있습니다.

❺ 자르기 툴(Crop Tool) C

이미지 화면에서 선택한 영역만 남기고 나머지 부분을 잘라 없앱니다. 원근감을 적용하여 자르는 원근 자르기 툴, 이미지를 분할하여 저장하는 분할 툴, 분할된 영역을 선택하여 이동/복제/삭제하는 분할 선택 툴이 포함되어 있습니다.

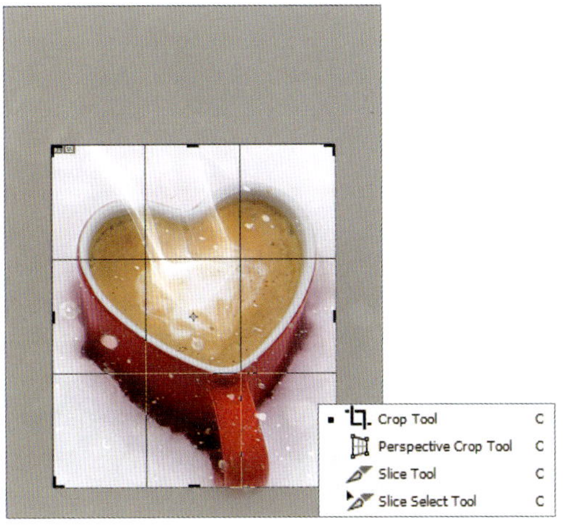

❻ 프레임 툴(Frame Tool) K

사각형이나 원형의 가이드 박스를 만든 후 이미지를 드래그 앤 드롭하여 원하는 위치에 이미지를 마스크 형태로 추가합니다.

❼ 스포이트 툴(Eyedropper Tool) I

선택한 영역의 색상을 추출합니다. 3D 오브젝트에서 색상을 추출하는 3D 머티리얼 스포이트 툴, 선택한 색상을 비교하는 컬러 샘플러 툴, 길이와 각도 등을 측정하는 룰러 툴, 간단한 메모를 하는 노트 툴, 오브젝트 개수를 세는 카운트 툴이 포함되어 있습니다.

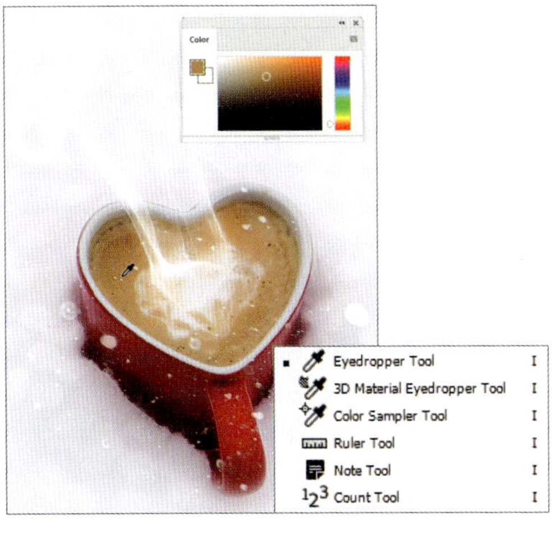

❽ 스팟 힐링 브러시 툴(Spot Healing Brush Tool) J

이미지 질감을 복제하여 잡티를 제거하거나 원하는 부분을 자연스럽게 수정하는 스팟 힐링 브러시 툴과 힐링 브러시 툴, 선택 영역을 특정 이미지 영역으로 자연스럽게 옮기는 패치 툴, 특정 이미지를 원하는 위치로 자연스럽게 옮기는 콘텐츠 어웨어 무브 툴, 빨갛게 나온 눈동자를 까맣게 바꾸는 레드 아이 툴이 포함되어 있습니다.

❾ 브러시 툴(Brush Tool) B

붓이나 연필로 그리듯 채색합니다. 선의 가장자리가 자연스럽게 열어지는 브러시 툴, 선의 가장자리가 뚜렷하게 구분되는 연필 툴, 기존 색상을 다른 색상으로 바꾸는 컬러 리플레이스먼트 툴, 기존 이미지에 포함된 색상을 섞어 주는 믹서 브러시 툴이 포함되어 있습니다.

❿ 도장 툴(Stamp Tool) S

선택한 영역의 이미지를 복제하여 원하는 곳에 붙여 넣습니다. 선택한 이미지를 자연스럽게 붙여 넣는 복제 도장 툴, 드래그한 부분에 원하는 패턴을 채우는 패턴 도장 툴이 포함되어 있습니다.

⓫ 히스토리 브러시 툴(History Brush Tool) Y

이미지를 변형한 다음 히스토리 브러시 툴을 드래그하면 드래그한 부분이 원본 이미지로 되돌아갑니다. 회화적인 효과를 추가하여 되돌리는 아트 히스토리 브러시 툴이 포함되어 있습니다.

⓬ 지우개 툴(Eraser Tool) E

클릭하거나 드래그하여 이미지를 지웁니다. 지운 부분이 투명해지는 백그라운드 지우개 툴, 마술봉 툴처럼 클릭한 지점을 기준으로 비슷한 색상의 영역을 자동으로 지우는 마술 지우개 툴이 포함되어 있습니다.

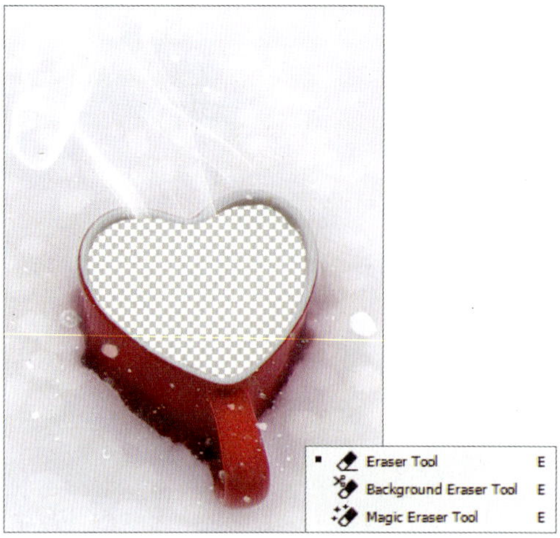

⑬ 그레이디언트 툴(Gradient Tool) G

두 가지 이상의 색이 점진적으로 변하는 혼합색을 만듭니다. 전경색이나 패턴으로 원하는 부분을 채우는 페인트 버킷 툴, 3D 오브젝트의 특정 부위를 전경색이나 패턴으로 채우는 3D 머티리얼 드롭 툴이 포함되어 있습니다.

⑭ 블러 툴(Blur Tool)

클릭하거나 드래그한 부분을 안개 낀 것처럼 흐리게 만듭니다. 반대로 선명하게 만드는 샤픈 툴과 손가락으로 밀어 뭉개 듯 표현하는 스머지 툴이 포함되어 있습니다.

⑮ 닷지 툴(Dodge Tool) O

클릭하거나 드래그한 부분의 명도를 밝게 조절합니다. 반대로 어둡게 조절하는 번 툴과 채도를 조절하는 스펀지 툴이 포함되어 있습니다.

⑯ 펜 툴(Pen Tool) P

곡선 또는 직선 형태 패스로 원하는 영역을 세밀하게 지정합니다. 자유롭게 패스를 만드는 프리폼 펜 툴, 가이드를 보면서 곡선을 그리는 곡률 펜 툴, 기준점을 추가/삭제하는 앵커 포인트 추가/삭제 툴, 기준점의 속성을 변경하는 포인트 변환 툴이 포함되어 있습니다.

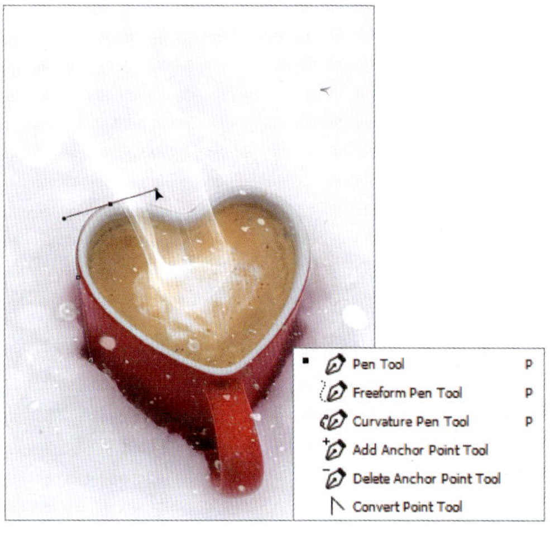

⑰ 텍스트 툴(Type Tool) T

텍스트를 입력합니다. 가로 또는 세로 방향으로 텍스트를 입력하는 텍스트 툴, 세로 또는 가로 방향으로 텍스트 모양의 선택 영역을 지정하는 텍스트 마스크 툴이 포함되어 있습니다.

⑱ 패스 선택 툴(Path Selection Tool) A

펜 툴이나 셰이프 툴에서 만든 패스 전체를 선택하여 옮기거나 변형할 수 있습니다. 패스의 일부 기준점만 선택할 수 있는 직접 선택 툴이 포함되어 있습니다.

⑲ 셰이프 툴(Shape Tool) U

도형, 선, 화살표 등 여러 가지 모양의 벡터 이미지를 만듭니다. 사각형 툴, 모서리가 둥근 사각형 툴, 원형 툴, 다각형 툴, 선 툴, 커스텀 셰이프 툴이 포함되어 있습니다.

⑳ 손 툴(Hand Tool) H R

드래그하면 확대한 화면을 손바닥으로 밀듯이 움직이며 볼 수 있습니다. 작업 화면을 원하는 각도로 회전시키는 회전 보기 툴이 포함되어 있습니다.

㉑ 돋보기 툴(Zoom Tool) Z

화면을 확대하거나 축소합니다.

㉒ 툴 박스 설정(Edit Toolbar)

툴 조합을 변경하거나 자주 사용하는 툴의 위치를 변경합니다.

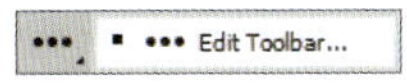

㉓ 기본 색상 설정(Default Foreground and Background Colors) D

전경색을 검은색으로, 배경색을 흰색으로 설정합니다.

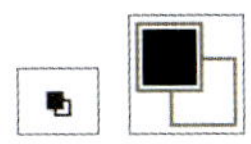

㉔ 색상 전환(Switch Foreground and Background Colors) X

전경색을 배경색으로, 배경색을 전경색으로 바꿉니다.

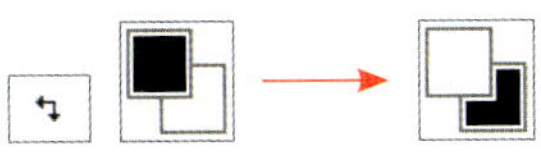

㉕ 전경색/배경색(Set Foreground Color & Set Background Color)

현재의 전경색과 배경색을 보여 줍니다. 클릭하여 색상을 변경할 수 있습니다.

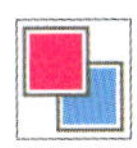

㉖ 표준 모드/퀵 마스크 모드(Edit in Standard Mode & Edit in Quick Mask Mode) Q

퀵 마스크 모드에서는 브러시 툴 등을 이용하여 원하는 부위를 좀 더 빠르고 편리하게 선택할 수 있습니다. 클릭하여 퀵 마스크 모드(◙)와 표준 모드(◎)로 전환할 수 있습니다.

㉗ 화면 전환 모드(Change Screen Mode) F

클릭하면 메뉴 바 등이 보이는 전체 보기 화면으로 전환되고, 한 번 더 클릭하면 메뉴 바조차 사라지고 이미지만 보이는 전체 보기 화면으로 전환됩니다. 이미지만 보이는 전체 보기 화면에서는 Esc 나 F 를 누르면 표준 화면 모드로 돌아옵니다.

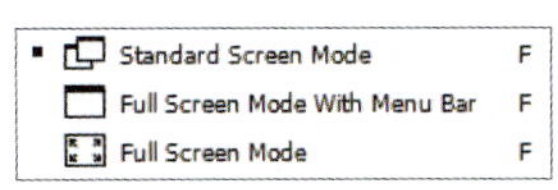

SECTION 04

포토샵 CC 패널 살펴보기

• 핵심 기능 | 패널

다양한 패널 모드 설정하기

포토샵 작업을 할 때 자주 사용하는 색상, 레이어, 각 툴의 옵션 창 등은 화면 오른쪽에 패널 형태로 위치합니다.

01 패널 확인하기 포토샵의 모든 패널은 메뉴 바에서 [Window]를 선택하여 확인할 수 있습니다. 메뉴에서 원하는 패널 이름을 클릭하면 화면에 해당 패널이 나타납니다.

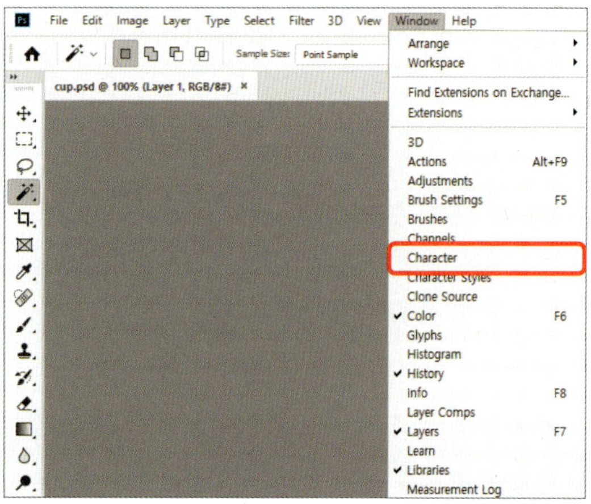

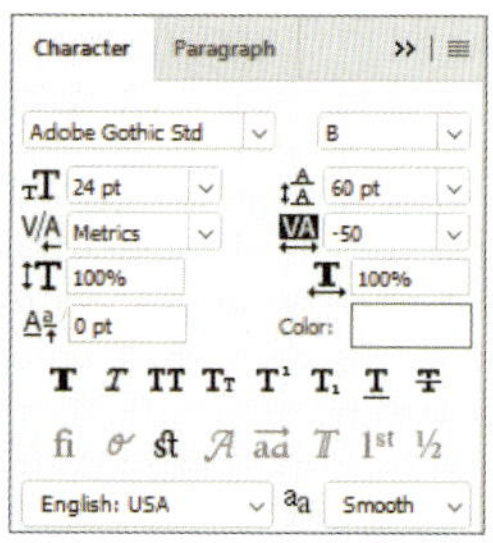

02 패널 모드 선택하기 포토샵 화면의 상단 오른쪽에 있는 작업 화면 설정 버튼을 누르면 작업 특성에 따라 자주 쓰는 패널 목록이 나타납니다. 이 목록은 [Window]–[Workspace] 메뉴에서도 볼 수 있습니다.

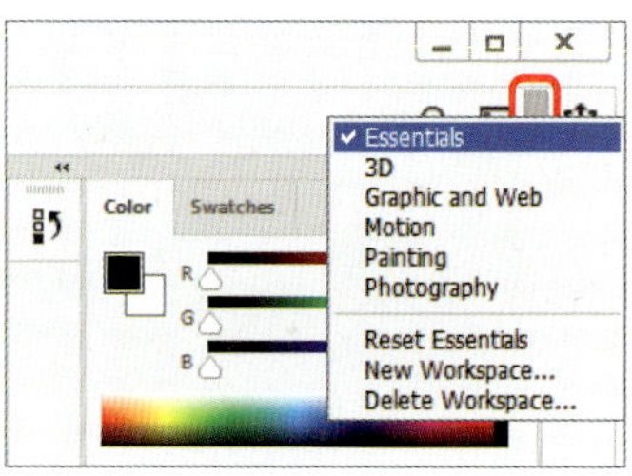

■ 자주 쓰는 작업별 패널 목록

■ Essentials

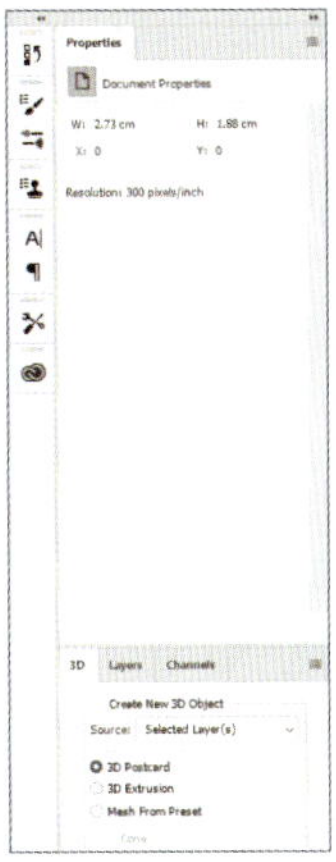

■ 3D

■ Graphic & Web

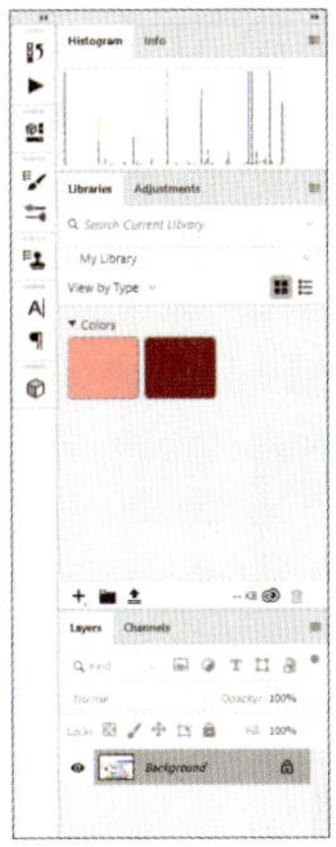

■ Motion

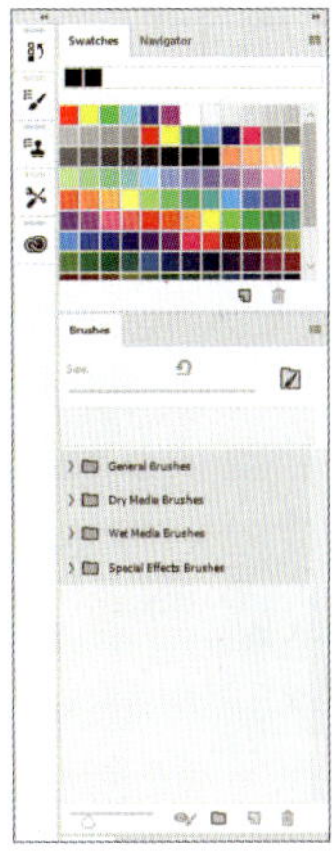

■ Painting

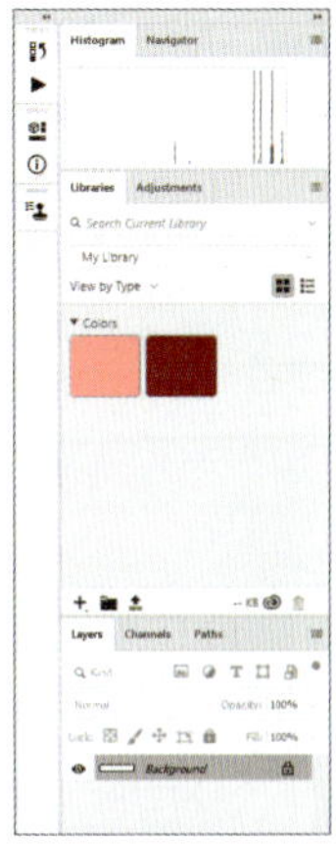

■ Photography

Tip 3D 패널과 Motion 패널을 선택하면 화면 아래에 타임라인 패널이 나타납니다.

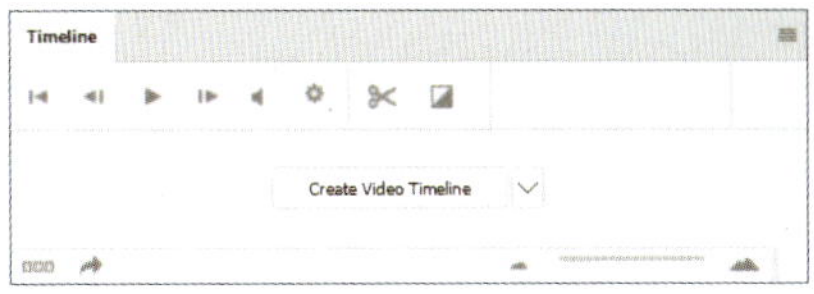

03 패널 축소·확장하기

각 패널 위쪽에 보이는 작은 삼각형을 클릭하면 패널을 축소하거나 확장할 수 있습니다.

■ 패널을 모두 축소한 화면(milk.jpg)

■ 패널을 모두 확장한 화면

■ 패널을 축소한 상태에서 클릭한 화면

04 패널 분리하기/합치기 패널명을 클릭한 채로 패널 모음 바깥으로 드래그하면 별도의 패널로 빼낼 수 있습니다. 또 사용자가 자주 사용하는 패널에 삽입하여 원하는 조합으로 구성할 수도 있습니다.

■ 패널을 바깥으로 드래그하여 분리

■ 원하는 조합으로 패널 구성

05 나만의 작업 화면 저장하기 작업 환경에 맞게 패널을 구성했다면 [Window]–[Workspace]–[New Workspace]를 선택합니다. Name에 원하는 이름을 입력하고 〈Save〉를 눌러 작업 화면을 저장합니다. [Window]–[Workspace]–[Reset Essentials]를 선택하면 포토샵을 처음 실행했을 때 보이는 작업 화면으로 되돌릴 수 있습니다.

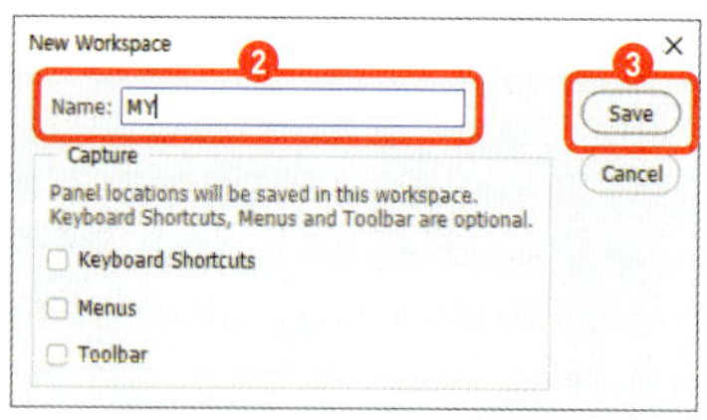

패널의 종류와 기능

❶ 3D 패널

3D 효과를 설정합니다.

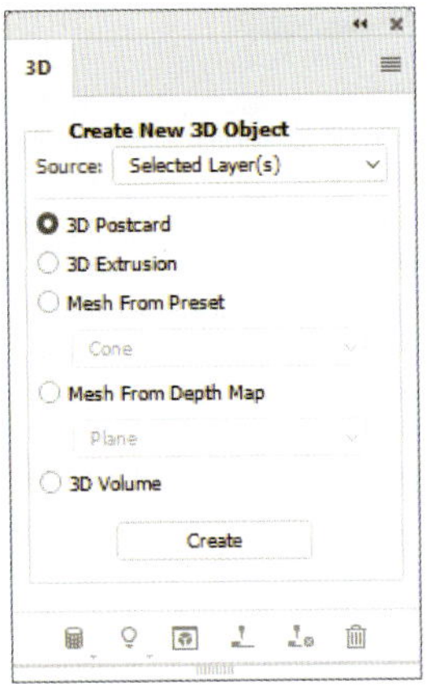

❷ 브러시 설정(Brush Settings) 패널

브러시 옵션을 조절하거나 새로운 브러시를 등록합니다.

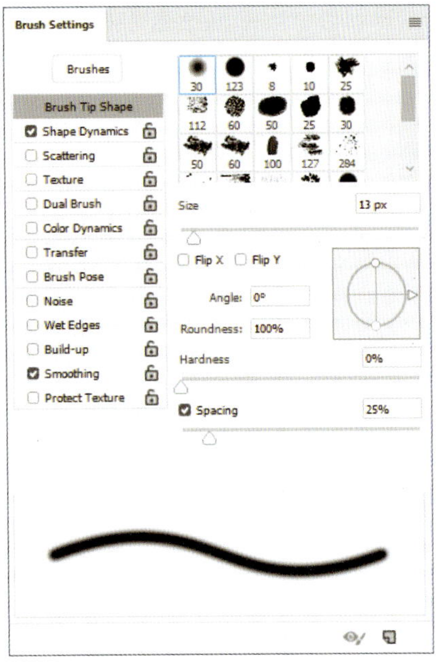

❸ 액션(Actions) 패널

반복되는 작업 과정을 액션 패널에 저장하면 클릭 한 번으로 빠르게 적용할 수 있습니다.

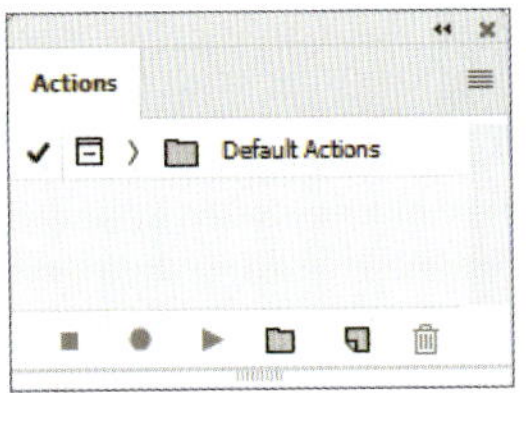

❹ 채널(Channels) 패널

색상별 이미지 정보를 표시합니다. 선택 영역을 지정하거나 특정 색상만 따로 보정할 수 있습니다.

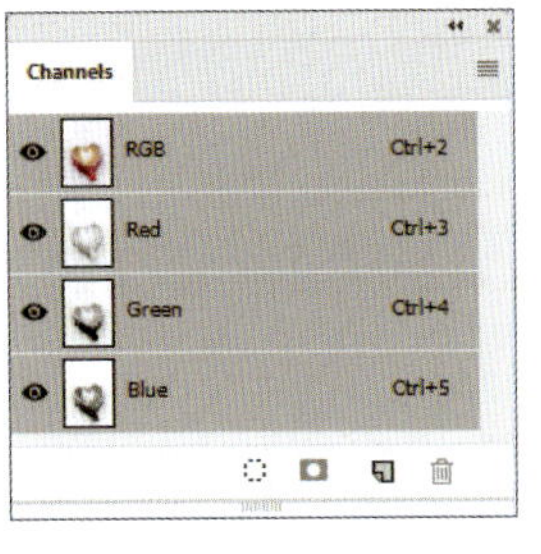

❺ 보정(Adjustments) 패널

패널에 보이는 아이콘을 클릭하면 속성(Properties) 패널에 해당 보정 작업을 할 수 있는 옵션이 나타나고, 레이어 패널에 보정 레이어가 추가됩니다. 레이어 패널에 있는 Fill 또는 Adjustment 레이어 만들기 버튼을 눌러도 같은 기능이 실행됩니다.

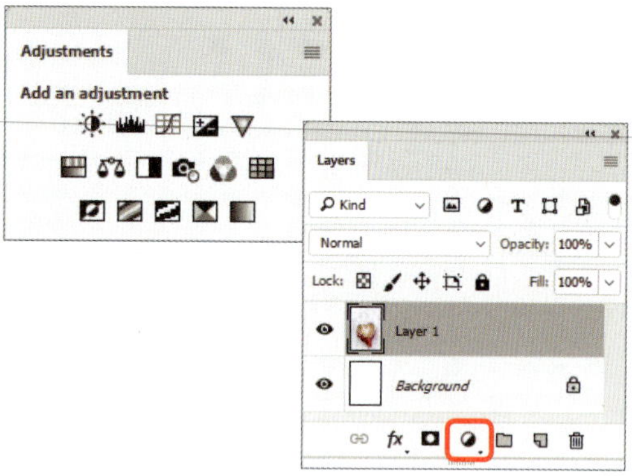

❻ 브러시(Brushes) 패널

자주 사용하는 브러시를 저장해 두고 필요할 때 간편하게 사용할 수 있습니다.

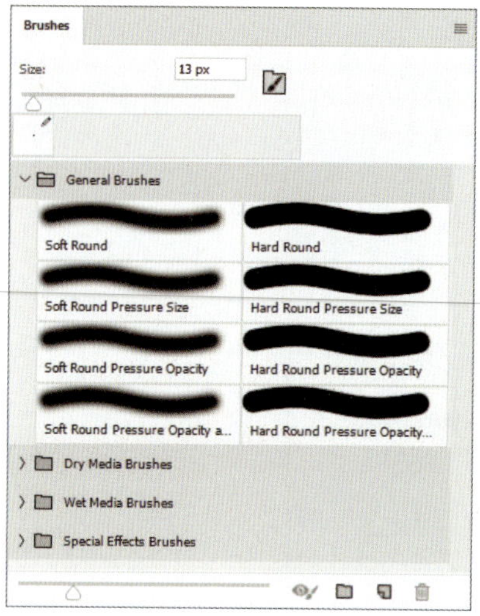

❼ 문자(Character) 패널

폰트 종류, 크기, 간격, 비율, 색상 등을 조절합니다.

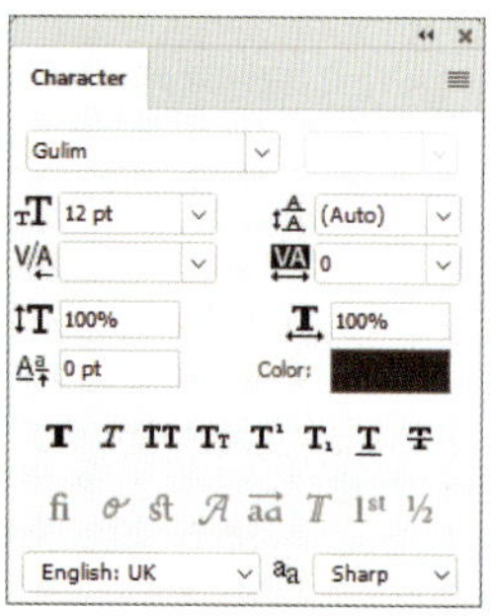

❽ 색상(Color) 패널

전경색과 배경색의 색상을 다양한 옵션에 따라 설정합니다.

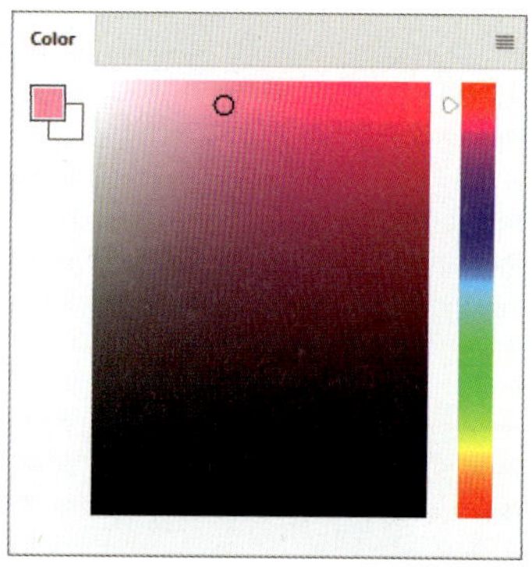

❾ 문자 스타일(Character Styles) 패널

자주 사용하는 문자 스타일을 저장해 두고 필요할 때 간편하게 사용할 수 있습니다.

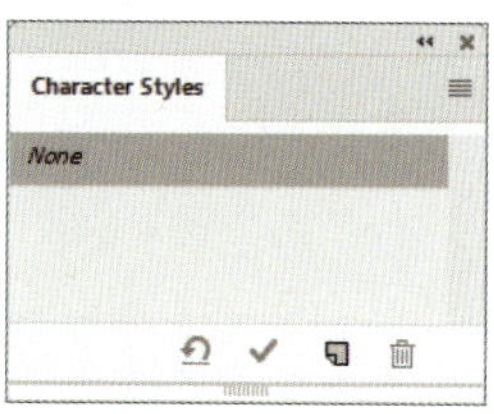

❿ 히스토리(History) 패널

작업 단계를 기록하는 패널입니다. 원하는 이전 작업 단계로 작업 내용을 되돌릴 수 있습니다.

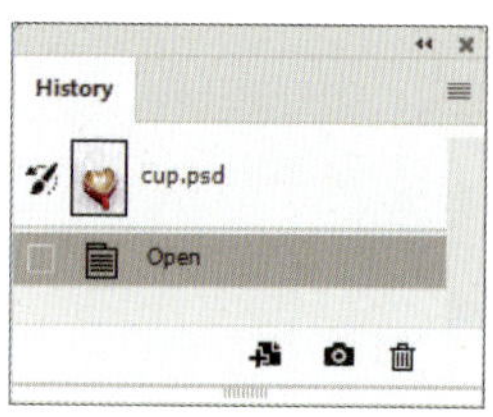

⑪ 복제 원본(Clone Source) 패널

복제 작업을 할 때 이미지 정보를 담아 두고 사용합니다.

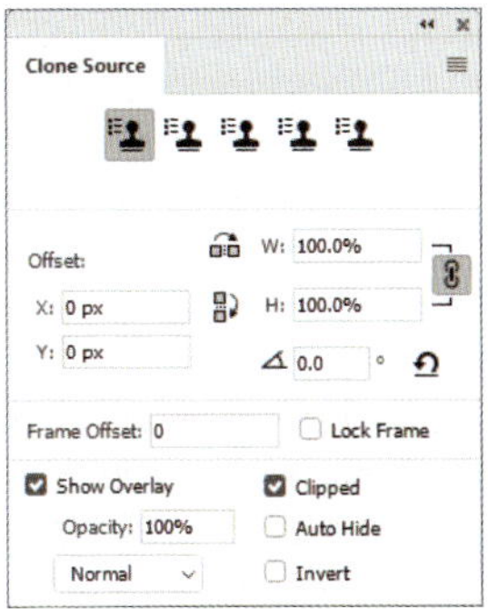

⑫ 디바이스 미리보기(Device Preview) 패널

iOS 디바이스에서 어떻게 보일지 미리 확인할 수 있습니다.

⑬ 글리프(Glyphs) 패널

다른 언어, 문장 부호, 통화 기호, 특수문자, 첨자 등을 찾아 입력합니다.

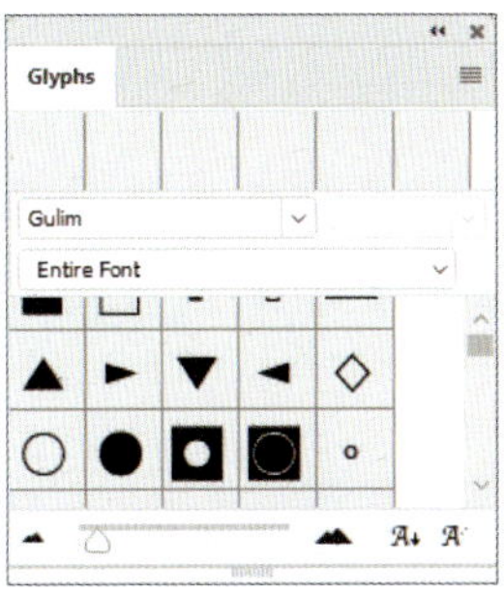

⑭ 막대그래프(Histogram) 패널

이미지의 전체적인 색상 톤 구성을 보여 줍니다.

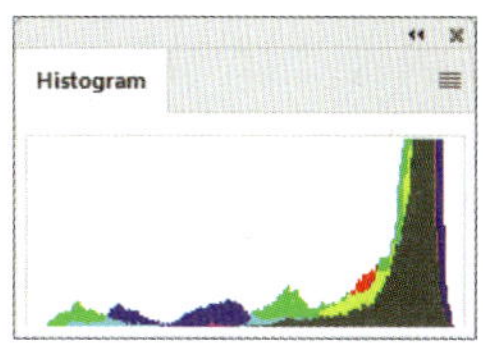

⑮ 정보(Info) 패널

특정 부위의 색상, 위치, 크기 정보 등을 수치로 표시합니다.

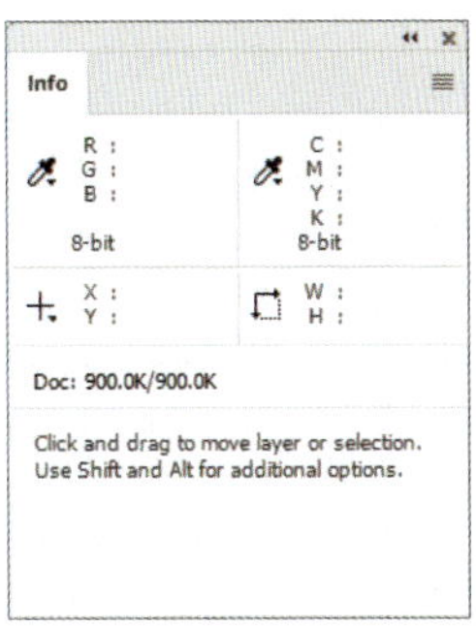

⑯ 레이어 구성 요소(Layers Comps) 패널

레이어에 적용된 작업 과정을 저장하여 필요할 때 간편하게 사용할 수 있습니다.

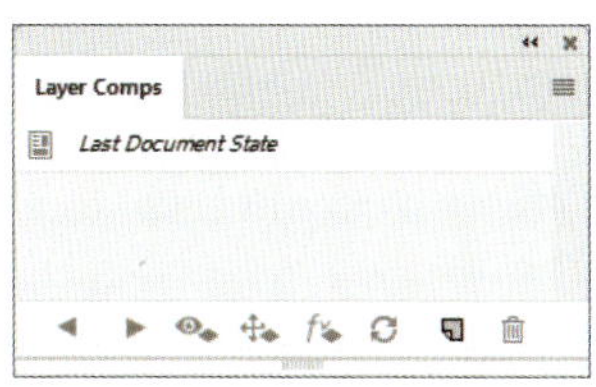

⑰ 레이어(Layers) 패널

수정이나 편집이 용이하도록 이미지를 레이어로 따로 관리합니다.

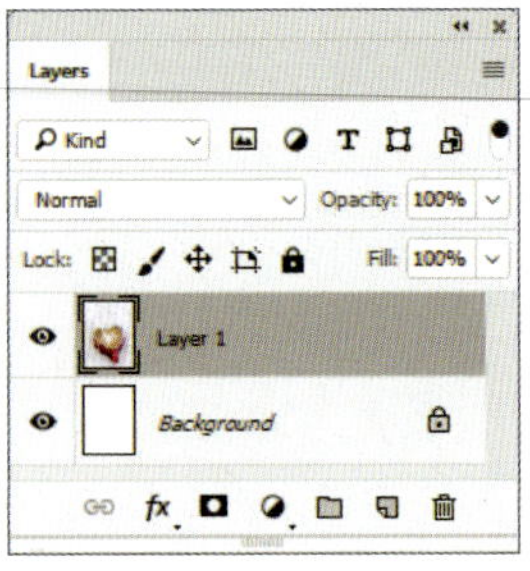

⑱ 라이브러리(Libraries) 패널

작업에 필요한 색상, 폰트, 이미지 등 다양한 소스를 저장하여 필요할 때 간편하게 사용할 수 있습니다.

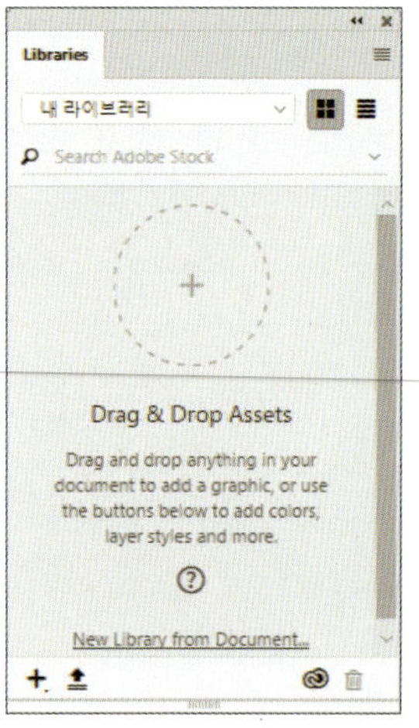

⑲ 측정 로그(Measurement Log) 패널

측정 정보를 기록합니다.

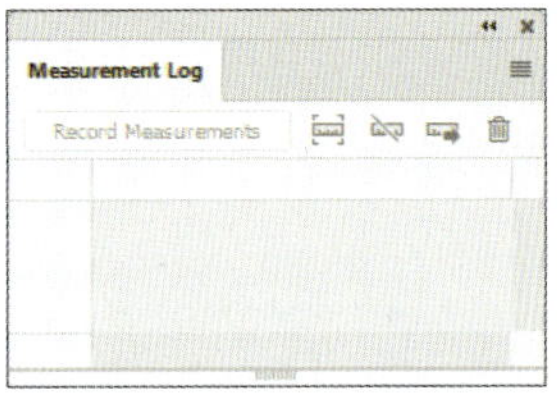

⑳ 수정자 키(Modifier Keys) 패널

Shift, Ctrl, Alt를 누른 것과 같은 상태로 유지할 수 있습니다.

㉑ 내비게이터(Navigator) 패널

이미지를 간편하게 확대하거나 축소하여 볼 수 있습니다.

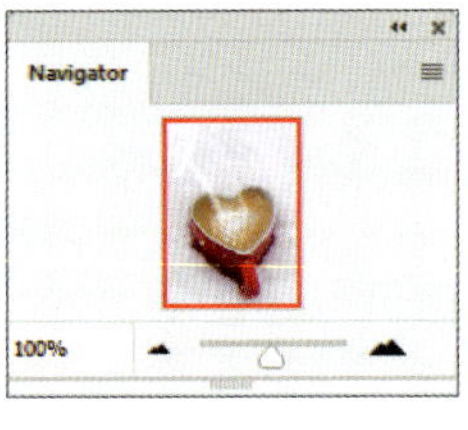

㉒ 노트(Notes) 패널

노트 툴을 사용하여 작성한 메모를 확인할 수 있습니다.

Tip 패널이 사라졌을 때는 메뉴 바의 [Window]를 선택한 다음 원하는 패널 이름을 클릭하면 나타납니다.

㉓ 문단(Paragraph) 패널

문단 스타일을 설정합니다.

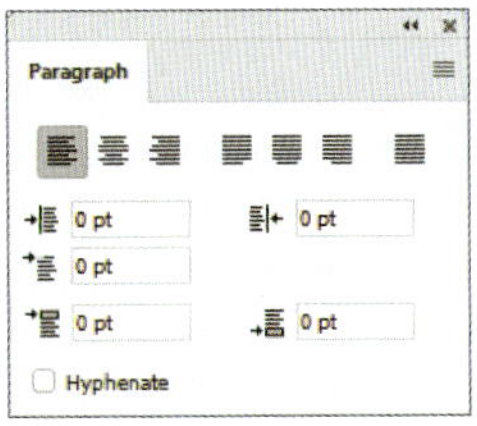

㉔ 문단 스타일(Paragraph Styles) 패널

자주 사용하는 문단 스타일을 저장합니다.

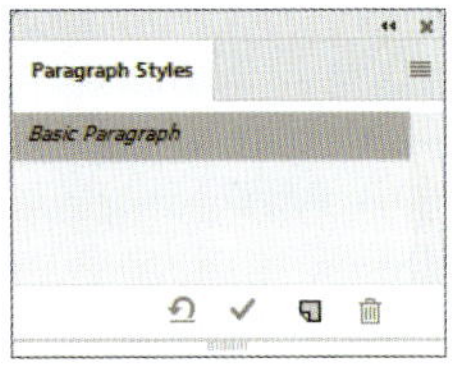

㉕ 패스(Paths) 패널

패스를 생성하거나 활용하여 다양한 작업을 할 수 있습니다.

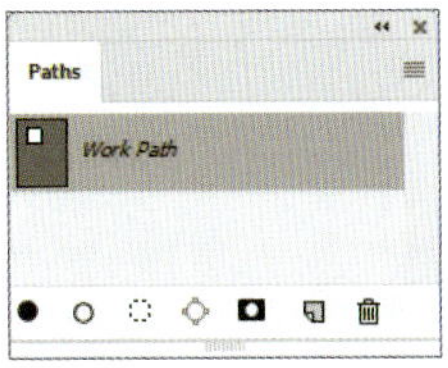

㉖ 속성(Properties) 패널

보정(Adjustments) 패널에서 선택한 속성 값을 설정합니다.

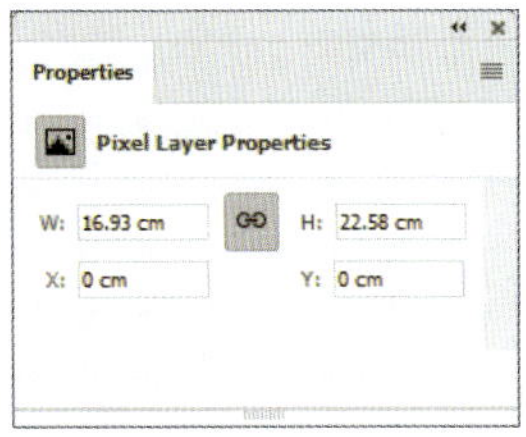

㉗ 스타일(Styles) 패널

오브젝트에 다양한 스타일을 적용합니다. 나만의 스타일을 만들어 저장할 수도 있습니다.

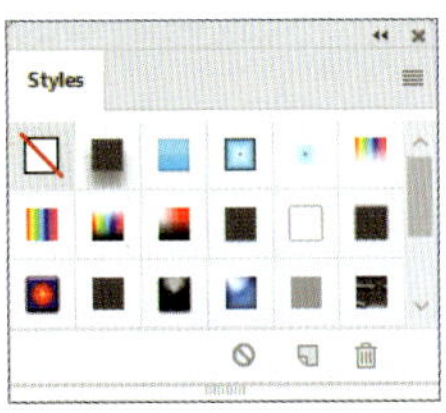

㉘ 색상 견본(Swatches) 패널

자주 사용하는 색상을 팔레트 형식으로 모아 둡니다. 원하는 색상을 추가하거나 삭제할 수 있습니다.

㉙ 타임라인(Timeline) 패널

프레임과 타임라인을 활용하여 애니메이션을 만들거나 영상을 편집할 수 있습니다.

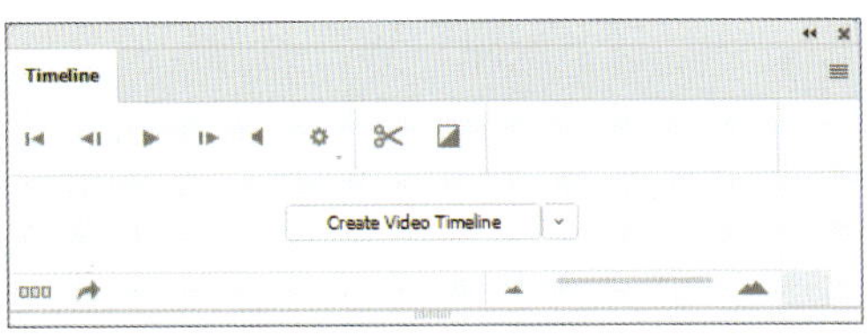

㉚ 툴 사전 설정(Tool Presets) 패널

자주 사용하는 툴과 옵션을 저장하여 필요할 때 빠르게 사용할 수 있습니다.

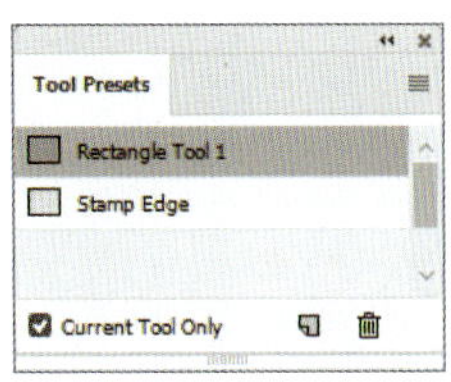

CHAPTER

02

포토샵 CC 기본 사용법

"포토샵 설치는 무사히 마쳤는데, 이제부터 뭘 어떻게 해야 할지 막막합니다. 책 한 권을 다 봐야 뭔가를 할 수 있는 걸까요? 찍은 사진을 불러오는 방법도 모르겠고, 기껏 불러온 사진은 너무 크게 확대된 상태로 보여 제대로 찍었는지 확인할 수 없습니다. 심지어 어떤 사진은 거꾸로 열리기까지 합니다. 포토샵을 열기만 하면 멋진 이미지가 저절로 튀어 나올 줄 알았는데, 너무 어렵게만 느껴져 벌써부터 포기하고 싶은 마음이 굴뚝같습니다." 그 답답한 마음을 속 시원히 풀어줄 가장 기초적이고 핵심적인 포토샵 기본 사용법부터 알아봅니다.

01 / **파일 열고 닫고 저장하기** ▶ Open 메뉴, Save 메뉴

02 / **레이어 이해하기** ▶ 레이어 패널

03 / **이미지 확대/축소하기** ▶ 돋보기 툴

04 / **이미지 크기 조절하기** ▶ Image Size 메뉴

05 / **작업 화면 크기 조절하기** ▶ Canvas Size 메뉴

06 / **이미지 회전하기** ▶ Image Rotation 메뉴, Transform 메뉴

07 / **단계별 작업 과정 취소하기** ▶ 히스토리 패널

SECTION

01

파일 열고 닫고 저장하기

• **핵심 기능 |** Open 메뉴(단축키 Ctrl+O), Save 메뉴(단축키 Ctrl+S)

포토샵 실행하고 파일 열기

포토샵을 실행하면 도깨비 방망이처럼 뭐든 뚝딱 만들어 질 것 같았는데, 막상 프로그램을 실행해도 별다른 변화가 없습니다. 시작부터 막막한 분들을 위해 새 작업 화면을 만드는 방법과 저장된 이미지를 불러오는 방법을 알아봅니다.

01 **포토샵 실행하기** 포토샵을 실행하려면 윈도우의 [시작] 버튼을 누르고 [Adobe Creative Cloud]를 찾아 선택합니다. 또는 바탕 화면에 있는 Adobe Creative Cloud 바로가기 아이콘을 더블클릭합니다.

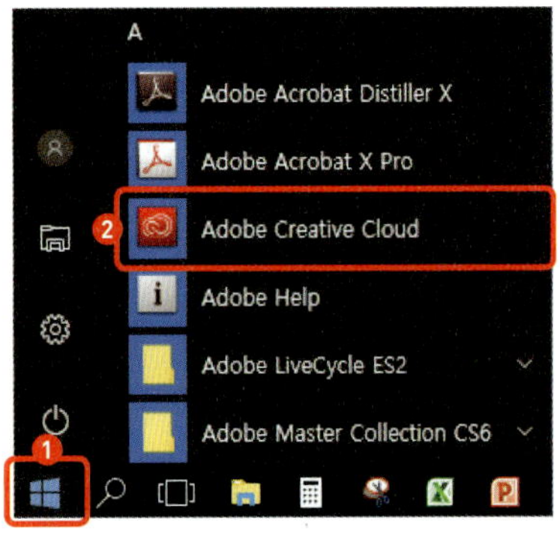

또는

02 Creative Cloud 창이 나타나면 Photoshop CC의 〈열기〉를 클릭하여 실행합니다.

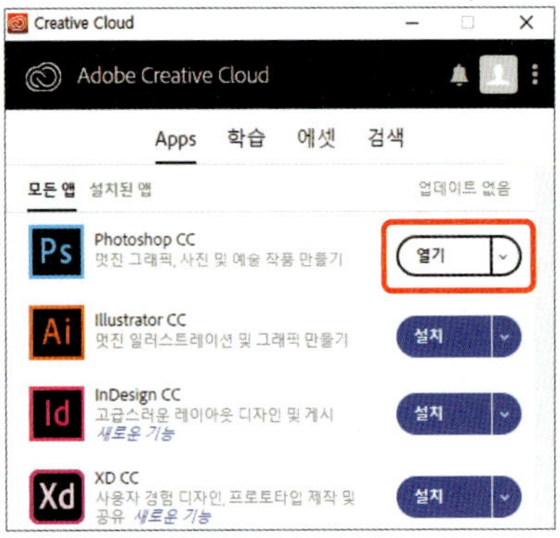

03 새 작업 화면 만들기 포토샵 시작 화면에서 〈Create New〉를 누르거나 메뉴 바에서 [File]−[New]를 선택하여 새 작업 화면을 만듭니다.

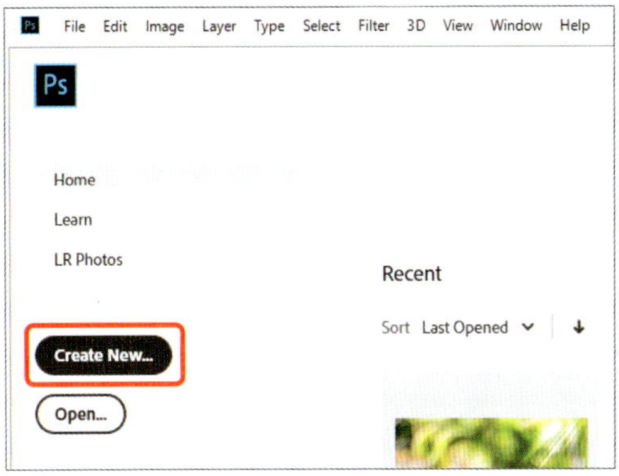

또는

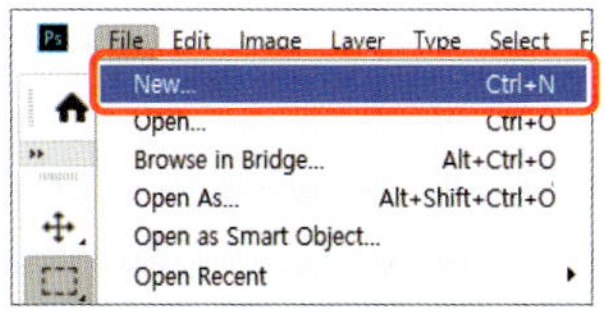

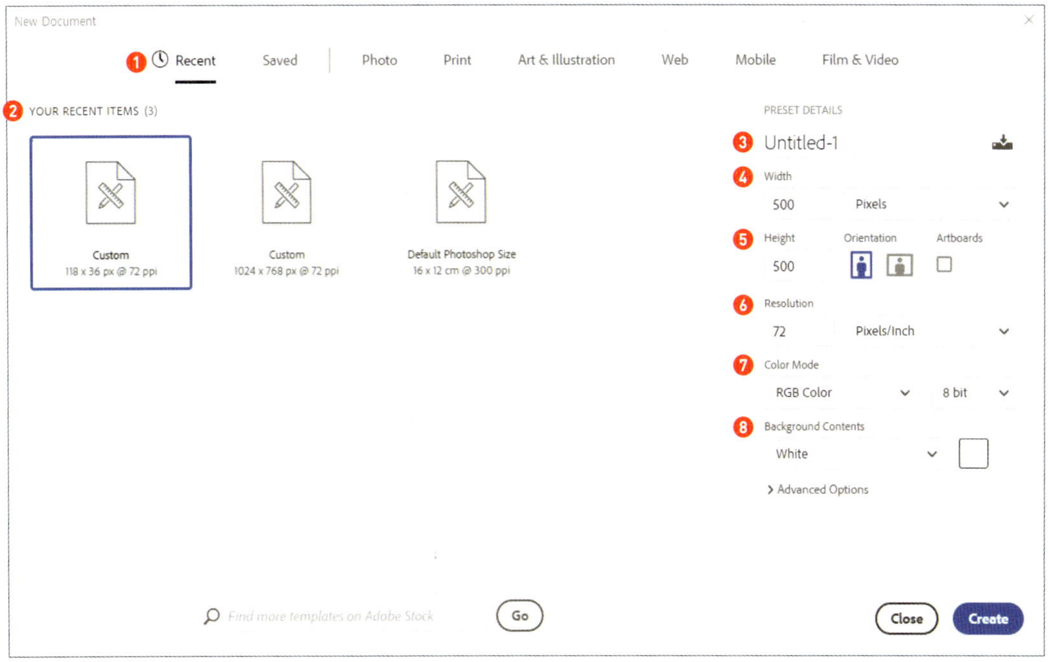

❶ Recent 미리 설정해 둔 이미지 크기를 볼 수 있습니다. 용도별로 다양한 크기를 선택할 수 있고 새로운 템플릿 파일을 내려 받을 수도 있습니다.

❷ YOUR RECENT ITEMS 최근에 사용한 이미지 크기가 나타납니다.

❸ Name 새 작업 화면의 이름을 입력합니다.

❹ Width 작업 화면 너비를 설정하고 단위를 선택합니다.

❺ Height 작업 화면 높이를 설정합니다. 단위는 Width와 동일하게 설정됩니다.

❻ Resolution 이미지 해상도를 설정합니다.

❼ Color Mode RGB, CMYK 등 이미지 용도에 맞는 색상 모드를 선택합니다.

❽ Background Contents 새 작업 화면의 배경 색상을 선택합니다.

04 이미지 불러오기 컴퓨터에 저장된 이미지를 불러오려면 포토샵 시작 화면에서 〈Open〉을 누르거나 메뉴 바에서 [File]–[Open]을 선택합니다. 단축키 Ctrl + O를 눌러도 됩니다.

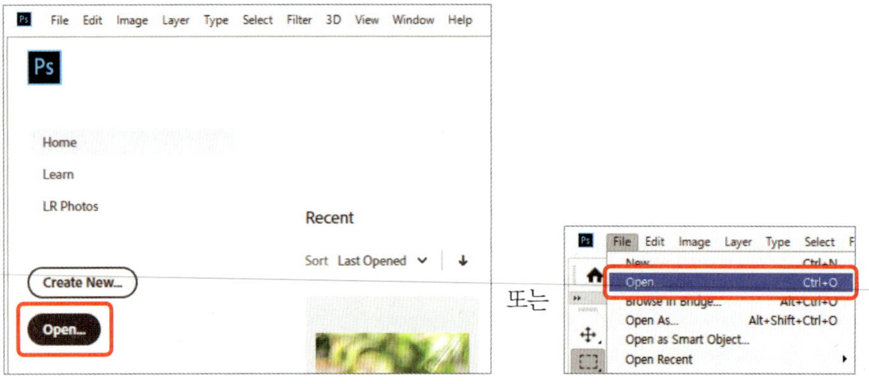

05 Chapter_02 ▸ Section_01 폴더에서 milk.jpg, tulip.jpg 파일을 드래그하여 선택한 후 〈열기〉를 클릭합니다.

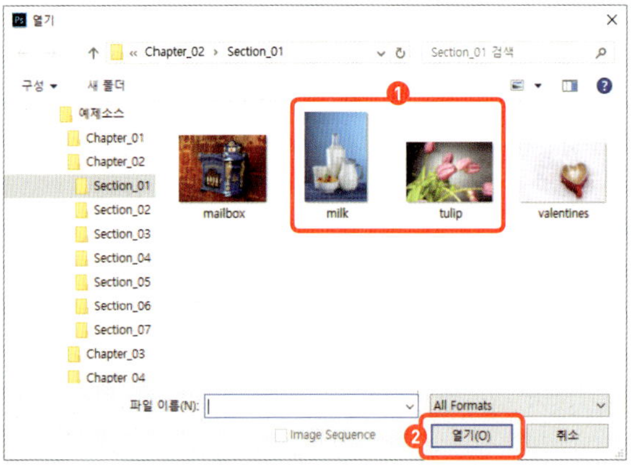

06 이미지 정보 확인하기 열린 이미지의 제목 표시줄에 파일명, 화면 확대 비율, 색상 모드가 표시됩니다. 왼쪽 그림은 66.7%로 축소하여 열린 화면입니다. 실제 크기(100%)로 확대하면 오른쪽 그림처럼 커집니다.

07 이미지 분리하기 제목 표시줄을 아래쪽으로 드래그하면 새 창으로 분리됩니다. 제목 표시줄을 마우스 오른쪽 버튼으로 클릭한 다음 [Move to New Window]를 선택해도 새 창으로 분리됩니다.

또는

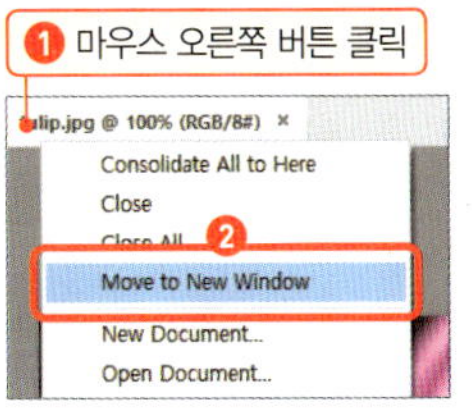

08 이미지 탭으로 넣기 분리된 이미지를 다시 제목 표시줄이 있던 곳으로 드래그하면 탭 형태로 전환됩니다. 제목 표시줄에서 마우스 오른쪽 버튼으로 클릭하고 [Consolidate All to Here]를 선택하면 창으로 분리되었던 이미지가 모두 탭 위치로 옮겨지면서 정렬됩니다.

또는

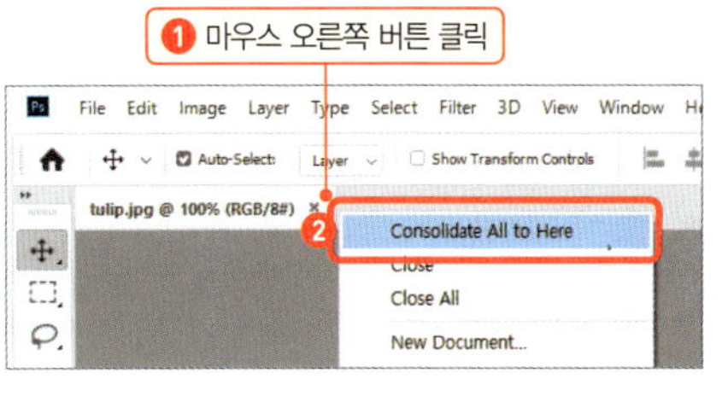

09 다양하게 이미지 정렬하기 메뉴 바에서 [Window]-[Arrange]를 선택하면 여러 이미지를 다양한 방식으로 정렬할 수 있습니다.

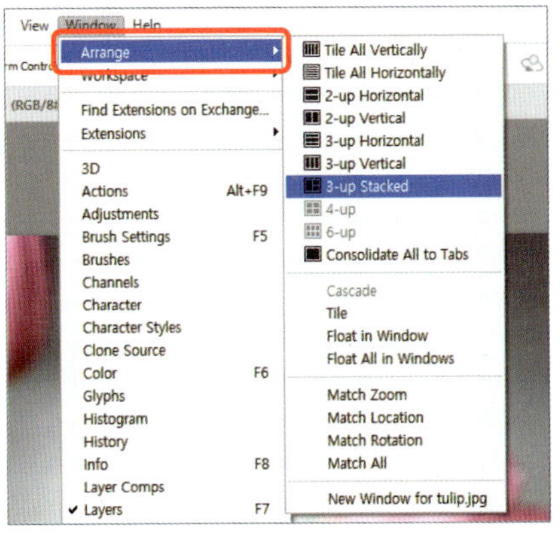

파일 저장하고 포토샵 종료하기

01 파일 저장하기 새로 만든 이미지를 저장하려면 메뉴 바에서 [File]–[Save]를 선택합니다(기존 이미지를 다른 이름으로 저장하려면 [File]–[Save As]를 선택합니다). 대화상자가 나타나면 파일을 저장할 위치를 지정하고 파일 이름을 입력한 다음 〈저장〉을 클릭합니다.

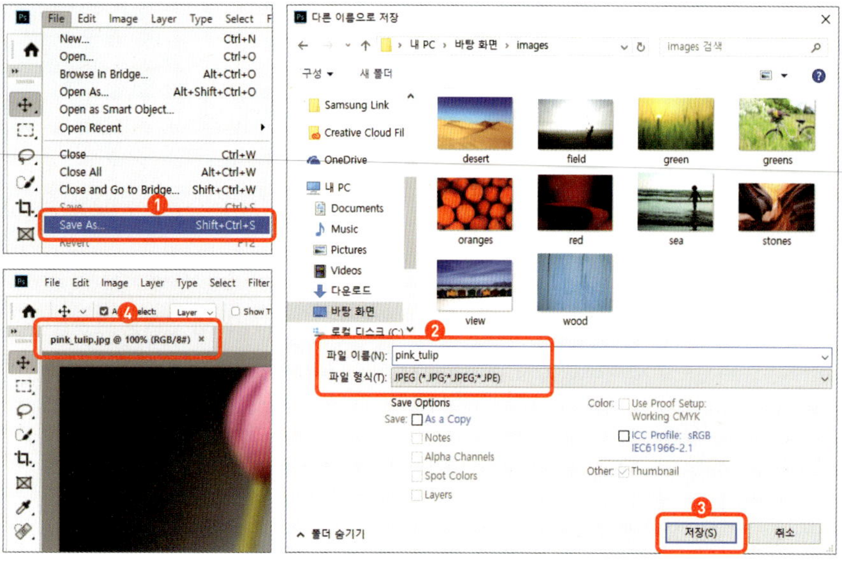

02 이미지 닫기 이미지를 닫으려면 제목 표시줄 끝에 보이는 [×]를 클릭하거나 단축키 [Ctrl]+[W]를 누릅니다.

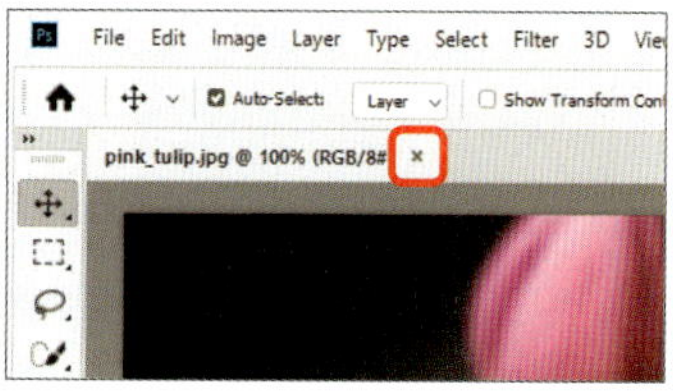

03 포토샵 종료하기 포토샵을 종료하려면 메뉴 바에서 [File]–[Exit]를 선택합니다. 작업 화면 오른쪽 위에 보이는 [×]를 클릭하거나 단축키 [Ctrl]+[Q]를 눌러도 종료됩니다.

SECTION
02
레이어 이해하기

• **핵심 기능 I** 레이어 패널

레이어는 '겹쳐진 층'이라는 뜻입니다. 포토샵에서 레이어는 여러 장의 이미지를 겹쳐 하나의 이미지로 만드는 것을 돕는 기능을 합니다. 이미지를 층으로 만들면 각 레이어에 효과를 주거나 변경하기도 편하고, 이동시키거나 여러 레이어를 겹쳐 합성하기도 편합니다.

01 준비 파일 불러오기 Chapter_02 ▸ Section_02 ▸ elephant.psd 파일을 불러옵니다. 작업 화면을 보면 코끼리 인형 여러 개가 차례로 놓여 있습니다. 한 장의 이미지로 보이지만 오른쪽 레이어 패널을 보면 레이어가 여러 개 겹쳐진 것을 알 수 있습니다.

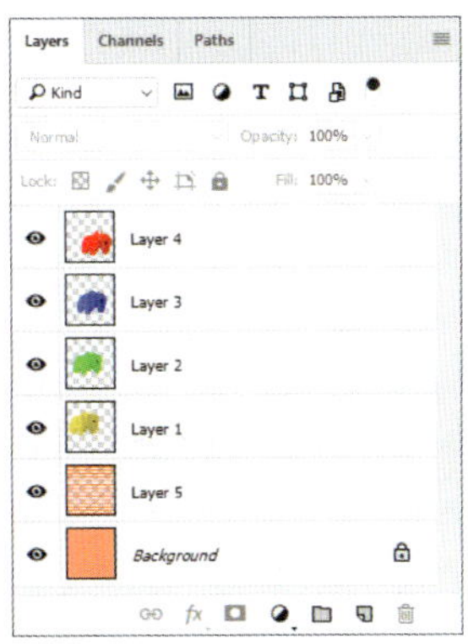

02 레이어 이해하기 즉, 이 이미지는 레이어 여섯 개에 있는 각각의 이미지가 겹쳐 보이는 것입니다.

03 레이어를 하나하나 겹쳐서 쌓으면 다음 그림과 같아집니다. 맨 아래에 바탕색이 있고, 그 위에 스트라이프 문양이 있고, 그 위에 코끼리 이미지 네 장이 놓여 있습니다. 이렇듯 레이어는 투명한 막 위에 이미지의 전체 또는 일부를 삽입하여 겹치게 함으로써 투명한 부분의 아랫부분이 그대로 관통하여 보이는 것이라고 이해하면 됩니다.

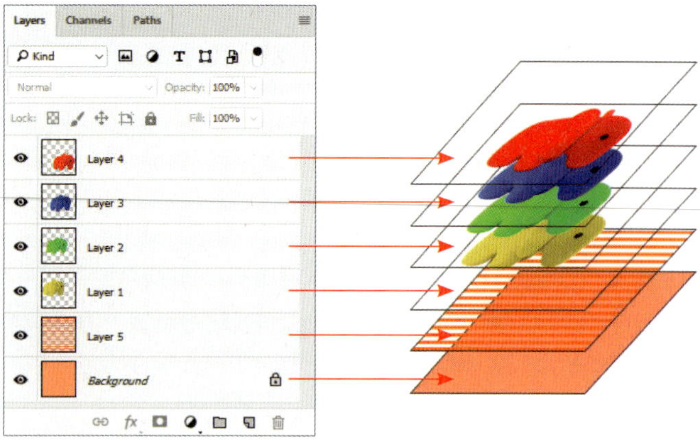

레이어와 관련된 다양한 옵션은 Chapter 07에서 확인할 수 있습니다.

SECTION 03

이미지 확대/축소하기

• **핵심 기능 |** 돋보기 툴[Q](단축키 [Z])

돋보기 툴([Q])을 사용하면 이미지를 확대하거나 축소해서 볼 수 있습니다. 이미지를 확대하면 세밀한 작업을 할 때 편리합니다.

01 이미지 확대하기 Chapter_02 ▸ Section_03 ▸ lego.jpg, snail.jpg, strawberry.jpg 파일을 불러옵니다. 먼저 제목 표시줄에서 lego.jpg 파일을 선택합니다. 툴 박스에서 돋보기 툴([Q])을 선택하면 마우스 포인터가 돋보기 모양으로 바뀝니다. 그 상태에서 마우스 포인터를 작업 창으로 가져가면 확대 모드가 되어 돋보기 내부가 +로 변합니다. 이때 화면을 클릭하면 클릭한 지점을 중심으로 화면이 확대됩니다.

■ 원본 이미지

■ 클릭하여 확대된 이미지

02 좌우로 드래그하여 확대/축소하기 옵션 바에 있는 Scrubby Zoom이 체크된 상태에서 돋보기 툴([Q])을 오른쪽으로 드래그하면 이미지가 확대되고 왼쪽으로 드래그하면 축소됩니다.

■ Scrubby Zoom의 방향

■ 오른쪽으로 드래그하여 확대한 이미지

03 영역을 지정하여 확대하기 Scrubby Zoom의 체크가 해제된 상태에서 원하는 부분을 돋보기 툴로 드래그하면 그 영역만큼 확대되어 작업 화면에 표시됩니다.

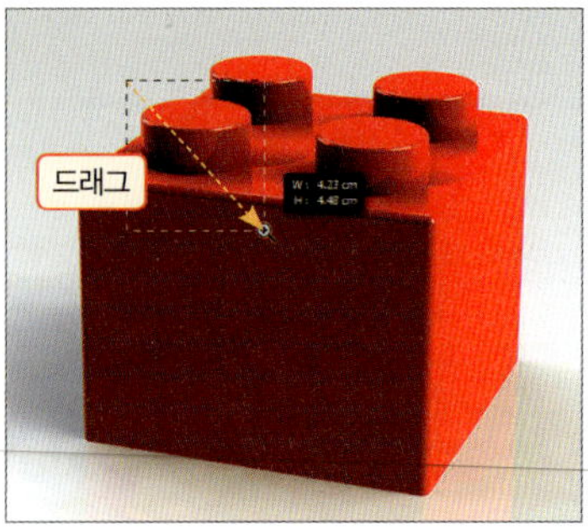

■ 확대할 영역을 지정

■ 지정한 영역이 확대된 이미지

04 확대된 상태에서 화면 이동하기 확대된 이미지에서 보이지 않는 부분을 확인하고 싶다면 Space Bar를 누릅니다. 마우스 포인터가 손바닥 모양으로 바뀌면 화면을 상하좌우로 드래그합니다. 화면 크기가 유지된 상태로 이미지가 움직여 원하는 부분을 확인할 수 있습니다.

■ Space Bar를 누른 채로 드래그하여 화면 이동

Tip 작업 화면 가장자리에 있는 스크롤을 움직여 화면을 이동시킬 수도 있습니다.

05 이미지 축소하기 돋보기 툴(🔍)이 선택된 상태에서 Alt를 누른 채로 마우스 포인터를 작업 창으로 가져가면 축소 모드가 되어 돋보기 안쪽이 –로 표시됩니다. 이때 화면을 클릭하면 이미지가 축소됩니다. 옵션 바에서 Zoom Out(🔍)을 선택하면 Alt를 누르지 않아도 축소 모드가 유지됩니다. 이때 Alt를 누르면 확대 모드로 바뀝니다.

■ Alt를 누른 상태로 클릭하여 화면 축소

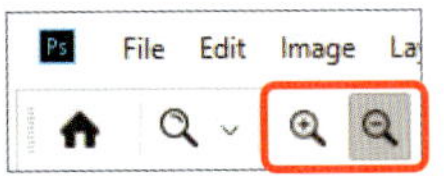

■ 옵션 바의 확대/축소 옵션

06 여백 없이 확대/축소하기 옵션 바에 있는 Resize Window to Fit을 체크하면 이미지가 확대되거나 축소될 때 창 크기도 함께 변하여 여백이 생기지 않습니다. 체크를 해제하면 창 크기가 고정된 상태에서 이미지 크기만 변합니다.

■ 원본 이미지

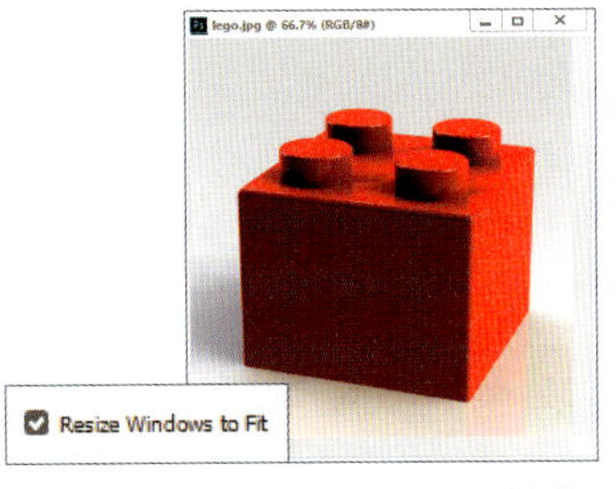

■ Resize Windows to Fit 체크 상태에서 축소

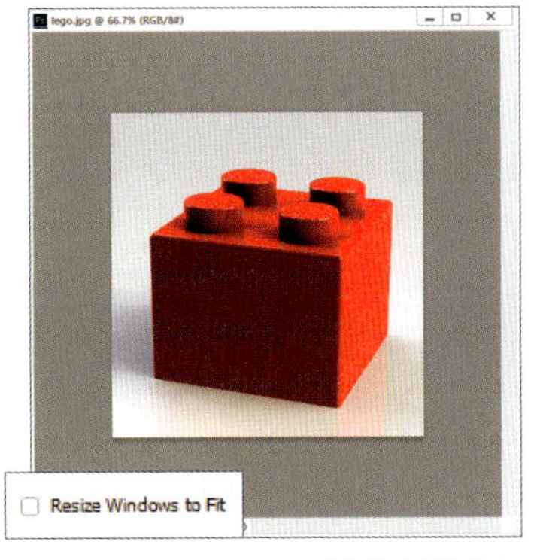

■ Resize Windows to Fit 해제 상태에서 축소

07 여러 이미지 동시에 확대/축소하기 여러 개의 이미지를 동시에 확대하거나 축소하려면 옵션 바에 있는 Zoom All Windows를 체크합니다.

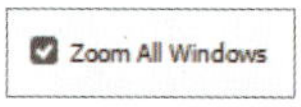

■ 100% 상태의 이미지

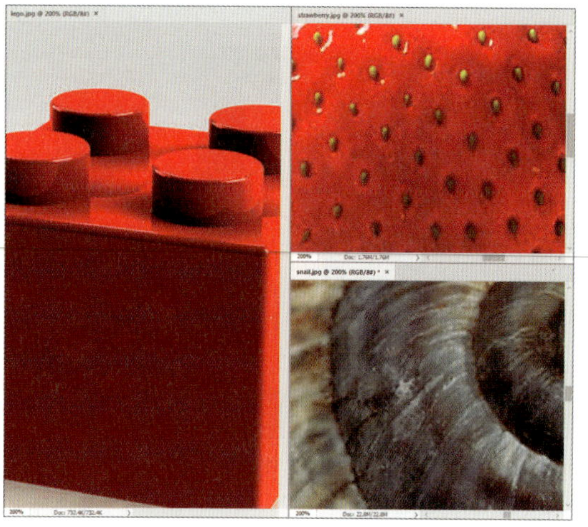

■ Zoom All Windows를 체크하여 같은 비율로 확대된 이미지

08 이미지 보기 방식 정렬하기 옵션 바에서 100%를 클릭하면 원본 크기인 1:1 크기로 보여 줍니다. Fit Screen을 선택하면 가로나 세로 방향 중 큰 쪽을 기준으로 화면을 꽉 채워 보여 주고, Fill Screen을 선택하면 보이지 않는 영역이 생기더라도 여백 없이 작업 화면에 가득 채워 보여 줍니다.

■ 돋보기 툴의 보기 옵션

■ 100% 보기

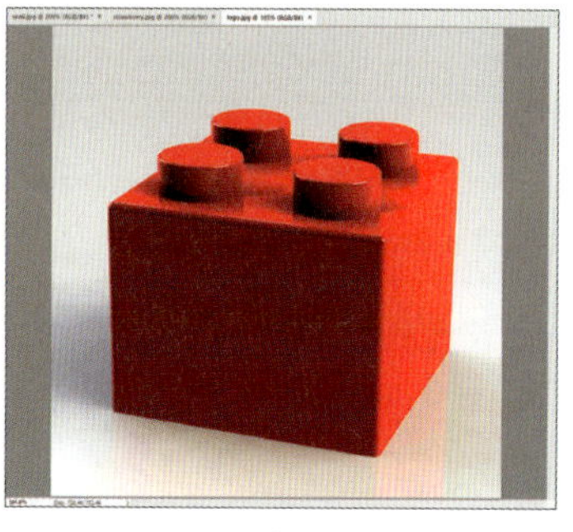

■ Fit Screen으로 보기

■ Fill Screen으로 보기

SECTION
04

이미지 크기 조절하기

• **핵심 기능** | Image Size 메뉴

'이미지 크기'는 두 가지 뜻으로 쓰입니다. 하나는 실제 눈에 보이는 크기를 뜻하고 나머지 하나는 파일 용량을 뜻합니다. 용도에 따라 이미지 크기를 조절해 봅니다.

01 100% 크기로 만들기 Chapter_02 ▸ Section_04 ▸ cat.jpg 파일을 불러옵니다. 돋보기 툴( )을 더블클릭하여 이미지 크기를 100%로 확대합니다. 고해상도 이미지라 원본 크기로 확대하면 무슨 이미지인지 알아보기 힘들 정도로 커집니다. 적당한 크기로 줄여 보겠습니다.

02 이미지 크기 조절하기 메뉴 바에서 [Image]-[Image Size]를 선택하여 옵션 창을 엽니다.

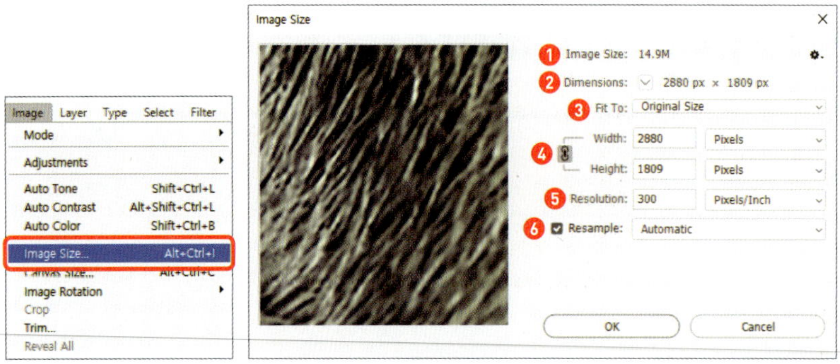

❶ Image Size 이미지 파일의 용량을 확인합니다.

❷ Dimensions 이미지의 너비와 높이를 확인합니다.

❸ Fit To 미리 설정해 둔 크기로 조절할 수 있습니다.

❹ Width/Height 너비와 높이를 직접 입력하고 단위를 선택합니다.

❺ Resolution 해상도를 조절합니다.

❻ Resample 크기를 바꿨을 때 이미지를 처리하는 방식을 선택합니다.

03 해상도 변경하기 일반적으로 웹 화면에서 사용하는 이미지의 해상도는 72Pixels/Inch입니다. Resolution에 72를 입력하면 Width와 Height가 2880Pixels, 1809Pixels였던 이미지 크기가 691Pixels, 434Pixels로 바뀝니다. 파일 용량도 14.9M에서 878.6K로 줄어듭니다.

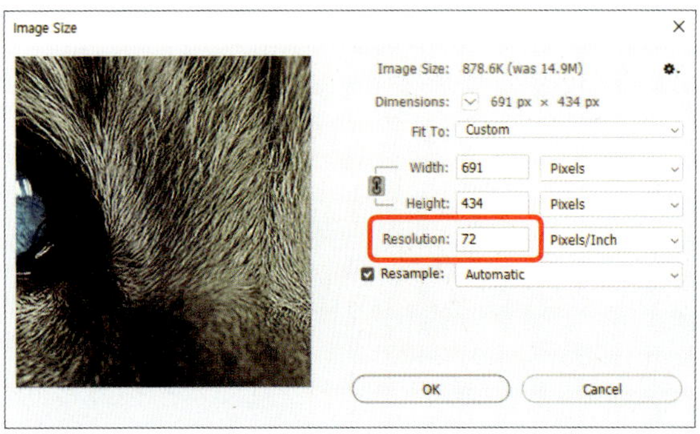

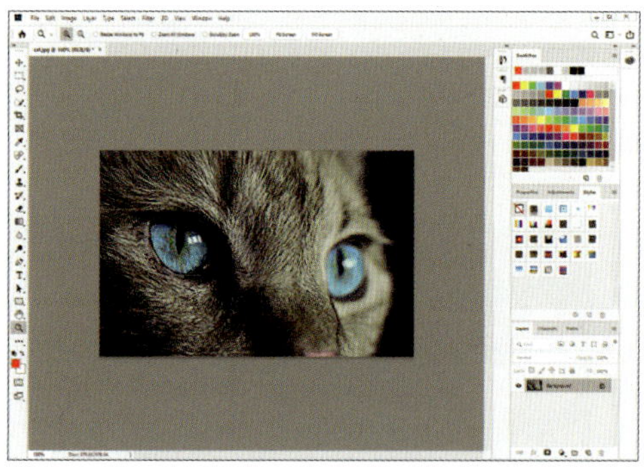

Tip 이미지 크기를 작게 조절하면 이미지의 파일 용량도 줄어듭니다.

04 너비와 높이를 입력하여 조절하기 이미지를 원하는 크기로 조절하고 싶다면 Width에 직접 값을 입력합니다. Width와 Height 옆에 있는 사슬 모양이 선택되어 있으면 Width 값의 변화에 따라 Height 값도 비율에 맞게 자동으로 바뀝니다. 〈OK〉를 클릭해 이미지 크기를 확인합니다.

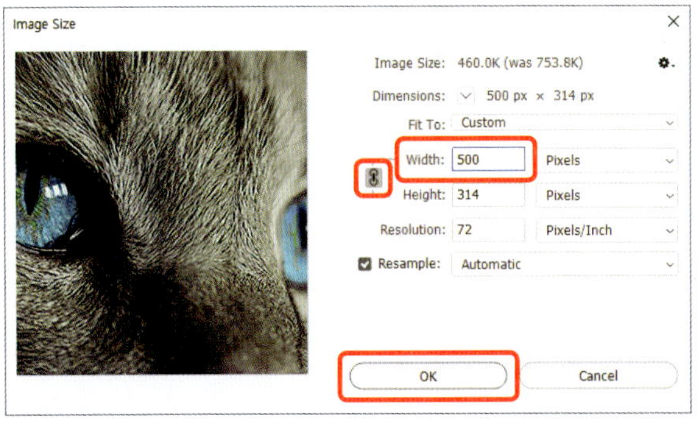

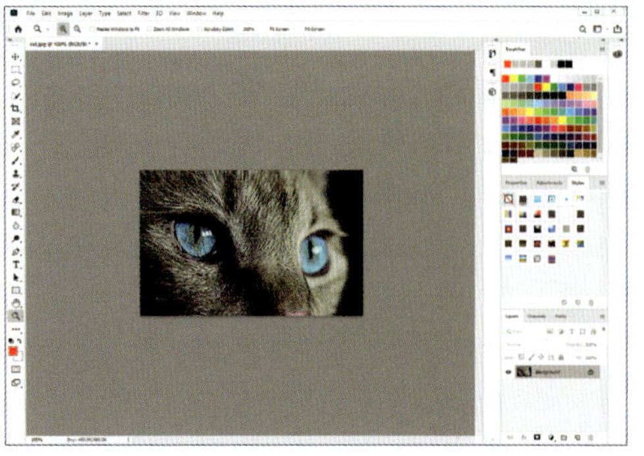

05 이미지 크기 조절시 주의점 옵션 창에서 사슬 모양을 해제하면 Width와 Height 값을 각각 입력할 수 있지만 이미지의 비율이 훼손되므로 추천하지 않습니다.

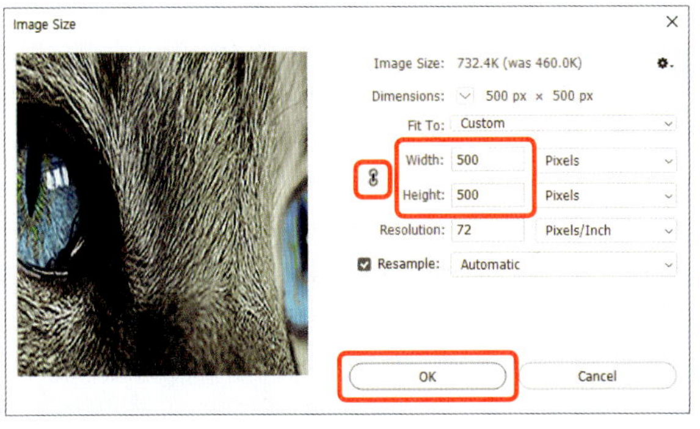

SECTION 05

작업 화면 크기 조절하기

• **핵심 기능 l** Canvas Size 메뉴

작업 화면 크기 조절하기

작업 화면을 축소하면 이미지 일부가 잘려나가 보이지 않고, 작업 화면을 확대하면 남는 공간이 배경색으로 채워지므로 용도에 따라 잘 조절해야 합니다.

01 너비와 높이를 입력하여 조절하기 Chapter_02 ▸ Section_05 ▸ flower.jpg 파일을 불러온 후 메뉴 바에서 [Image]-[Canvas Size]를 선택합니다. 옵션 창이 열리면 Width와 Height에 현재보다 큰 값을 입력하고 〈OK〉를 클릭합니다. 이미지를 중심으로 상하좌우에 여백이 생성되는데, 이때 여백은 배경색으로 채워집니다.

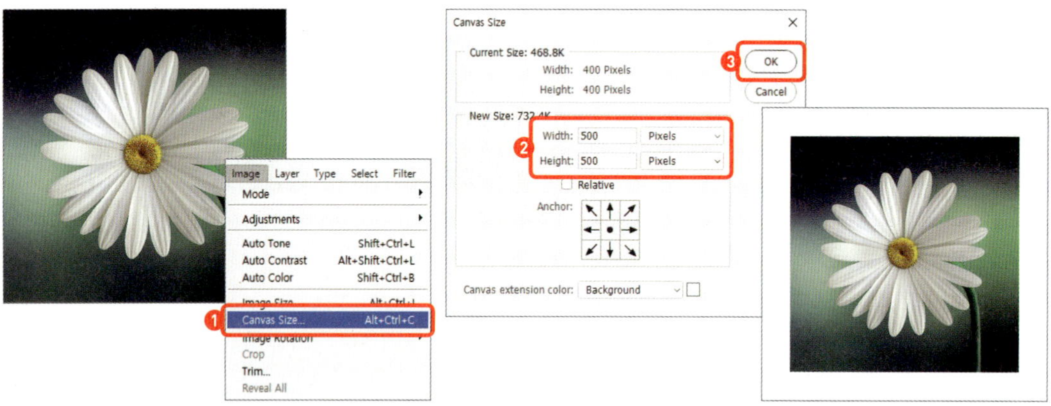

02 원하는 위치에 여백 만들기 여백이 생기는 위치는 앵커(Anchor)의 방향에 따라 다음과 같이 달라집니다.

03 여백 크기를 입력하여 조절하기 Relative 옵션을 체크하면 입력한 크기대로 여백이 생깁니다. 다음 그림은 원본 이미지 상하좌우에 여백이 100Pixels 크기로 생긴 화면입니다.

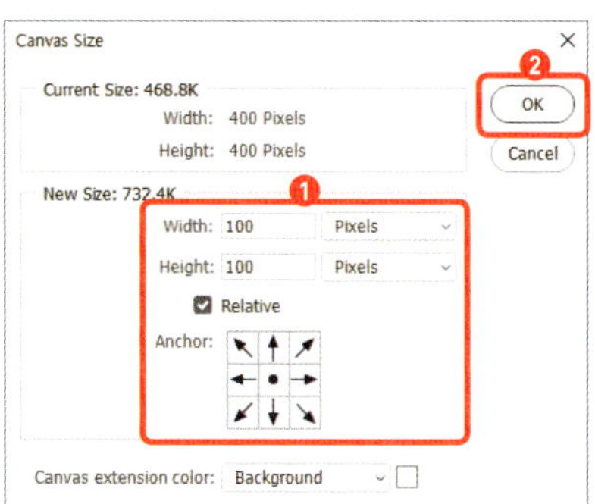

이미지 2개를 하나로 합치기

01 준비 파일 불러오기 Chapter_02 ▸ Section_05 ▸ jump1.psd와 jump2.psd 파일을 불러옵니다.

02 이미지의 너비와 높이 확인하기 jump2.psd를 선택한 후 메뉴 바에서 [Image]-[Image Size]를 선택하여 옵션 창을 엽니다. 이미지의 Width와 Height를 확인합니다.

03 작업 화면 크기 늘리기 jump1.psd를 선택하고 메뉴 바에서 [Image]-[Canvas Size]를 선택합니다. 옵션 창에서 Relative를 체크하고 Height를 400으로 입력합니다. Anchor 방향은 그림과 같이 향하도록 선택하고 〈OK〉를 클릭하면 여유 공간이 이미지의 아래쪽으로 400Pixels이 생깁니다.

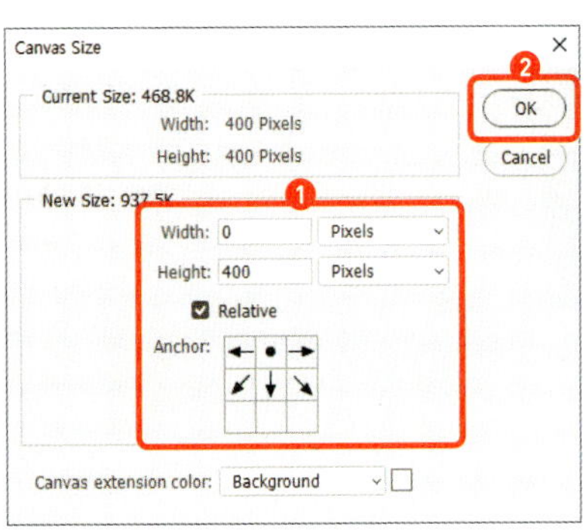

04 **2개의 이미지 합치기** jump2.psd로 돌아가 Ctrl+A를 눌러 이미지 전체를 선택하고 Ctrl+C를 눌러 복사합니다. 다시 jump1.psd를 선택하고 Ctrl+V를 눌러 복사한 이미지를 붙여 넣습니다.

05 이동 툴(✥)을 선택하고 이미지를 아래로 드래그하여 작업 화면에 맞춰 완성합니다.

혼자 해보기 | **사진 두 장을 좌우로 나란히 배치하기**

• **준비 파일** jump1.psd, jump2.psd
• **완성 파일** jump_result2.psd

같은 방법으로 Canvas Size를 옆으로 늘려 사진을 나란히 정렬해 봅니다.

• **준비 파일** picture.psd, frame.psd • **완성 파일** picture_result.psd

응용 예제 **크기가 다른 두 이미지 합치기 ①**

바다까지 이어지는 다리 이미지와 액자 이미지를 하나로 합쳐봅니다.

■ 준비 이미지

■ 완성 이미지

01 Chapter_02 ▸ Section_05 ▸ picture.psd와 frame.psd 파일을 불러옵니다. 원래는 작은 이미지를 큰 이미지의 작업 창으로 옮기는 것이 일반적이지만 작업 화면 크기 조절을 실습하기 위해 큰 이미지를 작은 이미지로 옮겨 보겠습니다. frame.psd를 선택하고 Ctrl+A를 눌러 전체를 선택한 다음 Ctrl+C를 눌러 복사합니다.

02 picture.psd 파일의 작업 창을 선택하고 Ctrl+V를 눌러 붙여 넣으면 액자가 작업 화면보다 커서 잘리는 부분이 생깁니다.

03 메뉴 바에서 [Image]–[Reveal All]을 선택하면 작업 화면 크기가 액자 크기에 맞춰 자동으로 커집니다. 이동 툴(✥)을 선택한 후 액자에 맞게 사진을 드래그하여 적당한 곳으로 옮겨 마무리합니다.

응용 예제 크기가 다른 두 이미지 합치기 ②

바다까지 이어지는 다리 이미지와 액자 이미지를 하나로 합쳐봅니다.

■ 준비 이미지

■ 완성 이미지

01 Chapter_02 ▸ Section_05 ▸ picture.psd와 frame.psd 파일을 다시 불러옵니다. picture.psd를 선택하고 메뉴 바에서 [Image]-[Canvas Size]를 선택하여 옵션 창을 엽니다.

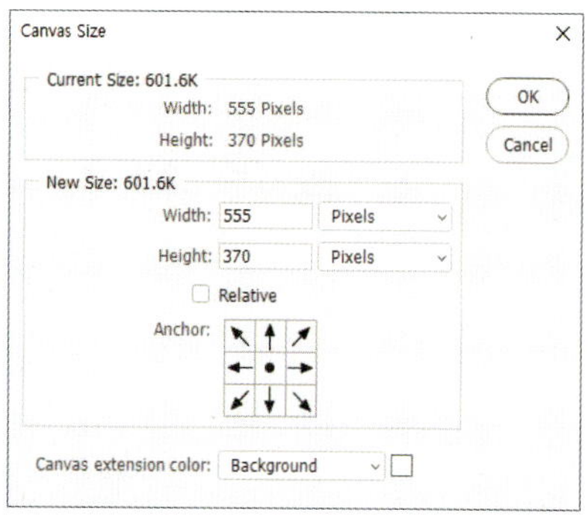

02 Canvas Size 창이 열린 상태에서 메뉴 바의 [Window] 맨 아래에 있는 [frame.psd]를 선택하면 picture.psd 크기가 frame.psd 크기와 동일하게 바뀝니다. 〈OK〉를 클릭합니다.

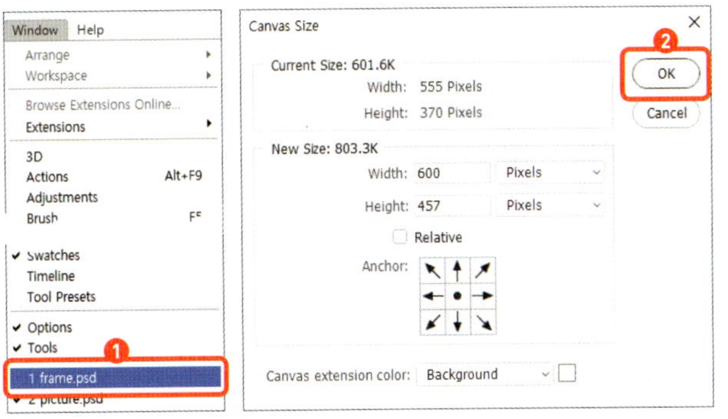

03 picture.psd 작업 창이 커져 상하좌우에 여백이 생깁니다. Frame.psd의 작업 화면에서 Ctrl+A를 눌러 전체를 선택하고 Ctrl+C를 눌러 복사합니다.

04 picture.psd 작업 화면으로 돌아와 Ctrl+V를 눌러 복사한 이미지를 붙여 넣으면 완성됩니다.

SECTION

06

이미지 회전하기

• **핵심 기능 |** Image Rotation 메뉴, Transform 메뉴

180° 회전하기

디지털 카메라나 휴대폰으로 찍은 사진을 포토샵으로 불러오면 사진이 거꾸로 보이는 경우가 종종 있습니다. 거꾸로 된 이미지를 회전시키는 방법을 알아봅니다.

01 Chapter_02 ▸ Section_06 ▸ lighthouse.jpg 파일을 불러옵니다. 메뉴 바에서 [Image]–[Image Rotation]–[180°]를 선택하면 이미지가 180° 회전하여 똑바로 세워집니다.

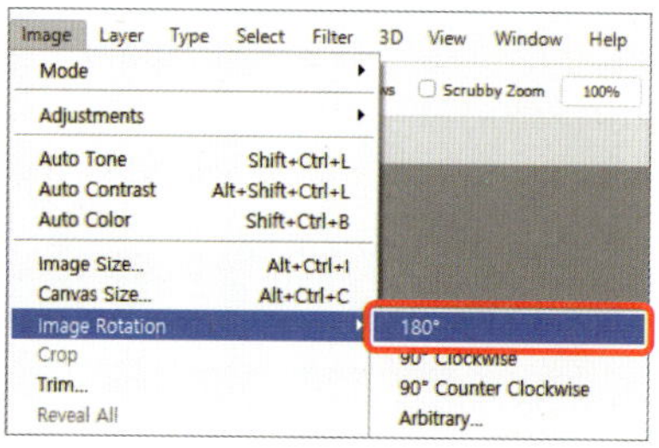

원하는 방향으로 회전하기

01 준비 파일 불러와 회전하기 Chapter_02 ▸ Section_06 ▸ cocktail.jpg 파일을 불러와 회전 옵션을 살펴보겠습니다. 메뉴 바에서 [Image]–[Image Rotation]을 선택하고 회전 옵션을 하나씩 클릭해 봅니다. [90° Clockwise]는 이미지를 시계 방향으로 90°로 회전시키고, [90° Counter Clockwise]는 이미지를 시계 반대 방향으로 90° 회전시킵니다.

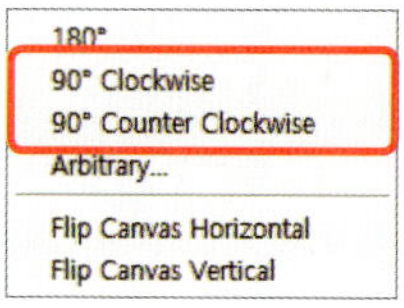

■ 원본 이미지

■ 90° Clockwise

■ 90° Counter Clockwise

02 원하는 각도와 회전 방향으로 회전하기 [Arbitrary]를 클릭하면 옵션 창이 열리는데 원하는 각도와 회전 방향을 설정할 수 있습니다.

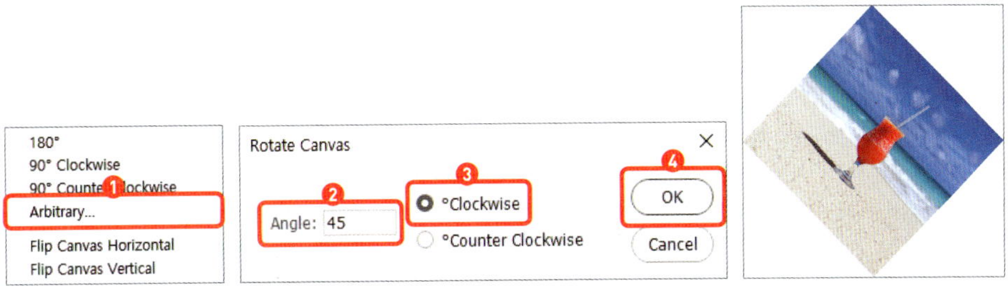

03 이미지 반전시키기 [Flip Canvas Horizontal]은 이미지를 수평으로 반전시키고, [Flip Canvas Vertical]은 이미지를 수직으로 반전시킵니다. 180° 회전은 설정한 시계 방향이나 시계 반대 방향으로 회전하는 것이므로 Flip 회전과는 다릅니다.

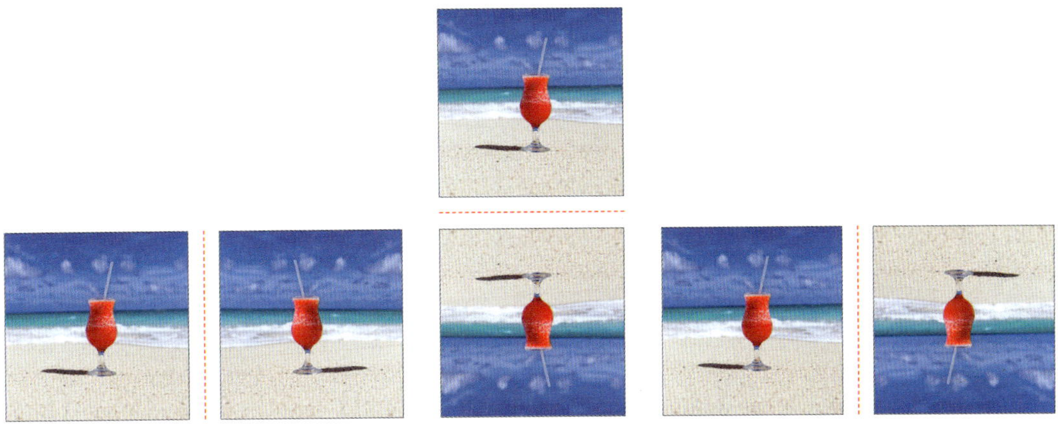

■ Flip Canvas Horizontal ■ Flip Canvas Vertical ■ 180° 회전

여러 레이어 중 원하는 레이어만 회전하기

01 준비 파일 불러오기 Chapter_02 ▸ Section_06 ▸ rotation.psd 파일을 불러와 원하는 레이어만 회전시켜 봅니다. 레이어 패널에서 회전시킬 Layer 2를 선택합니다.

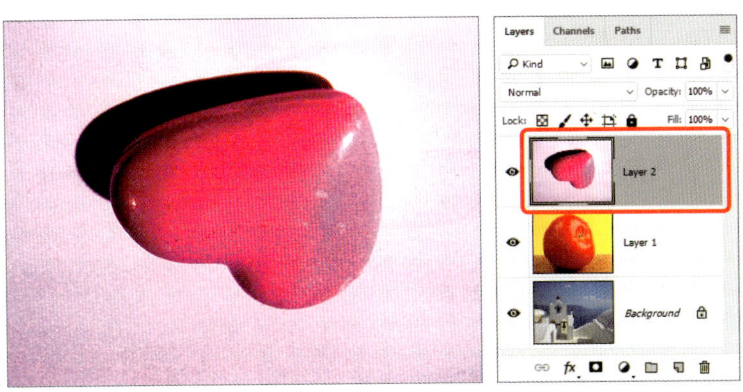

02 이미지 회전하기 메뉴 바에서 [Edit]–[Transform]–[Rotate 180°]를 선택하여 이미지를 회전시킵니다.

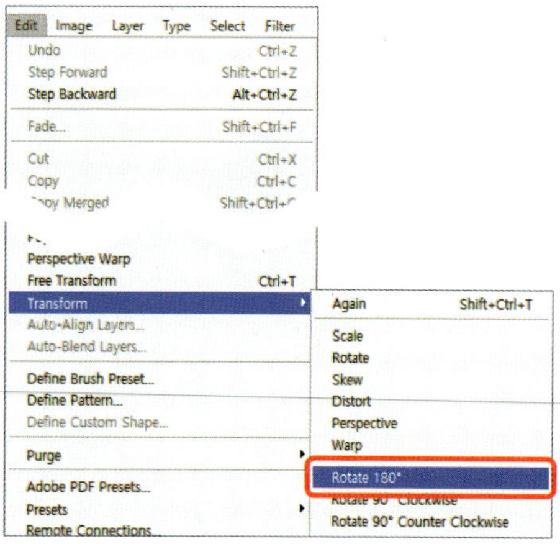

03 [Edit]의 하위 메뉴에서 회전시키면 선택한 레이어만 회전되고 다른 레이어는 그대로 유지됩니다. 반면 [Image]의 하위 메뉴에서 회전시키면 파일에 포함되어 있는 모든 레이어가 회전됩니다. 두 메뉴는 레이어를 보면 차이를 알 수 있습니다.

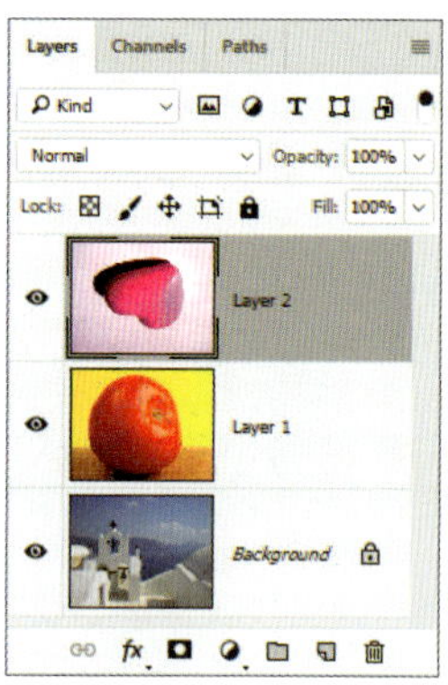

■ 원본 파일

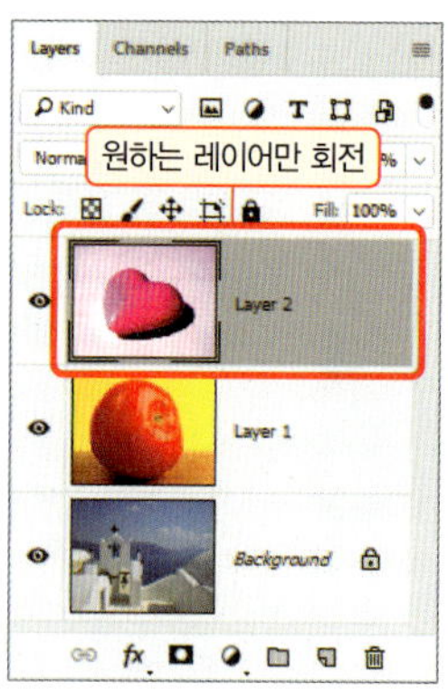

■ [Edit]의 하위 메뉴에서 회전

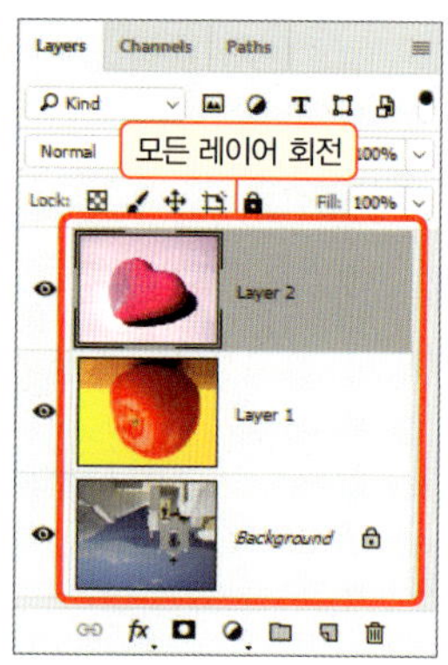

■ [Image]의 하위 메뉴에서 회전

SECTION

07 단계별 작업 과정 취소하기

• **핵심 기능 |** 히스토리 패널

작업을 하다 보면 몇 단계 전의 결과가 더 마음에 들거나 중간에 과정을 하나 빼고 다시 작업해야 하는 경우가 있습니다. 이럴 때 원하는 단계로 작업을 되돌리는 방법을 알아봅니다.

01 준비 파일 불러와서 Image Size 조절하기

Chapter_02 ▸ Section_07 ▸ tomato.jpg 파일을 불러옵니다. 메뉴 바에서 [Image]–[Image Size]를 선택하고 옵션 창에서 Width와 Height를 50, 단위를 Percent로 설정한 후 〈OK〉를 클릭합니다.

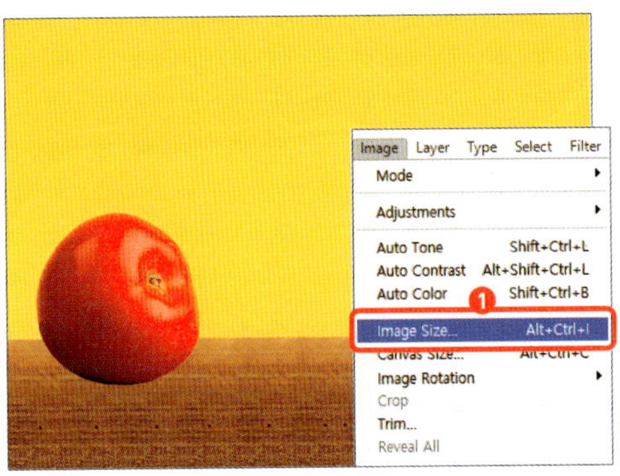

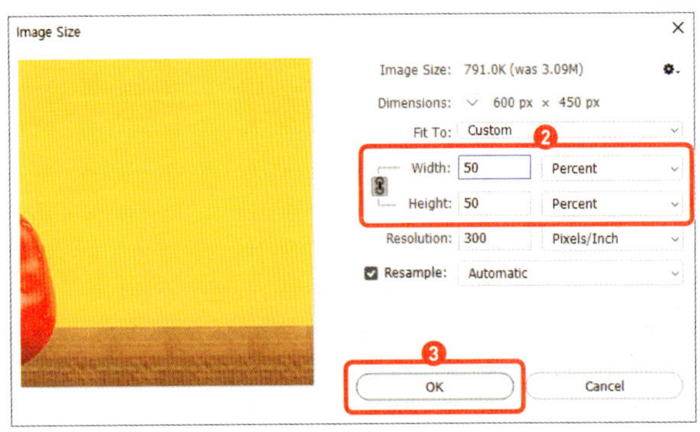

02 작업 내역 확인하기

히스토리 패널을 보면 파일을 연 후 이미지의 크기를 변경한 작업 내역이 쌓여 있습니다.

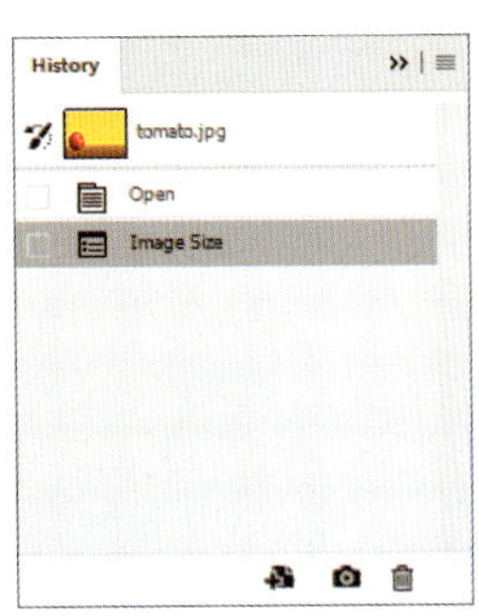

03 선택 영역 지정하기 메뉴 바에서 [Select]–[Subject]를 선택하여 이미지의 핵심 영역인 토마토를 선택합니다.

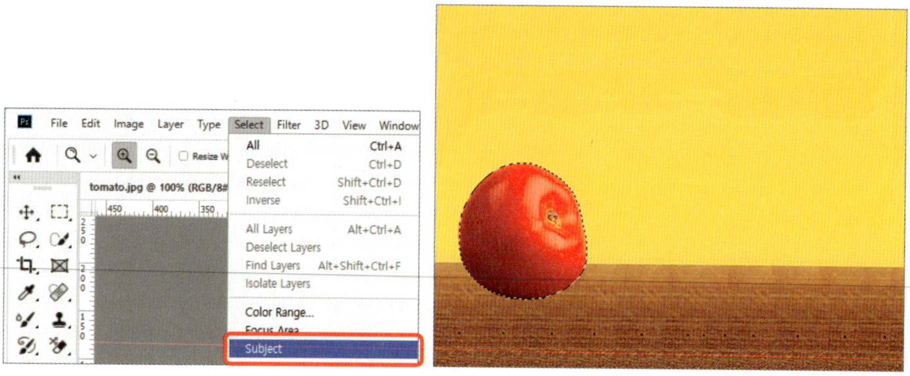

04 레이어 복제하기 Ctrl+J를 두 번 누릅니다. 레이어 패널을 보면 선택된 토마토 영역이 두 번 복제되어 있습니다.

05 이미지 이동하기 레이어 패널에서 Layer 1 copy 레이어가 선택된 상태에서 이동 툴(✥)을 선택하고 옵션 바의 Auto Select를 체크한 후 토마토를 맨 오른쪽으로 이동시킵니다. 같은 방법으로 Layer 1 레이어를 선택하고 토마토를 가운데로 이동시킵니다.

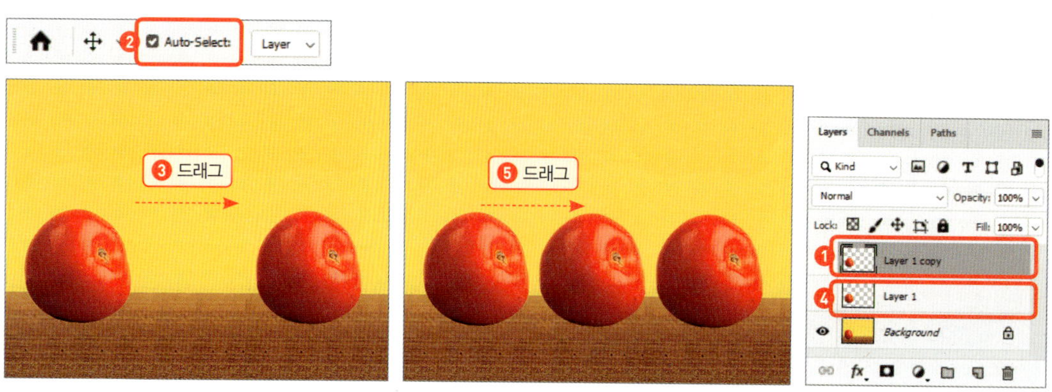

06 작업 내역 취소하기 히스토리 패널을 열어 보면 지금까지 작업한 과정이 순서대로 쌓여 있습니다. 이 내역을 한 칸씩 클릭해 올라가면 작업한 과정을 한 단계씩 취소할 수 있습니다. 또는 Ctrl+Z를 누를 때 마다 한 단계씩 과정을 되돌릴 수 있습니다.

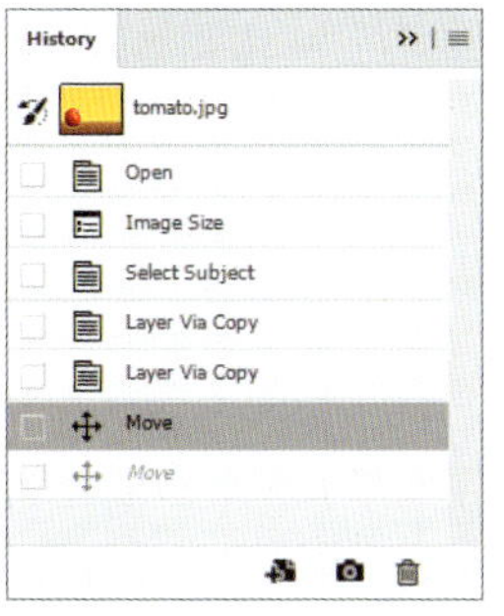

Tip 특정 순서까지 되돌린 후 새 작업을 추가하면 비활성화되어 있던 히스토리의 작업 과정은 모두 제거되고 새 작업 단계부터 추가됩니다. 또 파일을 저장하고 닫으면 히스토리 패널의 작업 과정은 모두 사라집니다. Photoshop CC 2019 이하 버전에서는 Ctrl+Z를 실행하면 한 번의 단계만 되돌릴 수 있습니다.

CHAPTER

03

이미지의 이동과 선택

포토샵을 사용할 때 가장 중요한 것은 이미지를 보정하거나 특수한 효과를 만들어 내는 기술이 아니라 어떤 이미지를 사용할지 선택하는 일입니다. 원본 이미지에서 필요한 부분을 정교하게 선택하거나 적당한 위치로 이동하여 배치하는 일은 결과물을 자연스럽게 만드는 중요한 역할을 합니다. 이번 장에서는 다양한 툴을 이용하여 이미지에서 필요한 부분을 선택한 후 복제하거나 잘라내는 방법을 알아봅니다.

SECTION 01

이미지 이동하기

• **핵심 기능** | 이동 툴[⊕](단축키 V)

이동 툴의 기능

이동 툴(Move Tool, [⊕])은 이미지의 전체 또는 일부를 이동하여 원하는 위치에 배치하는 툴입니다.

01 선택 영역 만들기 Chapter_03 ▸ Section_01 ▸ tulip.psd 파일을 불러옵니다. 메뉴 바에서 [Select]-[Subject]를 선택하여 튤립을 선택 영역으로 만듭니다. 이동 툴([⊕])을 선택하고 마우스를 선택 영역 안쪽으로 가져가면 마우스 포인터가 이동 툴([⊕])에서 가위 달린 이동 툴([✂])로 바뀝니다. 그 상태에서 원하는 방향으로 드래그하면 선택 영역의 이미지가 따라서 움직이고 원래 있던 자리는 배경색으로 채워집니다.

Tip Shift를 누른 채로 드래그하면 수직, 수평, 45° 방향으로만 이동합니다.

02 선택 영역 복제하기 Ctrl+Z를 눌러 튤립을 원래 위치로 되돌립니다. Alt를 누른 채로 마우스를 선택 영역 안쪽으로 가져가면 마우스 포인터가 [▶] 모양으로 바뀝니다. 그 상태에서 드래그하면 선택 영역이 복제됩니다.

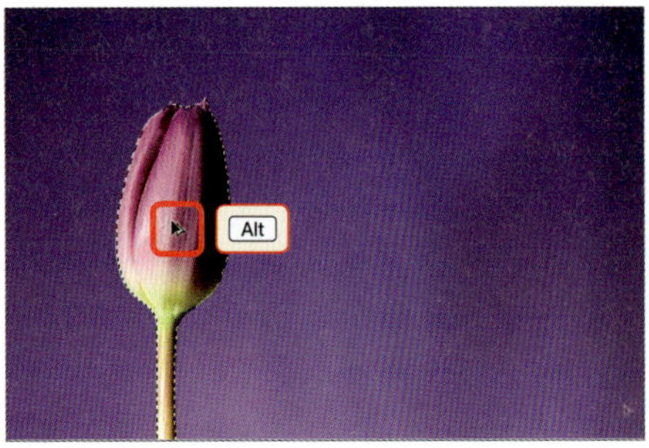

03 다른 창으로 복제하기 추가로 Chapter_03 ▸ Section_01 ▸ Skyblue.jpg 파일을 불러온 후 두 이미지의 제목 표시줄을 아래로 드래그하여 창을 분리합니다. tulip 창의 선택 영역을 Skyblue 창으로 드래그하면 튤립이 다른 창으로 복제됩니다.

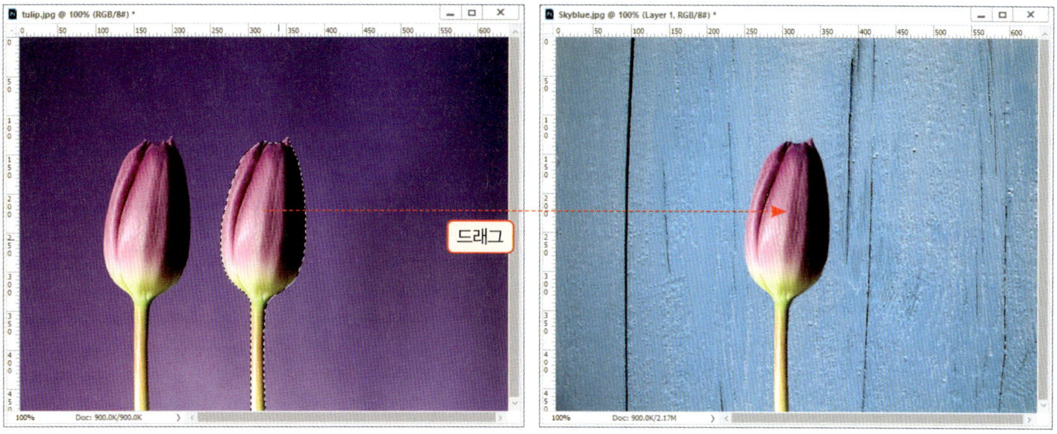

Tip 다른 툴을 선택한 상태에서 Ctrl을 누르면 대부분 이동 툴로 임시로 바뀝니다.

이동 툴의 옵션

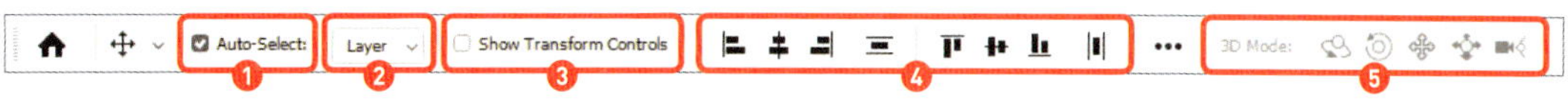

❶ **Auto-Select** 이 옵션이 체크된 상태에서 작업 화면의 오브젝트를 클릭하면 그 오브젝트가 있는 레이어를 자동으로 선택합니다. 작업 영역을 드래그하면 드래그한 영역에 있는 모든 오브젝트의 레이어를 선택합니다.

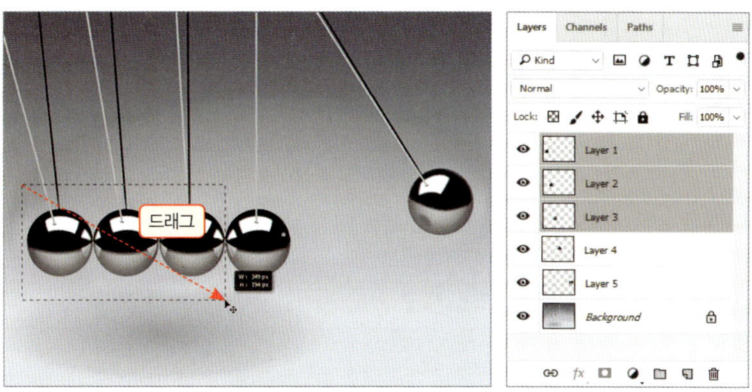

■ 드래그한 영역에 있는 모든 오브젝트의 레이어 선택(ball.psd)

❷ **Group/Layer** Group 옵션이 선택된 상태에서 그룹에 포함된 오브젝트를 클릭하면 그 오브젝트가 속한 그룹 레이어를 선택합니다.

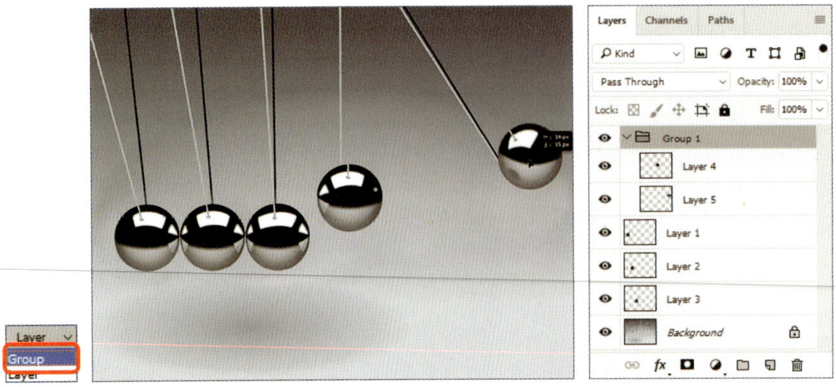

■ 그룹에 포함된 모든 레이어 선택(ball_group.psd)

❸ **Show Transform Controls** 이 옵션이 체크된 상태에서 오브젝트를 클릭하면 외곽에 바운딩 박스가 생깁니다. 바운딩 박스를 이용해 크기를 조절하거나 회전시킬 수 있습니다.

■ 선택한 오브젝트에 바운딩 박스 생성(ball.psd)

❹ **정렬** 여러 레이어를 선택하여 원하는 방식으로 정렬합니다.

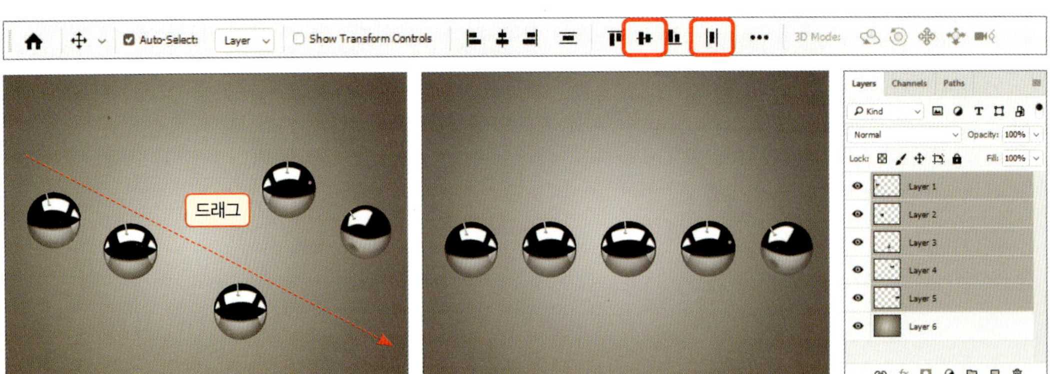

■ 정렬 전(ball2.psd) ■ 정렬 후

❺ 3D Mode 3D 오브젝트를 회전시키거나 옮깁니다.

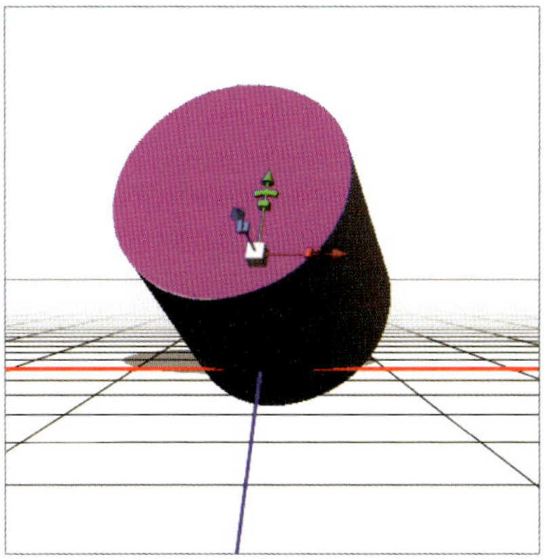

■ 3D 오브젝트 회전

이동 툴로 오브젝트를 이동, 복제, 정렬하기

01 준비 파일 불러오기 Chapter_03 ▸ Section_01 ▸ cook.psd 파일을 불러옵니다.

02 이미지 이동하기 이동 툴(✥)을 선택하고 옵션 바의 Auto-Select가 체크되어 있는 상태에서 맨 왼쪽 접시와 맨 오른쪽의 접시를 왼쪽 하단과 오른쪽 하단에 배치합니다.

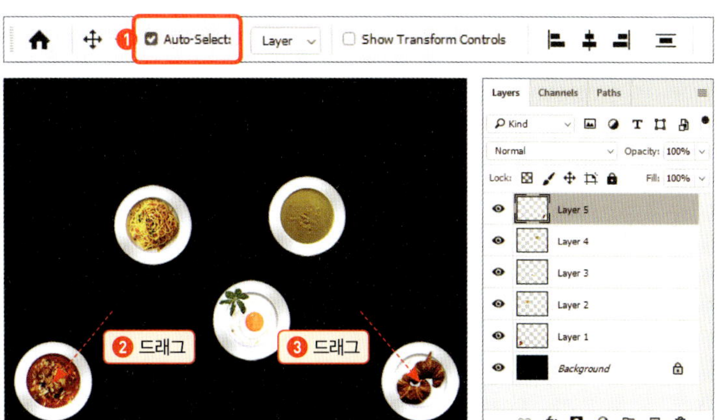

Tip Auto-Select가 체크된 상태에서 이미지를 선택하면 자동으로 해당 레이어가 선택됩니다.

03 이미지 정렬하기 레이어 패널에서 Layer 1을 선택하고 Shift를 누른 채로 Layer 5를 선택해 Layer 1~Layer 5까지 모두 선택합니다. 정렬 옵션에서 수직 아래쪽 정렬( )과 수평 가운데 분배( )를 클릭하면 모든 접시가 화면 하단에 나란히 정렬됩니다.

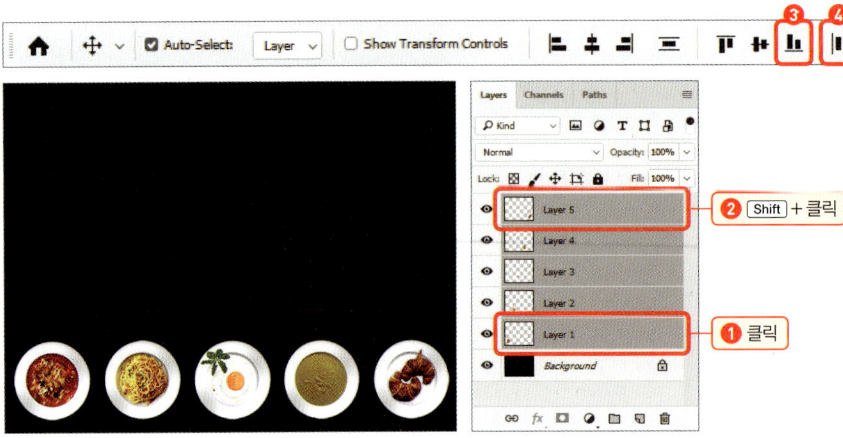

04 레이어 그룹 만들기 Layer 1~Layer 5까지 선택된 상태에서 레이어 패널의 새 그룹 만들기 버튼( )을 클릭합니다. Group 1 폴더가 생성되면서 선택한 레이어들이 폴더 안으로 들어갑니다.

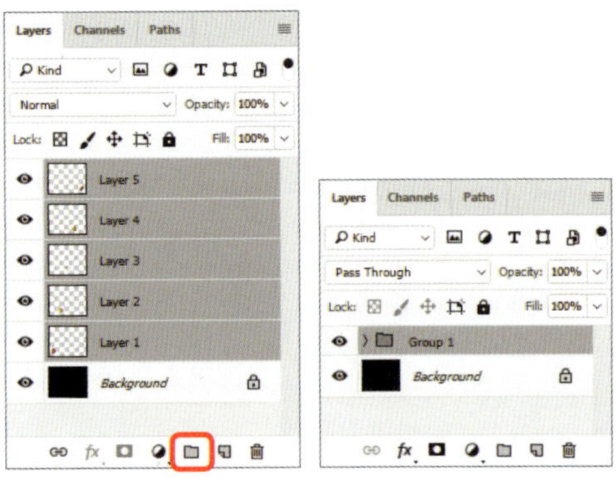

05 레이어 그룹 복제하기 레이어 패널에서 Group 1 폴더를 선택하고 새 레이어 만들기 버튼( )으로 드래그하면 Group 1 폴더가 복제되어 Group 1 copy 폴더가 생깁니다. 이때 복제된 오브젝트는 같은 위치에 겹쳐 있으므로 화면에는 접시가 5개로 보이지만 실제로는 10개입니다.

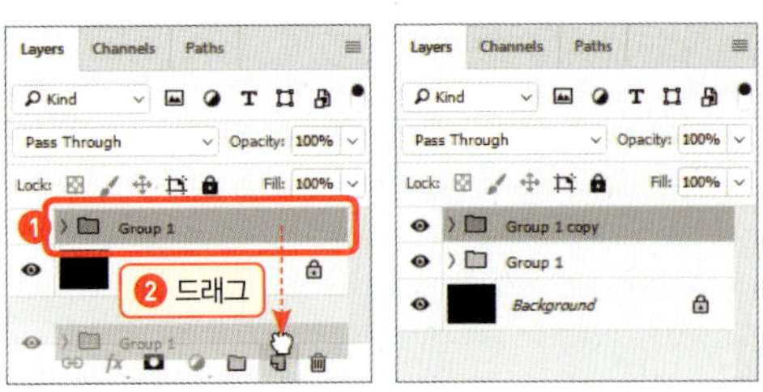

06 그룹 레이어 이동하기 Group 1 copy 폴더가 선택된 상태에서 옵션 바에서 Group으로 설정한 다음 접시를 위쪽으로 드래그합니다. 각 접시마다 레이어가 따로 있지만 그룹으로 묶인 이미지는 한꺼번에 이동합니다.

07 오브젝트 선택 영역 만들기 Group 1 copy 폴더 앞에 있는 ▷ 표시를 클릭하면 숨겨진 레이어가 보입니다. Layer 3을 선택하고 Ctrl 을 누른 채 섬네일에 마우스를 올리면 포인터가 손가락(☝) 모양으로 바뀝니다. 이때 섬네일을 클릭하면 Layer 3에 있는 접시 모양대로 선택 영역이 생깁니다.

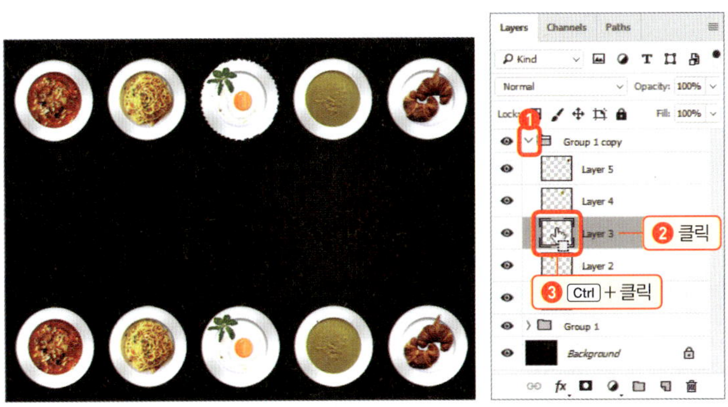

08 오브젝트 복제하기 Alt 를 누른 채로 선택 영역을 아래로 드래그하면 해당 접시만 복제됩니다.

09 오브젝트 확대하기 옵션 바에서 컨트롤이 보이도록 Show Transform Controls를 체크합니다. 바운딩 박스가 나타나면 모서리를 드래그하여 원하는 크기로 키운 후 Enter를 누르거나 옵션 바의 실행 버튼(✓)을 클릭하여 이미지 크기를 확정합니다.

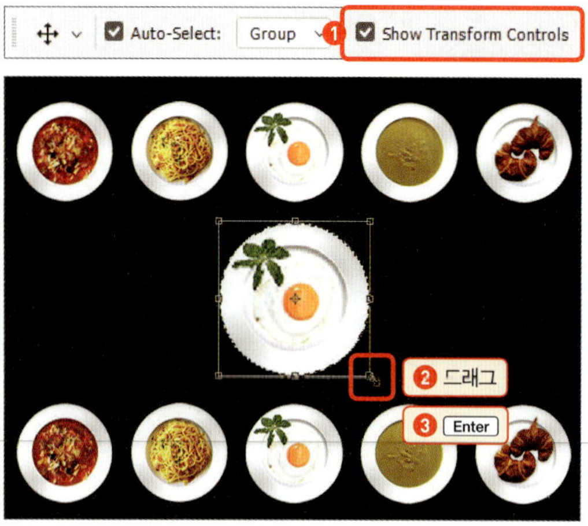

10 선택 영역 해제하기 옵션 바에서 Show Transform Controls의 체크를 해제해도 선택 영역이 계속 남아 있습니다. Ctrl+D를 눌러 선택 영역을 없애고 최종 이미지를 확인합니다.

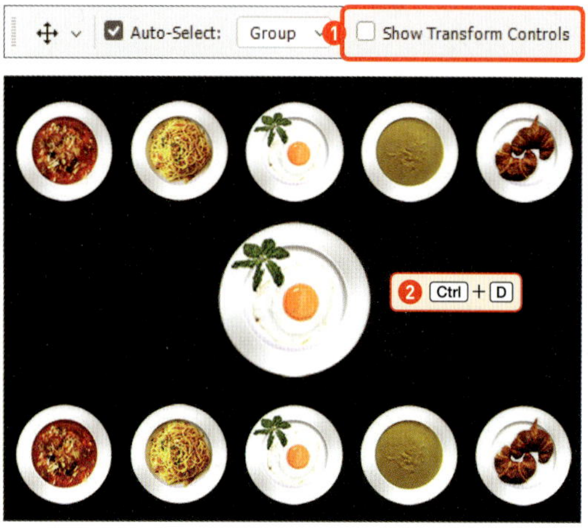

혼자 해보기 | **오브젝트를 세로 방향으로 정렬하기**

• **준비 파일** ball2.psd • **완성 파일** ball2_result.psd

기준이 될 오브젝트 2개를 골라 이동 툴(✥)로 각각 이미지 상단의 가운데와 하단의 가운데로 이동하고 세로 너비 동일 간격으로 정렬해 봅니다.

■ 준비 이미지

■ 완성 이미지

SECTION 02

사각형으로 선택하기

• **핵심 기능 |** 사각형 선택 툴[⬚](단축키 [M]), Transform 메뉴

사각형 선택 툴의 기능

사각형 선택 툴(Rectangular Marquee Tool, [⬚])은 이미지를 직사각형이나 정사각형 모양으로 선택합니다. 시작 지점을 클릭하고 드래그하면 사각형의 선택 영역이 만들어집니다. 처음 선택 영역을 만들 때 Alt를 누른 채로 드래그하면 클릭한 지점을 중심으로 사방으로 선택 영역이 확장되고, Shift를 누른 채로 드래그하면 정사각형이 만들어집니다.

선택 영역이 있는 상태에서 Shift를 누른 채로 드래그하면 기존에 선택해 둔 영역과 선택 영역이 합쳐지고, Alt를 누른 채로 드래그하면 기존에 선택해 둔 영역에서 선택 영역이 빠집니다. Shift와 Alt를 누른 채로 드래그하면 서로 겹쳐진 부분만 선택 영역으로 남습니다. 선택 영역을 더하고 빼는 방법은 다음 페이지의 사각형 선택 툴의 옵션에서 자세히 살펴봅니다.

■ 시작 지점을 클릭하고 드래그(cup.jpg)

■ 사방으로 선택 영역 지정

■ 정사각형 모양으로 선택 영역 지정

■ 선택 영역이 있는 상태에서 새로운 선택 영역 추가

사각형 선택 툴의 옵션

1 병합 모드 선택 영역을 더하거나 빼는 역할을 합니다.

■ 새 영역 만들기

■ 선택 영역 더하기 : Shift를 누른 효과

■ 선택 영역 빼기 : Alt를 누른 효과

■ 선택 영역 곱하기 : Alt+Shift를 누른 효과

❷ Feather 선택 영역의 가장자리를 반투명으로 만들어 부드러운 느낌을 줍니다. 값을 높게 설정할수록 가장자리가 부드럽게 표현됩니다.

■ Feather : 0px

■ Feather : 10px

■ Feather : 30px

❸ Anti-alias 포토샵은 대표적인 비트맵 프로그램입니다. 비트맵 이미지는 별개의 색상을 가진 작은 픽셀로 이루어져 있습니다. 이미지를 확대하면 정사각형 모양의 픽셀을 볼 수 있는데, Anti-alias는 이미지의 가장자리에 거칠어 보이는 점들(계단 현상)을 부드럽게 보이도록 표현해 줍니다.

■ Anti-alias를 체크한 경우

■ Anti-alias를 체크하지 않은 경우

❹ Style Normal(보통)은 자유로운 크기와 비율로 선택 영역을 지정하고, Fixed Ratio(고정 비율)은 입력한 비율대로 너비와 높이를 설정하며, Fixed Size(고정 크기)는 입력한 크기대로 선택 영역을 지정합니다.

■ 4:3 비율로 선택 영역 지정

■ 너비와 높이를 360px로 선택 영역 지정

❺ Select and Mask 선택한 영역의 가장자리를 미리보기로 보면서 보정합니다.

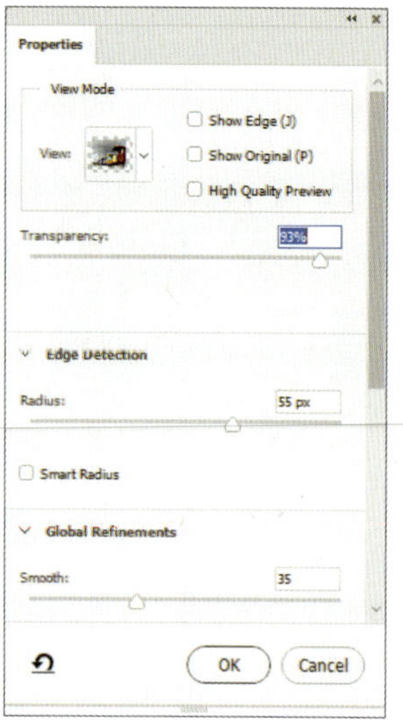

사각형 선택 툴로 선택 영역을 더하고 빼기

01 선택 영역 지정하기 Chapter_03 ▸ Section_02 ▸ candy.psd 파일을 불러옵니다. 사각형 선택 툴(⬚)로 왼쪽 위에서 오른쪽 아래로 드래그하여 선택 영역을 지정합니다. 마우스 포인터를 선택 영역 안쪽으로 가져가면 마우스 포인터가 ⬚ 모양으로 바뀌는데, 이때 드래그하면 선택 영역을 원하는 위치로 옮길 수 있습니다.

02 선택 영역 해제하기 메뉴 바에서 [Select]-[Deselect]를 선택하거나 단축키 Ctrl+D를 누르면 선택 영역이 해제됩니다. 작업 화면에서 선택 영역 바깥쪽을 클릭해도 선택 영역이 해제됩니다.

03 선택 영역 더하기 Shift를 누른 채로 드래그하여 정사각형 모양으로 선택 영역을 지정합니다. 그 상태에서 Shift를 누른 채 드래그하면 마우스 포인터가 ⬚ 모양으로 바뀌면서 선택 영역이 추가됩니다. 이때 추가되는 선택 영역은 정사각형이 아닙니다.

04 선택 영역 빼기 Ctrl+D를 눌러 선택 영역을 해제하고 이번에는 Alt를 누른 채로 드래그합니다. 클릭한 지점을 중심으로 사방으로 선택 영역이 늘어납니다. 선택 영역이 지정된 상태에서 Alt를 누른 채 드래그하면 마우스 포인터가 ⬚ 모양으로 바뀌면서 원래 선택 영역에서 겹쳐진 부분의 선택 영역이 제외됩니다.

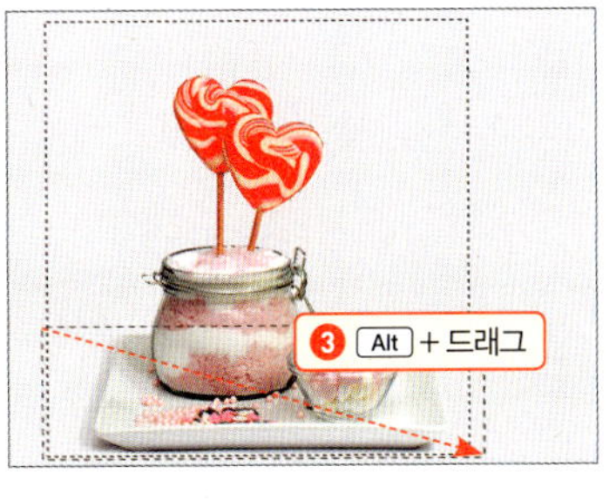

05 선택 영역 곱하기 Ctrl+D를 눌러 선택 영역을 해제한 후 다시 임의의 선택 영역을 지정합니다. 이번에는 Shift와 Alt를 동시에 누른 채로 지정된 선택 영역과 일부분이 겹치도록 드래그합니다. 마우스 포인터가 [아이콘] 모양으로 바뀌면서 겹쳐진 부분의 선택 영역만 남습니다.

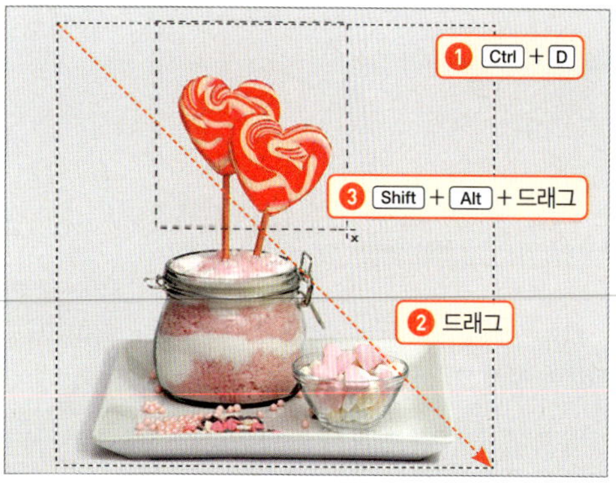

06 선택 영역 가장자리 흐리게 만들기 옵션 바에서 Feather를 20px로 입력하고 드래그하면 모서리가 둥근 사각형 모양으로 선택 영역이 만들어집니다. 이처럼 Feather는 가장자리를 흐리게 만드는 역할을 하는데 값이 클수록 더 많이 흐려집니다.

Tip Feather 값을 높게 입력하고 선택 영역을 작은 크기로 드래그하면 선택 영역을 표시할 수 없다는 메시지가 뜹니다. Feather 값은 선택 영역의 45%를 넘지 않아야 합니다.

07 가장자리 조절하기 Feather가 어떤 역할을 하는지 확인하기 위해 옵션 바의 〈Select and Mask〉를 클릭합니다. 왼쪽 그림처럼 가장자리가 흐리게 변한 것을 확인할 수 있습니다. 오른쪽 그림은 Feather를 0px으로 설정한 상태입니다. 〈OK〉를 클릭해 속성 패널을 빠져나옵니다.

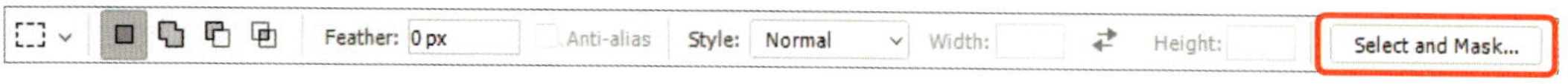

■ Feather : 20px

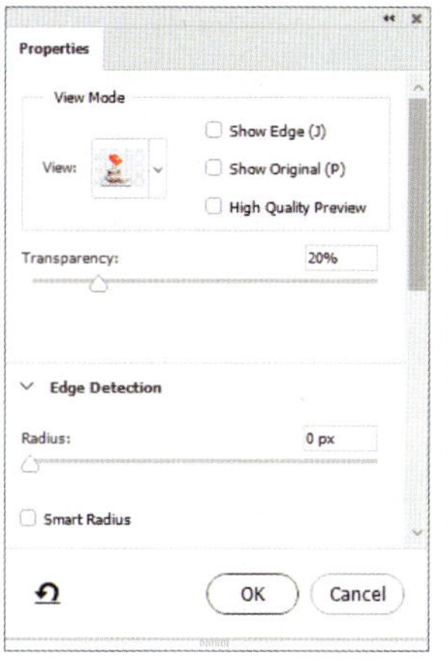

■ Feather : 0px

08 너비와 높이 비율 설정하기 옵션 바에서 Style을 Fixed Ratio로 선택하고 Width를 4, Height를 3으로 입력한 다음 화면을 드래그하면 선택 영역의 너비와 높이 비율이 4:3으로 유지되면서 선택됩니다.

09 크기 지정하기 옵션 바에서 Style을 Fixed Size로 선택하고 Width와 Height를 300px로 입력한 다음 화면을 클릭합니다. 너비와 높이가 300픽셀인 선택 영역이 만들어집니다.

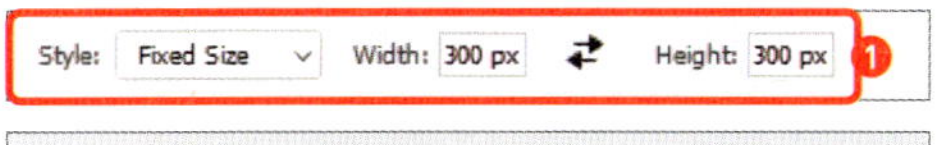

Transform 메뉴로 선택 영역 확대/축소하기

Transform 메뉴를 이용하면 이미지의 전체 혹은 선택한 부분만 확대/축소할 수 있고 회전 중심을 설정한 후 회전시킬 수도 있습니다.

01 준비 파일 불러오기 Chapter_03 ▸ Section_02 ▸ sky.psd 파일을 불러옵니다.

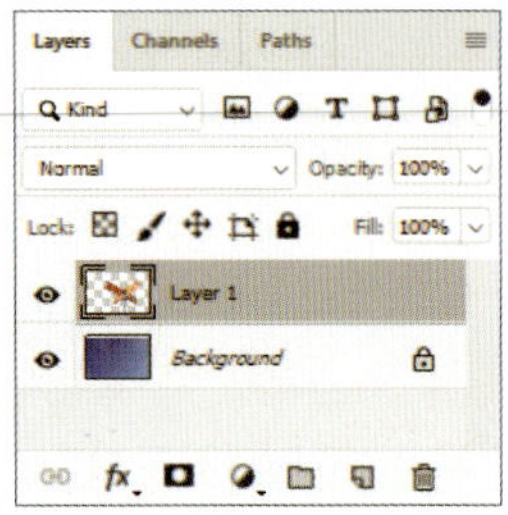

02 이미지 크기 변경하기 단축키 Ctrl+T를 눌러 이미지에 바운딩 박스를 표시합니다. 마우스를 바운딩 박스의 상하좌우 모서리로 가져가 마우스 포인터가 ⤢ 모양으로 바뀌면 안쪽으로 드래그합니다. 이미지의 비율이 유지된 채 축소됩니다.

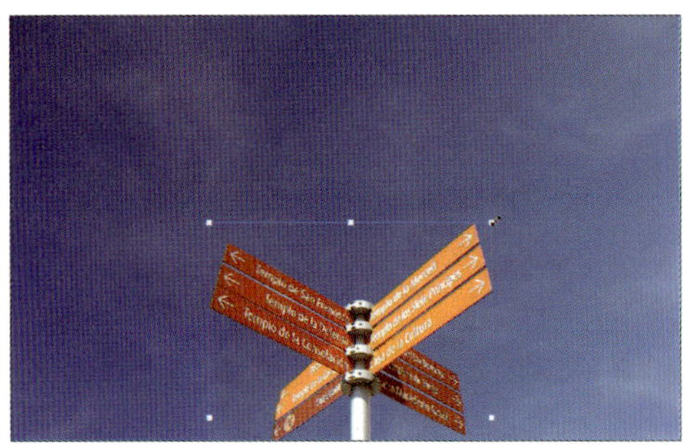

03 수직 방향으로 이미지 크기 변경하기 마우스를 바운딩 박스의 상단 중심에 가져갑니다. 마우스 포인터가 수직 방향의 ↕ 모양으로 바뀌면 위로 드래그합니다. 이미지의 비율을 유지한 채 이미지가 확대됩니다.

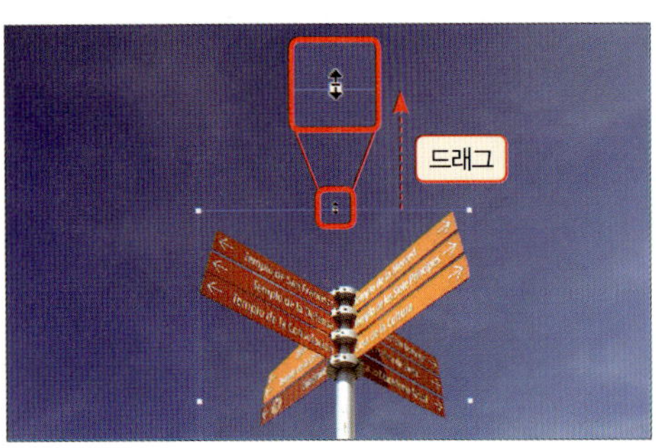

Tip 마우스를 바운딩 박스의 좌우 중심으로 가져가면 마우스 포인터가 수평 방향의 ↔ 모양으로 바뀝니다. 이때는 이미지를 좌우로 드래그하여 확대/축소할 수 있습니다.

04 이미지 회전하기 마우스를 바운딩 박스의 모서리에서 살짝 벗어난 곳에 올리면 마우스 포인터가 모양으로 바뀝니다. 이때 드래그하면 이미지가 회전합니다.

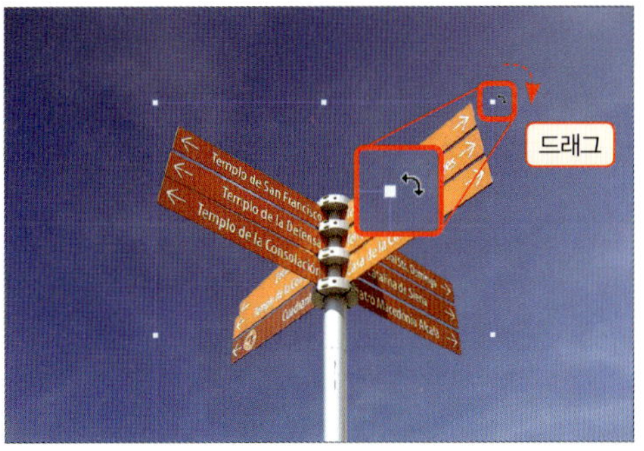

05 회전 기준점을 중심으로 회전하기 옵션 바에서 기준점을 체크하면 이미지 중앙에 회전 기준점이 나타납니다. 그 상태에서 드래그하면 회전 기준점을 중심으로 이미지가 회전합니다.

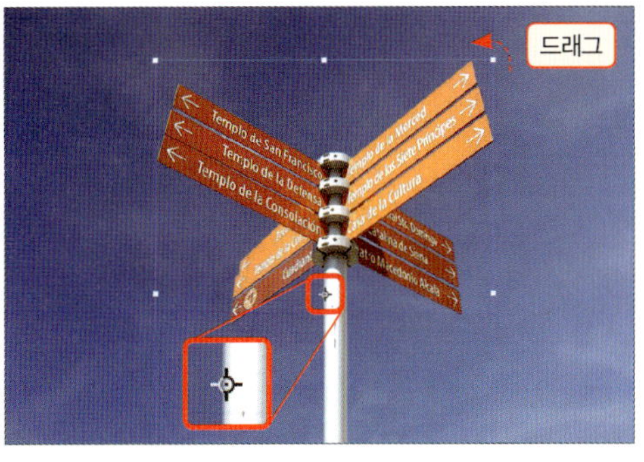

06 회전 기준점을 이동한 후 회전하기 회전 기준점을 드래그하여 원하는 위치로 이동한 후 이미지를 회전합니다. 회전 기준점을 중심으로 회전되는 방향이 달라지는 것을 확인할 수 있습니다.

07 회전 기준점의 위치 변경하기 옵션 바의 바운딩 박스 아이콘에 있는 점을 클릭하면 이미지의 회전 기준점이 클릭한 위치로 옮겨집니다. 옮겨진 회전 기준점을 기준으로 회전시켜 봅니다.

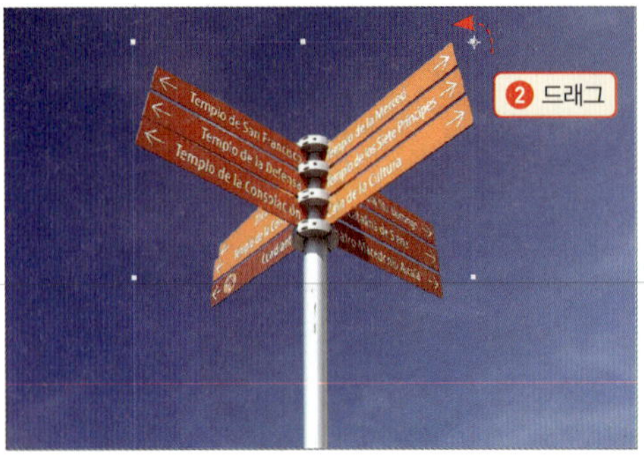

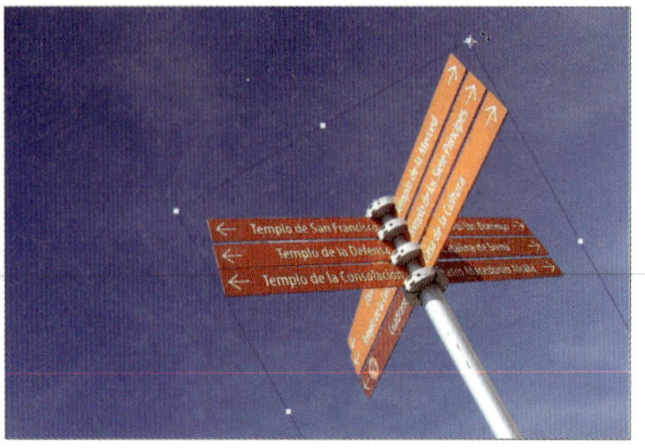

08 트랜스폼 종료하기 바운딩 박스 바깥의 빈 곳을 클릭하거나, 옵션 바의 실행 버튼(✓)을 클릭하거나, Enter 를 눌러 트랜스폼을 종료합니다.

• **준비 파일** long.jpg • **완성 파일** long_result.jpg

응용 예제 모델 다리 늘리기

사각형 선택 툴(⬚)과 트랜스폼 기능을 이용하여 모델의 다리를 자연스럽게 늘려봅니다.

■ 준비 이미지

■ 완성 이미지

01 Chapter_03 ▸ Section_02 ▸ long.jpg 파일을 불러옵니다. 사각형 선택 툴([⬚])로 모델 다리 부분의 좌우가 꽉 차도록 드래그하여 선택 영역을 지정합니다.

Tip 선택 영역이 왼쪽 그림처럼 지정되지 않으면 옵션 바의 Feather는 0px, Style은 Normal로 설정하고 다시 선택 영역을 지정합니다.

02 Ctrl + T를 눌러 바운딩 박스를 만들고 마우스를 바운딩 박스의 하단 중앙에 올립니다. 마우스 포인터가 [↕] 모양으로 바뀌면 Shift를 누른 채 아래로 드래그합니다.

Tip 선택 영역을 이미지의 좌우로 꽉 차도록 지정하지 않으면 발이 기형적으로 커질 수 있고 배경까지 같이 늘어나 자연스럽지 못할 수도 있습니다. 선택 영역을 지정할 때 반드시 좌우가 꽉 차도록 지정합니다.

■ 발이 기형적으로 커진 이미지

■ 배경이 자연스럽지 못한 이미지

03 원하는 길이가 되었으면 옵션 바의 실행 버튼(✓)을 클릭하여 바운딩 박스를 없앱니다. Ctrl+D를 눌러 선택 영역을 해제하고 이미지를 확인합니다.

SECTION

03 원형으로 선택하기

• **핵심 기능 |** 원형 선택 툴◯(단축키 M)

원형 선택 툴의 기능

원형 선택 툴(Elliptical Marquee Tool, ◯)은 이미지를 타원이나 정원 모양으로 선택합니다. 시작 지점을 클릭하고 드래그하면 선택 영역이 원 모양으로 만들어집니다. 선택 영역을 만들 때 Alt를 누른 채로 드래그하면 클릭한 지점을 중심으로 사방의 선택 영역이 늘어나고, Shift를 누른 채로 드래그하면 정원이 만들어집니다.

선택 영역이 지정된 상태에서 Shift를 누른 채로 드래그하면 기존에 선택해 둔 영역과 선택 영역이 합쳐지고, Alt를 누른 채로 드래그하면 기존에 선택해 둔 영역에서 선택 영역이 제외됩니다. Shift와 Alt를 누른 채로 드래그하면 겹쳐진 부분만 선택 영역으로 남습니다. 선택 영역을 더하고 빼는 방법은 사각형 선택 툴의 사용 방법과 같습니다.

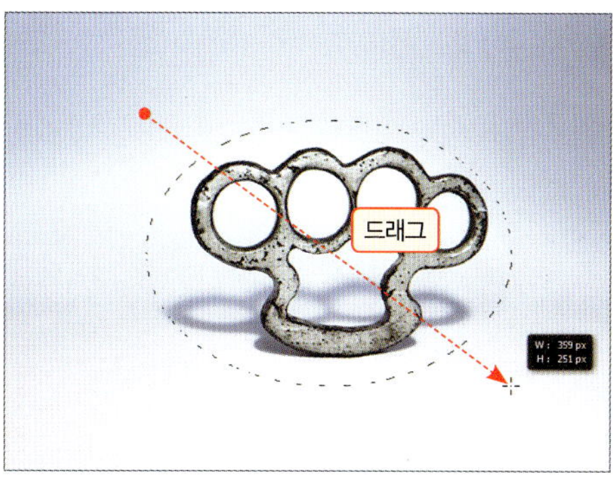

■ 시작 지점을 클릭하고 드래그(brass.jpg)

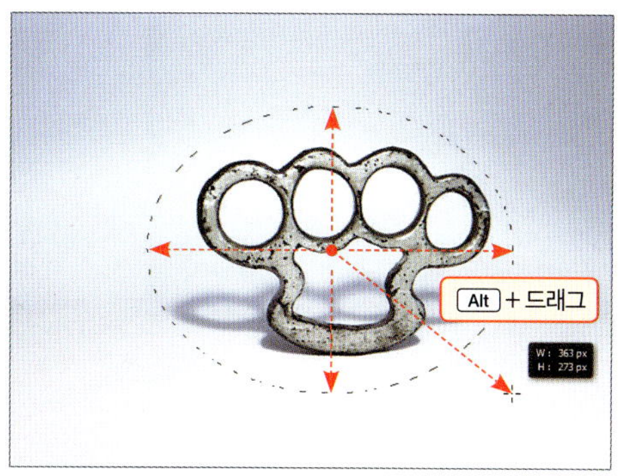

■ 사방으로 선택 영역 지정

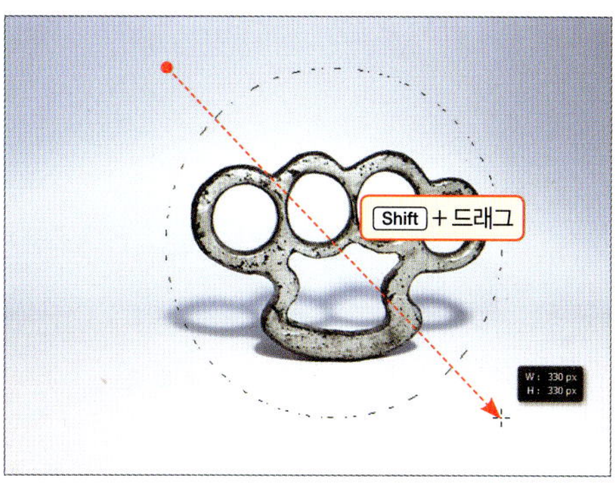

■ 정원 모양으로 선택 영역 지정

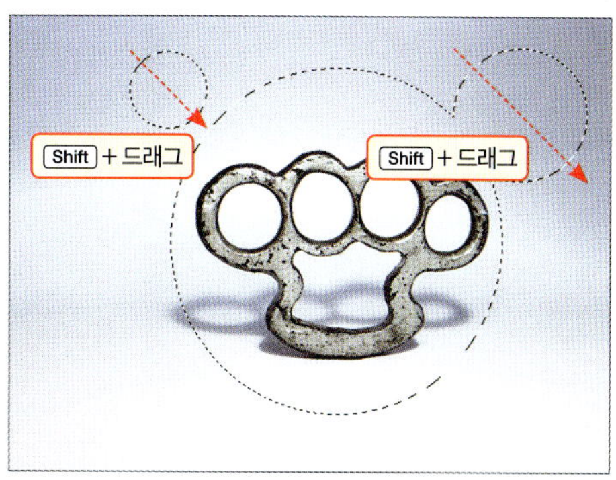

■ 선택 영역이 있는 상태에서 새로운 선택 영역 추가

원형 선택 툴로 선택 영역 지정하기

01 선택 영역 지정하기 Chapter_03 ▸ Section_03 ▸ flower.psd 파일을 불러옵니다. 원형 선택 툴(◌)을 선택하고 왼쪽 상단에서 하단으로 드래그하여 원 모양을 만듭니다.

Tip 선택 영역을 해제하려면 메뉴 바에서 [Select]-[Deselect]를 선택하거나 단축키 Ctrl+D를 누릅니다. 작업 화면에서 선택 영역 바깥쪽을 클릭해도 선택 영역이 해제됩니다.

02 선택 영역 옮기기 모든 선택 영역은 선택 영역 안쪽을 드래그하여 위치를 옮길 수 있습니다. 마우스 포인터를 선택 영역 안쪽에 두고 이동할 방향으로 드래그합니다.

03 선택 영역 더하기 선택 영역이 하나라도 있는 때 Shift를 누른 채로 드래그하면 마우스 포인터가 ⬚ 모양으로 바뀌면서 드래그한 영역이 선택 영역으로 추가됩니다. 아래 그림과 같이 선택 영역을 추가합니다.

04 선택 영역 빼기 Ctrl+D를 눌러 선택 영역을 해제합니다. Alt를 누른 채로 드래그하면 클릭한 지점을 중심으로 사방으로 선택 영역이 만들어집니다. 그 상태에서 Alt를 누른 채로 드래그하면 마우스 포인터가 ⊹ 모양으로 바뀌면서 겹쳐진 부분이 선택 영역에서 삭제됩니다.

05 여러 개의 선택 영역 만들기 Ctrl+D를 눌러 선택 영역을 해제하고 꽃이 선택되도록 드래그하여 큰 원을 그립니다. 그리고 Shift를 누른 채로 드래그하여 작은 원을 몇 개 더 그립니다.

06 선택 영역 모서리 변경하기 메뉴 바에서 [Select]–[Modify]–[Feather]를 선택합니다. 옵션 창이 열리면 Feather Radius(페더 반경)를 10으로 입력하고 〈OK〉를 클릭합니다. 선택 영역이 조금 부드러워집니다.

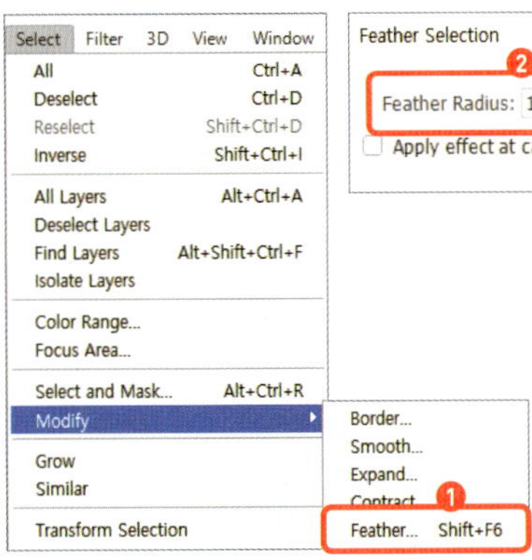

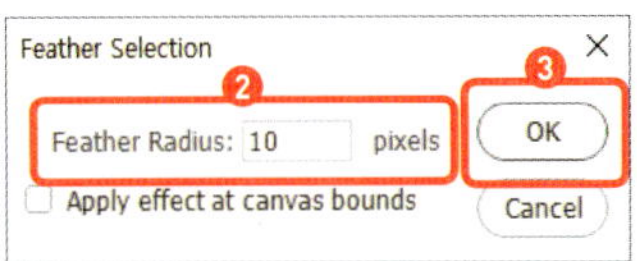

Tip 옵션 창에서 Feather를 설정하려면 선택 영역을 만들기 전에 미리 체크해야 합니다. [Select]–[Modify]–[Feather]는 선택 영역을 만든 다음 Feather 값을 적용하거나 수정할 때 사용합니다.

07 선택 영역 반전시키기 메뉴 바에서 [Select]-[Inverse]를 선택하거나 Ctrl+Shift+I를 눌러 선택 영역을 반전시킵니다.

08 선택 영역 삭제하기 Delete를 누르면 선택 영역이 삭제되면서 남아 있는 부분의 가장자리가 Feather 값에 의해 부드럽게 잘린 것을 확인할 수 있습니다. 삭제된 부분은 Background 레이어의 색상인 흰색으로 보입니다. 작업 화면을 클릭하거나 Ctrl+D를 눌러 선택 영역을 해제합니다.

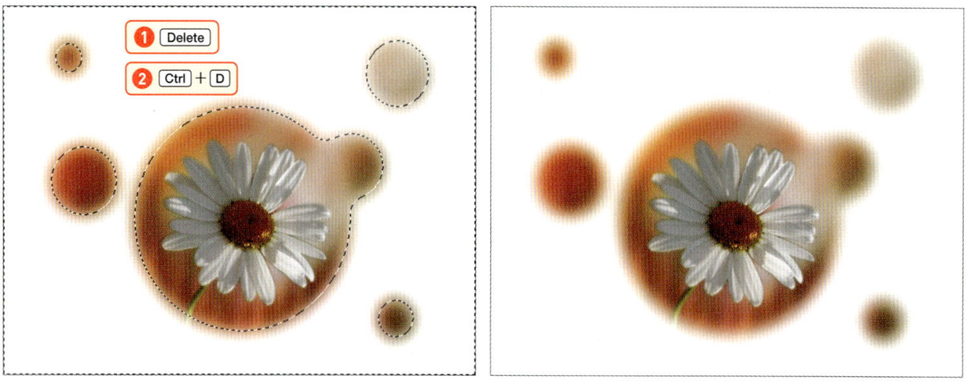

여기서 잠깐 [Select]-[Modify]의 하위 메뉴 살펴보기

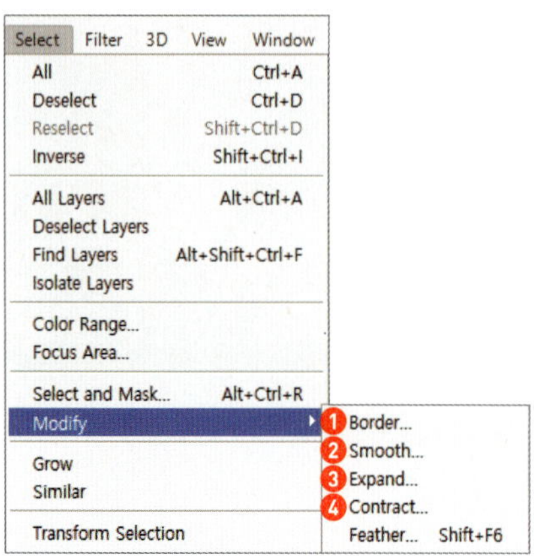

❶ Border 옵션 값만큼 선택 영역의 테두리 안쪽으로 선택 영역을 만듭니다.

❷ Smooth 별 모양처럼 들어가고 나온 부분의 선택 영역을 옵션 값만큼 부드럽게 만듭니다.

❸ Expand 선택 영역을 옵션 값만큼 확대합니다.

❹ Contract 선택 영역을 옵션 값만큼 축소합니다.

Tip 위에서 소개한 옵션은 값을 작게 입력해야 선명하고 깔끔하게 작업할 수 있습니다. 값을 크게 입력하면 선택 영역의 모양이 울퉁불퉁해져 깔끔하지 않습니다.

응용 예제 이벤트 배너 만들기

원형 선택 툴(◯)로 순서가 있는 내용을 표시하는 이벤트 배너를 만들어 봅니다.

■ 완성 이미지

01 메뉴 바에서 [File]-[New]를 선택하고 옵션 창에서 Width는 500Pixels, Height는 300Pixels를 입력한 후 〈Create〉를 클릭합니다.

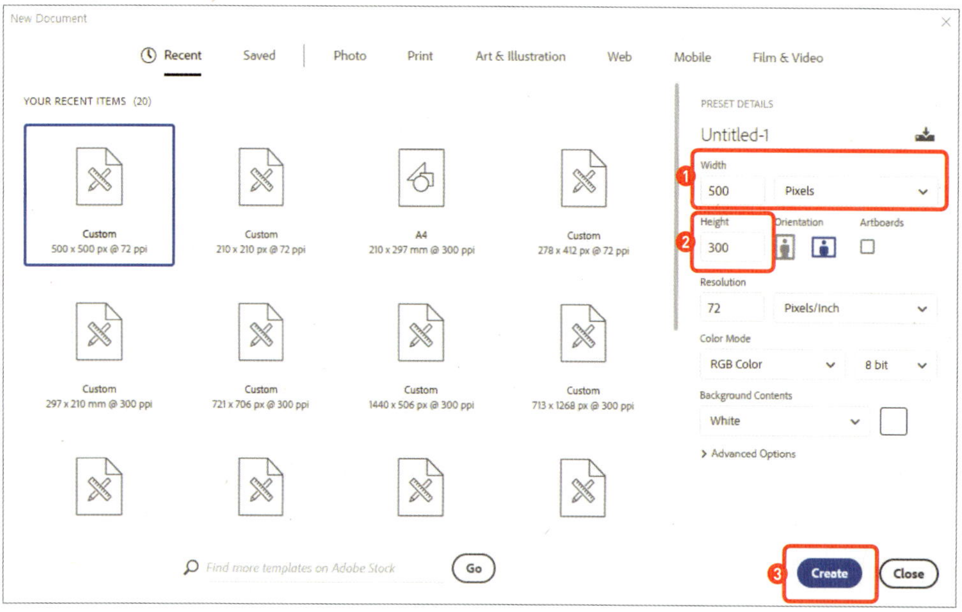

02 툴 박스의 전경색(■)을 클릭한 후 색상 피커 창에서 분홍색(#FFCED0)으로 설정한 후 〈OK〉를 클릭합니다. 작업 화면에서 Alt+Delete를 눌러 전경색으로 채웁니다.

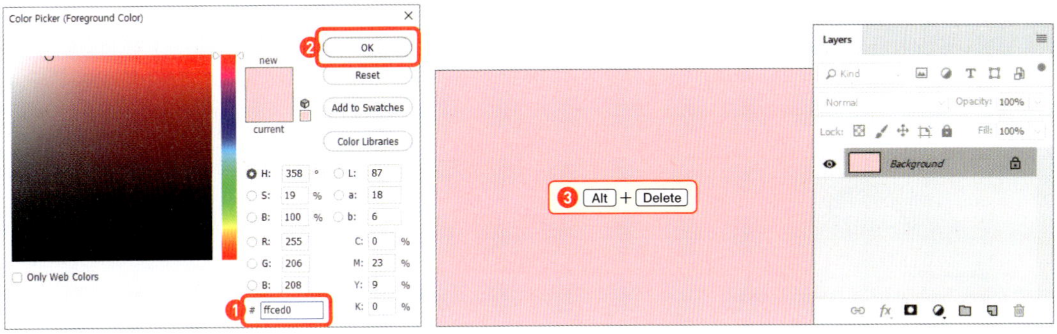

Tip Alt + Delete 를 누르면 전경색이, Ctrl + Delete 를 누르면 배경색이 채워집니다.

03 새 레이어 만들기 버튼(◘)을 클릭해 새 레이어를 추가합니다. 원형 선택 툴(◌)을 선택하고 옵션 바에서 Style을 Fixed Size, Width와 Height는 280px로 입력한 후 작업 화면을 클릭해 지름이 280픽셀인 정원을 만듭니다. 전경색(■)을 클릭한 후 보라색(#91406B)으로 지정한 후 작업 화면에서 Alt + Delete 를 눌러 선택 영역의 내부를 채웁니다.

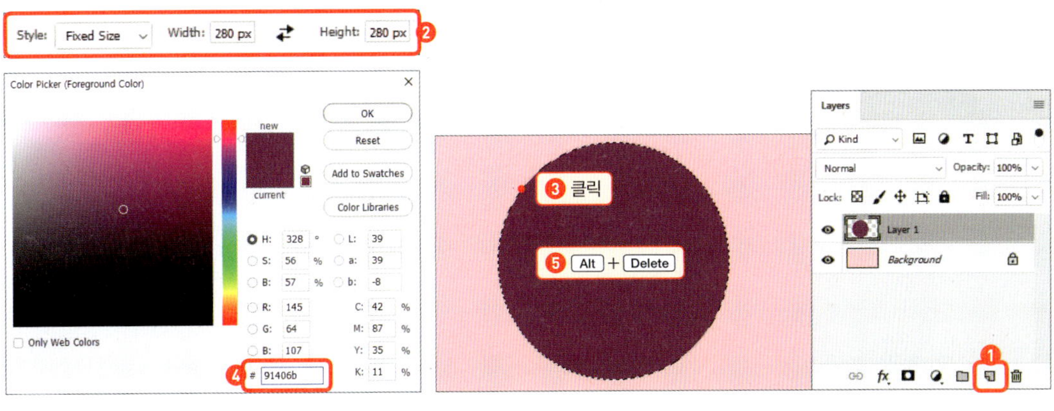

04 새 레이어 만들기 버튼(◘)을 클릭해 새 레이어를 추가합니다. 원형 선택 툴(◌)의 옵션 바에서 Width와 Height를 각각 220px로 입력한 후 작업 화면을 클릭하여 정원을 만듭니다. 전경색(■)을 클릭한 후 진한 분홍색(#E7637A)으로 지정하고 작업 화면에서 Alt + Delete 를 눌러 선택 영역의 내부를 채웁니다.

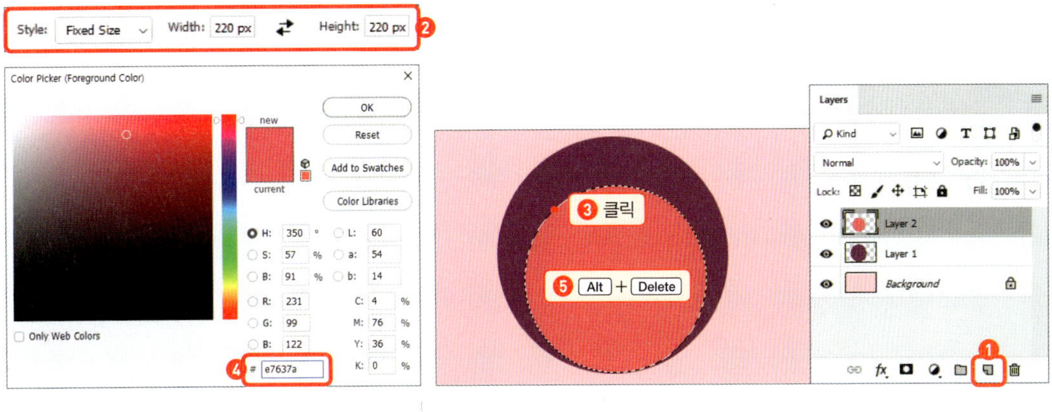

05 같은 방법으로 새 레이어를 추가한 후 Width와 Height가 160px이고 주황색(#E66B2F)으로 채워진 정원을 만듭니다.

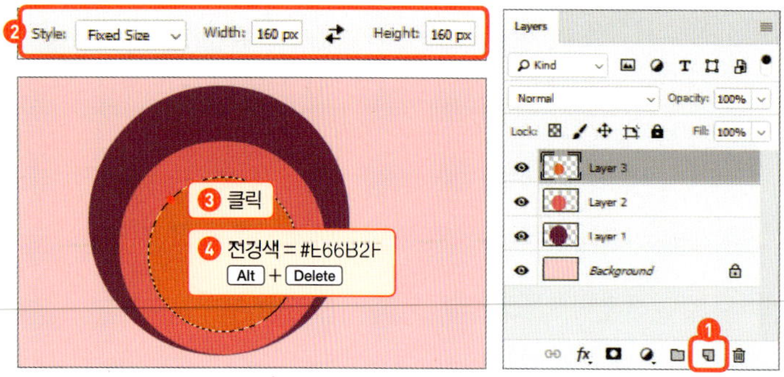

06 마지막으로 새 레이어를 추가하고 Width와 Height가 100px이며 내부가 탁한 노란색(#D8B358)으로 채워진 정원을 만듭니다.

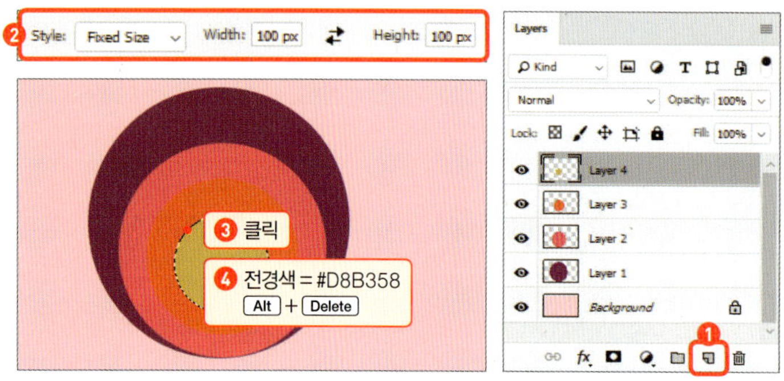

07 레이어 패널에서 Layer 1을 선택하고 Shift를 누른 채로 Layer 4를 선택하여 Layer 1~Layer 4를 선택합니다. 이동 툴(✥)을 선택하고 옵션 바에서 수평 가운데 정렬(▣), 수직 아래쪽 정렬(▣)을 클릭해 모든 원을 가운데 정렬한 후 화면의 왼쪽으로 드래그하여 옮깁니다.

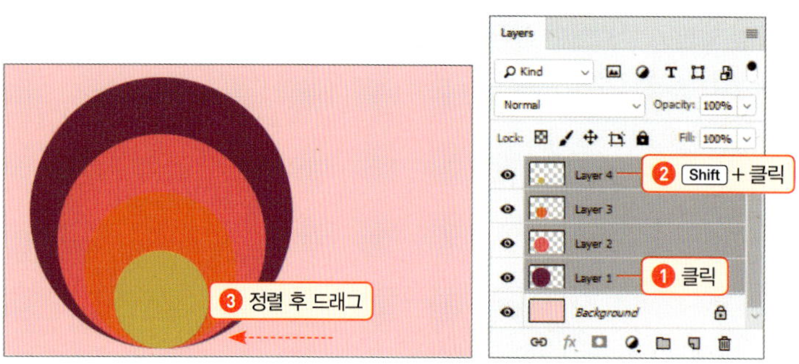

08 레이어 패널에서 Layer 2, Layer 3, Layer 4의 눈 아이콘( )을 클릭하여 보이지 않게 한 후 Layer 1을 선택합니다. 사각형 선택 툴( )로 원의 지름 크기만큼 드래그하여 사각형 선택 영역을 만들고 전경색을 클릭하여 원래 색보다는 약간 밝은 보라색(#A04775)으로 설정한 후 Alt + Delete 를 눌러 내부를 채웁니다.

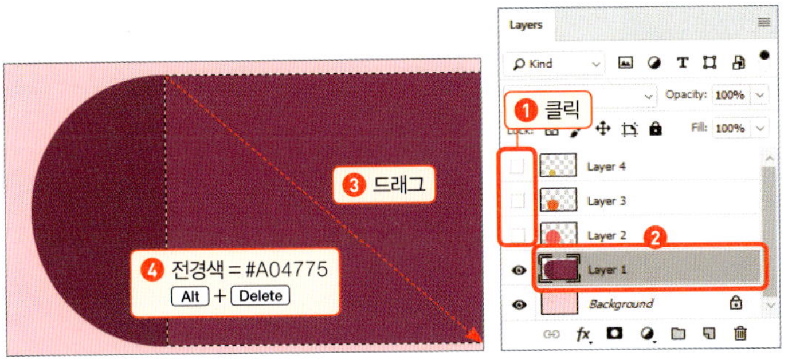

09 Layer 2의 눈 아이콘( )을 클릭하여 보이게 한 후 Layer 2를 선택합니다. 08번과 같은 방법으로 선택 영역을 만들고 약간 밝은 분홍색(#FE6E87)으로 채웁니다.

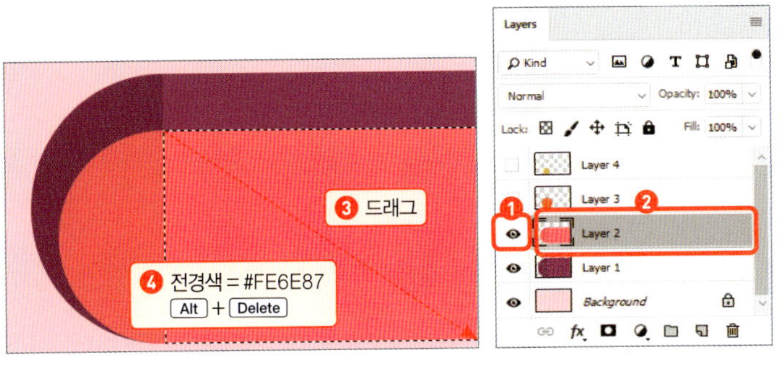

10 09번과 같은 방법으로 Layer 3과 Layer 4에 사각형 선택 영역을 만들고 약간 밝은 주황색(#FF7635)과 약간 밝은 노란색(#F0C660)으로 채웁니다.

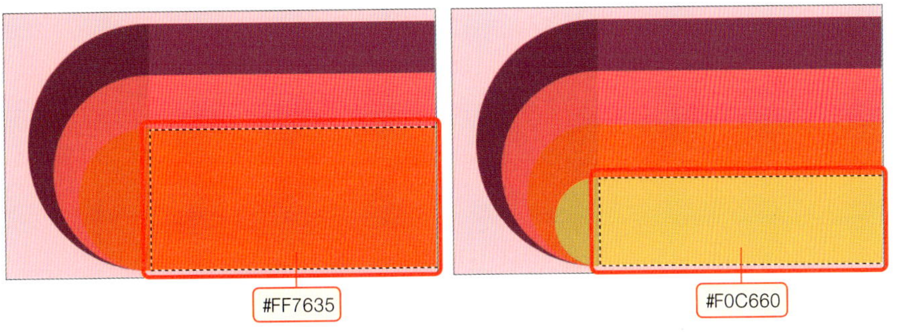

11 마지막으로 다음과 같이 원하는 숫자와 내용을 입력하면 순서가 있는 콘텐츠에 활용할 수 있는 이벤트 배너가 완성됩니다. 텍스트의 입력 방법은 Chapter 06에서 알아봅니다.

SECTION 04

가는 줄 형태로 선택하기

• **핵심 기능 I** 한 줄 가로 선택 툴[ ], 한 줄 세로 선택 툴[ ](단축키 M)

한 줄 가로/세로 선택 툴의 기능

한 줄 가로/세로 선택 툴(Single Row/Column Marquee Tool, [ ]/[ ])은 두께가 1픽셀인 가로 줄 혹은 세로 줄을 선택 영역으로 지정하는 데 사용합니다. 한 번 클릭하면 두께가 1픽셀인 선택 영역이 만들어집니다. 다른 선택 툴과 마찬가지로 Shift를 누른 채로 클릭하면 선택 영역이 추가되고, Alt를 누른 채로 클릭하면 겹쳐지는 부분이 선택 영역에서 제외됩니다.

한 줄 가로/세로 선택 툴로 선택 영역 지정하기

01 한 줄 가로 선택 영역 지정하기 Chapter_03 ▸ Section_04 ▸ droplets.jpg 파일을 불러옵니다. 한 줄 가로 선택 툴([ ])을 선택하고 화면을 드래그하거나 클릭하면 화면에 가로 줄이 생깁니다. 돋보기 툴([ ])로 작업 화면을 클릭하여 확대해 보면 두께가 1픽셀인 가로 줄이 이미지를 가로질러 선택되어 있는 것을 확인할 수 있습니다.

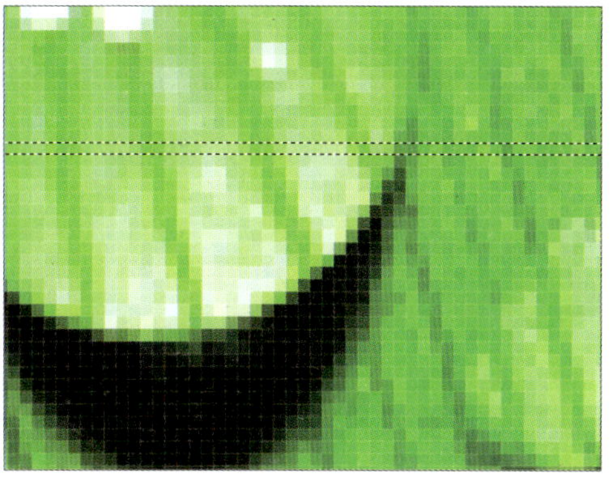

Tip 한 줄 가로/세로 선택 툴을 선택하여 드래그하면 처음 클릭한 지점이 아닌 마우스에서 손을 뗀 지점에 선택 영역이 만들어집니다.

02 한 줄 가로 선택 영역 추가하기 가로 선택 툴( )을 선택하고 Shift 를 누른 채로 드래그하거나 클릭하면 한 줄 가로 선택 영역이 추가됩니다. 반대로 Alt 를 누른 채로 선택 영역을 클릭하면 선택 영역이 한 줄씩 사라집니다.

Tip 두께가 1픽셀인 선을 정확하게 클릭하기란 쉬운 일이 아닙니다. 이럴 때는 화면을 충분히 확대한 다음 선택하여 추가하거나 삭제하는 것이 좋습니다.

03 한 줄 세로 선택 영역 지정하기 한 줄 세로 선택 툴( )을 선택한 다음 화면을 드래그하거나 클릭하면 화면에 세로 줄이 생깁니다. 작업 화면을 확대해 보면 두께가 1픽셀인 선택 영역이 만들어져 있는 것을 확인할 수 있습니다.

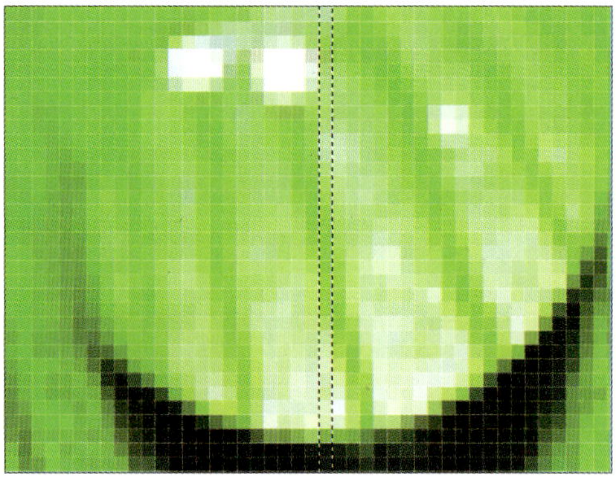

04 한 줄 세로 선택 영역 추가하기 Shift 를 누른 채로 드래그하거나 클릭하면 한 줄 세로 선택 영역이 추가됩니다.

SECTION

05 원하는 형태로 선택하기

• **핵심 기능 |** 올가미 툴(단축키 L)

올가미 툴의 기능

올가미 툴(Lasso Tool,)은 원하는 형태로 드래그하여 선택 영역을 만듭니다. 일반적으로 이미지에서 불규칙한 부분을 선택할 때 사용합니다. 단축키 Shift, Alt, Shift+Alt의 사용법은 다른 선택 툴을 쓸 때와 같습니다. 올가미 툴을 처음 쓸 때는 정교하게 선택하기 어려우므로 익숙해질 때까지 충분히 연습해야 합니다.

올가미 툴로 선택 영역 지정하기

01 선택 영역 지정하기 Chapter_03 ▸ Section_05 ▸ paprika.jpg 파일을 불러옵니다. 올가미 툴()을 선택하고 마우스를 작업 화면으로 가져가면 마우스 포인터가 모양으로 바뀝니다. 이때 삼각형 끝부분으로 시작 지점을 클릭한 상태에서 파프리카 외곽선을 따라 드래그합니다.

Tip 작업 화면으로 마우스 포인터를 가져갔을 때 마우스 포인터가 + 모양으로 표시되면 키보드의 Caps Lock이 꺼져 있는지 확인합니다. Caps Lock이 꺼져 있는데도 + 모양으로 표시되면 메뉴 바에서 [Edit]–[Preferences]–[Cursors]를 선택하고 옵션 창에서 Other Cursors 옵션을 Standard로 체크합니다.

02 올가미 툴 사용하기 올가미 툴로 원하는 영역을 한 번에 그리는 것은 쉬운 일이 아닙니다. 따라서 일정 부분까지 잘 그려지면 잠시 마우스에서 손가락을 뗍니다. 이때 시작 지점과 마우스에서 손가락을 뗀 지점이 자동으로 연결되어 선택 영역이 만들어집니다.

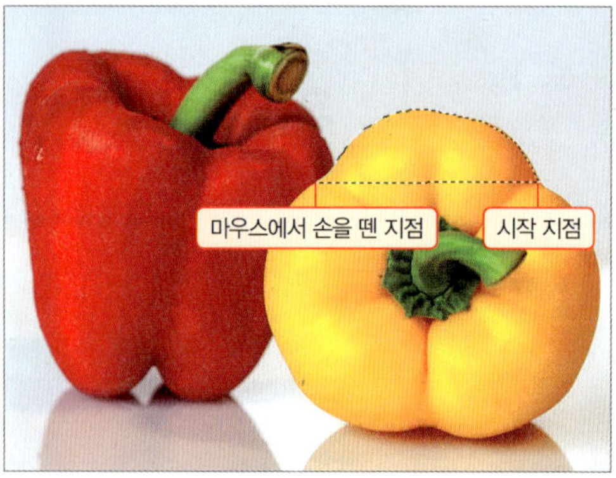

03 선택 영역 더하기 Shift를 눌러 마우스 포인터가 [아이콘] 모양으로 바뀌면 추가로 원하는 부분을 드래그합니다. 선택 영역을 만들 때 중요한 부분은 외곽선이기 때문에 다음과 같이 선택할 영역의 안쪽을 크게 드래그하면 더욱 편리하게 선택 영역을 만들 수 있습니다.

04 선택 영역 빼기 선택 영역을 잘못 지정해 원하지 않는 부분까지 선택 영역으로 지정될 수 있습니다. 이럴 때는 Alt를 눌러 마우스 포인터가 [아이콘] 모양으로 바뀐 상태에서 튀어나간 부분을 드래그하여 제거합니다. 반대로 선택 영역으로 덜 지정된 부분이 있으면 Shift를 눌러 선택 영역을 추가합니다.

05 선택 영역 완성하기 외곽을 잘 정리하여 선택 영역을 완성합니다.

Tip 올가미 툴로 선택 영역을 만들 때 화면을 크게 확대하여 드래그하면 외곽을 부드럽고 자연스럽게 선택할 수 있습니다.

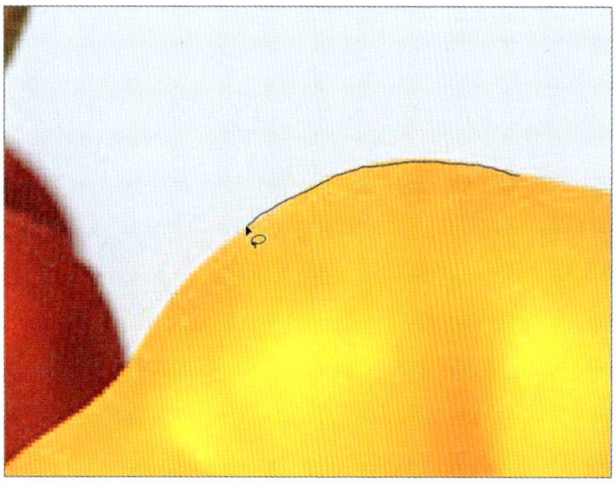

SECTION 06

원하는 형태로 각지게 선택하기

• **핵심 기능 |** 다각형 올가미 툴(단축키 L)

다각형 올가미 툴의 기능

다각형 올가미 툴(Polygonal Lasso Tool,)은 원하는 영역을 차례로 클릭하여 선택 영역을 만듭니다. 클릭한 지점 사이는 직선으로 연결되며 마지막 지점은 처음 시작한 지점이어야 합니다. 연결할 지점을 잘못 클릭했다면 Delete를 눌러 한 단계씩 앞으로 되돌릴 수 있습니다. 좁은 간격으로 클릭하면 곡선을 만들 수도 있습니다.

다각형 올가미 툴()은 불규칙한 이미지를 클릭해 가며 자유로운 모양으로 선택 영역을 만들 때 사용합니다. 클릭한 지점에서 다음 지점을 선의 방향으로 미리 가늠할 수 있기 때문에 편리하고 정교하게 작업할 수 있습니다. 단축키 Shift, Alt, Shift+Alt의 사용법은 다른 선택 툴을 쓸 때와 같습니다.

다각형 올가미 툴로 선택 영역 지정하기

01 시작 지점 선택하기 Chapter_03 ▸ Section_06 ▸ apple.jpg 파일을 불러옵니다. 다각형 올가미 툴()을 선택하고 시작 지점을 클릭합니다. 다각형 올가미 툴()은 클릭한 지점이 고정되는데, 이때 마우스를 클릭하지 않은 채로 드래그하면 선이 마우스 포인터를 따라다닙니다. 원하는 방향으로 선을 움직이며 선택 영역을 지정할 수 있으므로 올가미 툴()보다 쓰기 편합니다.

02 선택 영역 지정하기 마우스를 움직여 다음 지점을 클릭합니다. 마우스 포인터를 움직일 때마다 미리 움직일 방향을 알 수 있기 때문에 적절한 다음 지점을 클릭하면 선이 연결되어 고정됩니다. 같은 방법으로 외곽을 따라 계속 클릭합니다. 연결할 지점을 잘못 클릭했을 때는 Delete 를 눌러 한 단계 앞으로 되돌릴 수 있습니다.

Tip 외곽이 곡선인 부분은 클릭하는 지점을 촘촘히 선택해야 부드럽게 나타납니다.

03 선택 영역 완성하기 다각형 올가미 툴은 올가미 툴과는 달리 처음 시작한 지점으로 되돌아와야 마무리됩니다. 필요한 영역을 모두 선택하고 시작 지점으로 되돌아오면 마우스 포인터가 모양으로 바뀝니다. 이때 클릭하면 선택 영역으로 지정됩니다.

Tip 중간에 다각형 올가미 툴을 그만 사용해도 될 때는 작업 화면을 더블클릭합니다. 시작한 지점과 더블클릭한 지점이 연결되면서 선택 영역이 만들어집니다.

응용 예제 티셔츠 복제하고 색상 변경하기

다각형 올가미 툴( )을 사용하여 티셔츠를 정교하게 선택한 후 복제하고 색상을 변경해봅니다.

■ 준비 이미지

■ 완성 이미지

01 Chapter_03 ▸ Section_06 ▸ t-shirts.psd 파일을 불러옵니다. 다각형 올가미 툴( )로 티셔츠 형태를 따라 클릭하며 선택 영역을 만듭니다.

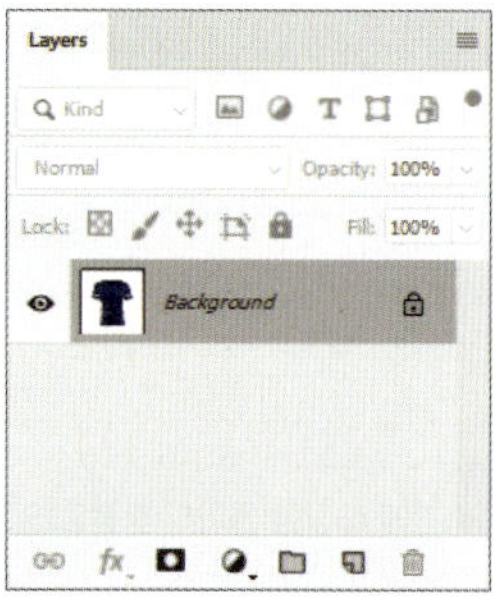

02 Ctrl+J를 눌러 선택 영역을 새 레이어(Layer 1)로 복제한 후 이동 툴( )을 이용하여 티셔츠를 약간 오른쪽으로 이동합니다.

Tip Ctrl+J는 선택한 레이어나 영역을 새 레이어로 복제하는 단축키입니다.

03 Ctrl+J를 한 번 더 눌러 Layer 1을 복제한 후 이동 툴(✥)로 약간 오른쪽으로 이동시켜 3벌의 티셔츠가 보이도록 합니다.

04 Layer 1 copy 레이어의 눈 아이콘(👁)을 클릭하여 세 번째 티셔츠가 보이지 않게 한 후 Layer 1을 선택합니다. 메뉴 바에서 [Images]–[Adjustments]–[Hue/Saturation]을 선택하고 옵션 창의 Colorize에 체크한 후 Hue는 81, Saturation은 32, Lightness는 34로 입력하고 〈OK〉를 클릭합니다.

Tip Hue는 색조, Saturation은 포화도, Lightness는 밝기를 의미합니다.

05 Layer 1 copy 레이어를 선택하고 눈 아이콘()을 클릭하여 세 번째 티셔츠가 보이도록 합니다. 메뉴바에서 [Images]–[Adjustments]–[Hue/Saturation]을 선택하고 옵션 창의 Colorize에 체크한 후 Hue는 0, Saturation은 61, Lightness는 23을 입력하고 〈OK〉를 클릭하여 완성합니다.

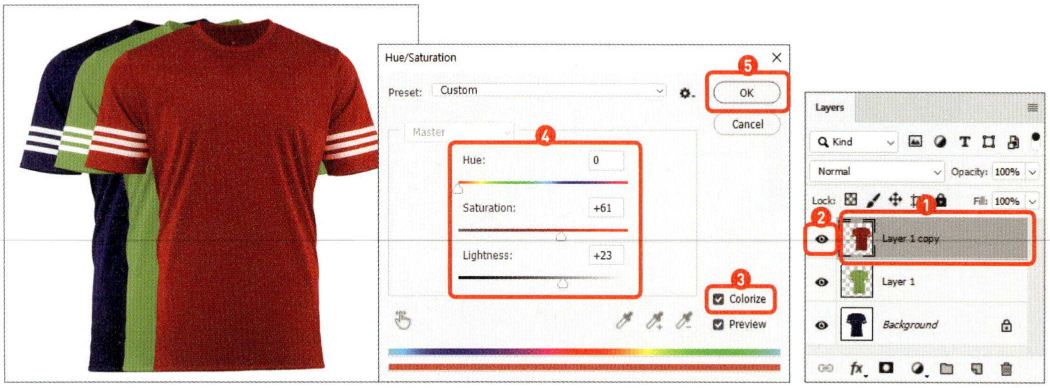

자동으로 선택하기

• **핵심 기능** | 자석 올가미 툴(단축키 L)

자석 올가미 툴의 기능

자석 올가미 툴(Magnetic Lasso Tool,)은 선택해야 하는 영역과 배경의 색상, 명도, 채도가 명확하게 구분되는 경우 선택 영역을 쉽게 지정할 수 있습니다. 시작 지점을 클릭한 후 이미지를 따라 마우스 포인터를 움직이면 자동으로 선택 영역이 만들어집니다. 단축키 Shift, Alt, Shift+Alt의 사용법은 다른 선택 툴을 쓸 때와 같습니다.

자석 올가미 툴의 옵션

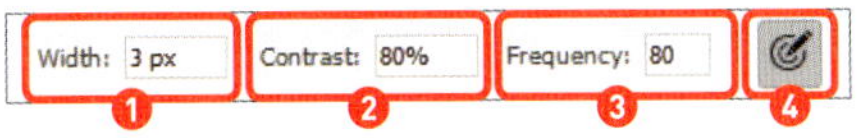

❶ Width 이미지의 색상 경계에 따라 감지 범위를 픽셀 단위로 설정합니다. 1~256픽셀로 입력할 수 있으며, 값이 작을수록 정교하게 선택됩니다.

❷ Contrast 이미지의 경계 부분의 명도 대비 값을 1~100%로 설정할 수 있습니다. 선택하려는 이미지와 배경의 명도나 색상 차이가 적을수록 값을 낮게 입력해야 정밀하게 선택할 수 있습니다.

❸ Frequency 이미지를 선택할 때 생성되는 기준점 개수를 설정합니다. 1~100으로 설정할 수 있으며, 값이 클수록 기준점이 많아지므로 그만큼 정교하게 선택할 수 있습니다.

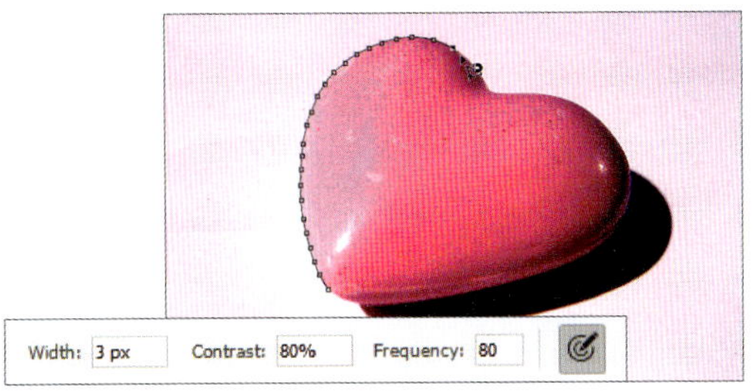

■ Frequency : 80(heart.jpg)

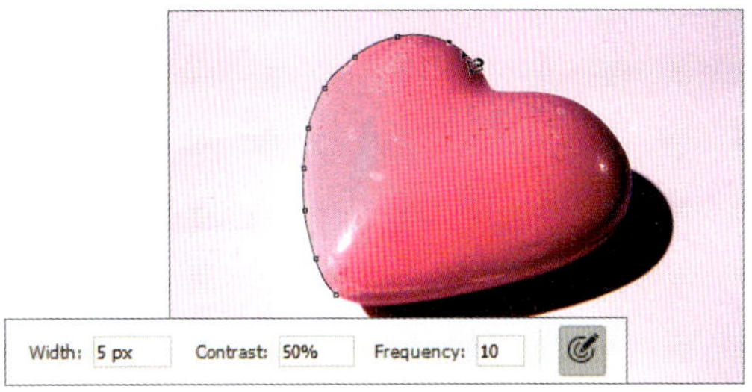

■ Frequency : 10

❹ Use tablet pressure to change pen width() 태블릿을 쓰는 경우 펜 마우스를 누르는 강도에 따라 선택 범위가 달라집니다.

자석 올가미 툴로 선택 영역 지정하기

01 준비 파일 불러오기 Chapter_03 ▸ Section_07 ▸ flower.jpg 파일을 불러옵니다.

02 선택 영역 지정하기 자석 올가미 툴( )을 선택하고 화면 안쪽으로 마우스 포인터를 가져가면 마우스 포인터가 모양으로 바뀝니다. 이때 위쪽 작은 삼각형으로 시작 지점을 클릭하고 외곽을 따라 드래그하면 자동으로 기준점이 생깁니다. 앵커 포인트가 원하는 위치에 생기지 않을 때는 해당 위치를 클릭하여 앵커 포인트를 강제로 만들어 줍니다.

03 실수 되돌리기 앵커 포인트가 원하지 않는 방향으로 이어졌을 때는 Delete 를 눌러 앵커 포인트를 이전 단계로 한 칸씩 되돌립니다. 도중에 종료하고 싶다면 화면을 더블클릭합니다.

04 기준점 간격 넓히기 옵션 바의 Frequency 값을 설정된 값보다 작게 입력한 후 선택 영역을 지정해 봅니다. 앵커 포인트가 듬성듬성 생기는 것을 확인할 수 있습니다.

05 선택 영역 완성하기 외곽을 따라 계속 드래그하다가 시작 지점으로 돌아오면 마우스 포인터가 모양으로 바뀝니다. 이때 클릭하면 선택 영역이 완성됩니다.

혼자 해 보기 | 캔디 복제하고 색상 변경하기

• **준비 파일** candy.psd • **완성 파일** candy_result.psd

올가미 툴( ), 다각형 올가미 툴( ), 자석 올가미 툴( ) 중 편한 툴을 이용하여 캔디 이미지를 복제하고 색상을 변경해 봅니다.

■ 준비 이미지

■ 완성 이미지

SECTION

08

작은 부분까지 섬세하게 선택하기

• **핵심 기능 |** 퀵 셀렉션 툴(단축키 W), Subject 메뉴

퀵 셀렉션 툴의 기능

퀵 셀렉션 툴(Quick Selection Tool,)은 붓으로 색을 칠하듯 영역을 드래그하거나 클릭하여 선택 영역을 지정합니다. 이미지의 크기에 따라 브러시 크기를 조절하면서 사용하며, 한 번 드래그하다 멈춰도 더하기 기능이 기본값이므로 연속해서 선택 영역을 만들 수 있습니다. 동물의 털이나 사람의 머리카락처럼 영역을 섬세하게 선택할 때 유용합니다.

■ 클릭한 상태(orange.jpg)

■ 드래그하면서 영역을 지정한 상태

퀵 셀렉션 툴의 옵션으로 정교하게 선택하기

01 선택 영역 지정하기 Chapter_03 ▸ Section_08 ▸ pumpkin.jpg 파일을 불러옵니다. 퀵 셀렉션 툴()로 붓으로 칠하듯 화면을 드래그하여 호박만 선택 영역으로 지정합니다.

02 Select and Mask 실행하기

Select and Mask 실행하기 옵션 바에서 〈Select and Mask〉를 클릭합니다. 옵션 창에서 View Mode의 섬네일 옆에 있는 목록 펼침 버튼(▾)을 클릭해 View 모드를 변경하면 선택 영역을 더욱 정교하게 수정할 수 있습니다. 모드를 설정한 후에는 〈OK〉를 클릭하여 옵션 창을 빠져나옵니다.

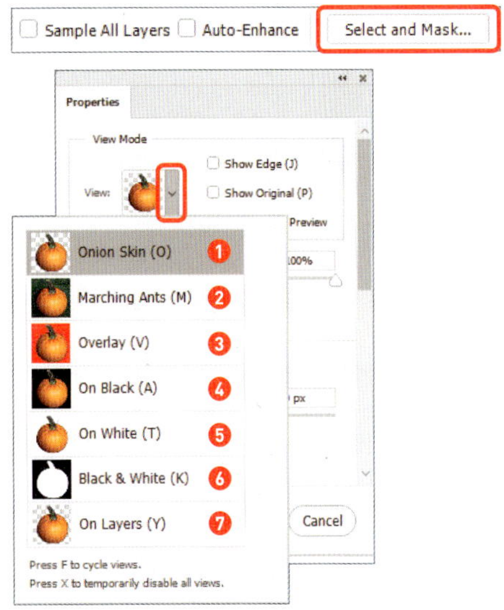

❶ Onion Skin 모드

선택 영역 바깥을 반투명하게 지정합니다. 투명도를 100%로 설정하면 On Layers 모드와 같이 선택 영역 바깥 부분이 투명해집니다.

❷ Marching Ants 모드

선택 영역을 보여 줍니다. 선택 영역이 너무 작으면 화면에 표시되지 않을 수 있습니다.

❸ Overlay 모드

선택 영역 바깥을 붉은색으로 보여 줍니다. 선택 영역과 선택 영역 바깥이 교차하는 부분의 대비를 강화시켜 짙은 색으로 표시합니다.

❹ On Black 모드

선택 영역 바깥을 검은색으로 보여 줍니다. 추출할 부분의 색상이 밝을 때 사용합니다.

❺ On White 모드

선택 영역 바깥을 흰색으로 보여 줍니다. 추출할 부분의 색상이 어두울 때 사용합니다.

❻ Black & White 모드

선택 영역을 흰색, 선택 영역 바깥을 검은색으로 보여 줍니다. 레이어 마스크 형태로 결과물을 미리 볼 수 있습니다.

❼ On Layers 모드

선택 영역 바깥을 투명하게 보여 줍니다.

Tip 미리보기 화면에서 단축키 F를 누르면 미리보기 모드가 차례로 변경됩니다. 이미지 상태에 따라 다양한 미리보기 모드를 이용하여 선택 영역을 정밀하게 추출하는 것이 좋습니다.

Subject 메뉴로 선택 영역 지정하기

선택하고자 하는 대상의 형태가 단순하고 선명하거나, 배경과 색상 대비가 큰 경우 Subject 메뉴를 사용하면 선택 영역을 손쉽게 지정할 수 있습니다.

01 배경과의 경계가 모호한 경우 Chapter_03 ▸ Section_08 ▸ hourglass.jpg 파일을 불러옵니다. 메뉴 바에서 [Select]–[Subject]를 선택하면 모래시계와 배경의 경계가 선명하지 않아 모래시계 전체가 선택되지 않고 일부만 선택됩니다.

■ 원본 이미지

■ Subject 메뉴로 선택 영역 지정

02 배경과의 경계가 선명한 경우 Chapter_03 ▸ Section_08 ▸ coloured.jpg 파일을 불러옵니다. 메뉴 바에서 [Select]–[Subject]를 선택하면 팽이와 배경과의 색상 대비가 뚜렷하여 팽이 전체가 선택되는 것을 볼 수 있습니다.

■ 원본 이미지

■ Subject 메뉴로 선택 영역 지정

• **준비 파일** beach.psd, girl.psd • **완성 파일** beach_result.psd

응용 예제 머리카락 한 올까지 추출하여 다른 이미지와 합성하기

퀵 셀렉션 툴의 〈Select and Mask〉 옵션으로 소녀의 머리카락까지 섬세하게 선택하고 다른 배경 이미지와 합성해 봅니다.

■ 준비 이미지

■ 완성 이미지

01 Chapter_03 ▸ Section_08 ▸ girl.psd, beach.psd 파일을 불러옵니다.

02 메뉴 바에서 [Select]–[Subject]를 선택하여 소녀를 선택 영역으로 지정합니다.

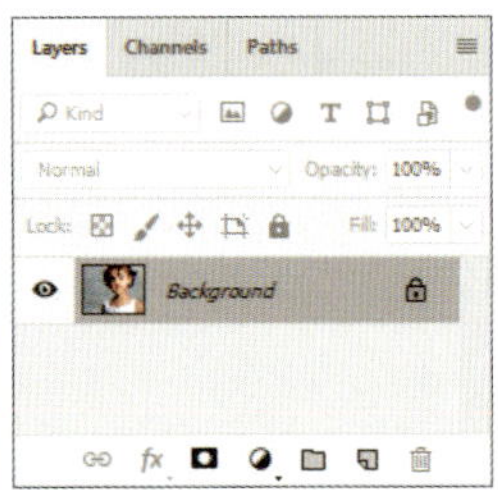

03 퀵 셀렉션 툴(☑)을 선택하고 옵션 바에서 〈Select and Mask〉를 클릭하여 옵션 창을 엽니다. 배경이 푸른색이라 Overlay 모드를 선택하면 선택 영역만 보이고 나머지 부분은 붉은색으로 표시됩니다.

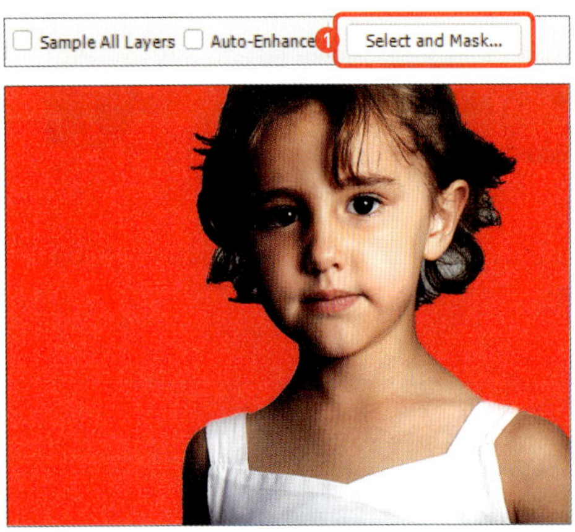

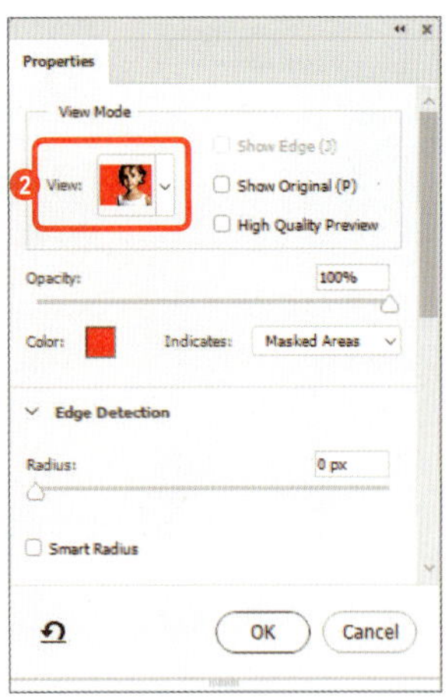

04 왼쪽 툴 박스에서 브러시 툴(✓)을 선택하고 옵션 바에서 Size를 50px로 설정한 후 소녀의 머리카락을 드래그합니다. 브러시 툴이 지나간 자리에 색이 칠해지는 것이 아니라 브러시 툴이 지나간 만큼 원본 이미지가 보입니다.

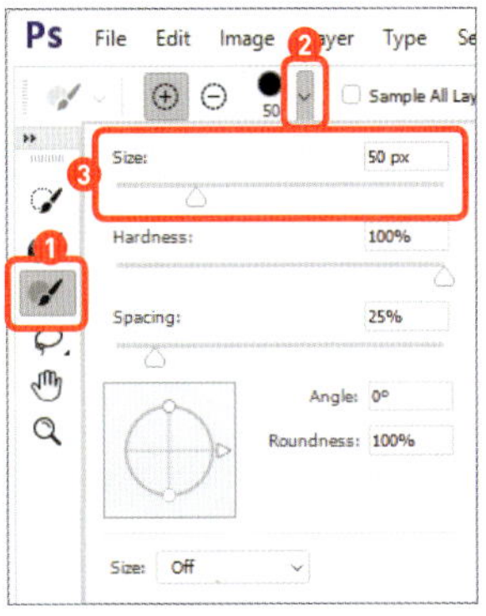

05 왼쪽 툴 박스에서 리파인 엣지 브러시 툴(✓)을 선택합니다. 머리카락과 배경의 경계를 드래그하면 머리카락 사이에 보이던 배경이 사라지면서 머리카락 한 올까지 자연스럽게 선택됩니다.

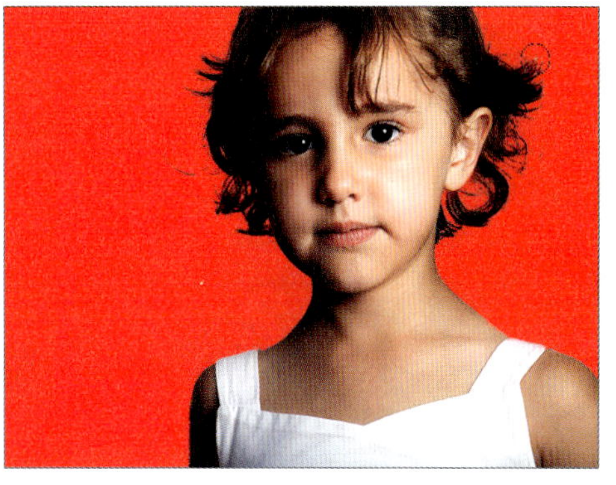

06 왼쪽 툴 박스에서 브러시 툴(✓)을 선택하고 옵션 바에서 Size를 15px로 줄인 후 오른쪽 어깨를 드래그합니다. 그 다음 Alt 를 누른 채로 다시 정밀하게 드래그하여 선택 영역을 자연스럽게 만듭니다.

07 선택 영역이 자연스럽게 만들어지면 옵션 창의 〈OK〉를 클릭합니다. 작업 화면으로 돌아오면 소녀의 머리카락 한 올까지 자연스럽게 선택된 것을 확인할 수 있습니다. Ctrl+C를 눌러 선택 영역을 복사합니다.

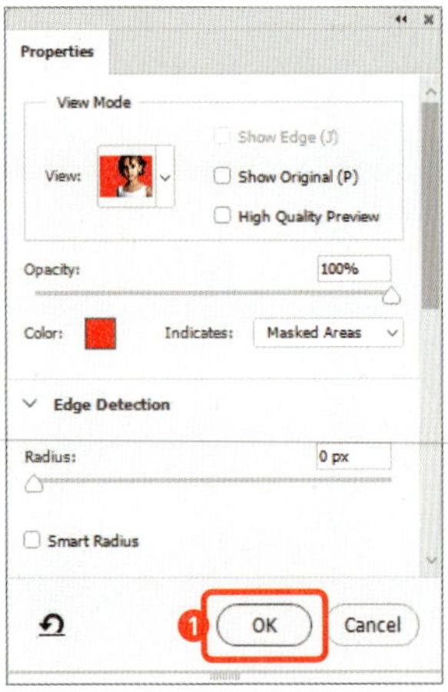

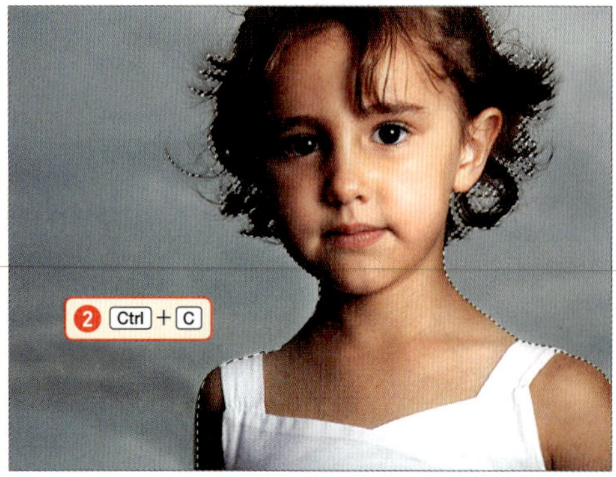

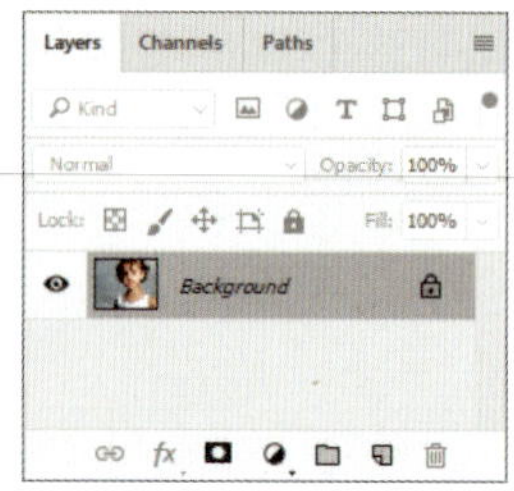

08 beach.psd 파일 창을 선택하고 Ctrl+V를 눌러 복사한 여자 아이를 붙여 넣습니다. 이동 툴(✥)로 이미지를 오른쪽으로 이동하여 완성합니다.

Tip Select and Mask 옵션 창의 Radius 값을 높이면 드래그한 영역의 선택을 연하게 만들어 작업을 더 정교하게 할 수 있습니다.

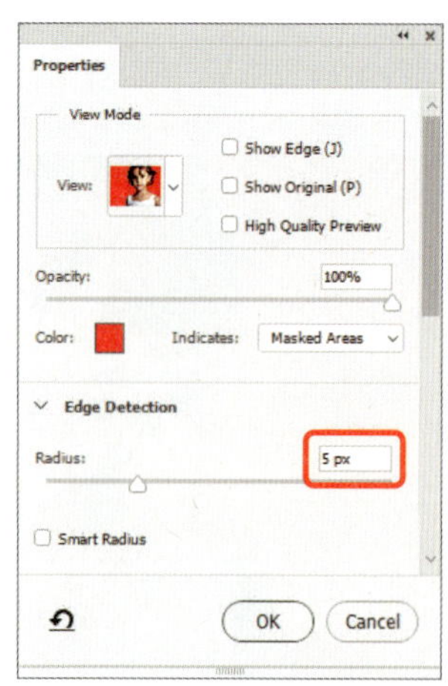

SECTION 09

유사한 영역 한꺼번에 선택하기

• **핵심 기능 |** 마술봉 툴(단축키 W)

마술봉 툴의 기능

마술봉 툴(Magic Wand Tool,)은 클릭 한 번으로 인접한 색상 영역을 자동으로 선택해 줍니다. 추출하려는 이미지 영역과 배경의 색상 차가 클 때 사용합니다. 단축키 Shift, Alt, Shift+Alt의 사용법은 다른 선택 툴을 쓸 때와 같고, Select and Mask 옵션의 사용법도 Section 08에서 배운 것과 같습니다.

옵션 바에 있는 Tolerance는 값이 클수록 유사한 색상 영역을 선택하는 범위가 넓어집니다. 또한 Contiguous에 체크하면 연속된 색상 영역을 선택하고, 체크하지 않으면 연속되지 않더라도 비슷한 색상 영역을 모두 선택합니다.

■ Tolerance를 32로 설정하고 클릭(tomato.jpg)

■ Tolerance를 60으로 설정하고 클릭

■ Contiguous를 체크하고 클릭

■ Contiguous를 체크하지 않고 클릭

마술봉 툴로 원하는 영역을 한번에 선택하기

01 준비 파일 불러오기 Chapter_03 ▸ Section_09 ▸ tulip.psd 파일을 불러옵니다.

02 선택 영역의 범위 조절하기 마술봉 툴(🪄)을 선택하고 옵션 바에서 Tolerance를 32로 설정한 후 왼쪽 튤립 꽃송이를 클릭합니다. Ctrl+D를 누른 후 Tolerance를 100으로 설정한 후 다시 같은 지점을 클릭합니다. Tolerance 값이 작을수록 선택 영역의 범위가 좁아지고 클수록 넓어지는 것을 알 수 있습니다. Tolerance의 기본값은 32이고 0~255까지 입력할 수 있습니다.

03 유사한 색상 영역 모두 선택하기 옵션 바에서 Contiguous를 체크한 후 왼쪽 튤립 꽃송이를 클릭합니다. 클릭한 부분을 중심으로 Tolerance 값만큼 선택됩니다. Ctrl+D를 누른 후 Contiguous의 체크를 해제하고 같은 지점을 클릭합니다. 이미지 안에서 유사한 색상 영역이 모두 선택됩니다.

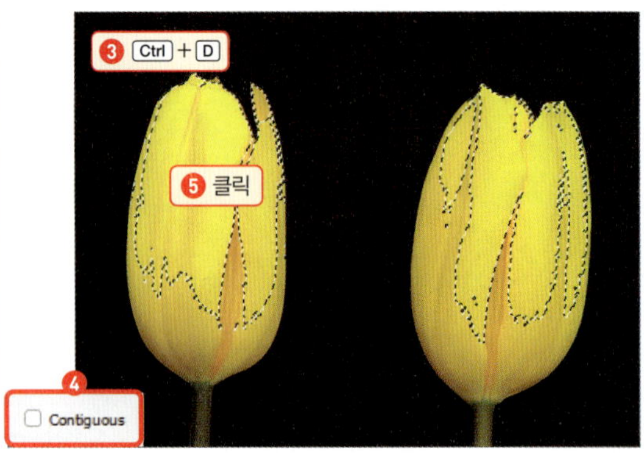

04 선택 영역 더하기 마술봉 툴( )로 선택 영역을 만든 다음에는 화면을 확대하여 선택되지 않은 부분이 있는지 확인하는 것이 좋습니다. 선택되지 않은 부분이 있으면 Shift 를 누른 채로 선택할 영역을 클릭합니다. Tolerance 값에 따라 추가되는 영역의 범위가 달라지므로 클릭하기 전에 Tolerance 값을 적절히 설정합니다.

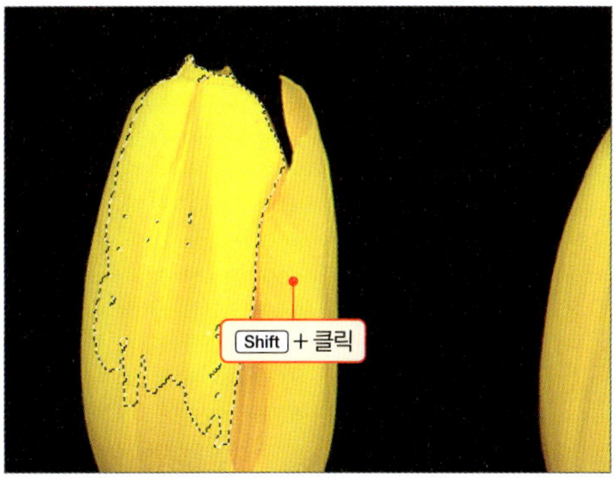

Tip 선택 영역이 원하는 영역보다 조금 벗어난 경우, Tolerance 값을 작게 조절한 다음 Alt 를 누른 채로 클릭하여 벗어난 부분을 선택 영역에서 제거합니다.

Tip 마술봉 툴( )과 함께 다른 선택 도구를 추가로 활용하면 더 효율적으로 영역을 선택할 수 있습니다.

• **준비 파일** nuki.psd • **완성 파일** nuki_result.psd

응용 예제 누끼 이미지 만들기

배경과 어지럽게 어우러진 이미지에서 필요한 이미지만 잘라내는 작업을 누끼라고 합니다. Select and Mask 옵션으로 종을 매단 체인의 작은 구멍까지 섬세하게 선택하여 누끼를 따고 배경을 채색해 봅니다.

■ 준비 이미지

■ 완성 이미지

01 Chapter_03 ▸ Section_09 ▸ nuki.psd 파일을 불러옵니다. 마술봉 툴( )을 선택하고 옵션 바에서 Tolerance를 10으로, Contiguous를 체크한 후 흰 바탕을 클릭하여 종 이외의 부분을 선택합니다.

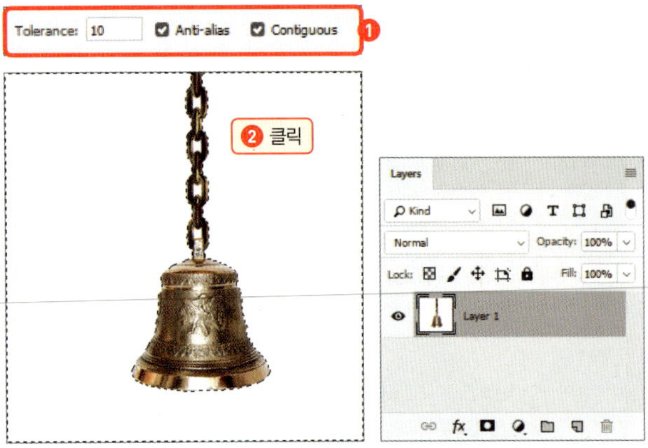

02 옵션 바에서 〈Select and Mask〉를 클릭하여 옵션 창을 엽니다. View 목록에서 Overlay 모드를 선택하고 왼쪽 툴 박스에서 리파인 엣지 브러시 툴( )을 선택하여 종의 체인 부분을 드래그 합니다. 체인 내부의 붉은 부분이 흰색으로 바뀌면 옵션 창의 〈OK〉를 클릭합니다.

03 작업 화면으로 돌아오면 체인 내부가 선택되어 있습니다. 메뉴 바에서 [Select]-[Inverse]를 선택하여 선택 영역을 반전시킨 후 Ctrl+C를 눌러 선택된 이미지를 복사합니다.

04 새 레이어 만들기 버튼(◻)을 클릭해 새 레이어를 추가하고 Ctrl+V를 눌러 복사한 이미지를 붙여 넣습니다.

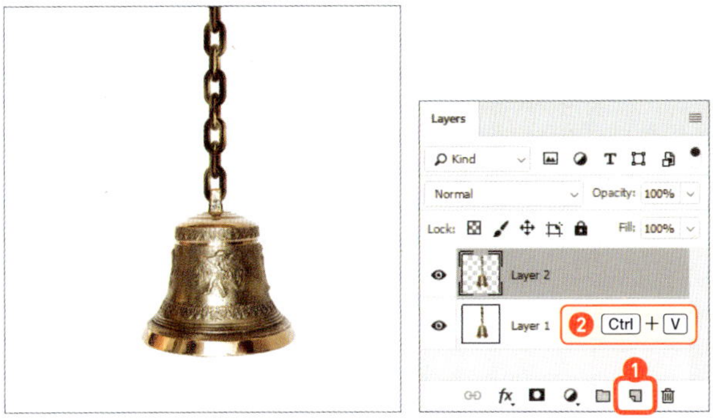

05 전경색(■)을 클릭하여 색상을 진한 파란색(#003567)으로 설정한 후 〈OK〉를 클릭합니다. Layer 1을 선택하고 Alt+Delete를 눌러 전경색으로 채웁니다. 체인 부분의 누끼가 배경과 자연스럽게 어울리는 것을 볼 수 있습니다.

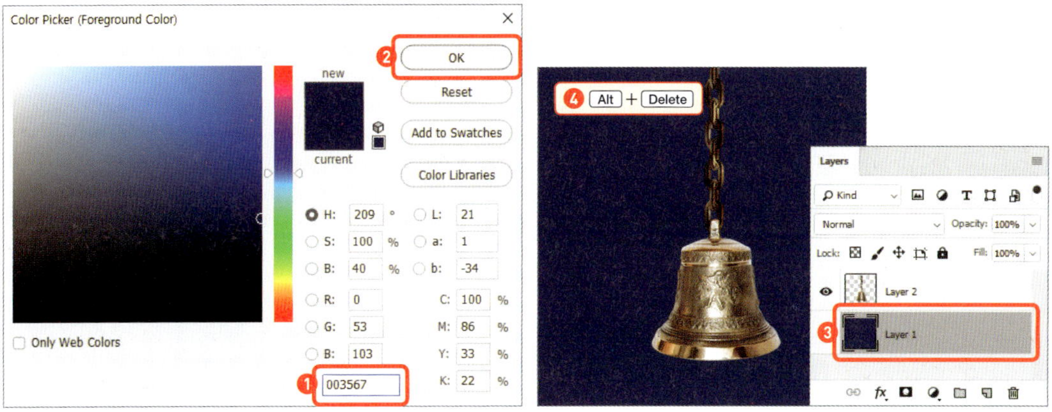

SECTION 10

원하는 부분만 자르기

- **핵심 기능** | 자르기 툴[ㅁ](단축키 [C])

자르기 툴의 기능

자르기 툴(Crop Tool, [ㅁ])은 이미지에서 원하는 부분만 남기고 나머지 부분을 자를 때 사용합니다.

■ 원하는 부분만 자른 이미지(heart.jpg)

이미지를 자를 때 여러 방향으로 회전하여 자를 수 있고 수평을 조절할 수도 있습니다. 또한 비율 또는 크기와 해상도를 설정하여 자를 수도 있습니다.

■ 원하는 부분을 회전시킨 후 자른 이미지

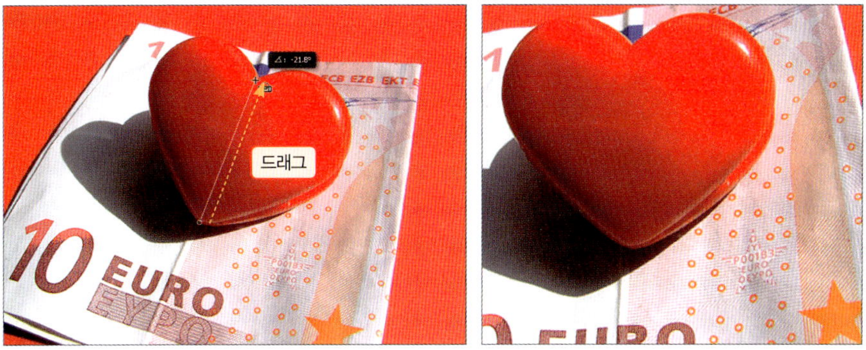

■ 원하는 부분을 수평 또는 수직으로 맞춘 후 자른 이미지

원하는 부분을 회전하고 수평 조절한 다음 자르기

01 자르기 툴 적용하기 Chapter_03 ▸ Section_10 ▸ ring.jpg 파일을 불러옵니다. 자르기 툴(⊡)을 선택하면 이미지 가장자리에 바운딩 박스가 생깁니다. 이때 이미지를 클릭하면 3단 그리드가 나타납니다.

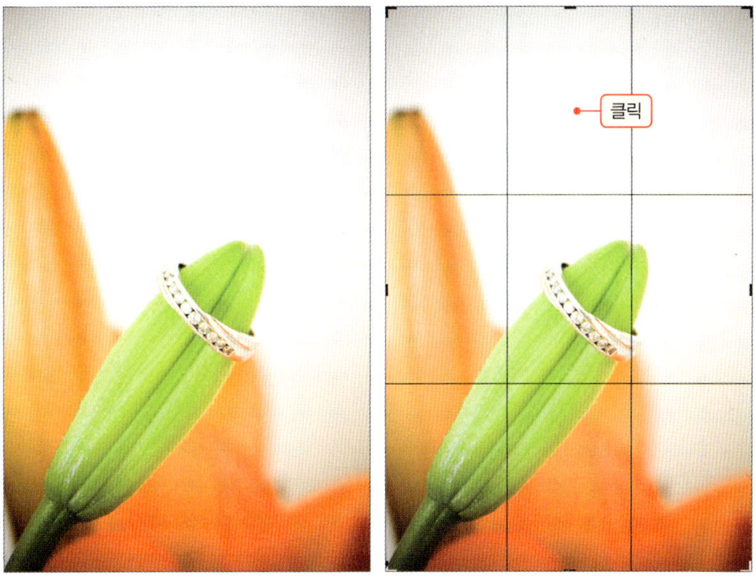

Tip 옵션 바의 View 목록에서 그리드 형태를 변경할 수 있습니다.

02 적당한 크기로 자르기 바운딩 박스의 모서리로 마우스 포인터를 가져가면 마우스 포인터가 [↗] 모양으로 바뀝니다. 이때 모서리를 대각선 방향이나 상하좌우로 드래그하여 원하는 부분을 선택 영역으로 지정합니다. 이 상태에서 바운딩 박스 바깥에 어둡게 나타나는 부분이 잘려나가는 영역이고, 바운딩 박스 안쪽에 밝게 나타난 부분이 남는 부분입니다. 원하는 영역을 지정했다면 선택 영역 안쪽을 더블클릭하거나, Enter를 누르거나, 옵션 바의 실행 버튼([✓])을 클릭합니다.

Tip 옵션 바의 되돌리기 버튼([↶])을 클릭하면 회전, 크기 조절 등의 옵션 설정이 취소되고, 취소 버튼([⊘])을 클릭하면 자르기가 취소됩니다. 그리고 실행 버튼([✓])을 누르면 자르기가 실행됩니다.

03 비율을 설정하여 자르기 옵션 바에서는 자주 사용되는 이미지 크기 목록을 제공합니다. 원하는 크기나 비율을 선택하면 클릭 한 번으로 빠르게 자를 수 있습니다.

04 크기를 설정하여 자르기 옵션 바에서 W × H × Resolution을 선택하고 너비, 높이, 해상도를 입력하면 원하는 크기대로 이미지를 자를 수 있습니다. 이때 원본보다 크거나 높은 해상도를 입력하면 이미지 품질이 떨어질 수 있으니 주의해야 합니다.

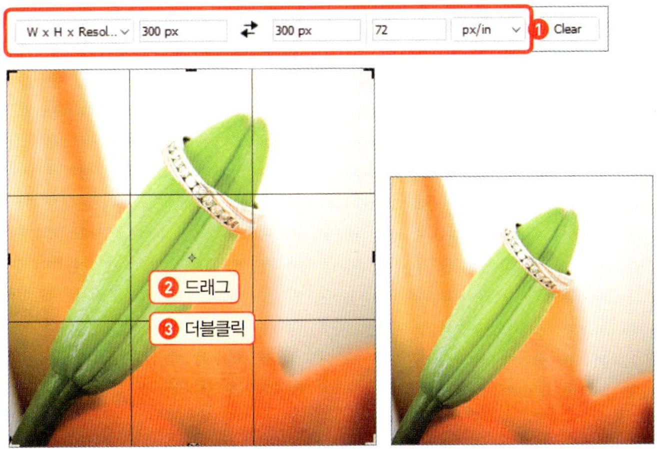

Tip 옵션 창에 너비와 높이를 입력할 때 단위가 다르게 표시될 경우 단위(px)까지 입력합니다.

05 회전하여 자르기 자르기 툴( )로 화면을 클릭하고 마우스 포인터를 바운딩 박스 바깥쪽으로 가져가면 마우스 포인터가 모양으로 바뀝니다. 이때 원하는 방향으로 드래그한 다음 바운딩 박스 안쪽을 더블클릭하거나 Enter를 누르면 이미지가 회전된 채로 잘립니다.

Tip 옵션 바에서 Delete Cropped Pixels가 체크되어 있지 않으면 이미지를 자른 후에도 화면을 이동시켜 숨겨진 부분을 드러낼 수 있습니다. 체크되어 있으면 숨겨진 부분이 완전히 잘려나가 이미지를 이동시켰을 때 빈 공간이 보일 수 있습니다.

06 영역을 확대하여 자르기 회전할 때 이미지를 벗어난 영역까지 확대하여 자를 수도 있습니다. 이때 빈 영역은 투명 또는 배경색으로 채워집니다.

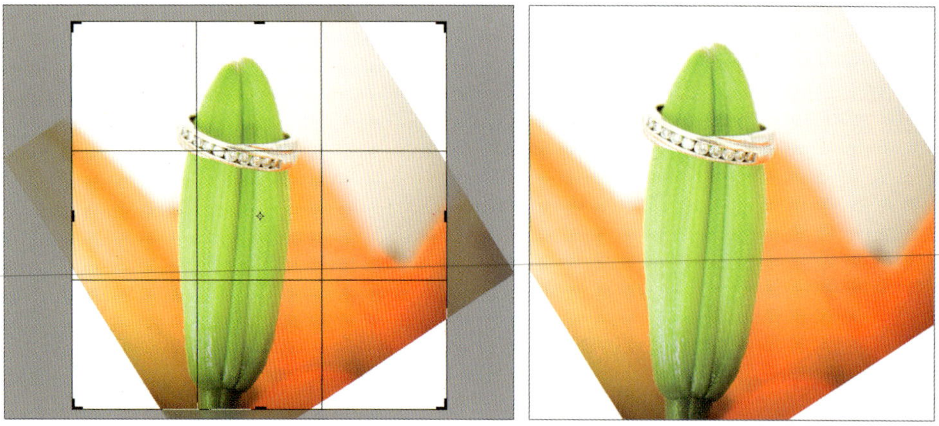

Tip 옵션 바에서 Content-Aware를 체크한 다음 이미지보다 큰 영역으로 자르면 주변의 빈 영역이 이미지와 유사한 느낌으로 채워집니다.

07 원하는 각도로 자르기 옵션 바에서 Straighten(아이콘)을 클릭한 다음 원하는 각도로 드래그하면 드래그한 각도가 수평의 기준이 됩니다. 비뚤어진 이미지를 각도에 맞춰 선을 그려 주면 이미지가 자동으로 회전하여 수평을 맞출 수 있습니다.

SECTION

11

원근감을 살려 자르기

• **핵심 기능 I** 원근 자르기 툴(단축키 C)

원근 자르기 툴의 기능

원근 자르기 툴(Perspective Crop Tool,)은 이미지에서 원하는 부분의 원근감을 없애거나 원근감을 살려 자릅니다. 이 툴을 사용하면 오목하거나 볼록한 느낌을 낼 수 있고 왜곡을 넣어 새로운 느낌을 낼 수도 있습니다.

원근 자르기 툴로 돌출 느낌 만들기

01 준비 파일 불러오기 Chapter_03 ▸ Section_11 ▸ monitor.jpg 파일을 불러옵니다. 촬영할 때 카메라 위치가 높아 모니터의 아래쪽이 위쪽보다 좁아 보입니다. 원근 자르기 툴()을 이용하여 정면에서 보는 것처럼 이미지를 잘라 봅니다.

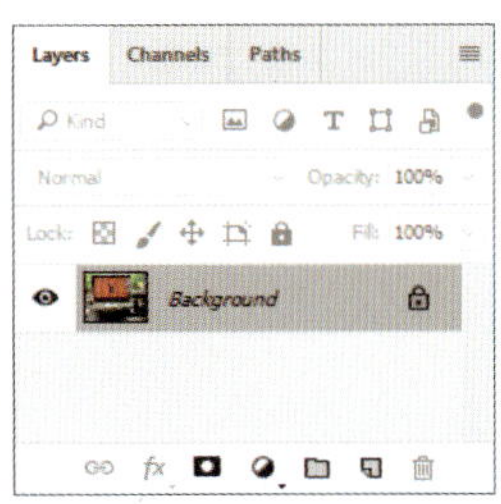

02 자를 영역 지정하기 원근 자르기 툴()을 선택하고 원근 자르기를 실행할 영역을 드래그합니다.

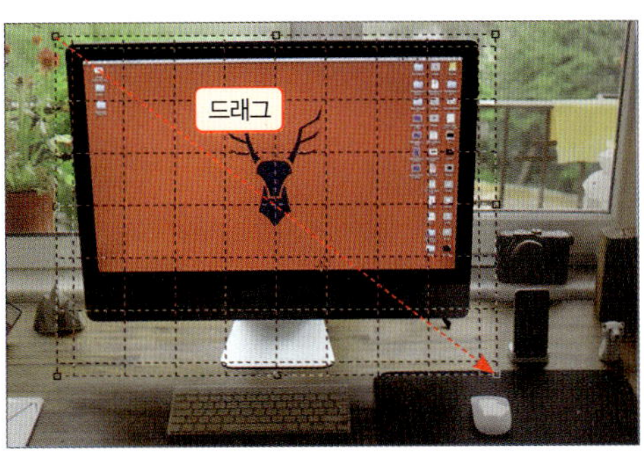

03 자르기 형태 잡기 원근 자르기 영역의 가장자리 앵커 포인트를 움직여 그리드가 모니터 방향과 일치하도록 조정합니다.

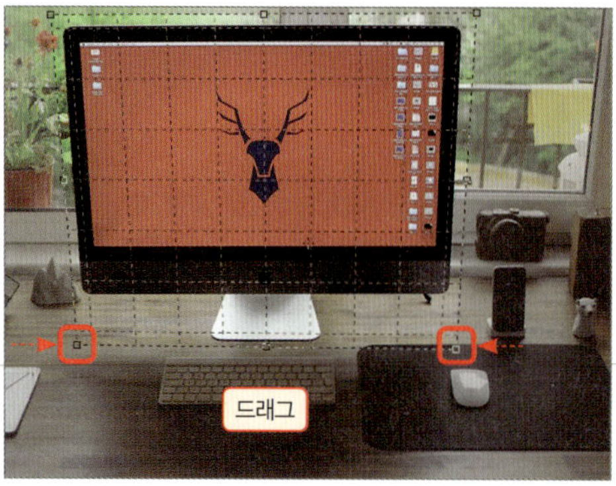

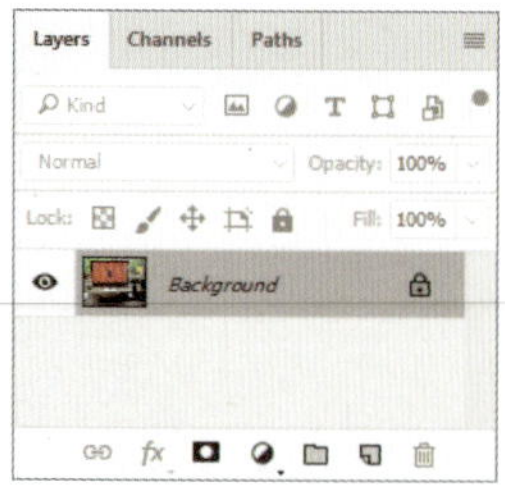

04 원근 자르기 완성하기 원하는 형태가 되면 [Enter]를 누르거나 옵션 바에서 실행 버튼([✓])을 클릭하여 완성합니다.

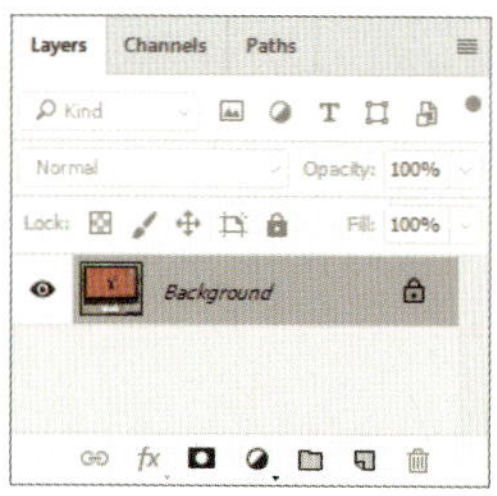

05 원근 자르기 응용하기 [Ctrl]+[Z]를 눌러 작업을 한 단계 되돌립니다. 원근 자르기 툴([⊡])로 드래그한 후 가장자리 앵커 포인트를 반대 방향으로 움직이고 옵션 바에서 실행 버튼([✓])을 클릭합니다. 더 높은 곳에서 촬영한 사진으로 보입니다.

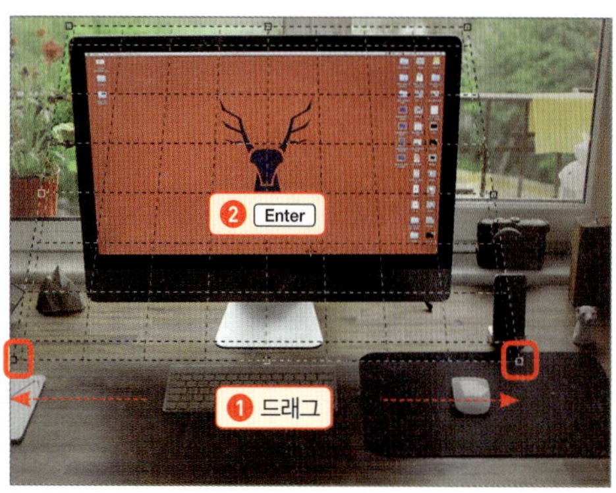

SECTION 12

브러시로 칠한 영역 선택하기

• **핵심 기능** | 퀵 마스크 모드

퀵 마스크 모드의 기능

퀵 마스크 모드(Quick Mask Mode,)를 사용하면 다른 선택 툴로 선택하기 어려운 부분까지 원하는 영역을 섬세하게 선택할 수 있습니다. 퀵 마스크 모드에서 원하는 영역을 브러시로 칠하고 일반 모드로 전환하면 선택 영역이 만들어집니다. 브러시는 크기를 조절하면서 사용할 수 있고, 브러시 옵션에 따라 이미지를 반투명으로 선택할 수도 있습니다. 실수로 잘못 선택한 부분은 지우개 툴로 지워 가며 사용합니다.

■ 원본 이미지(apples.jpg)

■ 퀵 마스크 모드로 선택 영역 칠하기

■ 일반 모드로 전환

퀵 마스크 모드로 전환하면 퀵 마스크 모드 아이콘이 두 종류로 바뀝니다. 마스크 영역 아이콘()은 Color Indicates를 Masked Areas로 설정한 경우로 브러시 툴로 칠한 부분 이외의 부분이 선택 영역이 됩니다.

■ 원본 이미지

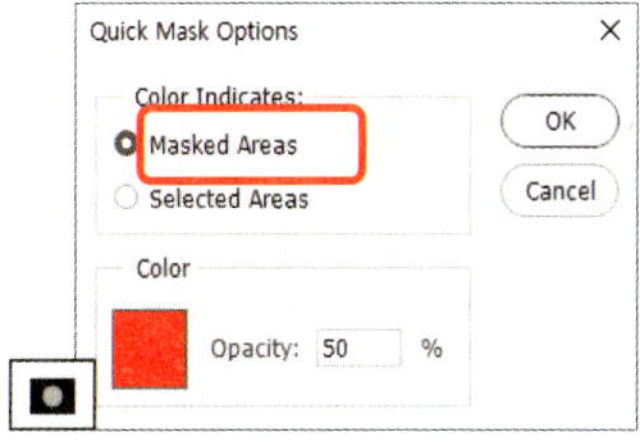

■ Masked Areas로 설정

■ 브러시로 칠한 부분 이외의 영역이 선택됨

선택 영역 아이콘(◙)은 Color Indicates를 Selected Areas로 설정한 경우로 브러시로 칠한 부분이 선택 영역이 됩니다.

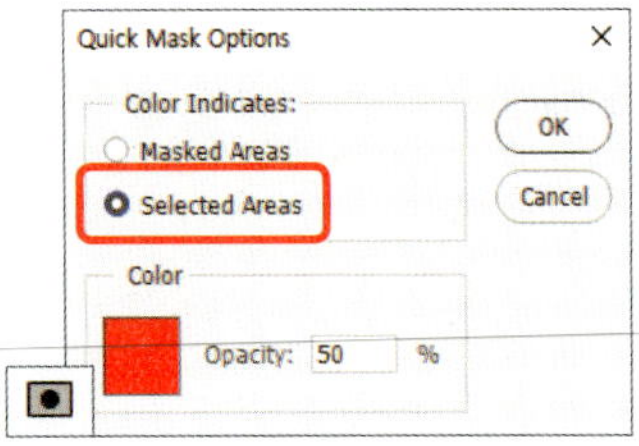

■ Selected Areas로 설정

■ 브러시로 칠한 부분이 선택됨

칠할 부분이 붉은색이라 구분하기 어려울 때는 옵션 창에서 칠해지는 색상을 바꿀 수 있습니다.

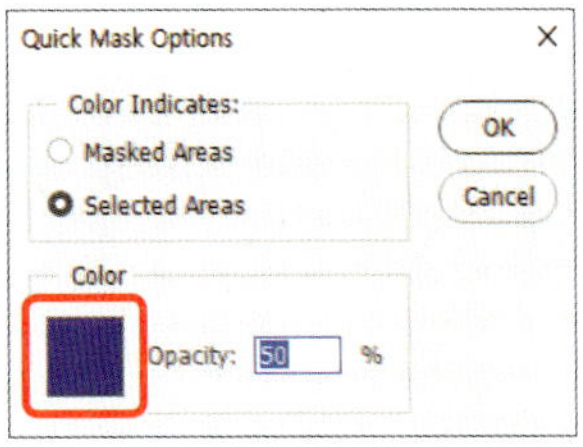

퀵 마스크 모드로 선택 영역 지정하기

01 퀵 마스크 모드로 전환하기 Chapter_03 ▸ Section_12 ▸ balloon.jpg 파일을 불러옵니다. 툴 박스에서 일반 모드(◙)를 더블클릭하여 Quick Mask Options 창을 엽니다. Color Indicates를 Selected Areas로 바꾸고 Opacity를 50%로 설정한 다음 〈OK〉를 클릭하면 퀵 마스크 모드로 전환됩니다. 이때 화면은 아무런 변화가 없지만 전경색과 배경색이 검은색과 흰색으로 바뀝니다.

02 선택 영역 칠하기 돋보기 툴(🔍)로 화면을 확대하고 브러시 툴(🖌)을 선택합니다. 옵션 바에서 브러시 Size를 20px로 조절하고, General Brushes의 Hard Round를 선택하고 Opacity를 100%으로 설정합니다. 열기구의 풍선 부분을 드래그해서 칠하면 전경색과 상관없이 옵션에서 설정한 붉은색이 칠해집니다.

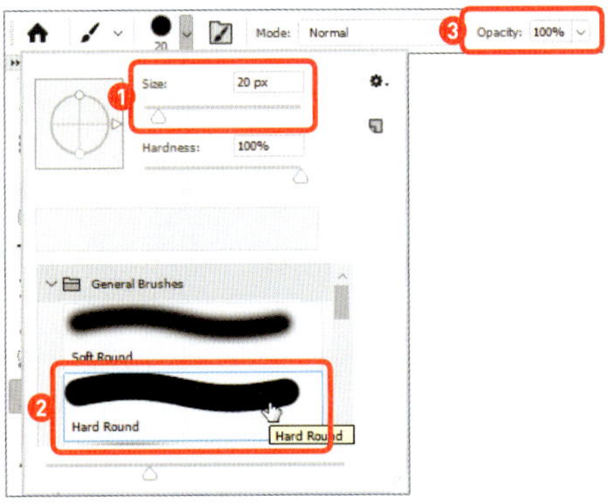

Tip 브러시 툴의 옵션 바에 있는 Opacity를 100%로 설정하지 않으면 투명도가 겹쳐 오른쪽 그림과 같이 얼룩덜룩하게 칠해집니다. 특히 수치가 100% 이하로 선택된 부분은 복제를 하면 반투명이 됩니다. 따라서 Opacity를 반드시 100%로 설정해야 합니다.

03 원하지 않은 선택 영역 지우기 원하지 않았던 부분까지 칠해졌다면 지우개 툴(◪)을 이용해 원하지 않은 부분에 칠해진 붉은색을 지웁니다.

04 일반 모드로 전환하여 선택 영역 만들기 선택할 영역을 모두 칠하고 퀵 마스크 모드(◙)를 클릭하면 일반 모드(◘)로 전환됩니다. 붉게 칠해진 부분이 선택 영역으로 지정됩니다.

Tip Opacity 값을 줄여 반투명 상태로 선택하는 경우도 있습니다. 이때는 브러시가 한 번 이상 지나가서 겹쳐지지 않도록 해야 합니다. 그래야 투명도가 일정한 이미지로 선택됩니다.

■ Opacity를 100%로 설정하고 선택

■ Opacity를 50%로 설정하고 선택

• **준비 파일** lager.jpg • **완성 파일** lager_result.jpg

응용 예제 아웃포커스 이미지 만들기

퀵 마스크 모드(◙)로 이미지를 선택하고 필터를 이용해 아웃포커스 효과를 만들어 봅니다.

■ 준비 이미지

■ 완성 이미지

Tip 아웃포커스는 배경을 부드럽고 흐리게 하여 피사체에만 초점을 맞추는 효과입니다.

01 Chapter_03 ▸ Section_12 ▸ lager.jpg 파일을 불러온 후 툴 박스에서 일반 모드( )를 더블클릭합니다. Quick Mask Options 창에서 Masked Areas를 선택하고 이미지가 붉은 계열이므로 구별되도록 Color를 파란색 계열로 변경한 후 〈OK〉를 클릭하여 퀵 마스크 모드( )로 전환합니다.

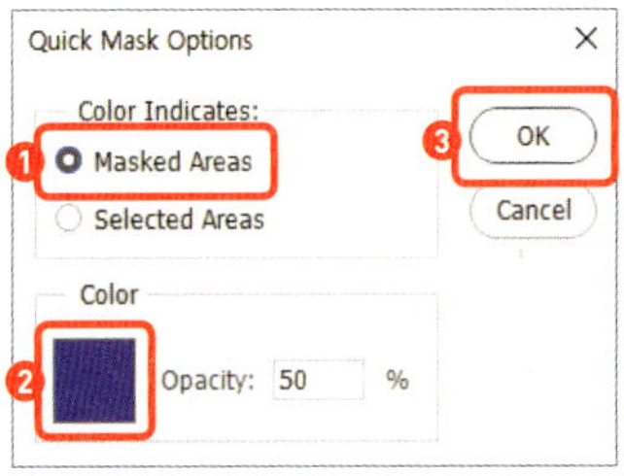

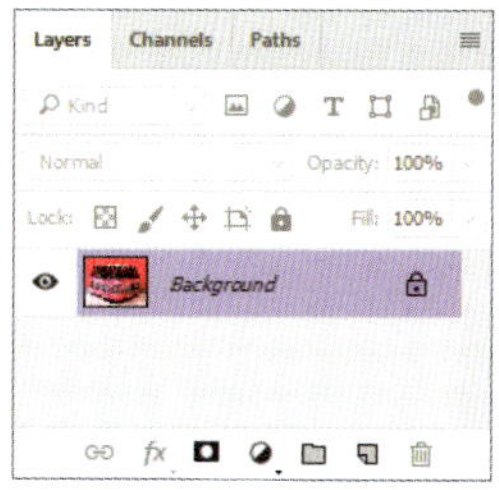

02 브러시 툴( )을 선택하고 옵션 바에서 브러시 Size를 20px로 조절한 후 Opacity와 Flow를 100으로 설정합니다. 맨 앞의 병을 브러시로 꼼꼼하게 칠한 후 퀵 마스크 모드( )를 클릭해 다시 일반 모드( )로 전환합니다.

Tip 브러시로 칠한 부분의 경계를 명확하게 보고 싶은 경우에는 Quick Mask Options 창에서 Color의 Opacity 값을 높여줍니다. 100%로 설정하면 작업 이미지가 전혀 보이지 않게 되니, 100% 이하로 설정하는 것이 좋습니다.

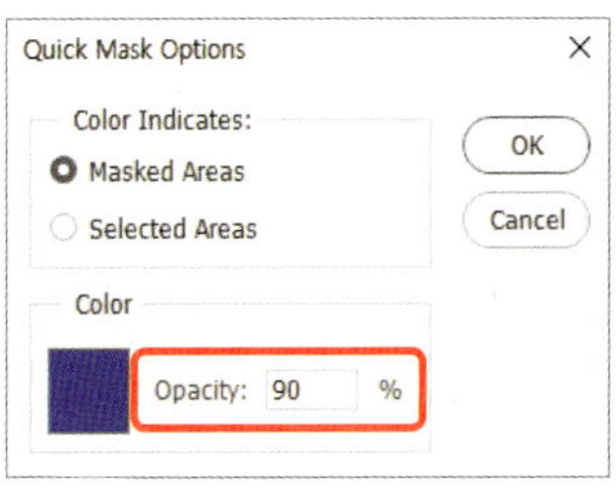

03 메뉴 바에서 [Filter]–[Blur Gallery]–[Tilt–Shift]를 선택합니다.

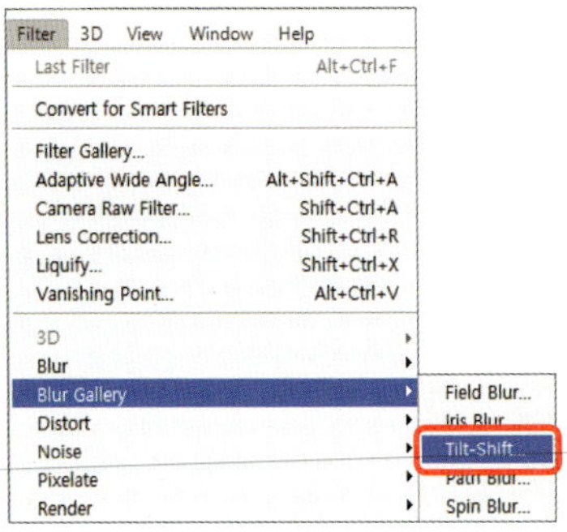

04 실선 중앙의 동그란 부분으로 마우스를 가져가면 마우스 포인터가 [↶] 모양으로 바뀌는데, 이때 실선을 수직 방향으로 회전시킵니다.

05 실선을 드래그하여 맨 앞에 있는 병의 가장자리 부분으로 이동시킨 후 흐려지는 범위를 고려하여 점선도 이동합니다. 옵션의 Blur 크기는 15px을 넘지 않도록 지정하고 옵션 바의 〈OK〉를 클릭하거나 Enter를 눌러 적용합니다.

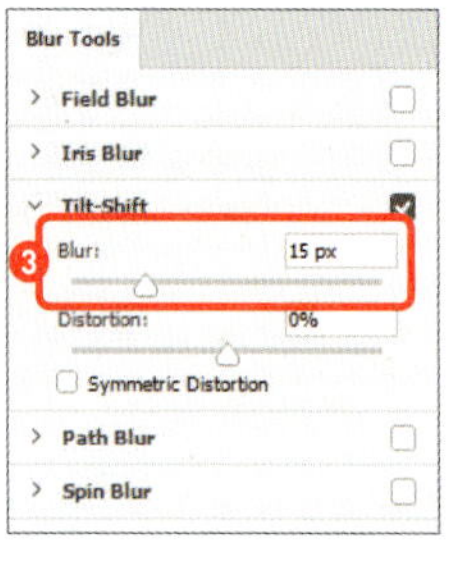

06 필터 기능을 이용한 아웃포커스 효과가 완성되었습니다. Ctrl+D를 눌러 선택 영역을 해제합니다.

혼자 해보기 | 아웃포커스 효과 적용하기

• **준비 파일** wine.jpg • **완성 파일** wine_result.jpg

퀵 마스크 모드로 맨 앞에 있는 병을 선택하고 아웃포커스 효과를 적용해 봅니다.

■ 준비 이미지

■ 완성 이미지

CHAPTER

04

이미지의 복원과 복제

여러분은 포토샵하면 가장 먼저 무엇이 떠오르나요? 아마도 인물 사진에서 몸매를 보정하고 피부를 매끈하게 만드는 마술 같은 효과를 상상하는 분이 많을 것입니다. 이번 장에서는 힐링 브러시 툴, 패치 툴, 콘텐츠 어웨어 무브 툴 등을 사용하여 잡티를 제거하고, 원치 않는 영역을 삭제하여 주변 환경과 어우러지게 만드는 방법을 배워 봅니다. 또 도장 툴로 이미지를 복제하여 채우는 방법도 배워 봅니다.

01 / **얼룩 지우기** ▶ 스팟 힐링 브러시 툴

02 / **가장자리까지 자연스럽게 복제하기** ▶ 힐링 브러시 툴

03 / **유사한 부분을 가져와 복제하기** ▶ 패치 툴

04 / **주변과 어우러지게 이동/복제하기** ▶ 콘텐츠 어웨어 무브 툴, Content-Aware Fill 메뉴, Content-Aware Scale 메뉴

05 / **플래시에 반사된 눈 보정하기** ▶ 레드 아이 툴

06 / **도장으로 찍듯 선명하게 복제하기** ▶ 도장 툴

07 / **패턴으로 채우기** ▶ 패턴 도장 툴

SECTION 01

얼룩 지우기

• **핵심 기능 |** 스팟 힐링 브러시 툴(단축키 J)

스팟 힐링 브러시 툴의 기능

스팟 힐링 브러시 툴(Spot Healing Brush Tool,)은 점과 같은 작은 결점을 보정하는 데 사용합니다. 보정하려는 부분을 클릭하거나 드래그하면 주변 영역이 자연스럽게 복제되면서 보정됩니다.

■ 원본 이미지(snow.jpg)

■ 보정할 부분을 드래그

■ 보정된 이미지

이미지에 따라 적당한 옵션을 설정하면 더 나은 결과물을 만들 수 있습니다. 옵션 바의 Content-Aware는 클릭하거나 드래그한 영역에 주변 영역의 색상, 채도, 질감을 자동으로 인식하여 채우고, Create Texture는 새 패턴으로 채우고, Proximity Match는 인근 영역의 픽셀로 채웁니다. 아래 이미지의 경우 Proximity Match 옵션을 사용해야 가장 자연스럽게 보정됩니다.

■ 원본 이미지(ball.jpg)

■ Content-Aware

■ Create Texture

■ Proximity Match

응용 예제 | 티셔츠의 얼룩 제거하기

스팟 힐링 브러시 툴( )을 사용하여 티셔츠에 묻은 얼룩을 제거해 봅니다.

■ 준비 이미지

■ 완성 이미지

01 Chapter_04 ▸ Section_01 ▸ staiin.jpg 파일을 불러옵니다. 스팟 힐링 브러시 툴( )을 선택하고 옵션 바에서 브러시 크기를 30px로 지정하고, Type을 Proximity Match로 선택한 후 오른쪽 어깨의 점을 클릭하면 클릭한 부위의 얼룩이 제거됩니다.

02 흙이 묻은 가장 넓은 부위를 칠하듯이 드래그합니다. 마우스에서 손을 떼면 얼룩이 남거나 어깨 라인 부분이 복제되어 자연스럽지 않을 수 있습니다. 그럴 땐 여러 번에 걸쳐 클릭 또는 드래그하여 자연스러울 때까지 얼룩을 지웁니다.

03 같은 방법으로 오른쪽 하단의 얼룩도 제거합니다.

혼자 해 보기 | 인물 사진의 점과 잡티 제거하기

• **준비 파일** spot.psd • **완성 파일** spot_result.psd

스팟 힐링 브러시 툴( )의 브러시 크기와 옵션을 조절하여 인물 사진의 점과 잡티를 제거해 봅니다.

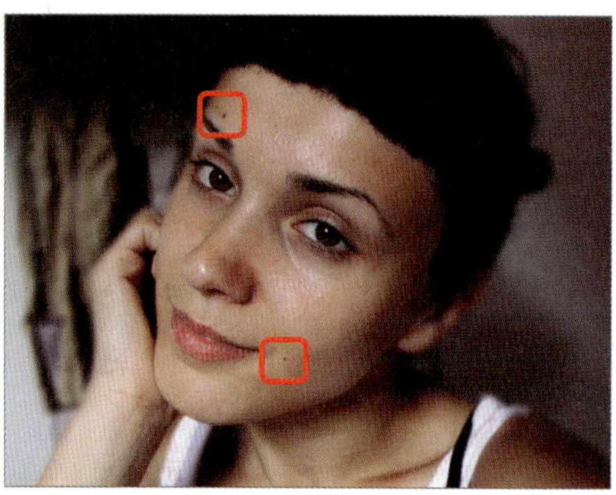

■ 준비 이미지

■ 완성 이미지

SECTION 02

가장자리까지 자연스럽게 복제하기

• **핵심 기능 |** 힐링 브러시 툴(단축키 J)

힐링 브러시 툴의 기능

힐링 브러시 툴(Healing Brush Tool,)은 스팟 힐링 브러시 툴()보다 넓은 얼룩을 제거하거나 넓은 면적을 자연스럽게 복제할 때 사용합니다. Alt 를 누른 채로 복제할 대상을 클릭하여 지정한 다음 얼룩지거나 훼손되어 수정할 부분을 클릭 또는 드래그하면 자연스럽게 보정됩니다. 복제할 대상을 지정할 수 있어 편리합니다.

■ 원본 이미지(wall.jpg)

■ Alt 를 누른 채로 복제할 부분을 클릭하여 소스로 지정

■ 소스를 복제할 위치를 드래그

■ 복제 완료

응용 예제 사람 옮기기

힐링 브러시 툴( )을 사용하여 가장자리 부분이 자연스럽게 어우러지도록 특정 영역을 복제해 봅니다.

■ 준비 이미지

■ 완성 이미지

01 Chapter_04 ▸ Section_02 ▸ yellow.jpg 파일을 불러옵니다. 힐링 브러시 툴( )을 선택하고 옵션 바에서 브러시 크기를 40px로 조절합니다. Alt 를 누르면 마우스 포인터가 [ ] 모양으로 변하는데 이때 복제할 사람을 클릭합니다.

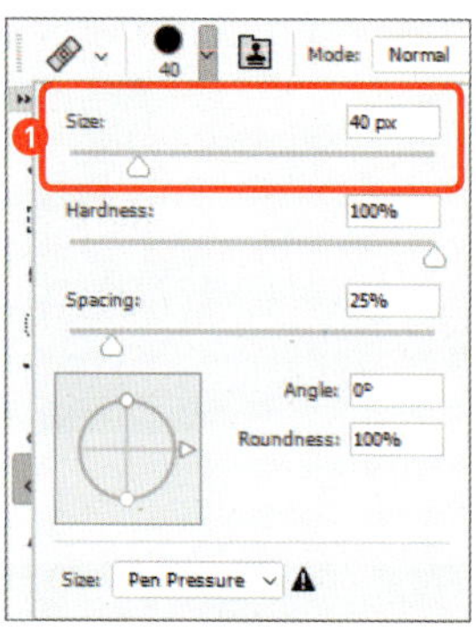

02 복제 대상의 높이를 고려하여 수평으로 마우스 포인터를 옮기고 드래그합니다. 드래그한 자리에 자연스럽게 사람이 복제됩니다. 드래그할 때 생기는 + 표시는 현재 복제되는 영역을 나타냅니다.

03 이번에는 오른쪽에 있는 사람을 지워 보겠습니다. 사람과 사람 사이에 있는 노란 벽을 Alt 를 누른 채로 클릭하여 소스로 지정합니다. 수평을 맞춰 오른쪽 사람이 있는 부분을 드래그합니다.

04 색 차이가 나거나 위치가 맞지 않아 어색할 때는 메뉴 바에서 [Window]-[History]를 선택하여 히스토리 패널을 꺼낸 다음 원하는 단계를 클릭하여 작업을 되돌립니다. Alt 를 누른 채로 다른 적당한 위치를 클릭하여 소스로 지정하고 드래그하여 지웁니다. 사람이 자연스럽게 제거될 때까지 이 과정을 반복하여 이미지를 완성합니다.

Tip 스팟 힐링 브러시 툴( )은 클릭한 지점 근처에 있는 픽셀로 채우고, 힐링 브러시 툴( )은 Alt 를 누른 채로 클릭한 지점의 픽셀로 채웁니다. 즉, 힐링 브러시 툴은 복제할 대상을 미리 지정할 수 있습니다.

혼자 해 보기 | 울타리 틈에 자라난 아이비 제거하기

• **준비 파일** wood.jpg • **완성 파일** wood_result.jpg

힐링 브러시 툴( )을 이용하여 울타리 틈에 자라난 아이비를 제거해 봅니다.

■ 준비 이미지

■ 완성 이미지

응용 예제 뽀얗고 깨끗한 피부 만들기

힐링 브러시 툴(🩹)로 피부를 깨끗하게 보정하고 필터를 이용해 뽀얀 피부를 만들어 봅니다.

■ 준비 이미지

■ 완성 이미지

01 Chapter_04 ▸ Section_02 ▸ freckles.psd 파일을 불러옵니다. 힐링 브러시 툴(🩹)을 선택하고 옵션 바에서 브러시 크기를 20px로 조절합니다. Alt 를 누른 채로 주근깨가 없는 부분을 클릭하여 소스로 지정합니다. 눈에 띄는 주근깨를 클릭하여 깨끗한 피부로 만듭니다.

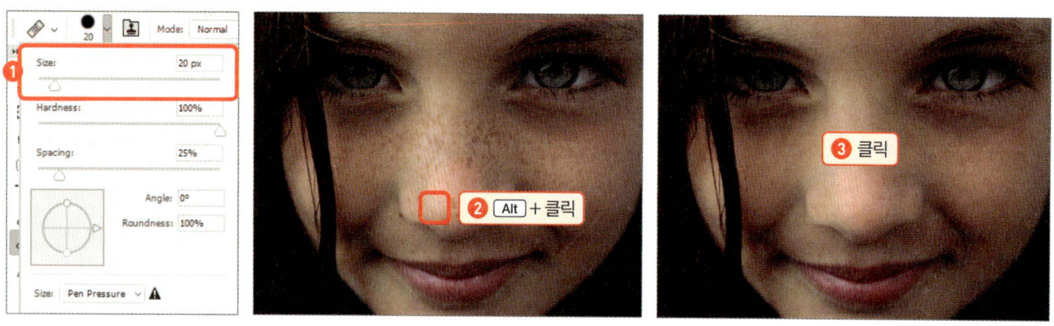

02 주근깨가 어느 정도 제거되면 메뉴 바에서 [Image]–[Adjustments]–[Brightness/Contrast]를 선택합니다. 옵션 창에서 Brightness를 100, Contrast를 30으로 지정하고 〈OK〉를 클릭합니다.

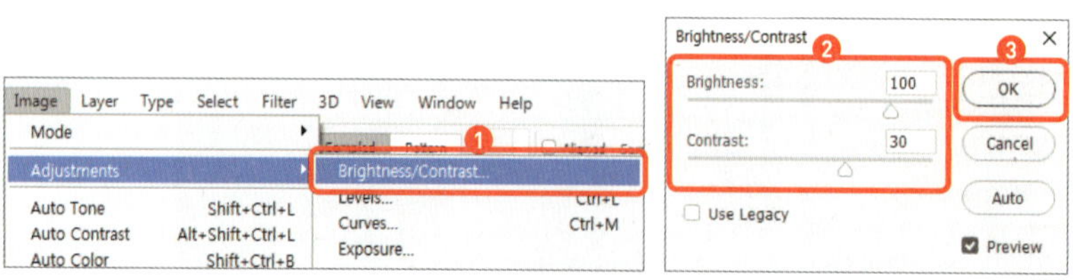

03 이미지 대비도 뚜렷해지고 훨씬 밝아졌지만 피부가 거칠어 보입니다.

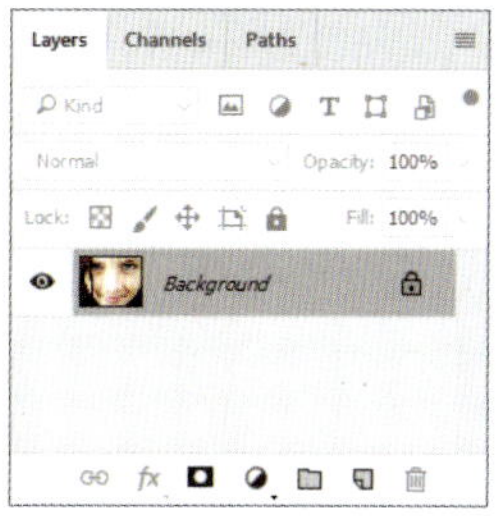

04 피부가 부드러워 보이도록 메뉴 바에서 [Filter]-[Noise]-[Reduce Noise]를 선택합니다. 옵션 창에서 Strength를 10, Preserve Details를 0%, Reduce Color Noise를 100%, Sharpen Details를 100%로 지정하고 〈OK〉를 클릭합니다. Ctrl+J를 눌러 Background 레이어를 복제합니다.

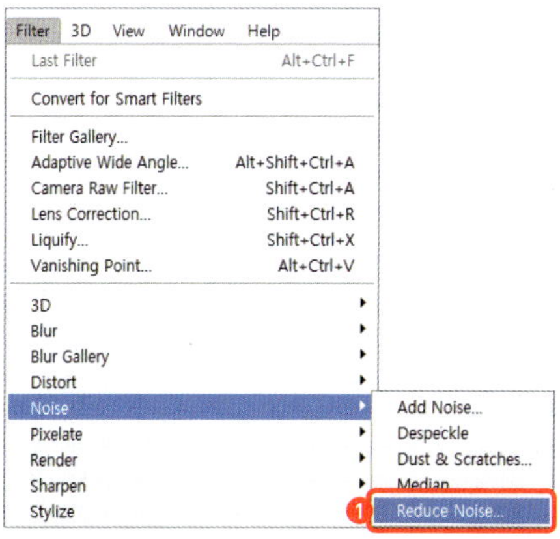

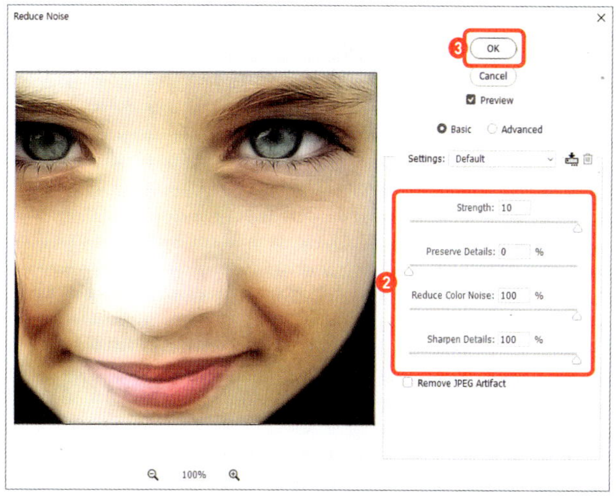

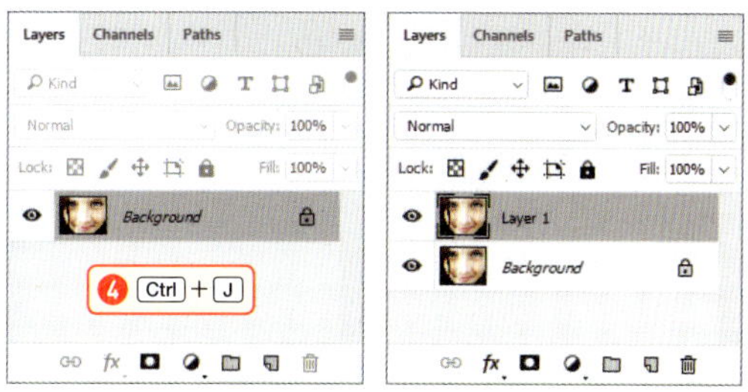

05 메뉴 바에서 [Filter]–[Noise]–[Reduce Noise]를 선택합니다. 옵션 창에서 Strength를 10, Preserve Details를 0%, Reduce Color Noise를 100%, Sharpen Details를 0%로 지정하고 〈OK〉를 클릭합니다.

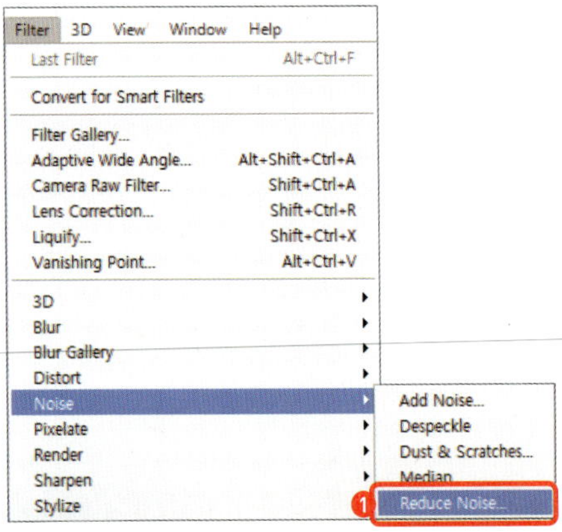

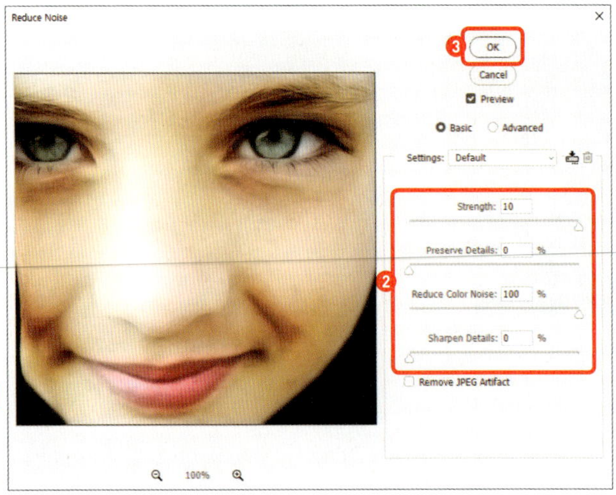

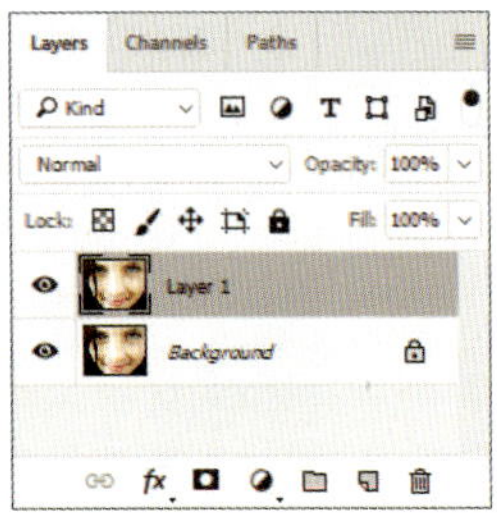

06 지우개 툴( )을 선택하고 옵션 바에서 Opacity를 20%로 지정합니다. 눈썹과 눈, 코끝, 입가와 입술 등을 한두 번씩 드래그하여 지웁니다. 흘러내린 머리카락과 턱선도 드래그해서 윤곽 없이 흐릿해진 얼굴을 선명하게 만듭니다.

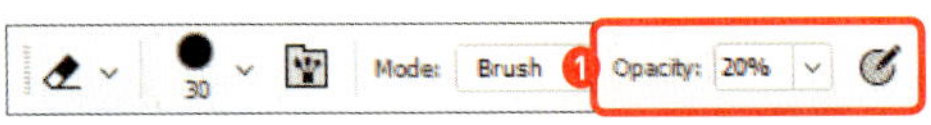

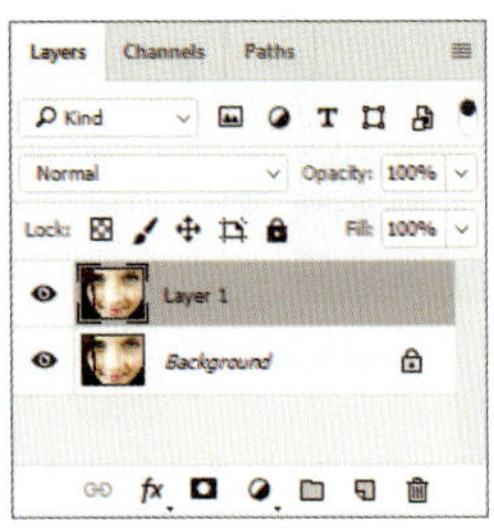

Tip 지우개 툴( )의 옵션 바에서 Opacity를 100% 이하로 줄이고 이미지를 드래그하면 드래그한 부분이 반투명 상태가 되므로 바로 아래 있는 레이어 이미지가 겹쳐 보입니다.

07 Layer 1이 선택된 상태에서 Ctrl + E를 눌러 레이어를 병합하면 완성됩니다.

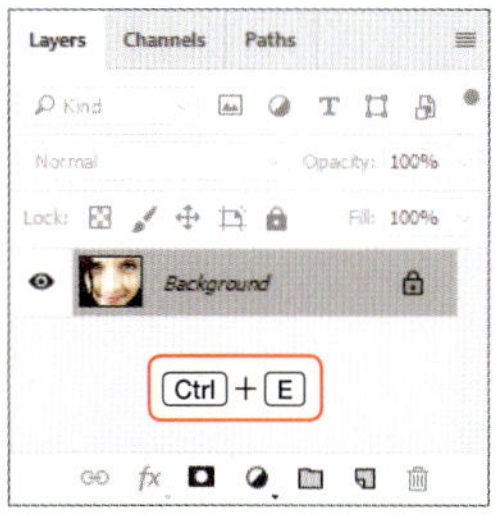

혼자 해 보기 | 얼굴에 보이는 잡티 없애기

• **준비 파일** face.psd • **완성 파일** face_result.psd

잡티를 없애고 뽀얀 이미지로 만들어 봅니다. 단, 눈가나 입가 등의 경계가 무너지지 않도록 신경 써서 보정합니다. 예제 사진보다 본인 사진을 이용하면 더 좋습니다.

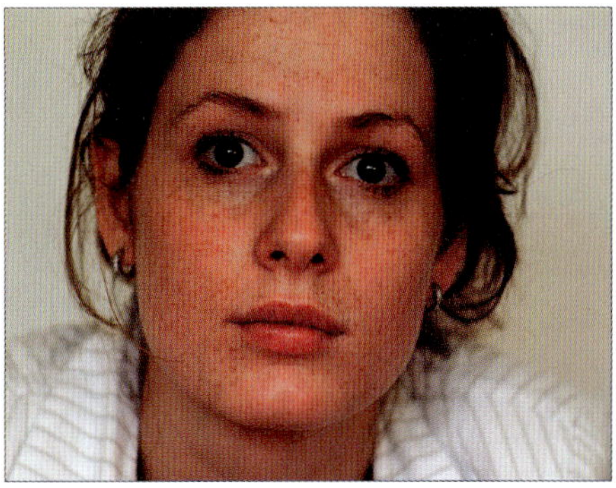

■ 준비 이미지

■ 완성 이미지

SECTION

03

유사한 부분을 가져와 복제하기

• **핵심 기능 |** 패치 툴[](단축키 J)

패치 툴의 기능

패치 툴(Patch Tool, [])은 원하는 영역을 선택하여 채워 넣을 때 주변과 자연스럽게 어우러지도록 채웁니다. 보정할 부분을 선택하고 선택한 영역을 복제할 위치로 드래그 앤 드롭하면 복제할 위치에 있는 이미지 영역이 선택 영역에 자연스럽게 채워지면서 보정됩니다.

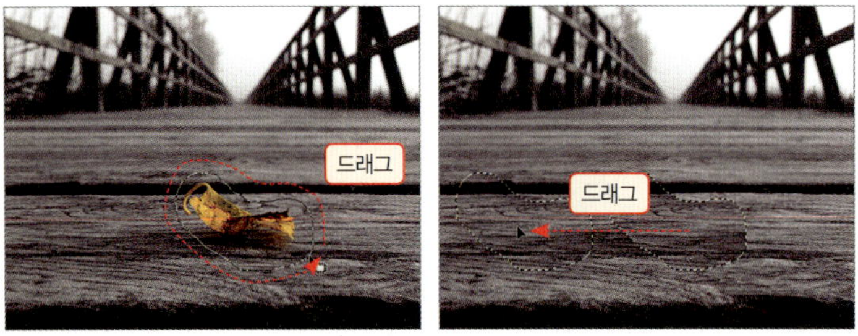

■ 선택 영역에 복제할 이미지를 자연스럽게 채워 넣기(leaf.jpg)

• **준비 파일** green.jpg • **완성 파일** green_result.jpg

응용 예제 풀잎에 맺힌 이슬 제거하기

■ 준비 이미지

■ 완성 이미지

01 Chapter_04 ▸ Section_03 ▸ green.jpg 파일을 불러옵니다. 패치 툴( )을 선택하고 이슬 한 방울을 드래그하여 선택합니다. 선택 영역으로 마우스 포인터를 가져가면 마우스 포인터가 모양으로 바뀝니다. 이때 선택 영역의 배경 무늬와 유사한 이슬이 없는 영역으로 이미지를 드래그한 다음 마우스에서 손가락을 뗍니다.

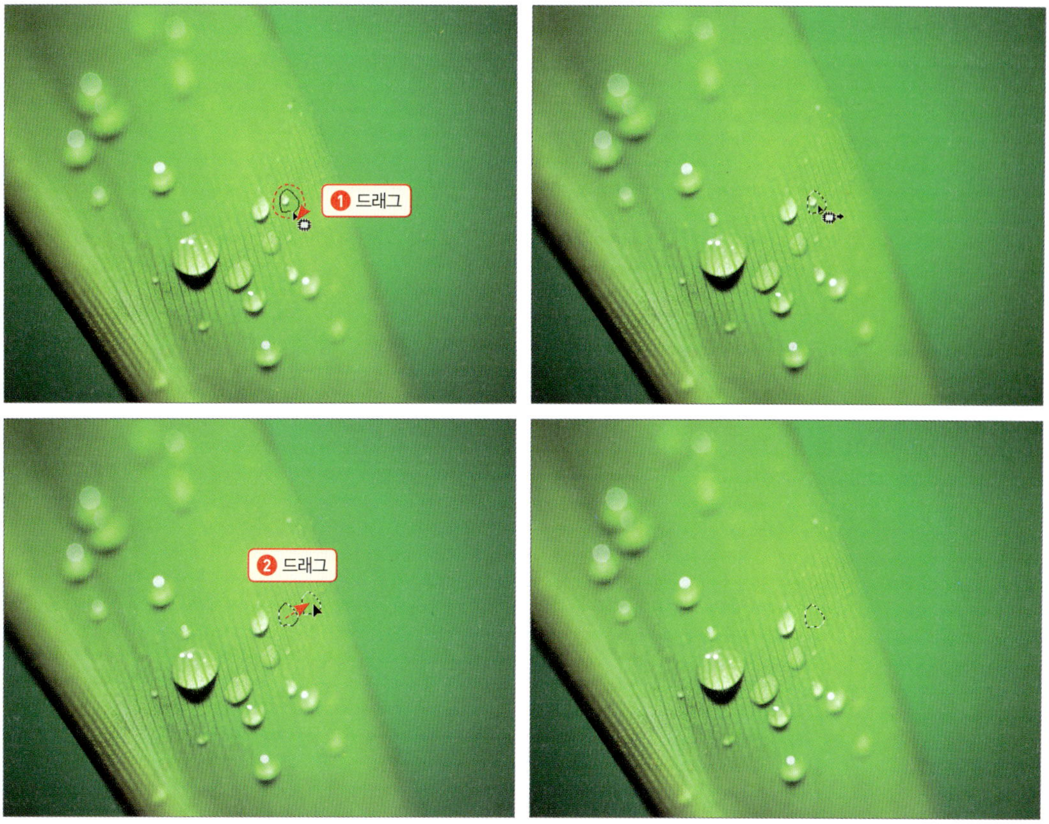

Tip Shift를 누른 채로 드래그하면 선택 영역을 추가할 수 있고, Alt를 누른 채로 드래그하면 선택 영역의 일부 또는 전부를 선택 영역에서 해제할 수 있습니다.

02 다른 이슬을 선택한 다음 선택 영역과 가장 유사하지만 이슬이 없는 영역으로 이미지를 드래그합니다.

03 복제한 결과에 얼룩이나 오염이 있을 때는 오염 부위를 선택하고 같은 방법을 여러 번 반복하여 최대한 자연스럽게 보이도록 보정합니다.

04 주변을 고려해 모든 이슬을 지우면 이미지가 완성됩니다.

혼자 해보기 | 강아지 주름 제거하기

• **준비 파일** pug.jpg • **완성 파일** pug_result.jpg

강아지 털 방향을 고려하면서 패치 툴( )로 강아지 주름을 지워 봅니다.

■ 준비 이미지

■ 완성 이미지

SECTION 04

주변과 어우러지게 이동/복제하기

• **핵심 기능 |** 콘텐츠 어웨어 무브 툴[✕](단축키[J]), Content-Aware Fill 메뉴, Content-Aware Scale 메뉴

콘텐츠 어웨어 무브 툴의 기능

콘텐츠 어웨어 무브 툴(Content-Aware Move Tool, [✕])은 원하는 영역을 다른 곳으로 자연스럽게 이동시키거나 복제할 때 사용합니다. 이동 또는 복제하려는 영역을 여백이 크지 않도록 선택한 다음 원하는 위치로 드래그 앤 드롭하면 자연스럽게 이동되거나 복제됩니다.

■ 원본 이미지(arrows.jpg)

■ 이동시킨 이미지

■ 복제된 이미지

• **준비 파일** tree.jpg • **완성 파일** tree_result.jpg

응용 예제 배경과 어우러지게 이동/복제하기

■ 준비 이미지

■ 완성 이미지

01 Chapter_04 ▸ Section_04 ▸ tree.jpg 파일을 불러옵니다. 콘텐츠 어웨어 무브 툴()을 선택하고 옵션 바에서 Structure를 7, Color를 10으로 설정합니다. 중앙에 있는 나무를 드래그하여 선택 영역으로 지정합니다.

Tip Structure와 Color 값에 따라 이미지 가장자리가 달라집니다. 이미지에 따라 값을 다르게 지정하여 가장 자연스러운 값을 찾아봅니다.

02 옵션 바에서 Mode를 Move로 설정한 다음 선택 영역 안쪽을 클릭한 채 나무를 오른쪽으로 이동시키면 이미지가 자연스럽게 배경과 어우러지며 이동됩니다. 옵션 바의 Mode를 Extend로 설정하고 이동시키면 나무가 자연스럽게 복제됩니다.

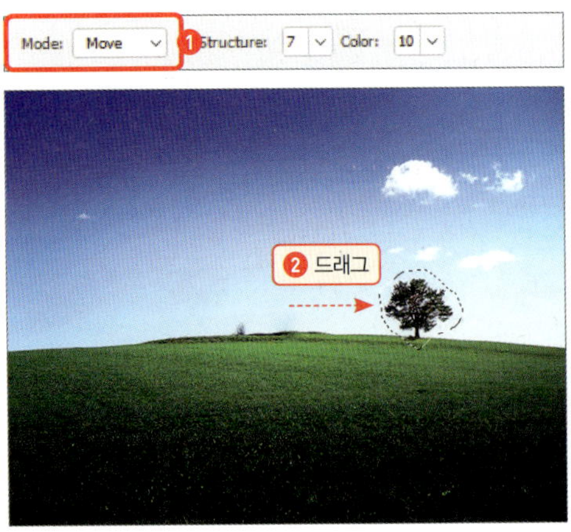

■ 선택 영역 이동

■ 선택 영역 복제

03 옵션 바에서 Transform On Drop을 체크하면 이동시킨 이미지에 바운딩 박스가 생기는데, 이때는 실행 버튼(✓)을 클릭하거나 Enter를 눌러야 이미지 복제가 완성됩니다.

04 옵션 바의 설정 값을 조절하면서 선택 영역을 복제하거나 위치를 이동시켜 이미지를 완성합니다.

혼자 해 보기 | 나무 이동/복제하기

• **준비 파일** swiss.jpg • **완성 파일** swiss_result1.jpg, swiss_result2.jpg

나무를 선택하여 원하는 방향으로 이동하거나 복제해 봅니다.

■ 준비 이미지

■ 이동한 이미지

■ 복제한 이미지

응용 예제 배경에서 원하지 않는 부분 제거하기 ①

콘텐츠 어웨어 무브 툴( )을 이용해 원하지 않는 사람이나 물건을 배경에서 감쪽같이 지워 봅니다.

■ 준비 이미지

■ 완성 이미지

01 Chapter_04 ▸ Section_04 ▸ bee.jpg 파일을 불러옵니다. 콘텐츠 어웨어 무브 툴( )을 선택하고 벌을 드래그하여 선택 영역으로 지정합니다. 올가미 툴( )을 사용할 때처럼 꼼꼼하게 선택하지 않아도 됩니다.

02 Delete 를 눌러 Fill 옵션 창이 나타나면 Contents를 Content-Aware로 선택하고 〈OK〉를 클릭합니다.

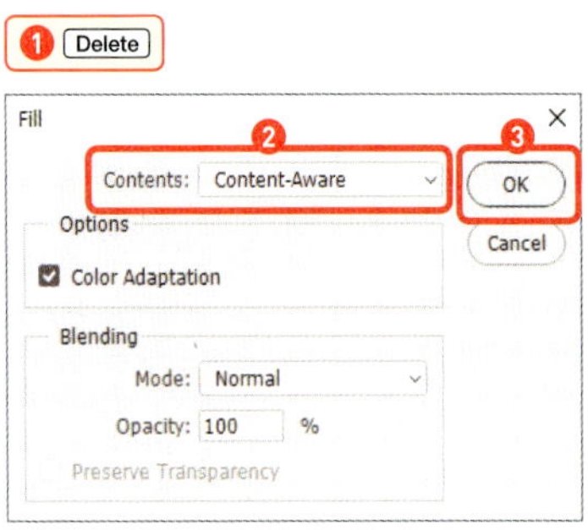

03 벌이 사라지고 벌이 사라진 자리는 배경으로 자연스럽게 채워집니다. Ctrl+D를 눌러 선택 영역을 해제하고 이미지를 완성합니다.

• **준비 파일** ship.jpg • **완성 파일** ship_result.psd

응용 예제 배경에서 원하지 않는 부분 제거하기 ②

콘텐츠 어웨어 필(Content-Aware Fill) 메뉴는 제거할 영역에 채워질 부분을 사용자가 직접 지정하여 좀 더 자연스러운 결과를 얻을 수 있습니다.

■ 준비 이미지

■ 완성 이미지

01 Chapter_04 ▸ Section_04 ▸ ship.jpg 파일을 불러옵니다. 올가미 툴(P)로 배를 드래그하여 삭제할 영역을 지정하고 메뉴 바에서 [Edit]-[Contents Aware Fill]을 선택하여 옵션 창을 엽니다.

02 옵션 바에서 빼기(⊖) 옵션이 기본 값으로 지정되어 있는 것을 확인하고 연두색의 오버레이 부분 중 하늘과 산 부분을 드래그하여 지웁니다.

03 미리 보기를 보면 연두색의 오버레이 영역이 선택 영역에 채워져 배가 자연스럽게 삭제된 것을 확인할 수 있습니다. 〈OK〉를 클릭해 작업 중인 화면으로 돌아갑니다.

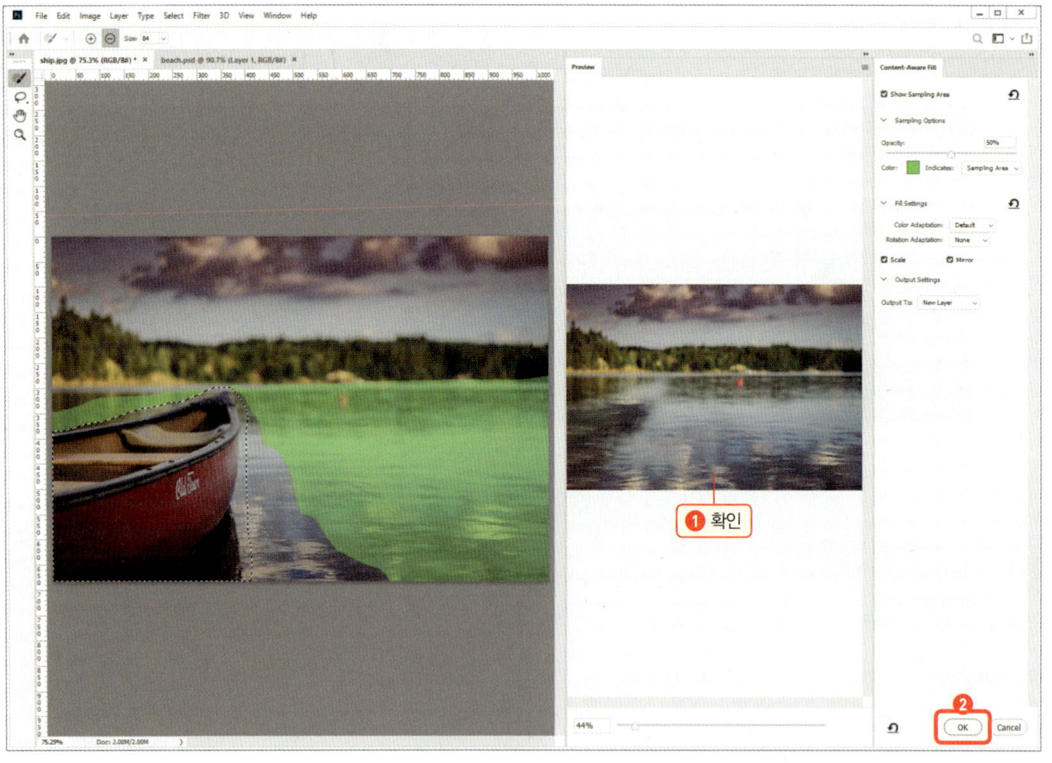

Tip 미리보기 창이 지나치게 변경되면 옵션 바의 브러시 옵션을 ⊕로 변경한 후 다시 연두색 오버레이 영역을 채웁니다.

04 레이어 패널을 보면 보정된 부분이 새 레이어로 만들어져 있습니다.

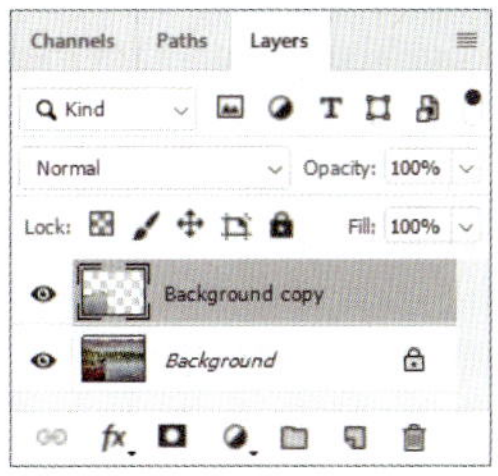

Tip 옵션에 따라 보정된 부분이 이미지에 바로 적용되기도 합니다.

Tip [Edit]–[Fill] 메뉴에서 콘텐츠 어웨어를 적용한 것과 [Edit]–[Contents Aware Fill] 메뉴에서 콘텐츠 어웨어를 적용한 것은 사용자의 의도에 따라 결과가 달라집니다.

■ [Edit]–[Fill] 적용

■ [Edit]–[Contents Aware Fill] 적용

• **준비 파일** beach.psd • **완성 파일** beach_result.psd

응용 예제 이미지를 자연스럽게 늘리기

콘텐츠 어웨어 스케일(Content–Aware Scale) 메뉴는 트랜스폼(Ctrl+T)으로 화면을 늘리는 것과 달리 이미지의 가운데부터 크기를 늘립니다. 이미지의 피사체가 한쪽으로 치우쳐져 있을 때 이미지를 자연스럽게 키울 수 있습니다.

■ 준비 이미지

■ 완성 이미지

01 Chapter_04 ▸ Section_04 ▸ beach.psd 파일을 불러온 후 Layer 1을 선택합니다.

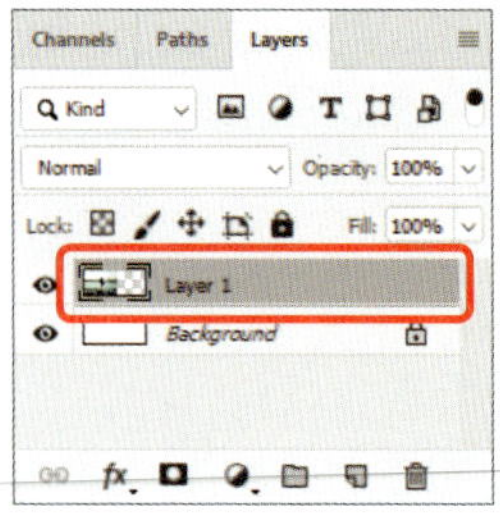

02 메뉴 바에서 [Edit]-[Contents Aware Scale]을 선택하면 이미지에 바운딩 박스가 나타납니다.

03 마우스를 바운딩 박스의 오른쪽 가운데로 가져가면 마우스 포인터가 [↔] 모양으로 바뀝니다. [Shift]를 누른 채로 오른쪽 끝까지 드래그한 후 [Enter]를 눌러 완료합니다.

Tip 피사체가 중심에 있을 때 Contents Aware Scale 메뉴를 이용하면 피사체도 같이 늘어나므로 주의해야 합니다. 또한 Contents Aware Scale 메뉴로 이미지를 늘린 것과 Ctrl+T를 눌러 트랜스폼 기능으로 이미지를 늘린 것은 차이가 있습니다.

■ 피사체가 중심에 있는 이미지

■ 피사체가 중심에 있는 이미지를 늘린 결과

■ 콘텐츠 어웨어 스케일로 늘린 이미지

■ 트랜스폼으로 늘린 이미지

SECTION

05

플래시에 반사된 눈 보정하기

• **핵심 기능** | 레드 아이 툴[+◉](단축키 [J])

레드 아이 툴의 기능

레드 아이 툴(Red Eye Tool, [+◉])은 카메라 플래시에 반사되어 빨갛게 나오는 적목 현상을 보정할 수 있습니다. 붉게 나온 눈을 클릭하거나 눈 영역을 드래그하면 원래 색에 가깝게 보정됩니다. 붉은색에만 반응하므로 다른 용도로는 거의 사용되지 않습니다.

■ 원본 이미지(cat.jpg)

■ 레드 아이 툴을 적용한 이미지

혼자 해 보기 | 빨간 눈 수정하기

• **준비 파일** frog.jpg • **완성 파일** frog_result.jpg

레드 아이 툴([+◉])을 이용하여 빨갛게 찍힌 개구리 눈을 까맣게 보정합니다. 영역이 넓으면 한 번에 보정되지 않으므로 여러 번 클릭하여 보정합니다.

■ 준비 이미지

■ 완성 이미지

SECTION 06

도장으로 찍듯 선명하게 복제하기

• 핵심 기능 | 도장 툴[도장](단축키 [S])

도장 툴의 기능

도장 툴(Stamp Tool, [도장])은 복제할 대상을 가장자리까지 깔끔하고 선명하게 복제할 때 사용합니다. [Alt]를 누른 채로 복제할 부분을 클릭하여 소스로 지정하고, 소스를 복제할 위치를 드래그하면 깔끔하게 복제됩니다.

■ [Alt]를 누른 채로 소스로 쓸 부분을 클릭(rabbit.jpg)

■ 복제할 위치에서 드래그

■ 복제 완료

• 준비 파일 bench.psd • 완성 파일 bench_result.psd

응용 예제 | 벤치 복제하기

도장 툴([도장])을 이용하여 벤치를 깔끔하게 복제해 봅니다.

■ 준비 이미지

■ 완성 이미지

01 Chapter_04 ▸ Section_06 ▸ bench.psd 파일을 불러옵니다. 레이어 패널에서 새 레이어 만들기 버튼(▣)을 클릭해 새 레이어를 추가합니다. 도장 툴(▣)을 선택하고 옵션 바에서 Samples를 Current & Below로 선택합니다.

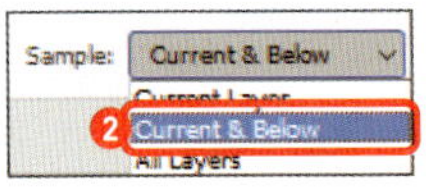

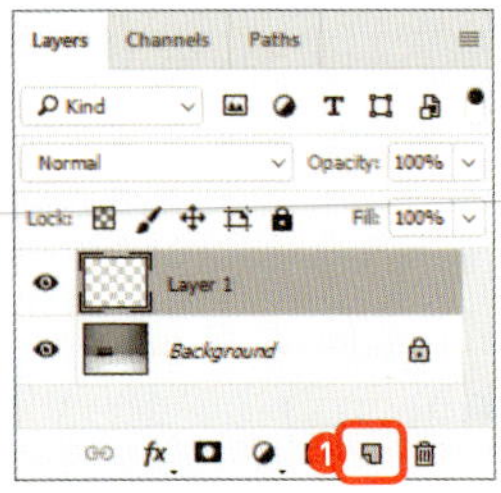

02 Layer 1이 선택된 상태에서 Alt 를 누른 채 벤치에서 복제하고자 하는 부분을 클릭합니다. 벤치의 위치를 잘 잡을 수 있도록 벤치와 벽의 경계 부분을 클릭합니다.

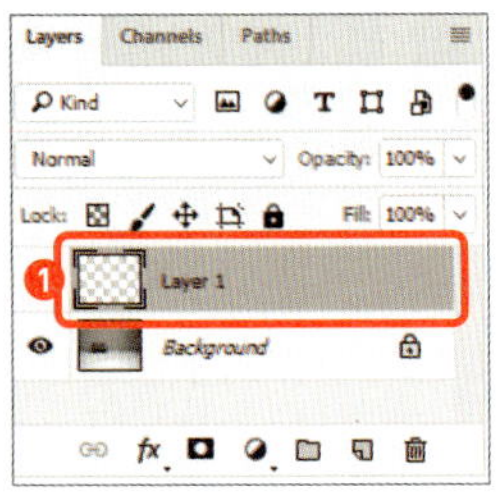

03 마우스를 수평으로 이동하여 시작점을 잡은 후 드래그하여 복제합니다. 벤치 주변을 너무 정교하게 드래그하지 않아도 됩니다.

Tip 옵션 창의 Aligned를 체크한 상태에서 마우스에서 손을 뗐다가 다시 드래그하면 드래그하던 부분이 그대로 연결됩니다. 하지만 Aligned가 체크되지 않은 상태에서 마우스에서 손을 뗀 후 다시 드래그하면 처음 소스로 정의한 부분부터 복제됩니다.

04 Background 레이어의 눈 아이콘(👁)을 클릭하여 복제된 벤치만 보이도록 합니다. 지우개 툴(◇)을 선택하고 옵션 바에서 Opacity를 100%로 설정한 후 벤치 가장자리 부분을 깔끔하게 지웁니다. 이때 벤치 아랫 부분은 Opacity를 10%로 설정하고 지웁니다. 그래야 일부 영역이 반투명으로 남아 자연스럽게 보입니다.

Tip 벤치 아랫 부분의 그림자까지 지워버리면 벤치가 배경과 어우러지지 못하고 공중에 떠 있는 느낌이 듭니다. 삭제시 배경을 자주 확인하며 불필요한 부분을 지워줍니다.

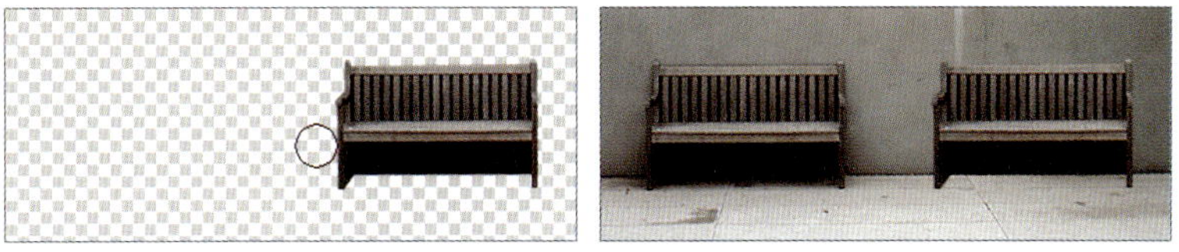

05 Background 레이어의 눈 아이콘(👁)을 클릭하여 벤치가 자연스럽게 복제되었는지 확인합니다.

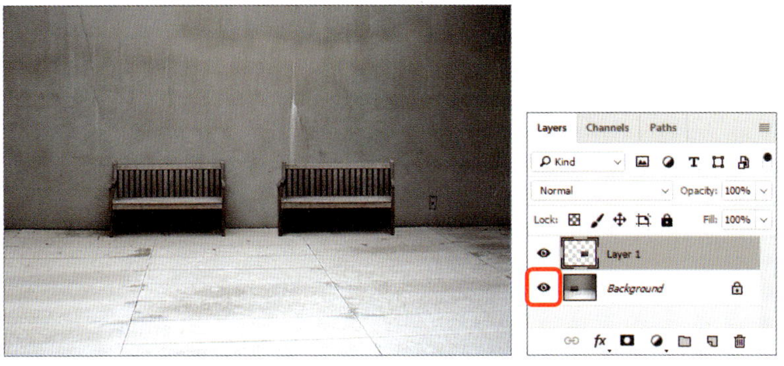

SECTION

07

패턴으로 채우기

• **핵심 기능 |** 패턴 도장 툴(단축키 S)

패턴 도장 툴의 기능

패턴 도장 툴(Pattern Stamp Tool,)은 등록한 패턴을 복제합니다. 이미지 일부를 패턴으로 등록한 다음 드래그하면 드래그한 부분에 패턴이 채워집니다.

01 패턴으로 쓸 영역 지정하기 Chapter_04 ▸ Section_07 ▸ flower.jpg 파일을 불러옵니다. 사각형 선택 툴( )을 선택하고 Shift 를 누른 채로 화병의 꽃송이 부분을 드래그합니다.

02 패턴 저장하기 메뉴 바에서 [Edit]–[Define Pattern]을 선택합니다. 옵션 창에서 Name을 원하는 이름으로 지정하고 〈OK〉를 클릭합니다.

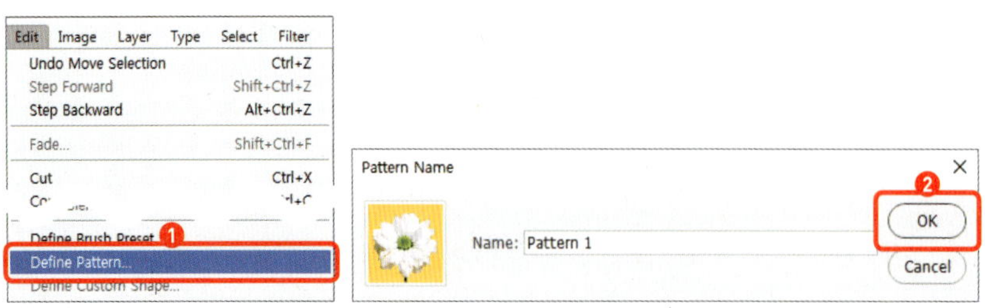

03 패턴으로 채울 영역 지정하기 Ctrl + A 를 눌러 전체 화면을 선택합니다.

04 패턴 옵션 설정하기 패턴 도장 툴( )을 선택하고 옵션 바에서 브러시 크기를 50px, 패턴을 앞에서 등록한 꽃송이로 선택합니다.

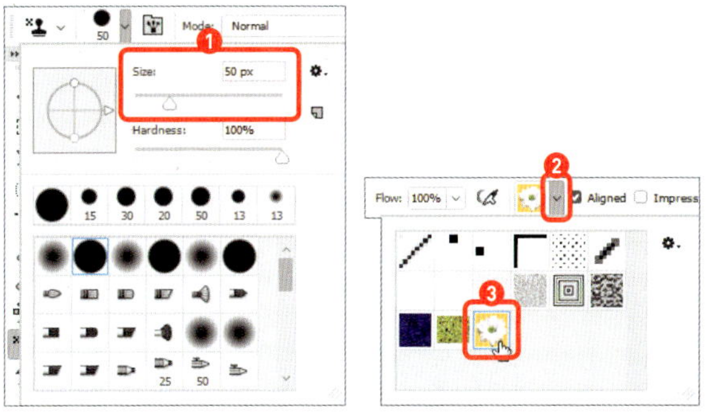

05 패턴으로 채우기 화면을 드래그하면 패턴으로 채워진 이미지가 완성됩니다.

06 옵션 바에서 Impressionist에 체크한 채로 드래그하면 패턴이 뭉개진 형태로 채워집니다.

• **준비 파일** 없음 • **완성 파일** pattern_result1.psd, pattern_result2.psd

응용 예제 배경 이미지로 쓸 패턴 만들기

배경 이미지로 활용할 패턴을 만들어 봅니다.

■ 완성 이미지

■ 응용 이미지

01 메뉴 바에서 [File]–[New]를 선택해 Width와 Height가 500Pixels인 새 작업 화면을 만듭니다.

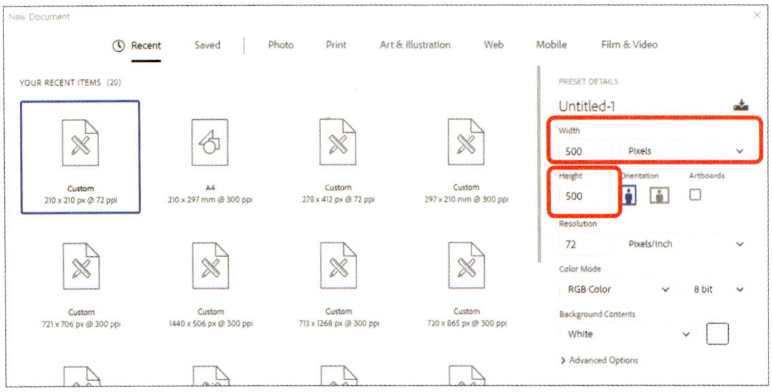

02 레이어 패널에서 새 레이어 만들기 버튼(□)을 클릭해 새 레이어를 추가합니다. Shift 를 누른 채로 사각형 선택 툴(⬚)로 드래그하여 작은 정사각형의 선택 영역을 만듭니다. 전경색(■)을 클릭하여 하늘색(#7ECDF4)으로 설정한 후 Alt + Delete 를 눌러 선택 영역을 채웁니다.

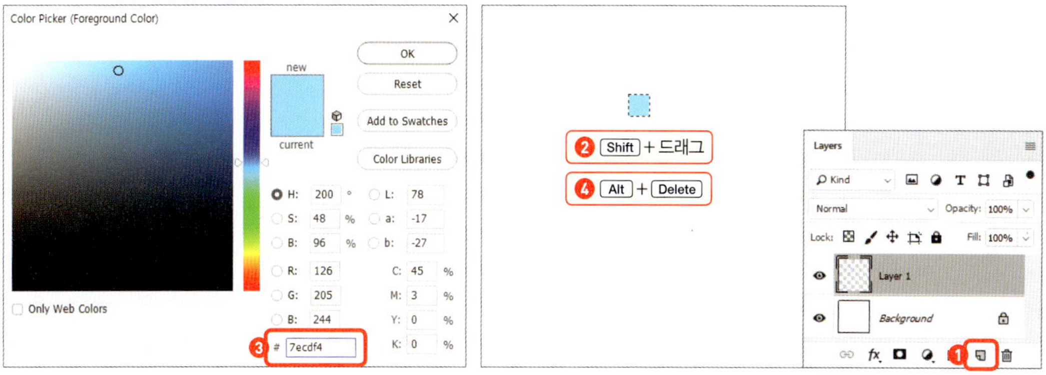

03 선택 영역 내부로 마우스를 가져가 마우스 포인터가 ▷ 모양으로 바뀌면 선택 영역을 수평으로 드래그하여 이동시킵니다. 전경색(■)을 클릭하여 밝은 하늘색(#A5E2FF)으로 설정한 후 Alt + Delete 를 눌러 선택 영역을 채웁니다.

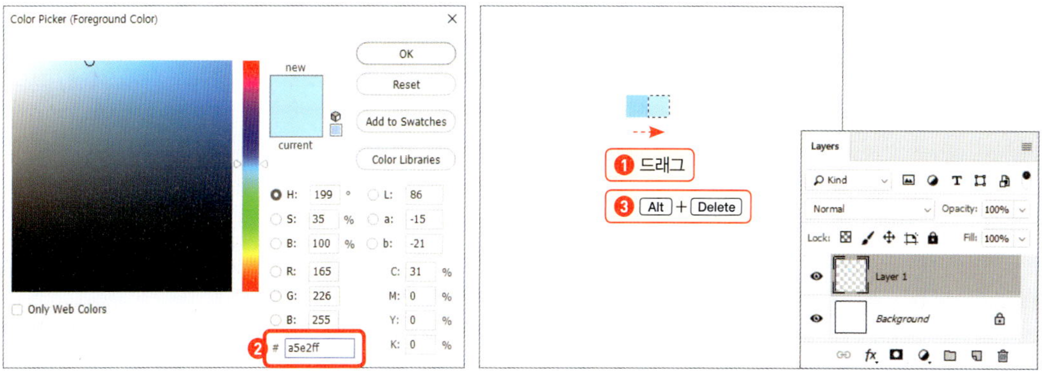

04 같은 방법으로 다음과 같이 2개의 선택 영역을 더 만든 후 Ctrl + D 를 눌러 선택 영역을 해제합니다.

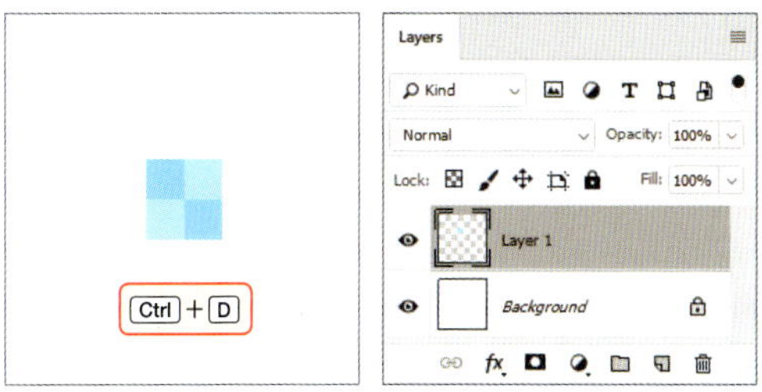

05 Ctrl+T를 눌러 바운딩 박스가 나타나면 Shift를 누른 채로 45° 회전하고 Enter를 누릅니다.

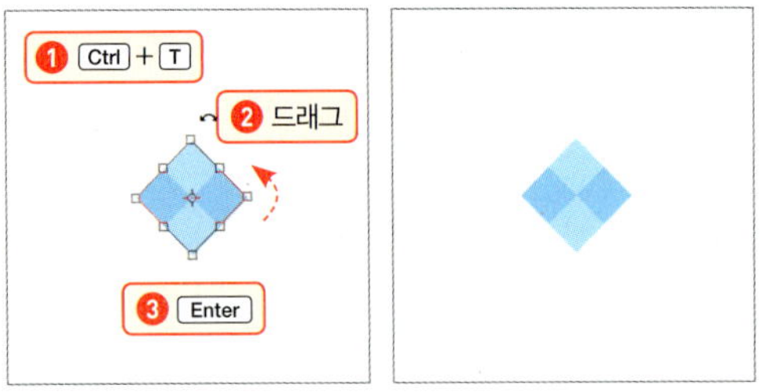

06 돋보기 툴(🔍)로 화면을 확대한 후 Shift를 누른 채로 사각형 선택 툴(⬚)로 드래그하여 정사각형 모양의 선택 영역을 지정합니다.

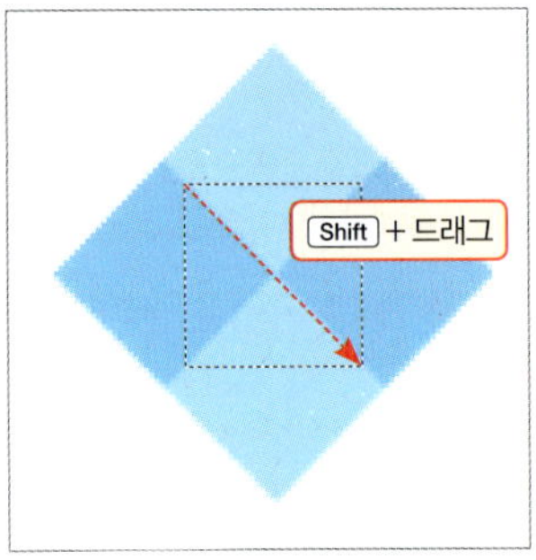

> **Tip** 선택 영역의 위치에 따라 패턴의 형태도 달라집니다.
>
> 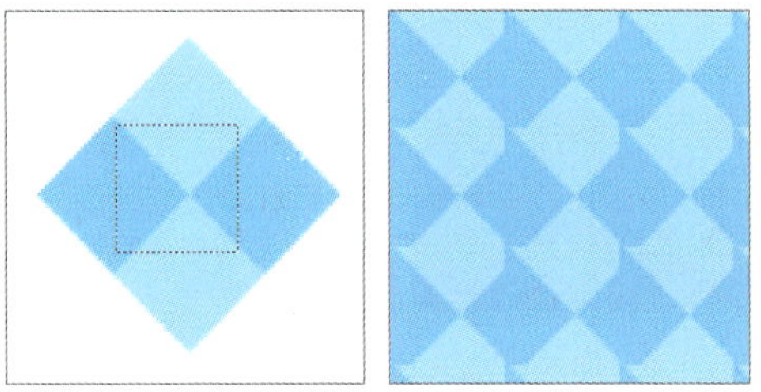

07 메뉴 바에서 [Edit]–[Define Pattern]을 선택한 후 Name을 입력하고 〈OK〉를 클릭합니다. 레이어 패널의 휴지통 아이콘(🗑)을 클릭해 Layer 1을 삭제합니다.

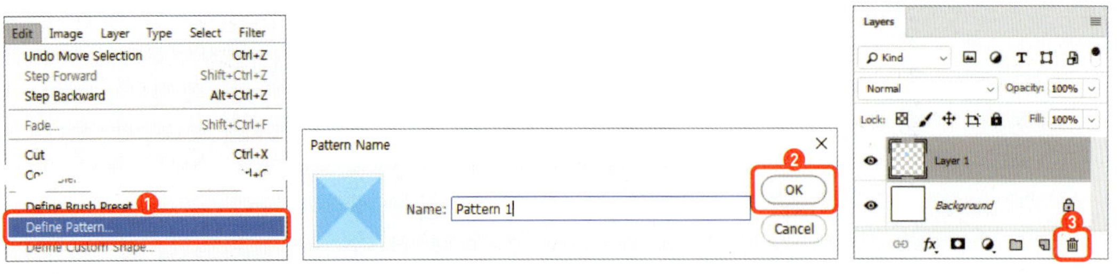

08 Ctrl+D를 눌러 선택 영역을 해제합니다. 도장 패턴 툴( )을 선택한 후 옵션 바에서 방금 등록한 패턴을 선택하고 화면을 드래그하여 패턴으로 채웁니다.

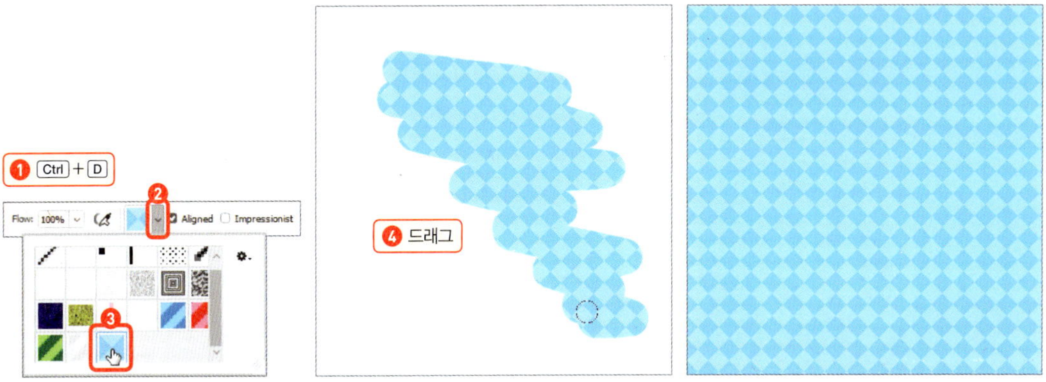

09 특정한 형태를 만들어 형태 내부에만 패턴을 적용할 수도 있습니다.

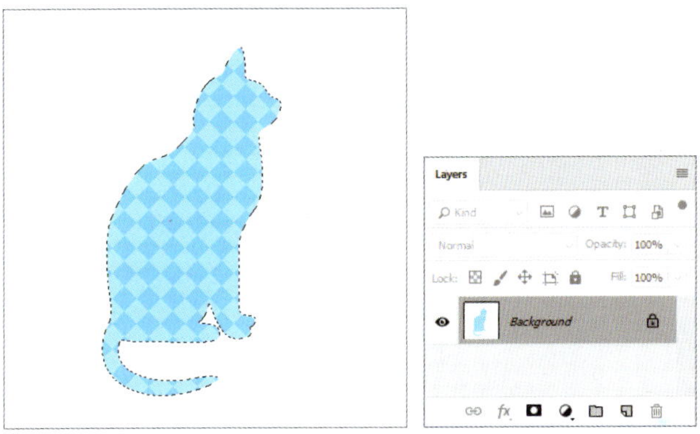

CHAPTER

05

드로잉과 페인팅

흔히 포토샵하면 이미지를 보정하고 변형하는 프로그램 정도로 생각하지만, 포토샵의 드로잉과 페인팅 기능을 잘 활용하면 이미지에 색다른 느낌을 더할 수 있습니다. 이번 장에서는 각종 브러시 툴을 사용하여 드로잉과 페인팅을 하는 다양한 방법을 배워 봅니다. 또 페인트 버킷 툴로 2차원 오브젝트를 채색하고 3D 머티리얼 드롭 툴로 3차원 오브젝트를 채색하는 방법도 배워 봅니다.

SECTION 01

손 가는 대로 그리기

• **핵심 기능 I** 브러시 툴[✓], 연필 툴[✎](단축키 B)

브러시 툴과 연필 툴의 기능

브러시 툴(Brush Tool, [✓])과 연필 툴(Pencil Tool, [✎])은 직선과 점선을 그릴 때 사용합니다. Shift를 누른 채로 드래그하면 수직선, 수평선, 45° 각도로 선을 그릴 수 있으며, 패턴이나 특정 이미지를 브러시로 등록하여 사용할 수도 있습니다. 또한 포토샵에서 기본으로 제공하는 브러시 외에도 외부 브러시를 불러와 사용할 수 있습니다.

브러시 툴의 옵션

❶ **툴 프리셋** 자주 사용하는 브러시를 저장해 두고 필요할 때 선택하여 사용합니다. 새 브러시 등록 버튼([⊡])을 클릭하면 브러시를 저장할 수 있습니다.

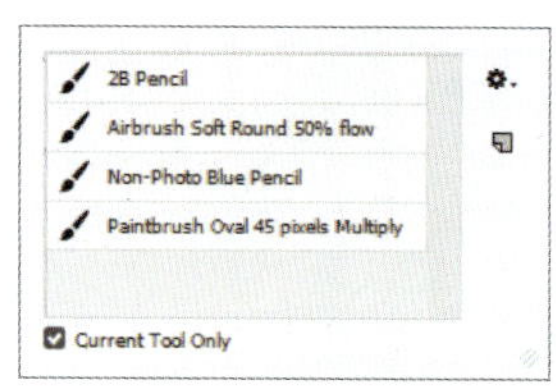

❷ **브러시 설정** 브러시의 종류를 선택하고 선택한 브러시 크기와 가장자리의 선명한 정도를 조절합니다.

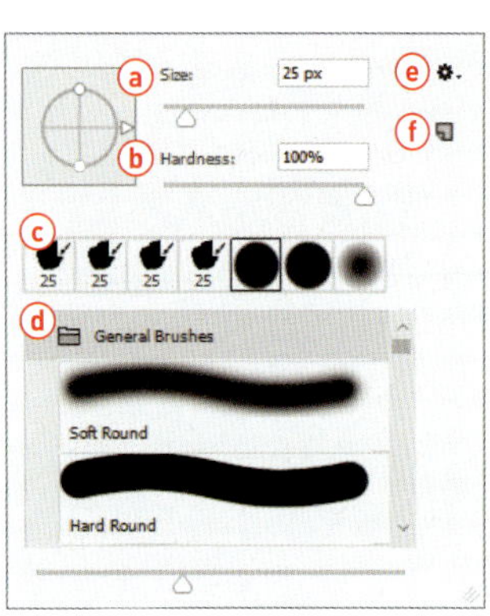

ⓐ **Size** 브러시 크기를 조절합니다.

ⓑ **Hardness** 브러시 가장자리의 선명한 정도를 조절합니다. 값이 클수록 선명합니다.

ⓒ **최근 사용** 최근에 사용한 순서대로 브러시의 종류를 보여줍니다.

ⓓ **프리셋** 포토샵에서 제공하는 브러시의 이름과 크기를 보여줍니다. 폴더를 클릭하면 주제별로 브러시가 모여 있습니다.

ⓔ **설정** 브러시를 불러오거나 저장하는 등 다양한 설정을 변경합니다.

ⓕ **새 브러시 등록** 클릭하여 새 브러시를 등록할 수 있습니다.

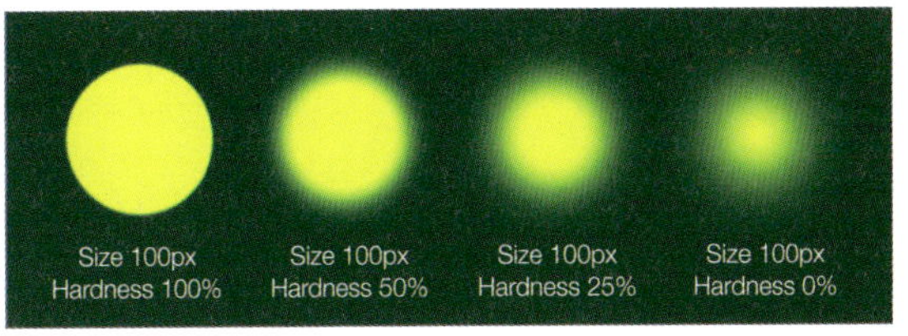

■ 브러시의 hardness를 변경한 경우

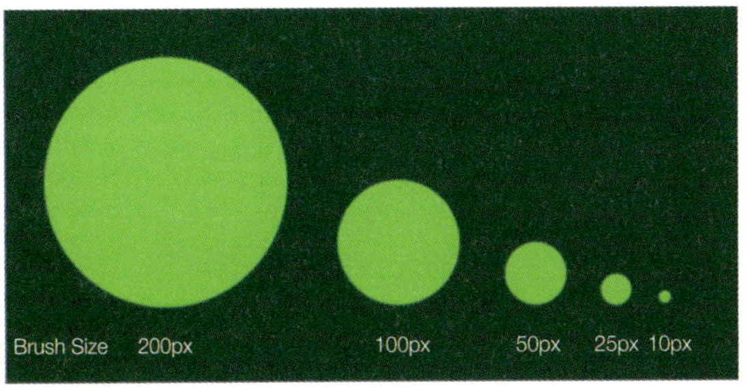

■ 브러시의 Size를 변경한 경우

❸ **브러시 세팅** 브러시에서 쓸 수 있는 다양한 옵션을 조절합니다. 브러시 세팅 옵션을 조절하여 자신만의 브러시를 만들어 사용할 수 있습니다.

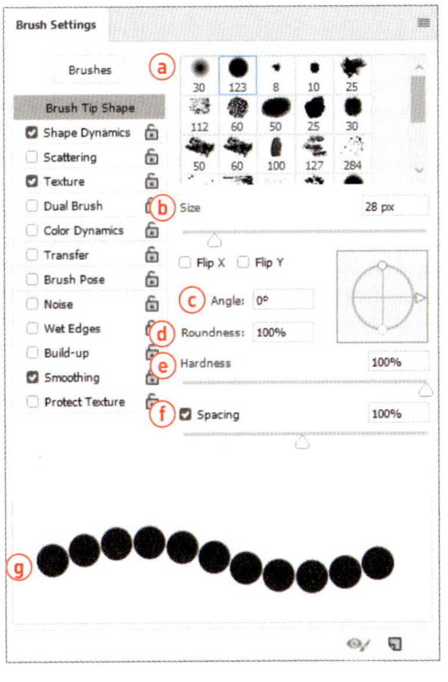

ⓐ **브러시 선택** 섬네일 목록에서 브러시를 선택합니다.

ⓑ Size 브러시의 크기를 조절합니다.

ⓒ Angle 브러시의 회전 각도를 조절합니다.

ⓓ Roundness 브러시의 둥근 정도를 조절합니다.

ⓔ Hardness 브러시 가장자리의 선명한 정도를 조절합니다. 값이 클수록 선명합니다.

ⓕ Spacing 브러시가 이어지는 간격을 조절합니다. 값이 클수록 점선으로 보이고 값이 작을수록 선으로 보입니다.

ⓖ **미리보기** 옵션 값을 변경하면 미리보기에 바로 적용되어 보입니다.

❹ Mode 브러시 모드를 선택합니다. 모드에 대해서는 298쪽(Chapter 07–Section 01) 레이어 모드에서 자세히 배웁니다.

❺ Opacity 브러시 색상의 투명도를 조절합니다.

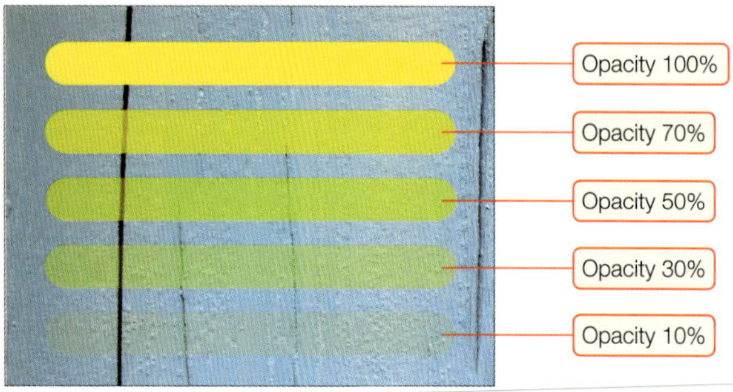

❻ Pressure for Opacity 태블릿 사용 시 펜의 압력을 감지하여 브러시의 투명도를 조절합니다.

❼ Flow 입력한 값에 따라 브러시 흐름의 불투명도 양을 조절합니다.

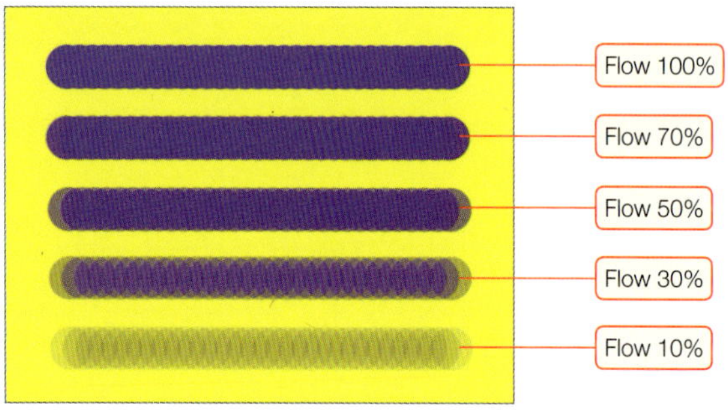

❽ **에어브러시 모드** 실제 에어브러시를 사용하는 것처럼 마우스 버튼을 클릭한 채로 있으면 브러시 주위로 색상이 넓게 퍼지면서 번집니다. Hardness가 100%일 때는 작동하지 않습니다.

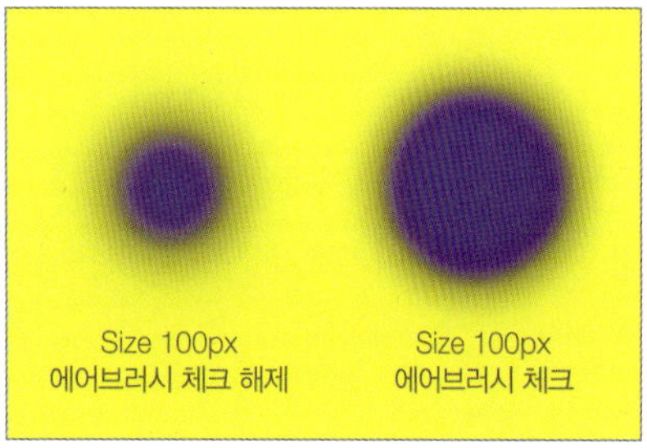

❾ Smoothing 수치가 낮을수록 마우스로 직접 그리는 것처럼 선이 그어지며, 수치가 높을수록 선의 움직임이 한결 부드러워집니다.

❿ Pressure for Size 태블릿 사용 시 펜의 압력을 감지하여 브러시의 크기를 조절합니다.

⓫ **대칭** 옵션에 따라 선을 여러 각도의 대칭으로 그립니다.

연필 툴의 옵션

연필 툴( )은 브러시 툴( )과 사용 방법이 비슷하지만 Hardness가 조절되지 않습니다. 옵션 바의 Auto Erase를 체크하고 연필 툴( )로 그린 부분을 드래그하면 겹치는 부분이 전경색으로 칠해집니다. 다시 클릭하여 드래그하면 배경색으로 칠해집니다. 즉 연필 툴( )로 그린 부분을 클릭할 때마다 전경색과 배경색이 번갈아가며 칠해집니다.

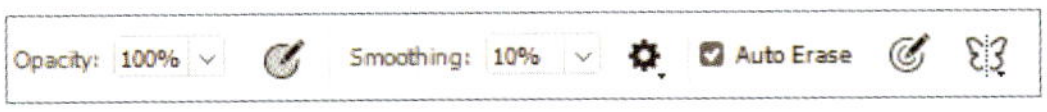

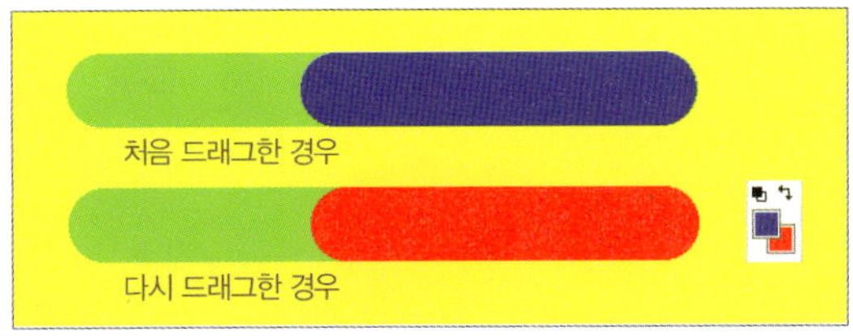

• **준비 파일** bulldog.jpg • **완성 파일** bulldog_result.psd

응용 예제 대칭 옵션으로 사진 꾸미기

브러시 툴( )의 대칭 옵션 기능을 이용해 재미난 장식 효과를 만들어 봅니다.

■ 준비 이미지

■ 완성 이미지

01 Chapter_05 ▸ Section_01 ▸ bulldog.jpg 파일을 불러옵니다.

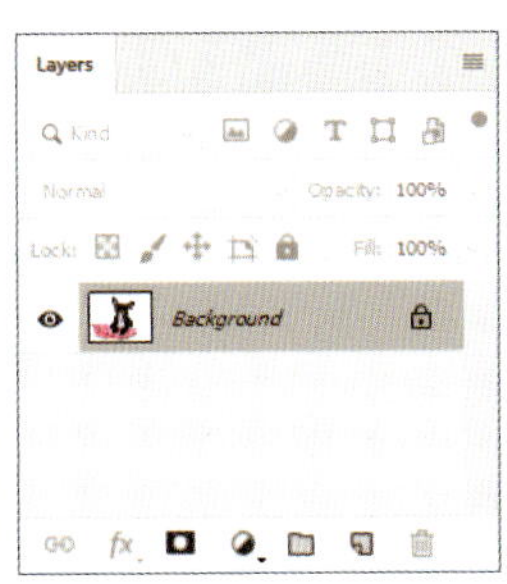

02 브러시 툴( )을 선택하고 옵션 바에서 대칭 옵션을 클릭하여 Vertical을 선택합니다. 마우스를 바운딩 박스 가장자리에 가져가 마우스 포인터가 ( ) 모양으로 바뀌면 강아지의 얼굴 방향을 절반으로 가르는 위치가 되도록 회전한 후 실행 버튼( )을 클릭합니다.

03 옵션 바에서 브러시의 크기를 10px로 조절하고 레이어 패널의 새 레이어 만들기 버튼( )을 클릭해 새 레이어를 추가합니다. 전경색( )을 클릭하여 색상을 분홍색(#EA68A2)으로 변경합니다.

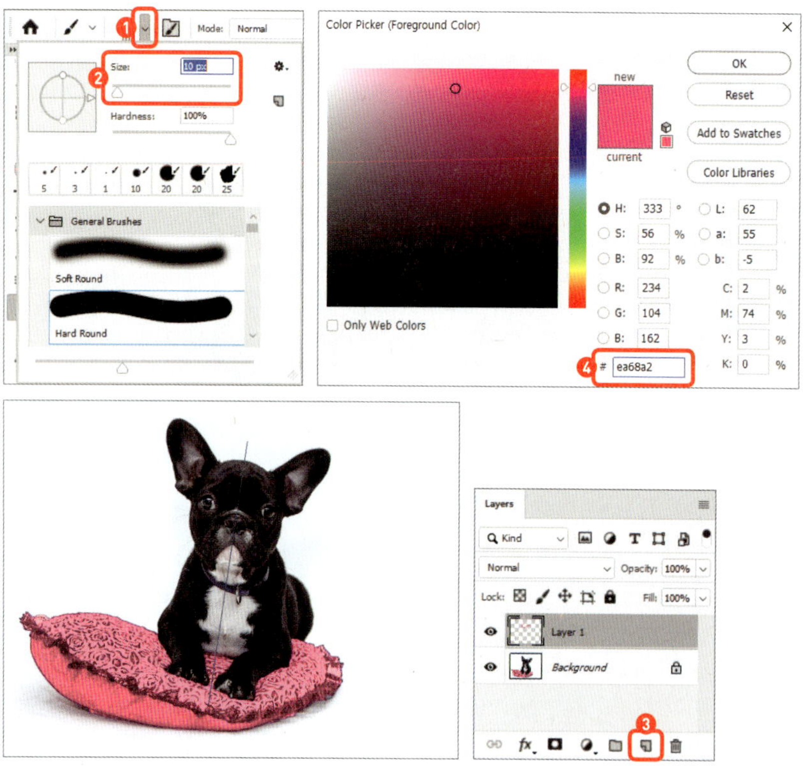

04 강아지 얼굴에 안경을 씌워 보겠습니다. 기준선을 중심으로 왼쪽 또는 오른쪽에서 안경 모양으로 드래그합니다. 좌우 대칭으로 이미지가 자동 생성됩니다.

05 옵션 바에서 브러시의 크기를 4px로 조절한 후 안경 윗부분을 다음과 같이 장식합니다.

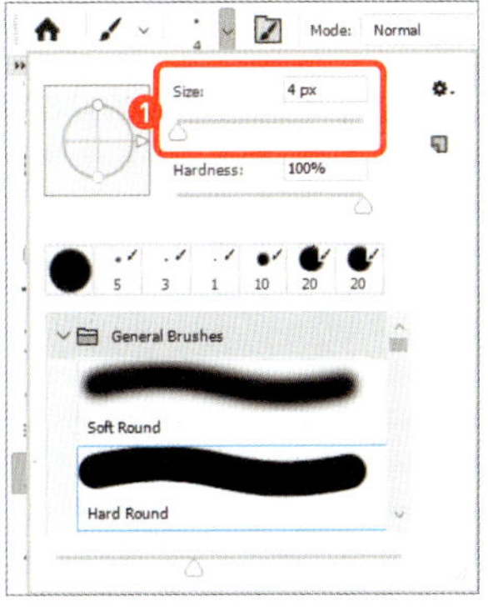

06 옵션 바에서 대칭 옵션을 클릭하고 Mandala를 선택한 후 옵션 창이 뜨면 Segment Count에 8을 입력하고 〈OK〉를 클릭합니다. 바운딩 박스가 나타나면 모서리를 드래그하여 크기를 작게 조절한 후 강아지의 왼쪽 상단에 배치하고 Enter를 눌러 적용합니다.

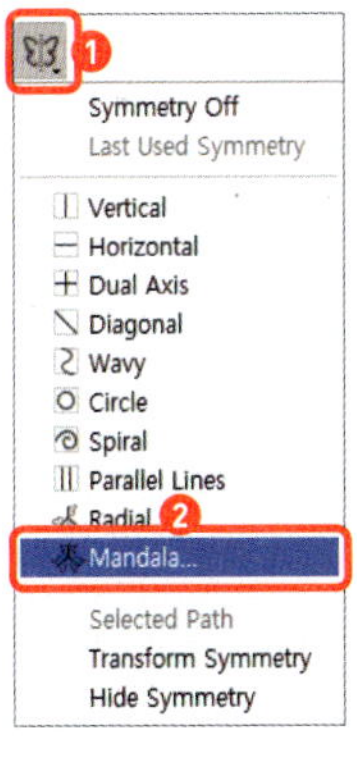

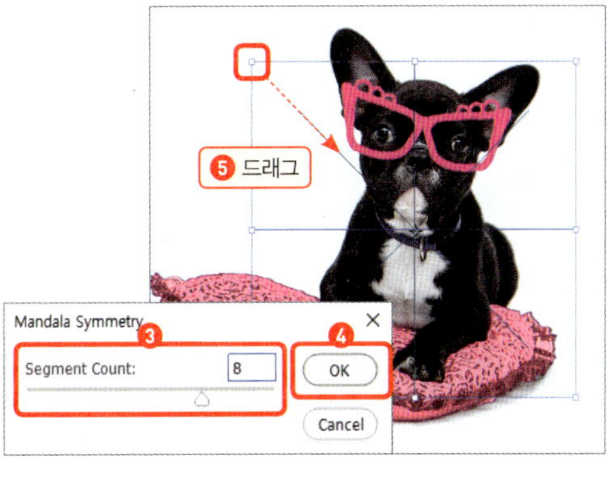

07 전경색(■)을 클릭하여 색상을 파란색(#0169B7)으로 변경합니다. Mandala 옵션의 기준선 내부를 드래그하면 대칭형의 문양이 자동으로 생깁니다. 브러시의 움직임에 따라 다양한 형태가 만들어지므로 꼭 다음과 같은 형태가 아니라도 괜찮습니다.

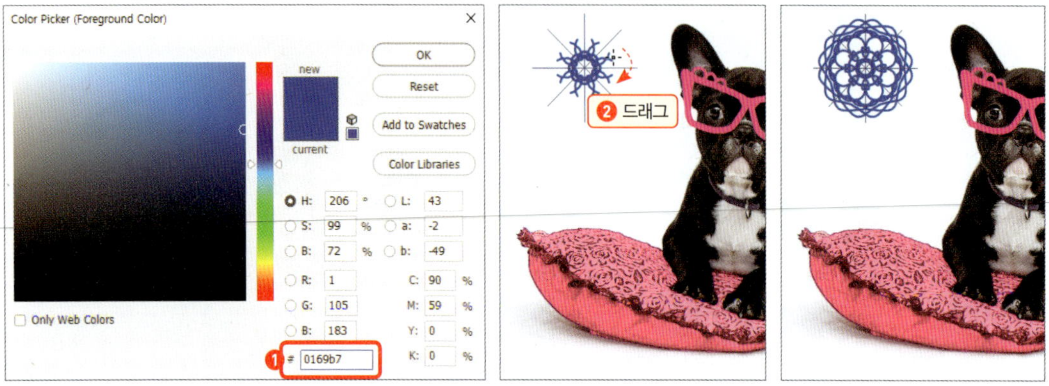

08 옵션 바에서 대칭 옵션을 클릭하고 Transform Symmetry를 선택합니다. 작업 중인 기준선에 추가로 바운딩 박스가 나타나면 오른쪽 하단으로 이동하고 모서리를 드래그하여 크기를 약간 줄인 후 Enter를 누릅니다.

09 전경색(■)을 클릭하여 색상을 연두색(#80C269)으로 변경하고 기준선 내부를 드래그하여 또 다른 모양의 문양을 만듭니다.

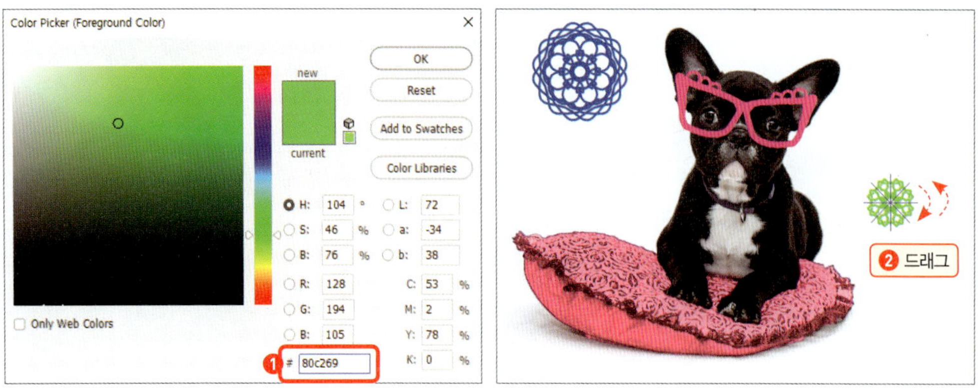

10 같은 방법으로 기준선의 크기를 조절하고 위치를 이동한 후 다양한 색상의 문양을 추가하여 이미지를 완성합니다.

• 준비 파일 sparkle.psd • 완성 파일 sparkle_result.psd

응용 예제 스파클 브러시로 빛나는 이미지 만들기

나만의 브러시를 만들어 등록한 후 활용해 봅니다.

■ 준비 이미지

■ 완성 이미지

01 Chapter_05 ▸ Section_01 ▸ sparkle.psd 파일을 불러옵니다.

02 Layer 1의 눈 아이콘()을 클릭하여 이미지를 숨긴 후 새 레이어 만들기 버튼()을 클릭하여 레이어를 추가합니다. 사각형 선택 툴()을 선택하고 옵션 바에서 Style을 Fixed Size, Width를 40px, Height를 3px로 설정한 후 작업 화면을 클릭하여 선택 영역을 만듭니다. 전경색을 검은색으로 설정한 후 Alt+Delete를 눌러 선택 영역을 채웁니다.

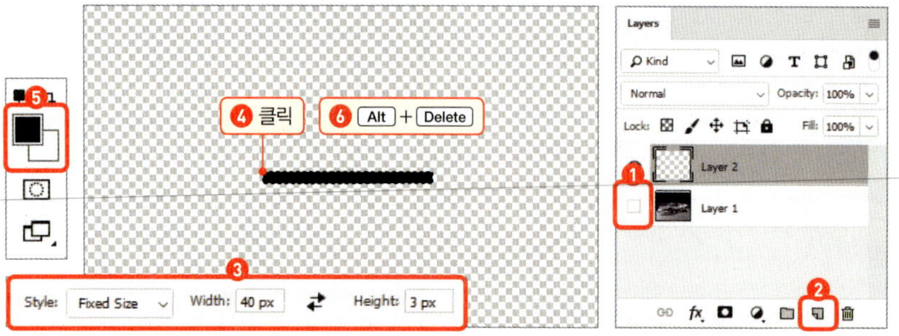

03 Ctrl+D를 눌러 선택 영역을 해제하고 메뉴 바에서 [Filter]−[Blur]−[Motion Blur]를 선택한 후 Distance를 50Pixels로 설정하고 〈OK〉를 클릭합니다.

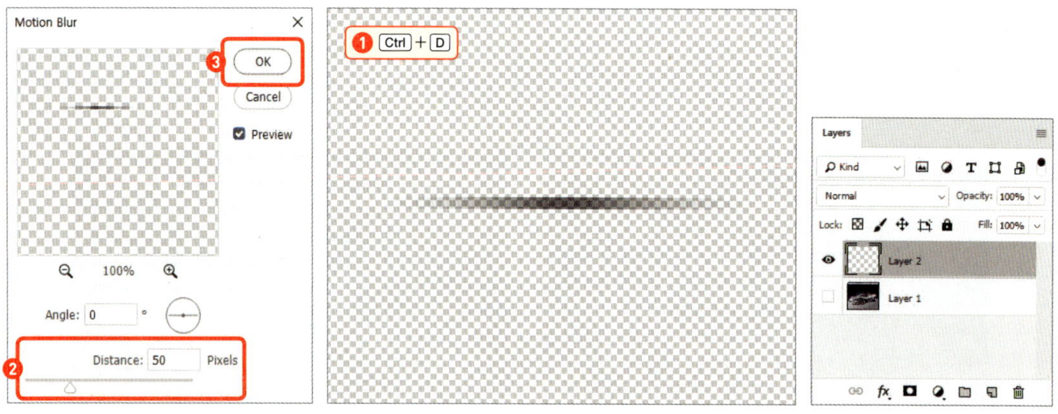

04 Ctrl+J를 눌러 Layer 2를 복제합니다. 복제된 Layer 2 copy 레이어가 선택된 상태에서 메뉴 바의 [Edit]−[Transform]−[Rotate 90° Clockwise]를 선택해 선택 영역을 90° 회전한 후 Ctrl+E를 눌러 2개의 레이어를 병합합니다.

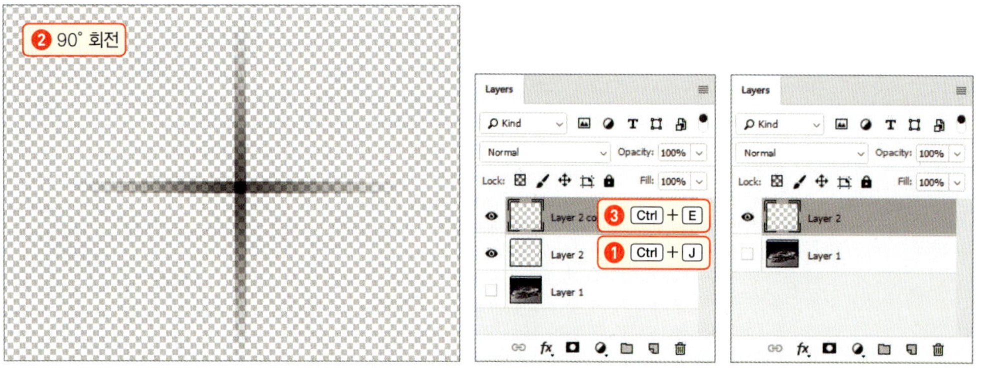

05 Ctrl+J를 눌러 Layer 2를 복제합니다. 복제된 Layer 2 copy 레이어가 선택된 상태에서 Ctrl+T를 눌러 바운딩 박스가 나타나면 45° 회전하고 Enter를 눌러 적용합니다. 레이어 패널에서 Ctrl+E를 눌러 2개의 레이어를 병합합니다.

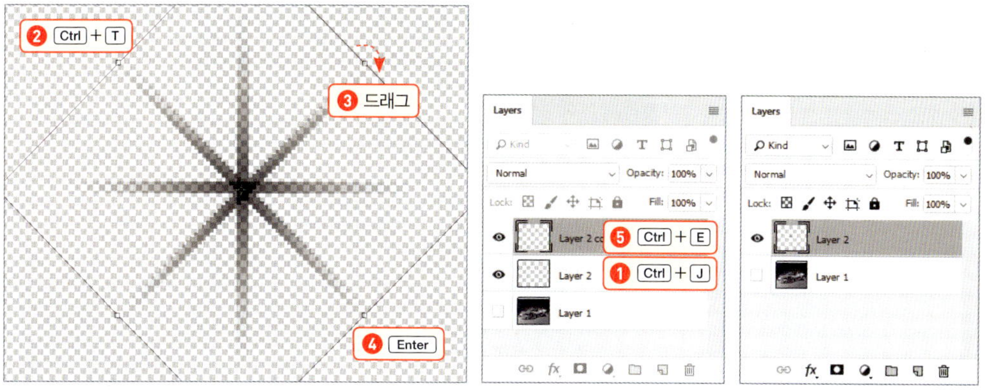

06 브러시 툴(🖌)을 선택하고 옵션 바에서 브러시 크기를 50px, Hardness를 0%로 설정한 후 별 모양의 한 가운데를 클릭합니다.

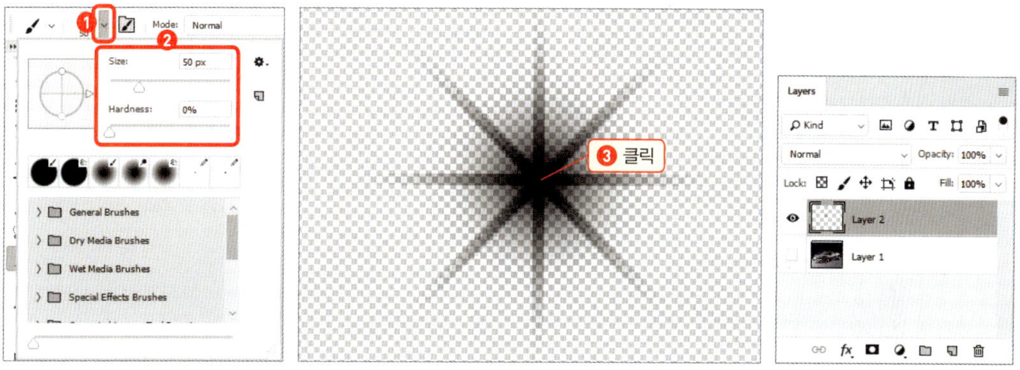

07 Layer 2가 선택된 상태로 메뉴 바에서 [Edit]-[Define Brush Preset]을 선택합니다. 옵션 창에서 Name에 'sparkle'을 입력하고 〈OK〉를 클릭하여 브러시로 등록합니다. Layer 2에서 Ctrl+A를 눌러 전체 영역을 선택한 후 Delete를 눌러 별 모양을 삭제하고 Layer 1의 눈 아이콘(👁)을 클릭하여 숨긴 이미지를 보이게 합니다. 선택 영역은 Ctrl+D를 눌러 해제합니다.

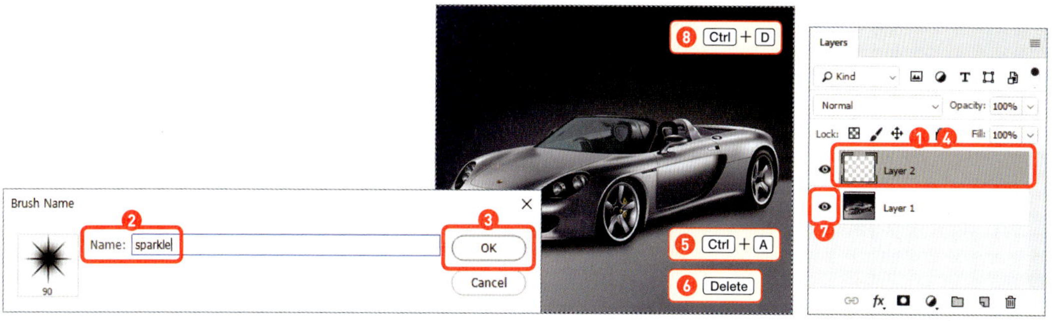

08 브러시 툴(🖌)을 선택하고 옵션 바의 브러시 설정 목록을 펼쳐 방금 등록한 sparkle 브러시를 선택한 후 전경색을 흰색으로 바꿉니다. 자동차 앞 유리 상단 왼쪽을 클릭하면 별이 빛나는 모양의 브러시가 적용됩니다.

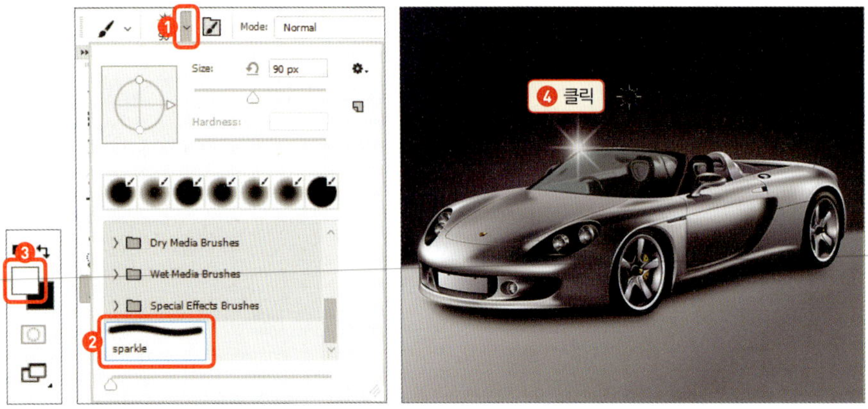

09 브러시 크기를 조절하거나 전경색을 바꾸어 이미지에 빛나는 느낌을 추가해 봅니다.

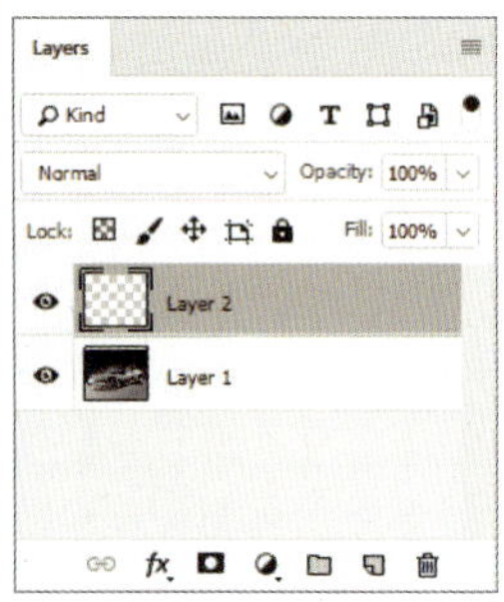

SECTION 02

질감을 살리면서 색상 변경하기

• **핵심 기능 |** 컬러 리플레이스먼트 툴(단축키 B)

컬러 리플레이스먼트 툴의 기능

컬러 리플레이스먼트 툴(Color Replacement Tool,)은 질감은 그대로 살리고 색상만 변경할 때 사용합니다. 원하는 영역을 브러시로 칠하여 손쉽게 색상을 변경할 수 있고, 이미지 전체 또는 일부의 색상만 변경할 수도 있습니다.

■ 원본 이미지(apple.jpg)

■ 질감은 살리고 색상만 변경한 이미지

컬러 리플레이스먼트 툴의 옵션

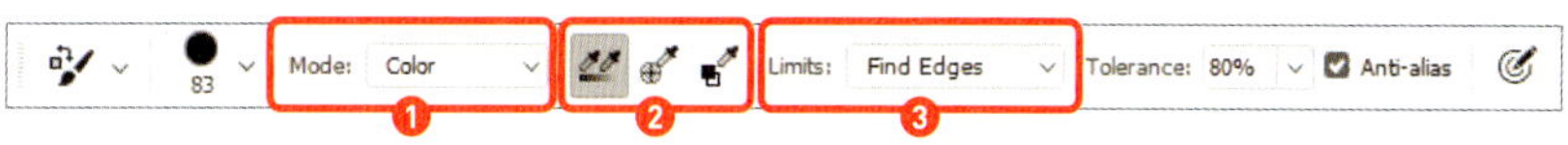

❶ **Mode** 변경할 색상 모드를 선택합니다.

- **Hue** 색조를 바꿉니다.
- **Saturation** 채도를 바꿉니다.
- **Color** 색상을 바꿉니다.
- **Luminosity** 이미지의 색과 전경색을 합성합니다.

❷ **Sampling** 이미지의 어느 부분에 색상을 적용할지 선택합니다.

- **Continuous** 드래그를 시작한 지점부터 끝나는 지점까지 선택합니다.
- **Once** 처음 클릭한 부분과 비슷한 색상의 Level에만 적용합니다.
- **Background Swatch** 배경색과 비슷한 색상의 Level에만 적용합니다.

SECTION 03

회화처럼 표현하기

• **핵심 기능** | 믹서 브러시 툴(단축키 B)

믹서 브러시 툴의 기능

믹서 브러시 툴(Mixer Brush Tool,)은 브러시의 페인팅 색과 이미지의 배경색을 믹스하여 이미지를 회화적으로 만들 때 사용합니다. 이 툴을 사용하면 수채화나 유화 등 회화 느낌이 나도록 다양한 채색 효과를 낼 수 있습니다.

■ 원본 이미지(bird.psd)

■ 이미지를 회화적으로 표현

믹서 브러시 툴의 옵션

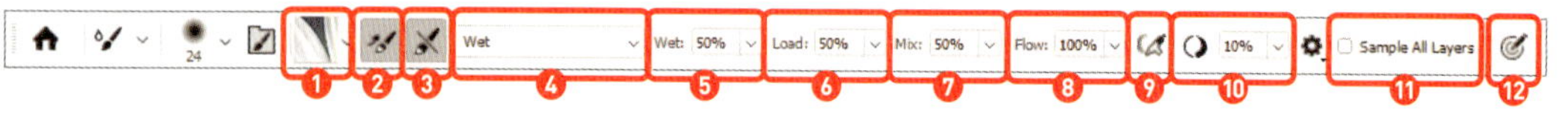

❶ **컬러와 소스** 페인팅 소스의 상태를 보여 줍니다. 일반적으로 전경색을 페인팅 소스로 사용하지만 Alt 를 누른 채로 이미지를 클릭하여 클릭한 부분의 이미지를 페인팅 소스로 사용할 수도 있습니다.

❷ **브러시 믹스** 선택된 상태에서는 브러시 색상과 이미지 색상이 섞입니다. 선택되지 않은 상태에서는 해당 이미지의 색상만 사용됩니다.

❸ **색상 믹스** 선택된 상태에서는 브러시를 한 번 사용할 때마다 지정된 색상으로 초기화됩니다. 선택되지 않은 상태에서는 브러시를 사용할 때마다 색상이 섞이므로 색상이 점점 탁해집니다.

❹ **Custom 옵션** ❺, ❻, ❼, ❽번의 옵션을 조절하여 페인팅 소스와 이미지가 혼합되는 정도를 자주 사용하는 설정 조합으로 만들어 둔 옵션입니다. Dry에 가까울수록 소스 색상이 짙어지고 배경 이미지와 섞이지 않아 건조한 느낌이 납니다. Wet에 가까울수록 소스 색상이 흐려지고 배경 이미지와 섞여 무른 느낌이 납니다.

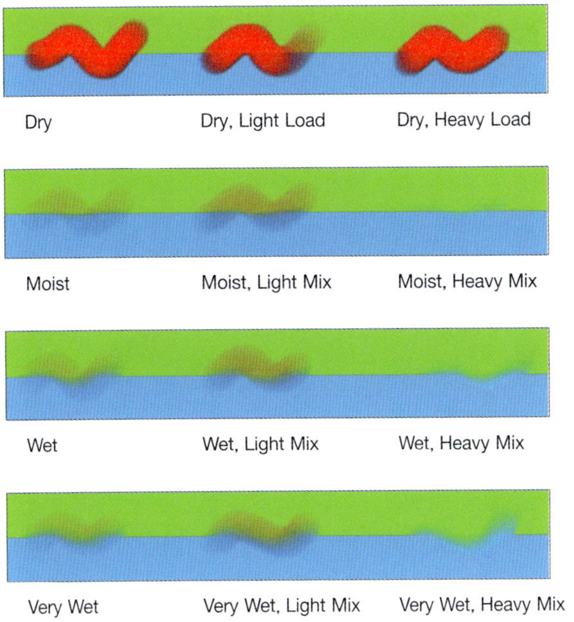

❺ **Wet** 페인팅 소스의 양을 조절합니다. 값이 작을수록 페인팅 소스의 색상이 많이 묻어나고 값이 클수록 배경 이미지의 색상이 많이 섞입니다.

❻ **Load** 불러오는 페인팅 소스의 양을 조절합니다.

❼ **Mix** 페인팅 소스와 이미지의 비율을 조절합니다. 값이 작을수록 페인팅 소스의 양이 늘어납니다.

❽ **Flow** 브러시 흐름의 강약을 보여 줍니다. 값이 작을수록 투명한 느낌이 납니다.

❾ **에어브러시** 에어브러시 효과가 납니다. 클릭한 채로 있으면 브러시가 점점 번져 나갑니다.

❿ **Smoothing** 값이 작을수록 마우스로 직접 그리는 것과 같고 값이 높을수록 선이 한결 부드러워집니다.

⓫ **Sample All Layers** 체크하면 모든 레이어에 효과가 적용되고, 체크하지 않으면 현재 선택된 레이어에만 적용됩니다.

⓬ **Pressure Control** 압력 감지를 조절합니다.

응용 예제 사진을 유화 작품으로 바꾸기

믹서 브러시 툴( )로 꽃 사진을 유화 느낌이 나도록 바꿔 봅니다.

■ 준비 이미지

■ 완성 이미지

01 Chapter_05 ▸ Section_03 ▸ flower.jpg 파일을 불러옵니다. 믹서 브러시 툴( )을 선택하고 옵션 바의 브러시 목록을 펼친 후 설정 버튼( )을 클릭하고 [Legacy Brushes]를 선택합니다. 옵션 바의 브러시 속성 패널 열기 버튼( )을 클릭한 후 Spatter 24pixels 브러시를 선택합니다.

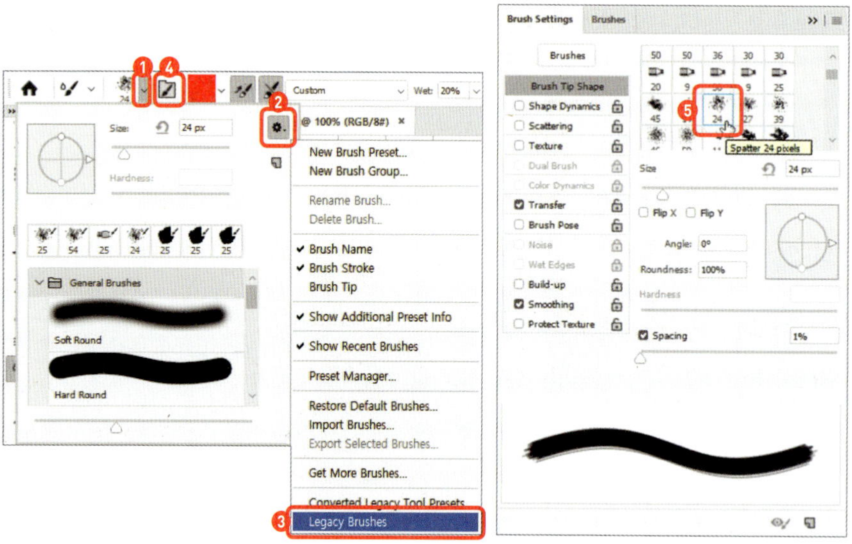

Tip 브러시에 마우스를 올리고 2~3초 기다리면 브러시 이름이 나타납니다. 브러시 모양 아래에 적혀 있는 숫자는 브러시 크기입니다.

02 Alt 를 누른 채로 꽃잎을 클릭하면 소스 이미지로 등록됩니다. 옵션 바의 Custom을 Wet으로 선택하고 Wet을 50%, Load를 50%, Mix를 50%, Flow를 100%로 설정합니다.

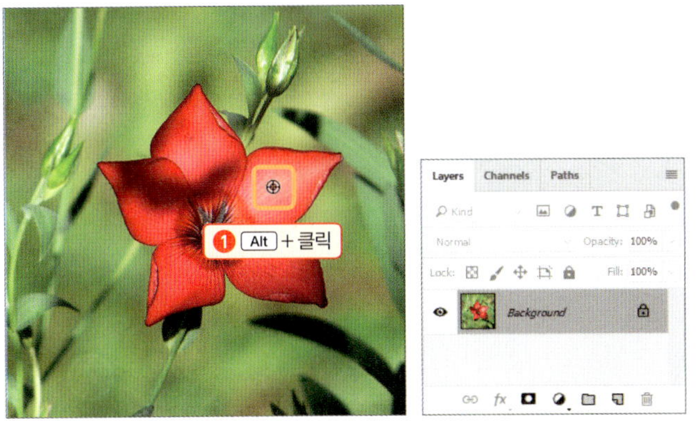

03 옵션 바에서 Sample All Layers를 체크하고 레이어 패널에서 새 레이어 만들기 버튼(⧉)을 클릭합니다. 반드시 Sample All Layers 옵션을 체크해야 Background 레이어의 꽃 이미지에 영향을 줍니다.

04 Layer 1이 선택된 상태에서 꽃잎 경계를 드래그하여 거칠게 만듭니다. 꽃 수술도 안쪽에서 바깥쪽으로 짧게 반복해서 드래그합니다.

05 다른 꽃잎도 가장자리를 거칠게 만들고 수술 안쪽에서 바깥쪽으로 짧게 드래그하여 거칠게 만듭니다.

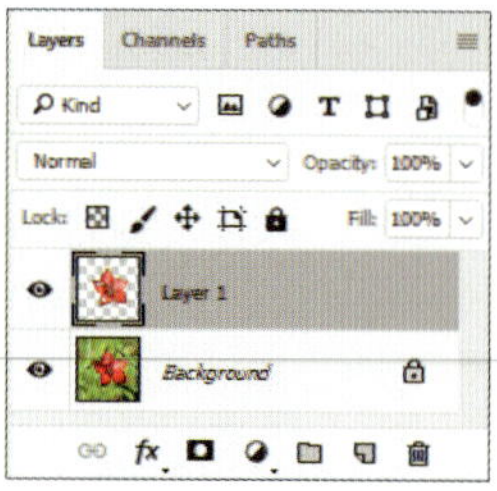

06 Background 레이어를 클릭하여 선택합니다. Alt 를 누른 채로 초록색 배경을 클릭하여 소스로 등록한 후 브러시 설정 패널에서 Chalk 36 브러시를 선택합니다.

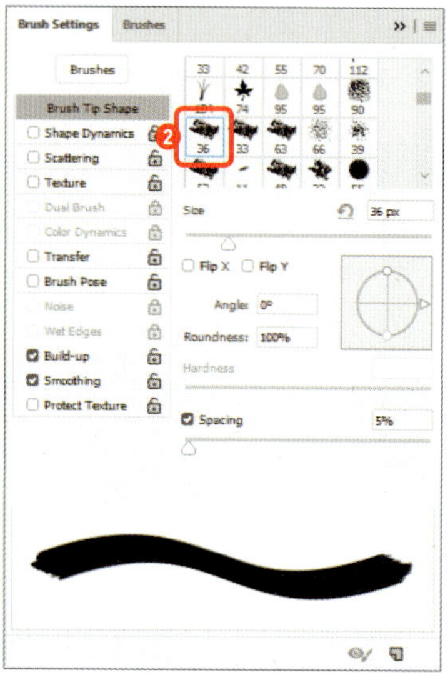

07 Layer 1을 선택하고 줄기와 잎을 드래그하여 거칠게 만듭니다.

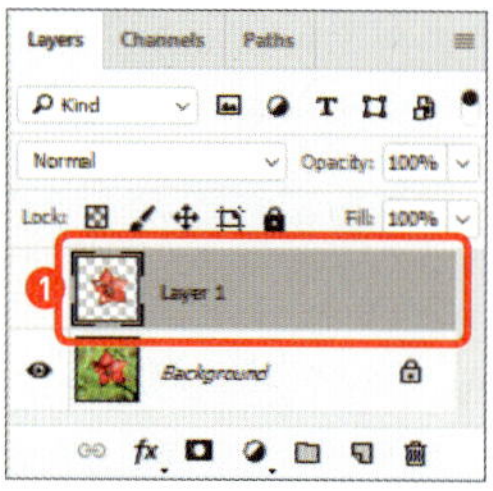

08 오른쪽 짙은 줄기 부분은 다른 부분과 방향이 다르므로 브러시 설정 패널에서 Angle을 45°로 변경합니다. 오른쪽 줄기를 드래그하여 유화로 그린 느낌을 완성합니다.

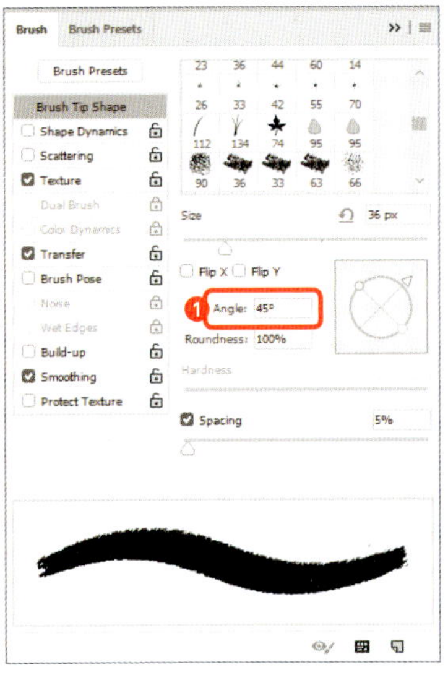

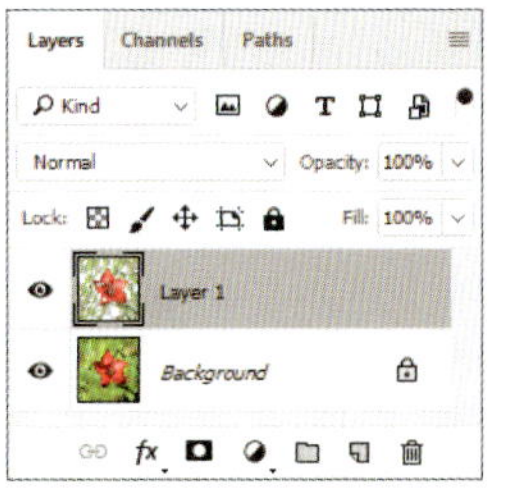

• **준비 파일** brush.jpg • **완성 파일** brush_result.jpg, My Brushes.abr

응용 예제 얼굴 도장 브러시 만들기

인물 사진을 활용하여 브러시를 만들고 저장하여 필요할 때 사용합니다.

■ 준비 이미지

■ 완성 이미지

01 Chapter_05 ▸ Section_03 ▸ brush.jpg 파일을 불러옵니다. 메뉴 바에서 [Image]–[Adjustments]–[Threshold]를 선택합니다. 옵션 창에서 Threshold Level을 85로 지정하고 〈OK〉를 클릭합니다.

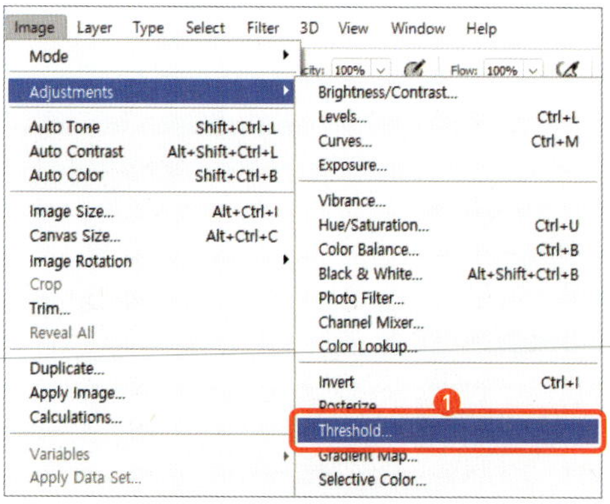

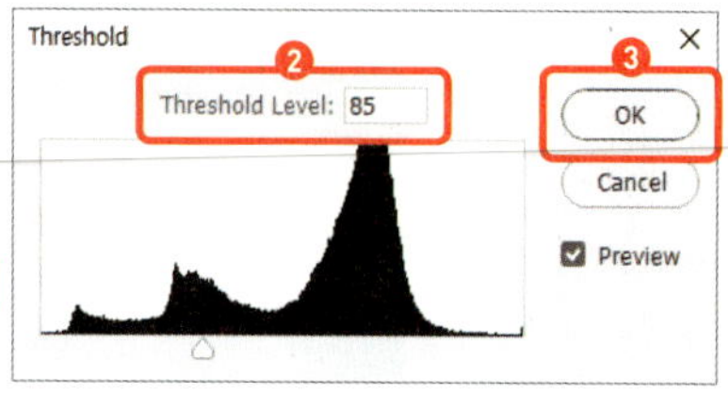

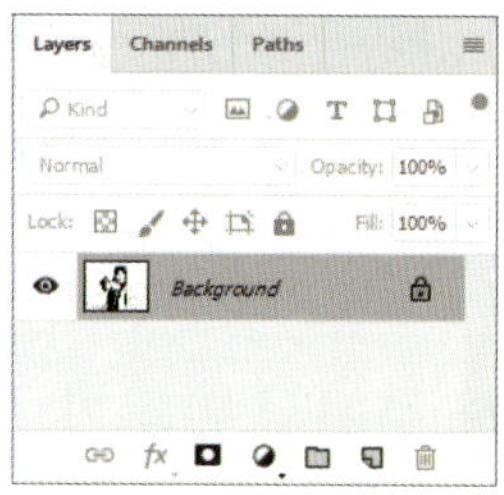

02 사각형 선택 툴(⬚)을 선택하고 Shift를 누른 채로 얼굴이 선택 영역에 포함되도록 드래그합니다.

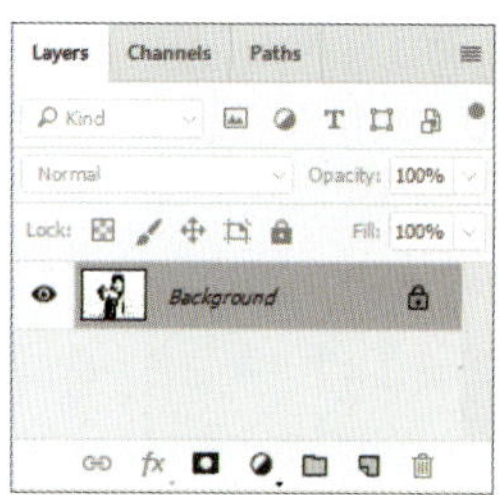

Tip 사각형 선택 툴(⬚)의 Style이 Normal로 설정되어 있는지 확인하고 드래그합니다.

03 메뉴 바에서 [Edit]–[Define Brush Preset]을 선택하고 옵션 창에서 Name를 적당히 입력한 다음 〈OK〉를 클릭합니다. 선택 영역이 브러시로 등록됩니다.

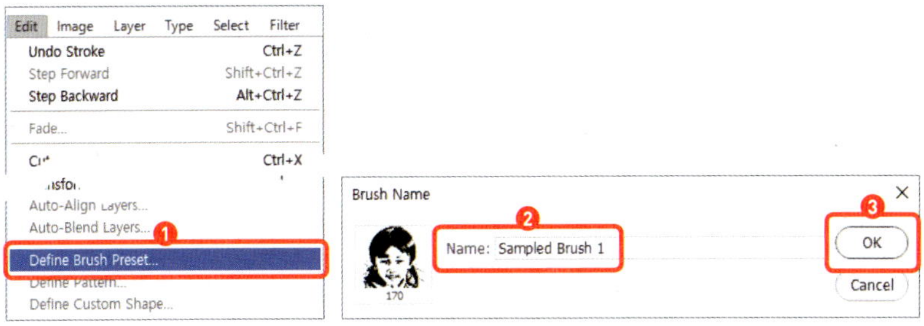

04 D를 눌러 전경색과 배경색을 기본색인 검은색과 흰색으로 바꿉니다. Ctrl+A를 눌러 전체 화면을 선택하고 Ctrl+Delete를 눌러 화면을 흰색으로 채웁니다. Ctrl+D를 눌러 선택 영역을 해제하고 브러시 툴(🖌)의 옵션 바에서 브러시 목록을 열면 방금 등록한 브러시가 보입니다. 전경색(■)을 클릭하여 색상을 진한 분홍색(#ED008C)으로 변경하고 작업 화면을 클릭하여 브러시를 적용합니다.

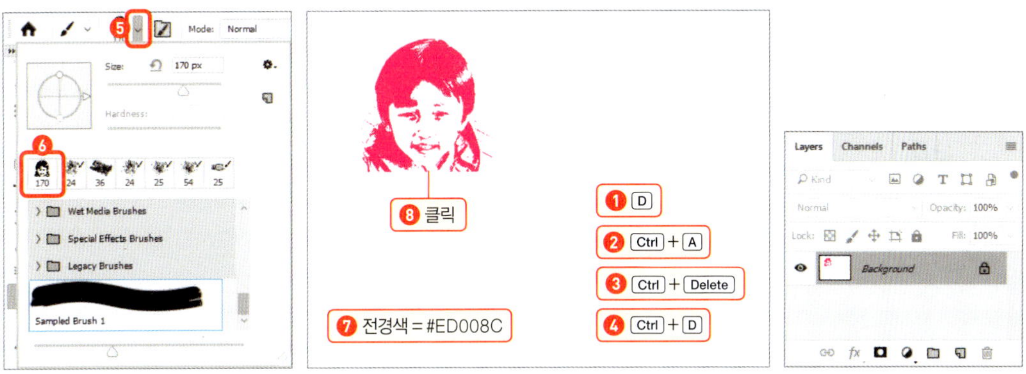

05 옵션 바에서 브러시 크기를 조절하거나 전경색을 바꿔 작업 화면을 클릭해 봅니다.

06 사각형 선택 툴()을 선택한 후 Shift를 누른 채로 얼굴이 포함되도록 드래그하여 정사각형 영역을 만듭니다.

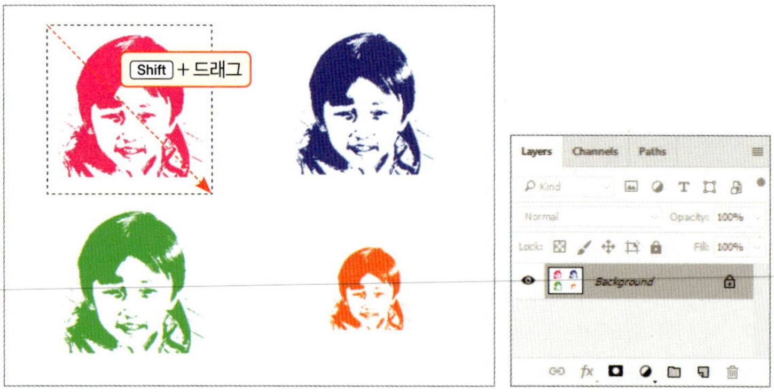

07 패스 패널에서 선택 영역을 패스로 만들기 버튼()을 클릭합니다. 선택 영역이 패스로 바뀝니다.

08 브러시 툴()을 선택하고 전경색을 브러시 색상과 같은 진한 분홍색(#ED008C)으로 바꿉니다. 옵션 바에서 브러시 속성 패널 열기 버튼()을 클릭합니다. Hard Round 41 브러시를 선택하고 Size를 5px, Spacing을 250%로 설정합니다.

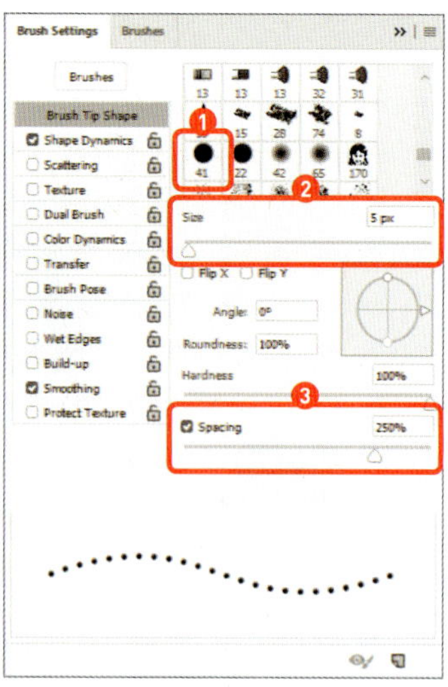

09 패스 패널의 Work Path 부분을 마우스 오른쪽 버튼으로 클릭하고 [Stroke Path]를 선택합니다. 나타난 옵션 창에서 Tool을 Brush로 선택하고 〈OK〉를 클릭합니다. 작업 화면의 패스 영역이 점선으로 바뀝니다. Work Path를 휴지통 버튼(🗑)으로 드래그하여 삭제합니다.

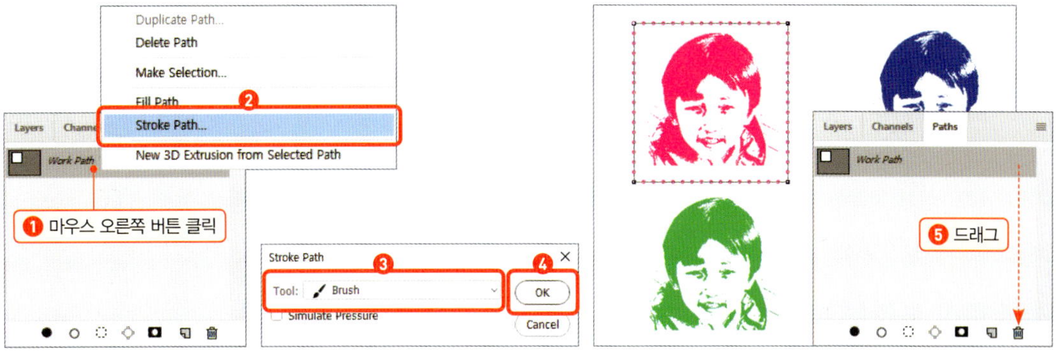

10 같은 방법으로 각 브러시마다 점선 테두리를 만들어 이미지를 완성합니다.

SECTION

04

이미지의 일부만 복원하기

• **핵심 기능 |** 히스토리 브러시 툴, 아트 히스토리 브러시 툴(단축키 Y)

히스토리 브러시 툴의 기능

히스토리 브러시 툴(History Brush Tool,)은 작업한 이미지를 부분적으로 복원합니다. 히스토리 패널은 작업한 순서를 기억해 단계적으로 복원하지만, 히스토리 브러시 툴은 드래그한 영역만 원본 상태로 복원합니다.

■ 원본 이미지(tulip.jpg)

■ 필터 적용 후 일부만 복원한 이미지

아트 히스토리 브러시 툴의 기능

아트 히스토리 브러시 툴(Art History Brush Tool,)은 드래그한 부분에 회화 느낌을 더할 수 있습니다. Style 옵션을 이용해서 유화 느낌뿐만 아니라 더 다양한 효과를 낼 수 있습니다.

■ 원본 이미지(paprika.jpg)

■ Style 옵션을 적용한 이미지

응용 예제 원하는 부분의 색상만 살리기

이미지를 흑백으로 바꾼 다음 히스토리 브러시 툴()을 이용하여 원하는 부분만 색상을 살려 봅니다.

■ 준비 이미지

■ 완성 이미지

01 Chapter_05 ▸ Section_04 ▸ blossom.jpg 파일을 불러옵니다. 메뉴 바에서 [Image]–[Adjustments]–[Desaturate]를 선택하여 컬러 이미지를 흑백으로 바꿉니다.

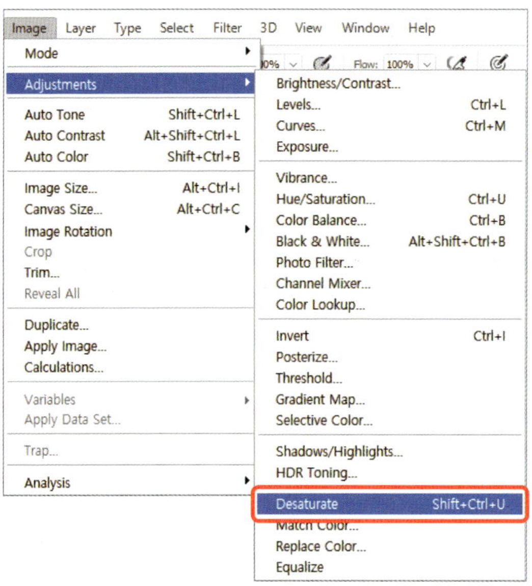

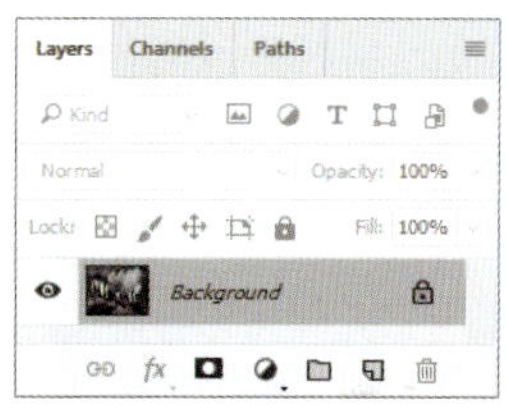

Tip [Image]–[Adjustments]–[Desaturate]는 작업 화면의 RGB 값을 유지한 채로 이미지를 흑백으로 만듭니다. [Image]–[Mode]–[Grayscale]로 변환하면 검은색과 흰색으로만 값이 바뀌므로 컬러 작업을 더 이상 할 수 없습니다.

02 히스토리 브러시 툴(🖌)을 선택하고 컬러를 살리고 싶은 영역을 드래그하면 브러시가 지나간 자리만 원본 이미지로 돌아갑니다.

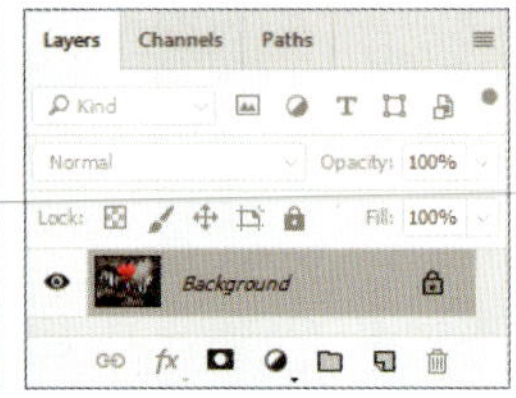

혼자 해 보기 | **특정 부분만 컬러를 살려 강조하기**

• **준비 파일** beach.jpg • **완성 파일** beach_result.jpg

히스토리 브러시 툴(🖌)을 이용하여 흑백 사진에서 칵테일이 담긴 잔과 빨대만 색상이 보이도록 만들어 봅니다.

■ 준비 이미지

■ 완성 이미지

SECTION

05

드래그한 영역 지우기

• **핵심 기능 I** 지우개 툴[], 백그라운드 지우개 툴[], 매직 지우개 툴[](단축키 [E])

지우개 툴의 기능

지우개 툴(Eraser Tool, [])은 드래그한 영역을 지웁니다. Background 레이어를 선택하고 드래그하면 지워진 부분이 배경색으로 채워지고, 일반 레이어를 선택한 상태에서 드래그하면 지워진 부분이 투명해집니다.

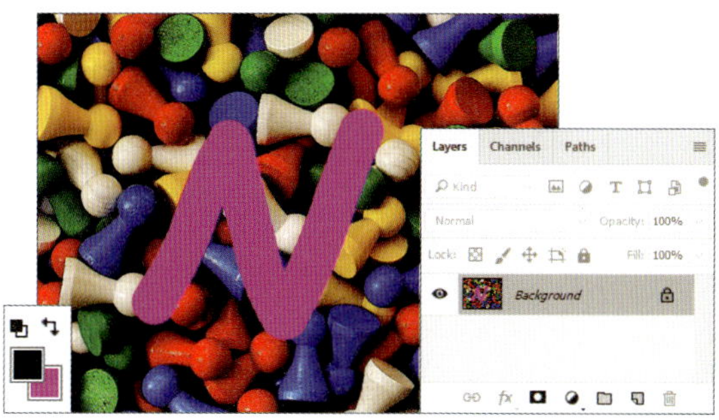

■ Background 레이어를 선택하고 지운 화면(play.jpg)

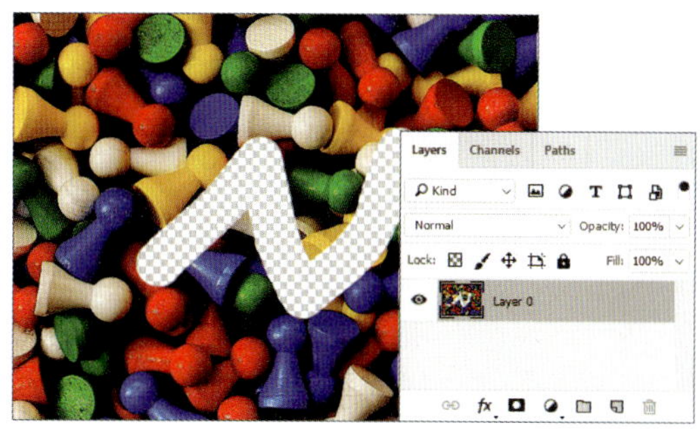

■ 일반 레이어를 선택하고 지운 화면

백그라운드 지우개 툴의 기능

백그라운드 지우개 툴(Background Eraser Tool, [])은 Background 레이어 상태에서 지워도 지운 부분이 투명해집니다. 이때 레이어가 Background 레이어에서 일반 레이어인 Layer 0으로 바뀝니다.

■ Background 레이어(strawberries.jpg)

■ 백그라운드 지우개 툴로 지운 후

매직 지우개 툴의 기능

매직 지우개 툴(Magic Eraser Tool, [아이콘])은 클릭한 지점을 중심으로 비슷한 컬러 영역을 한 번에 지웁니다. 마술봉 툴([아이콘])과 사용법이 비슷한데 옵션 바의 Tolerance 값에 따라 지워지는 영역의 면적이 달라집니다. 이 툴을 사용하면 레이어가 Background 레이어에서 Layer 0으로 바뀝니다.

■ Background 레이어(cactus.jpg)

■ Tolerance 값을 10으로 지정하고 클릭한 이미지

■ Tolerance 값을 32로 지정하고 클릭한 이미지

SECTION 06

그러데이션 적용하기

• **핵심 기능 |** 그레이디언트 툴(단축키 G)

그레이디언트 툴의 기능

그레이디언트 툴(Gradient Tool,)은 단일 색상을 채우거나 단계적으로 부드러운 색의 변화를 만들 때 사용합니다. 전경색과 배경색을 지정한 다음 드래그하면 처음 클릭한 지점은 전경색, 드래그 종료 지점은 배경색이 되어 그 사이 영역이 부드럽게 채워집니다.

드래그한 거리가 짧으면 드래그 시작 지점 이전은 전경색, 드래그 종료 지점 이후는 배경색으로 채워집니다. Shift 를 누른 채로 드래그하면 수직 또는 수평 그러데이션을 만들 수 있습니다. 다음 그림은 드래그한 방향과 영역에 따라 달라지는 그러데이션 효과를 나타낸 것입니다.

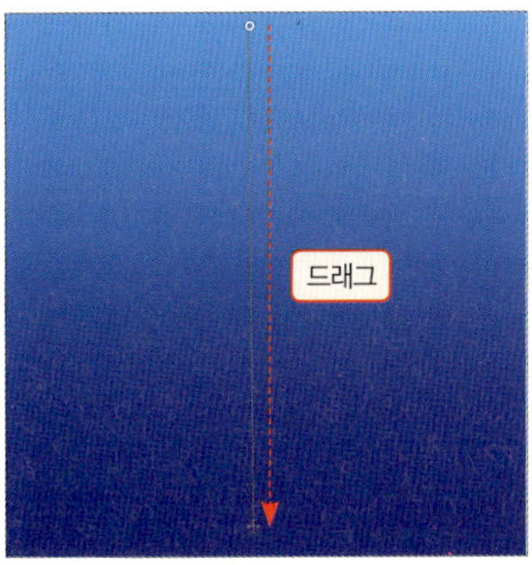

■ 수직으로 드래그

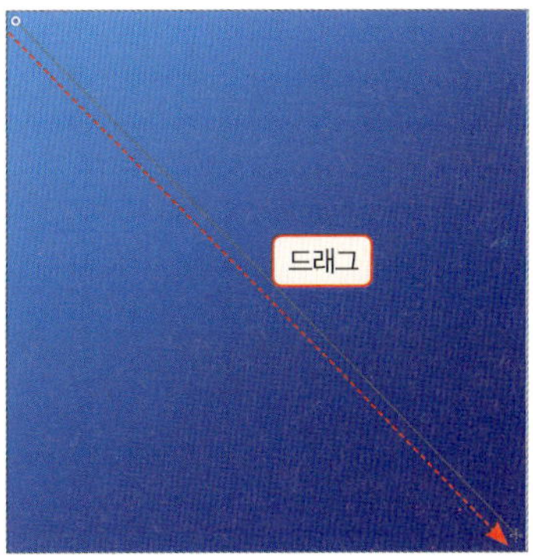

■ 대각선 방향으로 드래그

■ 짧게 드래그

그레이디언트 툴의 옵션

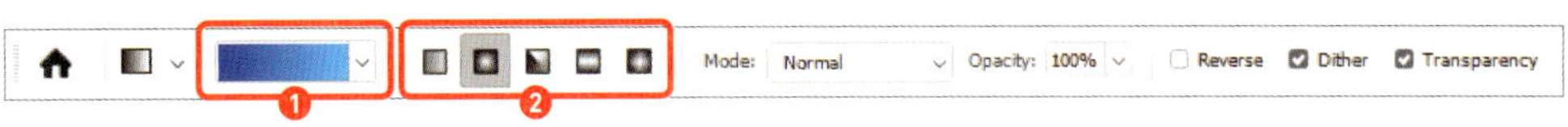

❶ **그레이디언트 스타일** 현재 지정된 전경색과 배경색에 따라 그레이디언트 스타일이 표시되며 클릭하면 그레이디언트 편집 창이 나타납니다. 그레이디언트 편집 창에서는 다양한 색상으로 그러데이션 효과를 만들고 저장할 수 있습니다.

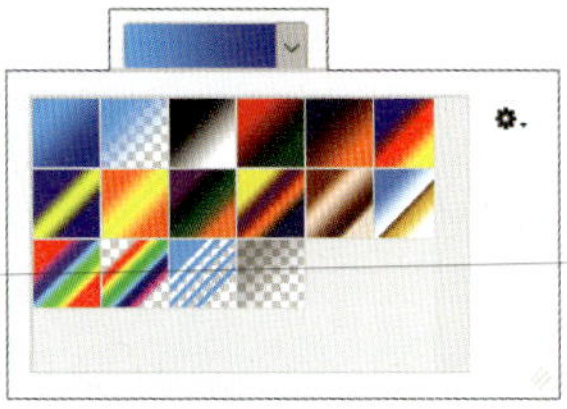

■ 그레이디언트 스타일 선택

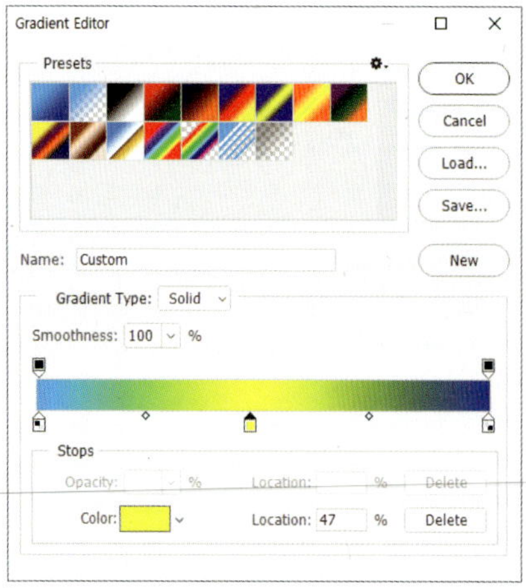

■ 그레이디언트 편집 창

❷ 그레이디언트 모양 그레이디언트를 다양한 모양으로 적용할 수 있습니다.

■ 직선 그레이디언트

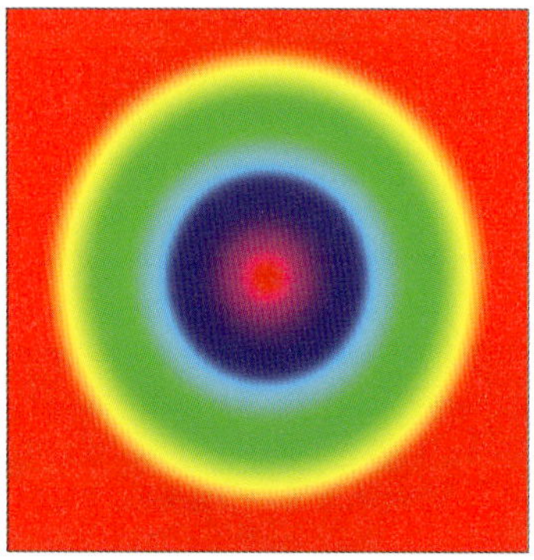

■ 원형 그레이디언트

■ 앵글 그레이디언트

■ 반사 그레이디언트

■ 다이아몬드 그레이디언트

응용 예제 스포트라이트 효과로 역동적인 이미지 만들기

그레이디언트 툴(▣)을 사용하여 강조하고 싶은 배경을 만들어 봅니다.

■ 준비 이미지

■ 완성 이미지

01 Chapter_05 ▸ Section_06 ▸ spotlight.psd 파일을 불러옵니다. Layer 1을 선택하고 올가미 툴(◯), 다각형 올가미 툴(⊠), 자석 올가미 툴(⊠) 중 편한 툴을 이용하여 아기와 테이블을 정밀하게 선택한 다음 Ctrl + Shift + I 를 눌러 선택 영역을 반전시킵니다. Delete 를 눌러 아기와 테이블을 제외한 부분을 삭제합니다.

02 Ctrl+D를 눌러 선택 영역을 해제하고 Background 레이어를 선택합니다.

03 그레이디언트 툴( )을 선택하고 옵션 바에서 그레이디언트 스타일을 클릭합니다. 그레이디언트 편집 창이 나타나면 Gradient Type을 Noise로 설정하고 〈Randomize〉를 계속 누르다 마음에 드는 색상이 나오면 〈OK〉를 클릭합니다. 옵션 바에서 앵글 그레이디언트( )를 선택하고 이미지의 중앙 지점을 클릭한 후 오른쪽으로 드래그합니다.

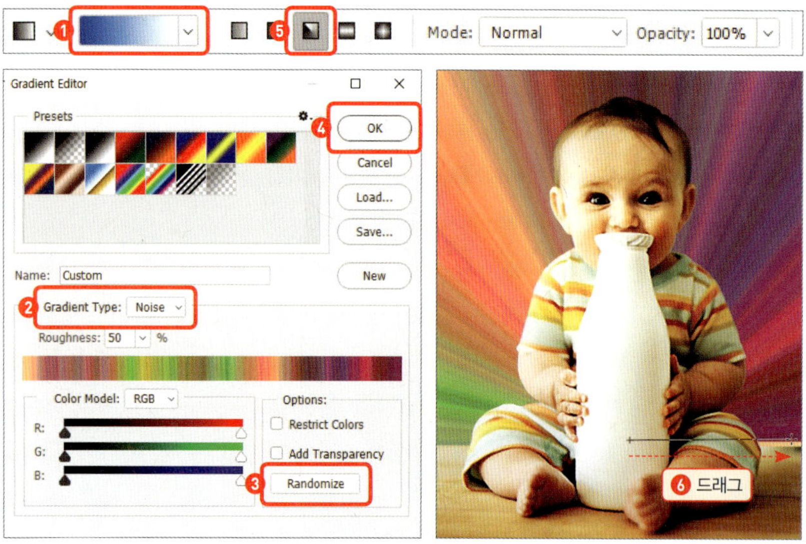

04 마음에 드는 위치와 색상이 나올 때까지 드래그를 반복하여 스포트라이트 배경을 완성합니다.

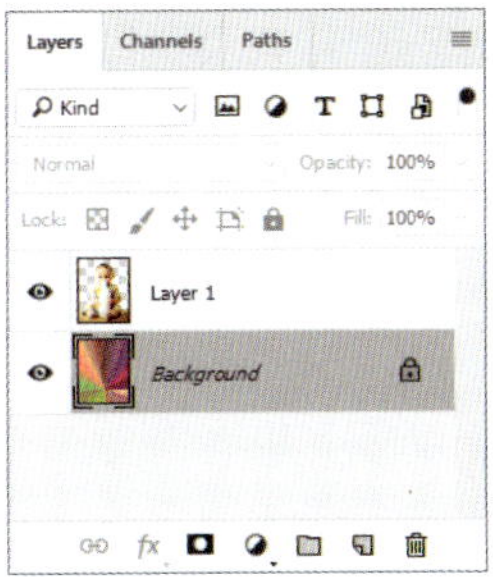

• **준비 파일** ipod_source.psd • **완성 파일** ipod_result1.psd, ipod_result2.psd, ipod_result3.psd

응용 예제 아이팟 만들기

그레이디언트 툴(▣)은 다양한 색상을 부드럽게 연결해주어 화려한 느낌을 표현하기에도 좋지만 입체적인 느낌을 표현하기에도 좋은 툴입니다.

■ 완성 이미지

■ 응용 이미지

■ 응용 이미지

01 메뉴 바에서 [File]-[New]를 선택하고 Width와 Height를 500Pixels로 설정한 후 〈Create〉를 클릭해 새 문서를 만듭니다.

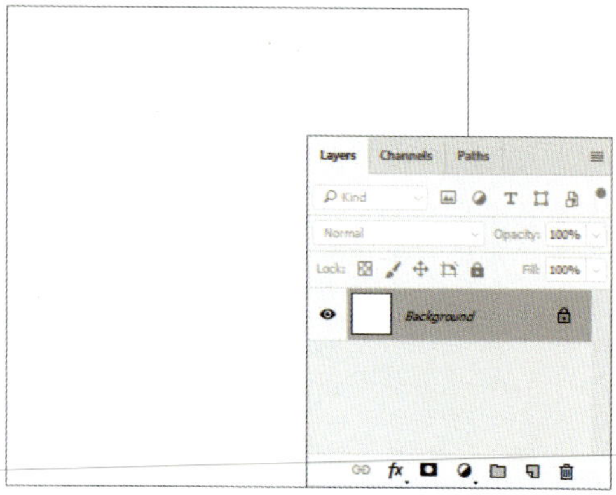

02 그레이디언트 툴( )을 선택하고 옵션 바에서 그레이디언트 스타일을 클릭합니다. 그레이디언트 편집 창이 나타나면 Gradient Type을 Solid로 설정하고 왼쪽 아래의 집 모양 아이콘( )을 더블클릭하여 색상을 #710034로 변경합니다.

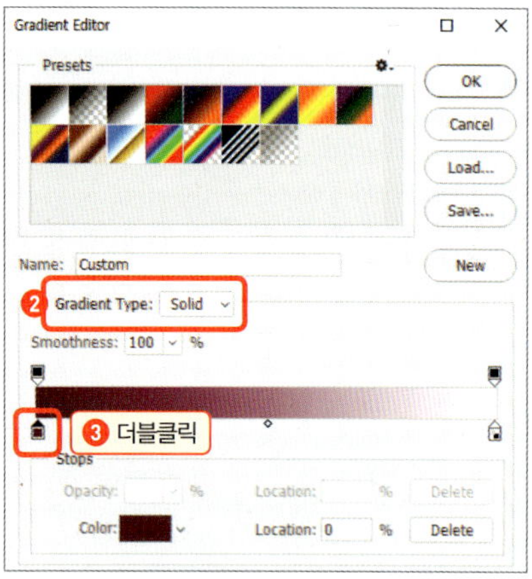

03 그레이디언트 바의 가운데를 클릭하여 집 모양 아이콘( )을 추가한 후 더블클릭하여 색상을 #C4015F로 변경하고 Location을 2%로 설정합니다.

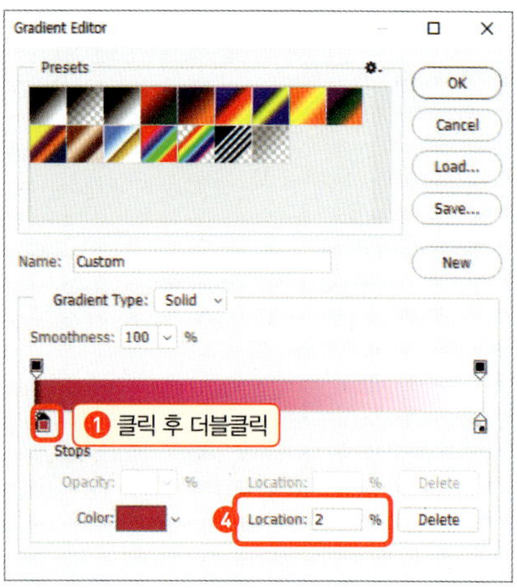

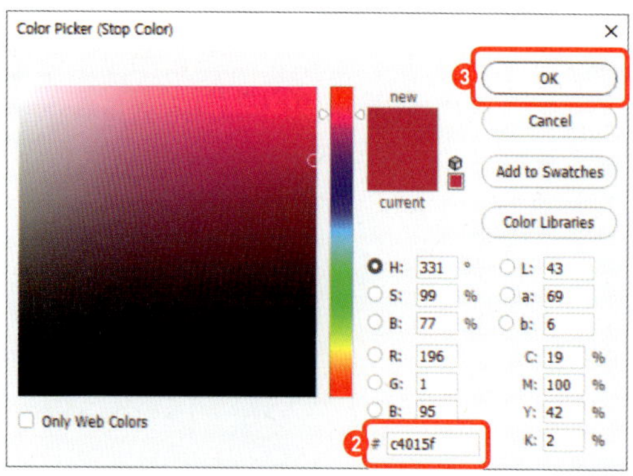

04 그레이디언트 바의 2/3 지점을 클릭하여 집 모양 아이콘()을 추가한 후 더블클릭하여 색상을 #FF519C로 변경하고 Location을 65%로 설정합니다.

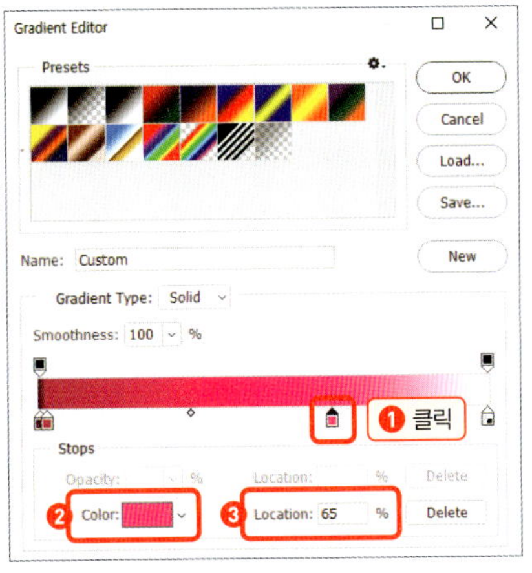

05 같은 방법으로 집 모양 아이콘() 4개를 다음과 같이 설정하고 〈OK〉를 클릭합니다.

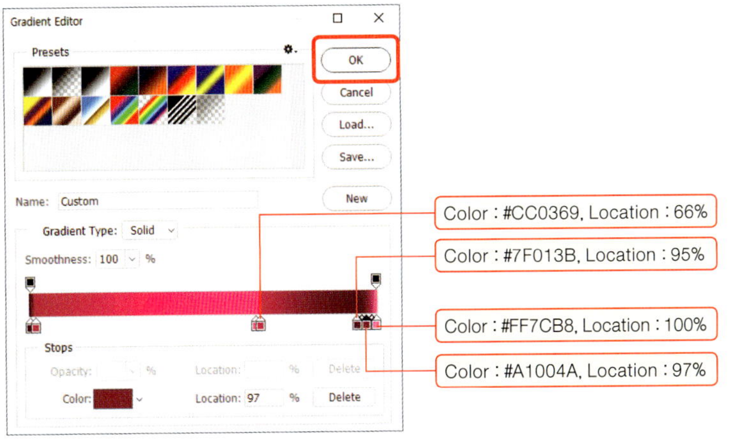

06 새 레이어 만들기 버튼()을 클릭해 새 레이어를 추가하고 사각형 선택 툴()로 아이팟 모양의 직사각형으로 드래그합니다.

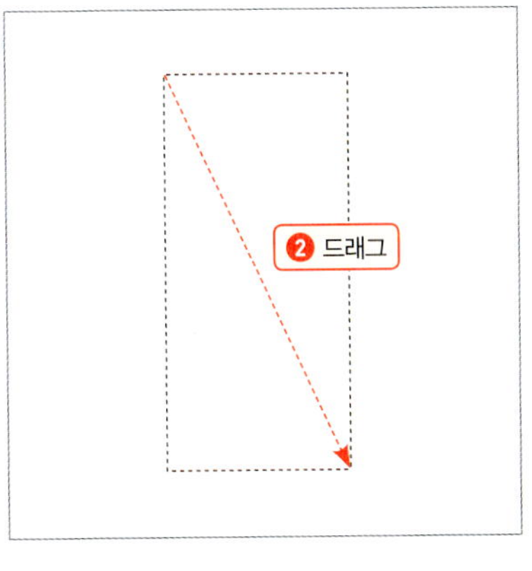

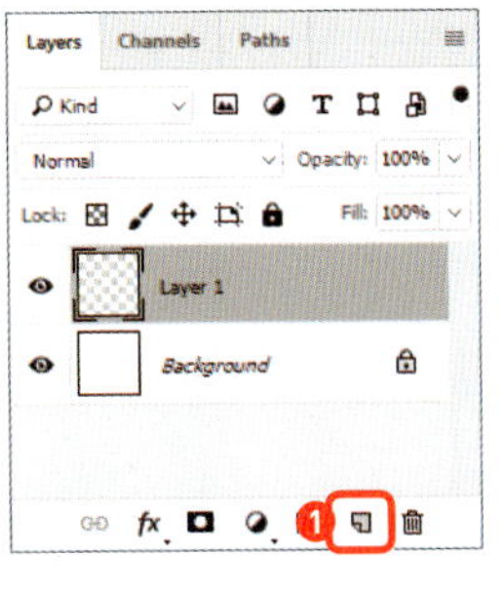

07 그레이디언트 툴(■)을 선택하고 옵션 바의 그레이디언트 모양을 직선 그레이디언트로 선택한 후 Shift 를 누른 채로 왼쪽에서 오른쪽으로 드래그합니다.

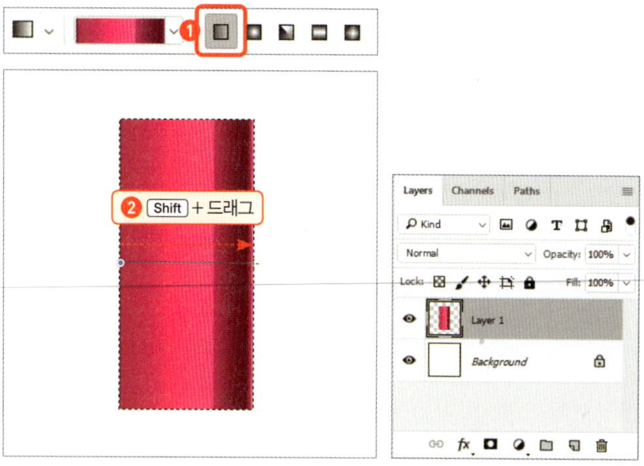

08 새 레이어 만들기 버튼(■)을 클릭해 새 레이어를 추가합니다. 원형 선택 툴(◯)을 선택하고 아이팟 휠이 있는 위치에서 Shift + Alt 를 누른 채로 드래그한 후 D 를 누르고 Ctrl + Delete 를 눌러 흰색으로 채웁니다.

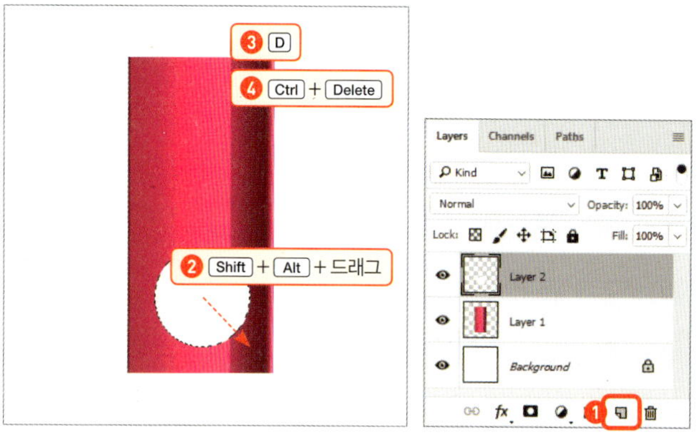

09 원형 선택 툴(◯)로 휠 중앙 부분에서 Shift + Alt 를 누른 채로 드래그하여 작은 원을 만든 후 Delete 를 눌러 도넛 모양을 만듭니다. Ctrl + D 를 눌러 선택 영역을 해제합니다.

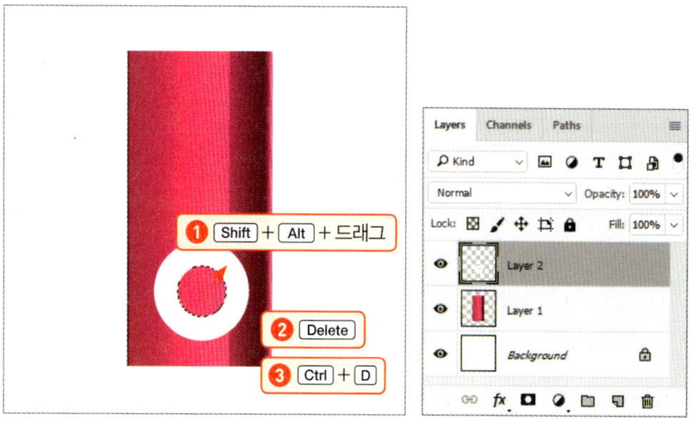

10 새 레이어 만들기 버튼(![icon])을 클릭해 새 레이어를 추가합니다. 전경색이 검은색인 상태에서 가장자리가 둥근 사각형 툴(![icon])을 선택하고 옵션 바에서 Pixels로 설정한 후 아이팟 액정 부분을 드래그합니다.

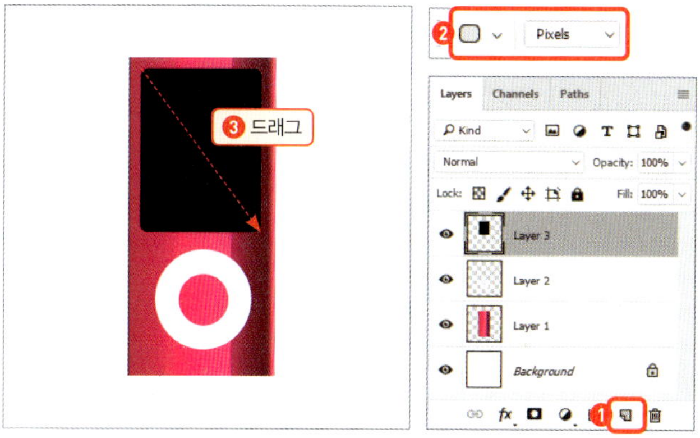

11 그레이디언트 툴(![icon])을 선택하고 옵션 바에서 그레이디언트 스타일을 클릭합니다. 그레이디언트 편집 창이 나타나면 다음과 같이 설정한 후 〈OK〉를 클릭합니다. 집 모양 아이콘(![icon])을 삭제하려면 클릭한 채 아래로 드래그하면 됩니다.

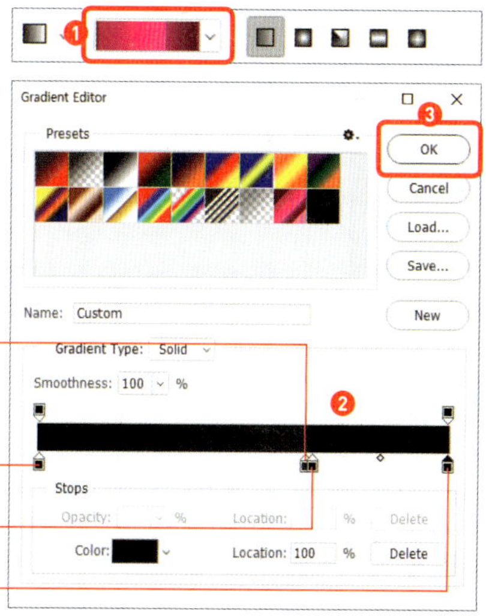

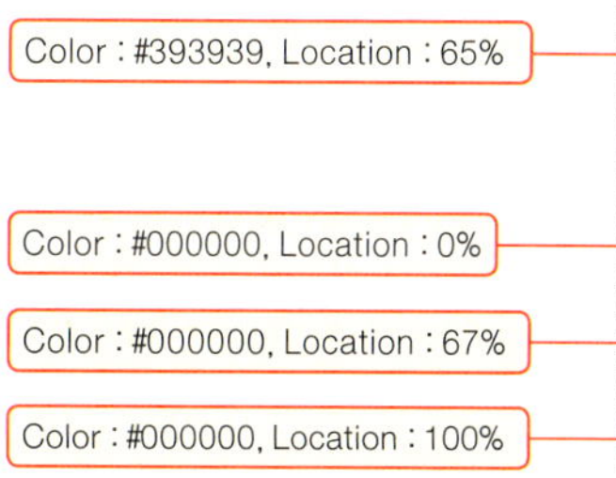

12 Ctrl을 누른 채로 Layer 3의 섬네일을 클릭하여 액정 부분을 선택 영역으로 만든 후 그레이디언트(![icon])로 왼쪽에서 오른쪽으로 드래그합니다. 이때 액정의 2/3 지점 라인과 본체의 2/3 지점 라인이 같은 위치에 와야 자연스럽습니다.

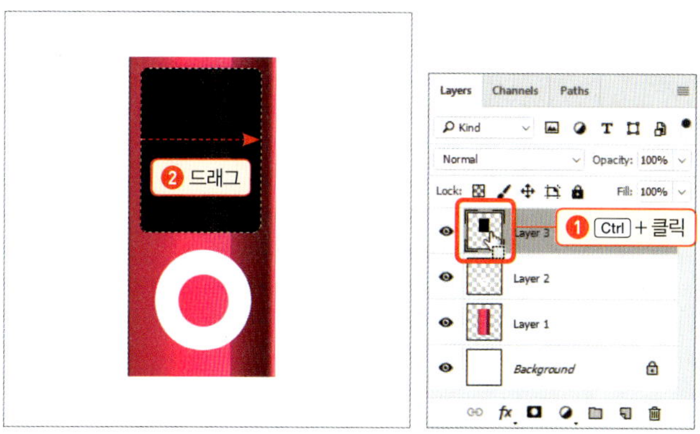

13 새 레이어 만들기 버튼( )을 클릭해 새 레이어를 추가합니다. 사각형 선택 툴( )로 액정의 내부를 드래그하여 선택 영역으로 설정한 후 Alt + Delete 를 눌러 검은색으로 채웁니다.

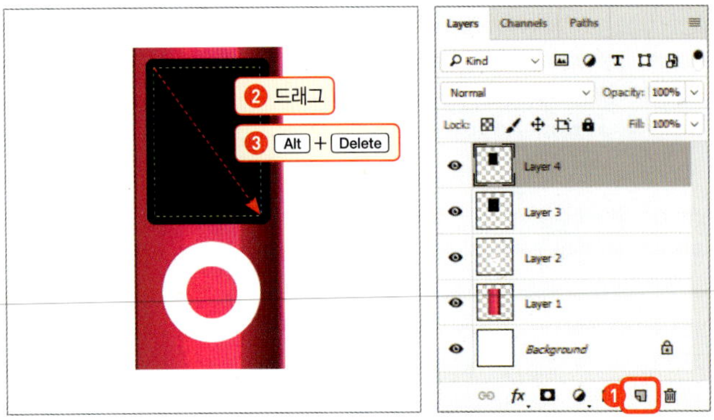

14 전경색을 흰색으로 바꾸고 메뉴 바에서 [Edit]–[Stroke]를 선택한 후 옵션 창에서 Width를 1px, Location을 Inside로 설정한 후 〈OK〉를 클릭합니다. 선택 영역 안쪽에 1픽셀의 가는 선이 생깁니다. 레이어 패널의 Opacity를 50%로 조정합니다.

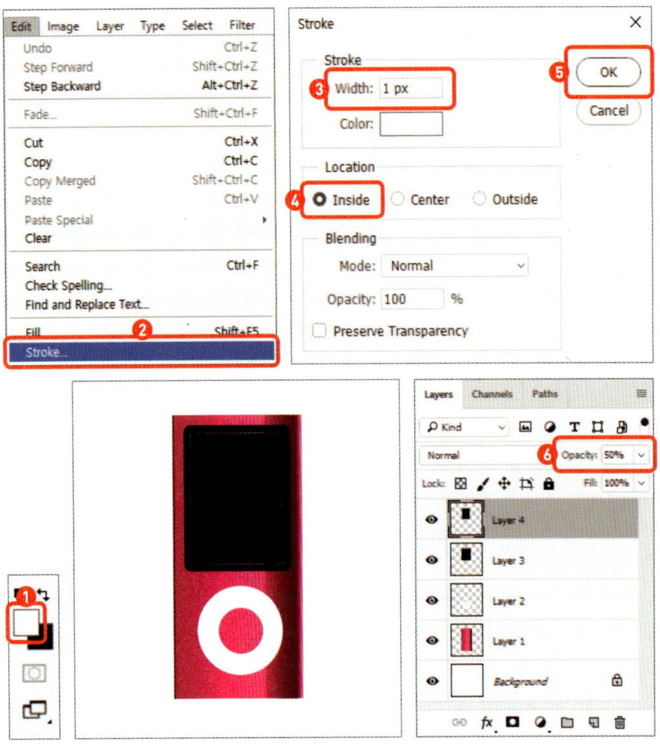

15 Layer 1을 선택하고 레이어 스타일 추가 버튼(fx)을 클릭한 후 [Drop Shadow]를 선택합니다. 옵션 창이 나타나면 본체가 좀 더 입체적으로 보이도록 그림자 효과를 설정하고 〈OK〉를 클릭합니다.

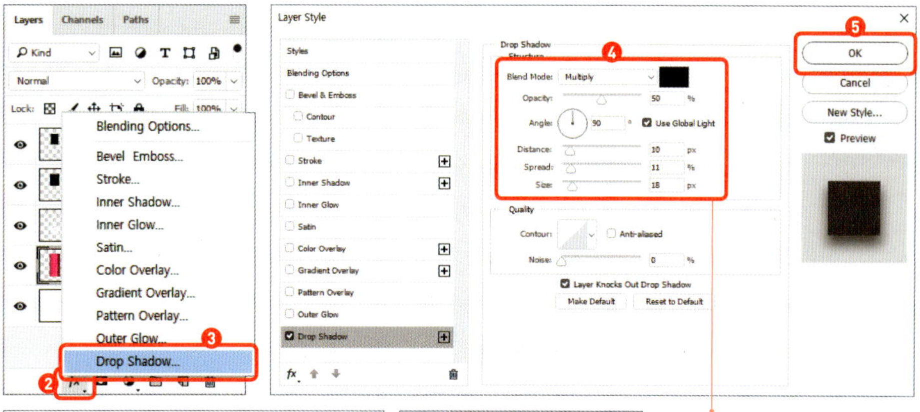

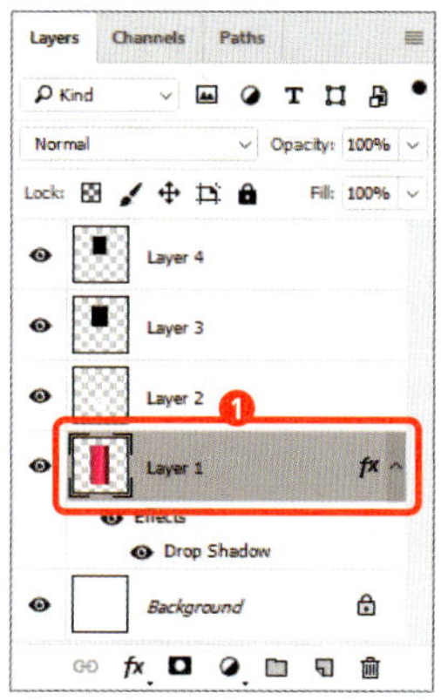

Blend Mode: Multiply(Black), Opacity: 50%, Angle: 90°(Check Use Global Light), Distance: 10px, Spread: 11%, Size : 18px

16 Background 레이어를 선택하고 그레이디언트 툴(■)의 옵션 바에서 그레이디언트 스타일을 클릭합니다. 그레이디언트 편집 창이 나타나면 Gradient Type를 Noise로 바꾼 후 Restrict Colors를 체크하고 〈Randomize〉를 계속 누르다 마음에 드는 색상이 나오면 〈OK〉를 클릭합니다.

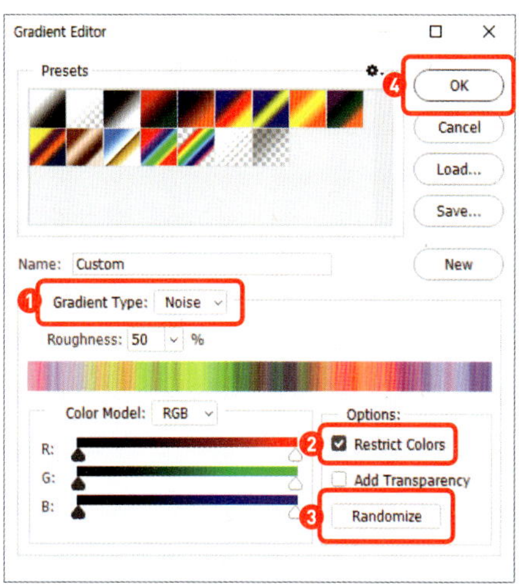

17 그레이디언트 툴(◼)로 왼쪽에서 오른쪽으로 드래그하여 배경에 그러데이션을 적용합니다.

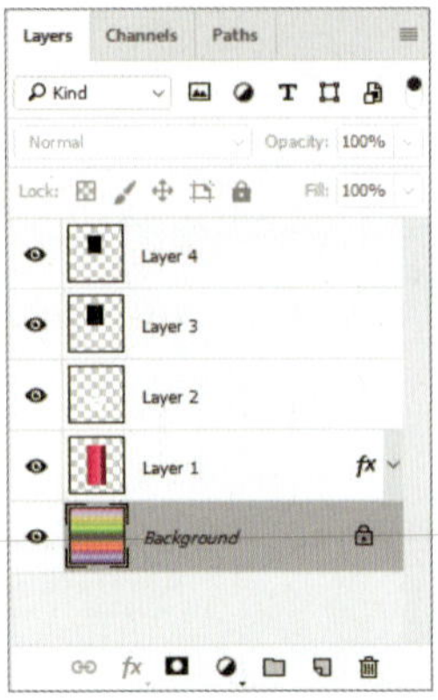

18 Layer 4를 선택한 후 메뉴 바에서 [File]-[Open]을 선택해 Chapter_05 ▸ Section_06 ▸ ipod_source.psd 파일을 불러옵니다. 사각형 선택 툴(⬚)로 아이콘과 버튼 이미지를 드래그하여 선택하고 Ctrl+C를 눌러 복사한 후 작업 화면으로 돌아와 Ctrl+V를 눌러 붙여 넣습니다. 사각형 선택 툴(⬚)과 이동 툴(✥)로 아이콘과 버튼 이미지를 적당한 위치에 배치시켜 이미지를 완성합니다.

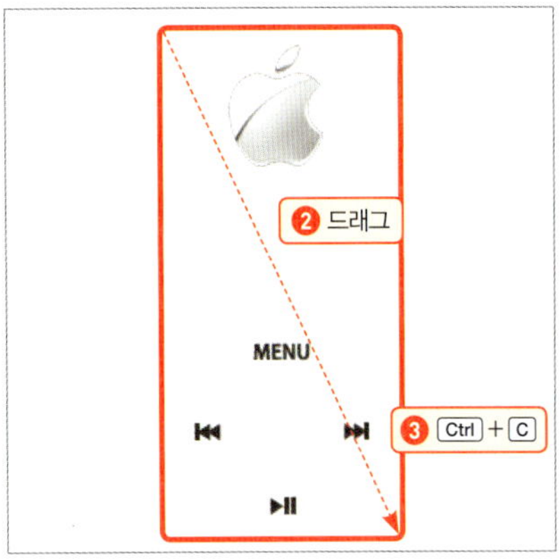

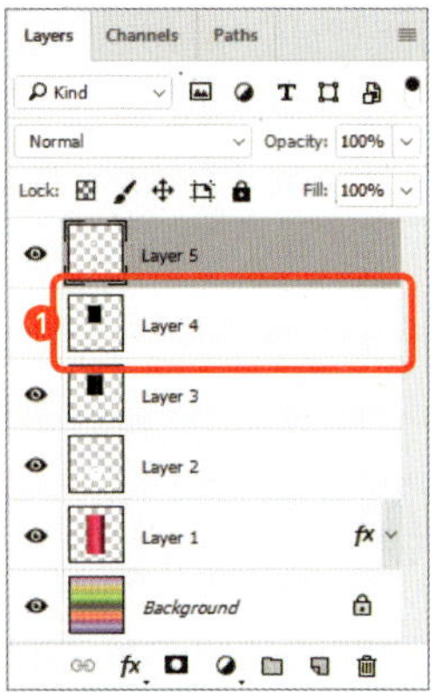

SECTION 07

전경색으로 채우기

• **핵심 기능 I** 페인트 버킷 툴[아이콘](단축키 G)

페인트 버킷 툴의 기능

페인트 버킷 툴(Paint Bucket Tool, [아이콘])은 클릭 한 번으로 선택 영역에 전경색을 채웁니다. 옵션 바의 Tolerance 값에 따라 전경색이 채워지는 면적이 좁아지거나 넓어집니다.

■ 원본 이미지(at.jpg)

■ Tolerance : 10

■ Tolerance : 60

응용 예제 몬드리안 작품 따라잡기

닫힌 공간을 만든 후 내부를 따로 선택 영역으로 지정하지 않고 페인트 버킷 툴(🪣)로 색을 채워 봅니다.

■ 완성 이미지

01 메뉴 바에서 [File]–[New]를 선택하거나 Ctrl+N을 누릅니다. Width와 Height를 각각 500Pixels로 입력하고 〈Create〉를 클릭해 새 문서를 만듭니다.

02 레이어 패널에서 새 레이어 만들기 버튼(◰)을 클릭해 새 레이어를 만듭니다. 연필 툴(✏)을 선택하고 D를 눌러 전경색을 검은색으로 설정합니다. 옵션 바에서 Size를 5px, Hardness를 0%로 설정한 다음 피에트 몬드리안 작품인 '빨강, 파랑, 노랑의 구성' 느낌이 나도록 선을 그립니다. Shift를 누른 채로 드래그하면 수평선과 수직선을 쉽게 그릴 수 있습니다.

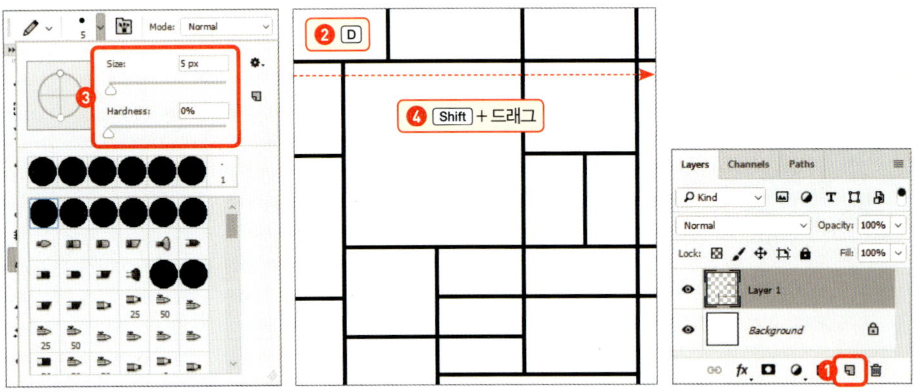

Tip Shift를 누른 채 연필 툴(✏)로 새로운 선을 그리면 이전 선과 연결되어 그려집니다. 연필 툴(✏)을 다시 한 번 클릭한 후 그리거나 Ctrl+Z을 눌러 원치 않는 선을 삭제하며 그리면 됩니다.

03 전경색을 붉은색(#FF0000)으로 바꾸고 페인트 버킷 툴( )로 가장 큰 면을 클릭하여 색상을 채웁니다.

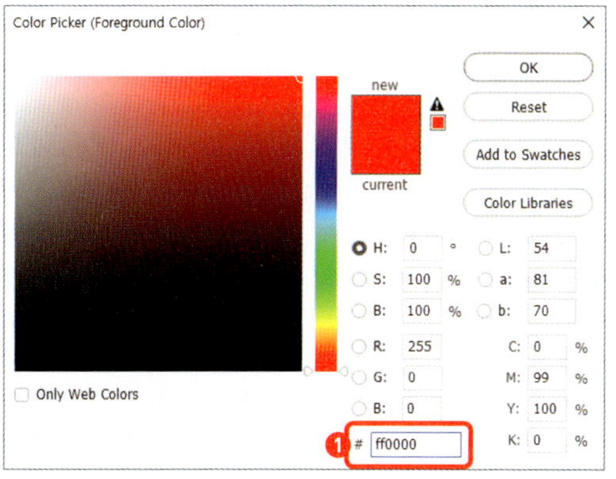

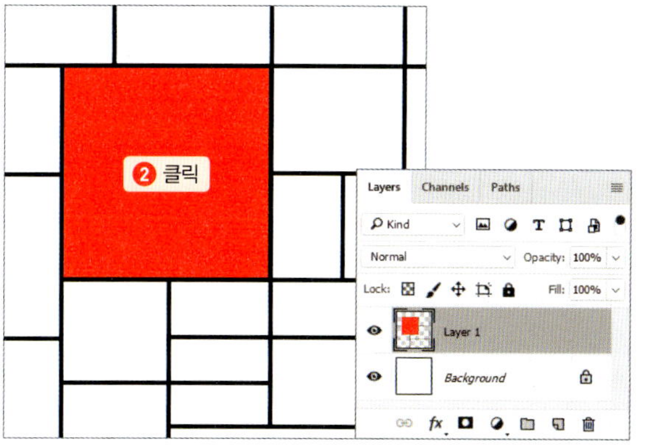

04 같은 방법으로 전경색을 노란색(#F9DF03)으로 바꾸고 다른 면을 클릭하여 색상을 채웁니다.

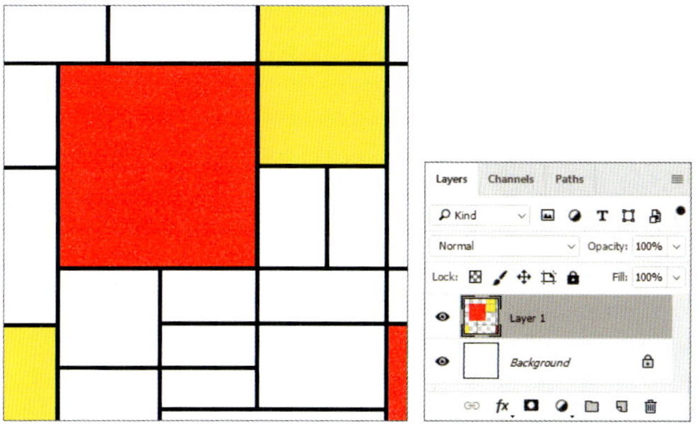

05 같은 방법으로 전경색을 바꿔가며 몬드리안 작품처럼 보이도록 색상을 채웁니다.

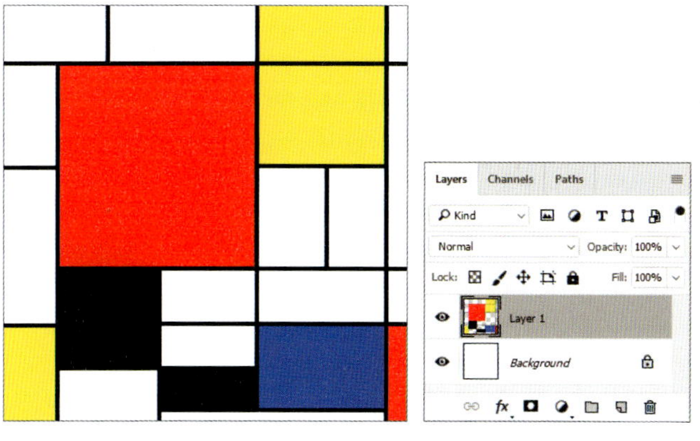

SECTION 08

3D 오브젝트에 질감 입히기

• **핵심 기능** | 3D 머티리얼 드롭 툴(단축키 G)

3D 머티리얼 드롭 툴의 기능

3D 머티리얼 드롭 툴(3D Material Drop Tool,)은 클릭 한 번으로 3D 오브젝트에 다양한 질감을 입힐 수 있습니다. 3D 환경에서만 동작하며 포토샵에서 제공하는 재질 소스나 미리 만들어 둔 소스를 3D 오브젝트에 클릭하여 적용할 수 있습니다. pbs 화면에서 입혀질 재질 소스 화면을 직접 생성하거나 수정할 수도 있습니다.

■ 3D로 만든 공

■ 3D 머티리얼 드롭 툴로 질감을 입힌 공

3D 머티리얼 드롭 툴로 공에 재질 입히기

01 새 문서 만들기 메뉴 바에서 [File]–[New]를 선택하거나 Ctrl+N을 누릅니다. Width와 Height를 각각 500Pixels로 입력하고 〈Create〉를 클릭해 새 문서를 만듭니다. 전경색을 어두운 파란색(#0054A6)으로 설정하고 Alt+Delete를 눌러 배경을 채웁니다. 레이어 패널에서 새 레이어 만들기 버튼()을 클릭해 새 레이어를 만듭니다.

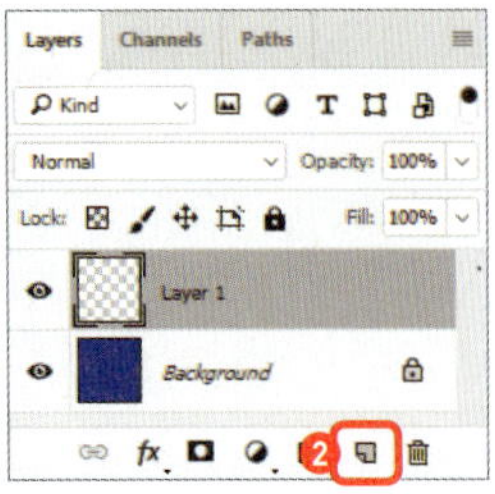

02 3D 모드로 전환하기 메뉴 바에서 [3D]–[New Mesh from Layer]–[Mesh Preset]–[Sphere]를 선택합니다. 작업 환경을 3D 모드로 전환하겠냐고 묻는 메시지 창이 뜨면 〈Yes〉를 클릭합니다.

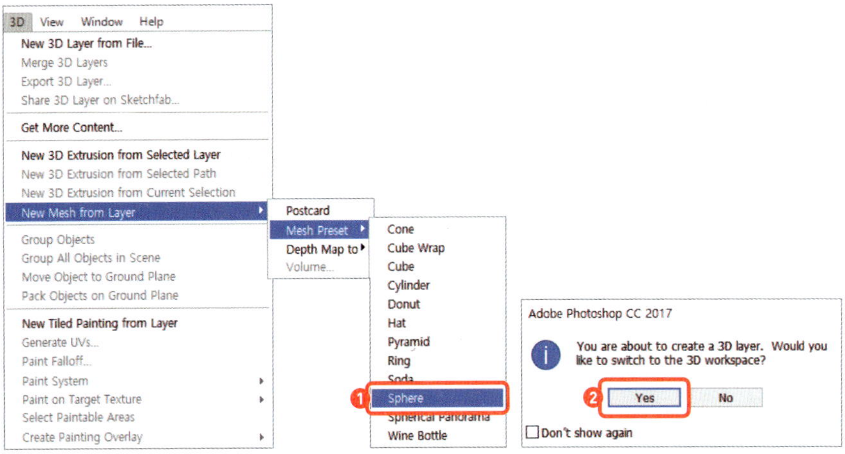

03 작업 환경이 3D 모드로 바뀌고 Layer 1에 입체 공이 생깁니다.

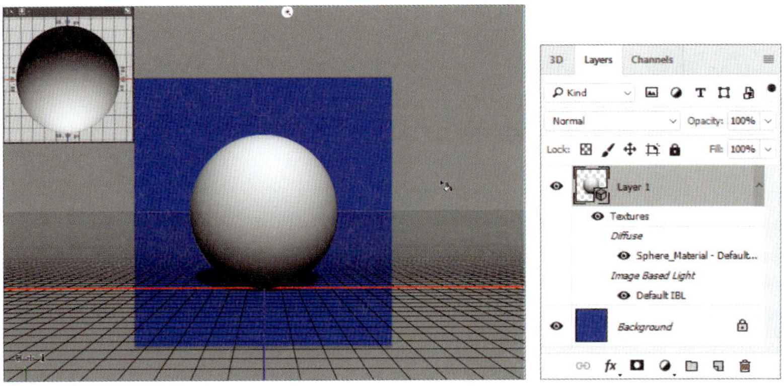

04 3D 공에 재질 입히기 3D 머티리얼 드롭 툴( )을 선택하고 옵션 바에서 Fun Textured3을 선택합니다. 작업 화면에 있는 공을 클릭하면 선택한 재질이 공에 입혀집니다.

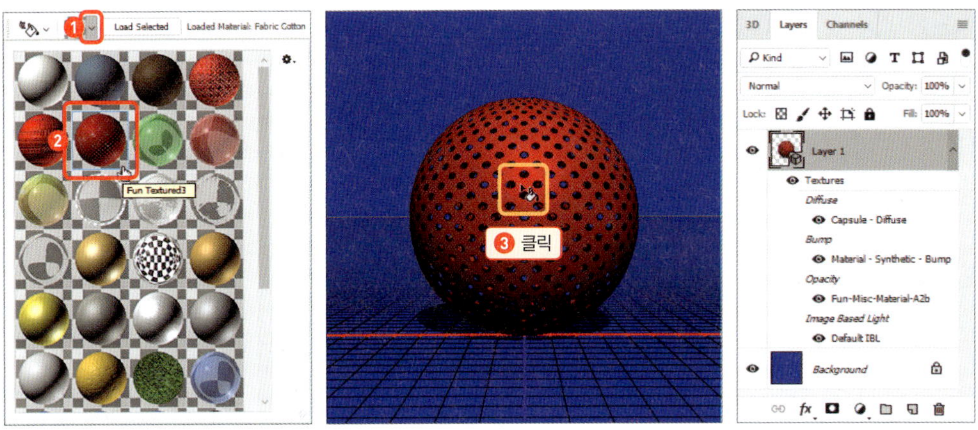

05 3D 공의 색상 변경하기 속성 패널에서 Diffuse 색상을 클릭합니다. Color Picker 창이 뜨면 슬라이드를 움직여 하늘색(R: 0, G: 192, B: 255)으로 조절하고 〈OK〉를 클릭합니다.

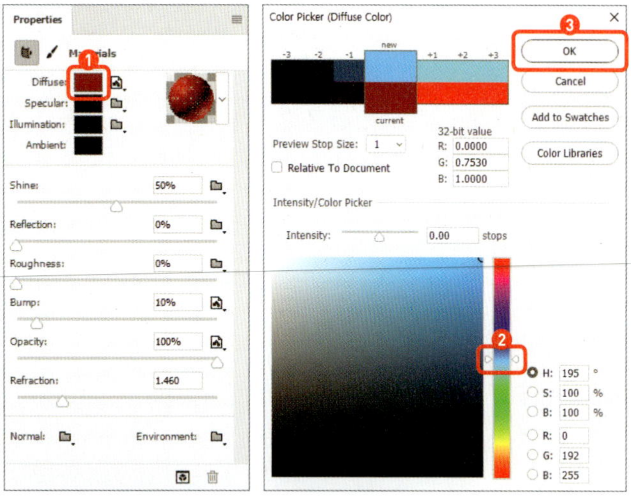

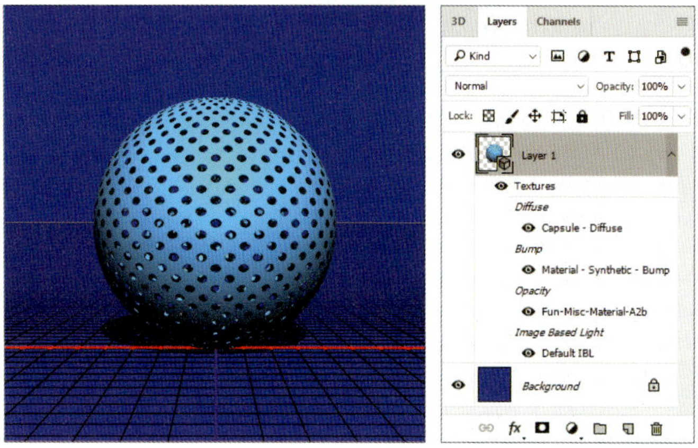

06 완성하기 Background 레이어를 클릭하면 3D 작업 화면이 사라지고 완성된 이미지를 확인할 수 있습니다.

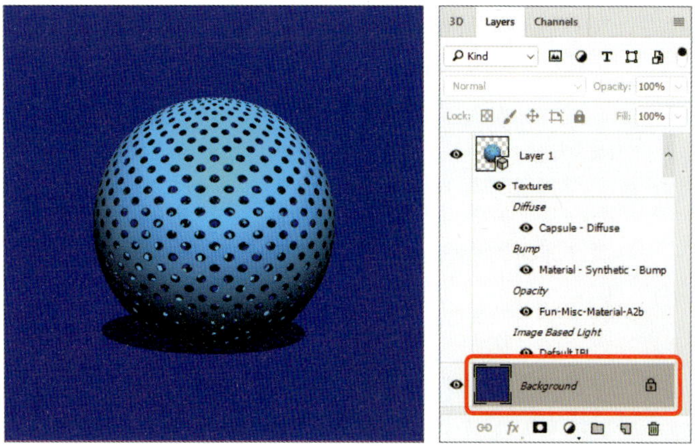

응용 예제 3D 콜라 캔 만들기

3차원의 코카콜라 캔을 만들고 회전시키거나 크기를 조절해 봅니다.

■ 준비 이미지

■ 완성 이미지

01 Chapter_05 ▸ Section_08 ▸ cola.psd 파일을 불러옵니다. 레이어 패널에서 Layer 1을 선택합니다.

02 메뉴 바에서 [3D]-[New Mesh from Layer]-[Mesh Preset]-[Soda]를 선택합니다. 작업 환경을 3D 모드로 전환하겠냐고 묻는 확인 창이 뜨면 〈Yes〉를 클릭합니다.

03 이동 툴(✥)을 선택하고 옵션 바에서 3D 카메라 궤도 버튼(⊛)를 선택합니다. 콜라 캔을 클릭하면 X, Y, Z 축이 나타납니다.

Tip X, Y, Z 축 : 각 방향의 화살표에 마우스 포인터를 가져가 노란색으로 변하면 각각 이동, 회전, 확대, 축소할 수 있습니다.

❶ Move on(X, Y, Z) Axis : X, Y, Z축 방향으로 이동합니다.

❷ Rotate Around(X, Y, Z) Axis : X, Y, Z 축을 중심으로 회전합니다.

❸ Scale Along(X, Y, Z) Axis : X, Y, Z축 방향으로 확대하거나 축소합니다.

❹ Scale Uniformly : 전체 이미지를 확대하거나 축소합니다.

04 빨간색 화살표의 Rotate Around Y Axis 부분에 마우스 포인터를 가져가 노란색으로 변하면 코카콜라 마크가 정면에 보이도록 오른쪽으로 드래그합니다.

05 파란색 화살표의 Rotate Around X Axis 부분에 마우스 포인터를 가져가 노란색으로 변하면 드래그하여 X축으로 기울입니다.

06 초록색 화살표의 Rotate Around Z Axis 부분에 마우스 포인터를 가져가 노란색으로 변하면 드래그하여 Z축으로 기울입니다.

07 회전축 중앙의 Scale Uniformly 부분에 마우스 포인터를 가져가 노란색으로 변하면 아래로 드래그하여 크기를 약간 줄입니다.

08 Background 레이어를 선택하고 그레이디언트 툴(▣)로 캔에 어울리는 배경을 만들면 완성됩니다.

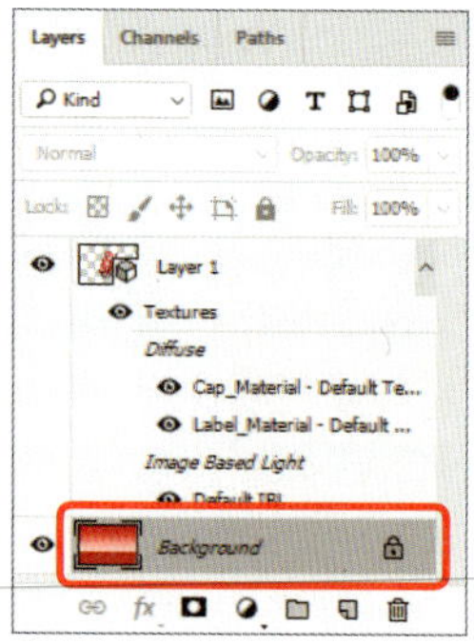

• **준비 파일** 없음 • **완성 파일** 3D_result.psd

응용 예제 재질 소스 만들어 입히기

점무늬 패턴의 재질 소스를 만든 후 3차원 정육면체에 입혀 봅니다.

■ 완성 이미지

01 메뉴 바에서 [File]–[New]를 선택하거나 Ctrl + N을 누릅니다. Width와 Height를 각각 500Pixels로 입력하고 〈Create〉를 클릭해 새 문서를 만듭니다. 레이어 패널에서 새 레이어 만들기 버튼(◘)을 클릭해 새 레이어를 만듭니다. 원형 선택 툴(◌)을 선택하고 Shift를 누른 상태에서 드래그하여 작은 정원을 만듭니다. 전경색을 진분홍색(#D70D65)으로 설정한 후 Alt + Delete를 눌러 원을 진분홍색으로 채웁니다.

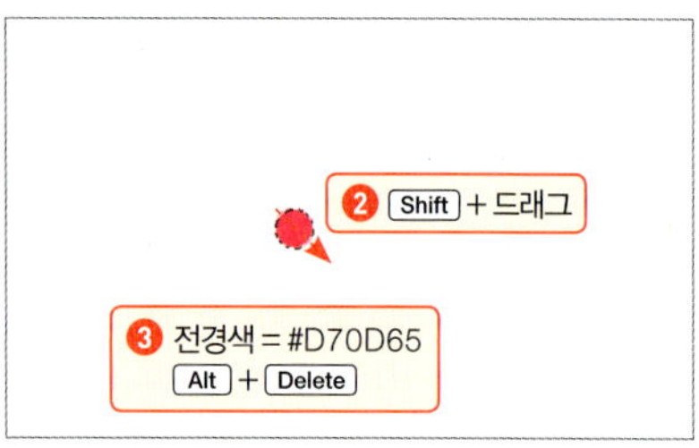

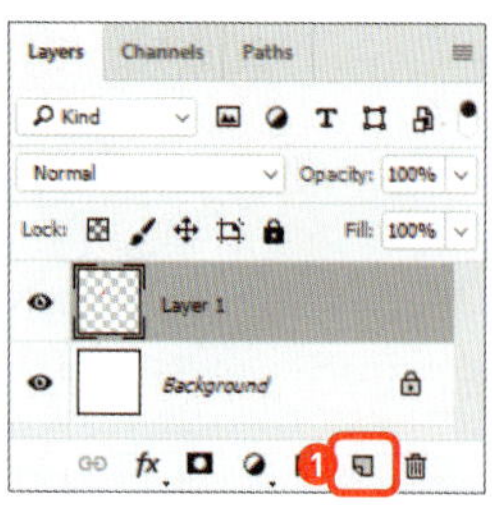

02 Background 레이어의 눈 아이콘(👁)을 클릭하여 배경을 감춥니다. Layer 1이 선택된 상태에서 사각형 선택 툴(⬚)을 선택하고 Shift를 누른 채로 드래그하여 원을 포함한 정사각형 선택 영역을 만듭니다. 메뉴 바에서 [Edit]−[Define Pattern]을 선택하여 선택 영역을 패턴으로 등록합니다.

03 다시 Background 레이어의 눈 아이콘(👁)을 클릭하여 배경을 보이게 합니다. 전경색을 밝은 분홍색(#FFD9F3)으로 바꿉니다. Layer 1이 선택된 상태에서 Ctrl+A를 눌러 전체 화면을 선택하고 Alt+Delete를 눌러 전체 화면을 밝은 분홍색으로 채웁니다.

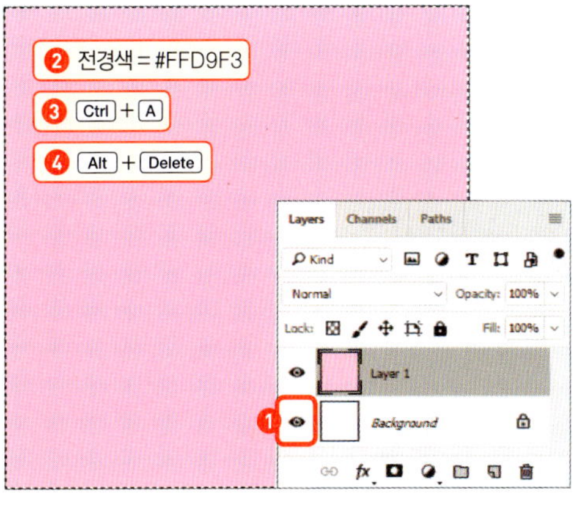

04 메뉴 바에서 [3D]−[New Mesh from Layer]−[Mesh Preset]−[Cube Wrap]을 선택하여 3D 모드로 전환하면 방금 적용한 레이어 색상의 정육면체가 만들어집니다.

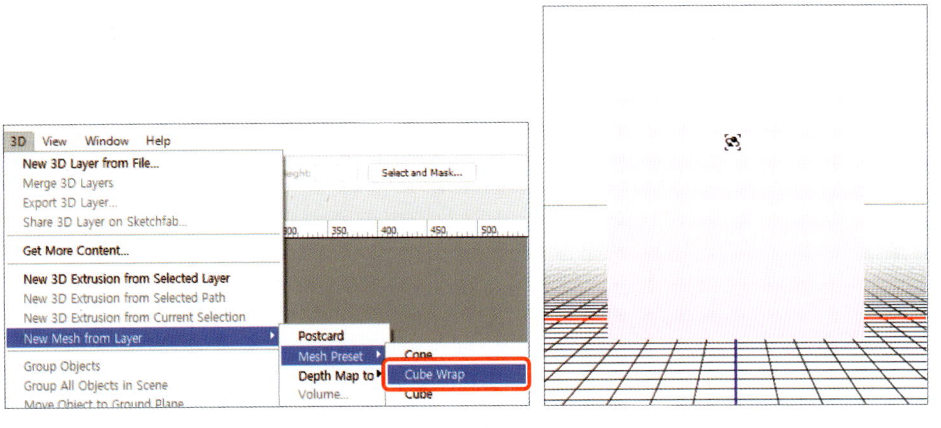

05 이동 툴(⊕)을 선택하고 옵션 바에서 3D 카메라 궤도 버튼(◎)을 선택합니다. 화면을 드래그하면 큐브 모양을 확인할 수 있습니다. 레이어 패널에서 Cube Material–Default Texture를 더블클릭합니다.

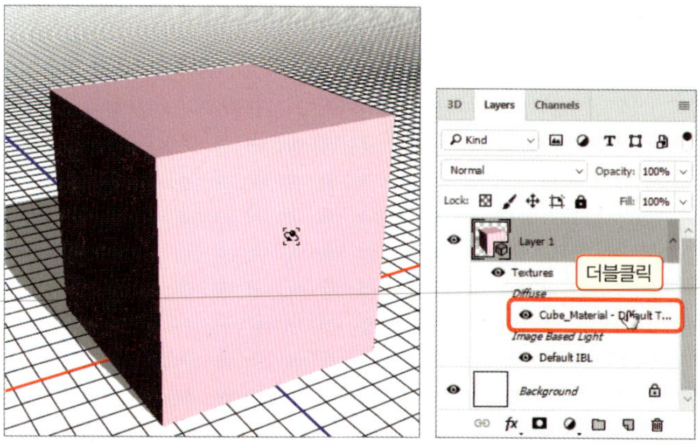

06 Cube Material–Default Texture.psb 화면이 새 문서로 열립니다.

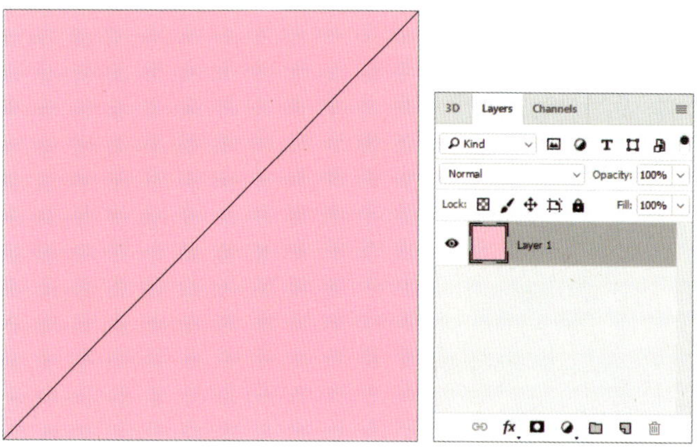

07 레이어 패널에서 새 레이어 만들기 버튼(⊞)을 클릭해 새 레이어를 만듭니다. 메뉴 바에서 [Edit]–[Fill]을 선택하고 옵션 창이 뜨면 Contents를 Pattern으로 바꾸고 Custom Pattern을 앞에서 등록한 패턴으로 선택한 다음 〈OK〉를 클릭합니다. 패턴이 채워지면 Ctrl+S를 눌러 저장합니다.

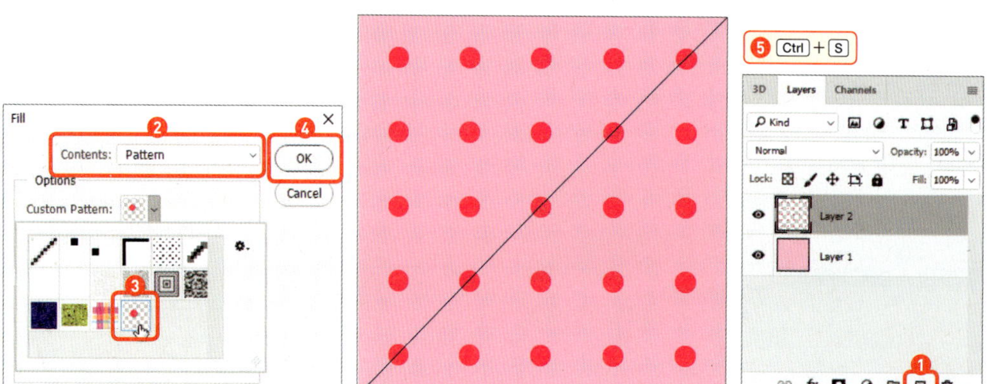

08 제목 표시줄의 원래 작업하던 화면을 클릭하여 돌아오면 방금 적용한 패턴이 큐브에도 적용됩니다. Background 레이어를 클릭하여 일반 화면에서도 확인해 봅니다.

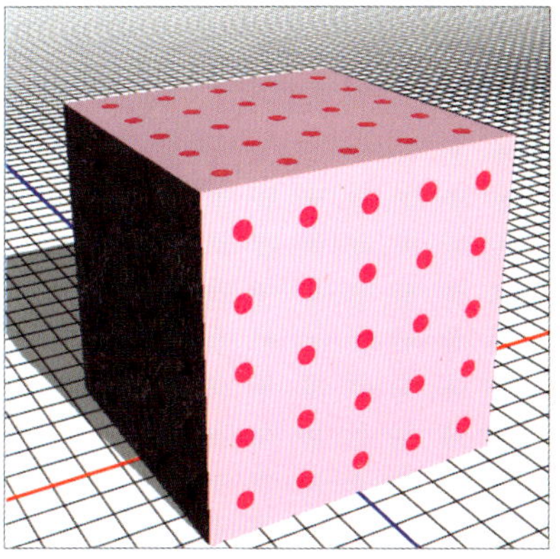

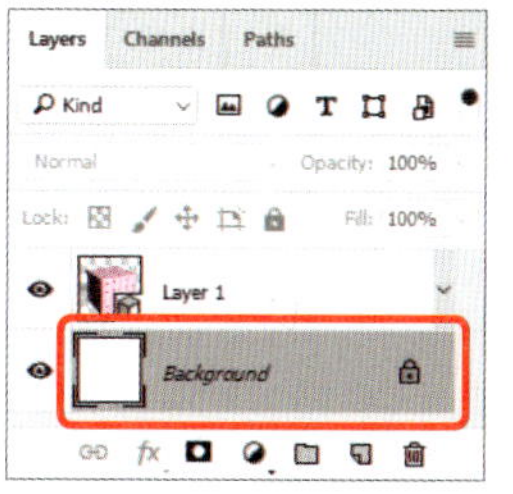

09 전경색을 진한 분홍색(#FF0070)으로 설정한 다음 Alt + Delete 를 눌러 배경색을 채우면 완성됩니다.

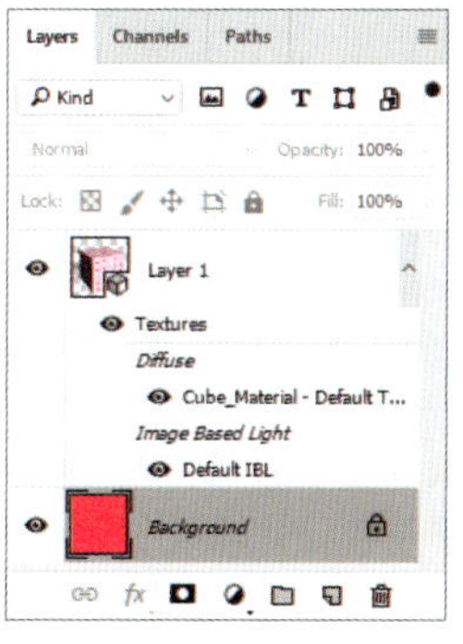

혼자 해 보기 | 사진이 입혀진 정육면체 만들기

• **준비 파일** cat.jpg • **완성 파일** cat_result.psd

psb 화면에 패턴 대신 고양이 사진을 넣어 정육면체를 꾸며 봅니다.

■ 완성 이미지

SECTION 09

선명도 조절하기

• 핵심 기능 | 블러 툴[💧], 샤픈 툴[△], 스머지 툴[☝]

블러 툴의 기능

블러 툴(Blur Tool, [💧])은 드래그한 부분을 흐릿하고 부드럽게 만듭니다. 배경을 흐리게 만들어 아웃포커스 효과를 낼 수도 있습니다.

■ 원본 이미지(blur.psd)

■ 블러 툴을 적용한 이미지

샤픈 툴의 기능

샤픈 툴(Sharpen Tool, [△])은 드래그한 부분을 선명하게 만듭니다. 과도하게 사용하면 이미지가 훼손될 수 있습니다.

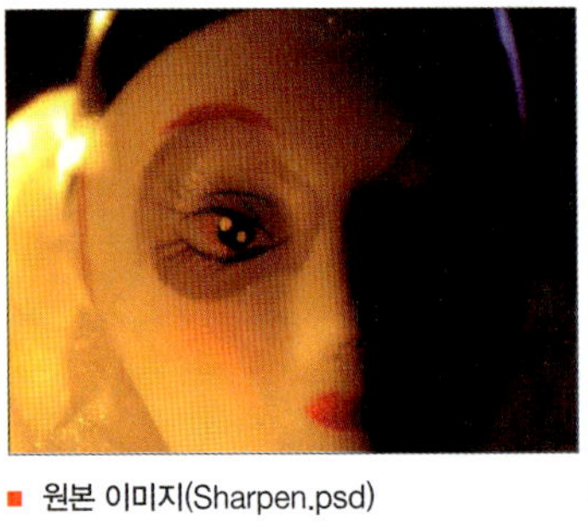

■ 원본 이미지(Sharpen.psd)

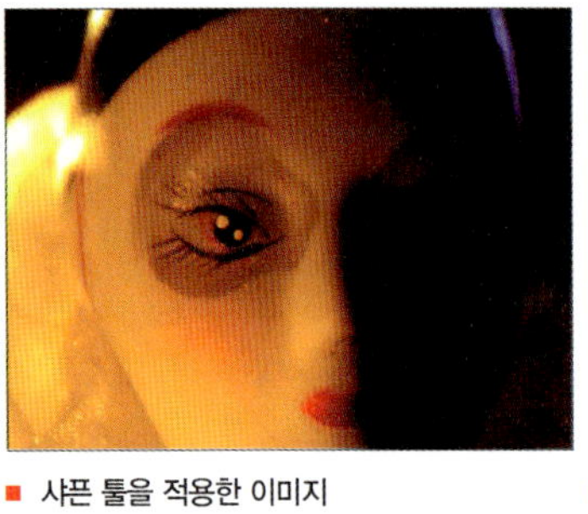

■ 샤픈 툴을 적용한 이미지

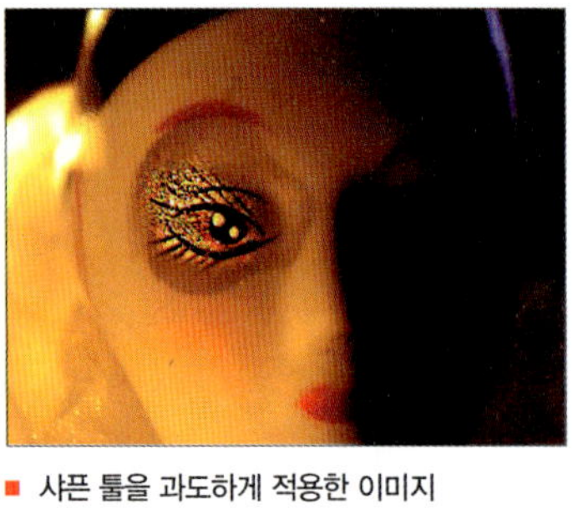

■ 샤픈 툴을 과도하게 적용한 이미지

스머지 툴의 기능

스머지 툴(Smudge Tool,)은 드래그한 부분의 색상을 뭉개 뿌옇게 만듭니다. 회화 느낌을 주거나 작은 오염을 보정할 때 사용합니다. Strength 옵션을 조절하면 뭉개지는 거리를 조절할 수 있고, Finger Painting 옵션을 체크하면 전경색이 클릭한 지점에 묻어나옵니다.

■ 원본 이미지(Smudge.psd)

■ 스머지 툴을 적용한 이미지

■ Finger Painting 옵션을 적용한 이미지

SECTION 10

밝기, 색상, 채도 조절하기

• **핵심 기능 |** 닷지 툴, 번 툴, 스펀지 툴(단축키 O)

닷지 툴의 기능

닷지 툴(Dodge Tool,)은 드래그한 부분을 밝게 만듭니다. 마우스에서 손을 떼기 전까지 여러 번 적용해도 한 번 적용한 것과 같은 효과가 나므로, 얼룩이 생기지 않게 하려면 원하는 영역을 한 번에 드래그해야 합니다. 더 밝게 하려면 닷지 툴을 원하는 만큼 여러 번 적용합니다.

■ 원본 이미지(Dobge.psd)

■ 닷지 툴을 적용한 이미지

번 툴의 기능

번 툴(Burn Tool,)은 색상을 선명하게 만들어 명암이 두드러지게 합니다. 번 툴을 이용하여 색상을 짙게 만들면 명암을 손쉽게 조절할 수 있지만 과도하게 사용하면 불에 그을린 것처럼 검게 변합니다.

■ 원본 이미지(Burn.psd)

■ 번 툴을 적용한 이미지

■ 번 툴을 과도하게 적용한 이미지

스펀지 툴의 기능

스펀지 툴(Sponge Tool, [아이콘])은 채도를 조절합니다. 옵션 바에서 설정한 Mode 값에 따라 결과가 다르게 나타납니다. Desaturate 모드에서는 드래그한 영역의 채도가 감소하여 색이 사라지고, Saturate 모드에서는 채도가 증가하여 색이 생동감 있게 바뀝니다.

■ 원본 이미지(Sponge.psd)

■ Desaturate 모드

■ Saturate 모드

CHAPTER

06

도형과 텍스트

포토샵은 비트맵 기반 프로그램이지만 도형과 텍스트는 벡터 기반으로 만들 수 있습니다. 모양이 다양한 도형과 멋지게 꾸민 텍스트는 이미지를 돋보이게 할 뿐만 아니라 그 자체가 하나의 이미지로 보이기도 합니다. 이번 장에서는 펜 툴과 셰이프 툴을 이용하여 도형을 만드는 방법과 텍스트를 삽입하고 여러 가지 효과를 적용하는 방법을 배워 봅니다. 또 새로워진 프레임 툴을 활용해 도형이나 텍스트에 다양한 이미지를 삽입하는 방법도 알아봅니다.

SECTION 01

기본 선 그리기

• **핵심 기능 |** 펜 툴[✎](단축키 [P])

펜 툴의 기능

펜 툴(Pen Tool, [✎])은 점과 점을 연결하여 선을 만듭니다. 다른 툴 대부분이 채색을 위해 사용하는 것과 달리 펜 툴은 드로잉을 하기 위해 사용됩니다. 오른쪽 그림에서 펜 툴로 그린 선을 패스, 패스를 연결하는 점을 앵커 포인트, 선의 방향을 바꿀 때 사용하는 가이드를 핸들러라고 합니다.

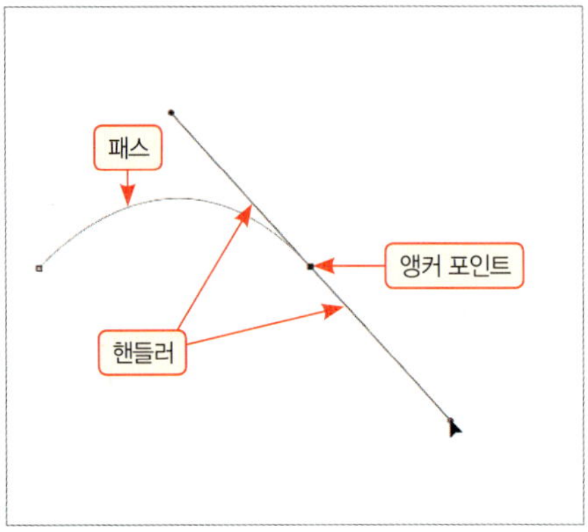

■ 앵커 포인트와 핸들러

다음은 펜 툴을 사용해서 만든 다양한 패스 형태입니다. 직선 패스는 시작 지점을 클릭한 다음 다른 지점을 클릭하여 그리고, 곡선 패스는 시작 지점을 클릭한 다음 다른 지점을 클릭한 상태로 마우스에서 손가락을 떼지 않고 드래그하여 그립니다. 곡선 패스를 그리다가 방향을 바꾸려면 [Alt]를 누른 채로 마지막 클릭한 지점의 앵커 포인트를 클릭하여 핸들러를 제거한 다음 다시 드래그해야 합니다.

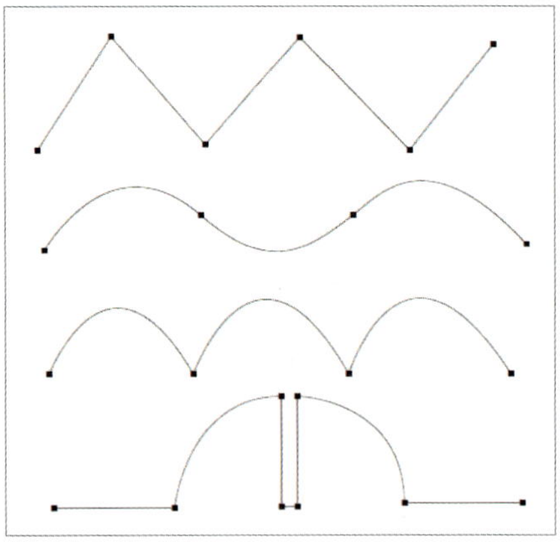

■ 다양한 패스 형태

펜 툴의 옵션

Shape 옵션은 패스와 함께 패스로 만든 면을 전경색으로 채웁니다. 이때 레이어 패널에 Shape 레이어가 추가됩니다. Shape 옵션으로 만든 도형의 가장자리는 다양한 선 스타일을 적용할 수 있습니다.

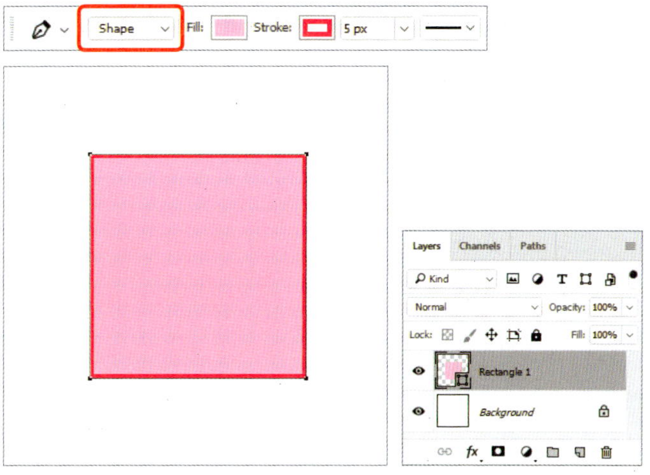

■ Shape 옵션으로 만든 도형

Path 옵션은 패스 형태만 나타나고 레이어에는 아무것도 나타나지 않습니다. 패스 형태는 패스 패널에서 확인할 수 있습니다. 이렇게 만들어진 패스 형태는 선택 영역, 마스크, 셰이프로 전환할 수 있습니다.

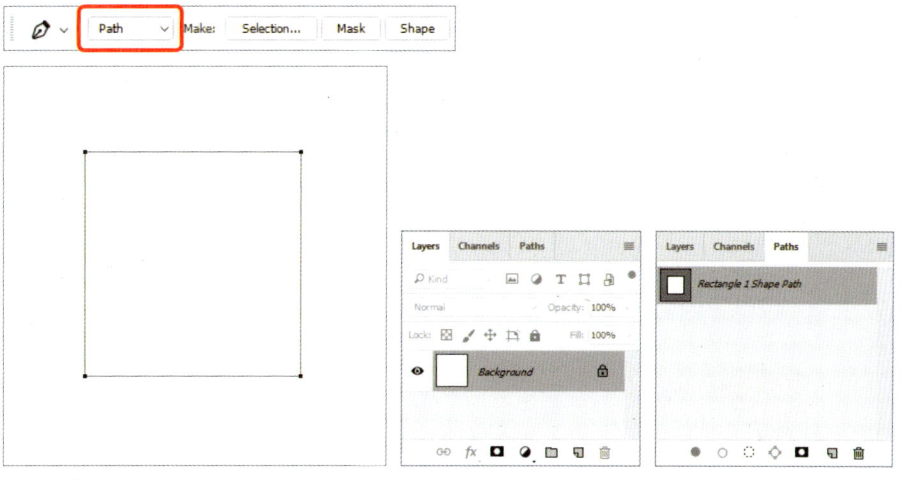

■ Path 옵션으로 만든 패스

SECTION 02

자유롭게 선 그리기

• **핵심 기능 |** 프리폼 펜 툴(단축키 P)

프리폼 펜 툴의 기능

프리폼 펜 툴(Freeform Pen Tool,)은 마우스 포인터가 움직이는 대로 패스를 만듭니다. 시작 지점을 클릭하고 드래그하면 패스가 그려지고, 마우스에서 손가락을 떼면 패스가 완료됩니다.

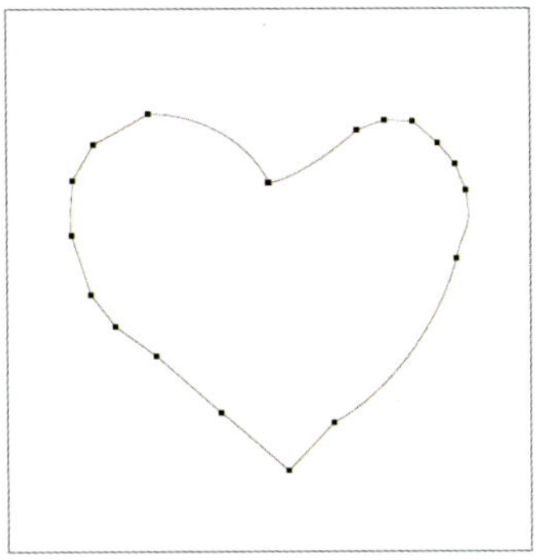

■ 프리폼 펜 툴을 이용한 드로잉

프리폼 펜 툴의 옵션

옵션 바에서 Magnetic을 체크하고 드래그하면 이미지 테두리를 따라 패스를 쉽게 그릴 수 있습니다.

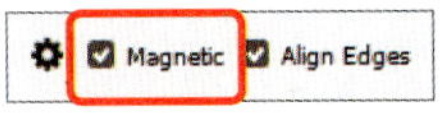

■ Magnetic 옵션을 이용한 드로잉(egg.jpg)

SECTION 03

가이드를 보면서 선 그리기

• **핵심 기능 |** 곡률 펜 툴(단축키 P)

곡률 펜 툴의 기능

곡률 펜 툴(Curvature Pen Tool,)은 클릭한 지점을 지지대 삼아 다음 지점과 연결되는 곡선을 가이드로 보여 줍니다. 가이드를 보면서 손쉽게 곡선을 그릴 수 있고, 무빙 앵커 포인트를 드래그하여 이미 그려진 곡선의 크기나 각도를 변경할 수 있습니다.

01 시작 지점 클릭하기 메뉴 바에서 [File]–[New]를 선택한 후 Width와 Height를 각각 500Pixels로 입력하고 〈Create〉를 클릭해 새 문서를 만듭니다. 곡률 펜 툴()을 선택하고 시작 지점을 클릭한 후 위로 조금 떨어진 지점을 다시 클릭합니다.

02 기본 형태 만들기 마우스 포인터를 다시 한 번 더 클릭하면서 드래그하면 두 번째 클릭한 지점을 지지대 삼아 곡선 형태가 만들어집니다. 오른쪽으로 조금 떨어진 지점과 바로 아래 지점을 클릭하여 꽃잎 형태가 되도록 만듭니다. 나머지 꽃잎도 같은 방법으로 만듭니다.

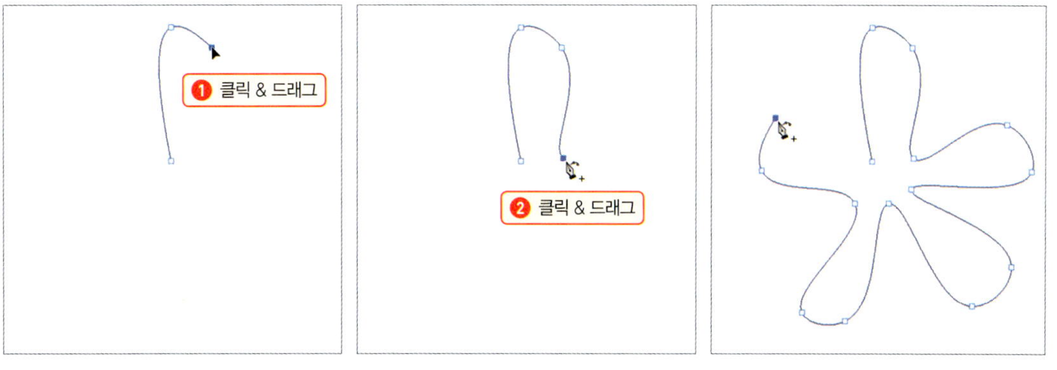

03 기본 형태 변형하기 처음 클릭한 지점으로 돌아와 마우스 포인터가 모양으로 바뀌면 클릭하여 곡률 펜 툴을 종료합니다. 마우스를 패스 위에 있는 무빙 앵커 포인트로 가져가 마우스 포인터가 모양으로 바뀌면 무빙 앵커 포인트를 드래그하여 꽃잎 형태로 보기 좋게 수정합니다.

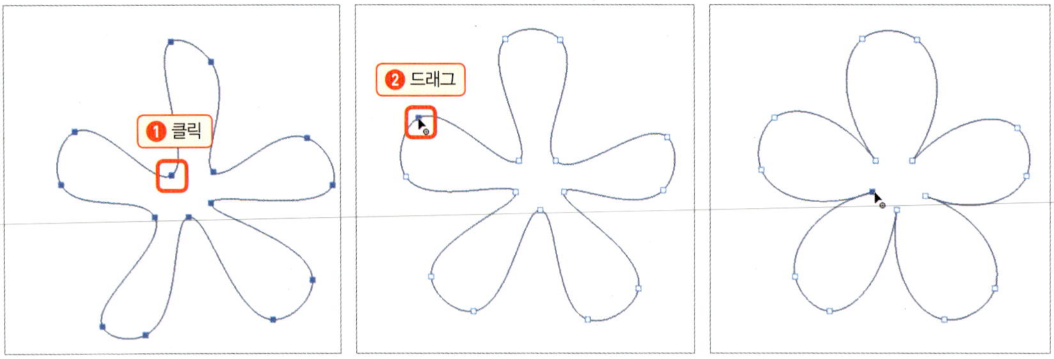

04 무빙 앵커 포인트 추가하기 곡률 펜 툴( )이 선택된 상태로 꽃잎 패스의 가운데를 클릭해 무빙 앵커 포인트를 추가하고 바깥으로 약간 드래그합니다. 추가한 무빙 앵커 포인트를 Alt 를 누른 채 클릭하여 곡선을 직선으로 변경합니다. 나머지 꽃잎도 같은 방법으로 완성합니다.

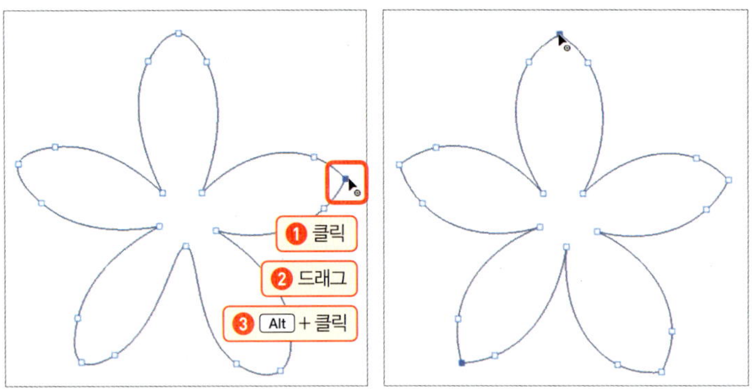

Tip Alt 를 누른 채 무빙 앵커 포인트를 클릭하면 곡선은 직선으로, 직선은 곡선으로 변경됩니다.

05 곡률 펜 툴( )로 Alt 를 누른 채 클릭하면 클릭한 지점이 모두 직선으로 연결됩니다. 직선으로 연결된 패스라도 무빙 앵커 포인트를 추가한 후 드래그하면 곡선을 만들 수 있습니다.

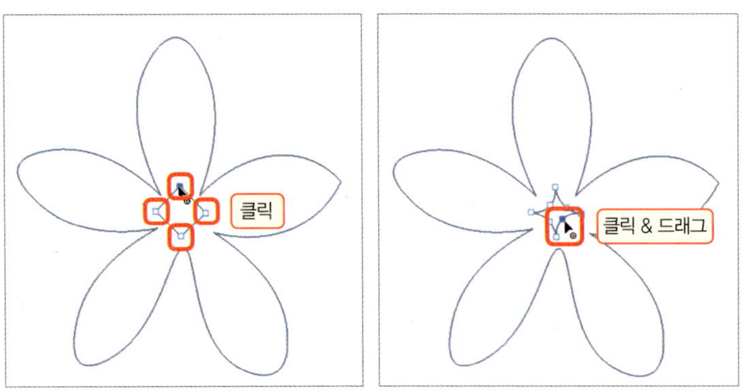

SECTION 04 앵커 포인트 추가/제거하기

• **핵심 기능 |** 앵커 포인트 추가 툴, 앵커 포인트 제거 툴

앵커 포인트 추가/제거 툴의 기능

앵커 포인트 추가 툴(Add Anchor Point Tool,)은 클릭한 지점에 앵커 포인트를 추가하고, 앵커 포인트 제거 툴(Remove Anchor Point Tool,)은 클릭한 지점의 앵커 포인트를 제거합니다.

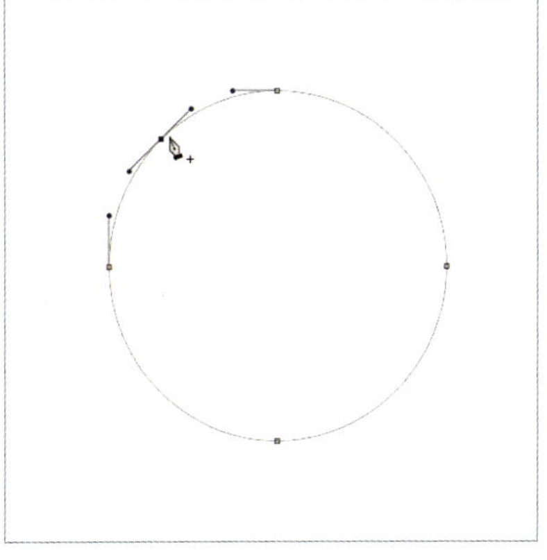

■ 앵커 포인트 추가

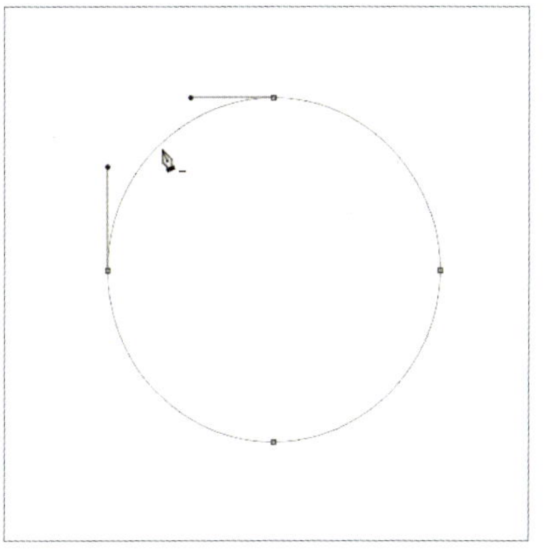

■ 앵커 포인트 제거

앵커 포인트 추가 툴()로 앵커를 추가하면 곡선형 앵커가 생깁니다. 직선을 만들려면 다음 섹션에서 설명하는 포인트 전환 툴()로 앵커 포인트를 클릭하여 직선형 앵커로 변경한 다음 사용합니다.

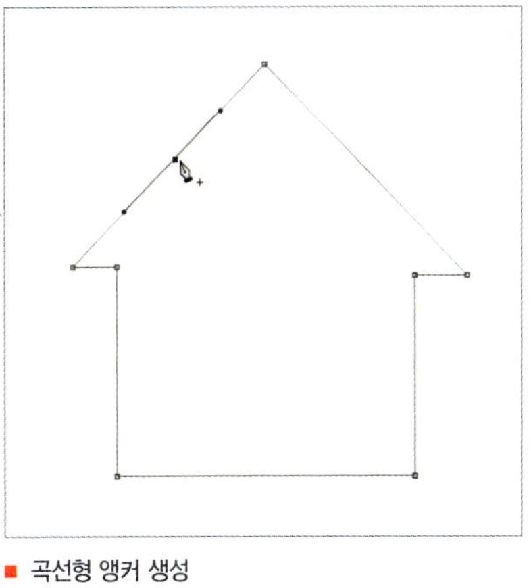

■ 곡선형 앵커 생성

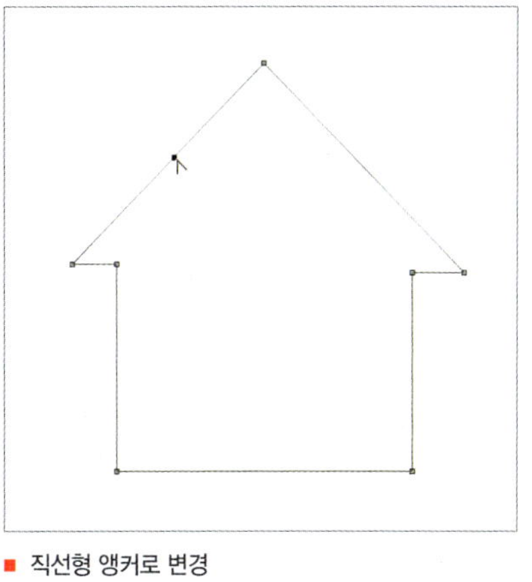

■ 직선형 앵커로 변경

SECTION

05

직선, 곡선 전환하기

• **핵심 기능 |** 포인트 전환 툴

포인트 전환 툴의 기능

포인트 전환 툴(Convert Point Tool,)은 곡선이나 직선 패스를 반대로 전환합니다. 포인트 전환 툴로 곡선 패스의 앵커 포인트를 클릭하면 패스가 직선이 되고, 직선 패스의 앵커 포인트를 클릭한 상태로 드래그하면 곡선으로 바뀝니다.

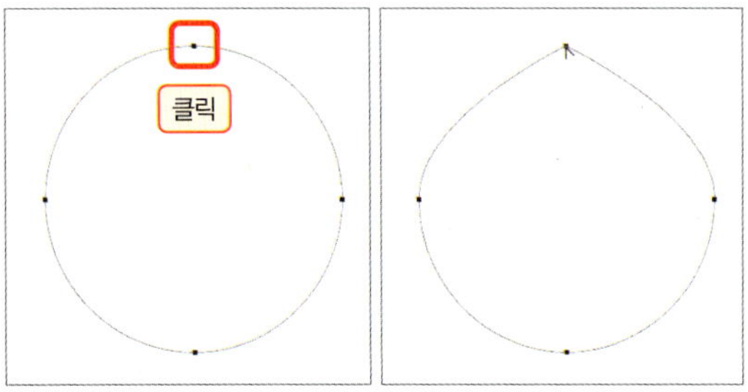

■ 곡선 패스의 앵커 포인트 클릭

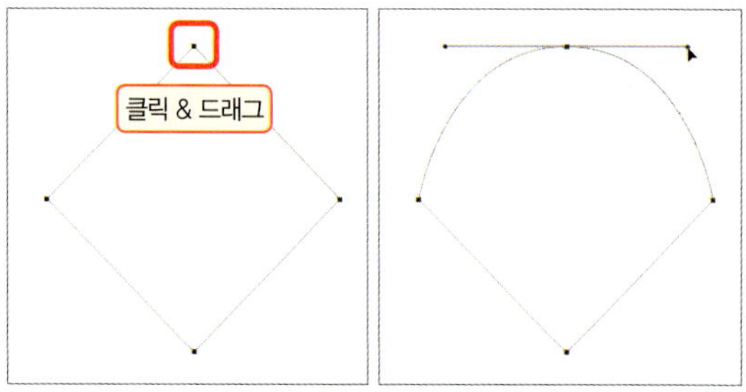

■ 직선 패스의 앵커 포인트 드래그

포인트 전환 툴()로 곡선을 직선으로 바꾸기는 쉽지만, 직선을 곡선으로 바꿔 원형을 만들기는 쉽지 않습니다. 이럴 때는 셰이프 툴로 원형을 다시 그리는 것이 낫습니다.

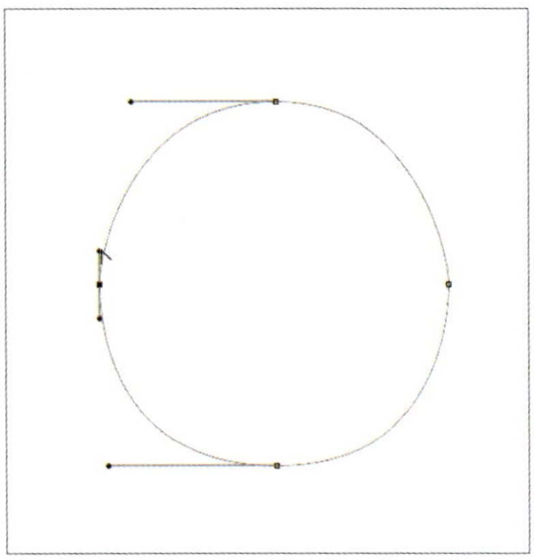

■ 곡선 패스로 원을 그리면 부자연스러움

SECTION

06

패스 선택하기

• **핵심 기능 |** 패스 선택 툴[ ], 직접 선택 툴[ ](단축키 [A])

패스 선택 툴의 기능

패스 선택 툴(Path Selection Tool, [ ])은 전체 패스의 선과 면을 선택합니다. [Shift]를 누른 채로 클릭하면 여러 개를 선택할 수 있고, 선택된 선과 면을 드래그하면 자유롭게 이동시킬 수 있습니다.

■ 전체 패스의 선과 면 선택

■ [Shift]를 누른 상태에서 오브젝트를 여러 개 선택

직접 선택 툴의 기능

직접 선택 툴(Direct Selection Tool, [ ])은 개별 앵커 포인트 또는 패스를 선택하는 툴입니다. 앵커 포인트를 하나만 클릭하여 원하는 위치로 옮길 수 있습니다. 앵커 포인트를 선택하면 나타나는 핸들러를 드래그하여 곡선의 각도를 조절할 수도 있습니다.

■ 개별 앵커 포인트 선택

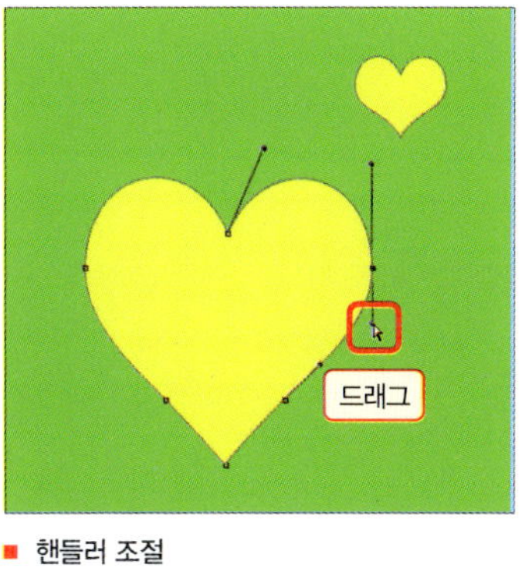

■ 핸들러 조절

펜 툴 종합 실습

펜 툴()을 처음 써 보면 생각대로 그려지지 않습니다. 익숙해지려면 펜 툴로 다양한 형태의 패스를 반복해서 그려 봐야 합니다.

01 직선 그리기 메뉴 바에서 [File]–[New]를 선택해 Width와 Height를 각각 500Pixels로 입력하고 〈Create〉를 클릭해 새 문서를 만듭니다. 펜 툴()을 선택하고 시작 지점을 클릭한 다음 오른쪽 빈 공간에 다시 한 번 클릭합니다. 앵커 포인트와 앵커 포인트가 연결되면서 패스가 생깁니다.

Tip Shift를 누른 채로 다음 지점을 클릭하면 수평선, 수직선, 45° 방향 대각선을 그릴 수 있습니다.

02 같은 방법으로 다음 지점을 클릭하여 직선을 그립니다. 아래 그림에서 앵커 포인트가 생성된 지점이 펜 툴로 클릭한 지점입니다.

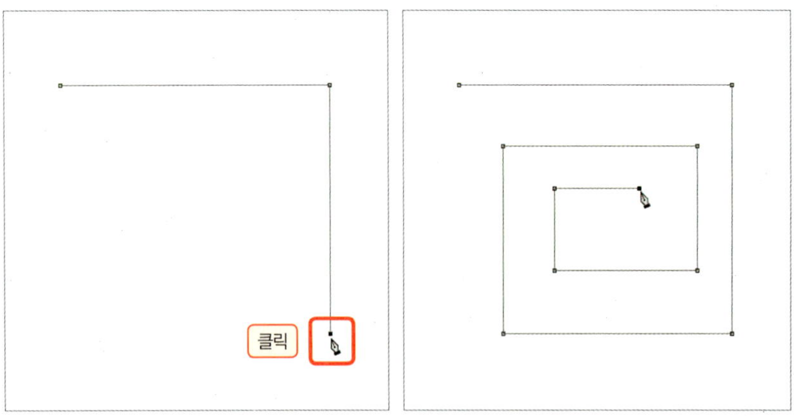

Tip 펜 툴을 멈추려면 펜 툴이 아닌 다른 툴을 선택합니다. 생성된 패스를 삭제하려면 패스 선택 툴()로 패스를 선택하고 Delete를 누르거나 패스 패널에서 패스 레이어를 삭제합니다.

03 곡선 그리기 펜 툴()로 시작 지점을 클릭한 다음 두 번째 지점을 클릭한 상태로 드래그합니다. 드래그하면 생기는 곡선 크기와 방향을 잘 보면서 원하는 형태가 되면 마우스에서 손가락을 뗍니다. 이때 앵커 포인트의 양쪽에는 핸들러가 생성됩니다. 앵커 포인트의 양쪽에 핸들러가 있는 상태에서 다음 지점을 클릭하면 자동으로 곡선이 만들어집니다.

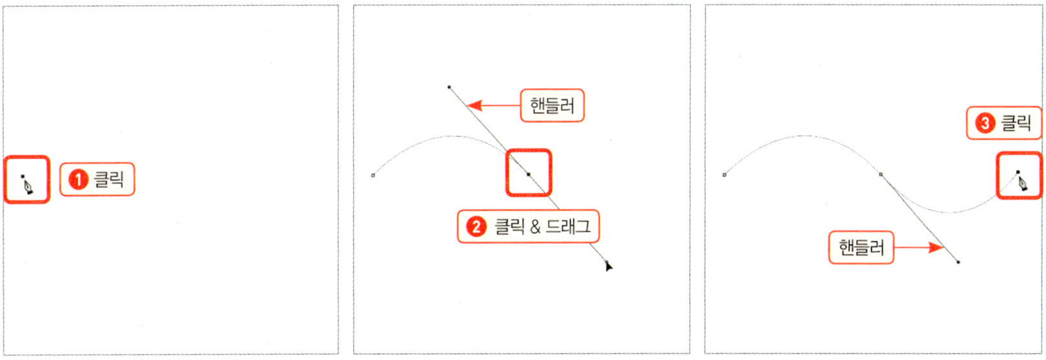

04 방향 바꾸기 펜 툴()로 시작 지점을 클릭하고 다음 지점을 클릭한 상태로 드래그하여 곡선을 만듭니다. Alt를 누른 채로 두 번째 앵커 포인트를 클릭하면 진행 방향의 핸들러 하나가 사라집니다.

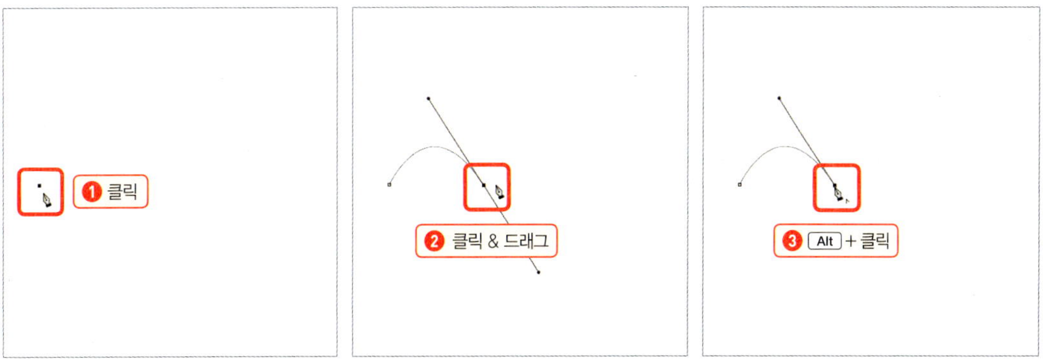

05 다음 지점을 클릭한 상태로 드래그하여 곡선을 그립니다. 다시 Alt를 누른 채로 앵커 포인트를 클릭하여 핸들러를 삭제합니다. 같은 방법으로 다음 지점을 드래그하여 곡선을 그립니다.

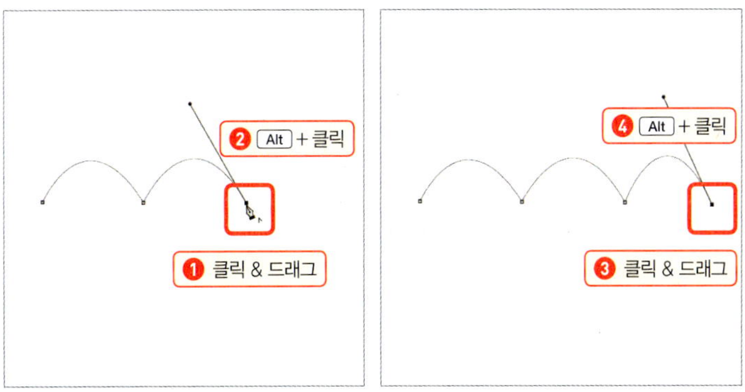

Tip 핸들러를 삭제하고 다음 지점을 클릭하면 직선으로 연결되고, 다음 지점을 클릭한 상태로 드래그하면 곡선으로 연결됩니다.

06 직접 선택 툴(　)을 선택하여 앵커 포인트 하나를 클릭한 상태로 드래그하면 선택된 앵커 포인트 위치만 이동합니다. 핸들러의 끝부분을 드래그하여 곡선 크기나 방향을 수정할 수 있습니다.

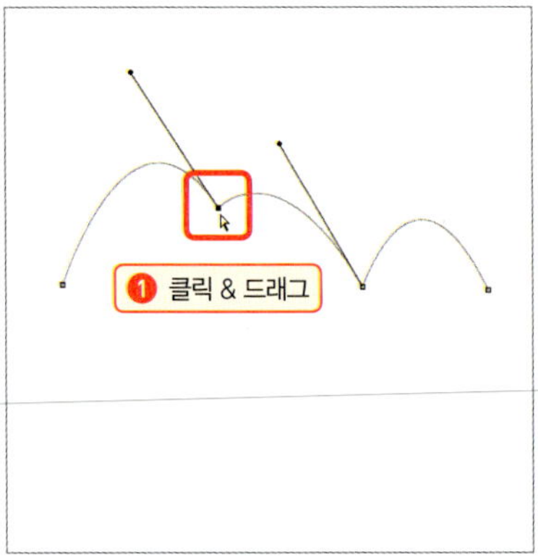

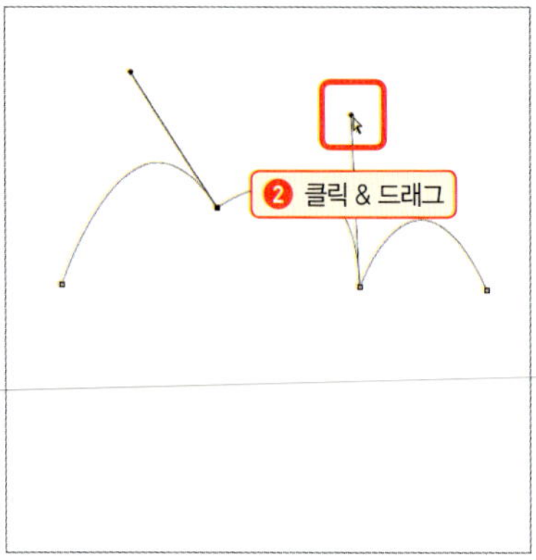

07 **곡선에 직선 연결하기** 펜 툴(　)로 시작 지점을 클릭하고 다음 지점을 클릭한 상태로 드래그하여 곡선 패스를 만듭니다. 이때 Shift를 누른 채로 핸들러를 드래그하면 곡선 각도가 더 자연스럽게 만들어집니다.

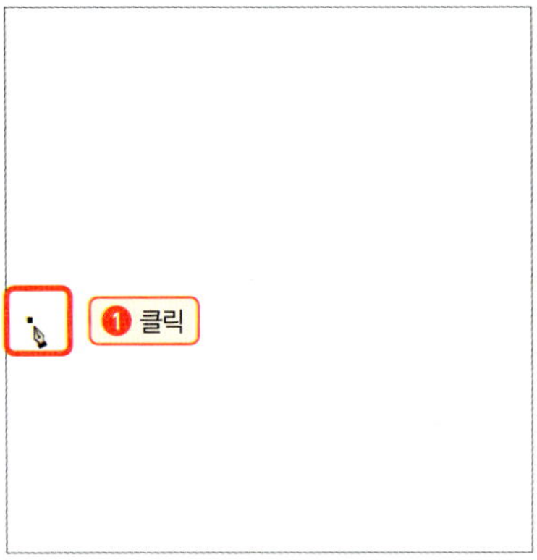

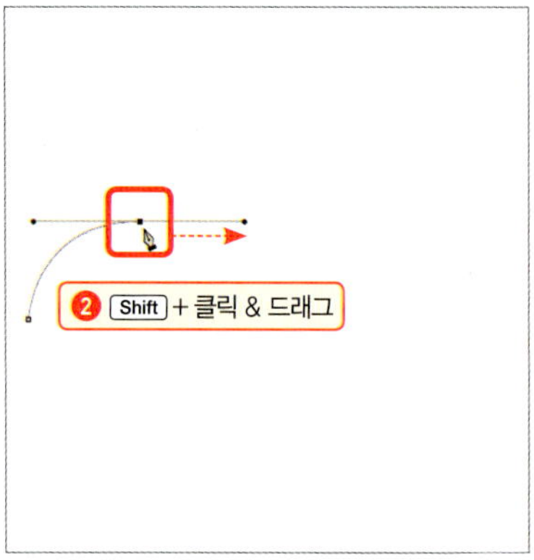

08 그림과 같이 다음 지점을 클릭하면 곡선이 자연스럽게 연결됩니다. 이제 다음 지점을 클릭하면 직선으로 연결됩니다.

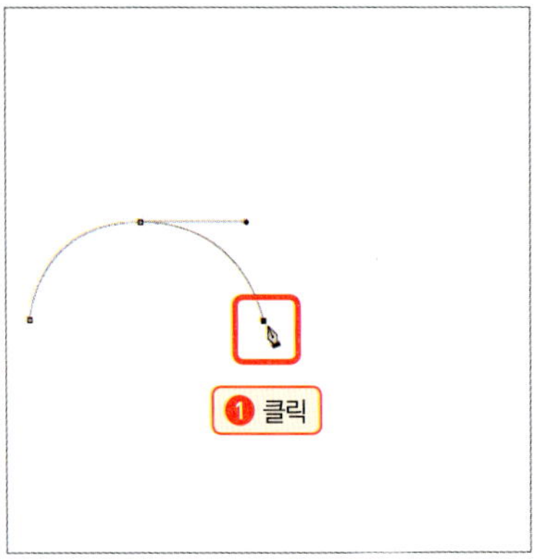

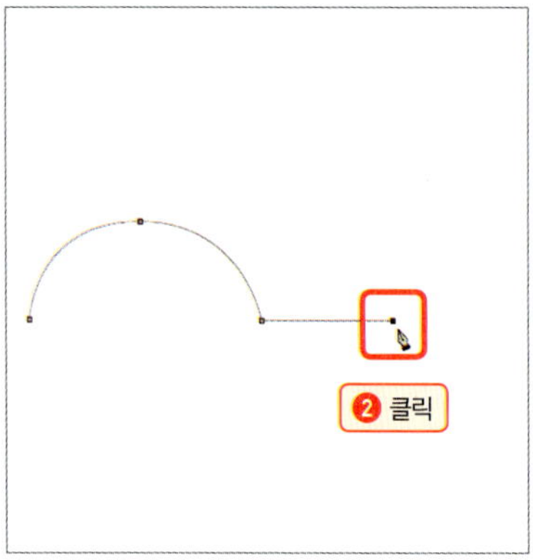

Tip 앵커 포인트를 중심으로 핸들러가 양쪽에 있을 때 다음 지점을 클릭하면 진행 방향의 핸들러 쪽으로 곡선이 만들어집니다. 핸들러가 한쪽에만 있을 때 다음 지점을 클릭하면 직선이 만들어집니다.

09 앵커 포인트 추가하기 그림과 같이 패스를 만들고 앵커 포인트 추가 툴( )로 앵커 포인트와 앵커 포인트 사이를 클릭합니다. 새로운 앵커 포인트가 추가됩니다.

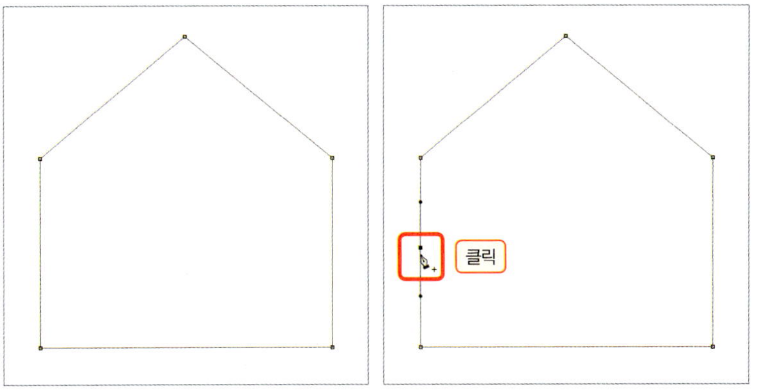

10 앵커 포인트 제거하기 직접 선택 툴( )로 추가된 앵커 포인트를 드래그하면 곡선을 만드는 핸들러가 포함되어 있는 것을 알 수 있습니다. 앵커 포인트 제거 툴( )로 앵커 포인트를 클릭하면 클릭한 지점의 앵커 포인트가 사라지면서 양쪽 앵커 포인트가 직선으로 연결됩니다.

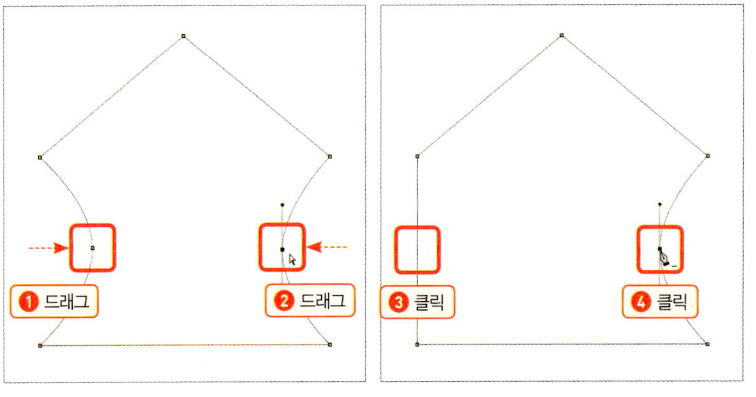

11 패스 전환하기 포인트 전환 툴( )로 직선 패스의 앵커 포인트를 드래그하면 곡선으로 전환됩니다. 또 곡선 패스의 앵커 포인트를 클릭하면 다시 직선으로 전환됩니다.

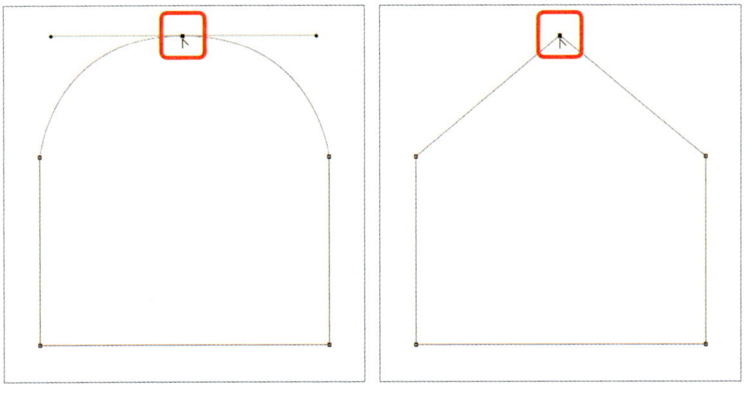

응용 예제 미니언 동생 만들기

펜 툴()을 사용해 이미지에서 원하는 영역을 추출하여 복제해 봅니다.

■ 준비 이미지

■ 완성 이미지

01 Chapter_06 ▸ Section_06 ▸ minion.jpg 파일을 불러옵니다. 펜 툴()을 선택하고 다음과 같이 직선 부분을 클릭해 가며 패스를 만듭니다.

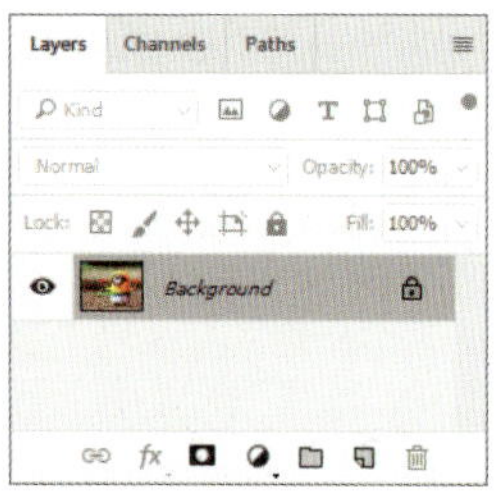

02 곡선 부분은 드래그하면서 패스를 만듭니다. 이때 진행 방향을 자유롭게 조절하려면 Alt 를 누른 채로 마지막 지점의 앵커 포인트를 클릭하여 한쪽 방향의 핸들러를 제거합니다.

03 원하는 부분을 정밀하게 선택하려면 화면을 충분히 확대해 놓고 작업하는 것이 좋습니다.

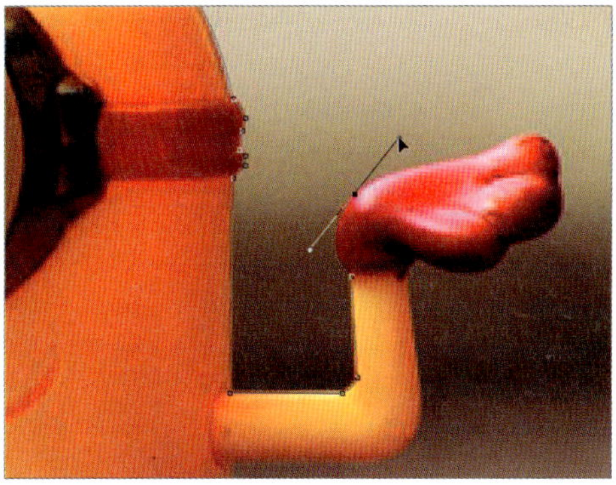

04 처음 시작한 지점으로 돌아오면 펜 툴 옆에 조그만 동그라미(![pen icon])가 생깁니다. 이때 시작 지점을 클릭하면 패스가 닫힌 상태로 바뀝니다.

05 옵션 바에서 Make를 Selection으로 선택합니다. 옵션 창이 뜨면 Feather Radius를 0pixels로 입력하고 〈OK〉를 클릭합니다. 패스가 선택 영역으로 바뀝니다.

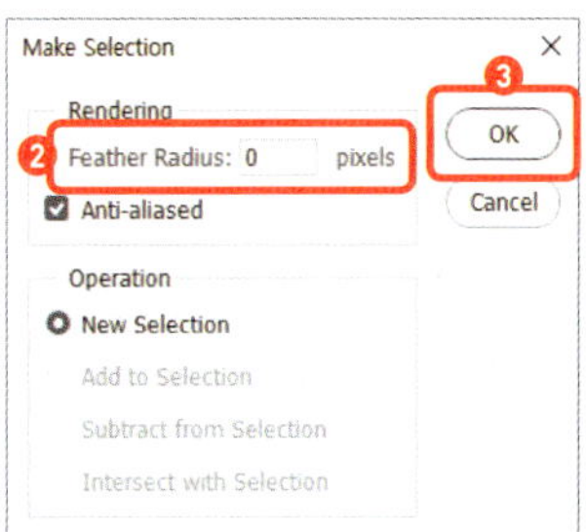

06 Ctrl+J를 눌러 선택 영역을 새 레이어로 복제합니다.

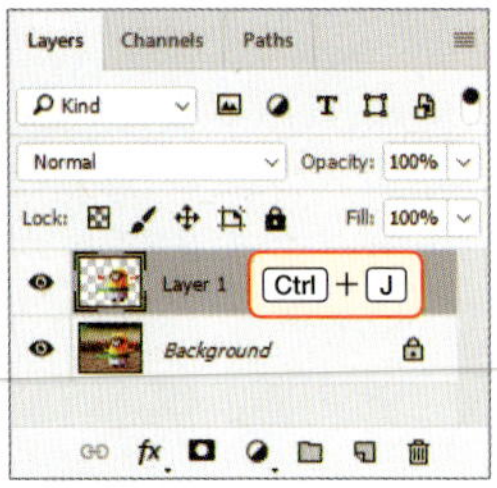

07 Layer 1을 선택한 상태에서 Ctrl+T를 누릅니다. 바운딩 박스 모서리를 안쪽으로 드래그해서 크기를 줄이고, 바운딩 박스 안쪽을 드래그해서 위치를 옮긴 후 Enter를 눌러 이미지를 완성합니다.

SECTION 07 텍스트 입력하기

• **핵심 기능 |** 텍스트 툴[T](단축키[T])

텍스트 툴의 기능

텍스트 툴(Text Tool, [T])은 이미지에 글자를 입력할 때 사용합니다. 작업 화면을 클릭하여 텍스트를 바로 입력하거나 드래그하면 생기는 텍스트 입력 박스에 텍스트를 입력합니다.

■ 각 텍스트 툴로 글자를 입력한 상태

❶ **가로 텍스트 툴**[T] 텍스트를 가로 방향으로 입력합니다.

❷ **세로 텍스트 툴**[IT] 텍스트를 세로 방향으로 입력합니다.

❸ **가로 텍스트 마스크 툴**[T] 가로 방향으로 입력한 텍스트의 선택 영역을 만듭니다.

❹ **세로 텍스트 마스크 툴**[IT] 세로 방향으로 입력한 텍스트의 선택 영역을 만듭니다.

텍스트 툴의 옵션

❶ **텍스트 입력 방향 변경** 텍스트 툴을 변경하지 않은 채로 텍스트의 입력 방향을 가로나 세로로 바꿉니다.

❷ **폰트 선택** 원하는 폰트를 선택합니다.

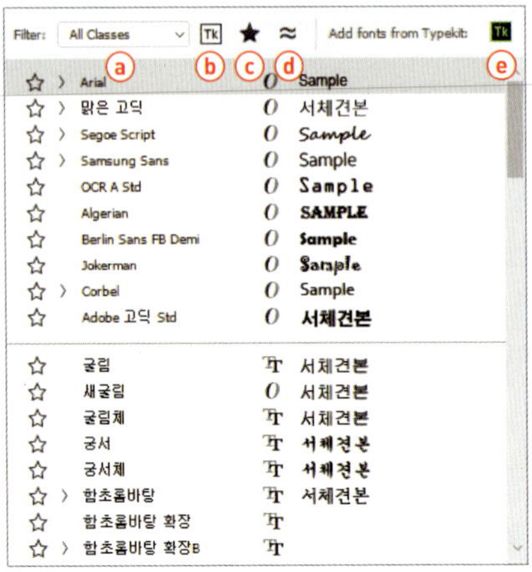

ⓐ 각 분류 기준에 해당하는 폰트를 보여 줍니다.

ⓑ 사용할 수 있는 Typekit 폰트를 보여 줍니다. Typekit는 라이선스 계약에 따라 폰트 라이브러리에 대한 사용 권한을 제공하는 온라인 서비스입니다.

ⓒ 즐겨찾기로 지정한 폰트를 보여 줍니다. 각 폰트 이름 앞에 있는 별모양을 클릭하면 즐겨찾기로 지정할 수 있습니다.

ⓓ 유사한 폰트를 보여 줍니다.

ⓔ 새로운 Typekit 폰트를 추가합니다.

❸ **텍스트 굵기와 기울기** 텍스트 굵기와 기울기를 조절합니다.

NARROW STYLE
REGULAR STYLE
ITALIC STYLE

BOLD STYLE
BOLD ITALIC STYLE
BLACK STYLE

Tip 이 옵션은 설치된 폰트에 따라 제공되지 않을 수도 있습니다.

❹ **텍스트 크기** 텍스트 크기를 조절합니다.

PHOTOSHOP PHOTOSHOP PHOTOSHOP
PHOTOSHOP CC

❺ **안티에일리어싱** 외곽선이 부드러워 보이도록 안티에일리어싱을 조절합니다. 안티에일리어싱을 적용하지 않으면 텍스트 가장자리에 계단 현상이 나타나 곡선이 거칠어 보입니다.

PHOTOSHOP - NONE
PHOTOSHOP - CRISP
PHOTOSHOP - SMOOTH
PHOTOSHOP - SHARP
PHOTOSHOP - STRONG

6 **정렬** 텍스트의 정렬 방향을 설정합니다.

7 **텍스트 색상** 텍스트 전체 또는 낱글자의 색상을 변경합니다.

8 **워프** 텍스트를 구부리거나 휘게 합니다.

9 **문자 패널** 텍스트의 간격, 너비, 높이, 줄간격 등을 조절합니다.

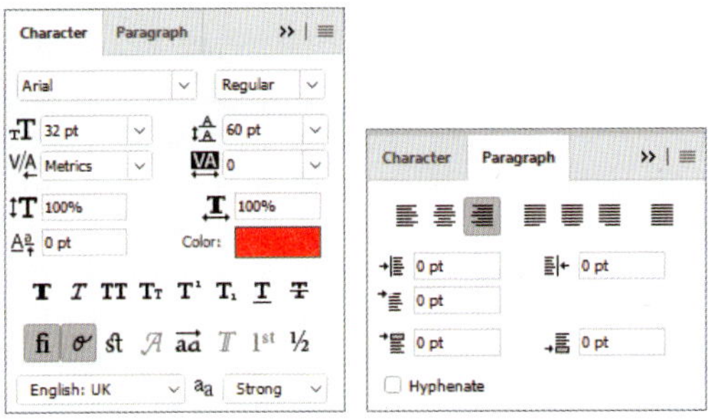

10 **3D 전환** 입력한 텍스트를 3D로 전환합니다.

이미지에 텍스트 입력하고 편집하기

01 문장 입력하기 Chapter_06 ▸ Section_07 ▸ maldives.jpg 파일을 불러옵니다. 텍스트 툴(T)을 선택하고 전경색을 흰색으로 설정합니다. 이미지의 오른쪽 하단 부분을 드래그하면 문자 입력 영역이 생성되면서 디폴트 문자가 나타납니다.

02 디폴트 문자가 선택된 상태로 아래 텍스트를 입력합니다. 이때 오른쪽 하단의 바운딩 박스가 십자가 모양으로 채워지면 문자 입력 영역을 넘어서 문자가 입력되었다는 뜻입니다.

Tip 예제 소스의 동일 폴더에서 text.txt 파일을 복사하여 붙여 넣어도 됩니다.

03 텍스트 크기 조절하기 모든 문자를 영역 내부에 보이도록 조정해 보겠습니다. 레이어 패널에서 텍스트 레이어를 선택합니다. 옵션 바의 문자 패널 버튼(▤)을 클릭한 후 폰트 크기를 7pt, 글줄 간격은 (Auto)로 설정합니다.

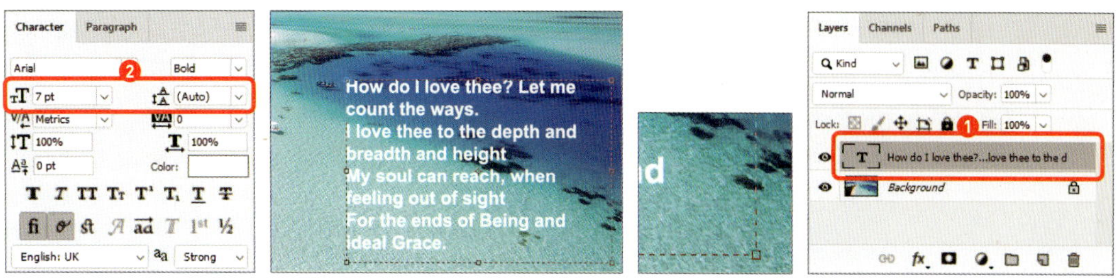

04 텍스트 정렬하기 레이어 패널에서 텍스트 레이어를 선택하고 옵션 바에서 오른쪽 정렬(▣)을 클릭해 오른쪽 정렬하고 적당히 배치합니다.

05 텍스트 색상 변경하기 텍스트 레이어의 섬네일을 더블클릭하여 문자 편집 모드로 변경합니다. 'love' 문자만 드래그한 후 옵션 바의 색상 박스를 클릭하여 분홍색(#F19EC2)으로 색상을 변경합니다.

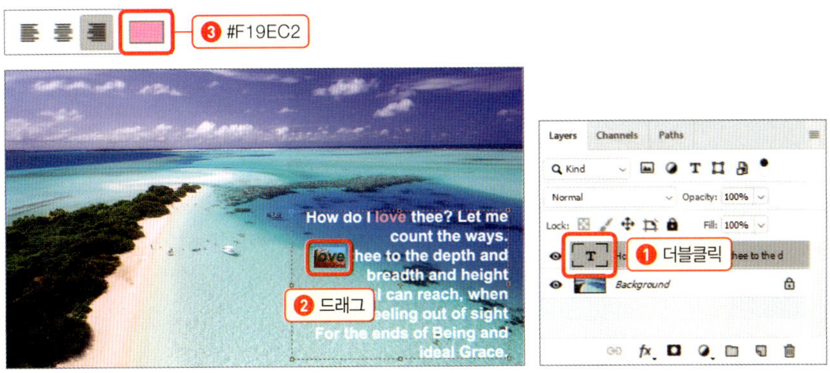

06 제목 입력하기 텍스트 툴(T)로 화면 왼쪽 상단을 클릭합니다. 문자 입력 영역은 나타나지 않고 디폴트 문자만 짧게 입력됩니다. 적당한 위치로 이동시키고 디폴트 문자가 선택된 상태에서 제목인 'MALDIVES'를 입력합니다.

Tip 문자의 위치를 변경하려면 마우스를 문자에서 살짝 벗어난 곳에 위치시킵니다. 마우스 포인터가 이동 툴로 변경되는데, 이때 원하는 곳으로 드래그하면 문자의 위치를 변경할 수 있습니다.

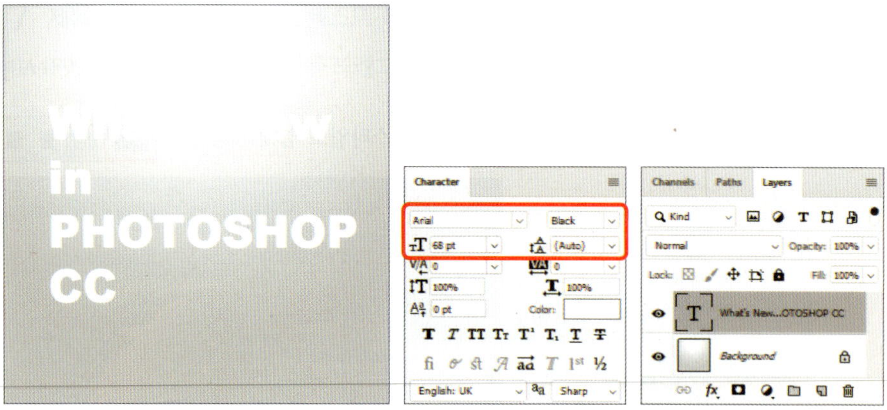

03 연필 툴( )을 선택하고 옵션 바의 목록 버튼을 펼친 후 설정 버튼( )을 클릭하여 [Legacy Brushes]를 선택합니다. Legacy Brushes 그룹이 로딩되면 [Legacy Brushes]−[Square Brushes]에서 Hard Square 10 pixels를 찾아 선택합니다.

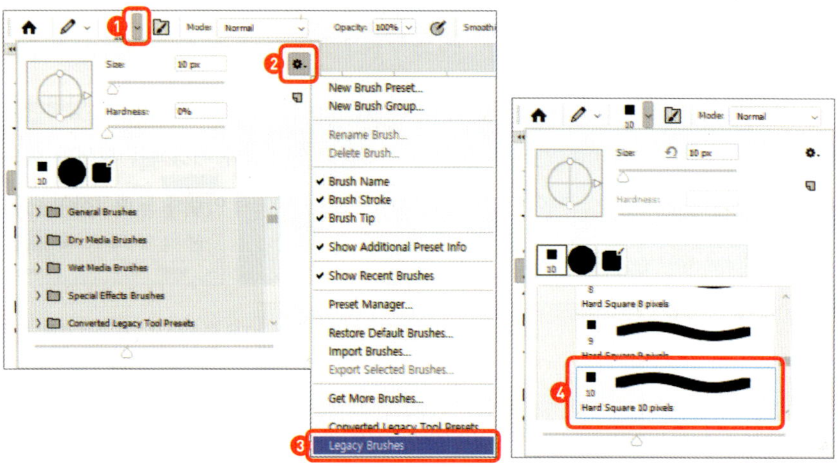

04 레이어 패널에서 새 레이어 만들기 버튼( )을 클릭해 Layer 1을 추가합니다. 전경색을 붉은색(#9C1F23)으로 바꾼 후 화면 왼쪽 상단을 클릭합니다. 전경색을 바꿔가며 위부터 아래로 나란히 색상을 찍어 다음과 같이 만듭니다.

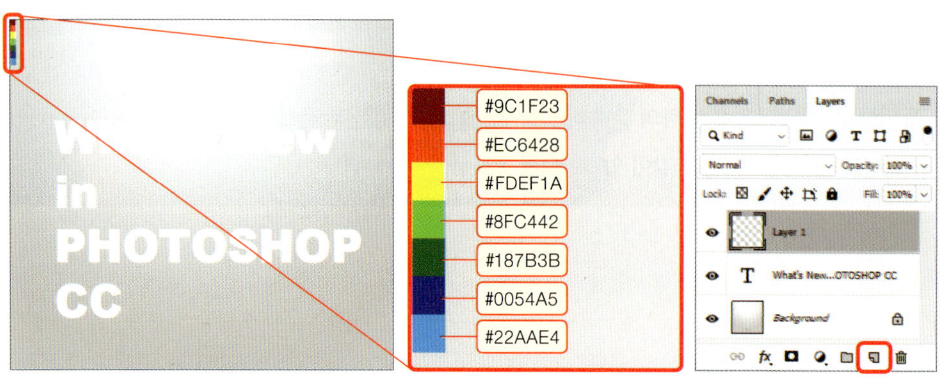

05 Ctrl 을 누른 채로 Layer 1의 섬네일을 클릭하여 색상 바를 선택 영역으로 지정합니다. 메뉴 바에서 [Edit]–[Define Pattern]을 선택하고 옵션 창에서 〈OK〉를 클릭해 패턴으로 등록합니다.

06 Layer 1이 선택된 상태에서 Ctrl + A를 눌러 전체 화면을 선택합니다. 메뉴 바에서 [Edit]–[Fill]을 선택하고 옵션 창에서 방금 등록한 패턴을 선택하고 〈OK〉를 클릭합니다. 화면이 패턴으로 채워집니다.

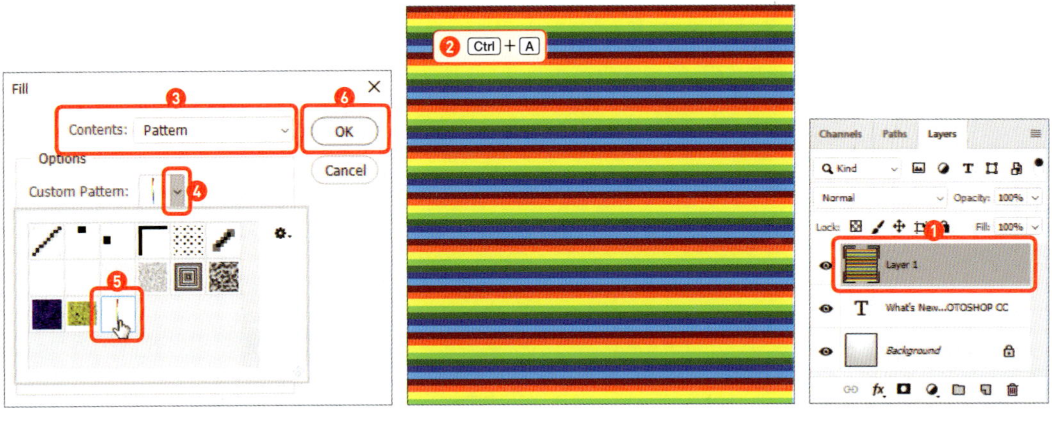

07 메뉴 바에서 [Filter]–[Distort]–[Twirl]을 선택합니다. 옵션 창이 나타나면 Angle을 150°로 입력하고 〈OK〉를 클릭합니다. 패턴 일부가 구불구불해집니다.

08 Ctrl+D를 눌러 선택 영역을 해제합니다. Alt를 누른 채로 Layer 1과 텍스트 레이어 사이로 마우스 포인터를 가져가면 마우스 포인터가 [아이콘] 모양으로 바뀝니다. 이때 레이어 사이 선을 클릭합니다. 클리핑 마스크가 적용되어 위쪽 레이어가 아래쪽 레이어의 오브젝트 형태만큼만 보여집니다.

Tip 패턴이 들어 있는 Layer 1을 클릭한 다음 Ctrl+Alt+G를 눌러도 클리핑 마스크가 적용됩니다.

09 텍스트에 입체 효과를 주기 위해 레이어 스타일을 적용해 보겠습니다. 텍스트 레이어를 선택하고 레이어 패널의 레이어 스타일 추가 버튼(fx)을 클릭한 다음 [Stroke]를 선택합니다. 옵션 창에서 다음과 같이 설정하여 텍스트 가장자리에 선을 두릅니다. 옵션 창은 닫지 않고 그대로 둡니다.

Size: 1px, Position: Inside, Blend Mode: Normal, Opacity: 100%, Color: Black

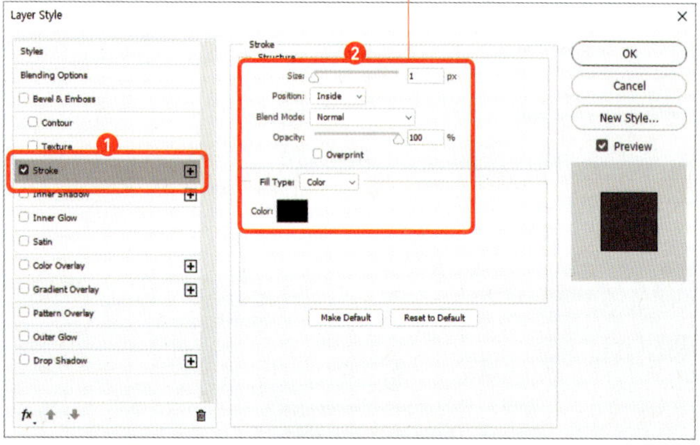

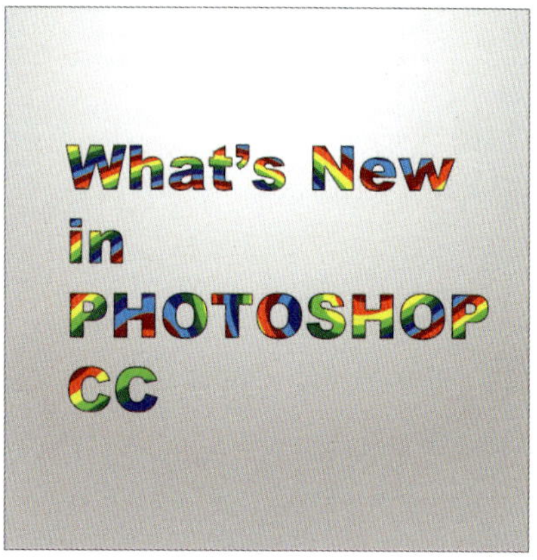

10 이어서 [Inner Shadow]를 선택하고 다음과 같이 설정합니다. 텍스트 내부에 약한 그림자가 생겨 입체감이 살아납니다. 옵션 창은 닫지 않고 그대로 둡니다.

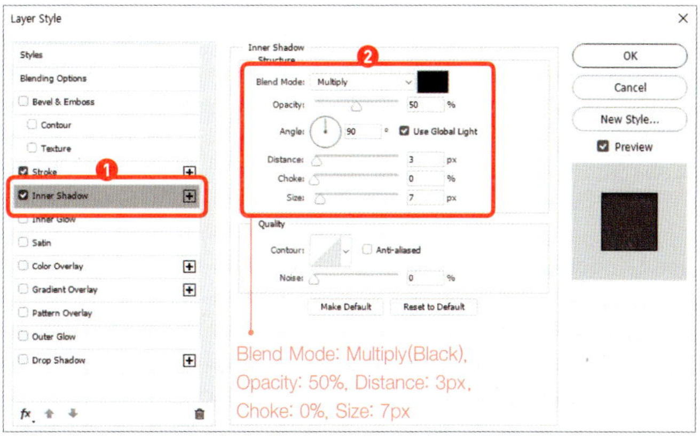

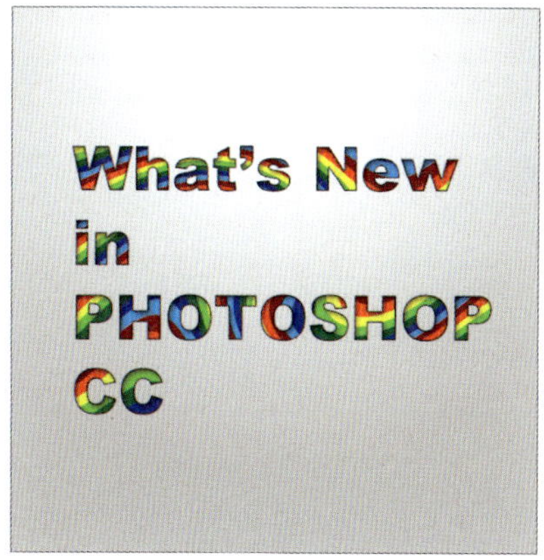

11 마지막으로 [Drop Shadow]를 선택하고 다음과 같이 설정합니다. 바탕과 텍스트 사이에 그림자가 생겨 입체감이 더욱 살아납니다. 옵션 설정을 마치면 〈OK〉를 클릭하여 이미지를 완성합니다.

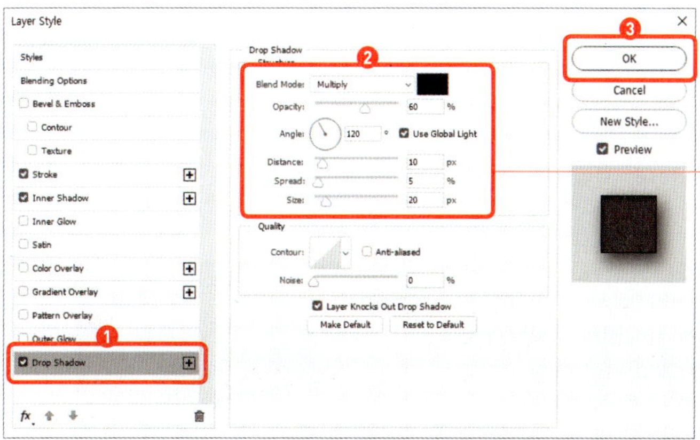

Blend Mode: Multiply(Black), Opacity: 60%,
Angle: 120°(Check Use Global Light),
Distance: 10px, Spread: 5%, Size: 20px

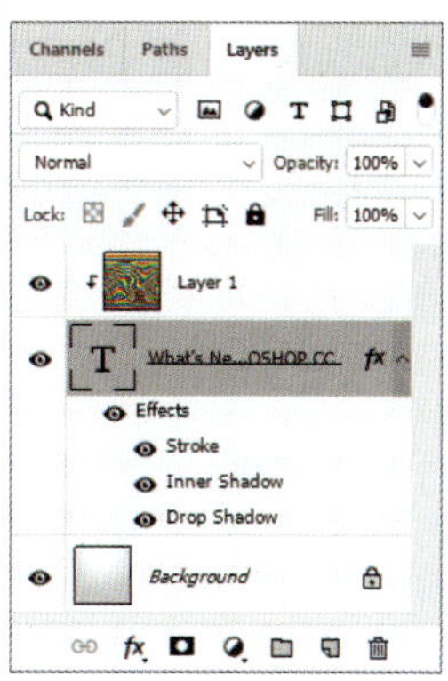

혼자 해보기 | 문자와 그림에 패턴 입히기

• **준비 파일** 없음 • **완성 파일** pattern_result2.psd

텍스트 툴(T)로 문자를, 커스텀 셰이프 툴()로 그림을 입력하고 다양한 패턴을 적용해 꾸며 봅니다.

■ 완성 이미지

• **준비 파일** 3Dtext.jpg • **완성 파일** 3Dtext_result.psd

응용 예제 | 3D 문자 만들기

텍스트를 입력하고 3D로 전환한 다음 크기, 방향, 깊이 등을 조절해 봅니다.

■ 준비 이미지

■ 완성 이미지

01 Chapter_06 ▸ Section_07 ▸ 3Dtext.jpg 파일을 불러옵니다. 텍스트 툴(T)을 선택하고 전경색을 흰색으로 설정합니다. 화면을 클릭하고 'NOTEBOOK'을 입력합니다.

02 텍스트 툴([T])이 선택된 상태에서 옵션 바 오른쪽의 3D 전환 버튼([3D])을 클릭합니다. 3D 작업 화면으로 전환된다는 메시지가 뜨면 〈Yes〉를 클릭합니다.

03 옵션 바에서 3D 오브젝트 회전 툴([회전 툴 아이콘])을 클릭합니다. X, Y, Z 회전축이 보이면 빨간색 화살표의 Rotate Around Y Axis에 마우스 포인터를 가져가 노란색으로 활성화되면 시계 방향으로 드래그하여 회전시킵니다.

Tip 위 그림과 같이 X, Y, Z 회전축이 보이지 않는다면 3D 오브젝트 회전 툴([회전 툴 아이콘])로 텍스트를 클릭해서 보이도록 합니다.

04 초록색 화살표의 Rotate Around Z Axis를 선택하고 노트북 방향과 수평이 되도록 드래그하여 회전시킵니다.

05 같은 방법으로 파란색 화살표의 Rotate Around X Axis를 선택하고 드래그하여 조금 눕혀져 있는 텍스트를 세웁니다.

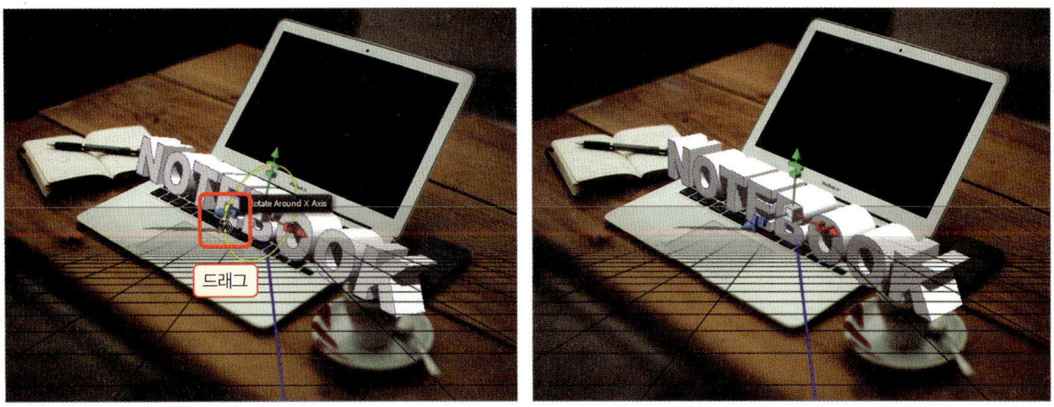

06 크기를 조금 줄여 보겠습니다. 빨간색 화살표의 Scale Along X에 마우스 포인터를 가져가 활성화시킨 다음 안쪽으로 드래그하여 너비를 조금 줄입니다.

07 초록색 화살표의 Scale Along Y를 움직여 높이를 낮추고, 파란색 화살표의 Scale Along Z를 드래그하여 두께도 줄입니다.

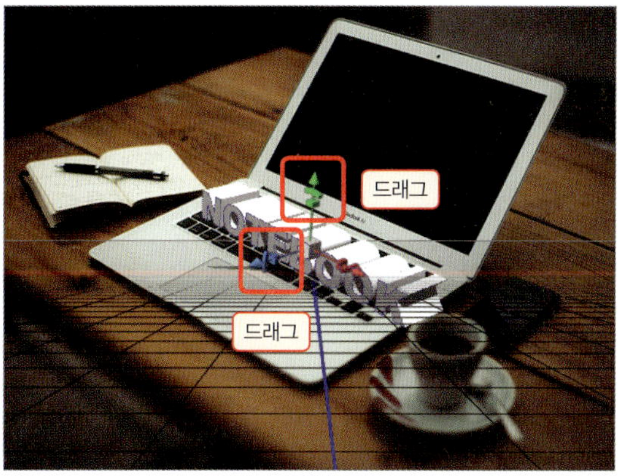

08 노트북 밖으로 삐져나온 텍스트를 이동시켜야 하므로 빨간색 화살표의 Move on X Axis를 드래그하여 노트북 위에 위치하도록 만듭니다.

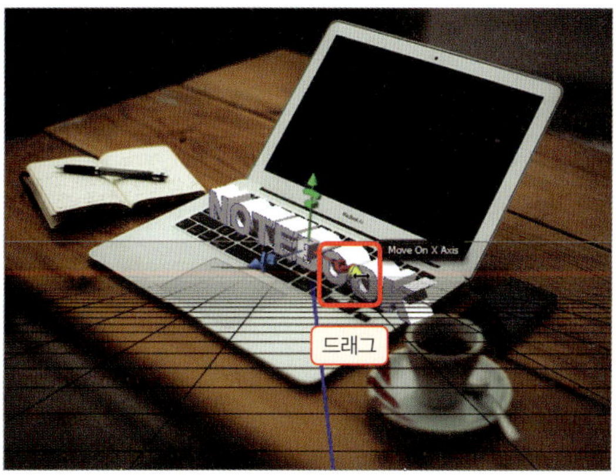

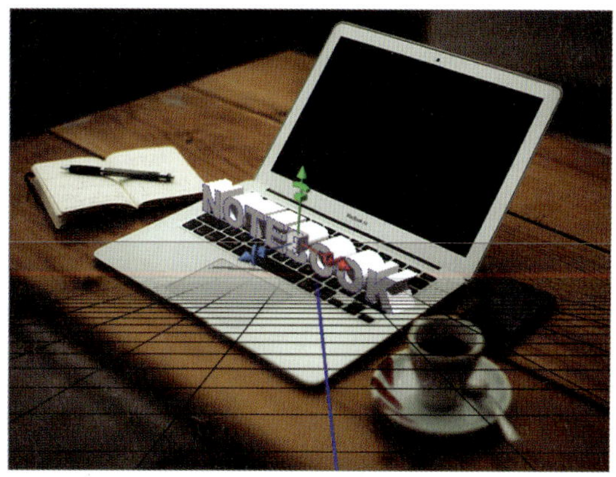

09 속성 패널에서 Shape Preset의 목록을 펼치고 Bevel을 적용합니다.

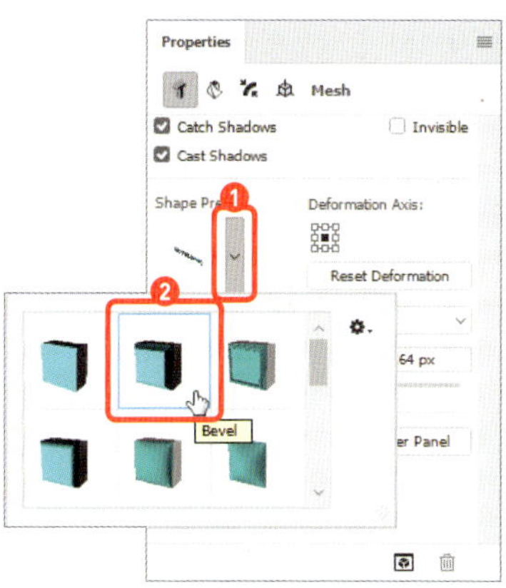

10 머티리얼 드롭 툴(![icon])을 선택하고 옵션 바에서 Plastic Grossy (Blue)를 선택합니다. 텍스트 뒤쪽을 클릭하면 뒷부분에만 질감과 색상이 적용됩니다.

11 이동 툴(![icon])을 선택하고 작업 화면 위쪽에 보이는 조명 버튼(![icon])을 클릭합니다. 중앙에 조명 핸들러가 나오면 찻잔이나 노트북 그림자를 고려하여 자연스러운 방향으로 드래그하여 조절합니다.

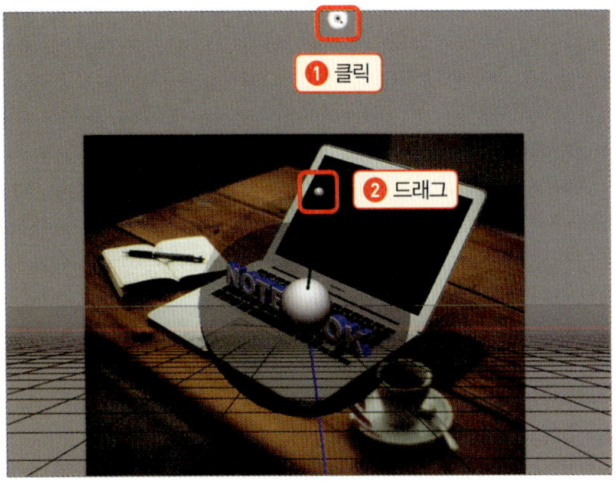

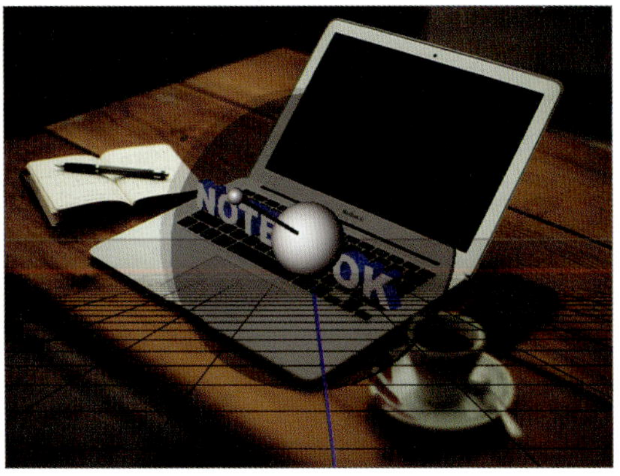

12 레이어 패널에서 Background 레이어를 클릭하여 완성된 이미지를 확인합니다.

SECTION 08

벡터 도형 만들기

• **핵심 기능** | 셰이프 툴(▭)(단축키 U)

셰이프 툴의 기능

포토샵은 주로 비트맵 이미지를 다루지만 셰이프 툴(▭)과 펜 툴(✎)을 사용하면 벡터 이미지를 만들 수 있습니다. 셰이프 툴은 화면을 드래그하여 도형을 그리는데, 옵션에 따라 Shape, Path, Pixels 형태로 그릴 수 있습니다. 드래그하면서 Space Bar 를 누르면 도형 위치를 변경할 수 있습니다.

셰이프 툴에는 사각형 툴(Rectangle Tool, ▭), 둥근 사각형 툴(Rounded Rectangle Tool, ▢) 원형 툴(Ellipse Tool, ○), 다각형 툴(Polygonal Tool, ⬠), 선 툴(Line Tool, ╱), 커스텀 셰이프 툴(Custom Shape Tool, ✩)이 있습니다.

셰이프 툴의 옵션

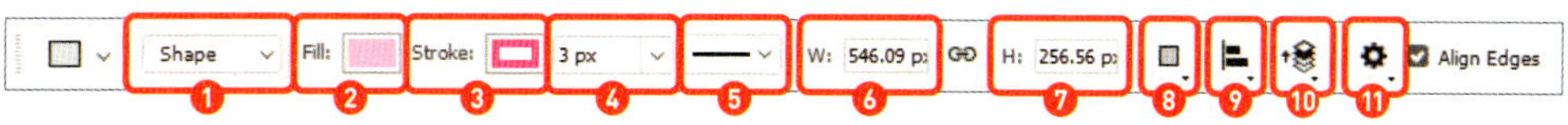

❶ **Shape, Path, Pixels** Shape는 패스가 생기면서 패스 면에 색이 채워지고 가장자리에 선이 생깁니다. Path는 패스에 선이 생기며 직접 선택 툴처럼 패스 형태를 변경할 수 있습니다. Pixels는 패스는 생기지 않고 면에 전경색이 채워집니다.

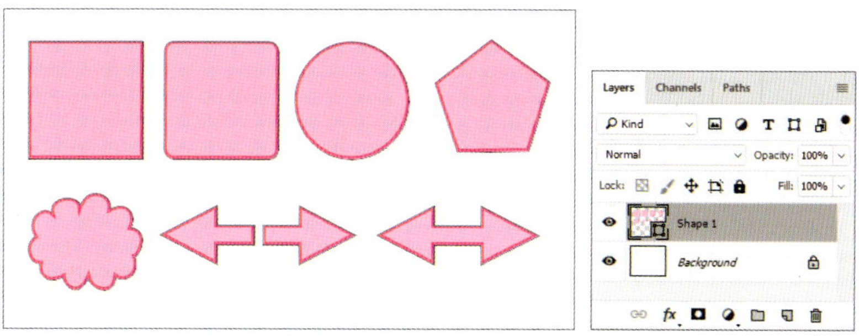

■ Shape 옵션

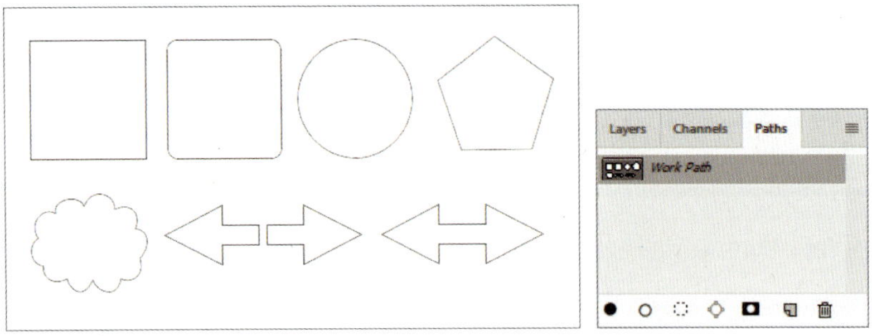

■ Path 옵션

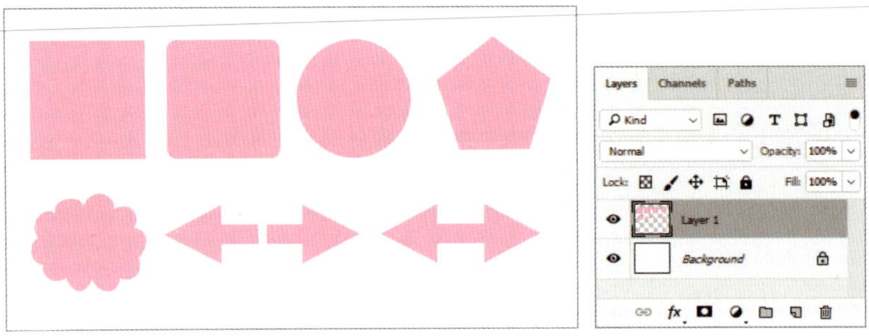

■ Pixels 옵션

❷ **면 색상** 면 색상을 지정합니다.

❸ **선 색상** 선 색상을 지정합니다.

❹ **선 두께** 선 두께를 지정합니다.

❺ **선 종류** 선 종류와 점선 간격 등을 지정합니다.

❻ **너비** 셰이프의 너비를 지정합니다.

❼ **높이** 셰이프의 높이를 지정합니다.

❽ **병합 옵션** 셰이프가 겹쳐질 때 합쳐질 형태를 지정합니다.

❾ **정렬 옵션** 셰이프를 정렬합니다.

❿ **순서 옵션** 셰이프를 다른 셰이프 위로 올리거나 아래로 내립니다.

⓫ **크기 옵션** 셰이프의 비율, 크기 등을 지정합니다.

응용 예제 점선 말풍선 만들기

셰이프 툴(▭)의 Shape 옵션과 Pixels 옵션의 차이를 알아봅니다.

■ 준비 이미지

■ 완성 이미지

01 Chapter_06 ▸ Section_08 ▸ snowman.psd 파일을 불러옵니다. 커스텀 셰이프 툴(✿)을 선택하고 옵션 바에서 Shape 종류 목록을 펼친 다음 설정 버튼(⚙)을 클릭하여 [All]을 선택합니다. 모든 셰이프 목록으로 대체하겠냐고 묻는 창이 뜨면 〈OK〉를 클릭하고 목록에서 Thought 2를 선택합니다.

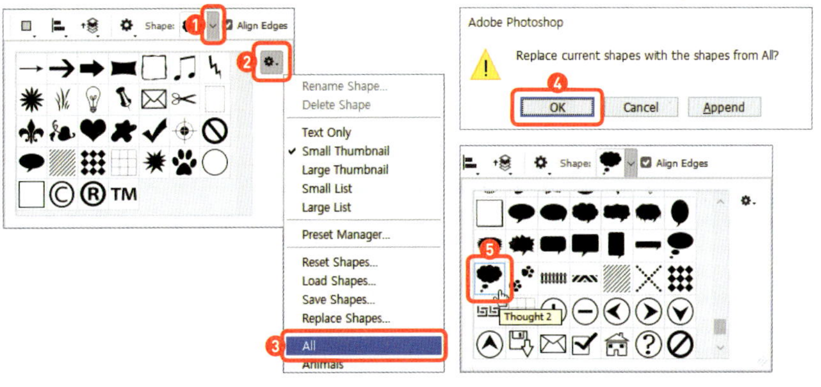

02 옵션 바에서 Fill을 하늘색(#B4EAFF), Stroke를 진한 하늘색(#448CCB), 두께를 3px로 설정합니다. 화면을 드래그해서 말풍선을 만듭니다.

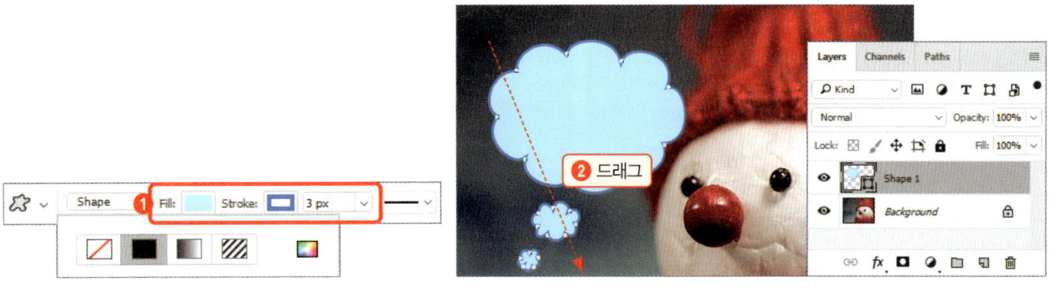

03 옵션 바에서 선 종류를 점선으로 선택하고 〈More Options〉를 클릭합니다. 옵션 창이 열리면 Dash를 2, Gap을 3으로 입력하고 〈OK〉를 클릭합니다.

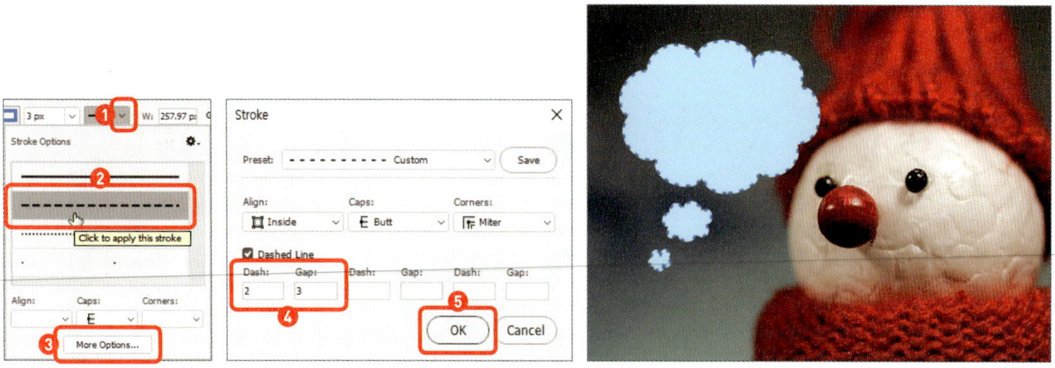

04 직접 선택 툴( )로 맨 아래 작은 풍선을 드래그하여 선택하고 오른쪽으로 옮깁니다.

Tip 이동할 앵커 포인트 중 하나를 클릭한 채로 이동시킵니다.

05 같은 방법으로 중간 크기 풍선을 옮겨 말풍선의 방향을 바꿉니다.

06 텍스트 툴(T)로 말풍선 안쪽을 클릭하고 원하는 텍스트를 입력합니다.

07 텍스트 툴(T)이 선택된 상태에서 옵션 바의 Create Warped Text(⌶)를 클릭합니다. 옵션 창이 나타나면 Style을 Flag, Bend를 12%로 설정하고 〈OK〉를 클릭합니다.

08 레이어 패널에서 새 레이어 만들기 버튼(⊞)을 클릭해 새 레이어를 만듭니다. 전경색을 흰색으로 설정하고 커스텀 셰이프 툴(✩)을 선택합니다. 옵션 바에서 Pixels를 선택하고 Shape를 눈 결정 모양으로 바꾼 후 화면에 드래그해서 이미지를 꾸밉니다.

09 Layer 1의 Opacity를 60%로 줄여 이미지를 완성합니다.

혼자해보기 | 다양한 말풍선 만들기

• 준비 파일 cat.psd • 완성 파일 cat_result.psd

다양한 셰이프 툴을 이용하여 이미지에 맞는 말풍선을 만들어 봅니다.

■ 완성 이미지

• 준비 파일 coffee.jpg • 완성 파일 coffee_result.psd

응용 예제 패스를 이용하여 다양한 형태의 텍스트 만들기

패스 내부를 채우는 텍스트와 패스를 따라 흐르는 텍스트를 만들어 봅니다.

■ 준비 이미지

■ 완성 이미지

01 Chapter_06 ▸ Section_08 ▸ coffee.jpg 파일을 불러옵니다. 원형 툴( )을 선택하고 옵션 바에서 옵션을 Path로 설정합니다. 화면을 드래그해서 커피 잔보다 조금 큰 타원을 그립니다.

Tip 타원의 위치를 이동하려면 직접 선택 툴( )을 선택하고 타원을 드래그합니다.

02 텍스트 툴( )을 선택하고 옵션 바에서 색상을 하늘색(#87D2FD)으로 설정합니다. 패스 위로 마우스 포인터를 가져가면 마우스 포인터가 [ ] 모양으로 바뀝니다. 이때 패스를 클릭하고 'coffee' 문구를 반복하여 입력합니다.

03 Ctrl 을 누른 채로 입력 커서 부분을 드래그하여 텍스트 위치를 패스 안쪽으로 반전시킵니다.

04 텍스트 레이어의 이름을 마우스 오른쪽 버튼으로 클릭하고 [Rasterize Type]을 선택합니다. Rasterize Type은 텍스트 속성을 일반 이미지 속성으로 바꾸는 기능입니다.

05 사각형 선택 툴(⬚)을 선택하고 커피 잔 뒤에 놓이는 텍스트가 포함되도록 드래그한 다음 Delete를 눌러 삭제합니다.

06 올가미 툴(ᑭ)로 손잡이에 겹쳐지는 텍스트도 정밀하게 선택한 후 Delete를 눌러 삭제합니다. 선택 영역은 Ctrl+D를 눌러 해제합니다.

07 커스텀 셰이프 툴( )을 선택하고 옵션을 Path로 설정합니다. Shape를 물방울 모양으로 선택하고 커피잔 위쪽으로 드래그합니다.

08 텍스트 툴(T)을 선택하고 옵션 바에서 폰트 크기를 12pt, 정렬은 가운데 정렬로 설정합니다. 물방울 패스 안쪽으로 마우스 포인터를 가져가면 마우스 포인터가 모양으로 바뀝니다. 이때 클릭하여 'coffee' 문자를 반복 입력하면 패스 안쪽에 텍스트가 자연스럽게 채워집니다.

09 옵션 바에서 색상을 좀 더 밝은 하늘색(#D7F0FF)으로 바꾸면 완성됩니다.

SECTION 09

다양한 도형에 이미지 삽입하기

• 핵심 기능 | 프레임 툴⊠(단축키 K)

프레임 툴의 기능

프레임 툴(Frame Tool, ⊠)은 벡터 형태에 마스크를 적용하는 기능입니다. 사각형과 원형 같은 기본 도형에 이미지를 바로 삽입할 수 있고, 텍스트나 다양한 셰이프도 프레임으로 전환하여 이미지를 바로 삽입하여 활용할 수 있습니다.

■ 사각형에 이미지 삽입(option.psd)

■ 원형에 이미지 삽입

■ 셰이프에 이미지 삽입

프레임 툴의 사용

01 사각형 프레임 삽입하기 Chapter_06 ▸ Section_09 ▸ frame.psd 파일을 불러옵니다. 프레임 툴(⊠)을 선택하고 옵션 바에서 사각형 형태를 선택한 후 그리드에 맞도록 작업 화면에 드래그합니다. 속성 패널에서 너비는 240px, 높이는 160px로 설정합니다.

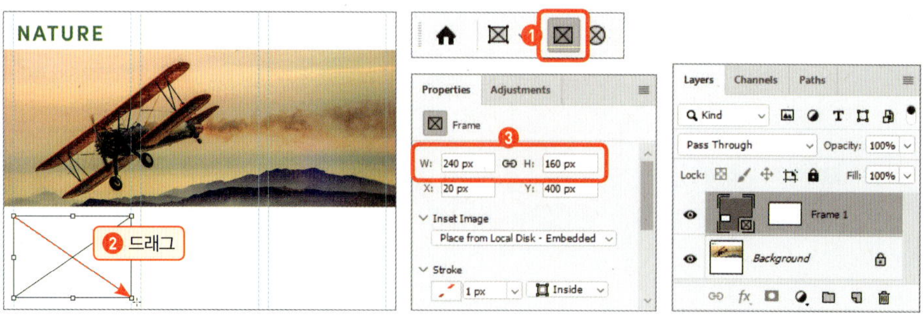

02 속성 패널에서 이미지 불러오기 속성 패널에서 Insert Image의 목록을 펼쳐 Place from Local Disk – Embedded를 선택합니다. 창이 뜨면 Chapter_06 ▸ Section_09 폴더에서 dandelion.jpg 파일을 선택한 후 〈Place〉를 클릭하여 프레임에 배치합니다.

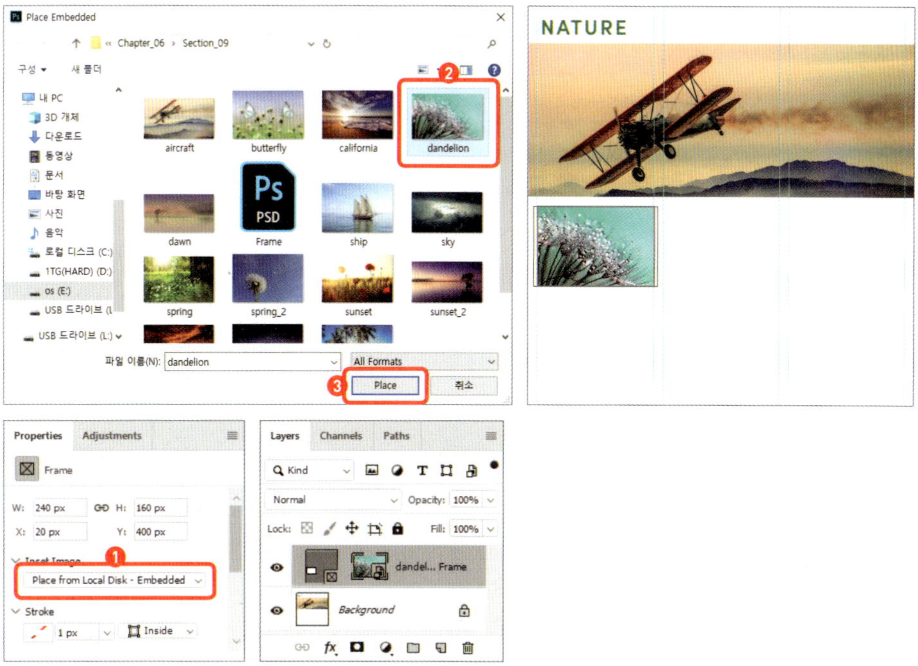

03 드래그 앤 드롭으로 이미지 불러오기 프레임 툴(⊠)로 화면 가운데에 같은 크기(너비 240px, 높이 160px)의 프레임을 하나 더 그립니다. 윈도우 파일 탐색기의 Chapter_06 ▸ Section_09 폴더 창에서 sunset.jpg 파일을 선택하고 작업 화면의 프레임으로 드래그하여 이미지를 배치합니다.

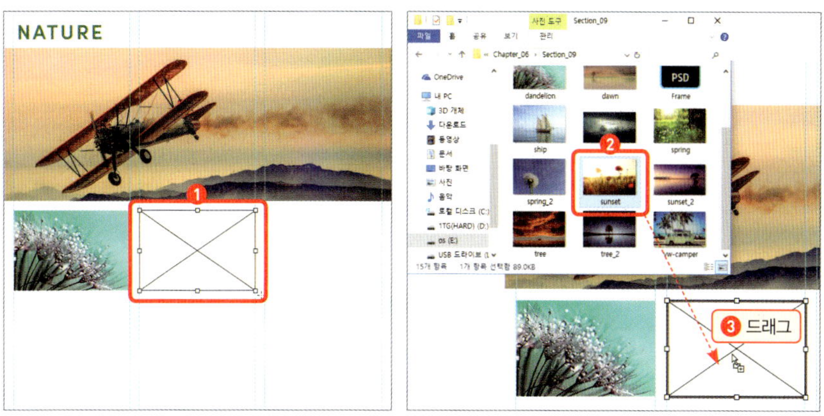

04 이미지의 크기와 위치 변경하기 sunset Frame 레이어에서 이미지 영역을 선택한 후 Ctrl+T를 누릅니다. 바운딩 박스가 나타나면 모서리를 드래그하여 이미지의 크기를 키우고 바운딩 박스 안쪽을 드래그하여 프레임에서 이미지의 위치를 변경하고 Enter를 눌러 적용합니다.

05 원형 프레임 삽입하기 프레임 툴(⊠)을 선택하고 옵션 바에서 원형 형태를 선택한 후 Shift를 누른 채 드래그하여 정원을 그립니다.

06 프레임 크기와 위치 변경하기 속성 패널에서 Insert Image의 목록을 펼쳐 Place from Local Disk – Embedded를 선택합니다. 창이 뜨면 Chapter_06 ▸ Section_09 폴더에서 spring_2.jpg 파일을 선택하고 프레임으로 드래그하여 이미지를 배치합니다. spring_2 Frame 레이어에서 프레임 영역을 선택한 후 Ctrl+T를 누릅니다. 바운딩 박스가 나타나면 프레임의 모서리를 드래그하여 크기를 줄이고 바운딩 박스 안쪽을 드래그하여 위치를 변경합니다.

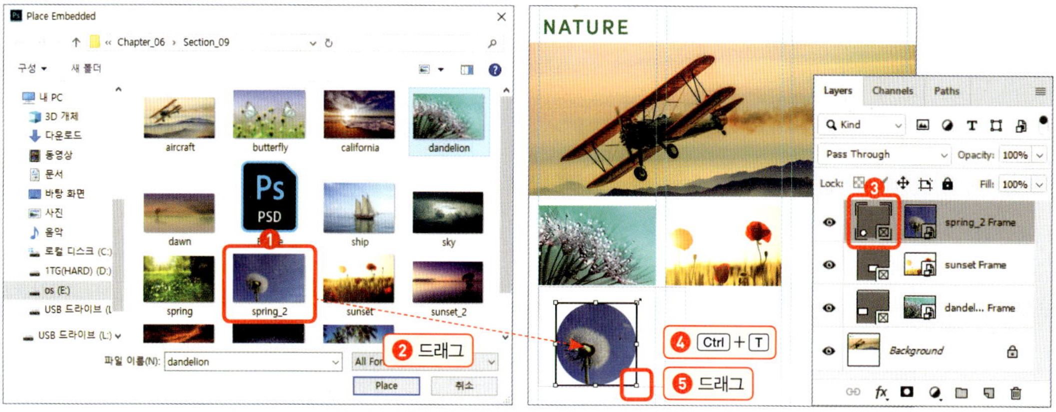

07 프레임 테두리 설정하기 spring_2 Frame 레이어의 프레임 영역이 선택된 상태로 속성 패널에서 Stroke 옵션을 색상은 연두색(#8DC63F), 두께는 10px, 위치는 Outside로 설정합니다.

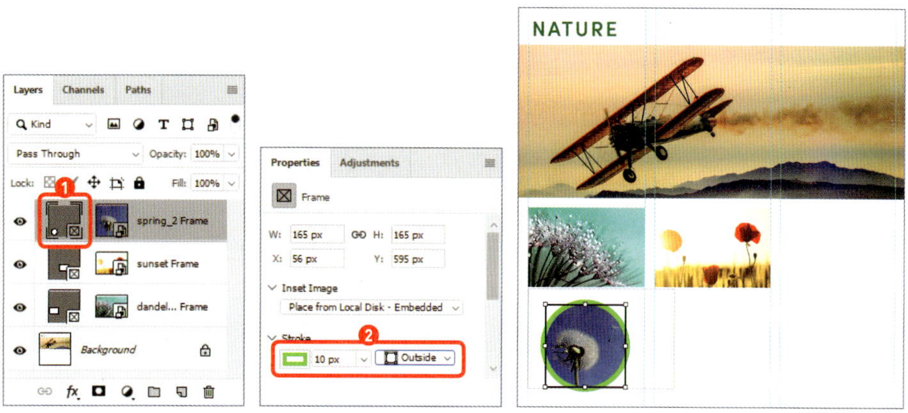

08 원형 프레임 추가하기 05~07 단계와 같은 방법으로 민들레 그림 오른쪽에 원형 프레임을 추가하고 sunset_2.jpg 파일을 삽입한 후 Stroke 옵션을 색상은 보라색(#92278F), 두께는 10px, 위치는 Outside로 설정합니다.

09 물방울 모양 벡터 형태 만들기 커스텀 셰이프 툴()을 선택한 후 옵션 바에서 Shape를 선택하고 Fill과 Stroke는 색상 없음, Shape는 물방울 모양으로 선택한 후 작업 화면의 빈 곳을 드래그합니다.

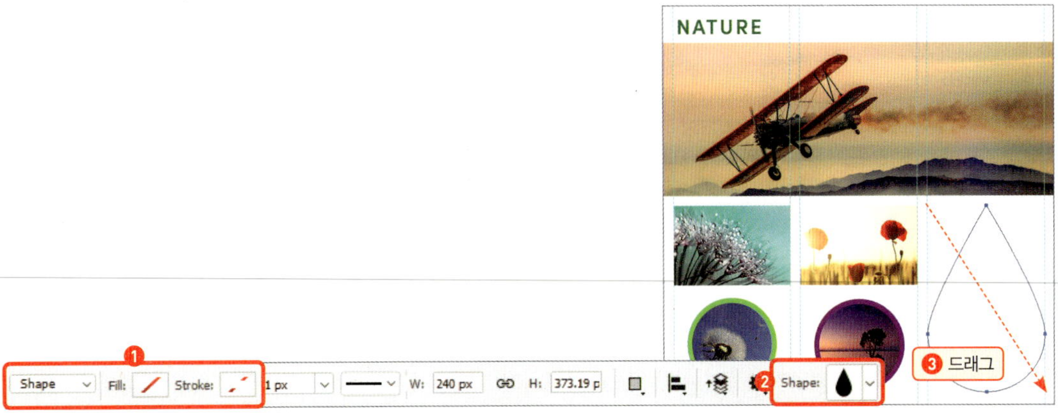

10 벡터를 프레임으로 변경하기 벡터가 그려진 Shape 1 레이어를 선택하고 마우스 오른쪽 버튼을 클릭하여 [Convert to Frame]을 선택합니다. 옵션 창에서 Width는 240px, Height는 375px로 설정한 후 〈OK〉를 클릭합니다. 벡터 형태의 셰이프가 프레임으로 변경됩니다. 윈도우 파일 탐색기의 Chapter_06 ▸ Section_09 폴더 창에서 tree_2.jpg 파일을 프레임으로 드래그하여 이미지를 완성합니다.

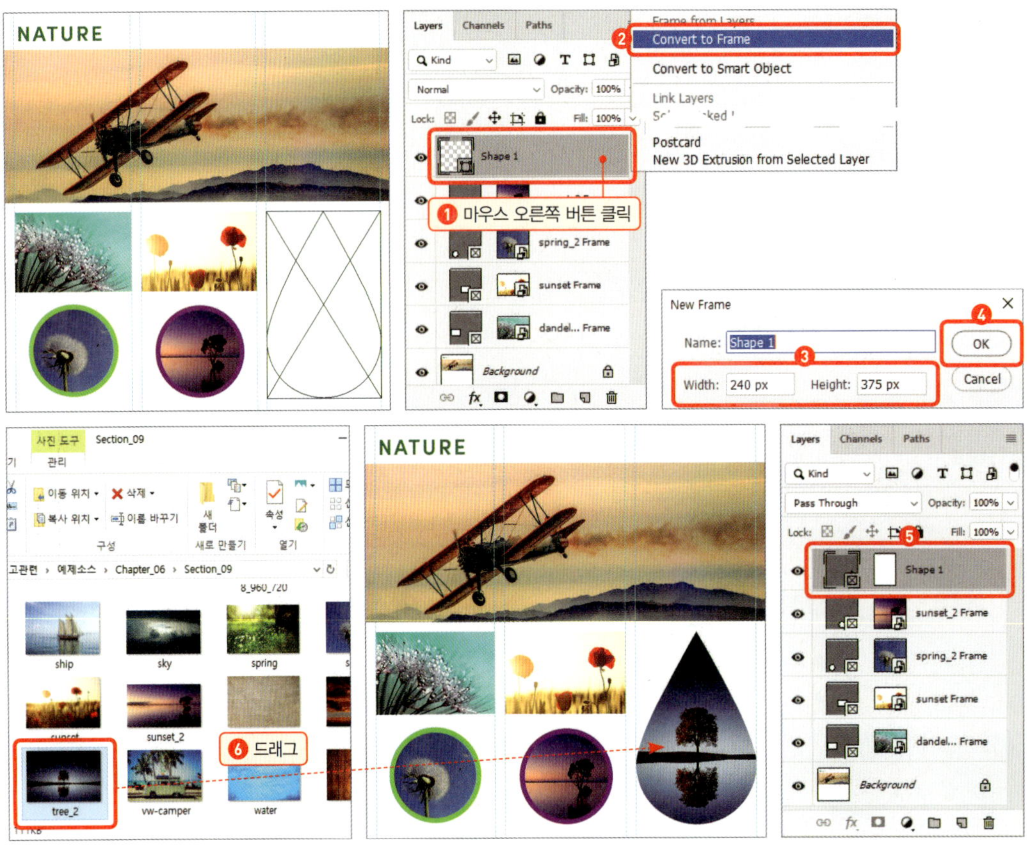

응용 예제 텍스트를 프레임으로 전환하여 꾸미기

입력된 문자를 프레임으로 전환하고 이미지를 삽입한 후 레이어 스타일을 적용하여 꾸며 봅니다.

■ 준비 이미지

■ 완성 이미지

01 Chapter_06 ▸ Section_09 ▸ Cloud.psd 파일을 불러온 후 Layer 1을 선택합니다.

02 텍스트 툴(T)을 선택하고 옵션 바에서 두께감이 있는 폰트를 선택한 후 화면을 클릭하고 'CLOUD'를 입력합니다. 이때 문자의 색상과 크기는 중요하지 않습니다.

03 텍스트 레이어를 선택하고 마우스 오른쪽 버튼을 클릭하여 [Convert to Frame]을 선택합니다. 옵션 창이 뜨면 이름은 Cloud, Width는 445px, Height는 89px로 설정한 후 〈OK〉를 클릭하여 텍스트 레이어를 프레임 레이어로 전환합니다.

04 속성 패널에서 Insert Image를 Place from Local Disk – Embedded로 선택합니다. 윈도우 파일 탐색기의 Chapter _06 ▸ Section_09 폴더에서 california.jpg 이미지를 선택하여 프레임으로 불러옵니다.

05 프레임에서는 레이어 스타일이 활성화되지 않기 때문에 레이어 스타일을 적용하기 위해 레이어 하단의 새 그룹 만들기 버튼(□)을 클릭해 Group 1 레이어를 만듭니다. 프레임 레이어를 선택하고 Group 1 레이어로 드래그하여 그룹으로 포함시킵니다.

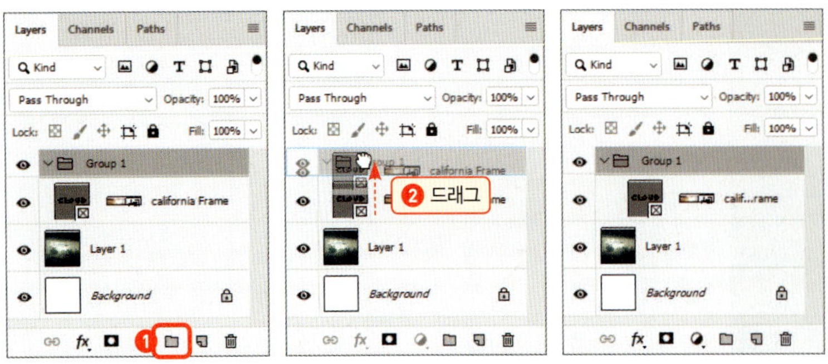

06 Group 1 레이어를 선택하고 레이어 스타일 추가 버튼(fx)을 클릭해 [Outer Glow]를 선택합니다. 옵션 창에서 아래와 같이 설정하여 문자 가장자리에 빛 번짐 효과를 줍니다. 옵션 창은 닫지 않고 그대로 둡니다.

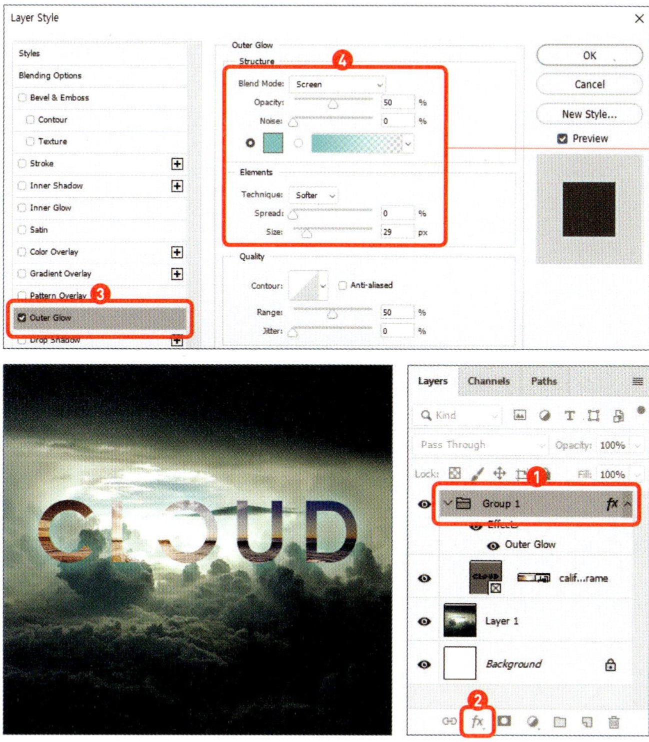

Blend Mode: Screen, Opacity: 50%,
Color: #00FFEA, Elements Spread: 0%, Size: 29px

07 왼쪽 목록에서 Stroke를 선택해 문자 가장자리 부분을 조금 더 선명하게 만들고 〈OK〉를 클릭하여 문자 장식을 완성합니다.

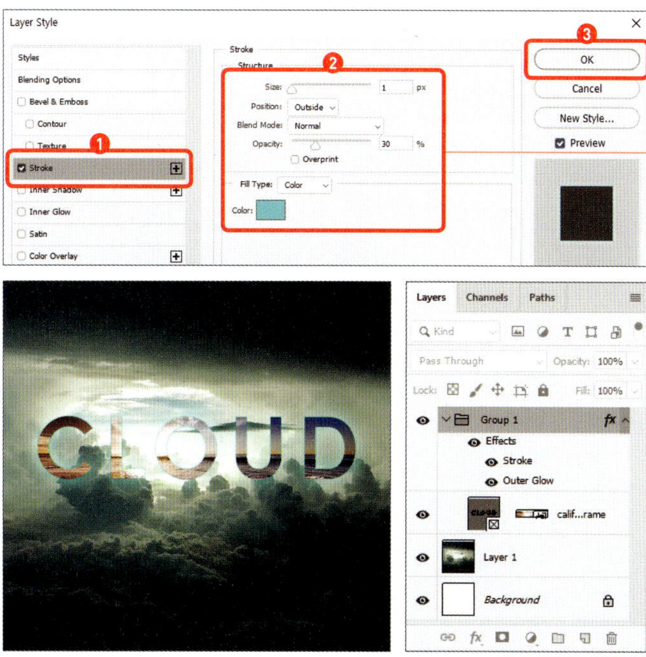

Size: 1px, Position: Outside, Blend Mode: Normal,
Fill Type Color: #00FFEA

CHAPTER

07

레이어, 아트보드, 채널

포토샵에서 레이어와 채널은 작업을 편리하게 하는 중요한 요소입니다. 레이어와 채널의 개념을 충분히 이해하지 못하면 포토샵을 활용할 때 한계에 부딪힙니다. 특별한 유형의 레이어 그룹인 아트보드 역시 작업 시간을 단축시킬 수 있는 유용한 기능입니다. 이번 장에서는 레이어, 아트보드, 채널의 개념을 배우고 각각의 구성 요소와 주요 기능을 살펴봅니다.

SECTION 01

레이어의 개념과 구조

• **핵심 기능 I** 레이어 패널

레이어의 이해

레이어는 투명한 필름 위에 그림을 그리는 것과 같은 원리입니다. 새로 추가되는 레이어의 위치가 아래쪽인지 위쪽인지에 따라 보이는 이미지가 달라집니다.

■ 보이는 이미지(elephant.psd)

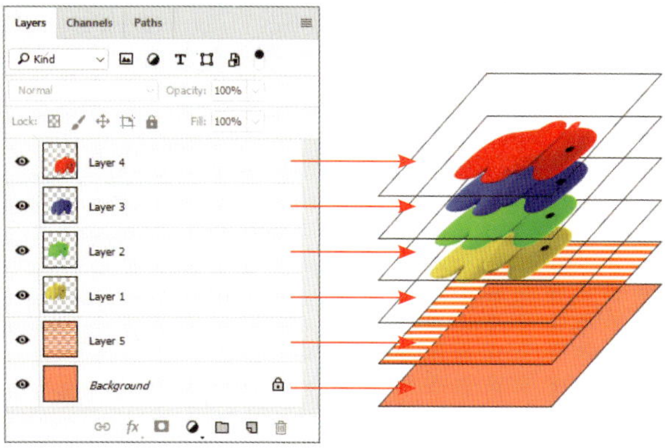

■ 레이어의 개념도

이미지를 불러오거나 새 문서를 만들면 Background 레이어가 자동으로 생성됩니다. Background 레이어에는 오른쪽 끝 부분에 자물쇠 표시가 있는데, 이것은 다른 레이어와 달리 불투명한 작업 화면이라는 표시로 이해하면 됩니다.

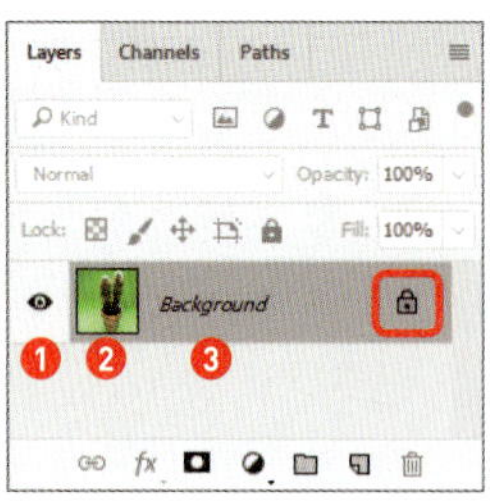

■ Background 레이어(cactus.jpg)

❶ **레이어 보이기 표시** 눈 아이콘(👁)을 켜고 꺼서 해당 레이어를 보이게 하거나 숨길 수 있습니다.

❷ **섬네일** 해당 레이어의 오브젝트를 작은 화면으로 보여 줍니다. 레이어 패널 오른쪽 상단의 목록 버튼(☰)을 클릭해 [Panel Options]를 선택하면 섬네일의 크기를 조절할 수 있습니다.

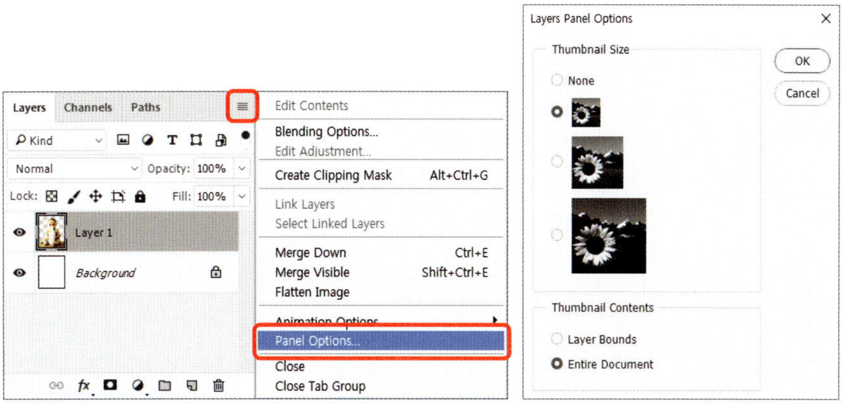

■ 섬네일의 크기 조절

❸ **레이어 이름** 더블클릭하여 이름을 바꿀 수 있습니다.

레이어 패널의 구성

레이어 패널의 구성은 다음과 같습니다.

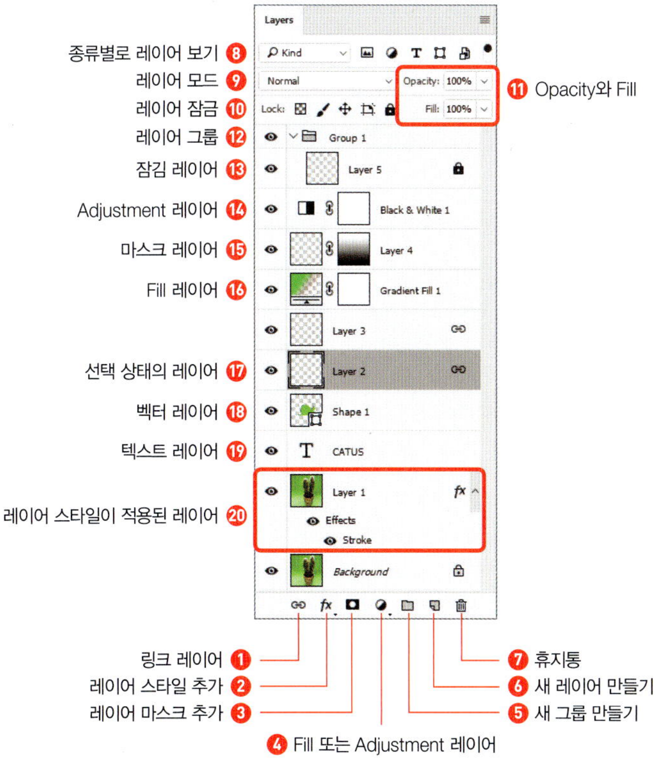

❶ **링크 레이어( )**

두 개 이상의 레이어를 연결합니다. 연결된 레이어들은 위치를 옮기거나 크기를 변경하는 등의 작업이 동시에 적용됩니다. 앞의 그림에서 Layer 2와 Layer 3이 링크 레이어가 적용된 것입니다.

❷ **레이어 스타일 추가( )**

원본 이미지를 훼손하지 않고 다양한 효과를 적용합니다. 효과가 적용된 레이어 하단에는 적용된 효과 목록이 나타납니다. 효과 목록의 눈 아이콘( )을 켜고 꺼서 효과가 적용된 상태와 제거된 상태를 바로바로 비교할 수 있으며, 효과 이름을 더블클릭하여 효과를 수정할 수도 있습니다. 또 마우스 오른쪽 버튼을 눌러 [Clear Layer Style]을 선택하면 효과를 제거할 수도 있습니다.

레이어 스타일 미리보기

원본 이미지(cactus_style.psd)

Bevel & Emboss
내부 또는 외부 방향으로 입체적인 느낌을 만듭니다.

Stroke
가장자리에 테두리를 만듭니다.

Inner Shadow
내부에 그림자 효과를 적용합니다.

Inner Glow
내부에 빛나는 효과를 적용합니다.

Satin
금속 느낌이 나도록 합니다.

Color Overlay
색상을 채웁니다.

Gradient Overlay
그레이디언트를 적용합니다.

Pattern Overlay
패턴을 채웁니다.

Outer Glow
외부에 빛 퍼짐 효과를 적용합니다.

Drop Shadow
그림자 효과를 적용합니다.

❸ 레이어 마스크 추가(□)

원본을 훼손하지 않고 이미지의 일부를 투명한 상태로 보여줍니다. 레이어 마스크 추가 버튼(□)을 클릭하면 생기는 마스크 레이어에는 검은색, 회색, 흰색만 적용됩니다. 검은색은 이미지를 투명하게 보여주고, 흰색은 불투명으로 보여주며, 회색은 반투명 상태로 보여줍니다.

■ 레이어 마스크를 추가한 후 오른쪽 상단에 검은색을 적용한 결과(cactus_mask.psd)

Tip 마스크 레이어의 투명한 부분을 이용해서 아래쪽 레이어의 이미지와 자연스럽게 합성할 수 있습니다.

❹ Fill 또는 Adjustment 레이어( )

클릭하면 아래 그림과 같은 옵션 목록이 나타납니다. 옵션에 따라 Adjustment 레이어를 생성하는데, 생성된 레이어는 모두 마스크 레이어를 포함하고 있습니다. 마스크 레이어에서는 검은색과 회색으로 Adjustment 레이어가 적용되는 범위의 투명도를 조절합니다.

■ 옵션 목록과 Adjustment 레이어(cactus_adjustment.psd)

Fill 또는 Adjustment 레이어 옵션 미리보기

Solid Color
단일 색으로 채웁니다.

Gradient
그레이디언트를 적용합니다.

Pattern
패턴으로 채웁니다.

Brightness/Contrast
명도와 대비를 조절합니다.

Levels
밝기와 대비 차를 이용해 명암을 조절합니다.

Curves
곡선 형태의 커브를 조절하여 세밀하고 자유롭게 명암을 조절합니다.

Exposure
빛의 노출을 조절합니다.

Vibrance
색상과 채도 조절로 생기는 계조 손실을 최소화하여 채도를 올립니다.

Hue/Saturation
색상, 채도, 명도를 조절해 색상을 변경합니다.

Color Balance
색상 추가를 통해 원본의 색상과 추가된 색상이 혼합되어 나타납니다.

Black & White
색상을 흑백으로 변환하여 흑백 모드를 조절합니다.

Photo Filter
카메라의 색상 필터와 같은 조절을 합니다.

Channel Mixer
채널 조합을 통해 색상을 조절합니다.

Color Lookup
색상 검색을 통해 사진에 새로운 색감을 불러들여 색상을 조절합니다.

Invert
색상을 반전시킵니다.

Posterize
각 채널당 사용할 색상 수를 입력하여 이미지에 사용될 색상 수를 정합니다.

Threshold
이미지에 고대비를 적용해 검은색과 흰색으로 이루어진 이미지를 만듭니다.

Gradient Map
이미지에 그레이디언트를 덧씌웁니다.

Selective Color
특정 색을 강조하거나 약하게 만들 때 사용합니다.

❺ 새 그룹 만들기( )

레이어가 많아지면 관리하기 어려우므로, 그룹을 만들어 관리합니다.

■ 작업 중인 이미지(cactus_group.psd)

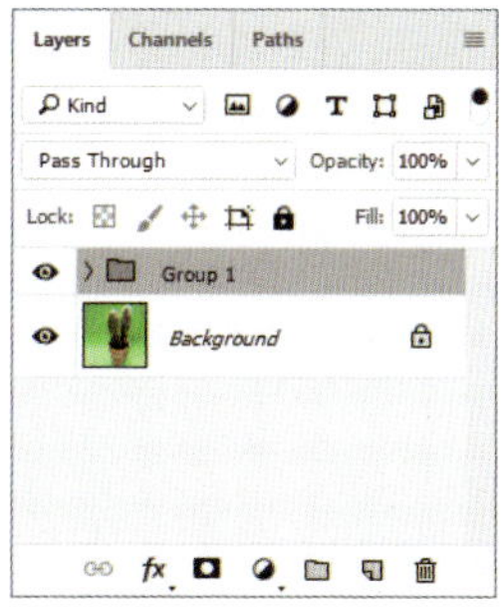

■ 그룹이 닫힌 상태

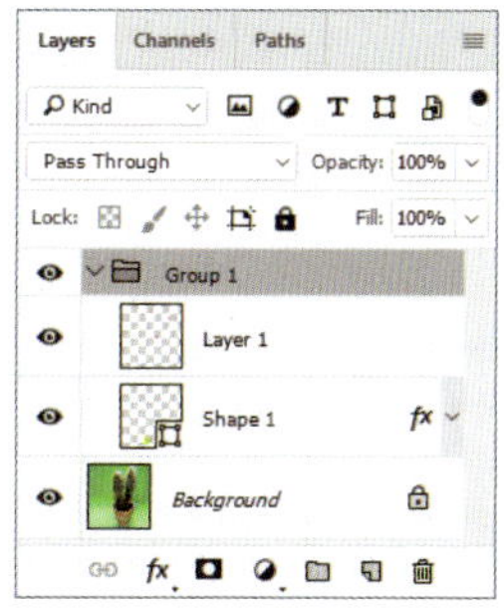

■ 그룹이 열린 상태

그룹 레이어의 눈 아이콘( )을 클릭하면 그룹에 속한 모든 레이어가 감춰집니다.

■ 작업 중인 이미지

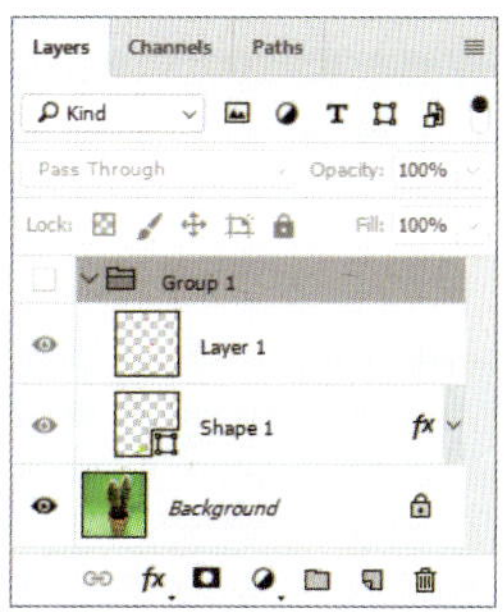

■ 그룹 내 레이어를 보이지 않게 한 상태

❻ 새 레이어 만들기( )

새 레이어를 추가합니다.

❼ 휴지통( )

레이어를 삭제합니다. 레이어를 선택하고 휴지통을 클릭하거나 레이어를 휴지통으로 드래그하면 레이어가 삭제됩니다.

⑧ 종류별로 레이어 보기

레이어 이름, 레이어 스타일, 텍스트 레이어 등 특정 레이어만 선별하여 보여 줍니다.

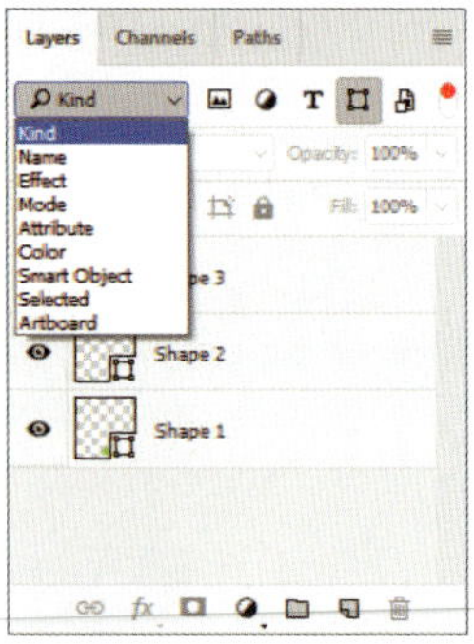

■ 레이어 찾기 옵션

⑨ 레이어 모드

위쪽 레이어가 아래쪽 레이어의 색상에 반응하여 어떻게 합성될지 정합니다. 목록의 각 항목에 마우스를 가져가면 합성 결과를 미리보기로 보여 줍니다. 단, 검은색과 흰색에서는 반응하지 않습니다.

레이어 모드 미리보기

■ 아래쪽 레이어(pencil.psd)

■ 위쪽 레이어

Dissolve

위쪽 레이어의 Opacity를 낮추면 점을 뿌린듯 거칠게 나타납니다.

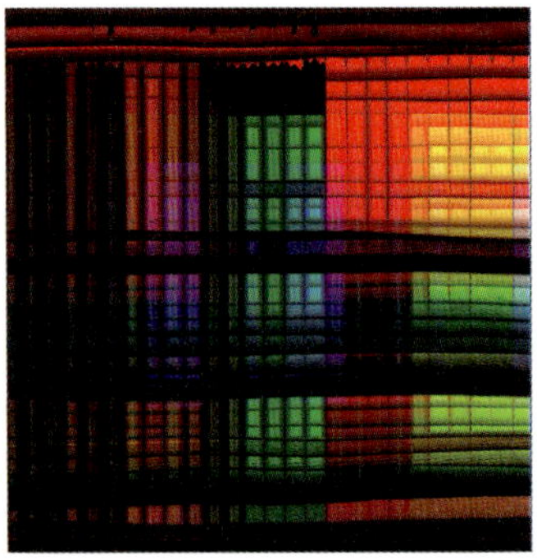

Darken

위쪽 레이어의 밝은 부분은 투명으로 표현돼 아래쪽 이미지가 그대로 나타나고, 어두운 부분은 색과 명도가 혼합돼 더욱 어둡게 나타납니다.

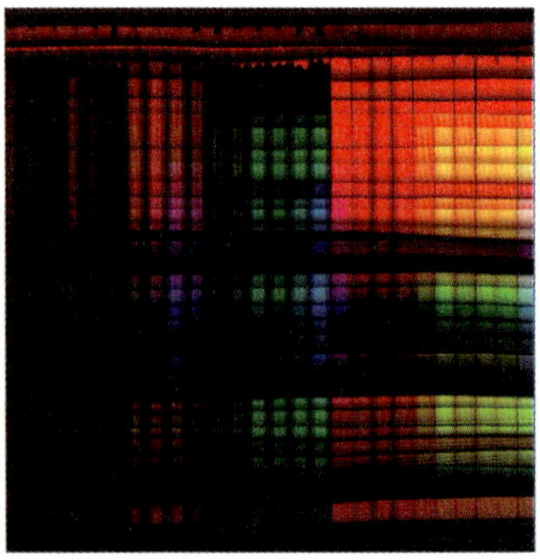

Multiply

레이어의 색상과 명도를 겹치게 하여 전체 이미지를 어둡게 하거나 하이라이트와 중간 톤 부분의 농도를 짙게 합니다.

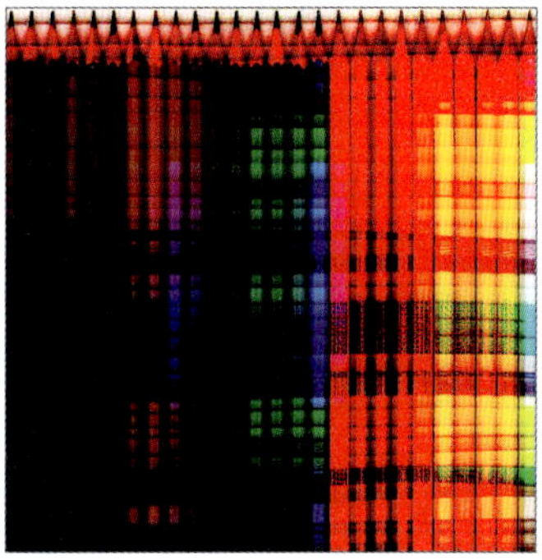

Color Burn

두 레이어에서 흰색과 검은색을 제외한 나머지 부분의 대비를 강조하여 이미지를 어둡게 표현합니다.

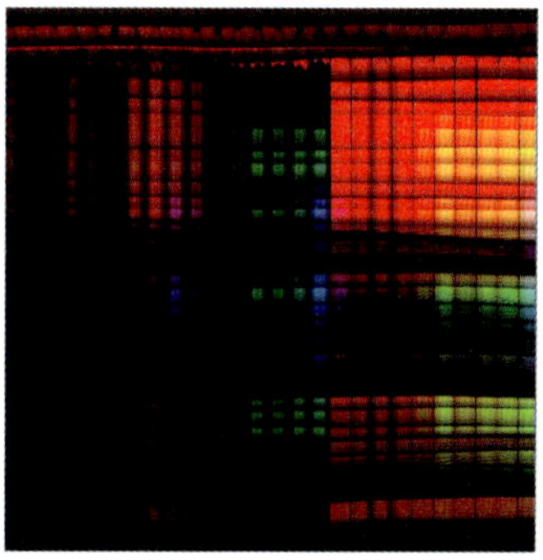

Linear Burn

아래쪽 레이어와 겹쳐진 부분의 명도를 줄여 합성되므로 전체 이미지가 어두워집니다.

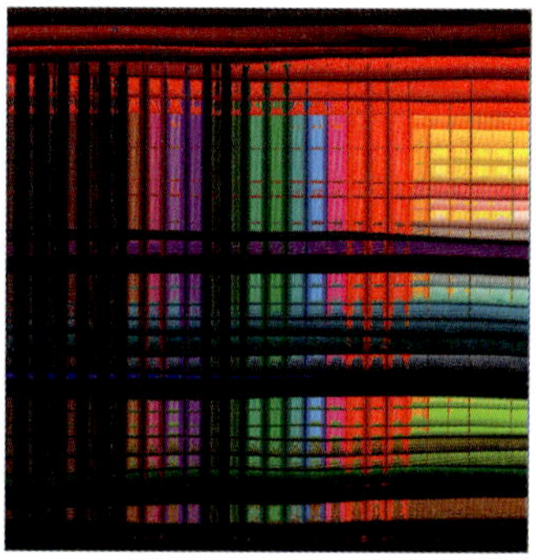

Darker Color

혼합 색상과 기본 색상에 대한 모든 채널 값의 총합을 비교하여 더 낮은 값의 색상을 표시합니다.

Lighten

두 레이어의 밝은 색상을 더욱 부각시키고 어두운 부분을 제거하여 이미지를 밝게 합니다.

Screen

두 레이어의 색상을 반전시켜 곱하는 형태로 합성합니다. 합성한 색상은 항상 더 밝아집니다.

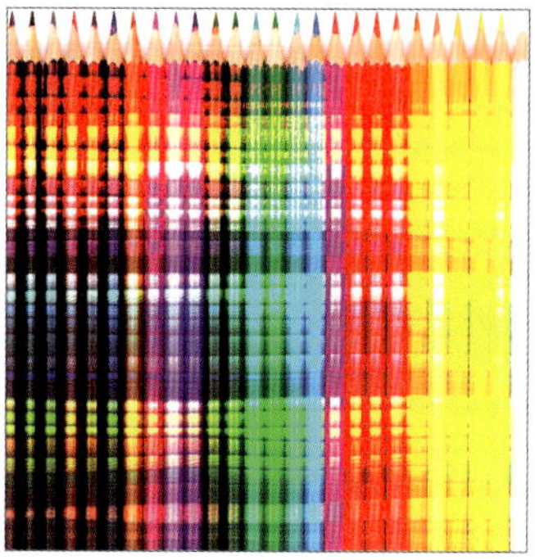

Color Dodge

각 채널의 색상 정보의 대비를 감소시켜 전체적으로 밝게 표현합니다.

Linear Dodge(Add)

Color Dodge보다 전체적으로 고르게 밝기를 표현합니다.

Lighter Color

채널 값의 총합을 비교하여 더 높은 값의 색상으로 합성합니다.

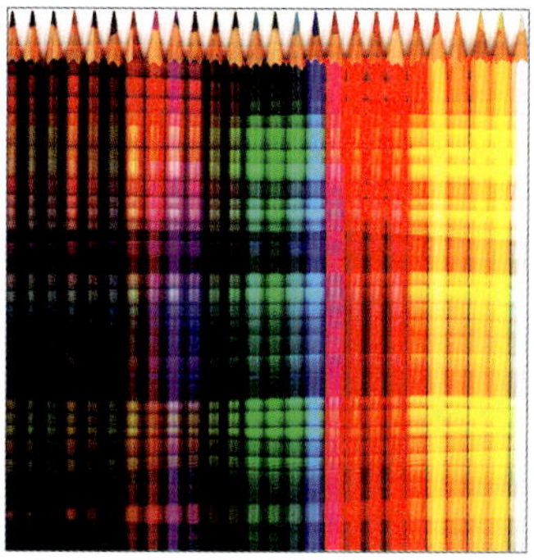

Overlay

위쪽 레이어의 가장 어두운 부분과 밝은 부분을 보호한 채로 합성합니다.

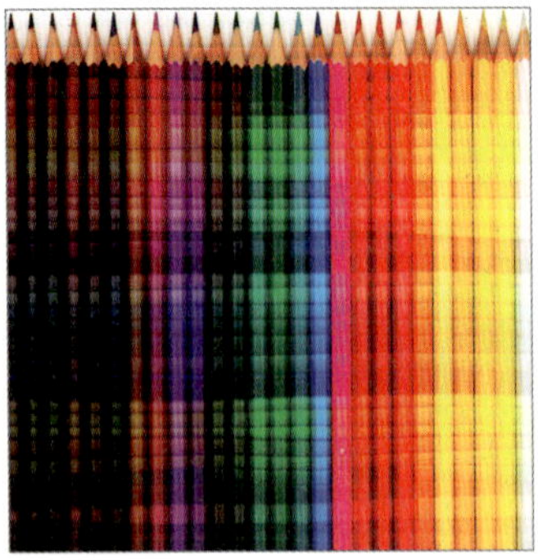

Soft Light
채도 50%를 기준으로 밝은 부분은 더 밝게, 어두운 부분은 더 어둡게 빛을 확산시켜 합성합니다.

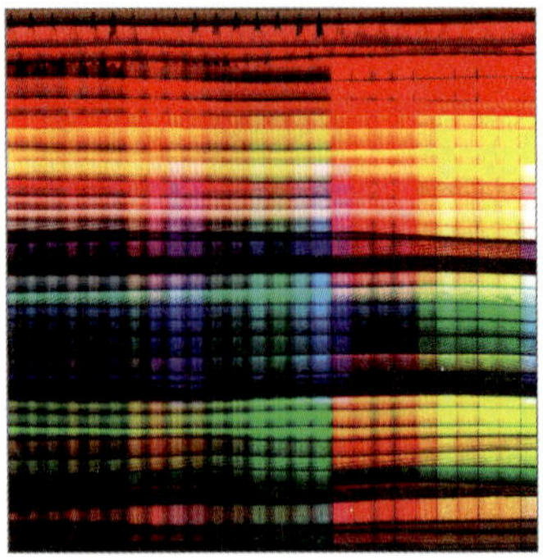

Hard Light
채도 50%를 기준으로 밝은 부분은 Screen이 적용된 것처럼, 어두운 부분은 Multiply가 적용된 것처럼 표현합니다.

Vivid Light
Burn이나 Dodge를 적용한 것처럼 이미지 대비를 높게 보여 줍니다.

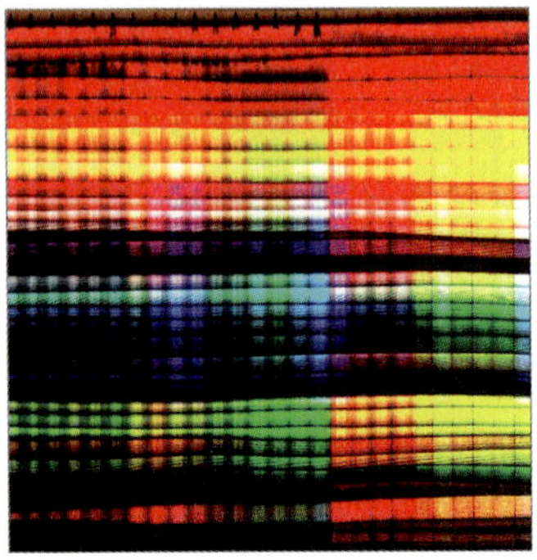

Linear Light
채도 50%를 기준으로 밝기를 증가시키거나 감소시켜 밝은 부분은 더 밝게, 어두운 부분은 더 어둡게 합성합니다.

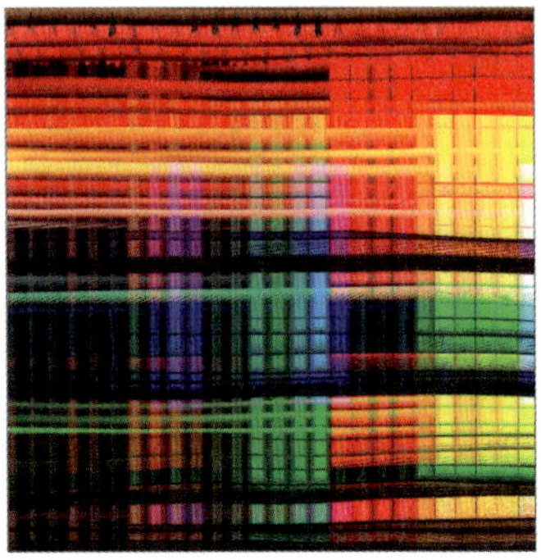

Pin Light
채도 50%를 기준으로 이미지 밝기에 따라 어두운 부분의 색상이 다른 색상으로 변화되어 나타납니다.

Hard Mix
이미지에 빨간색, 녹색, 파란색이 추가되어 합성됩니다.

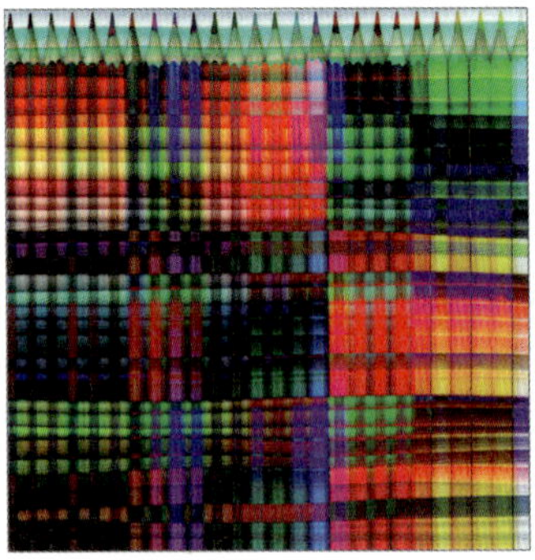

Difference
겹쳐진 부분의 어두운 부분을 보색으로 반전시켜 합성합니다.

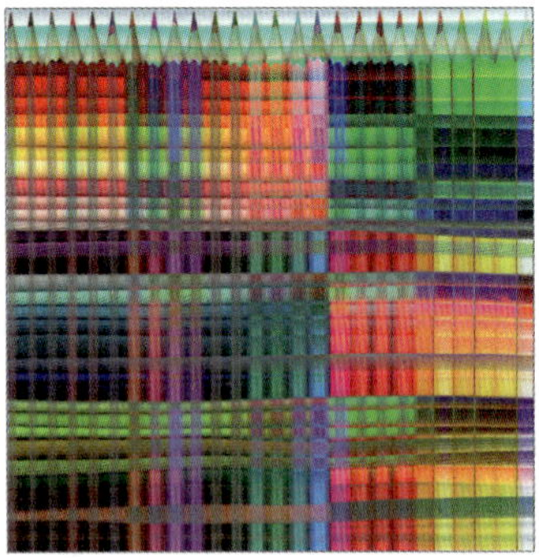

Exclusion
이미지의 대조가 낮은 상태로 합성합니다.

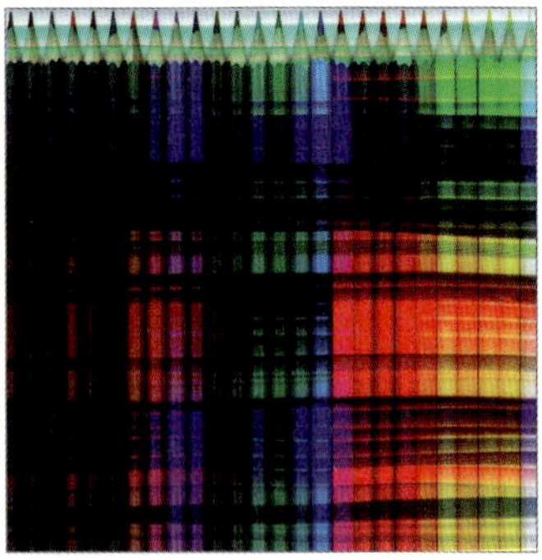

Subtract
어두운 부분의 색상을 빼고 합성합니다.

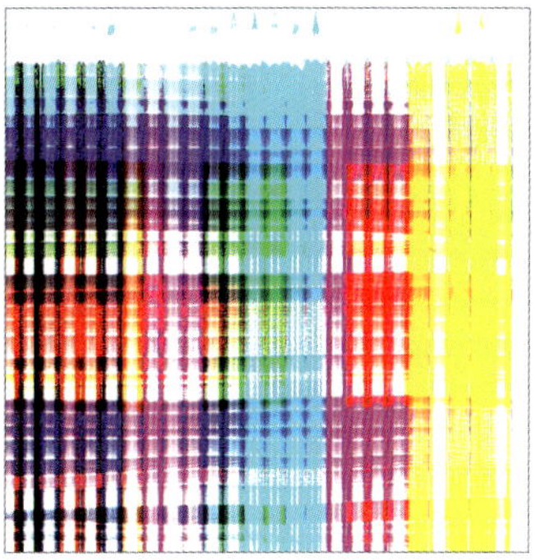

Divide
어두운 부분의 색상을 빼고 단순화시켜 합성합니다. 나머지 부분은 흰색으로 합성합니다.

Hue
겹쳐진 레이어의 채도와 명도가 위쪽 레이어의 색상에만 합성되어 나타납니다.

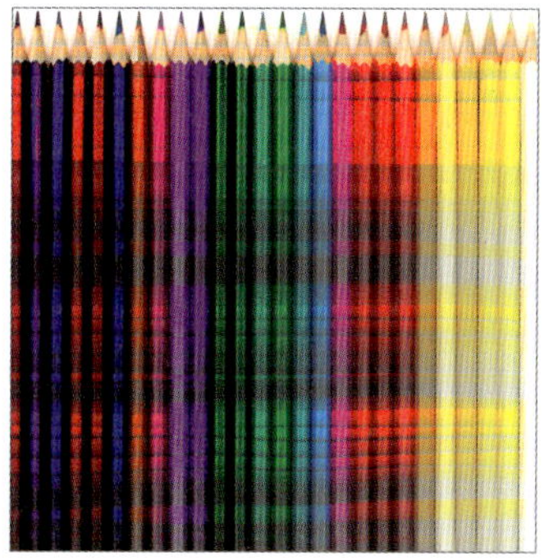

Saturation
겹쳐진 레이어의 채도와 명도가 위쪽 레이어의 채도에만 합성되어 나타납니다.

Color
겹쳐진 레이어의 채도와 명도가 위쪽 레이어의 색상과 채도에 합성되어 나타납니다.

Luminosity
아래쪽 레이어의 색상과 채도가 위쪽 레이어의 명도에 반영되어 나타납니다.

⑩ 레이어 잠금(Lock:)

이미지에서 투명한 영역을 보호하거나 이미지를 추가하거나 이동할 수 없도록 레이어를 보호합니다.

레이어 잠금 모드 미리보기

일반 레이어 모드에서 이미지를 추가한 경우와 비교하여 잠금 모드별로 어떤 차이가 있는지 살펴봅니다.

■ 일반 레이어 모드에서 이미지 추가

투명 레이어 잠금

새 이미지를 추가할 때 투명한 부분이 보호됩니다.

이미지 픽셀 잠금

이미지를 추가할 수 없지만 이미 그려진 이미지는 이동할 수 있습니다.

이동 잠금

이미지를 이동시킬 수는 없지만 이미지를 추가할 수는 있습니다.

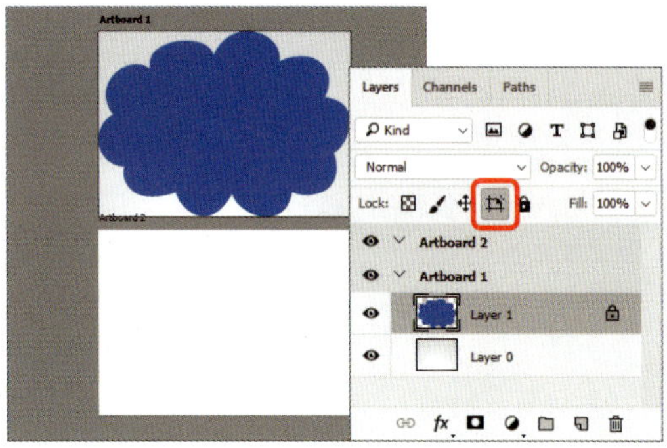

아트보드 이동 잠금

아트보드와 아트보드 사이에서 이미지나 오브젝트를 이동할 수 없습니다.

레이어 잠금

이미지 추가 및 이동이 불가능합니다.

⑪ Opacity와 Fill

Opacity 옵션은 이미지뿐만 아니라 레이어 스타일까지 투명도를 적용하고, Fill 옵션은 이미지에만 투명도를 적용합니다.

Opacity와 Fill 옵션 미리보기

다음은 Layer 1에 Stroke와 Drop Shadow 효과가 적용된 모습입니다. 사각형 부분의 외곽선과 그림자를 눈여겨보면서 Opacity와 Fill 옵션의 차이를 살펴봅니다.

■ Opacity: 100%, Fill: 100%(cat.psd)

Opacity: 50%, Fill: 100%

이미지와 효과 모두 투명도 50%가 적용됩니다.

Opacity: 100%, Fill: 50%

이미지에만 투명도 50%가 적용됩니다.

Opacity: 20%, Fill: 100%

이미지와 효과 모두 투명도 20%가 적용됩니다.

Opacity: 100%, Fill: 20%

이미지에만 투명도 20%가 적용됩니다.

⑫ 레이어 그룹

새 그룹 만들기 버튼(□)을 클릭해 만든 그룹 폴더입니다.

⑬ 잠김 레이어

레이어 잠금 모드(Lock ⊠ ✓ ✥ ⌗ 🔒) 중 하나라도 선택되면, 레이어 오른쪽에 자물쇠 모양(🔒)이 나타납니다.

⑭ Adjustment 레이어

Fill 또는 Adjustment 레이어 버튼(◐)을 클릭하거나 보정(Adjustments) 패널을 실행하면 나타납니다.

⑮ 마스크 레이어

레이어 마스크 추가 버튼(◘)을 클릭하면 나타나는 레이어로 원본 사진을 보호하면서 투명도를 조절합니다.

⑯ Fill 레이어

Fill 또는 Adjustment 레이어 버튼(◐)을 클릭하면 나타납니다.

⑰ 선택 상태의 레이어

여러 레이어 중 현재 선택된 레이어를 표시합니다.

⑱ 벡터 레이어

펜 툴(✎)이나 셰이프 툴(□) 등의 벡터 오브젝트를 사용하면 나타납니다.

⑲ 텍스트 레이어

텍스트를 입력하면 나타납니다.

⑳ 레이어 스타일이 적용된 레이어

레이어 스타일 추가 버튼(fx)을 클릭하면 나타납니다.

• **준비 파일** boats.jpg, beach.jpg • **완성 파일** boats_result.psd

응용 예제 마스크 레이어로 사진 합성하기

레이어의 여러 속성을 이용하여 사진 두 장을 합성해 봅니다.

■ 준비 이미지 ■ 완성 이미지

01 Chapter_07 ▸ Section_01 ▸ boats.jpg, beach.jpg 파일을 불러옵니다. boats.jpg 파일을 선택하고 레이어 패널의 Fill 또는 Adjustment 레이어 만들기 버튼(◑)을 클릭한 다음 [Vibrance]를 선택합니다. 속성 패널에서 Vibrance를 +50, Saturation을 +80으로 설정하여 색상을 조절합니다.

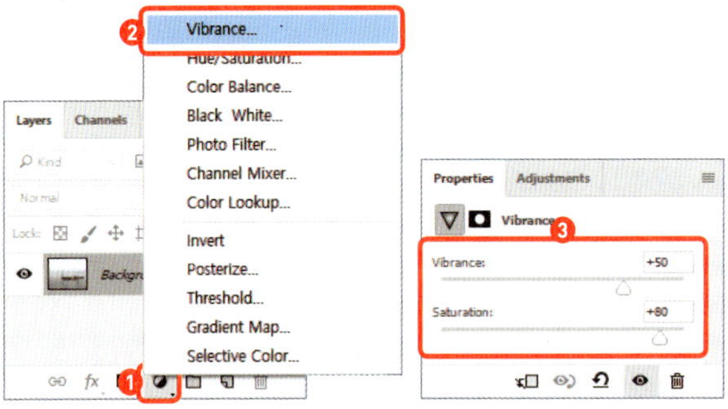

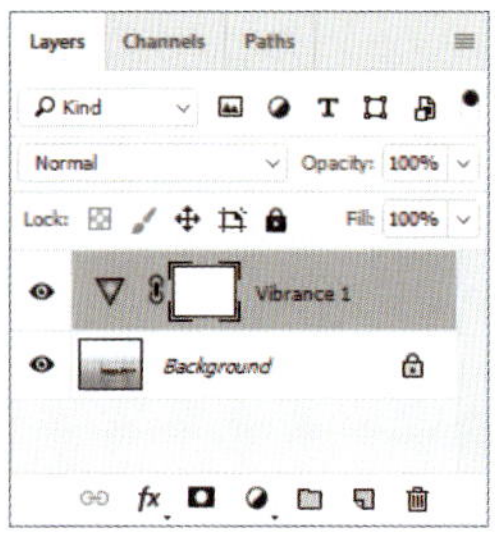

02 beach.jpg 파일을 선택하고 Ctrl+A를 눌러 전체를 선택한 다음 Ctrl+C를 눌러 복사합니다. 다시 boats.jpg 파일로 돌아와 Ctrl+V를 눌러 복사한 해변 이미지를 붙여 넣습니다.

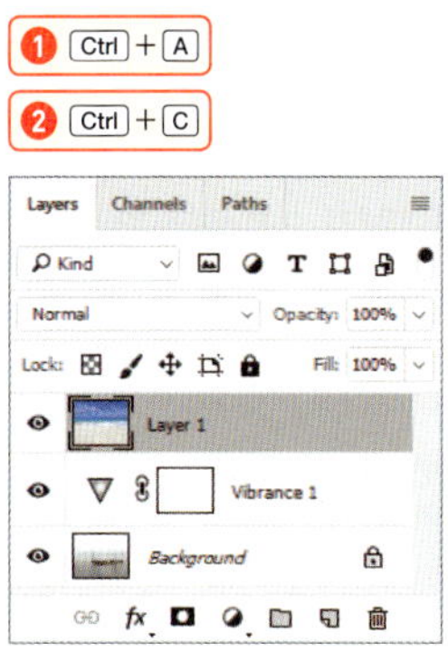

03 Layer 1을 선택하고 레이어 마스크 추가 버튼(◘)을 클릭한 다음 오른쪽 마스크 레이어를 클릭합니다.

04 마스크 레이어가 생성되면 전경색과 배경색이 자동으로 검은색과 흰색으로 바뀝니다. 그 상태에서 그레이디언트 툴(■)을 선택하고 수평선부터 하늘 끝까지 수직으로 드래그합니다. 아랫부분에 Background 이미지인 배가 드러납니다.

Tip 마스크 레이어에서 흰색은 이미지 100%, 검은색은 투명 100%가 됩니다. 회색은 반투명으로 보입니다.

05 Background 레이어를 선택하고 Fill 또는 Adjustment 레이어 만들기 버튼(◐)을 클릭한 다음 [Hue/Saturation]을 선택합니다. 속성 패널에서 Colorize를 체크하고 Hue를 100, Saturation을 30, Lightness를 5로 설정합니다.

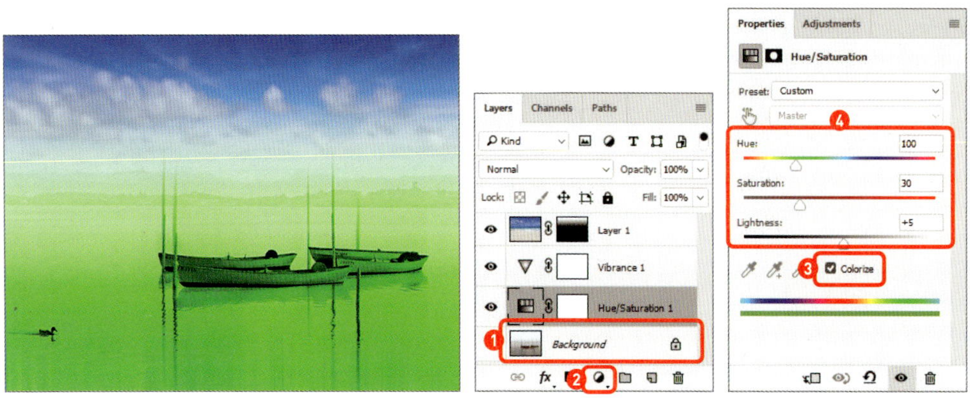

06 Hue/Saturation 1 레이어의 마스크 레이어를 클릭합니다. 전경색과 배경색이 검은색과 흰색인 상태에서 그레이디언트 툴( )을 선택하고 수평선에서 배 아래쪽 부분까지 드래그합니다.

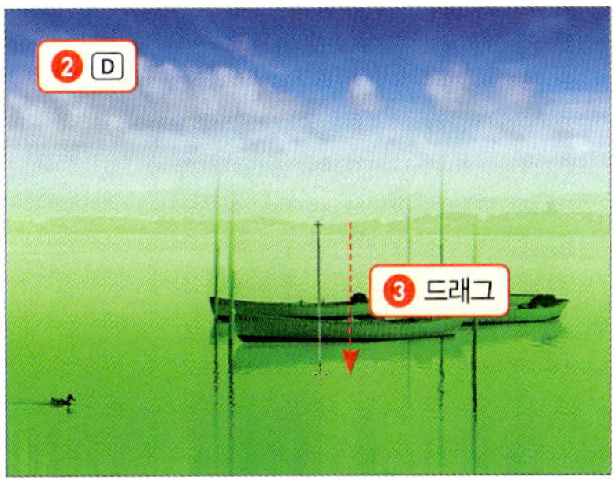

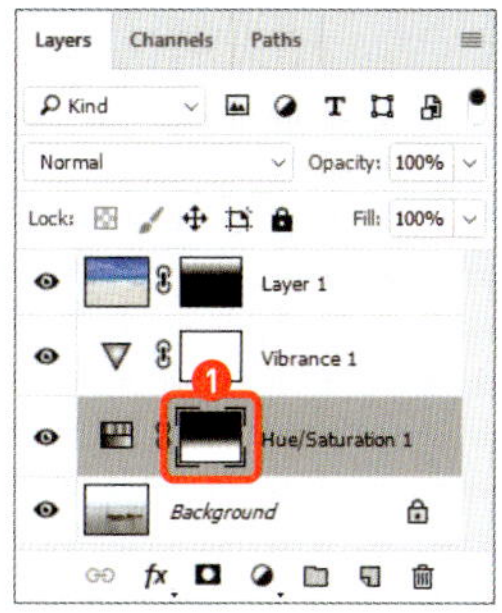

07 Hue/Saturation 1 레이어를 클릭하고 Opacity를 20%로 줄여 이미지를 완성합니다.

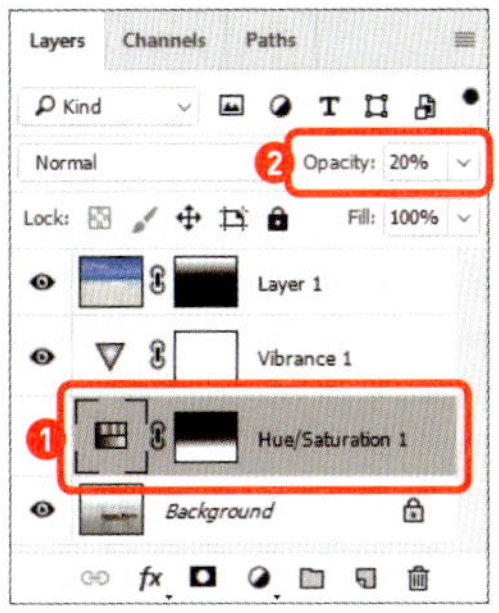

SECTION
02
아트보드의 이해

• **핵심 기능 I** 아트보드 툴[](단축키 V)

아트보드의 기능

아트보드(Artboard)는 레이어나 그룹을 조금 더 확장한 개념으로 특별한 유형의 레이어 그룹입니다. 다양한 기기 또는 화면에 적합한 디자인을 할 수 있도록 복수의 캔버스를 제공하므로 설계 프로세스를 간소화할 수 있습니다.

아트보드 크기는 템플릿에서 선택하거나 직접 정의하여 사용합니다. 아트보드를 사용하는 중에 크기가 같은 아트보드를 손쉽게 추가할 수 있고 다양한 레이아웃으로 배치할 수도 있습니다. 작업 중인 레이어를 아트보드로 전환할 수도 있습니다.

다음의 왼쪽 그림은 디자인은 같고 크기가 다양한 아트보드를 만들어 작업하는 모습입니다. 다양한 크기의 기기에 삽입되는 페이지를 작업할 때 이렇게 작업합니다. 오른쪽 그림은 크기는 같고 디자인은 다른 아트보드를 만들어 작업하는 모습입니다. 같은 앱에서 사용되는 여러 페이지를 디자인할 때 이렇게 작업합니다.

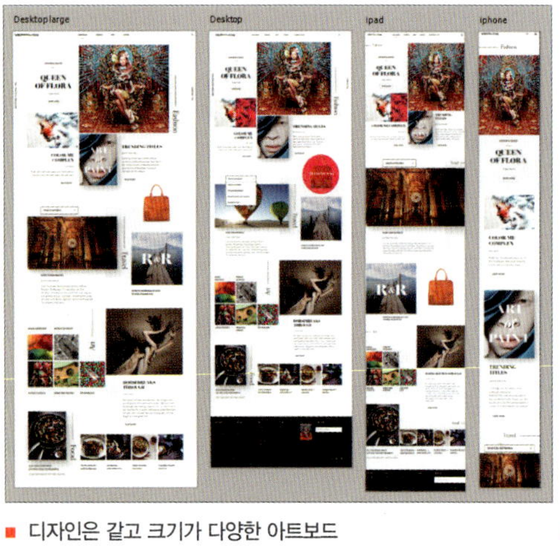

■ 디자인은 같고 크기가 다양한 아트보드

■ 크기는 같고 디자인은 다른 아트보드

Tip 아트보드는 레이어 패널에 레이어, 레이어 그룹과 함께 표시됩니다. 아트보드에는 레이어 또는 레이어 그룹이 포함될 수 있지만 다른 아트보드는 포함될 수 없습니다.

아트보드 만들기

01 새 아트보드 만들기 메뉴 바에서 [File]–[New]를 선택한 후 옵션 창에서 Mobile 템플릿 모음에 있는 iphone 8/7/6을 선택하고 〈Create〉를 클릭합니다. 새 아트보드가 iphone 8/7/6 화면 크기에 맞춰 생성됩니다.

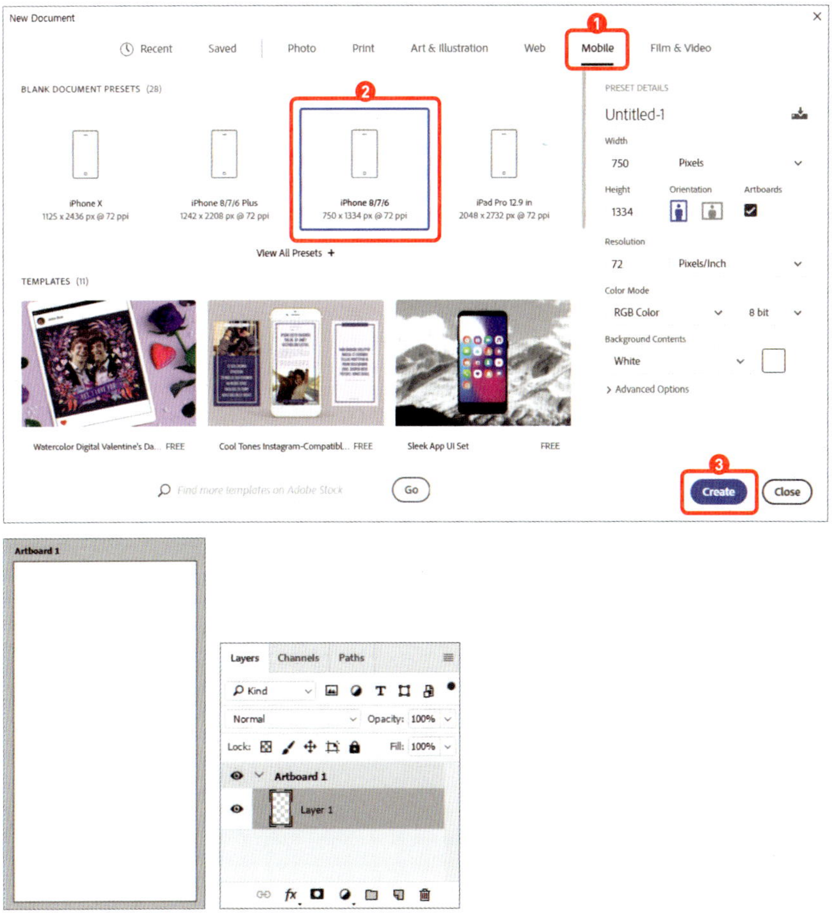

02 이미지 삽입하기 Chapter_07 ▸ Section_02 ▸ dunes.jpg 파일을 불러옵니다. Ctrl+A를 눌러 전체를 선택하고 Ctrl+C를 눌러 복제합니다. 아트보드로 돌아와 Ctrl+V를 눌러 붙여 넣습니다.

03 클릭하여 아트보드 추가하기 이동 툴([+])에 숨어 있는 아트보드 툴([ㅂ])을 선택하고 레이어 패널에서 Artboard 1을 클릭하면 아트보드 상하좌우에 아트보드 추가([⊕]) 표시가 생깁니다. 오른쪽의 아트보드 추가([⊕]) 표시를 클릭해 새 아트보드를 추가합니다.

04 이미지 삽입하기 Ctrl+V를 눌러 dunes.jpg 파일을 한 번 더 붙여 넣습니다. 레이어 패널을 보면 각 아트보드에 레이어가 추가된 것을 알 수 있습니다.

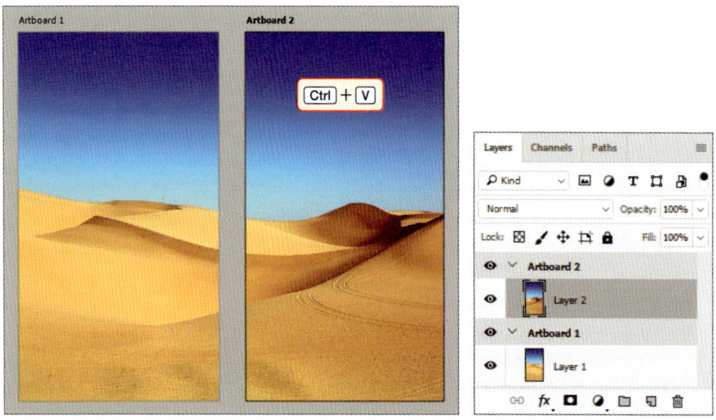

Tip 이동 툴([+])로 이미지를 이동시켜 보면 보이는 부분 외의 이미지가 잘려나간 것이 아니라 클리핑으로 숨겨져 있다는 것을 알 수 있습니다.

05 드래그하여 아트보드 추가하기 아트보드 툴([ㅂ])로 오른쪽 여백 부분을 드래그하여 새로운 아트보드 영역을 만듭니다. 레이어 패널에 Artboard 3이 생깁니다.

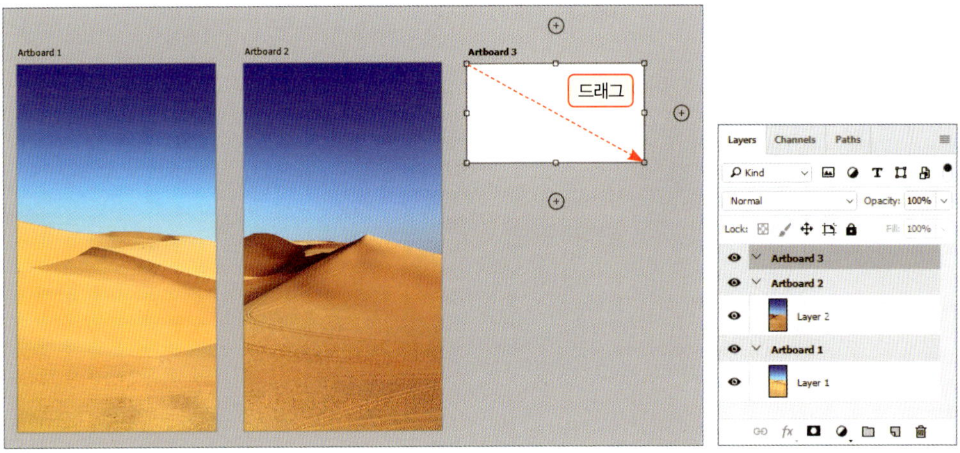

Tip 만들어진 아트보드의 크기는 속성 패널에서 조절할 수 있습니다.

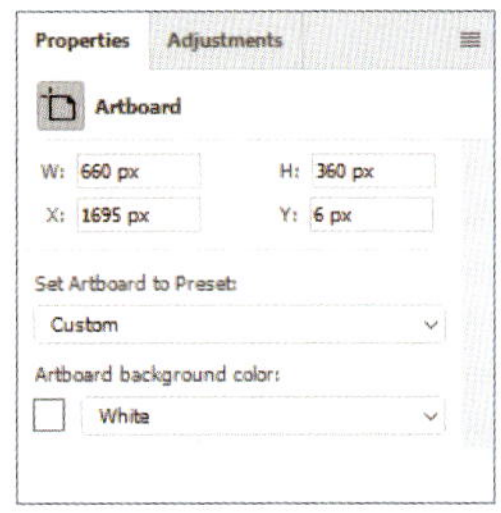

06 이미지 삽입하기 Chapter_07 ▸ Section_02 ▸ landscape.jpg 파일을 불러옵니다. Ctrl+A를 눌러 전체를 선택하고 Ctrl+C를 눌러 복사합니다. 아트보드로 돌아와 Ctrl+V를 눌러 붙여 넣습니다.

07 아트보드 레이어 복제하기 Layer 3이 선택된 상태에서 Ctrl+J를 눌러 레이어를 복제합니다.

08 새 아트보드 추가하기 아트보드 툴(⧉)을 선택하고 레이어 패널에서 Artboard 3을 클릭한 다음 아래쪽 아트보드 추가(⊕) 표시를 눌러 새 아트보드를 추가합니다.

09 이미지 이동하기 이동 툴(✥)을 선택하고 Layer 3 copy 레이어를 Artboard 4로 이동시킵니다. 이처럼 다른 아트보드로 이미지를 옮길 수 있습니다.

10 새 레이어 추가하기 레이어 패널에서 Artboard 1 ~ Artboard 4까지 [⌄]를 클릭해 펼쳐진 목록을 접습니다. Artboard 4가 선택된 상태로 새 레이어 만들기 버튼([⊞])을 클릭해 새 레이어를 만듭니다. Layer 4를 선택하고 사각형 선택 툴([⬚])로 빈 여백을 드래그하여 선택 영역을 만듭니다. 전경색을 흰색으로 설정하고 Alt + Delete를 눌러 선택 영역에 흰색을 채웁니다.

11 레이어를 아트보드로 전환하기 Layer 4의 이름을 마우스 오른쪽 버튼으로 클릭하고 [Artboard from Layers]를 선택합니다. 옵션 창에 Width 655px, Height 270px을 입력하고 〈OK〉를 클릭하면 Layer 4가 포함된 Artboard 5가 생성됩니다.

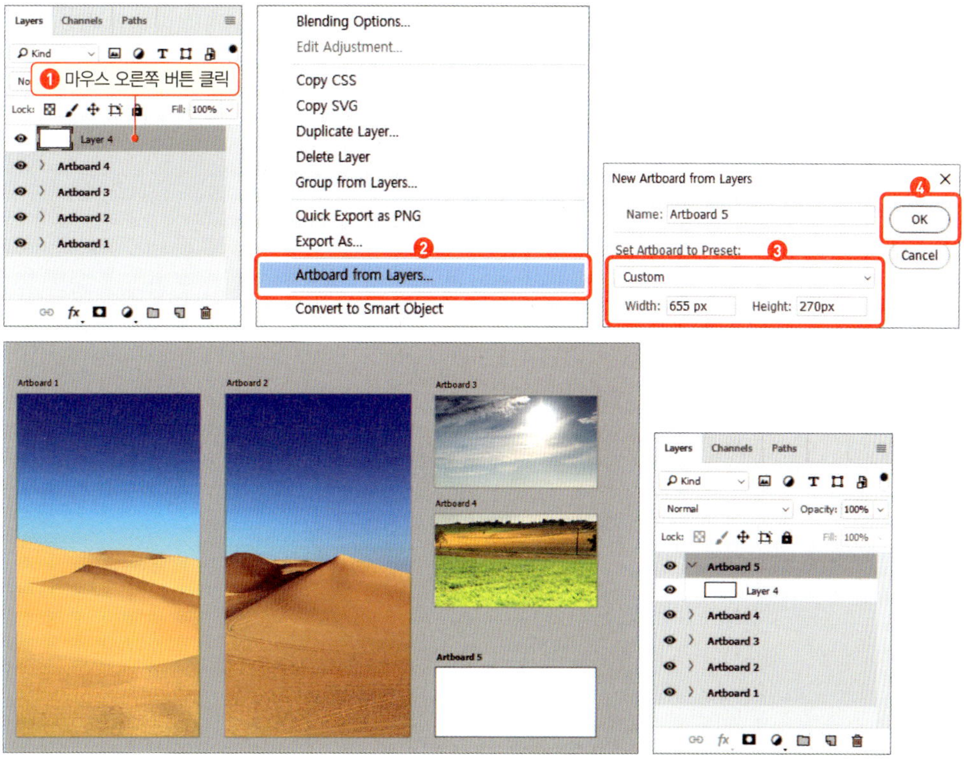

12 **완성하기** Artboard 5를 선택하고 텍스트 툴(T)로 원하는 글자를 입력하여 아트보드 작업을 완성합니다.

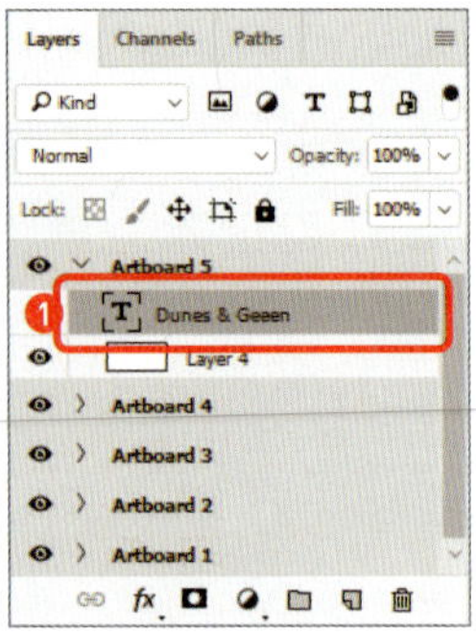

Tip 텍스트나 오브젝트가 아트보드를 벗어나면 해당 레이어도 아트보드에 귀속되지 않고 독립적인 레이어가 됩니다. 마찬가지로 텍스트나 오브젝트를 다른 아트보드로 옮기면 레이어도 그 아트보드에 귀속됩니다.

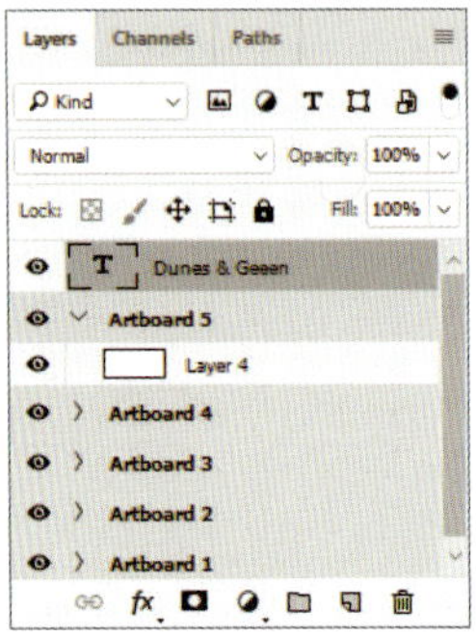

SECTION 03

채널의 이해

• 핵심 기능 | 채널 패널

채널의 종류

채널은 색상 채널, 스팟 채널, 알파 채널로 구성됩니다. 메뉴 바에서 [Window]-[Channels]를 선택하면 채널 패널을 볼 수 있습니다.

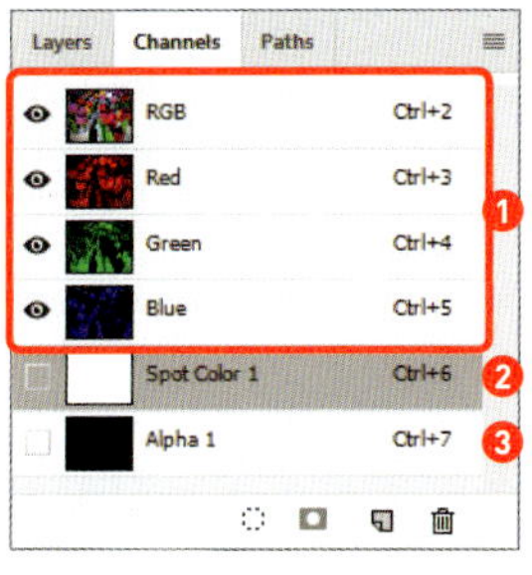

❶ **색상 채널** 이미지를 구성하는 색상 정보를 담고 있습니다.

❷ **스팟 채널** 별색을 인쇄할 수 있는 별도의 채널을 만듭니다.

❸ **알파 채널** 이미지의 특정 영역을 선택 영역으로 지정합니다.

색상 채널의 이미지 모드

색상 채널의 이미지 모드는 RGB 모드와 CMYK 모드로 나눌 수 있습니다.

구분	RGB 모드	CMYK 모드
색상 표현	모든 색을 빨강, 초록, 파랑을 혼합하여 만듦	모든 색을 청록색, 자홍색, 노란색, 검은색을 혼합하여 만듦
채널 구성	총 4가지(Red 채널, Green 채널, Blue 채널, RGB 채널)	총 5가지(Cyan 채널, Magenta 채널, Yellow 채널, Black 채널, CMYK 채널)
용도	영상 이미지의 색상을 처리하는 데 사용	출력용 색상을 처리하는 데 사용

채널의 기본 화면은 흑백 모드입니다. 색상으로 표시된 채널을 보려면 메뉴 바에서 [Edit]-[Preferences] - [Interface]를 선택하고 옵션 창에서 Show Channels in Color를 체크합니다. RGB 모드의 이미지는 RGB 채널로, CMYK 모드의 이미지는 CMYK 채널로 표시됩니다. 각 채널 모드를 바꾸어 보려면 메뉴 바의 [Image]-[Mode]를 선택한 후 [RGB Color]나 [CMYK Color]에 체크하면 됩니다.

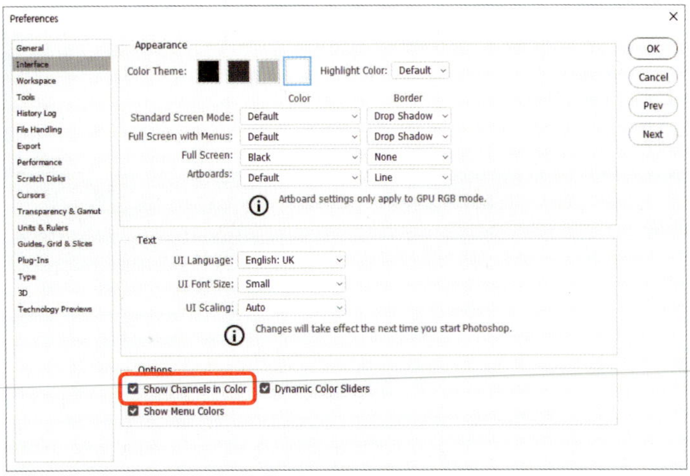

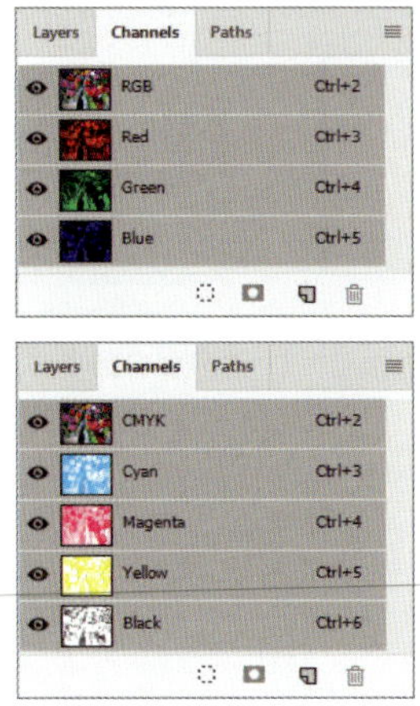

■ RGB 모드와 CMYK 모드로 표시된 채널 레이어

각 채널의 눈 아이콘(👁)을 클릭하면 화면을 색상별로 확인할 수 있습니다.

■ Red 채널 보기(tuple.jpg)

여러 채널의 눈 아이콘(👁)을 클릭하면 화면을 혼합된 색상으로 확인할 수 있습니다.

■ Green과 Blue 채널 보기

Tip RGB 채널은 Red 채널, Green 채널, Blue 채널을 모두 합친 채널이고, CMYK 채널은 Cyan 채널, Magenta 채널, Yellow 채널, Black 채널을 모두 합친 채널입니다.

색상 채널로 사진 보정하기

디지털 카메라로 사진을 찍으면 전체적으로 노란빛이나 푸른빛이 돌 때가 있습니다. 이럴 때는 색상 채널을 이용하여 색상을 보정합니다.

01 Red 색상 조절하기 Chapter_07 ▸ Section_03 ▸ face.jpg 파일을 불러옵니다. 채널 패널에서 Red 채널을 선택하고 Ctrl을 누른 채로 섬네일을 클릭해 선택 영역을 만듭니다.

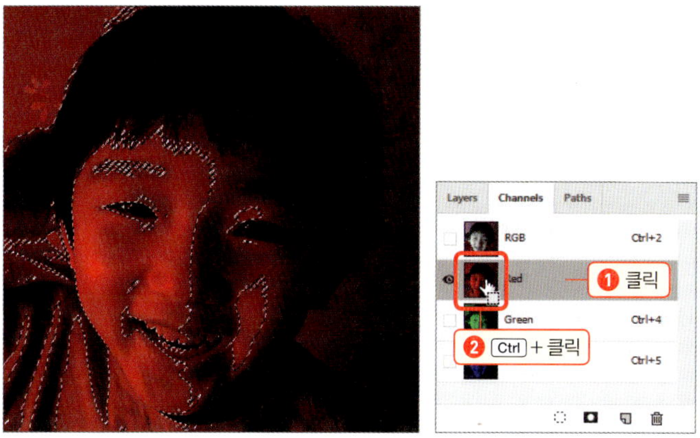

02 색상 정보 지우기 지우개 툴(   )을 선택하고 옵션 바에서 Opacity를 25%로 조절한 다음 화면을 드래그하여 색상 정보를 밝게 지웁니다. 마우스에서 손가락을 자주 떼면 두 번 이상 지나간 자리에 얼룩이 생길 수 있으므로 손가락을 떼지 않고 전체를 한 번에 드래그하는 것이 좋습니다.

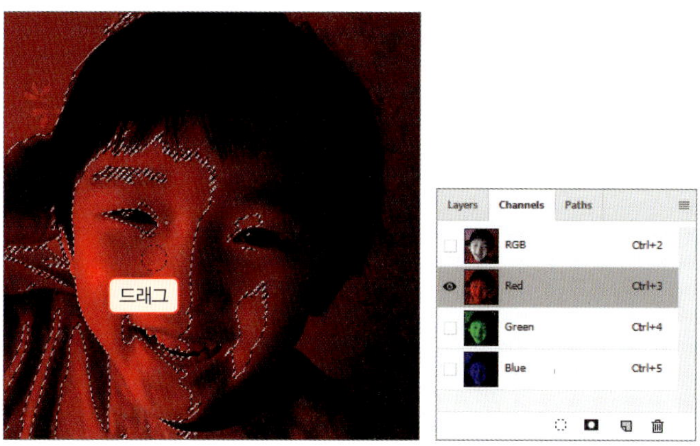

Tip 화면의 변화를 보면서 지우려면 RGB 채널의 눈 아이콘( )을 켜 줍니다.

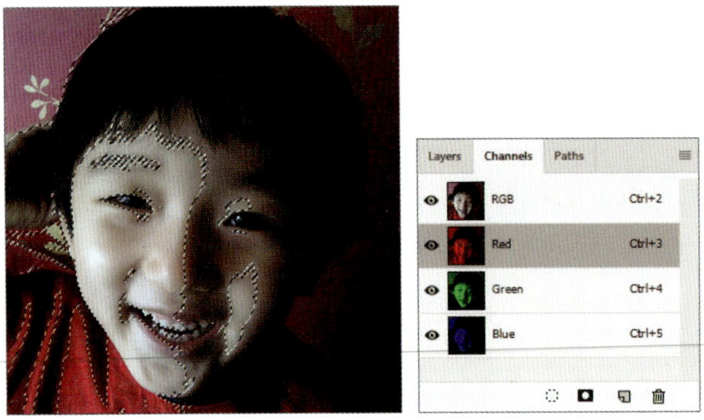

03 Green 색상 조절하기 Green 채널을 선택하고 Ctrl을 누른 채로 섬네일을 클릭하여 선택 영역을 바꿉니다. 다시 지우개 툴( )로 화면을 드래그하여 Green 색상 정보를 밝게 지웁니다.

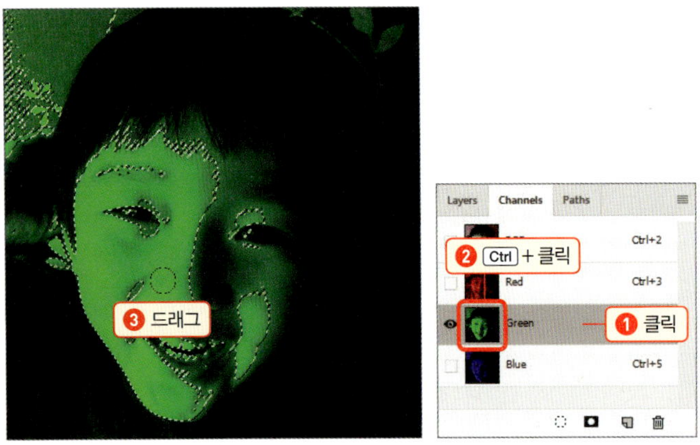

04 Blue 색상 조절하기 Blue 채널을 선택하고 Ctrl을 누른 채로 섬네일을 클릭하여 선택 영역을 바꿉니다. 번 툴( )을 선택하고 옵션 바에서 Exposure를 25%로 조절한 다음 화면을 드래그하여 Blue 색상 정보를 더해 조금 어둡게 합니다.

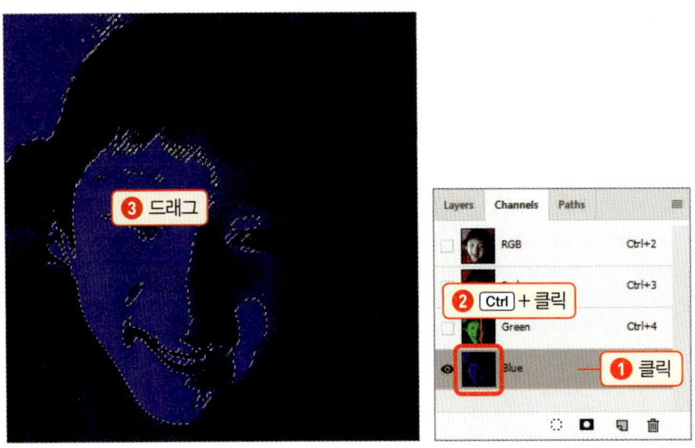

05 완성 이미지 확인하기 Ctrl+D를 눌러 선택 영역을 해제합니다. RGB 채널을 선택하고 레이어 패널로 돌아와 확인하면 색상이 보정되었음을 알 수 있습니다.

■ 원본 이미지

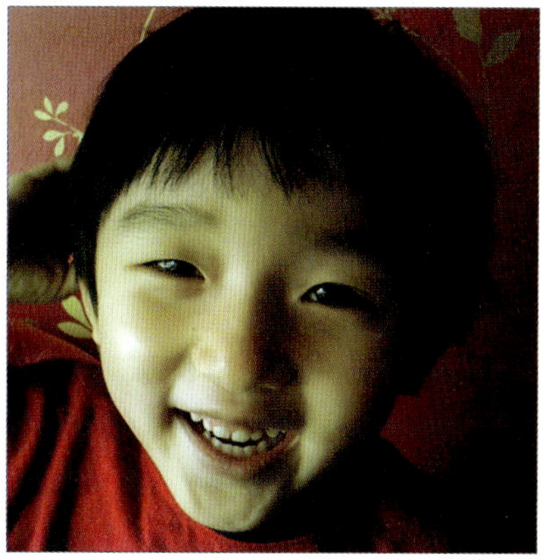

■ 완성 이미지

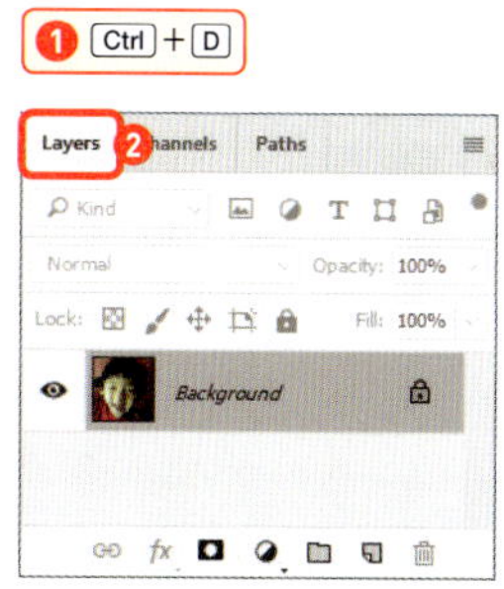

Tip 보정하려는 이미지가 노란색이나 붉은색을 띤다면 Green 채널을 번 툴( )로 짙게 만들어 초록색 색상 정보를 더하고, 다른 채널은 지우개 툴( )로 색상 정보를 지웁니다.

스팟 채널로 별색 인쇄를 위한 채널 만들기

금색이나 은색처럼 인쇄 잉크로는 지정할 수 없는 색상을 인쇄하려면 별색 채널을 별도로 만들어야 합니다. 별색 채널을 만들고 저장하는 방법을 배워 봅니다.

01 텍스트 입력하기 Chapter_07 ▸ Section_03 ▸ flower.jpg 파일을 불러옵니다. 전경색을 흰색으로 설정하고 텍스트 툴(T)을 선택한 후 'FLOWER'를 입력합니다. Ctrl을 누른 채로 텍스트 레이어의 섬네일을 클릭하여 텍스트를 선택 영역으로 만듭니다.

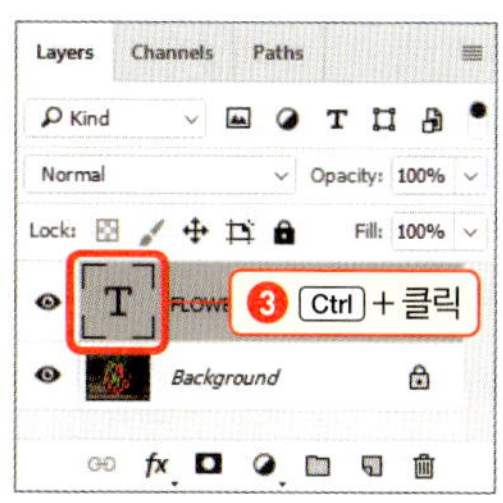

02 스팟 채널 만들기 채널 패널을 선택하고 패널 오른쪽 상단에 있는 목록 버튼(☰)을 클릭하여 [New Spot Channel]을 선택합니다. 옵션 창이 열리면 Solidity를 100%로 설정하고 〈OK〉를 클릭해 새 스팟 채널을 만듭니다.

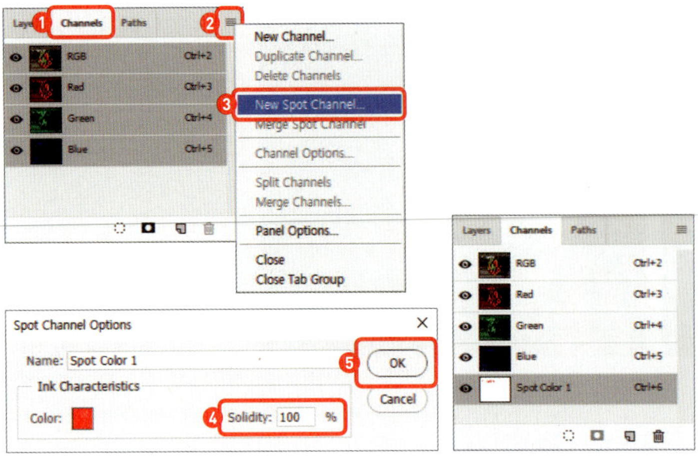

Tip Spot Channel Options 창에서 컬러는 중요하지 않습니다. 스팟 채널은 컴퓨터나 인쇄용 잉크에서 일반적으로 표현할 수 없는 색상의 인쇄 필름을 만들기 위해 만드는 것이므로 인쇄될 색상의 Solidity 값으로 별색 농도를 몇 %로 할 것인지만 지정하면 됩니다.

03 포맷 지정하여 저장하기 메뉴 바에서 [File]-[Save As]를 선택합니다. 분판을 출력해야 하므로 저장할 때 Format을 반드시 'Photoshop DCS 2.0(*.EPS)'로 지정하고 Spot Colors 옵션을 체크합니다. 두 가지를 모두 확인한 다음 〈저장〉을 클릭합니다.

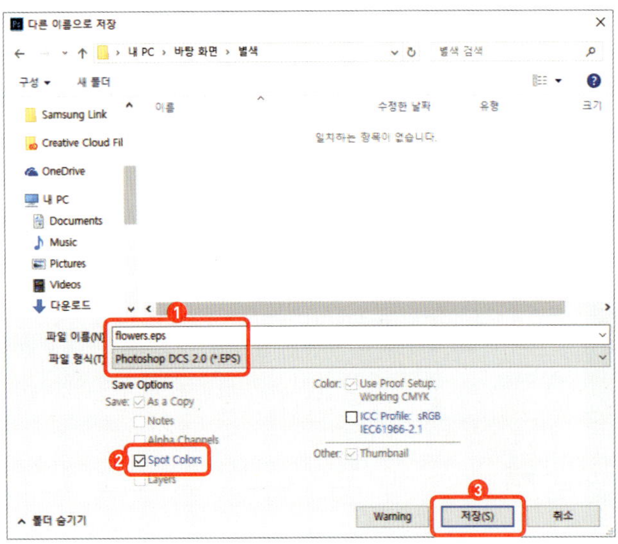

04 별색 필름 확인하기 DCS 2.0 Format 창의 옵션을 다음과 같이 설정하고 〈OK〉를 클릭하면 파일이 여섯 개 저장되는데 그중 파일명 뒤에 5가 붙은 파일이 별색 필름입니다.

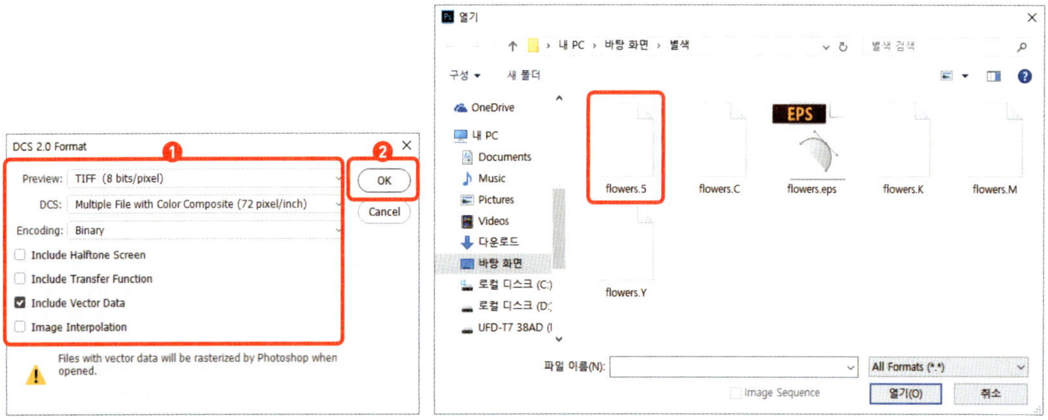

Tip 인쇄소에 따라 설정 옵션이 다를 수 있으므로 정확한 옵션은 인쇄소에 문의하는 것이 좋습니다.

알파 채널로 선택 영역 저장하기

채널을 사용하는 이유 중 하나는 선택 영역을 저장하기 위해서입니다. 꽃 모양의 선택 영역을 알파 채널로 저장하고 불러오는 방법을 배워 봅니다.

01 새 레이어 만들기 Chapter_07 ▸ Section_03 ▸ star.psd 파일을 불러옵니다. 레이어 패널에서 Layer 1의 눈 아이콘(👁)을 클릭하여 이미지를 숨깁니다. Background 레이어를 선택하고 새 레이어 만들기 버튼(⊞)을 클릭해 새 레이어를 만듭니다.

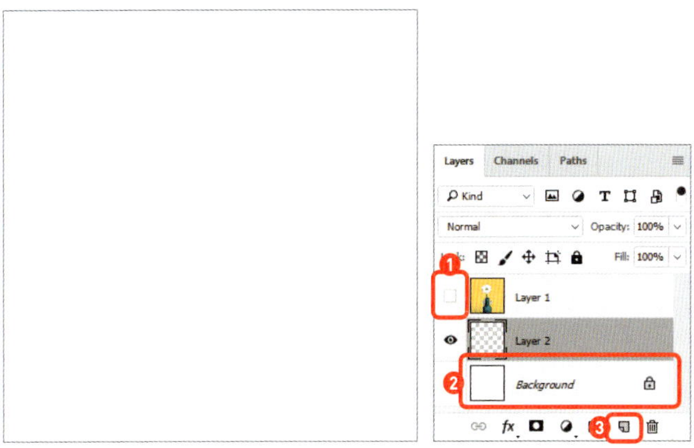

02 그레이디언트 적용하기 그레이디언트 툴(■)을 선택하고 툴 박스의 전경색은 갈색(#9D0C0F), 배경색은 주황색(#F6931C)으로 설정합니다. 옵션 바에서 그레이디언트 스타일을 클릭하여 그레이디언트 편집 창을 띄웁니다. 오른쪽 아래에 있는 컬러 스팟을 Location 70% 위치로 드래그해서 옮깁니다. 위쪽 투명도 부분을 클릭하여 컬러 스팟을 추가하고 추가한 스팟을 Location 70% 위치로 옮깁니다. 오른쪽 컬러 스폿을 클릭하고 Opacity를 0%로 지정한 다음 〈OK〉를 클릭합니다.

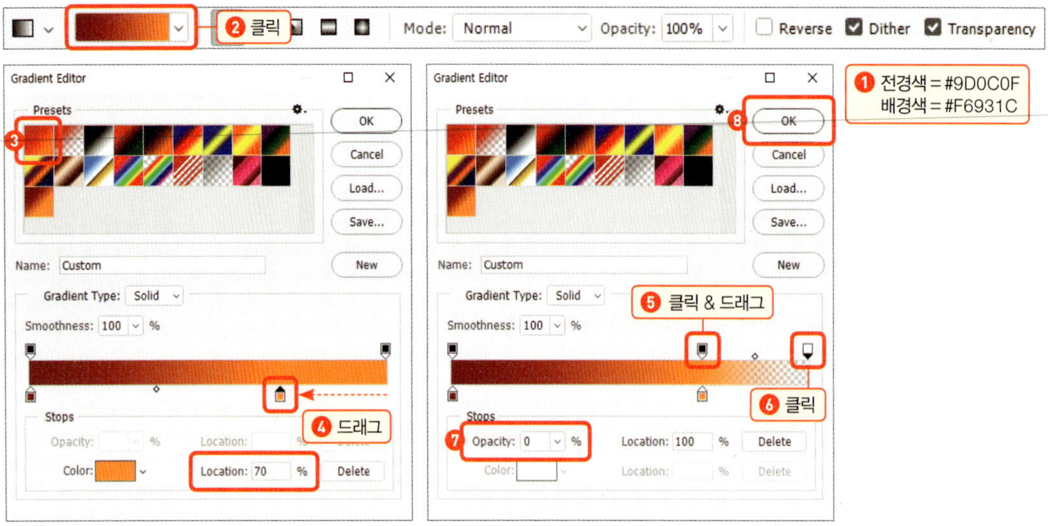

03 위에서부터 2/3 정도 길이로 수직으로 드래그하여 아래쪽이 투명한 그레이디언트를 만듭니다.

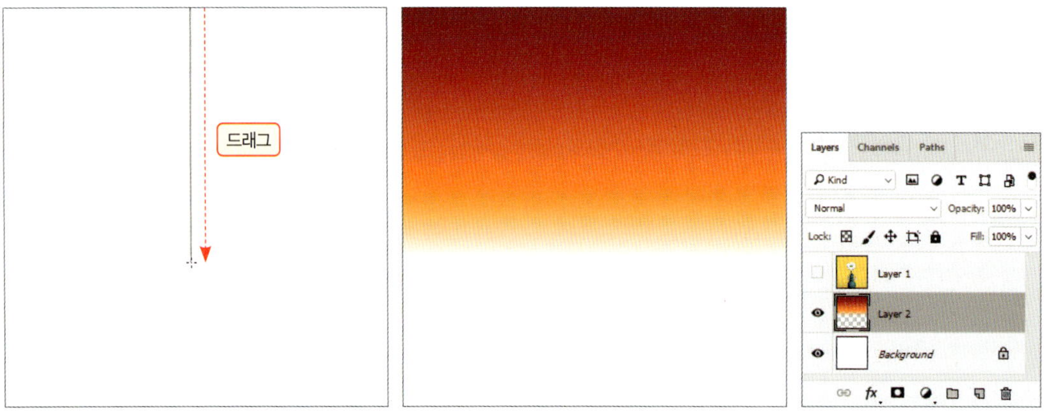

04 웨이브 적용하기 메뉴 바에서 [Filter]-[Distort]-[Wave]를 선택하고 옵션 바에서 값을 다음과 같이 설정하고 〈OK〉를 클릭합니다.

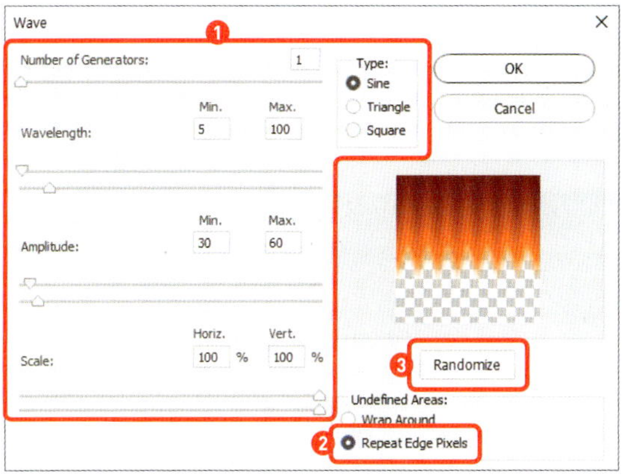

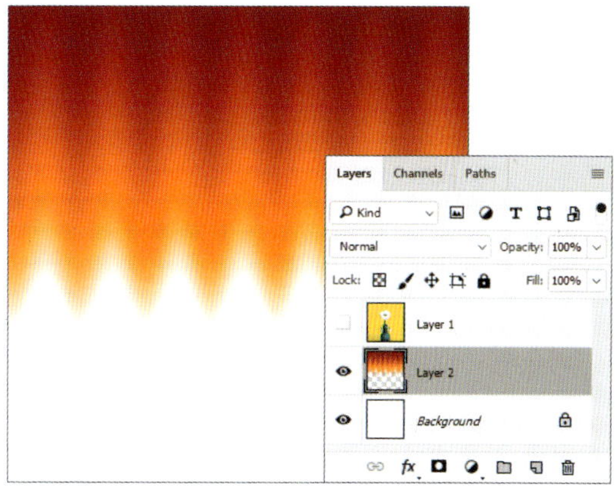

05 꽃잎 모양 만들기 [Filter]–[Distort]–[Polar Coordinates]를 선택하고 옵션 창에서 〈OK〉를 클릭합니다.

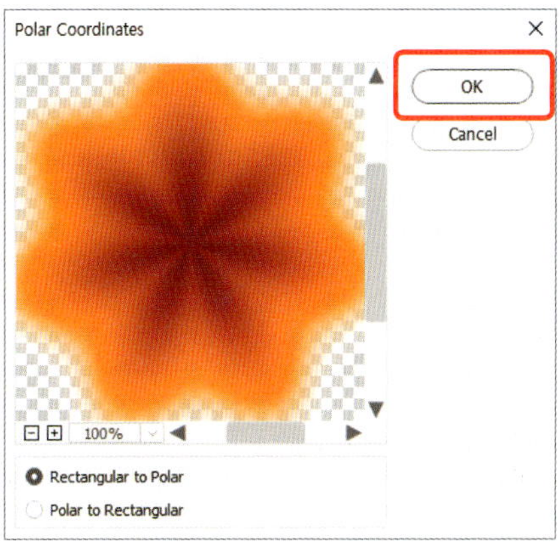

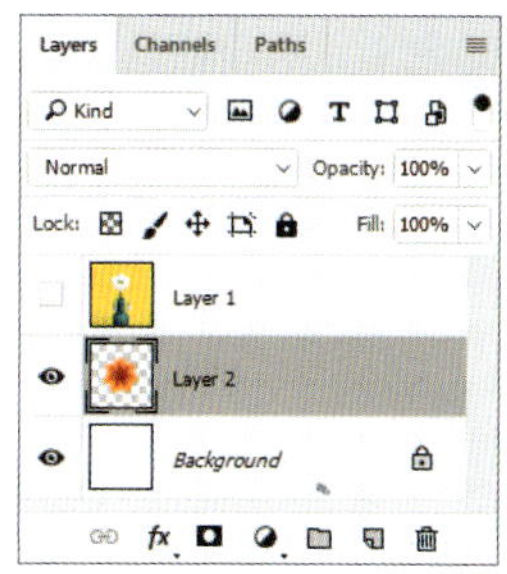

06 알파 채널 만들기 채널 패널에서 새 채널 만들기 버튼(◻)을 클릭해 Alpha 1 채널을 만듭니다.

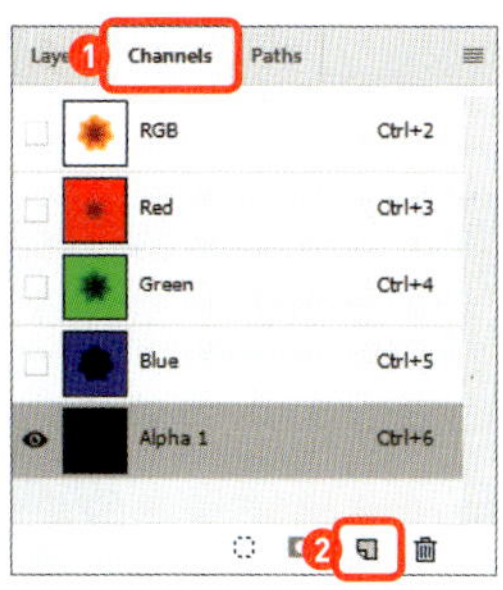

07 선택 영역 지정하기 메뉴 바에서 [Select]–[Load Selection]을 선택합니다. 옵션 창에서 Channel을 Layer 2 Transparency로 선택하고 〈OK〉를 클릭합니다. Layer 2 형태가 선택 영역으로 지정되면 전경색을 흰색으로 지정하고 Alt + Delete를 눌러 내부를 흰색으로 채웁니다.

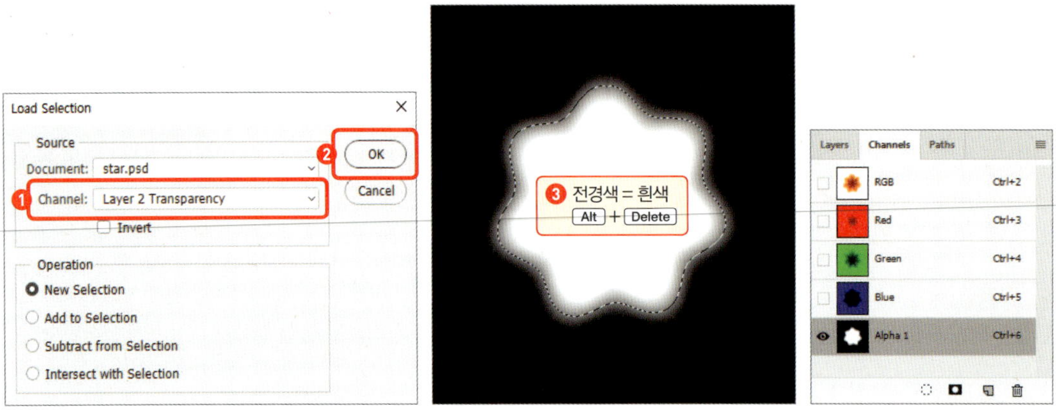

08 알파 채널 꾸미기 Ctrl + D를 눌러 선택 영역을 해제하고 [Filter]–[Blur]–[Gaussian Blur] 메뉴를 선택합니다. 옵션 창에서 Radius를 10Pixels로 설정하고 〈OK〉를 클릭합니다.

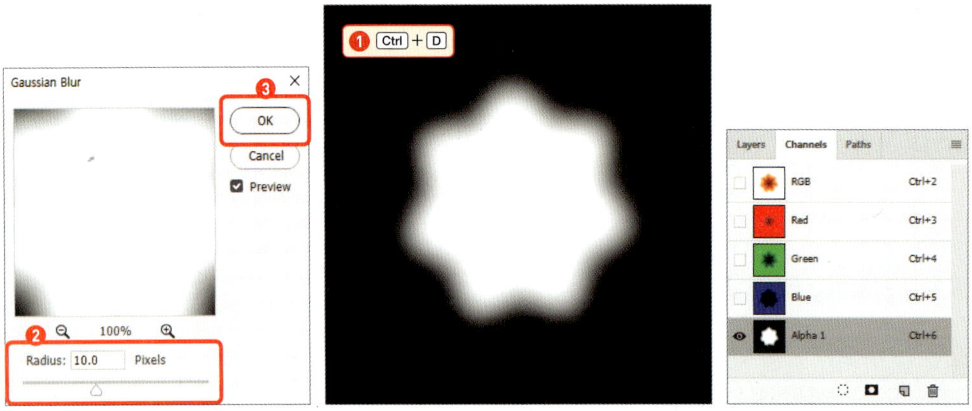

09 메뉴 바에서 [Filter]–[Pixelate]–[Color Halftone]을 선택하고 옵션 창에서 값을 다음과 같이 설정합니다.

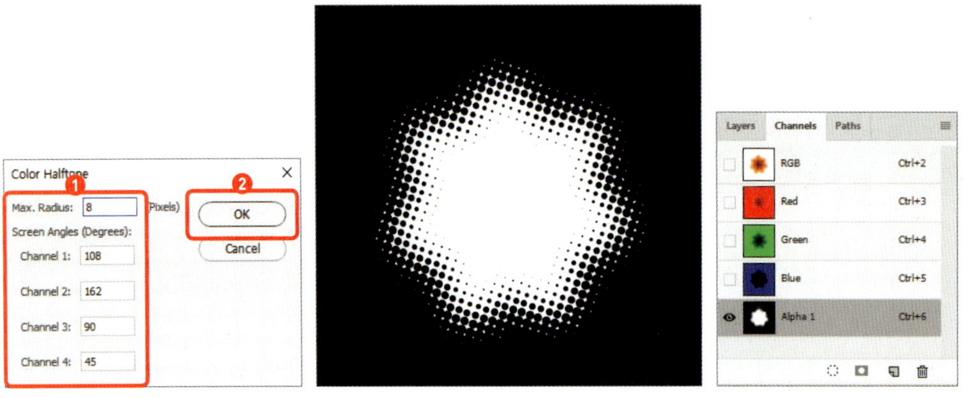

10 검은색 부분 선택하기 [Select]–[Load Selection] 메뉴를 선택하고 옵션 창에서 Channel을 Alpha 1로 지정하고 Invert에 체크한 다음 〈OK〉를 클릭합니다. 레이어 패널로 돌아와 Layer 2를 클릭합니다.

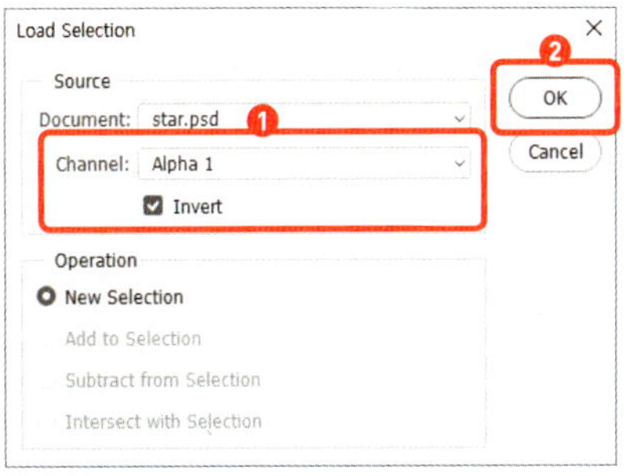

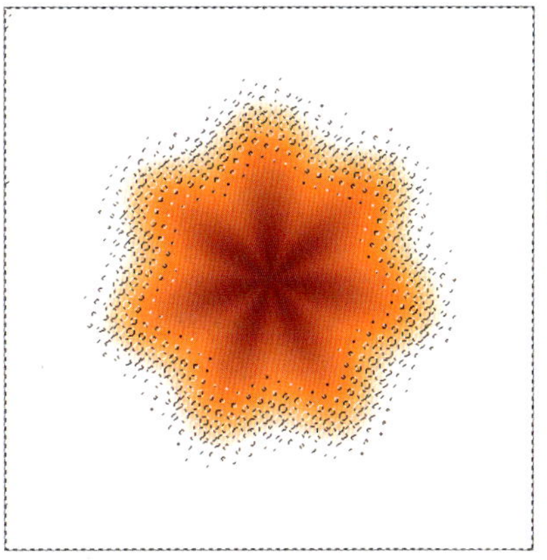

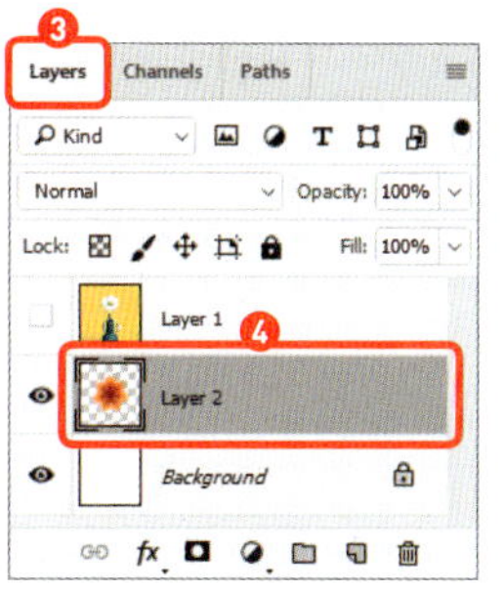

Tip Invert를 체크하지 않으면 알파 채널의 흰색 부분이 선택 영역이 되고, Invert를 체크하면 반전된 검은색 부분이 선택 영역이 됩니다.

11 Delete를 눌러 선택된 영역을 삭제하고 Ctrl+D를 눌러 선택 영역을 해제합니다.

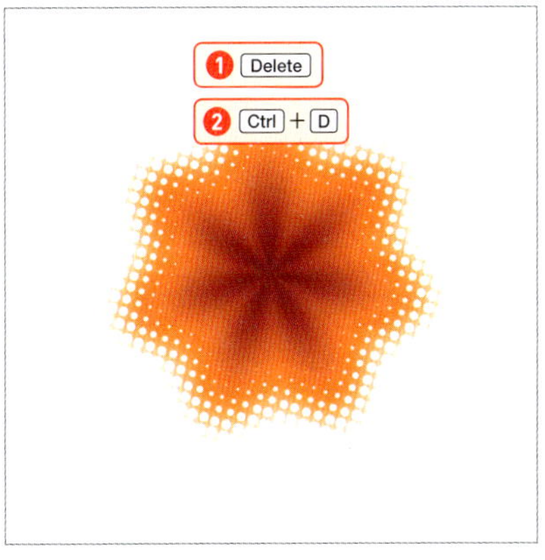

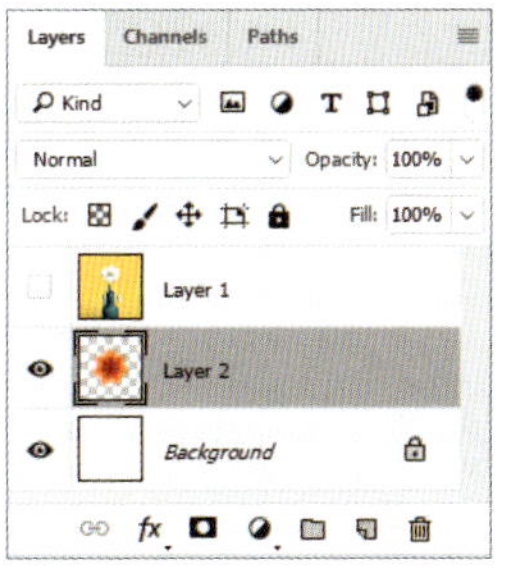

12 클리핑 마스크 적용하기 Layer 1의 눈 아이콘(👁)을 클릭하여 이미지를 보이게 합니다. Alt를 누른 채로 Layer 1과 Layer 2 사이를 클릭합니다. 클리핑 마스크가 적용되면서 Layer 2의 영역에만 이미지가 보입니다.

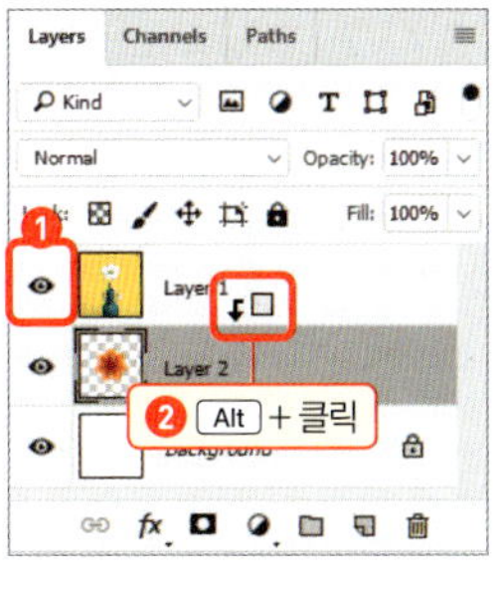

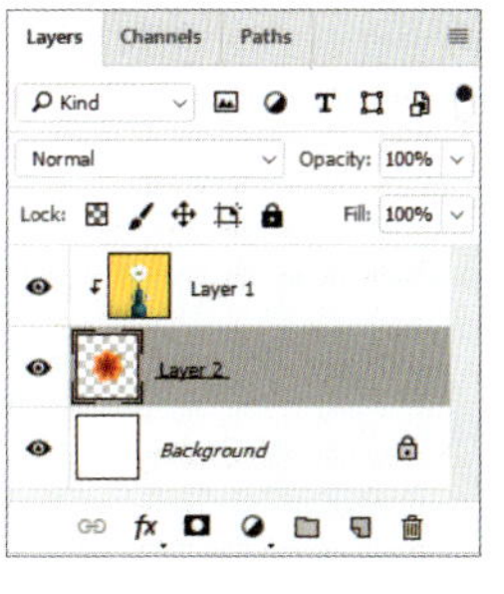

13 이동 툴(⊕)로 Layer 1을 이동시켜 꽃이 별 모양 중앙에 위치하도록 합니다.

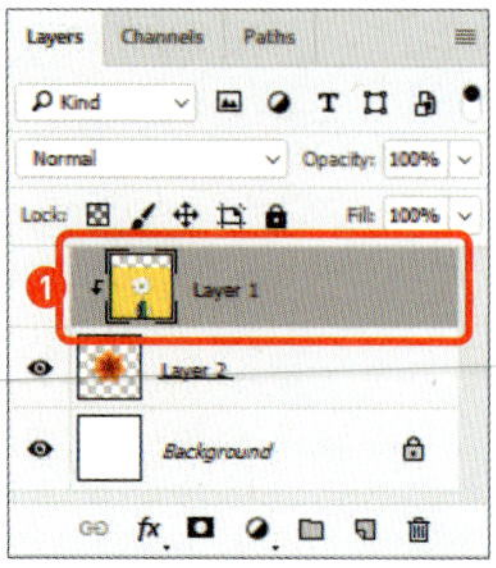

14 **레이어 스타일 적용하기** Layer 2를 선택하고 레이어 패널의 레이어 스타일 버튼(fx)을 클릭한 다음 [Stroke]를 선택합니다. 옵션을 다음과 같이 설정하고 〈OK〉를 클릭합니다.

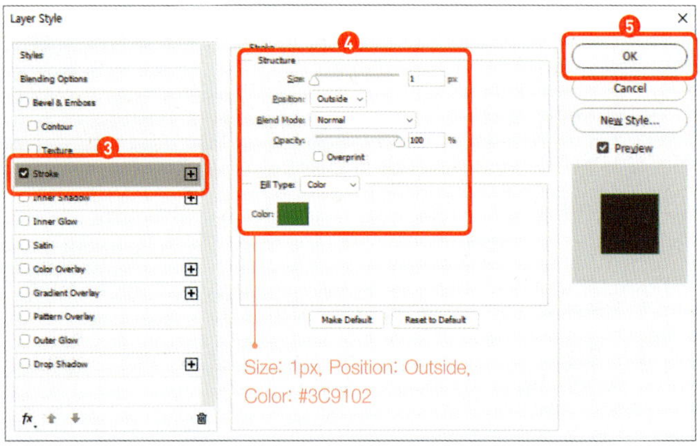

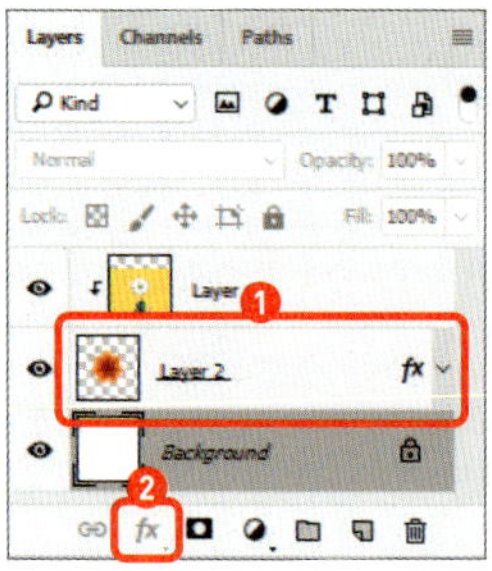

15 완성하기 Background 레이어를 선택하고 전경색을 파란색(#015593)으로 설정한 다음 Alt+Delete를 눌러 배경색을 채우면 이미지가 완성됩니다.

혼자 해 보기 | 알파 채널을 이용하여 별 모양으로 꾸미기

• **준비 파일** Star2.psd • **완성 파일** Star2_result.psd

알파 채널을 이용하여 다양한 이미지를 별 모양으로 꾸며 봅니다.

■ 준비 이미지

■ 완성 이미지

응용 예제 흔들린 사진 선명하게 보정하기

사진을 찍다 보면 초점이 맞지 않거나 카메라가 흔들려 사진이 흐릿한 경우가 있습니다. 흔들린 사진을 보정하기 위해 채널을 사용하는 방법을 배워 봅니다.

■ 준비 이미지

■ 완성 이미지

01 Chapter_07 ▸ Section_03 ▸ shake.psd 파일을 불러옵니다. 채널 패널의 Green 채널을 선택하고 마우스 오른쪽 버튼을 클릭하여 [Duplicate Channel]을 선택합니다. 옵션 창에서 〈OK〉를 클릭하면 해당 채널이 복제됩니다.

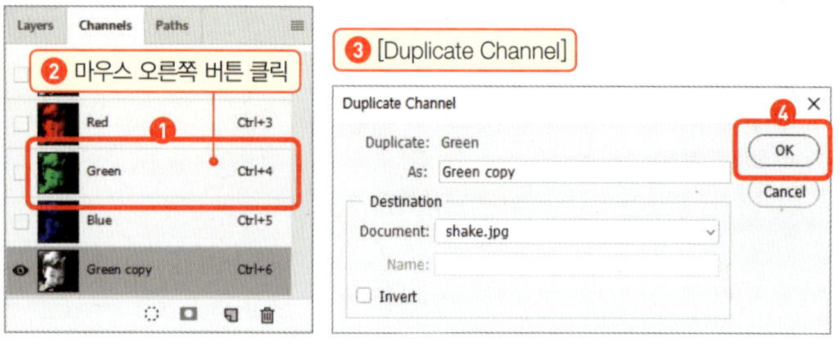

02 메뉴 바에서 [Filter]–[Filter Gallery]를 선택하고 옵션 창이 열리면 [Stylize]–[Glowing Edges]를 선택합니다. 가장자리 부분이 선명해지도록 다음과 같이 설정하고 〈OK〉를 클릭합니다.

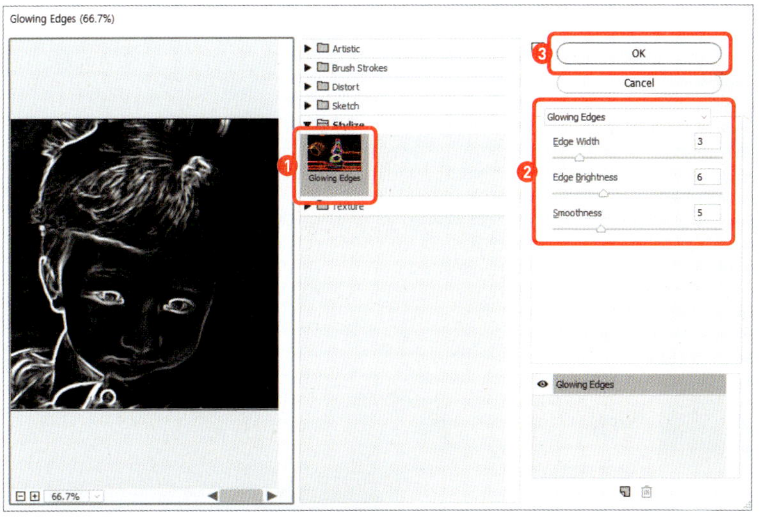

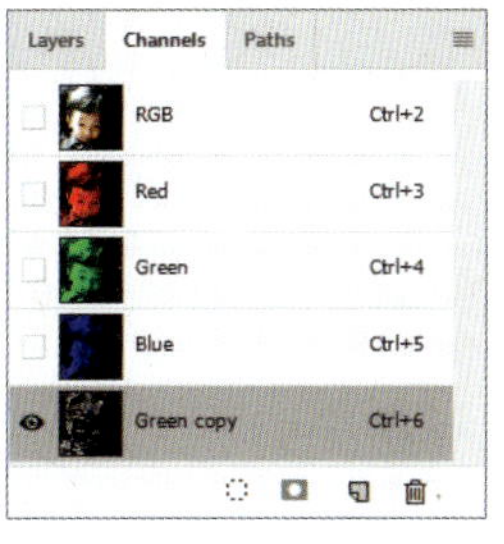

03 Green copy 채널이 선택된 상태에서 [Image]–[Adjustments]–[Levels]를 선택합니다. 옵션 창에서 다음 그림과 같이 설정하여 흰 영역을 늘린 다음 〈OK〉를 클릭합니다.

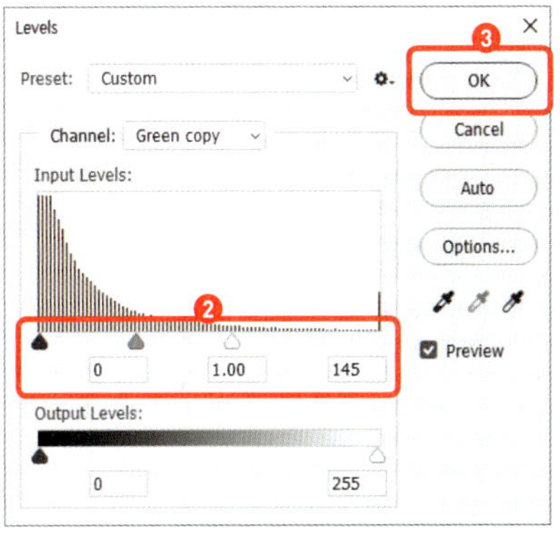

04 Ctrl 을 누른 채로 Green copy 채널의 섬네일을 클릭하여 선택 영역을 만듭니다.

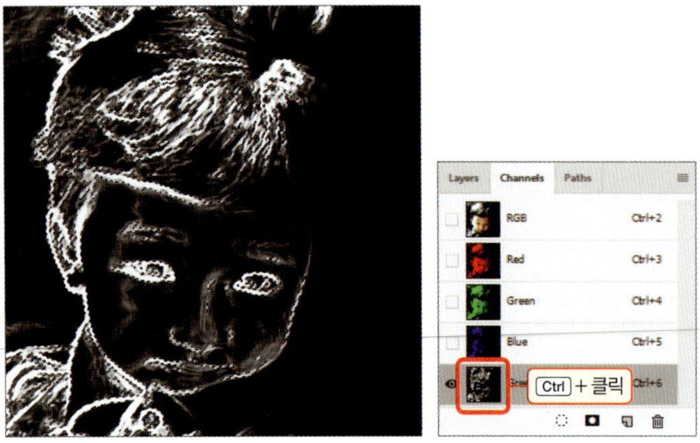

05 선택 영역을 유지한 상태로 RGB 채널을 클릭하여 색상 채널이 모두 보이도록 만듭니다.

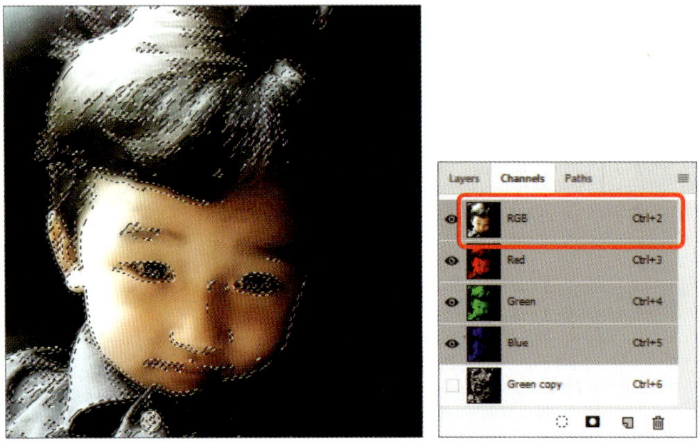

06 레이어 패널로 돌아와 Ctrl + J 를 누르면 선택 영역이 복제됩니다.

07 Layer 1이 선택된 상태에서 [Filter]-[Sharpen]-[Smart Sharpen]을 선택합니다. 이미지를 확인하면서 옵션 창에서 값을 다음과 같이 설정하고 〈OK〉를 클릭합니다.

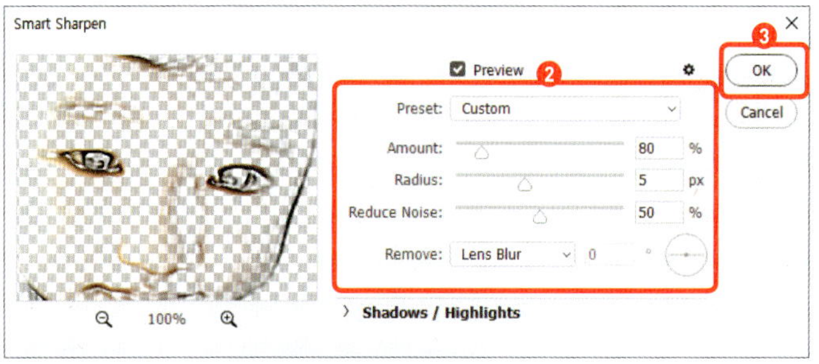

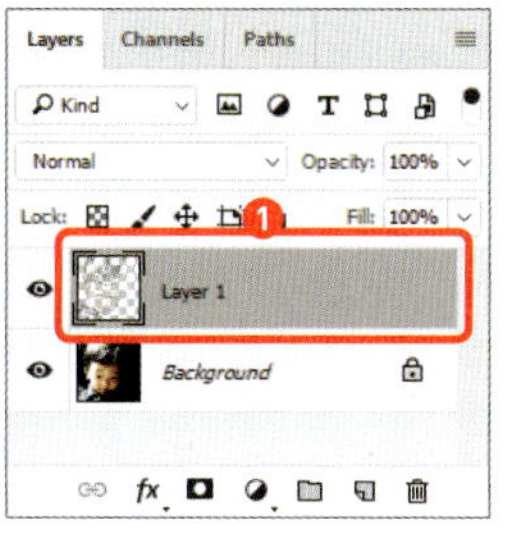

08 다시 Layer 1이 선택된 상태에서 [Filter]-[Sharpen]-[Unsharp Mask]을 선택합니다. 옵션 창에서 값을 다음과 같이 설정하고 〈OK〉를 클릭합니다. Layer 1의 이미지가 선명하게 조절되면서 흔들린 이미지가 보정됩니다.

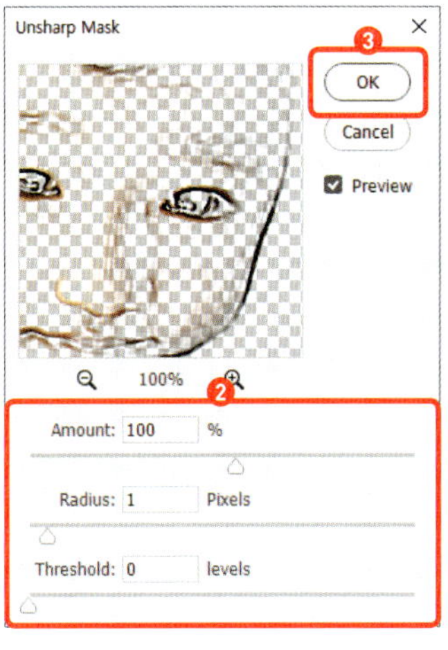

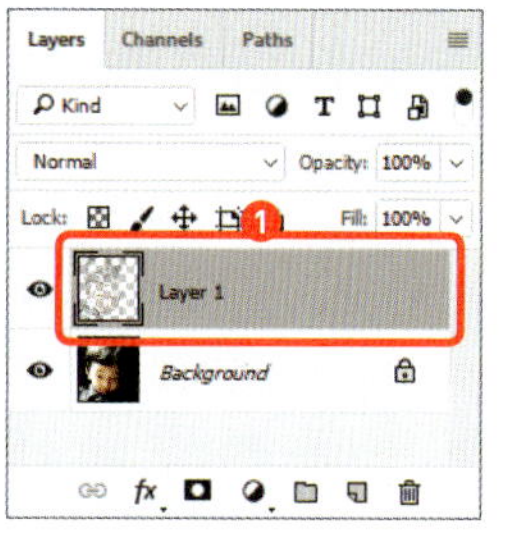

CHAPTER

08

이미지의 색상 보정

포토샵은 밝기, 색상, 흑백 조절 메뉴 등을 통해 이미지를 손쉽게 보정할 수 있고, 필터 메뉴를 통해 몇 번의 클릭만으로 마법 같은 효과를 만들 수 있습니다. 이런 요소는 포토샵을 더욱 흥미롭게 만들며, 특히 사진 작업을 할 때 유용하게 사용됩니다. 이번 장에서는 색상 보정을 위한 다양한 조절 메뉴와 이미지 변형을 위한 필터에 대해 알아보고, 실습을 통해 핵심 필터의 사용법을 연습해 봅니다.

SECTION 01

밝기 조절하기

• 핵심 기능 I Adjustments 메뉴

이미지의 밝기 조절하기

포토샵은 이미지의 밝기를 조절할 수 있는 여러 메뉴를 제공합니다. 밝기를 조절할 때는 이미지의 밝고 어두운 정도나 색상에 따라 한 가지 또는 여러 메뉴를 함께 사용하는 것이 좋습니다.

01 자동으로 조절하기 Chapter_08 ▸ Section_01 ▸ light.jpg 파일을 불러옵니다. 메뉴 바에서 [Image]–[Auto Tone]을 선택한 후 이미지를 확인합니다. 히스토리 패널에서 원본 이미지로 되돌리고 [Image] 메뉴의 [Auto Contrast]와 [Auto Color]도 차례대로 선택하여 적용해 봅니다.

■ 원본 이미지

■ Auto Tone을 적용한 이미지

■ Auto Contrast를 적용한 이미지

■ Auto Color를 적용한 이미지

02 Brightness/Contrast 조절하기 히스토리 패널에서 원본 이미지로 되돌리고 [Image]–[Adjustments]–[Brightness/Contrast] 메뉴를 선택하여 아래와 같이 설정한 후 〈OK〉를 클릭합니다. Brightness/Contrast는 밝기와 대비를 조절하는 메뉴로, Preview를 체크하면 값에 따라 이미지가 어떻게 변하는지 눈으로 직접 확인하면서 조절할 수 있습니다.

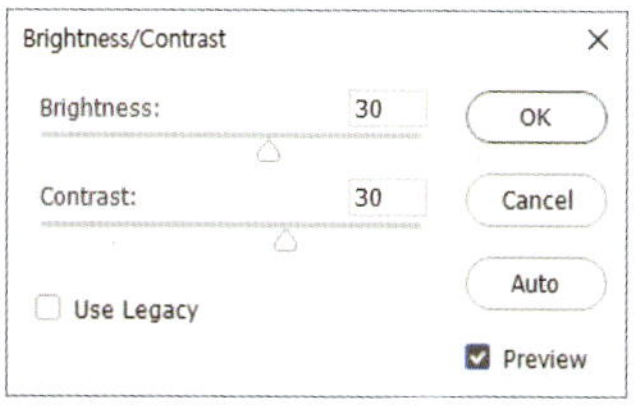

■ Brightness와 Contrast를 조절한 이미지

Tip 옵션 창에서 Use Legacy는 어도비 제품군에서 CS 이전 버전의 효과를 의미합니다. 차이점은 아래 그림과 같습니다.

■ Brightness 100

■ Use Legacy+Brightness 100

■ Contrast 100

■ Use Legacy+Contrast 100

03 Levels 조절하기 히스토리 패널에서 원본 이미지로 되돌리고 [Image]–[Adjustments]–[Levels]를 선택합니다. Levels는 이미지의 빛과 색의 농도를 표현해 놓은 막대그래프로 Input Levels 아래에 보이는 작은 삼각형 세 개를 움직여 빛과 색의 농도를 조절합니다. 삼각형을 오른쪽으로 움직이면 어두워지고 왼쪽으로 움직이면 밝아집니다. Channel 옵션에서 Red, Green, Blue 채널별로 농도를 조절할 수도 있습니다. 삼각형을 움직여 이미지의 변화를 살펴보고 〈OK〉를 클릭하여 적용합니다.

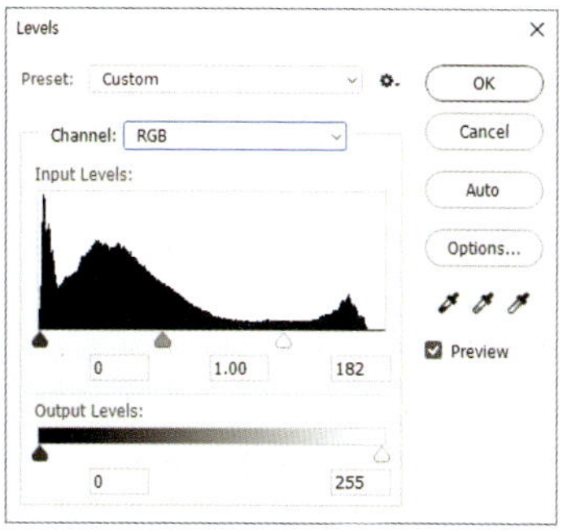

■ Levels를 조절한 이미지

04 Curves 조절하기 원본 이미지로 되돌리고 [Image]−[Adjustments]−[Curves]를 선택합니다. Curves는 Levels와 마찬가지로 빛과 색의 농도를 조절하는 역할을 하지만, 그중에서도 대비와 하이라이트를 조절합니다. 옵션 창에서 그래프 안쪽의 사선을 드래그하면 드래그한 부분에 앵커 포인트가 생깁니다. 앵커 포인트를 사선의 왼쪽 방향으로 이동하면 대비가 늘면서 밝아지고, 오른쪽 방향으로 이동하면 대비가 줄면서 어두워집니다. 사선을 움직여 이미지의 변화를 살펴보고 〈OK〉를 클릭하여 적용합니다.

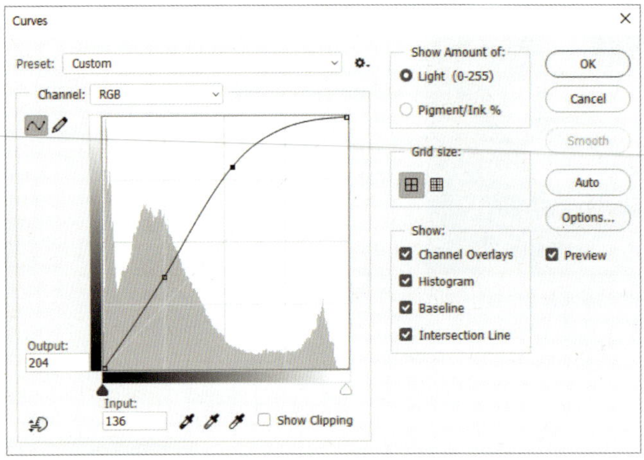

■ Curves를 조절한 이미지

05 Exposure 조절하기 원본 이미지로 되돌리고 [Image]−[Adjustments]−[Exposure]를 선택합니다. Exposure는 필름에 적당한 빛을 주어 노출을 조절합니다. 옵션 창에서 Exposure는 빛의 양을 조절하며, Offset은 중간 톤의 대비를 강하게 또는 약하게 조절합니다. Gamma는 명암 대비를 조절합니다. 사진의 색상에 따라 값을 조금만 바꿔도 결과가 크게 차이 나므로 값을 조금씩 늘리거나 줄여나가는 것이 좋습니다. 수치를 조절하여 이미지의 변화를 살펴보고 〈OK〉를 클릭하여 적용합니다.

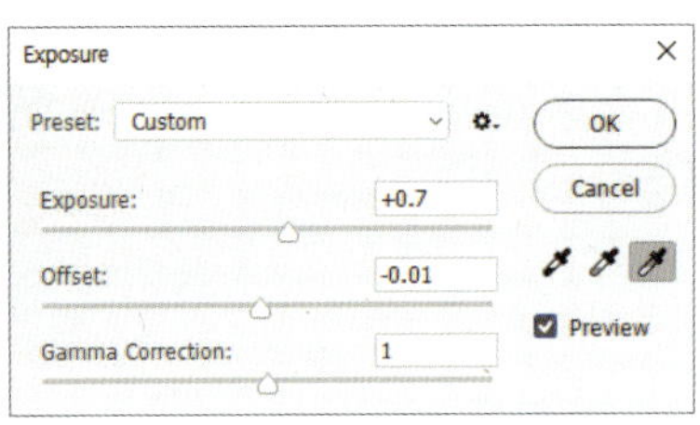

■ Exposure를 조절한 이미지

06 **Shadows/Highlights 조절하기** 원본 이미지로 되돌리고 [Image]–[Adjustments]–[Shadows/Highlights]를 선택합니다. Shadows/Highlights는 이미지 전체가 아닌 어두운 부분과 밝은 부분의 양을 조절합니다. 수치를 조절하여 이미지의 변화를 살펴보고 〈OK〉를 클릭하여 적용합니다.

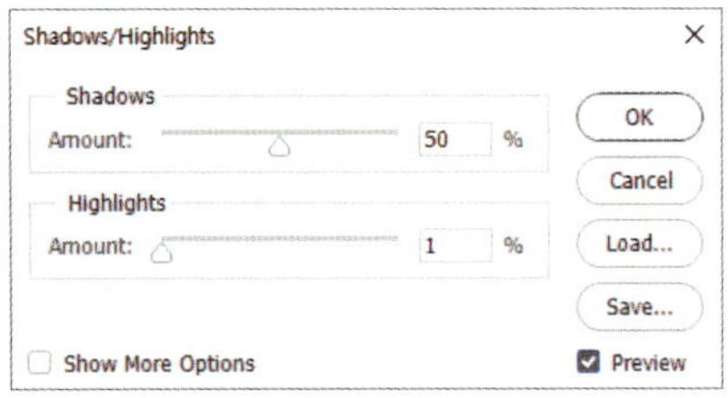

■ Shadows/Highlights를 조절한 이미지

07 **HDR Toning 조절하기** 원본 이미지로 되돌리고 [Image]–[Adjustments]–[HDR Toning]을 선택합니다. HDR은 High Dynamic Range의 약자로 이미지에서 가장 밝고 가장 어두운 부분의 농도 차를 조절합니다. 수치를 조절하여 이미지의 변화를 살펴보고 〈OK〉를 클릭하여 적용합니다.

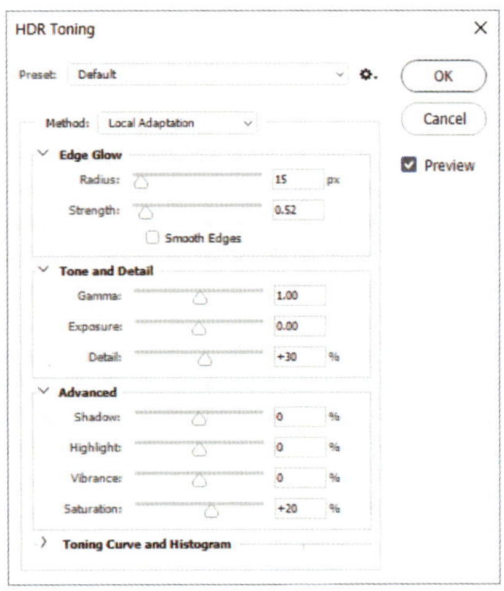

■ HDR Toning을 조절한 이미지

08 **Equalize 조절하기** 원본 이미지로 되돌리고 [Image]–[Adjustments]–[Equalize]를 선택하여 적용합니다. Equalize는 자동으로 평균값의 밝기와 어둡기를 조절합니다.

■ Equalize를 조절한 이미지

응용 예제 밝기를 조절하여 생기 있는 사진 만들기

Levels를 이용하여 이미지 밝기를 조절해 보고, 스포이트 옵션의 사용법도 알아봅니다.

■ 준비 이미지

■ 완성 이미지

01 Chapter_08 ▸ Section_01 ▸ levels.jpg 파일을 불러옵니다. 메뉴 바에서 [Image]–[Adjustments]–[Levels]를 선택하고 옵션 창 오른쪽에 보이는 스포이트 중 왼쪽 스포이트(✐)를 클릭합니다. 사진에서 가장 어두워 보이는 부분을 클릭합니다. 클릭한 부분이 가장 어두운 부분으로 지정되면서 밝기가 자동으로 조절됩니다.

Tip 왼쪽 스포이트를 선택한 곳이 이미지에서 가장 어두운 부분이 되고, 중간 스포이트는 중간 톤, 오른쪽 스포이트는 가장 밝은 곳이 됩니다.

02 막대그래프 아래쪽에 보이는 왼쪽 삼각형을 오른쪽으로 밀어 가장 어두운 부분의 농도를 줄이면 이미지가 선명해집니다.

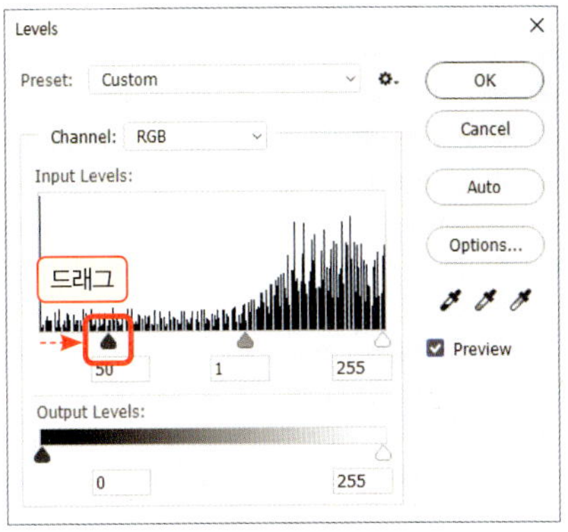

03 중간 삼각형을 오른쪽으로 밀어 중간 톤을 조절합니다.

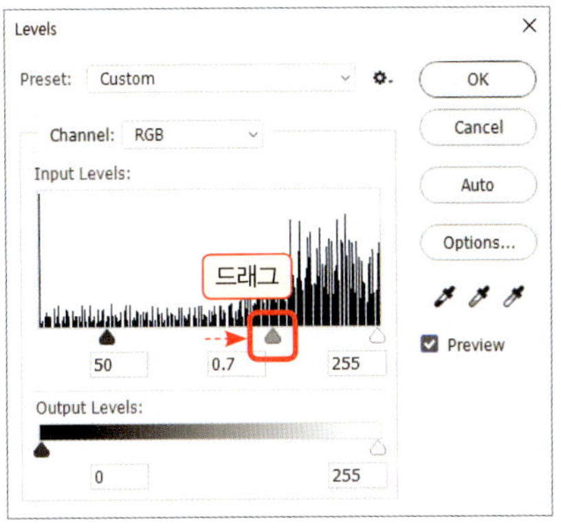

04 Channel을 Green으로 바꾸고 왼쪽 삼각형을 왼쪽으로 밀어 노란빛을 줄입니다.

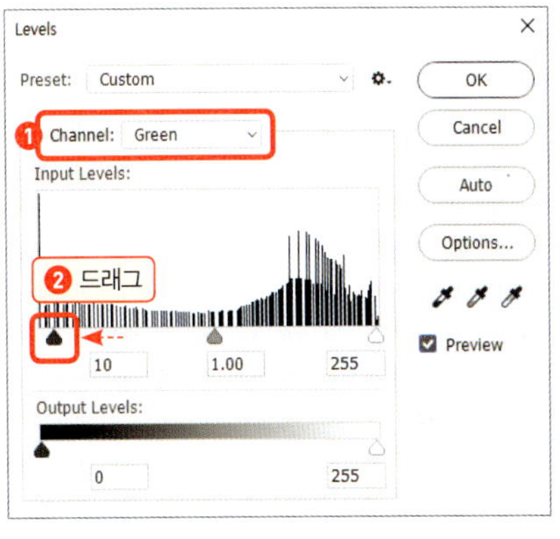

05 Channel을 Red로 바꾸고 오른쪽 삼각형을 왼쪽으로 밀어 Red 채널의 농도를 높입니다. 아기 피부가 건강하게 바뀌면 〈OK〉를 클릭해 이미지를 완성합니다.

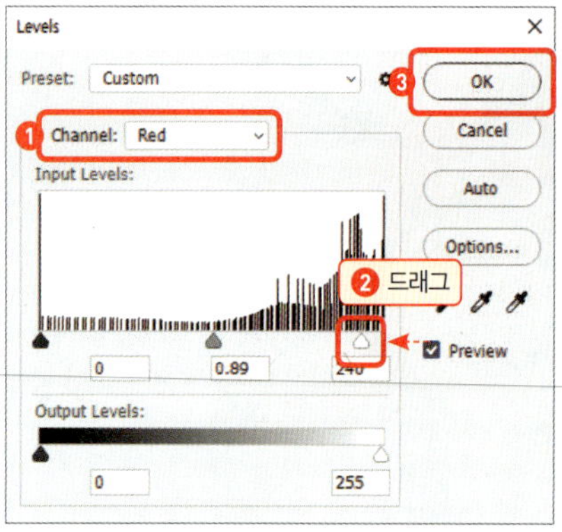

SECTION

02

색상 보정하기

• **핵심 기능 I** Adjustments 메뉴

이미지의 색상 보정하기

포토샵을 사용하는 즐거움 중 하나는 이미지의 색상을 클릭 몇 번으로 자유롭게 조절할 수 있다는 것입니다. 이미지의 색상을 조절하는 메뉴를 살펴보고 용도와 목적에 맞게 사용하는 방법을 배워 봅니다.

01 Vibrance 조절하기 Chapter_08 ▸ Section_02 ▸ mailbox.jpg 파일을 불러옵니다. 메뉴 바에서 [Image]-[Adjustments]-[Vibrance]를 선택하면 옵션 창이 열립니다. Vibrance는 순색이 되도록 채도를 조절하는 기능으로 채도를 유지하면서 전문적인 교정을 할 수 있습니다. 수치를 조절하여 이미지의 변화를 살펴보고 〈OK〉를 클릭하여 적용합니다.

■ 원본 이미지

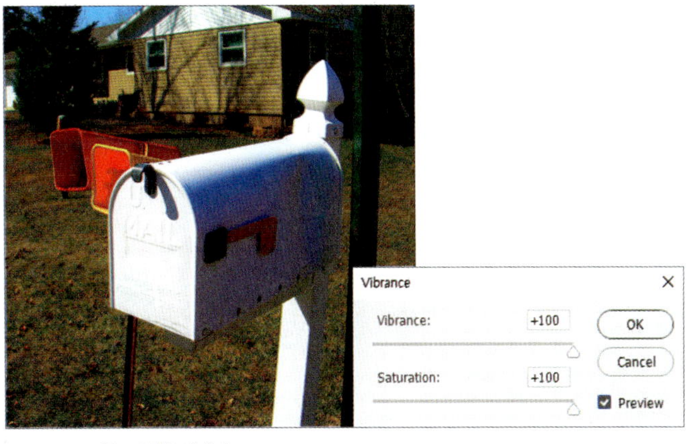

■ Vibrance를 조절한 이미지

02 Hue/Saturation 조절하기 히스토리 패널에서 원본 이미지로 되돌리고 [Image]-[Adjustments]-[Hue/Saturation]을 선택합니다. 옵션 창에서는 슬라이드 바를 움직여 색상, 채도, 명도를 조절할 수 있으며, Master에서 색상만 변경할 수도 있습니다. Colorize를 체크하면 전경색이 적용됩니다. 수치를 조절하여 이미지의 변화를 살펴보고 〈OK〉를 클릭하여 적용합니다.

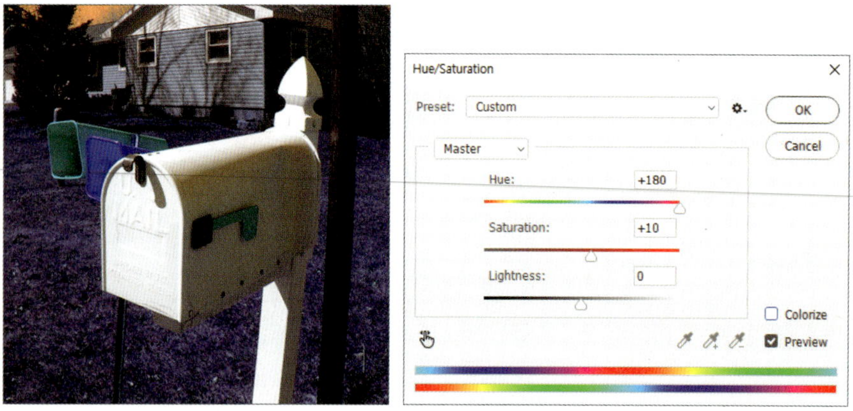

■ Hue/Saturation을 조절한 이미지

03 Color Balance 조절하기 히스토리 패널에서 원본 이미지로 되돌리고 [Image]-[Adjustments]-[Color Balance]를 선택합니다. 옵션 창의 Color Balance에서 세 가지 옵션으로 색상을 조절할 수 있습니다. Preserve Luminosity를 체크하면 발광을 유지한 채 색상만 변경됩니다. 수치를 조절하여 이미지의 변화를 살펴보고 〈OK〉를 클릭하여 적용합니다.

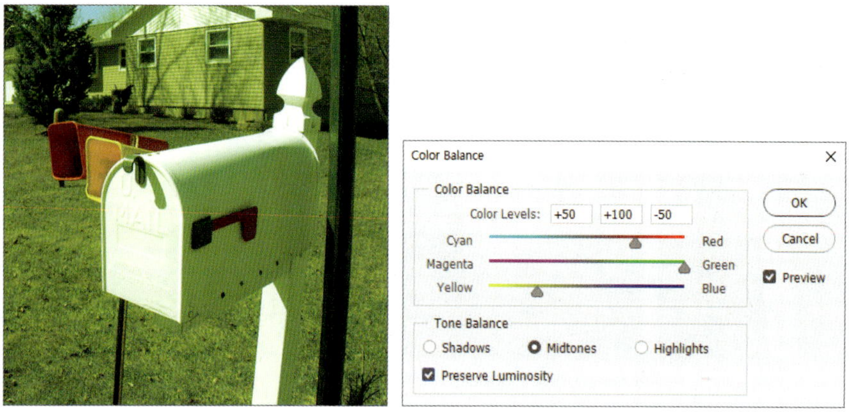

■ Color Balance를 조절한 이미지

04 **Photo Filter 조절하기** 원본 이미지로 되돌리고 [Image]-[Adjustments]-[Photo Filter]를 선택합니다. Photo Filter는 카메라에 끼는 필터와 같은 효과를 적용하는 기능입니다. 옵션 창의 Filter에서 필터 효과를 선택하고 Color에서 원하는 색상을 골라 이미지의 변화를 살펴보고 〈OK〉를 클릭하여 적용합니다.

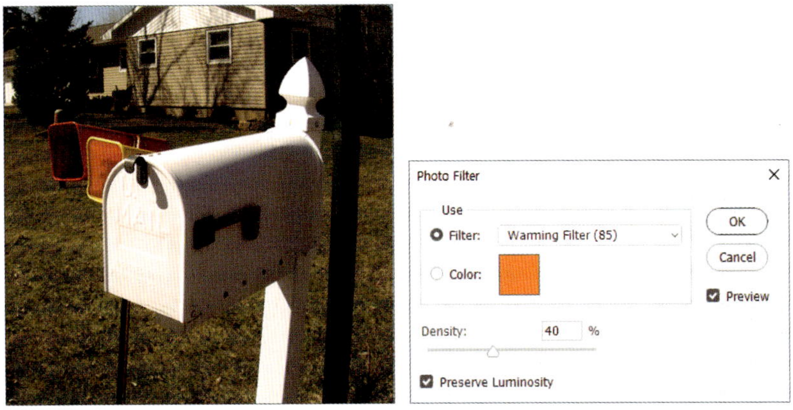

■ Photo Filter를 조절한 이미지

05 **Channel Mixer 조절하기** 원본 이미지로 되돌리고 [Image]-[Adjustments]-[Channel Mixer]를 선택합니다. 옵션 창에서는 각각의 색상 채널을 조절할 수 있고, Preset에서 여러 채널을 섞어 놓은 채널을 골라서 적용할 수도 있습니다. 수치를 조절하여 이미지의 변화를 살펴보고 〈OK〉를 클릭하여 적용합니다.

■ Channel Mixer를 조절한 이미지

06 Color Lookup 조절하기 원본 이미지로 되돌리고 [Image]-[Adjustments]-[Color Lookup]을 선택합니다. Color Lookup은 전문 사진가가 주로 사용하는 메뉴입니다. 옵션 창에 있는 3DLUT File은 서로 다른 소프트웨어에서 동일한 색상을 적용하기 위해 사용하는 옵션이고, Abstract와 Device Link는 서로 다른 시스템에서 일관되게 색을 보정할 수 있도록 표준 규격을 선택하는 옵션입니다. 수치를 조절하여 이미지의 변화를 살펴보고 〈OK〉를 클릭하여 적용합니다.

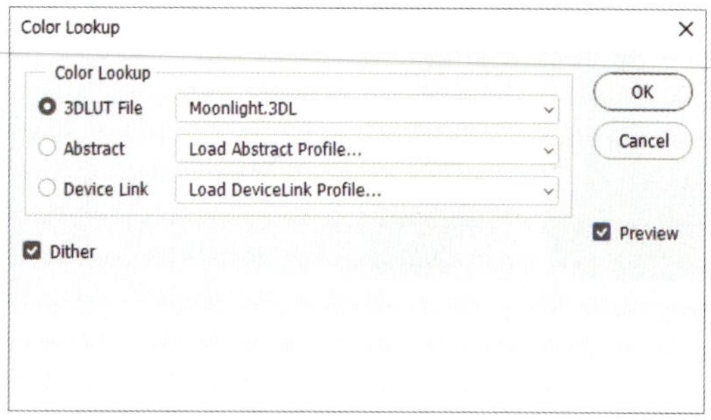

■ Color Lookup을 조절한 이미지

07 Invert 조절하기 원본 이미지로 되돌리고 [Image]-[Adjustments]-[Invert]를 선택합니다. Invert는 별다른 옵션 없이 바로 실행되는데, 네거티브 필름처럼 명암의 짙기와 옅기를 반전시켜 보여 줍니다.

■ Invert를 적용한 이미지

08 Posterize 조절하기 원본 이미지로 되돌리고 [Image]-[Adjustments]-[Posterize]를 선택합니다. 옵션 창에서 Levels 값을 조절하면 화면에 나타나는 색상 수가 조절되면서 이미지가 단순해집니다. 수치를 조절하여 이미지의 변화를 살펴보고 〈OK〉를 클릭하여 적용합니다.

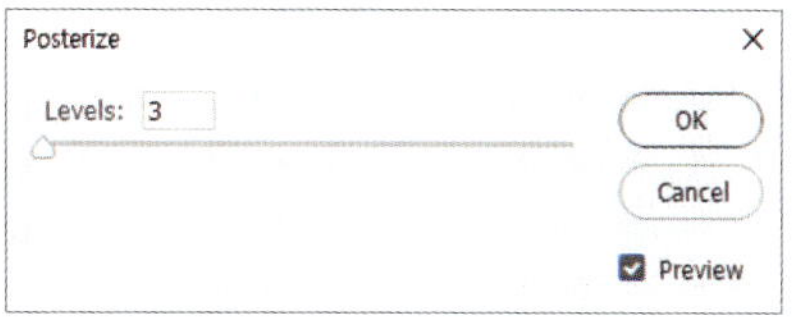

■ Posterize를 조절한 이미지

09 Gradient Map 조절하기 원본 이미지로 되돌리고 [Image]-[Adjustments]-[Gradient Map]을 선택합니다. Gradient Map을 적용하면 그레이디언트가 이미지 전체에 골고루 분포되는 것이 아니라, 이미지의 명암에 따라 다르게 적용됩니다. 수치를 조절하여 이미지의 변화를 살펴보고 〈OK〉를 클릭하여 적용합니다.

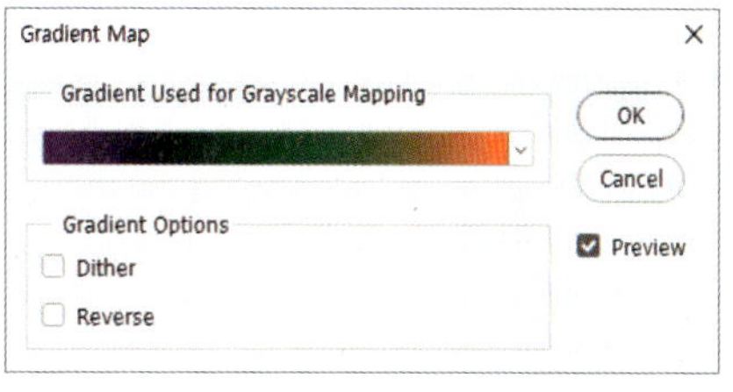

■ Gradient Map을 적용한 이미지

10 Selective Color 조절하기 원본 이미지로 되돌리고 [Image]−[Adjustments]−[Selective Color]를 선택합니다. Selective Color는 색을 CMYK 색상으로 보정합니다. 수치를 조절하여 이미지의 변화를 살펴보고 〈OK〉를 클릭하여 적용합니다.

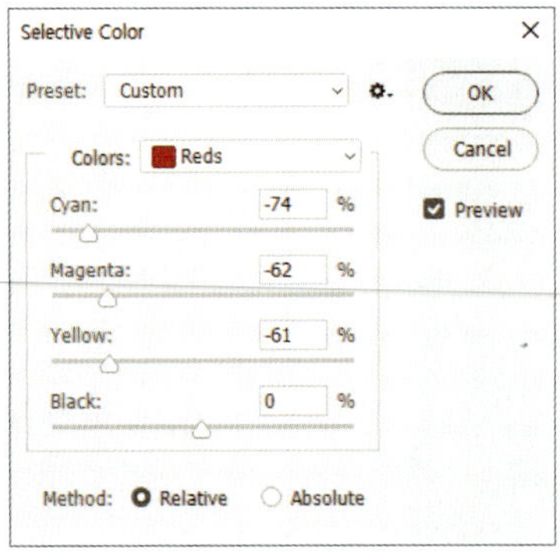

■ Selective Color를 조절한 이미지

11 Match Color 조절하기 원본 이미지로 되돌리고 [Image]−[Adjustments]−[Match Color]를 선택합니다. Match Color는 기준이 되는 소스 이미지를 불러와 유사한 색상과 채도로 자동 조절할 때 사용합니다. 기준이 되는 소스 파일은 반드시 열려 있어야 하며 자동으로 조절된 색상과 채도는 Image Options에서 조절할 수 있습니다. 수치를 조절하여 이미지의 변화를 살펴보고 〈OK〉를 클릭하여 적용합니다.

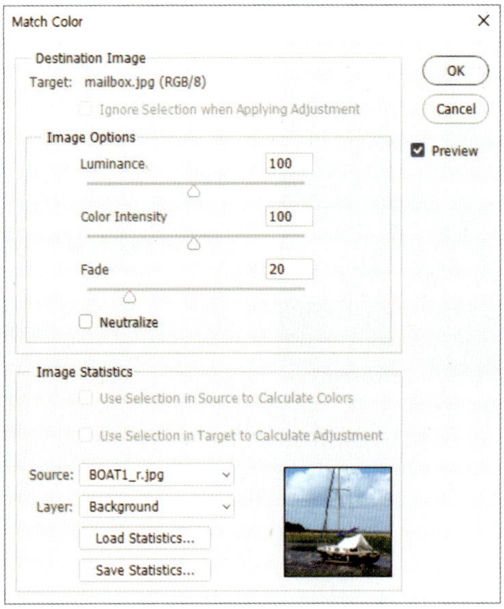

■ Match Color를 조절한 이미지

12 Replace Color 조절하기 원본 이미지로 되돌리고 [Image]-[Adjustments]-[Replace Color]를 선택하여 적용합니다. 옵션 창이 열리면 스포이트로 이미지의 특정 부분을 클릭하여 색상을 추출하고 Fuzziness 값을 조절하여 적용할 색상 영역을 지정한 다음 Result를 클릭하여 원하는 색상으로 변경합니다.

■ Replace Color를 조절한 이미지

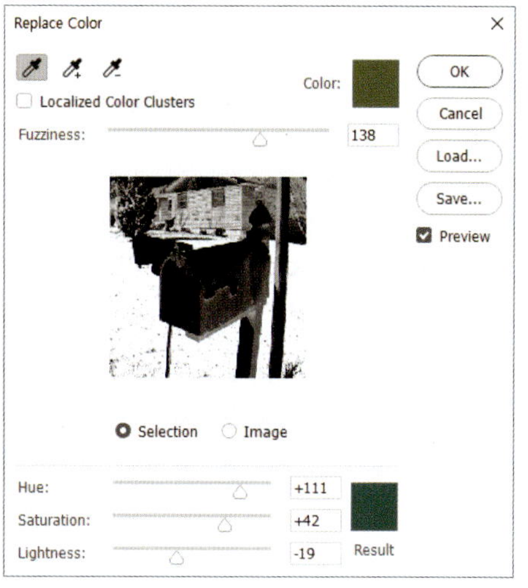

• **준비 파일** camera.psd • **완성 파일** camera_result.psd

응용 예제 로모 효과 만들기

로모 효과는 사진 가장자리가 어둡게 표현되는 효과로 로모 카메라로 찍은 사진 느낌과 비슷하다고 해서 붙여진 이름입니다. 비네팅 효과나 터널 효과로도 불립니다. 이 효과를 [Adjustments]-[Gradient Map]을 이용하여 만들어 봅니다.

■ 준비 이미지

■ 완성 이미지

01 Chapter_08 ▸ Section_02 ▸ camera.psd 파일을 불러온 다음 Ctrl+J를 눌러 Background 레이어를 복제합니다.

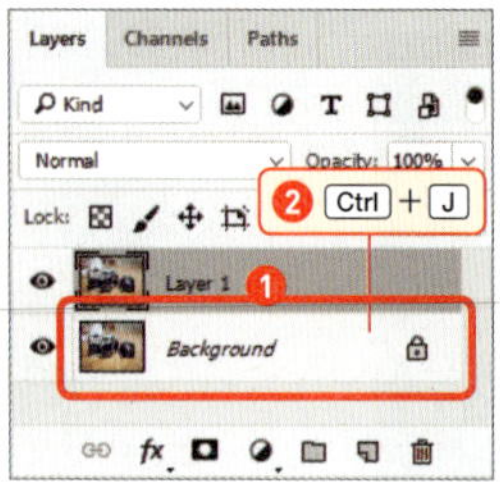

02 [Image]–[Adjustments]–[Gradient Map]을 선택합니다. 옵션 창에서 Gradient Used for Grayscale Mapping을 Violet, Orange로 선택한 후 〈OK〉를 클릭해서 적용합니다.

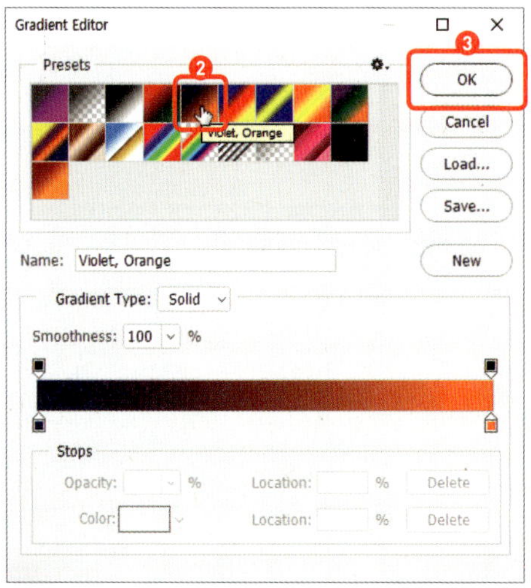

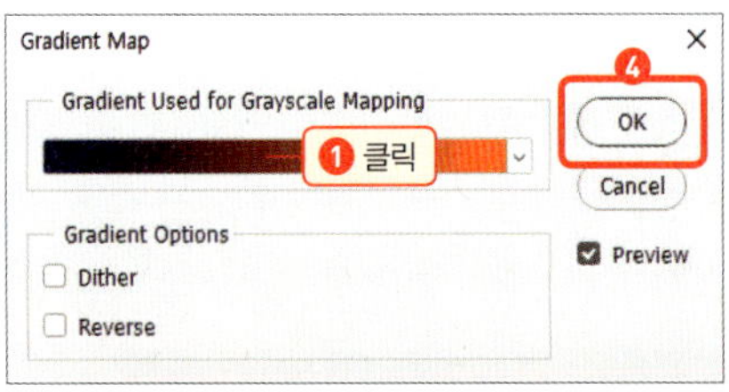

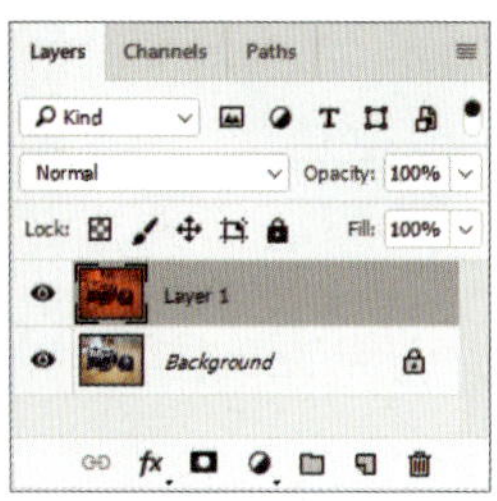

03 Layer 1의 Opacity를 30%로 낮춥니다.

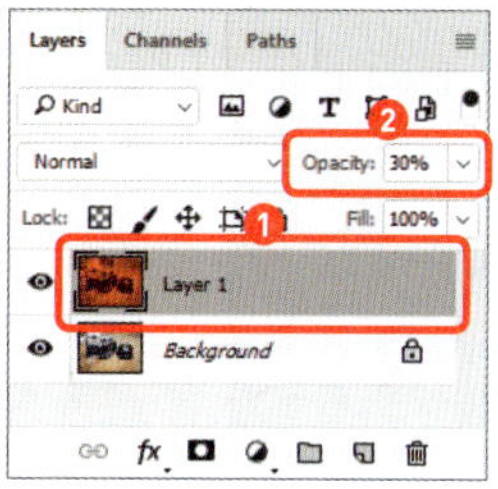

04 Layer 1이 선택된 상태에서 단축키 D를 눌러 전경색을 검은색으로 설정합니다. 레이어 패널의 Fill 또는 Adjustment 레이어 버튼(◐)를 클릭하여 [Gradient]를 선택합니다. 옵션 창에서 Style을 Radial, Scale을 180%로 설정하고 Reverse를 체크한 다음 〈OK〉를 클릭합니다.

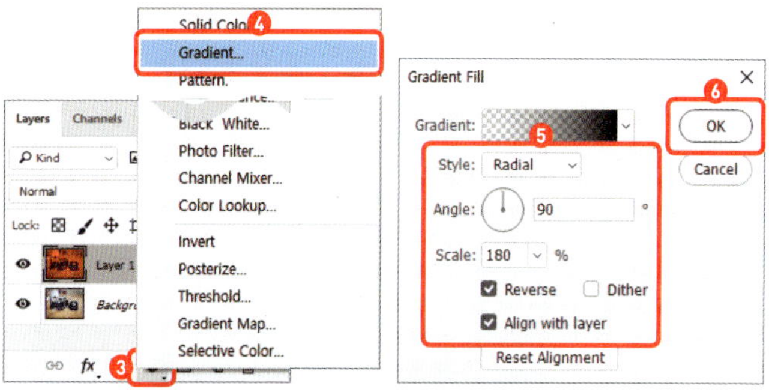

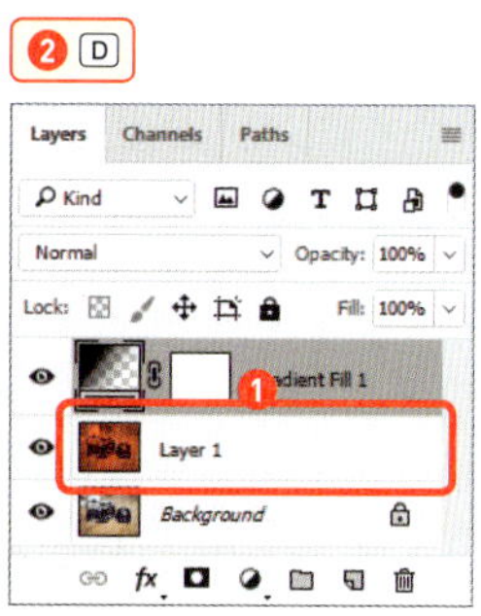

05 Gradient Fill 1 레이어의 Opacity를 80%로 낮춰 로모 효과를 완성합니다.

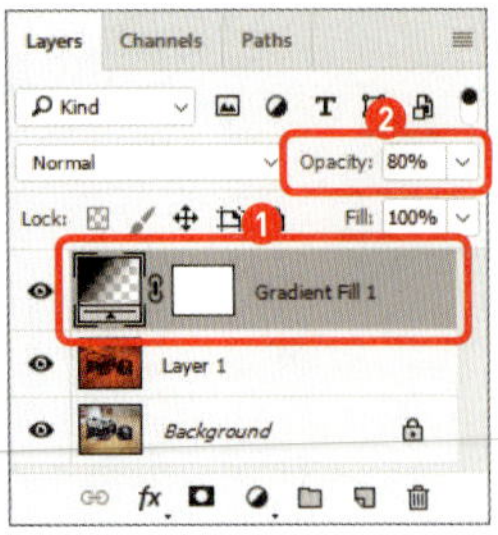

혼자 해 보기 | 로모 효과 연습하기

• **준비 파일** lomo.psd • **완성 파일** lomo_result.psd

[Adjustments]–[Gradient Map] 메뉴를 이용하여 로모 효과를 만들어 봅니다.

■ 준비 이미지

■ 완성 이미지

SECTION

03

흑백 이미지 만들기

• **핵심 기능 I** Adjustments 메뉴

컬러 이미지를 흑백 이미지로 만들기

포토샵은 이미지를 흑백으로 만들 수 있는 여러 메뉴를 제공합니다. 각 메뉴는 같은 흑백 이미지라도 색감을 조금씩 다르게 표현합니다. 이 Section에서는 여러 메뉴를 이용하여 흑백 이미지를 만드는 방법을 알아봅니다.

01 Vibrance 조절하기 Chapter_08 ▸ Section_03 ▸ flower.jpg를 불러옵니다. 메뉴 바에서 [Image]-[Adjustments]-[Vibrance]를 선택합니다. Vibrance를 이용하면 색감을 조절할 수도 있지만 채도를 떨어트려 흑백 이미지를 만들 수도 있습니다. 옵션 창에서 Saturation을 -100으로 설정하면 이미지가 흑백으로 바뀝니다. Vibrance 옵션에 따라 흑백 이미지에 미묘한 변화를 줄 수도 있습니다. 수치를 조절하여 이미지의 변화를 살펴보고 〈OK〉를 클릭하여 적용합니다.

■ 원본 이미지

■ Vibrance를 적용하여 만든 흑백 이미지

02 Hue/Saturation 조절하기 원본 이미지로 되돌리고 [Image]–[Adjustments]–[Hue/Saturation]을 선택합니다. 옵션 창에서 Saturation을 −100으로 조절하면 이미지가 흑백으로 바뀝니다. Lightness를 조절하여 흑백의 농도도 조절할 수 있습니다. 수치를 조절하여 이미지의 변화를 살펴보고 〈OK〉를 클릭하여 적용합니다.

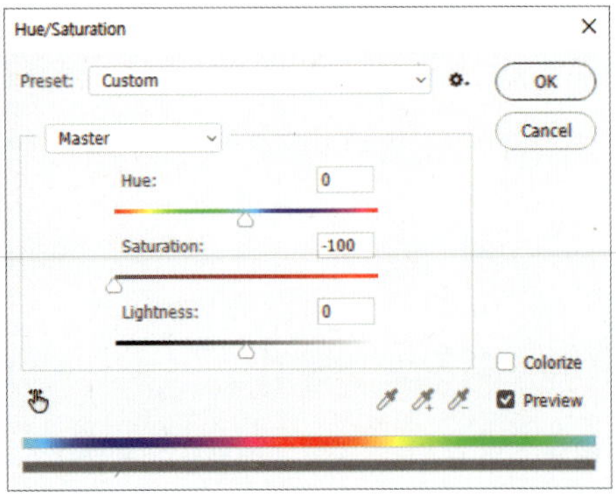

■ Hue/Saturation을 적용하여 만든 흑백 이미지

03 Black & White 조절하기 원본 이미지로 되돌리고 [Image]–[Adjustments]–[Black & White]를 선택하면 이미지가 자동으로 흑백으로 바뀝니다. 옵션 창에서 색상별 옵션을 이용해 원본 이미지의 색상에 따라 흑백 정도를 조절할 수 있습니다. 예를 들어 Reds 슬라이더를 오른쪽으로 밀면 붉은색이 흰색으로 바뀌고, 왼쪽으로 밀면 검은색으로 바뀝니다.

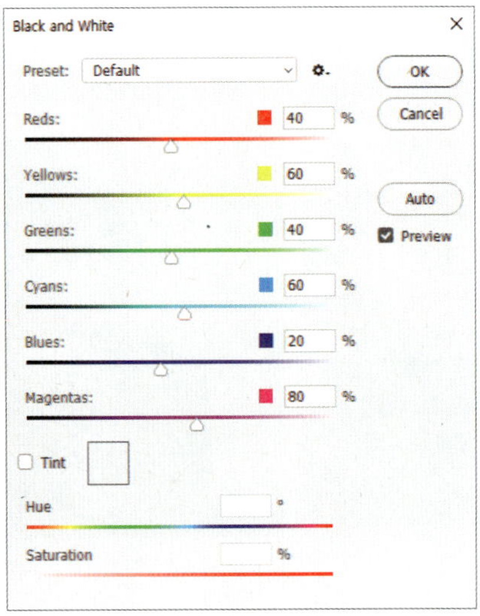

■ Black & White를 적용한 이미지

04 다음과 같이 Tint를 적용하면 흑백 이미지에 Tint 색상이 적용되면서 듀오톤 이미지가 만들어집니다. 수치를 조절하여 이미지의 변화를 살펴보고 〈OK〉를 클릭하여 적용합니다.

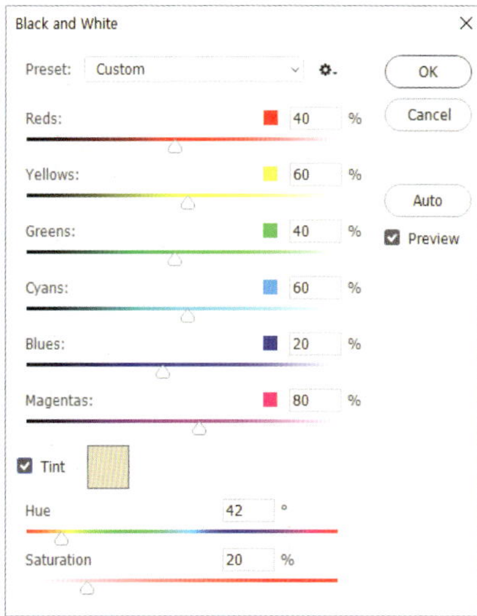

■ Tint를 적용하여 만든 듀오톤 이미지

05 **Threshold 조절하기** 원본 이미지로 되돌리고 [Image]-[Adjustments]-[Threshold]를 선택합니다. Threshold는 RGB를 검은색과 흰색으로만 구분하며, 구분된 영역은 Threshold Level 값에 따라 달라집니다. 수치를 조절하여 이미지의 변화를 살펴보고 〈OK〉를 클릭하여 적용합니다.

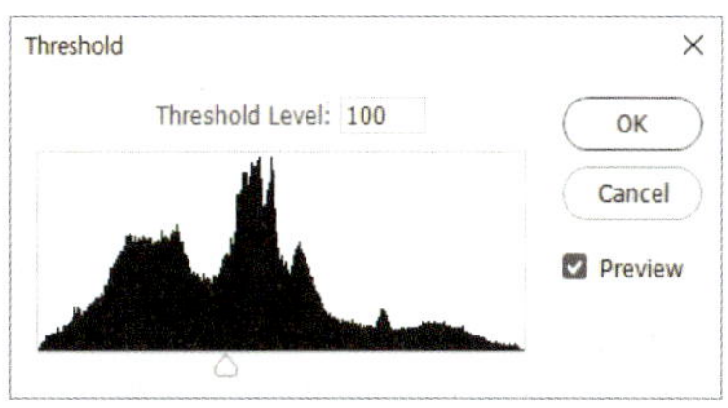

■ Threshold를 적용한 이미지

06 Desaurate 적용하기 원본 이미지로 되돌리고 메뉴 바에서 [Image]-[Adjustments]-[Desaurate]를 선택합니다. 이미지가 자동으로 흑백으로 바뀝니다.

■ Desaturate를 적용한 이미지

07 Grayscale 적용하기 원본 이미지로 되돌리고 [Image]-[Mode]-[Grayscale]을 선택합니다. 이미지가 자동으로 흑백으로 바뀝니다. Grayscale 모드에서는 이미지의 색상 정보가 모두 사라지고 오로지 검은색과 흰색만 사용할 수 있습니다. 반면 지금까지 살펴본 다른 메뉴는 화면에 보이는 이미지만 흑백으로 변경시킬 뿐 색상에 관한 정보를 모두 갖고 있어 필요할 때 색을 다시 사용할 수 있습니다.

■ Grayscale 모드를 적용한 이미지

Tip Grayscale 모드에서만 활성화되는 메뉴

[Image]-[Mode]-[Bitmap] 메뉴는 Grayscale 모드에서만 활성화됩니다. 1인치에 들어갈 픽셀 수를 지정하면 화면 이미지가 흑백 망점으로 보입니다. [Image]-[Mode]-[Duotone] 메뉴 역시 Grayscale 모드에서만 활성화됩니다. 듀오톤은 최대 네 가지의 색상을 섞어 쓸 수 있지만, 대개 흑백의 색감을 풍성하게 하려고 사용합니다.

■ Bitmap 모드를 적용한 이미지

■ Duotone 모드를 적용한 이미지

SECTION
04
필터 적용하기

• **핵심 기능 I** Filter Gallery 메뉴

스마트 필터의 기능

스마트 필터(Smart Filter)를 사용하면 원본을 변형하지 않은 상태에서 필터를 적용할 수 있고 필터를 수정하거나 삭제할 수도 있습니다.

01 필터 적용하기 Chapter_08 ▸ Section_04 ▸ strawberries.psd 파일을 불러옵니다. 메뉴 바에서 [Filter]–[Pixelate]–[Crystallize]를 선택합니다. 옵션 창에서 Cell Size를 10으로 설정하고 〈OK〉를 클릭합니다. 창을 저장하지 않고 그냥 닫습니다.

Tip 저장하고 창을 닫으면 원본을 되돌릴 수 없습니다.

02 스마트 필터 레이어 만들기 다시 strawberries.psd 파일을 열고 메뉴 바에서 [Filter]–[Convert for Smart Filters]를 선택합니다. 화면에는 아무런 변화가 없지만 레이어가 스마트 필터 레이어로 바뀐 것을 알 수 있습니다.

03 필터 적용하기 이 상태에서 [Filter]–[Pixelate]–[Crystallize]를 선택합니다. 옵션 창에서 Cell Size를 10으로 설정하고 〈OK〉를 클릭하면 레이어에 적용된 필터가 스마트 필터 상태로 나타납니다.

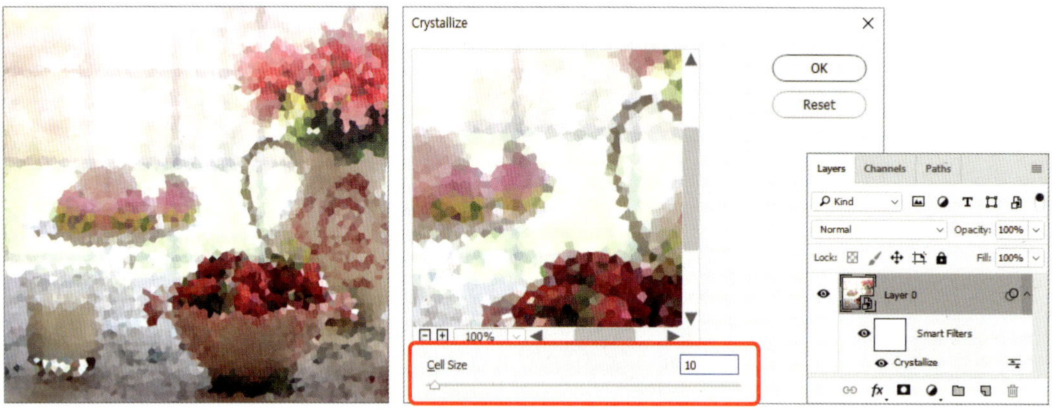

04 필터 보이지 않게 하기 스마트 필터의 눈 아이콘(👁)을 클릭하여 감추면 필터가 적용되지 않은 원본 상태를 확인할 수 있습니다. 특정 필터를 삭제하거나 변경하는 것도 가능합니다.

필터 갤러리의 기능

필터는 개별적으로 하나씩 사용할 수 있지만, 필터 갤러리(Filter Gallery)를 이용하면 여러 필터를 동시에 사용할 수 있습니다.

01 준비 파일 불러오기 Chapter_08 ▸ Section_04 ▸ drop.psd 파일을 불러옵니다.

02 여러 필터 적용하기 메뉴 바에서 [Filter]–[Filter Gallery]를 선택하고 옵션 창이 열리면 [Artistic]–[Paint Daubs]를 적용합니다. 옵션 창 오른쪽 아래에 있는 새 필터 적용 버튼(□)을 클릭하면 다른 필터를 함께 사용할 수 있고, 휴지통 버튼(□)을 클릭하면 적용한 필터를 제거할 수 있습니다.

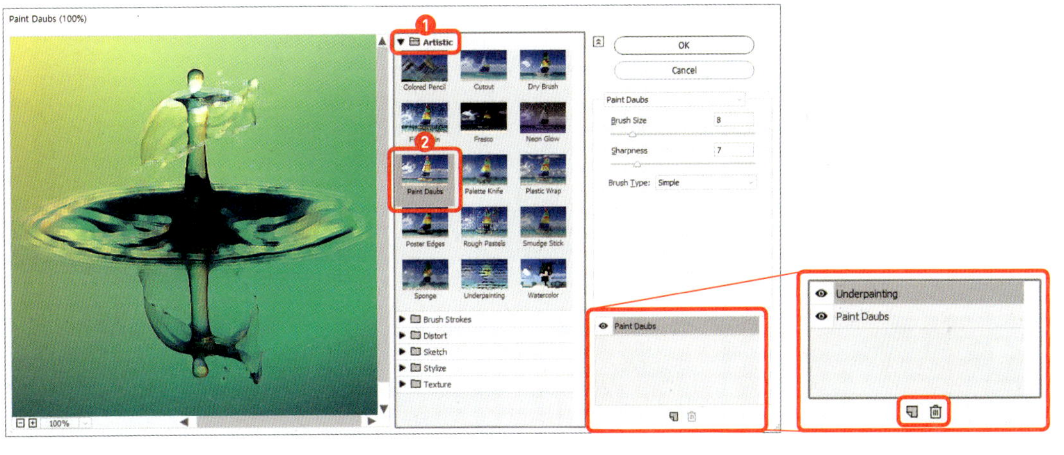

필터 갤러리 효과

Chapter_08 ▸ Section_04 ▸ raspberry.jpg 파일을 불러옵니다. 메뉴 바에서 [Filter]–[Filter Gallery]를 선택하고 옵션 창이 열리면 오른쪽의 필터 목록에서 하나씩 적용해 봅니다.

❶ Artistic(예술적인 효과)

■ Colored Pencil

■ Cutout

■ Dry Brush

■ Film Grain

■ Fresco

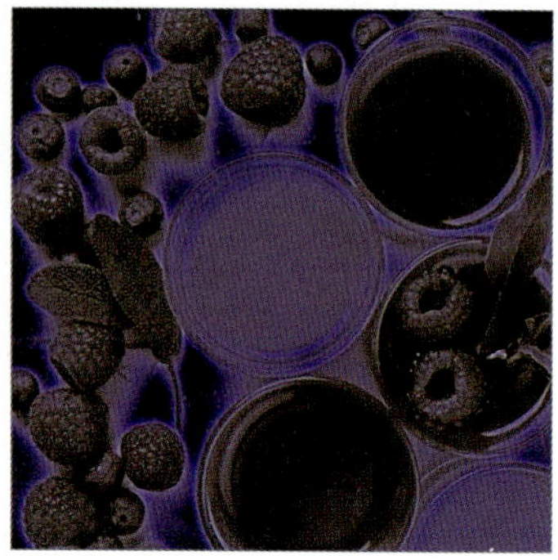

■ Neon Glow

■ Paint Daubs

■ Palette Knife

■ Plastic Warp

■ Poster Edges

■ Rough Pastels

■ Smudge Stick

■ Sponge

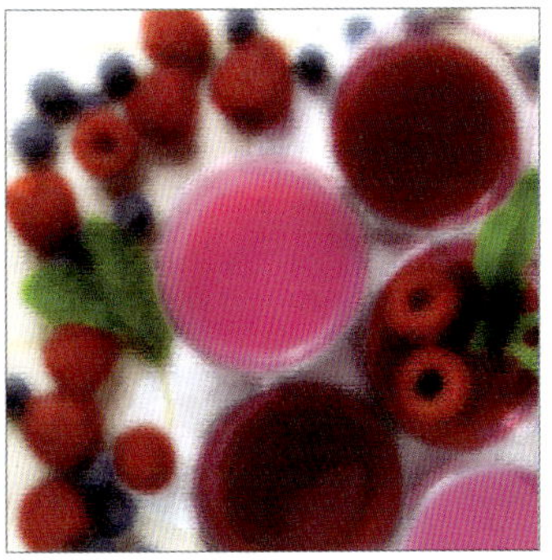

■ Underpainting

■ Watercolor

❷ Brush Strokes(붓놀림 효과)

■ Accented Edges

■ Angled Strokes

■ Crosshatch

■ Dark Strokes

■ Ink Outline

■ Spatter

■ Sprayed Strokes

■ Sumi-e

❸ Distort(왜곡 효과)

■ Diffuse Glow

■ Glass

■ Ocean Ripple

❹ Sketch(스케치 효과)

■ Bas Relief

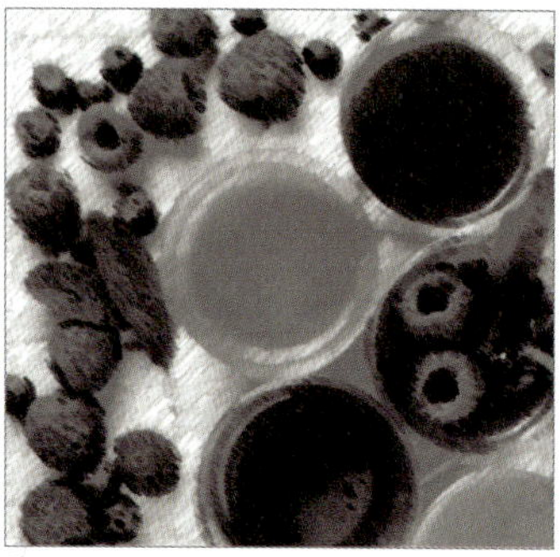

■ Chalk & Charcoal

■ Charcoal

■ Chrome

■ Conte Crayon

■ Graphic Pen

■ Halftone Pattern

■ Note Paper

■ Photocopy

■ Plaster

■ Reticulation

■ Stamp

■ Torn Edges

■ Water Paper

❺ Stylize(스타일 지정 효과)

■ Growing Edges

❻ Texture(질감 효과)

■ Craquelure

■ Grain

■ Mosaic Tiles

■ Patchwork

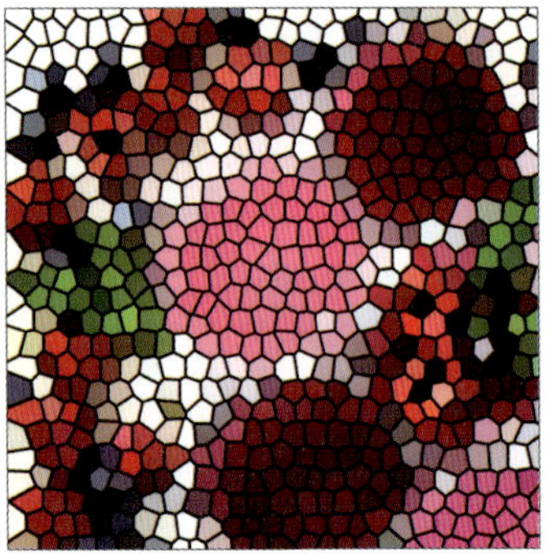
■ Stained Glass

■ Texturizer

• **준비 파일** girl.psd, paper.psd • **완성 파일** girl_result.psd

응용 예제 스케치 이미지 만들기

필터를 사용하여 이미지 반쪽을 연필로 스케치한 것처럼 만들고, 포토샵의 다양한 기능을 활용하여 매끈한 사진 질감을 거친 종이 질감으로 바꿔 봅니다.

■ 준비 이미지

■ 완성 이미지

01 Chapter_08 ▸ Section_04 ▸ girl.psd 파일을 불러옵니다. Ctrl + J 를 눌러 Background 레이어를 복제한 다음 메뉴 바에서 [Image]−[Adjustments]−[Desaturate]를 선택하여 이미지를 흑백으로 만듭니다.

02 Layer 1이 선택된 상태에서 [Image]−[Adjustments]−[Brightness/Contrast]를 선택합니다. 옵션 창에서 Brightness를 -10, Contrast를 100으로 설정하고 〈OK〉를 클릭합니다.

03 메뉴 바에서 [Filter]−[Filter Gallery]를 선택합니다. 옵션 창에서 [Artistic]−[Rough Pastels]를 선택하고 옵션을 다음과 같이 설정한 다음 〈OK〉를 클릭합니다.

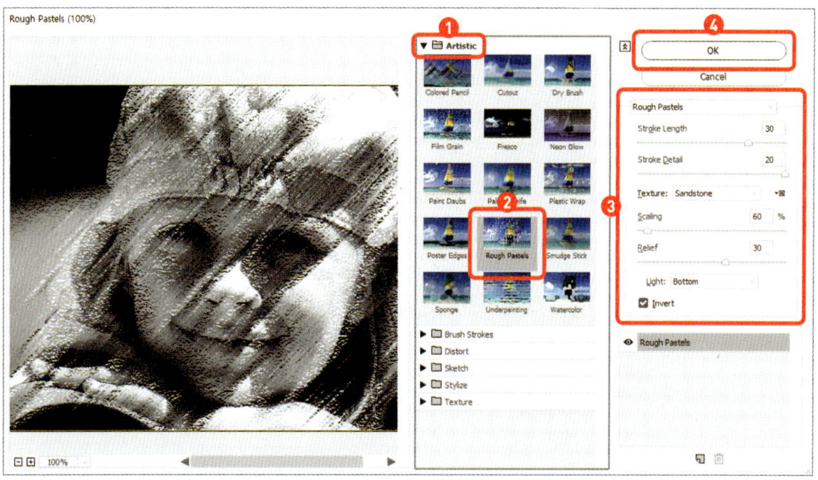

04 Background 레이어를 클릭하여 선택하고 Ctrl+J를 눌러 복제합니다. 복제한 Background copy 레이어의 위치를 Layer 1 위로 드래그하여 올립니다. Background copy 레이어가 선택된 상태에서 레이어 패널의 마스크 레이어 버튼(◘)을 클릭합니다.

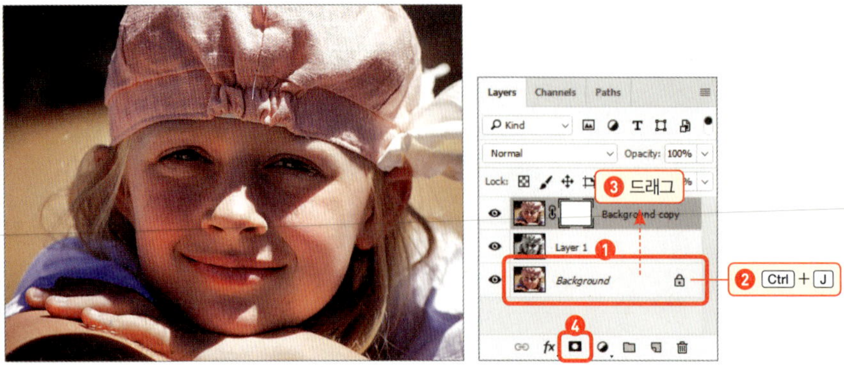

05 전경색을 검은색으로 설정하고 브러시 툴(🖌)을 선택합니다. 옵션 바에서 Size는 100px, Hardness는 0%로 설정한 후 이미지의 절반 정도를 칠합니다. 검은색으로 칠해진 마스크 영역을 통해 Layer 1의 이미지가 보입니다.

06 Chapter_08 ▸ Section_04 ▸ paper.psd 파일을 불러온 다음 Ctrl+A, Ctrl+C를 눌러 전체를 복사하고 작업 중인 화면으로 돌아와 Ctrl+V를 눌러 붙여넣기 합니다. 복사한 이미지는 이동 툴(✥)로 오른쪽에 배치합니다.

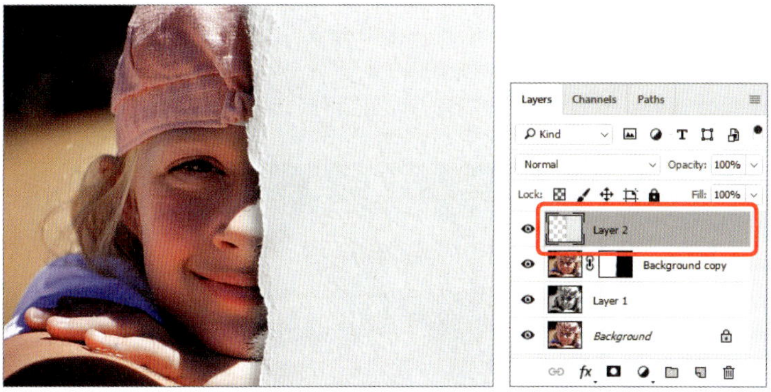

07 Layer 2가 선택된 상태에서 Alt 를 누른 채로 Background copy 레이어와 Layer 2 사이를 클릭하여 클리핑 마스크를 적용합니다.

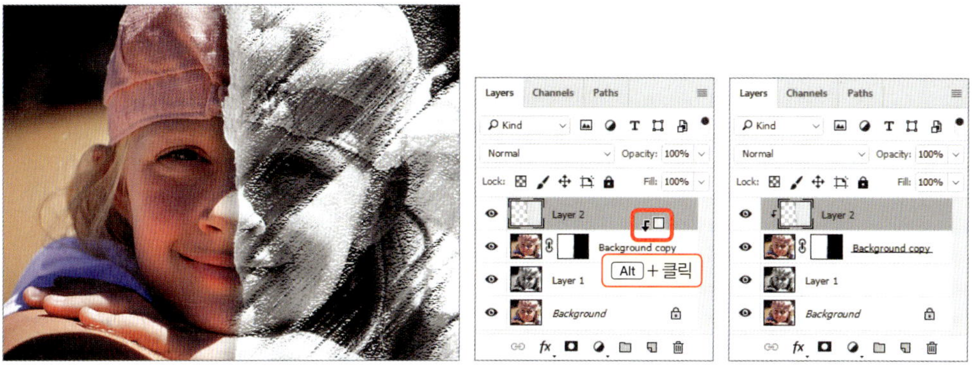

08 Background copy 레이어의 마스크 레이어를 클릭하여 선택합니다. 전경색을 흰색으로 설정하고 브러시 툴(🖌)로 종이의 경계를 벗어난 스케치 효과에 흰색을 칠하여 이미지를 완성합니다.

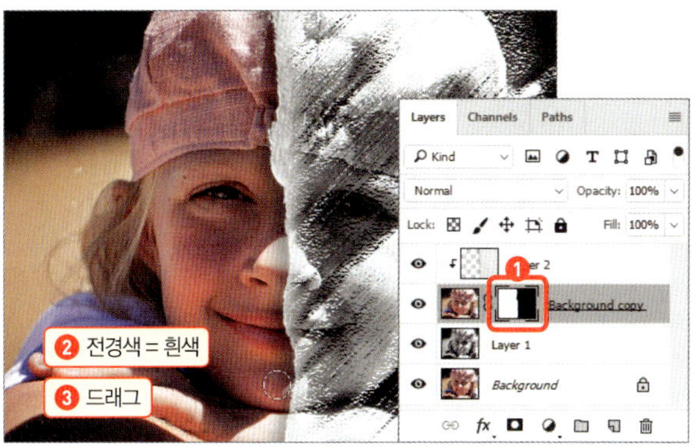

혼자 해 보기 | 스케치 효과로 이미지 꾸미기

• **준비 파일** girl2.psd • **완성 파일** girl2_result.psd

필터 갤러리의 다양한 기능을 활용하여 이미지의 절반을 스케치 느낌으로 꾸며 봅니다.

■ 준비 이미지

■ 완성 이미지

SECTION 05

RAW 모드로 찍은 사진 보정하기

• **핵심 기능** | Camera Raw Filter 메뉴

Camera Raw Filter의 기능

디지털 카메라에서 RAW 모드로 사진을 찍으면 가공하거나 압축하지 않은 원본 그대로가 파일로 생성됩니다. 이 RAW 파일은 포토샵의 Camera Raw를 통해 효과적으로 보정할 수 있습니다.

01 Basic 패널로 보정하기 Chapter_08 ▸ Section_05 ▸ field.jpg 파일을 불러옵니다. 메뉴 바에서 [Filter]-[Camera Raw Filter]를 선택합니다. 옵션 창의 Basic 패널에서는 [Adjustments] 메뉴처럼 이미지의 색상, 채도, 대비 등을 조절할 수 있습니다. 그밖에 Temperature로 색 온도를 조절하거나 Tint로 색상을 변경할 수 있습니다. Exposure를 조절하여 과다 노출을 만들거나 Clarity를 조정하여 가장자리를 선명하게 만들 수도 있습니다.

02 Tone Curve 패널로 보정하기 Tone Curve 패널에서는 명암을 조절할 수 있습니다. [Adjustments]-[Curve]와 비슷한 기능을 하지만 RGB 색상별로 따로 조절할 수는 없습니다.

03 Detail 패널로 보정하기 Detail 패널에서는 선명도를 높이거나 노이즈를 제거할 수 있습니다. 이미지 색상 사이의 경계를 뚜렷하게 하거나 Refine Edge 기능과 Sharpen 필터 기능을 동시에 사용하는 효과를 낼 수도 있습니다.

04 HSL Adjustments 패널로 보정하기

HSL Adjustments 패널에서는 Hue, Saturation, Luminance를 조절하거나 이미지를 흑백으로 만들 수 있습니다.

05 Split Toning 패널로 보정하기

Split Toning 패널에서는 사진을 밝은 부분과 어두운 부분으로 나누어 색조를 변경할 수 있습니다.

06 Lens Corrections 패널로 보정하기 Lens Corrections 패널에서는 다양한 렌즈 효과를 만들거나 원근감을 줄 수 있습니다. 주로 로모 효과를 만들 때 사용됩니다.

07 Effects 패널로 보정하기 Effects 패널에서는 일부러 노이즈를 만들거나 사진을 잘라 비네팅 효과를 줄 수 있습니다.

08 Calibration 패널로 보정하기 Calibration 패널에서는 현재 사용하고 있는 색상을 프로파일로 지정합니다.

09 Presets 패널로 보정하기 Presets 패널에서는 자주 사용하는 설정 값을 저장해 두었다가 다른 이미지에 똑같이 적용할 수 있습니다.

SECTION

06

흐릿하게 만들기

• 핵심 기능 I Blur Gallery 메뉴

블러 갤러리 효과

블러 갤러리(Blur Gallery)에는 이미지의 초점을 흐리게 만들어 부드러운 분위기를 연출하거나 이미지의 경계를 흐리게 하여 속도감 있게 보이도록 해주는 여러 필터가 있습니다. 다양한 이미지에 필터를 적용해 보고 각 필터가 만들어내는 효과를 기억해 봅니다.

원하는 부분만 흐릿하게 만들기

Field Blur 필터는 이미지에서 원하는 부분만 흐릿하게 만듭니다.

01 Field Blur 필터 적용하기 Chapter_08 ▸ Section_06 ▸ cookies.jpg 파일을 불러옵니다. 메뉴 바에서 [Filter]−[Blur Gallery]−[Field Blur]를 선택하면 블러 영역을 지정하는 원이 나타납니다.

02 원하는 부분을 클릭하여 흐릿하게 만들기 각 지점을 선택하고 오른쪽 옵션에서 흐릿한 정도를 조절합니다. 원하는 영역과 흐릿한 정도의 조절이 완료되면 옵션 바에서 〈OK〉를 클릭해 이미지를 완성합니다.

Tip 원을 클릭한 다음 드래그하면 위치를 옮길 수 있고, 다른 지점을 클릭하면 새로운 원이 생깁니다.

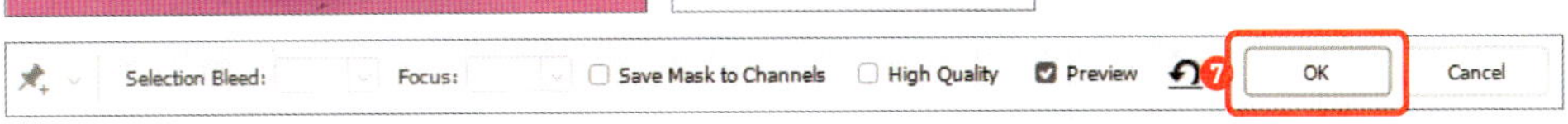

흐릿하게 만들 영역 지정하기

Iris Blur 필터는 도형 모양 포인트를 이용하여 흐릿하게 만들 영역을 지정한 다음 흐림 효과를 적용합니다.

01 Iris Blur 필터 적용하기 Chapter_08 ▸ Section_06 ▸ cake.jpg 파일을 불러옵니다. 메뉴 바에서 [Filter]−[Blur Gallery]−[Iris Blur]를 선택하면 커다란 원이 나타납니다.

02 흐릿하게 만들 영역 지정하기 원형 안쪽에 있는 앵커 포인트를 드래그하면 흐릿해지기 시작하는 지점을 조절할 수 있고, 바깥 원의 작은 점을 드래그하면 흐릿하게 만들 영역의 크기와 형태를 조절할 수 있습니다.

03 중앙 원을 드래그하면 흐릿하게 만들 영역의 위치를 변경할 수 있고, 바깥 원의 작은 사각형을 드래그하면 흐릿해지는 영역이 둥근 사각형으로 바뀝니다.

04 최종 적용하기 옵션 창에서 흐릿한 정도를 설정하고 〈OK〉를 클릭해 이미지를 완성합니다.

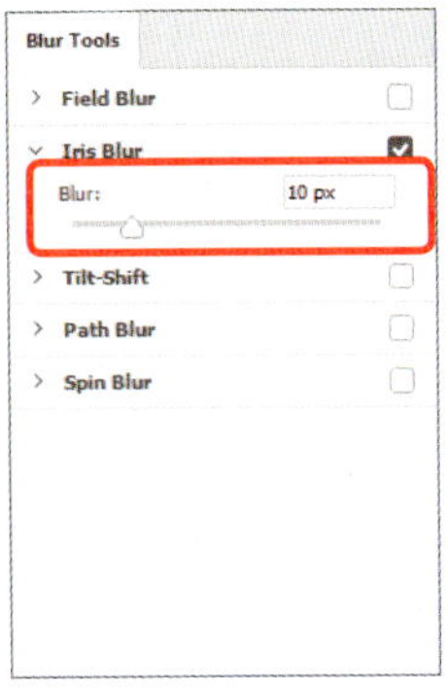

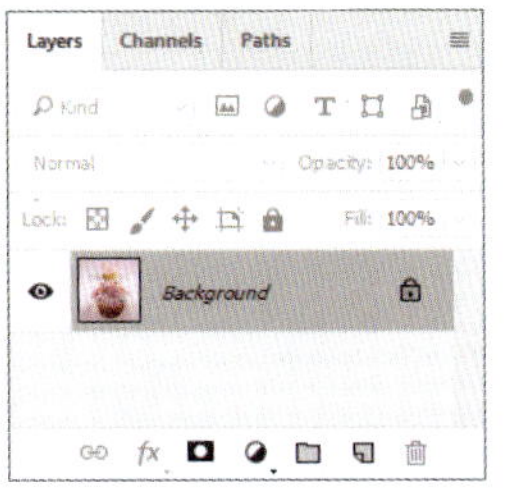

선형으로 흐릿하게 만들기

Tilt–Shift 필터는 수평선과 점선 간격을 조절하여 흐릿하게 만들 영역을 선형으로 지정합니다.

01 Tilt–Shift 필터 적용하기 Chapter_08 ▸ Section_06 ▸ cupcake.jpg 파일을 불러옵니다. 메뉴 바에서 [Filter]–[Blur Gallery]–[Tilt–Shift]를 선택하면 그림과 같이 수평선과 점선이 나타납니다.

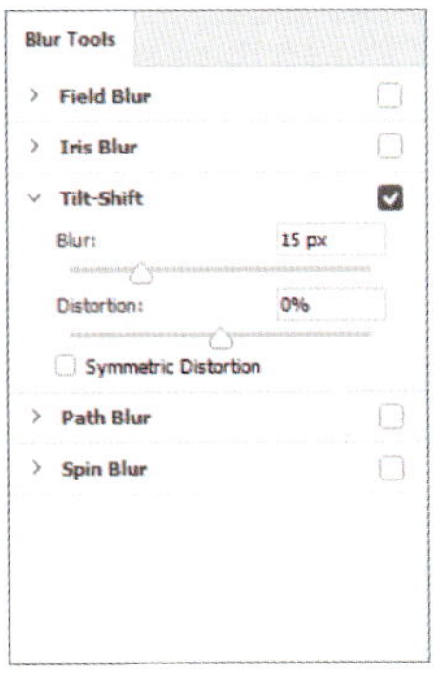

02 선형으로 흐릿하게 만들기 수평선의 원형 앵커 포인트를 드래그하면 선을 회전시킬 수 있습니다.

03 수평선으로 마우스 포인터를 가져가면 마우스 포인터가 화살표 모양으로 바뀝니다. 이때 선을 드래그하면 선 간격을 조절할 수 있습니다. 점선 간격은 유지된 채로 수평선만 이동합니다.

04 **최종 적용하기** 점선으로 마우스 포인터를 가져가서 드래그하면 점선 간격을 조절할 수 있습니다. 수평선과 점선을 이동해 흐릿한 간격을 조절하고 〈OK〉를 클릭하면 이미지가 완성됩니다.

원하는 방향으로 흐릿하게 만들기

Path Blur 필터를 이용하면 흐릿해지는 방향을 지정할 수 있습니다.

01 **Path Blur 필터 적용하기** Chapter_08 ▸ Section_06 ▸ cup.jpg 파일을 불러옵니다. 메뉴 바에서 [Filter]–[Blur Gallery]–[Path Blur]를 선택하면 파란색 화살표가 나타납니다. 이 화살표를 움직이면 흐릿해지는 효과를 조절할 수 있습니다.

02 원하는 방향으로 흐릿하게 만들기 화살표 끝의 앵커 포인트를 드래그하여 흐릿해지는 방향을 지정할 수 있고 화살표 중간의 작은 원을 드래그하여 화살표를 곡선으로 만들면 블러 형태를 지정할 수 있습니다.

03 옵션 창에서 Edit Blur Shapes를 체크하면 빨간색 화살표가 나타나는데, 화살표를 조절하면 원하는 방향으로 전환할 수 있습니다.

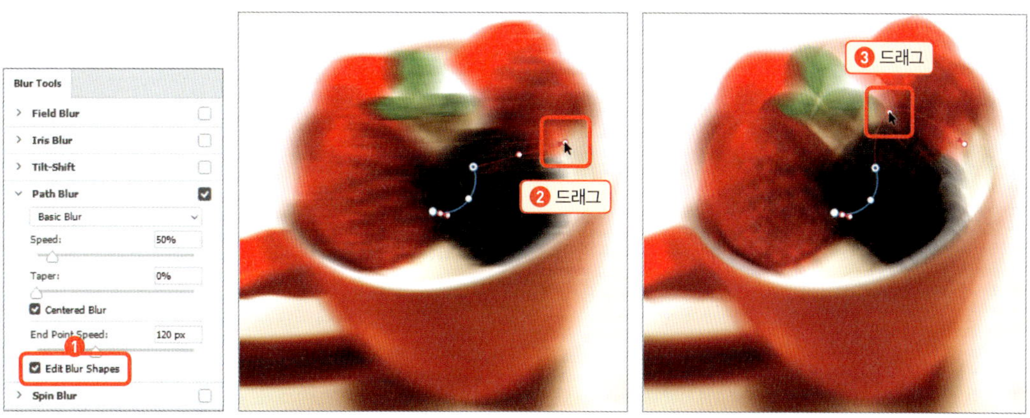

04 최종 적용하기 Rear Sync Flash 옵션을 선택한 후 빨간색 화살표를 조절하면 이미지도 함께 이동됩니다. 원하는 효과가 완성되면 〈OK〉를 클릭하여 이미지를 완성합니다.

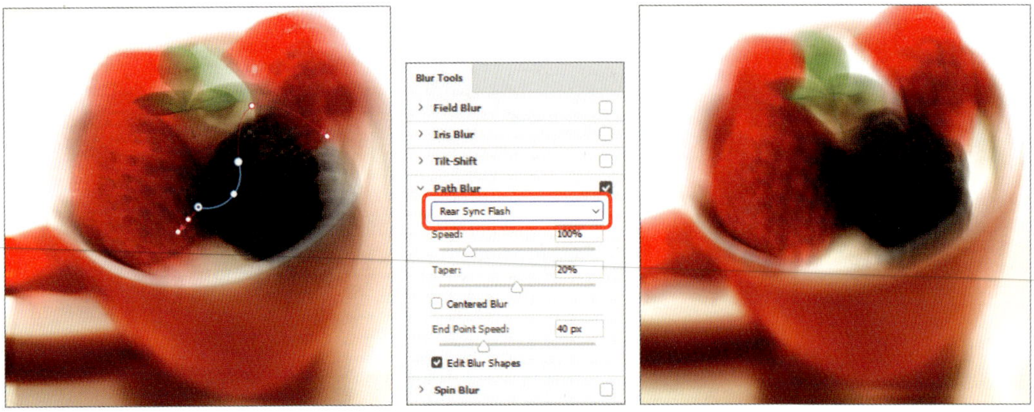

회오리 모양으로 흐릿하게 만들기

Spin Blur 필터를 이용하면 회오리 모양으로 이미지를 흐리게 만들 수 있습니다.

01 Spin Blur 필터 적용하기 Chapter_08 ▸ Section_06 ▸ choco.jpg 파일을 불러옵니다. 메뉴 바에서 [Filter]−[Blur Gallery]−[Spin Blur]를 선택하면 원형으로 돌아가는 흐림 효과가 나타납니다.

02 회오리 모양으로 흐릿하게 만들기 가장자리 회색 선을 드래그하면 회오리 효과를 확대하거나 축소할 수 있고, 회색 선에 있는 작은 앵커 포인트를 드래그하면 형태를 변형할 수 있습니다.

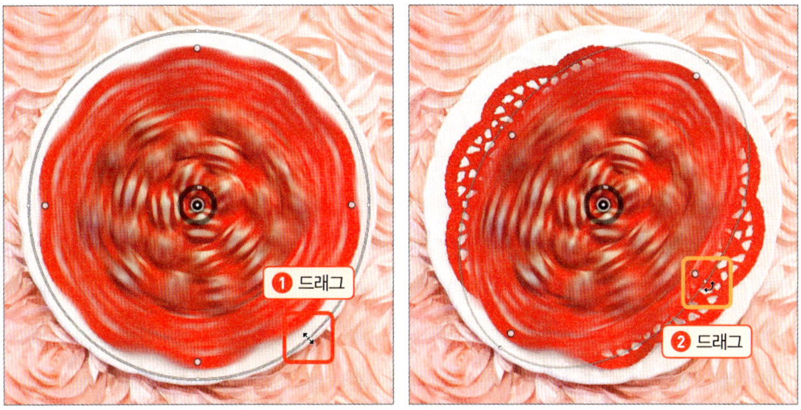

03 적용 범위 지정하기 안쪽의 앵커 포인트를 드래그하면 회오리 효과가 적용되는 범위를 지정할 수 있습니다. 옵션 창에서 Blur Angle을 100°로 지정하고 〈OK〉를 클릭하여 이미지를 완성합니다.

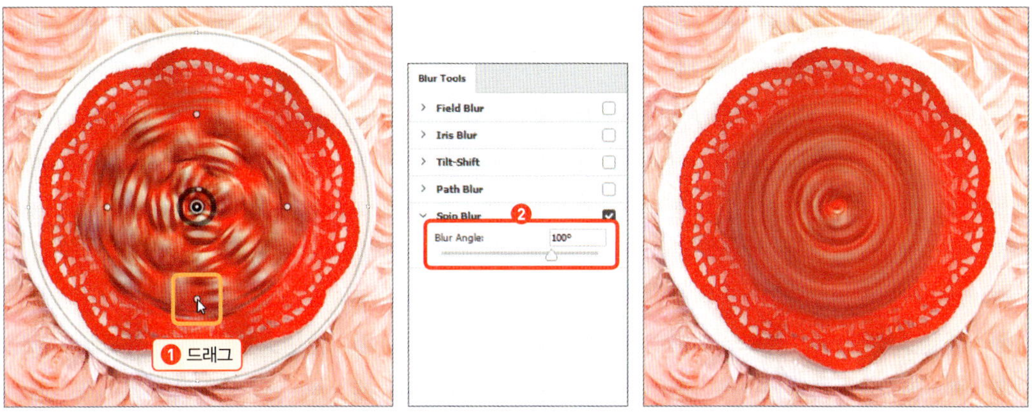

Tip 대부분의 필터는 원본 이미지나 옵션 값에 따라 결과가 다르게 나타납니다. 따라서 다양한 이미지에 필터를 적용해 보고 각 필터가 만들어 내는 효과를 기억해 두는 것이 좋습니다.

CHAPTER

09

이미지의 변형과 움직임

사진을 찍으면 원근감 때문에 변형되는 것을 종종 볼 수 있습니다. 이 장에서는 여러 가지 툴과 메뉴를 이용하여 변형된 이미지를 자연스럽게 보정하는 방법을 알아봅니다. 또한 SNS에서 많이 활용하는 움직이는 이모티콘을 벡터 이미지로 만든 후 GIF로 저장하는 방법을 알아봅니다.

SECTION 01

볼록한 사진 보정하기

• **핵심 기능 |** Adaptive Wide Angle 필터

Adaptive Wide Angle 필터의 기능

Adaptive Wide Angle 필터는 어안 렌즈로 찍은 것처럼 볼록하거나 오목하게 왜곡된 이미지를 바로잡는 데 사용합니다. 이 필터를 이용하여 볼록하게 왜곡되어 찍힌 건물 사진을 바르게 보정해 봅니다.

■ 준비 이미지

■ 완성 이미지

01 필터 적용하기 Chapter_09 ▸ Section_01 ▸ wide.jpg 파일을 불러옵니다. 사진이 볼록하게 왜곡되어 있습니다. 메뉴 바에서 [Filter]–[Adaptive Wide Angle]을 선택합니다.

02 수평 맞추기 옵션 창에서 Constraint 툴( )을 선택하고 건물 왼쪽 상단을 클릭한 다음 마우스 포인터를 움직이면 선이 따라 다닙니다. 건물 오른쪽 상단을 클릭하면 둥근 부분이 수평으로 바뀝니다.

03 수평이 완벽하지 않으면 선 중앙에 있는 앵커 포인트를 움직여 곡선 형태를 정밀하게 맞춥니다.

04 건물 하단과 보도블록도 같은 방법으로 수평으로 만듭니다.

05 이번에는 건물 왼쪽과 아래쪽을 연결하여 직선으로 펴지게 만듭니다.

06 건물 오른쪽 위와 아래도 연결하여 직선으로 펴지게 만듭니다. 이어서 기둥과 창살도 모두 직선으로 만듭니다.

07 건물 지붕도 같은 방법으로 직선으로 만듭니다.

08 가로로 그려진 선을 마우스 오른쪽 버튼으로 클릭하고 [Horizontal]을 선택하면 선 색이 노란색으로 바뀌면서 자동으로 수평을 맞춥니다.

09 완성 이미지로 자르기 같은 방법으로 모든 가로 선의 수평을 맞추고 〈OK〉를 클릭하여 필터를 적용합니다. 자르기 툴( )로 투명한 여백을 잘라내 이미지를 완성합니다.

10 보정 완성하기 볼록하게 왜곡되어 찍힌 건물 사진이 바르게 보정되었습니다.

SECTION 02

원근 때문에 생긴 왜곡 보정하기

• 핵심 기능 | Lens Collection 필터

Lens Collection 필터의 기능

Lens Collection 필터의 Custom 패널에는 원근 때문에 생긴 왜곡을 보정할 수 있는 옵션이 포함되어 있습니다. 이 옵션을 이용하여 아래에서 위로 올려다보며 찍은 건물 사진을 정면에서 찍은 것처럼 변경해 봅니다.

■ 준비 이미지

■ 완성 이미지

01 필터 적용하기 Chapter_09 ▸ Section_02 ▸ church.jpg 파일을 불러옵니다. 메뉴 바에서 [Filter]−[Lens Correction]을 선택하고 옵션 창의 아래쪽에 있는 Show Grid를 선택하여 그리드가 보이도록 하고 Custom 패널을 선택합니다.

02 각도 조절하기 Transform 옵션에서 Vertical Perspective를 음수(-60)로 설정하여 건물 외벽의 각도가 그리드와 일치하도록 조절합니다.

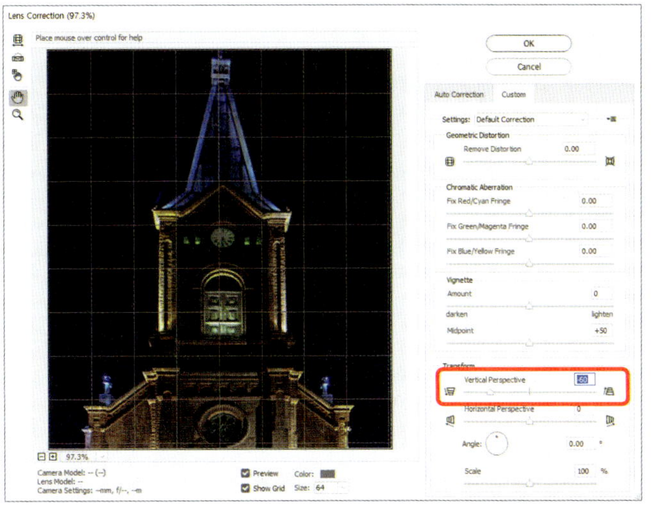

03 크기 조절하기 이 상태에서 〈OK〉를 클릭하면 윗부분이 잘리므로 Transform 옵션에서 Scale을 66%로 조절하여 전체 사진이 다 보이도록 만든 다음 〈OK〉를 클릭합니다.

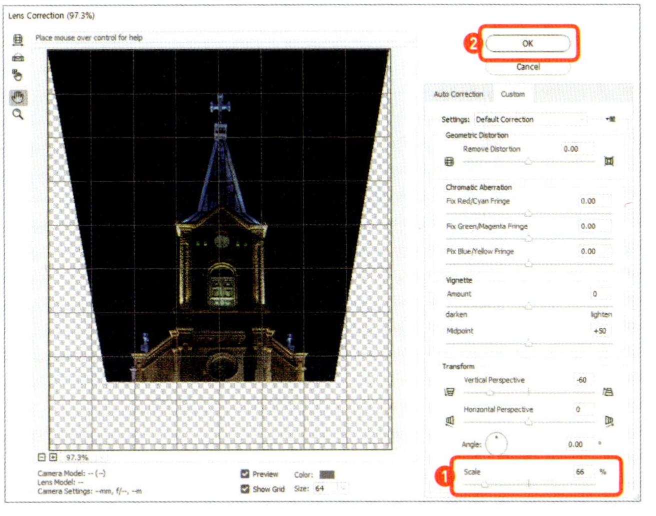

04 이미지 완성하기 자르기 툴(⌗)로 여백을 잘라 내고 이미지를 완성합니다.

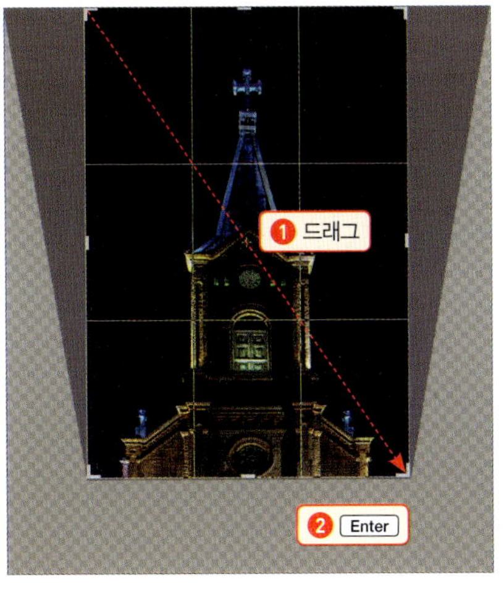

SECTION 03

갸름한 얼굴 만들기

• 핵심 기능 I Liquify 필터

Liquify 필터의 기능

Liquify 필터는 몸매, 얼굴 형태, 눈 크기 등을 보정할 때 자주 사용합니다. 이 필터를 사용하여 얼굴 크기를 줄여 갸름하게 만들어 봅니다.

■ 준비 이미지

■ 완성 이미지

01 필터 적용하기 Chapter_09 ▸ Section_03 ▸ face.jpg 파일을 불러옵니다. 메뉴 바에서 [Filter]−[Liquify]를 선택하고 옵션 창에서 페이스 툴( )을 선택합니다.

02 패스를 이용하여 얼굴 크기 조절하기 마우스 포인터를 얼굴로 가져가면 얼굴선에 맞춰 패스가 만들어집니다. 앵커 포인트를 드래그하여 원하는 방향으로 조절합니다.

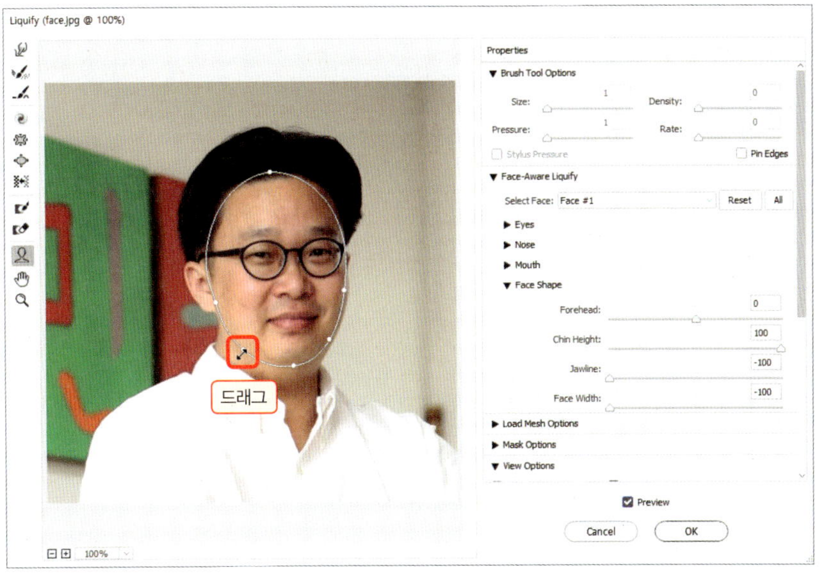

03 눈 크기 조절하기 옵션 창 오른쪽에 보이는 Eyes에 속한 Eye Size를 79, 63, Eye Height를 49, 13, Eye Width를 22, 26, Eye Tilt를 −38, −38, Eye Distance를 33으로 조절하여 눈을 약간 크게 만듭니다.

04 입 모양 조절하기 이번에는 Mouth에 속한 Smile을 53으로 조절해 좀 더 환하게 웃는 얼굴을 만듭니다.

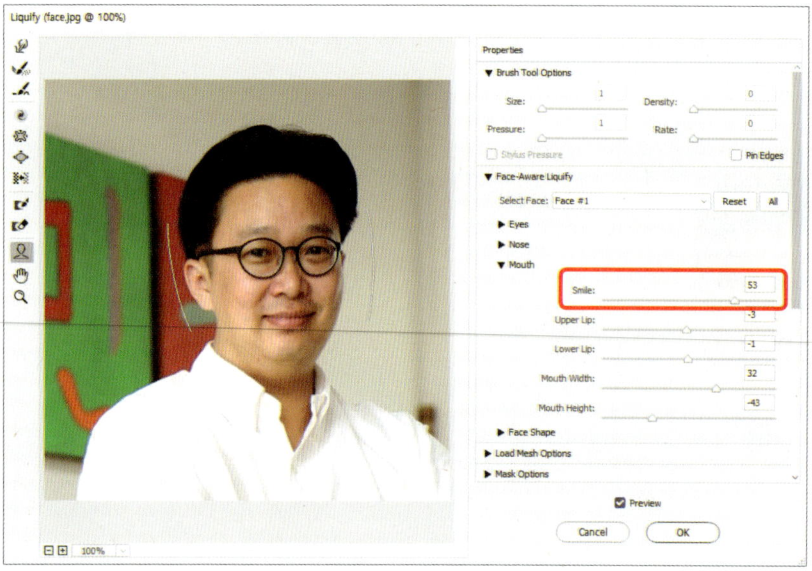

05 얼굴 추가 보정하기 좀 더 날씬해 보이도록 Forward Warp 툴( )을 선택하고 Brush Tool Options에서 Size를 30으로 줄이고 턱 아래쪽 어두운 부분에서 턱 경계까지 살살 밀어 줍니다. 얼굴 경계도 바깥쪽에서 안쪽으로 드래그하여 줄여 줍니다.

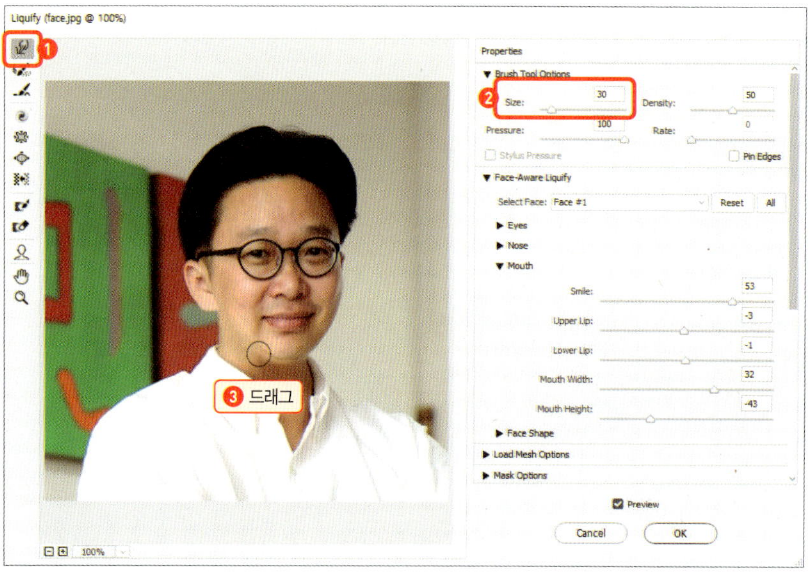

06 이미지 완성하기 이번에는 브러시 크기를 150으로 늘리고 머리 윗부분을 바깥에서 안쪽으로 드래그하여 머리를 줄여 봅니다. 만족스럽게 수정되면 〈OK〉를 클릭하여 이미지를 완성합니다.

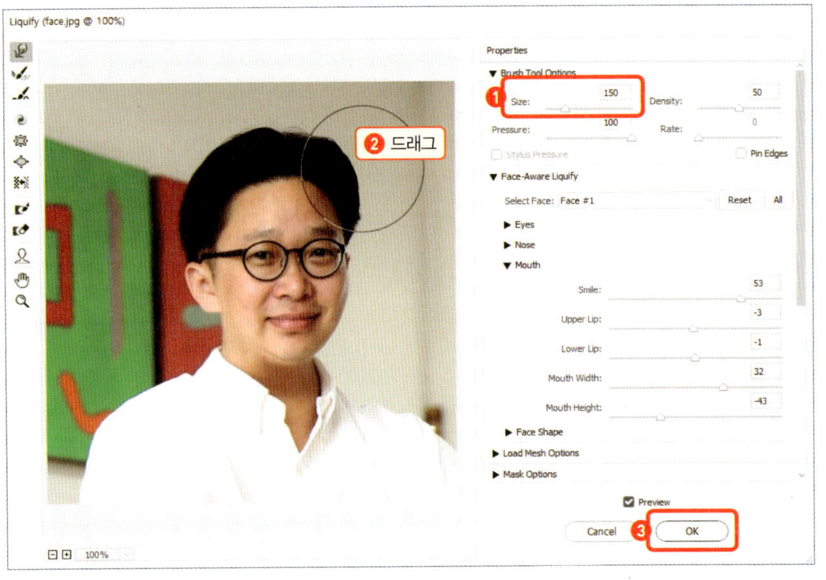

07 결과 확인하기 원본 사진과 비교해 보면 차이가 뚜렷이 보입니다.

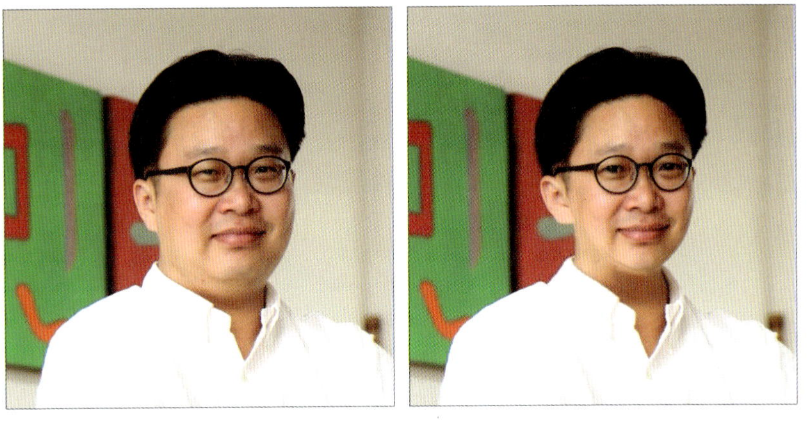

SECTION 04

원근감을 살려 합성하기

• 핵심 기능 | Vanishing Point 필터

Vanishing Point 필터의 기능

Vanishing Point 필터는 원근감을 살린 합성을 할 때 사용하는 필터로 이 필터를 이용하면 여러 번 꺾인 면도 한 번에 합성할 수 있습니다. 검은 TV 화면에 준비한 이미지를 합성해 봅니다.

■ 준비 이미지

■ 완성 이미지

01 합성할 이미지 복사하기 Chapter_09 ▸ Section_04 ▸ office.psd 파일을 불러옵니다. Layer 1을 선택하고 Ctrl+A를 눌러 전체를 선택 영역으로 지정한 다음 Ctrl+C를 눌러 복사합니다. Layer 1의 눈 아이콘(👁)을 클릭해 이미지를 감춥니다. Ctrl+D를 눌러 선택 영역을 해제합니다.

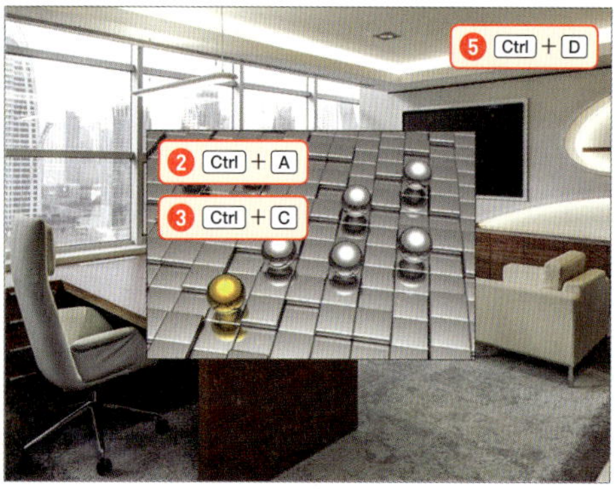

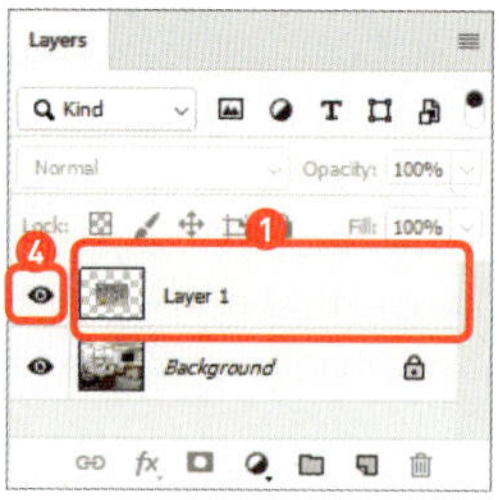

02 필터 적용하기 Background 레이어를 클릭하여 선택하고 메뉴 바에서 [Filter]-[Vanishing Point]를 선택합니다. 옵션 창이 열리면 Grid Size를 25로 조절합니다.

03 합성 영역 지정하기 옵션 창의 Create Plane 툴(▦)을 선택하고 TV 안쪽의 모서리 4군데를 클릭합니다. 형태가 원근감에 맞지 않으면 빨간색 박스가 만들어지고, 조금 맞지 않으면 노란색 박스가 만들어집니다. 아래 그림에서는 빨간색 박스가 만들어졌습니다.

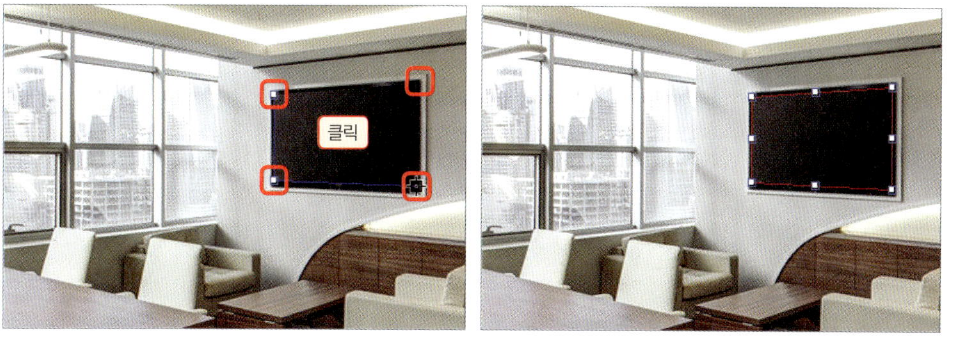

Tip 빨간색 박스나 노란색 박스가 나타나지 않으면 Edit Plane 툴(▶)로 앵커 포인트를 드래그해 줍니다.

04 합성 영역 세밀하게 조정하기 돋보기 툴(🔍)로 클릭하여 TV 부분이 잘 보이게 확대합니다. Edit Plane 툴(▶)로 앵커 포인트를 드래그하여 그물망이 파란색이 되도록 정밀하게 조정합니다.

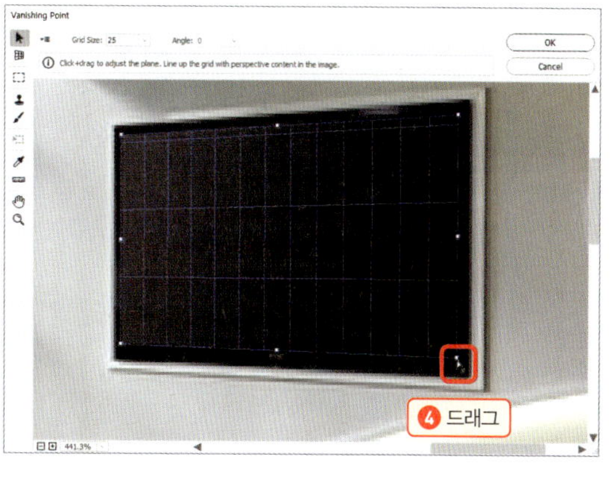

05 합성할 이미지 붙여넣기 돋보기 툴(🔍)로 Alt를 누른 채로 클릭하여 이미지의 크기를 줄입니다. Ctrl+V를 눌러 복사해 둔 이미지를 붙여 넣습니다. 이미지를 파란색 박스 안쪽으로 드래그하면 원근감에 맞는 형태로 바뀝니다.

06 합성 완성하기 Transform 툴(⬚)로 노란색 구슬이 보이도록 이미지를 조절합니다. 최종적으로 〈OK〉를 클릭하면 두 이미지가 자연스럽게 합성됩니다.

혼자 해 보기 | 돌벽에 나무판 합성하기

• **준비 파일** wall.psd • **완성 파일** wall_result.psd

Vanishing Point 필터를 이용하여 돌벽에 나무판을 합성해 봅니다.

■ 준비 이미지

■ 완성 이미지

SECTION
05 움직임 조절하기

• **핵심 기능 I** Puppet Warp 메뉴

퍼펫 비틀기

퍼펫 비틀기(Puppet Warp)를 사용하면 오브젝트의 움직임을 자유롭게 조절할 수 있습니다. 퍼펫 비틀기를 이용하여 줄에 매달린 개구리의 움직임을 변형해 봅니다.

■ 준비 이미지

■ 완성 이미지

01 필터 적용하기 Chapter_09 ▸ Section_05 ▸ puppet.psd 파일을 불러옵니다. Layer 1을 선택하고 메뉴 바에서 [Edit]–[Puppet Warp]를 선택하면 오브젝트에 다각형 그물망이 생깁니다.

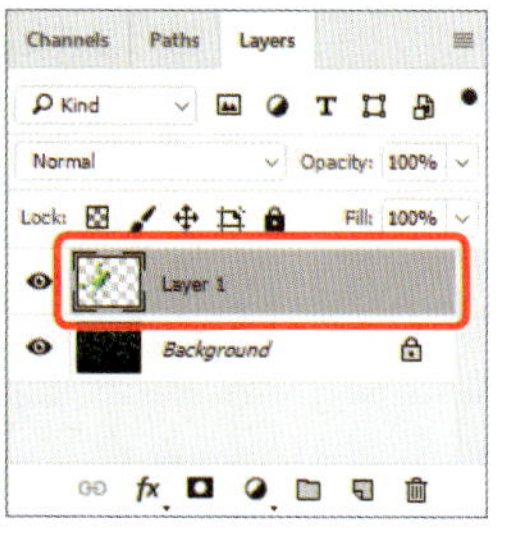

02 기준이 될 앵커 포인트 추가하기 그물망 안쪽을 클릭하면 원형 앵커 포인트가 생깁니다. 이 앵커 포인트는 관절처럼 위치가 고정된 채 방향 전환을 지지하는 역할을 합니다. 팔과 다리의 관절 부위에 약간 간격을 두고 클릭하여 앵커 포인트를 여러 개 만듭니다.

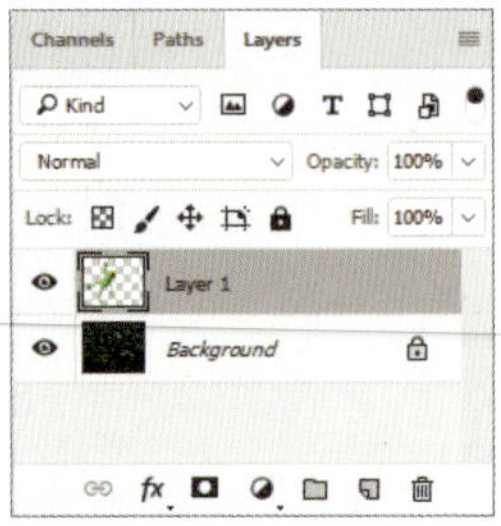

03 움직임 만들기 앵커 포인트로 마우스 포인터를 가져가면 마우스 포인터가 모양으로 바뀝니다. 이때 앵커 포인트를 드래그하면 움직임을 만들 수 있습니다. 한 번에 멀리 옮기면 부자연스러워 보이므로 조금씩 적당한 간격으로 움직입니다.

04 움직임 조절하기 Ctrl+H를 누르면 그물망이 사라지므로 결과를 확인하면서 자연스럽게 움직일 수 있습니다. 필요한 부분은 클릭하여 앵커 포인트를 추가하고, 원하지 않는 부분은 움직이지 않도록 앵커 포인트를 삭제한 후 작업합니다.

Tip 앵커 포인트를 삭제하려면 클릭하고 Delete를 누르면 됩니다.

05 이미지 완성하기 원하는 형태의 움직임이 만들어졌으면 Enter를 눌러 이미지를 완성합니다.

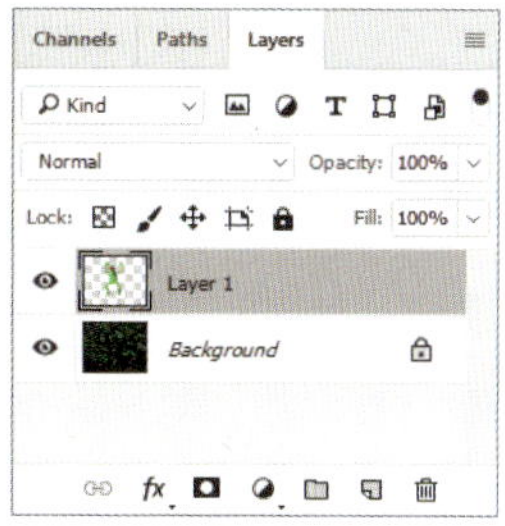

혼자 해 보기 | 움직임 변형하기

• **준비 파일** puppet2.psd • **완성 파일** puppet2_result.psd

퍼펫 비틀기를 이용하여 핑크팬더의 움직임을 변형해 봅니다.

■ 준비 이미지

■ 완성 이미지

SECTION 06

입체적으로 원근감 살리기

• **핵심 기능 I** Warp 메뉴

워프 적용하기

워프(Warp) 기능을 이용하면 평면적인 이미지를 입체적으로 비틀 수 있습니다. Vanishing Point 필터가 이미지에 직선 형태의 원근감을 주었다면 워프는 곡선을 포함한 다양한 형태의 원근감을 줍니다. 워프 기능을 이용하여 필름 형태에 맞도록 강아지 사진을 삽입해 봅니다.

■ 준비 이미지

■ 완성 이미지

01 준비 파일 불러오기 Chapter_09 ▸ Section_06 ▸ movie.psd 파일을 불러옵니다. Layer 1의 눈 아이콘( )을 클릭하여 강아지 이미지가 보이도록 합니다.

02 이미지 조절하기 Layer 1이 선택된 상태로 Ctrl+T를 눌러 바운딩 박스를 표시합니다. 바운딩 박스의 모서리를 드래그하여 필름의 빈칸보다 작게 크기를 조정한 후 빈칸 안쪽으로 배치합니다. 메뉴 바에서 [Edit]-[Trasnform]-[Warp]를 선택하면 이미지에 그리드가 나타납니다.

03 앵커 포인트 조절하기 사각 그리드 외곽의 앵커 포인트를 드래그하여 필름 빈칸의 가장자리에 맞도록 조절합니다.

04 이미지 가장자리 조절하기 그리드의 왼쪽과 오른쪽의 핸들러를 드래그하여 이미지의 가장자리가 필름의 회색 라인에 맞도록 조절합니다.

05 그리드 아래의 패스를 드래그하여 필름의 회색 부분이 보이도록 곡선으로 만든 후 다시 핸들러를 조절하여 회색 라인에 꼭 맞춥니다.

06 오른쪽 수직 라인의 패스를 조금씩 이동 시켜 필름의 형태에 꼭 맞도록 조절합니다.

07 이미지 완성하기 하단의 수평 라인의 패스도 조금씩 움직여 곡선 부분이 자연스럽게 필름 형태를 따라가도록 만든 후 Enter를 눌러 이미지를 완성합니다.

SECTION 07

움직이는 이모티콘 만들기

• **핵심 기능 I** 타임라인 패널

벡터 GIF 파일 만들기

벡터 이미지는 형태를 변형해도 이미지가 깨지는 일이 없어 애니메이션을 만들 때 많이 사용합니다. 벡터 이미지를 만들고 레이어별로 애니메이션을 적용하여 SNS에서 사용하는 움직이는 GIF 이모티콘을 만들어 봅니다.

■ 완성 이미지

01 준비 파일 불러오기 Chapter_09 ▸ Section_07 ▸ cute.psd 파일을 불러옵니다.

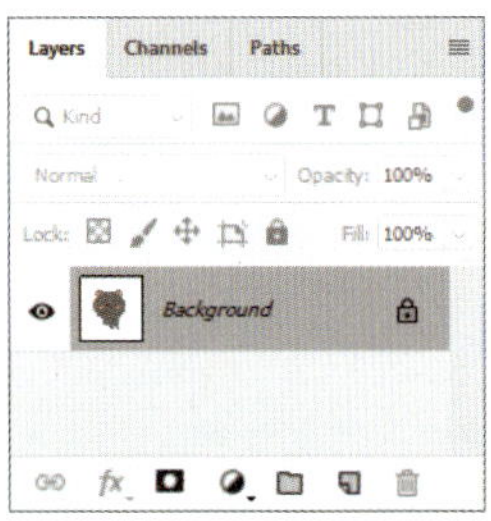

02 얼굴 모양 만들기 원형 툴(◯)을 선택하고 옵션 바에서 Shape, 면색과 선색은 색상 없음으로 설정한 후 곰 이미지의 얼굴에 맞게 드래그합니다. 원이 얼굴 모양에 꼭 맞지 않게 그려지면 직접 선택 툴(↖)로 앵커 포인트를 클릭한 후 드래그하여 얼굴 모양에 맞게 조절합니다.

03 옵션 바에서 면색(#827C73)과 선색(#221815)을 설정하고 선의 두께를 3px로 지정합니다.

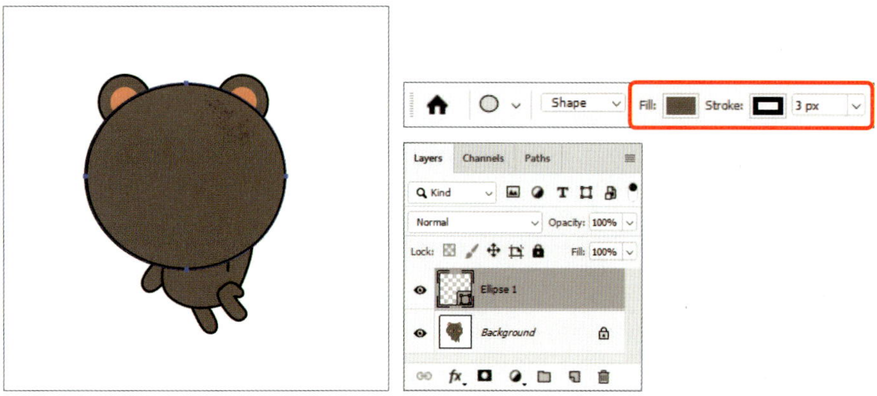

Tip 옵션 바에서 면색과 선색을 설정할 때는 Color Picker를 클릭하여 설정합니다.

04 면의 색상 때문에 뒤의 얼굴 표정이 보이지 않으므로 Ellipse 1 레이어의 Opacity를 30%로 줄여 Background 레이어의 얼굴 표정이 보이도록 합니다.

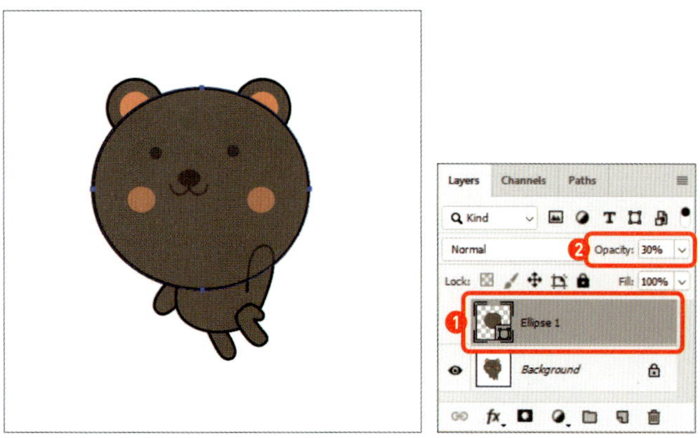

05 **얼굴 꾸미기** 원형 툴(◎)을 선택하고 드래그하여 왼쪽 눈을 그린 후 면색(#040000)을 적용합니다. 패스 선택 툴(▶)로 Alt를 누른 채 드래그하여 오른쪽 눈도 만들고 다시 Alt를 누른 채 드래그하여 코 위치에 배치한 후 Ctrl+T를 눌러 코의 크기에 맞게 원을 조절한 후 Enter를 누릅니다.

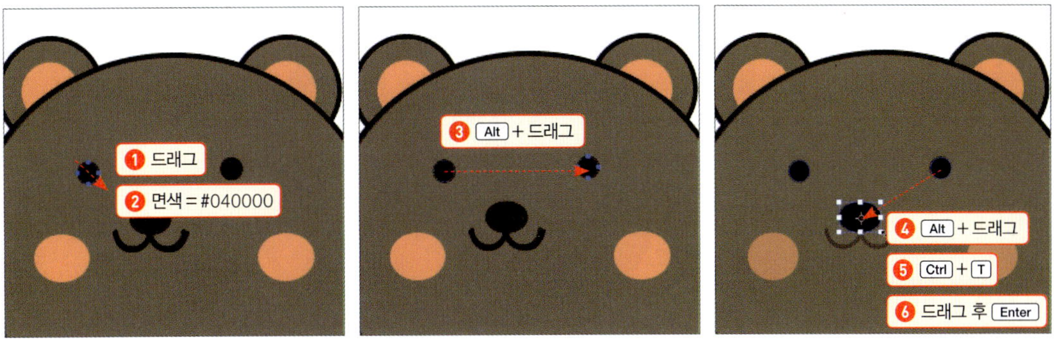

Tip 복제한 오브젝트가 새 레이어로 추가되면 옵션 바에서 Combine Shapes(⧉) 옵션이 선택되어 있는지 확인합니다. Combine Shapes(⧉) 옵션이 선택되어 있으면 원형 툴(◎)로 그리거나 복제한 오브젝트가 새 레이어에 추가되지 않고 현재 레이어에 배치됩니다.

06 원형 툴(◎)로 왼쪽 볼에 원을 하나 그린 후 옵션 바에서 면색(#EB9F80)과 선색(색상 없음)을 변경합니다. 패스 선택 툴(▶)을 선택하고 Alt를 누른 채 드래그하여 오른쪽 볼에 원을 복제합니다.

07 원형 툴(◎)로 왼쪽 귀를 그린 후 옵션 바에서 면색(#827C73)과 선색(#221815)을 변경합니다. 패스 선택 툴(▶)로 Alt를 누른 채 드래그하여 오른쪽 귀도 만듭니다.

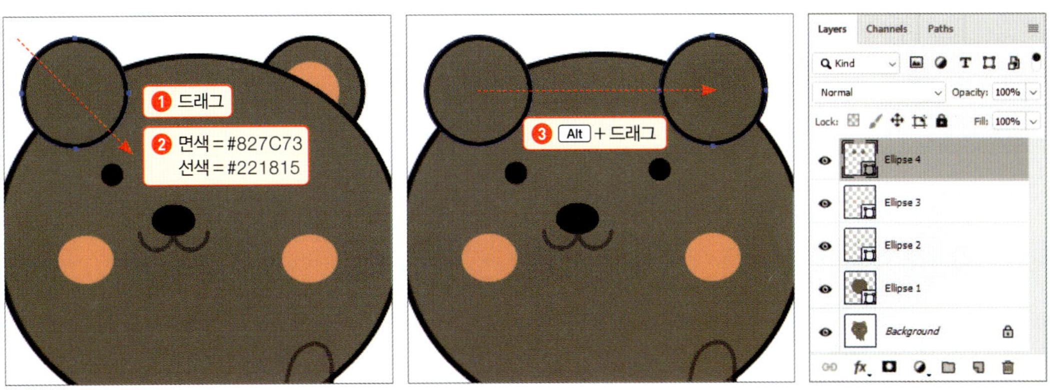

08 같은 방법으로 귀의 내부에도 아래와 같이 둥근 오브젝트를 배치합니다.

09 펜 툴( )로 캐릭터의 입 부분을 그린 후 면색(색상 없음)과 선색(#221815)을 변경합니다.

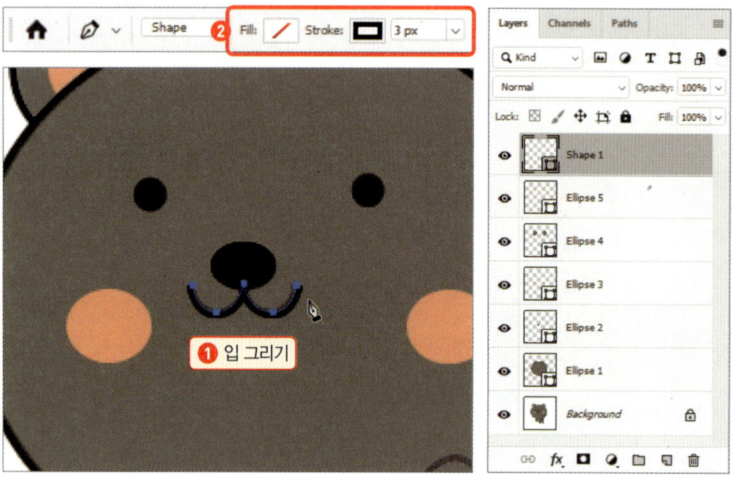

10 **몸 만들기** Background 레이어를 선택하고 펜 툴( )로 몸통을 그리고 옵션 바에서 면색(#827C73), 선색(#221815), 선 두께(3px)를 변경합니다. 방금 추가한 몸통(Shape 2) 레이어의 Opacity를 30%로 줄여 Background 레이어의 이미지가 보이도록 합니다.

11 같은 방법으로 오른쪽 팔(Shape 3 레이어)과 왼쪽 팔(Shape 4 레이어)를 그립니다. 오른쪽 팔을 그릴 때 펜 툴을 종료하려면 Ctrl 을 누른 채로 빈 여백을 클릭하면 됩니다.

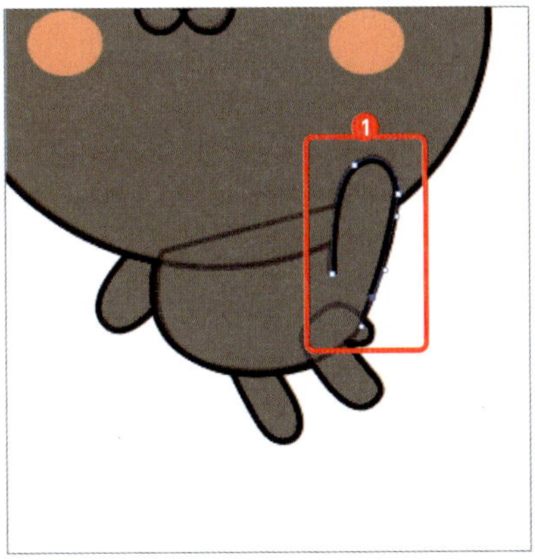

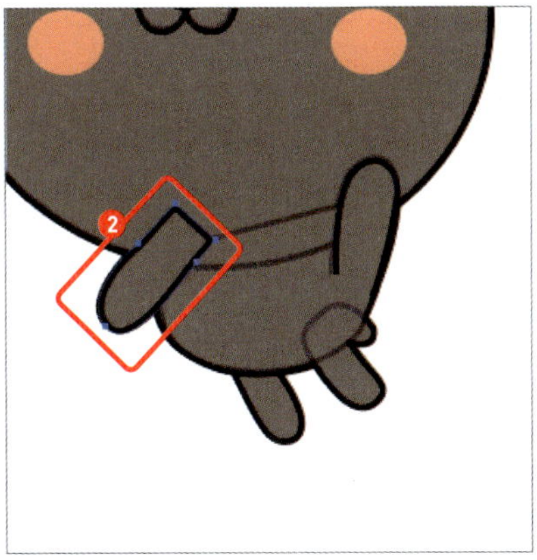

12 같은 방법으로 왼쪽 다리(Shape 5 레이어)와 오른쪽 다리(Shape 6 레이어)도 그립니다. 원형 툴( )로 캐릭터 아래에 드래그하여 그림자(Ellipse 6 레이어)를 만들고 옵션 바에서 면색(#D2D2D2)과 선색(색상 없음)을 변경합니다. 레이어의 순서를 아래와 같이 조절하여 캐릭터 모양을 완성하고 Ellipse 1 레이어, Shape 2 레이어의 Opacity를 100%로 되돌립니다.

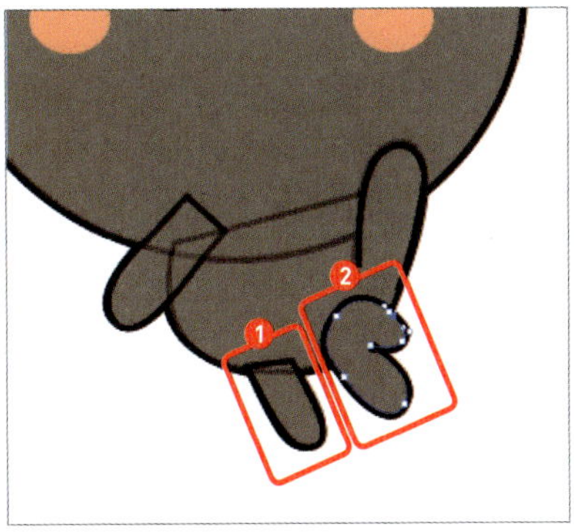

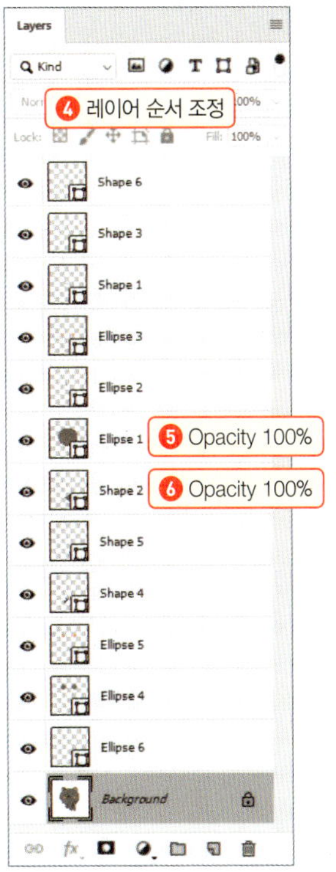

13 그룹 레이어 만들고 복제하기 제일 위의 Shape 6 레이어를 클릭하고 Shift를 누른 채 Ellipse 6 레이어를 클릭한 후 레이어 패널 하단의 새 그룹 만들기 버튼(□)을 클릭해 그룹 레이어를 만듭니다. Group 1이 선택된 상태로 Ctrl+J를 눌러 그룹 레이어를 복제하고 이름 위에서 더블클릭하여 입력 상태가 되면 레이어 이름을 Group 2로 변경합니다.

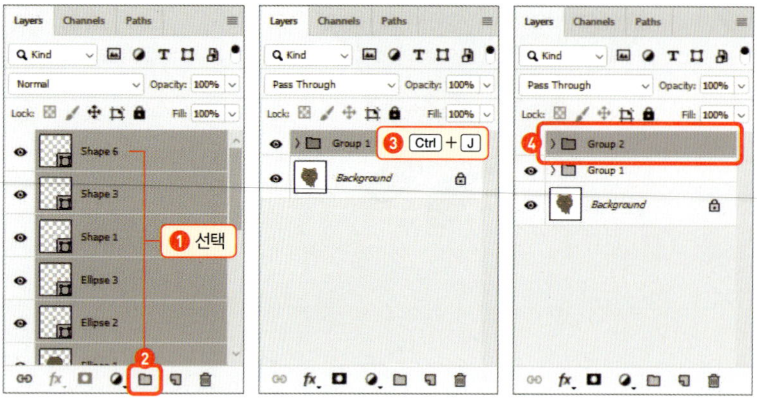

14 팔 동작 변경하기 Group 2 레이어를 펼친 후 오른쪽 팔(Shape 3 레이어)을 선택하고 직접 선택 툴(↖)로 드래그하여 팔의 위치를 조금 바깥쪽으로 변경합니다.

15 하트 추가하기 커스텀 셰이프 툴(✿)을 선택하고 옵션 바에서 하트 셰이프를 선택한 후 오른쪽 팔 위에 드래그하여 하트 모양(Shape 7 레이어)을 추가하고 Ctrl+T를 눌러 바운딩 박스가 나타나면 옆으로 살짝 회전합니다. 옵션 바에서 면색(#F19EC2)과 선색(색상 없음)을 변경합니다. Shape 7 레이어는 Shape 6 레이어 위로 이동합니다.

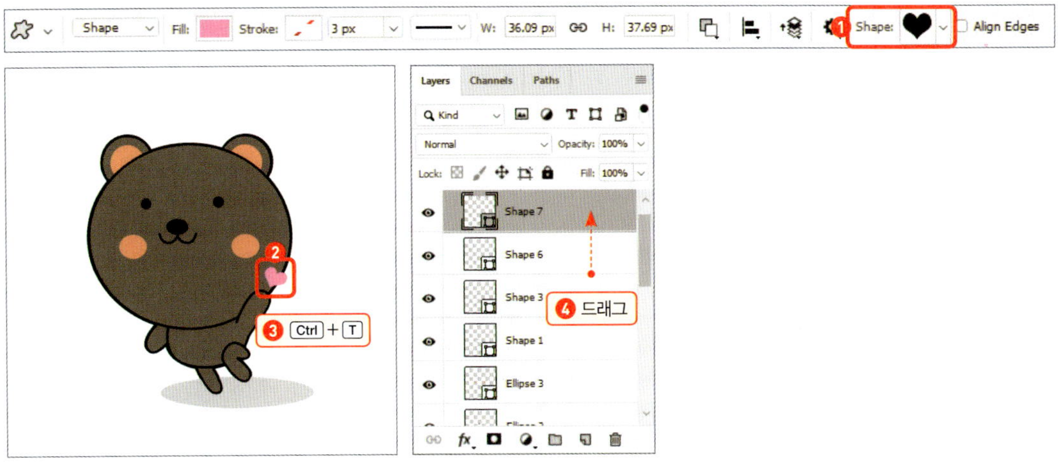

16 다리 동작 변경하기 직접 선택 툴( )로 Group 2의 왼쪽 다리(Shape 5 레이어)와 오른쪽 다리(Shape 6 레이어)를 오른쪽으로 조금 움직여 주고 왼쪽 팔(Shape 4 레이어)의 동작도 변경합니다.

17 그룹 레이어 복제하기 Group 2를 선택한 후 Ctrl+J를 눌러 그룹 레이어를 복제하고 그룹 레이어 이름을 Group 3으로 변경합니다. Group 3을 펼치고 하트(Shape 7 레이어)를 선택한 후 Ctrl+T를 눌러 크기를 키우고 위치를 이동한 후 레이어의 Opacity를 70%로 변경합니다. 나머지 팔과 다리(Shape 3, Shape 4, Shape 5, Shape 6 레이어)의 동작도 조금씩 변경합니다.

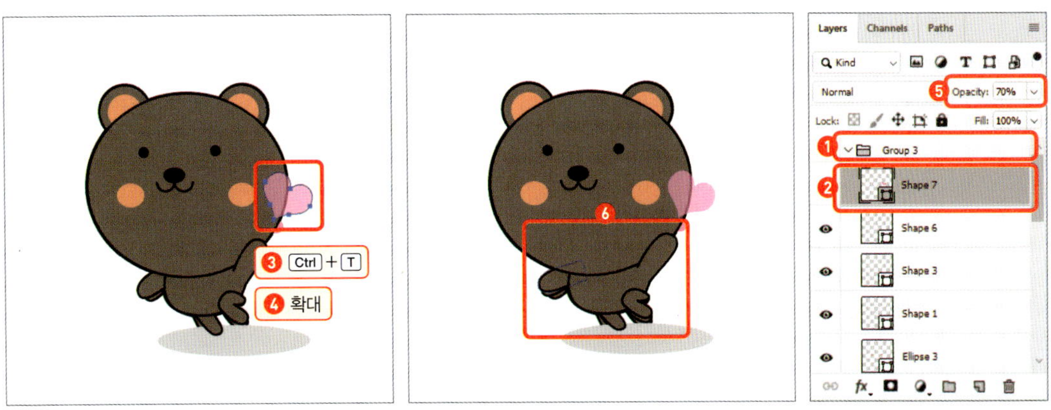

18 그룹 레이어 복제 하기 같은 방법으로 Ctrl+J를 눌러 Group 3을 Group 4로 복제하고 Group 4의 하트(Shape 7 레이어)를 선택한 후 Ctrl+T를 눌러 크기를 키우고 위치를 이동한 후 레이어의 Opacity를 30%로 변경합니다. 나머지 팔과 다리(Shape 3, Shape 4, Shape 5, Shape 6 레이어)의 동작도 조금씩 변경합니다.

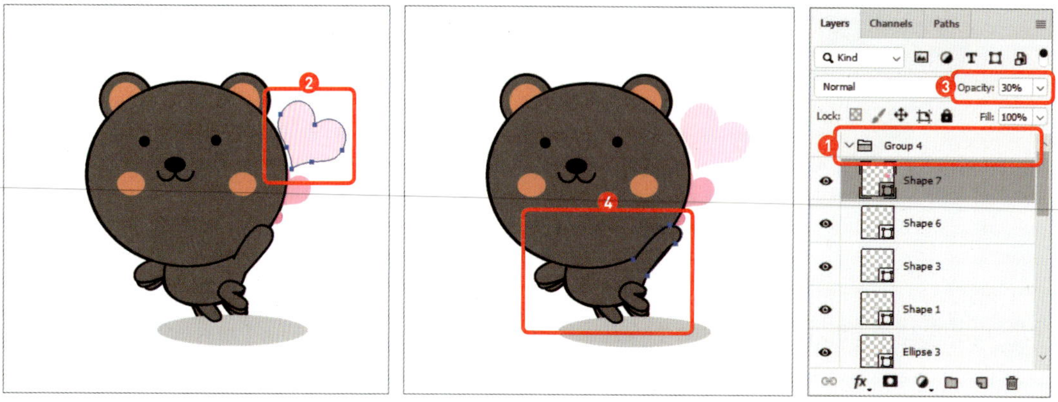

19 스마트 오브젝트로 변환하기 펼쳐진 그룹 레이어들을 모두 접은 후 Group 1 레이어 위에서 마우스 오른쪽 버튼을 클릭하고 [Convert to Smart Object]를 선택합니다. Group 2, Group 3, Group 4도 같은 방법으로 스마트 오브젝트로 전환합니다.

20 그룹 레이어 복제하기 Group 1을 클릭하고 Shift를 누른 채 Group 4를 클릭하여 모두 선택한 후 Ctrl+J를 눌러 레이어를 복제하고 복제된 순서대로 Group 5, Group 6, Group 7, Group 8로 이름을 변경합니다.

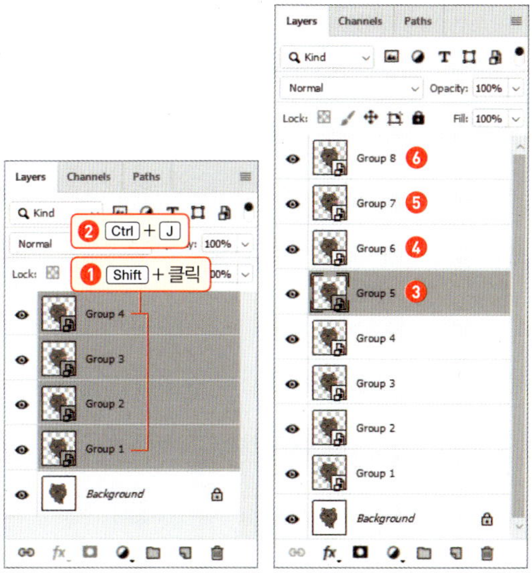

21 그룹 레이어 변형하기 Group 5를 선택하고 Shift 를 누른 채 Group 8을 클릭하여 Group 5~8까지 선택한 후 메뉴 바에서 [Edit]−[Transform]−[Flip Horizontal]을 선택합니다. Group 5~8까지 레이어가 좌우 반전되면 이동 툴( )로 선택된 오브젝트를 가운데로 드래그하여 중심으로 약간 이동시킵니다.

22 프레임 애니메이션 만들기 메뉴 바에서 [Window]−[Timeline]을 선택하여 애니메이션을 만들 패널을 불러옵니다. 〈Create Frame Animation〉 버튼을 클릭하면 Background의 레이어가 타임라인에 배치됩니다.

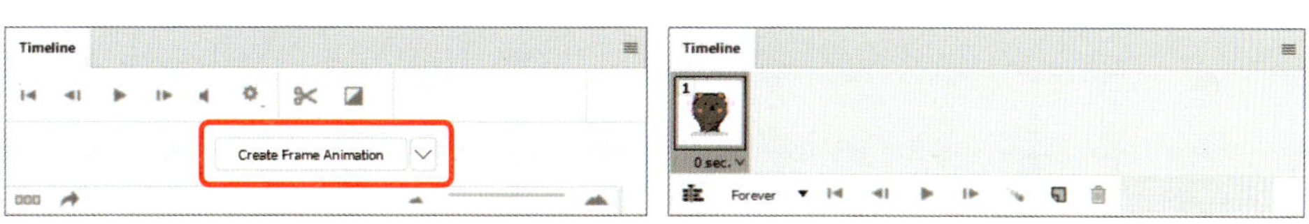

23 프레임 추가하기 Group 8 레이어를 선택하고 Shift를 누른 채 Group 1 레이어를 클릭하여 Background 레이어를 제외한 모든 레이어를 선택합니다. 타임라인 패널 오른쪽 상단의 목록 버튼을 클릭한 후 [Make Frames From Layers]를 선택하면 각 레이어가 타임라인에 배치됩니다. 이때 첫 번째 프레임은 Background 레이어이므로 1번 프레임을 선택하고 휴지통(🗑)을 클릭하여 삭제합니다.

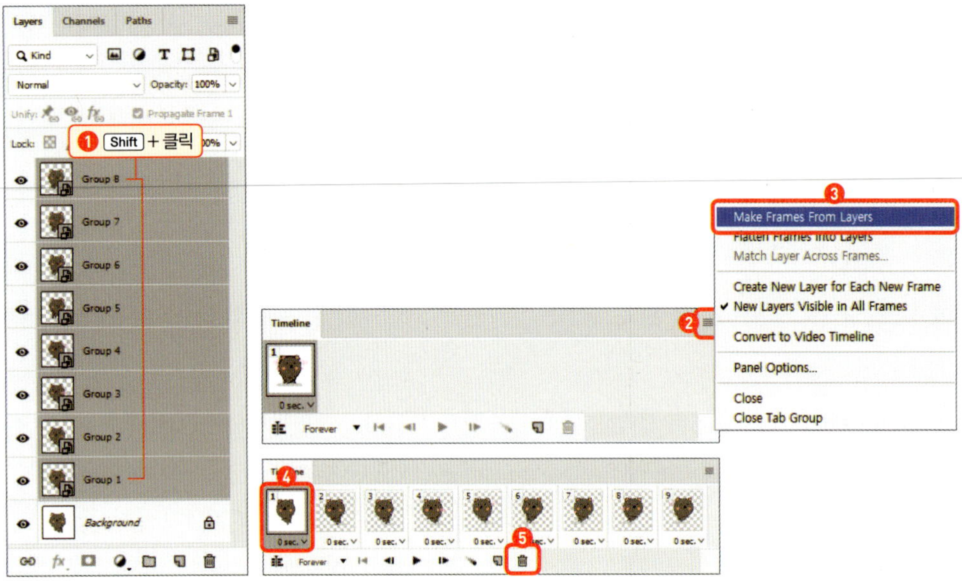

24 프레임 속도 조절하기 1번 프레임을 선택하고 Shift를 누른 채 8번 프레임을 클릭하여 전체 프레임을 선택하고 1번 프레임 하단의 속도 표시를 클릭하여 프레임의 속도를 0.2로 설정합니다. 플레이 버튼(▶)을 클릭해 애니메이션의 움직임을 확인합니다. 움직임이 마음에 들지 않으면 특정 레이어를 선택하고 움직임을 조절해 주면 바로 적용됩니다.

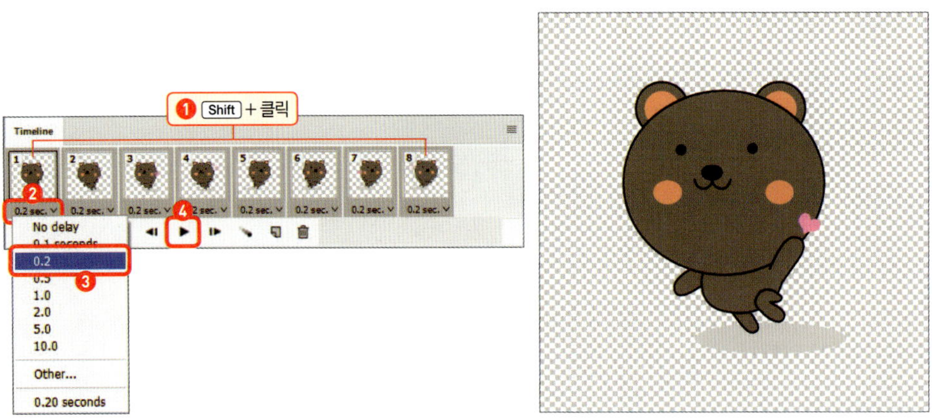

25 완성 애니메이션 저장하기 메뉴 바에서 [File]–[Export]–[Save for Web]을 선택하여 저장 옵션 창을 엽니다. 투명 배경 그대로 저장하기 위해 파일 포맷을 GIF로 설정하고 Transparency를 체크합니다. 이 옵션 창에서는 GIF 파일의 크기도 조절할 수 있습니다. 마지막으로 〈Save〉를 클릭하면 GIF 애니메이션 파일이 저장됩니다.

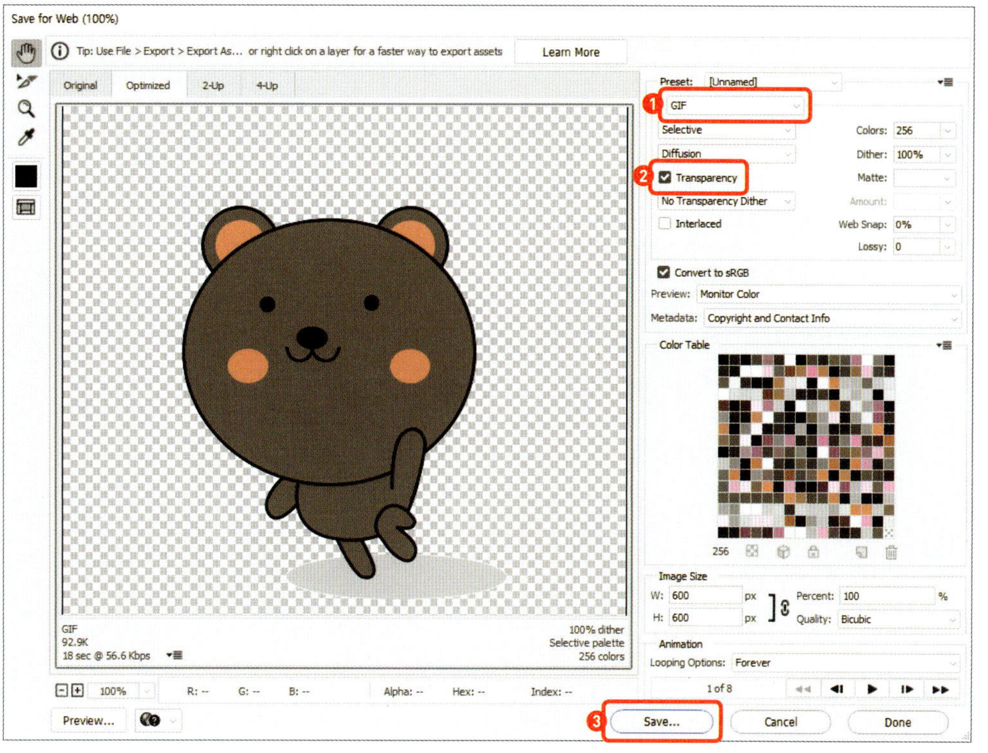

CHAPTER

10

UI 요소 디자인

이번 장에서는 웹과 모바일 인터페이스를 위한 UI 요소(User Interface Elements)를 만들어 봅니다. UI 요소는 메뉴나 버튼처럼 프로그램을 사용할 때 내비게이션 역할을 하므로 눈이 피로하지 않는 차분한 배경에 입체감을 더하는 것이 좋습니다. 이러한 UI 요소는 필터, 레이어 모드, 레이어 스타일 등을 이용하면 손쉽게 만들 수 있습니다.

01 / 지도 앱 아이콘 만들기

02 / 날씨 앱 아이콘 만들기

03 / 모바일 UI 키트 만들기

04 / 웹용 버튼 키트 만들기

SECTION 01

지도 앱 아이콘 만들기

• **준비 파일 |** 없음 • **완성 파일 |** map.psd

포토샵의 다양한 툴을 활용하여 나침반 아이콘을 만들고 입체감을 넣어 지도 앱 아이콘을 완성해 봅니다.

■ 완성 이미지

01 메뉴 바에서 [File]-[New]를 선택하고 옵션 창에서 Width와 Height를 각각 500Pixels로 입력하고 Resolution을 72Pixels/Inch로 설정한 다음 〈Create〉를 클릭해 새 문서를 만듭니다. 전경색을 진한 파란색(#0054A6)으로 설정하고 Alt+Delete를 눌러 배경을 채웁니다.

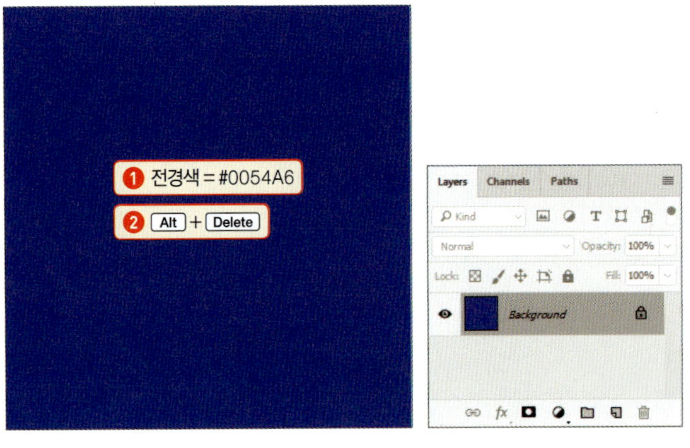

02 새 레이어 만들기 버튼( )을 클릭해 새 레이어를 추가하고 Background 레이어의 눈 아이콘( )을 클릭하여 이미지를 감춥니다. 전경색을 하늘색(#00BFF3)으로 설정하고 연필 툴( )을 선택합니다. 옵션 바에서 브러시를 Hard Square 1 pixel로 선택하고 화면을 충분히 확대한 상태에서 그림과 같이 45° 방향으로 점 다섯 개를 찍습니다.

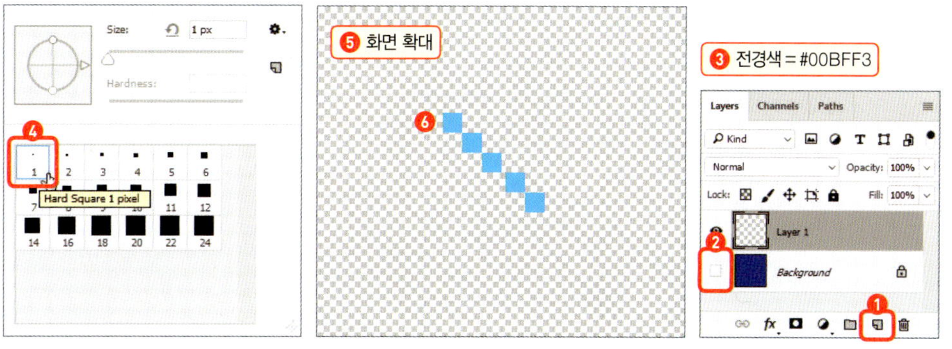

03 사각형 선택 툴( )을 선택하고 Shift 를 누른 채로 드래그하여 점 다섯 개를 선택 영역으로 지정합니다. 메뉴 바에서 [Edit]–[Define Pattern]을 선택하여 선택 영역을 패턴으로 등록합니다.

04 Delete 를 눌러 선택 영역을 삭제하고 Ctrl + A 를 눌러 전체 화면을 선택한 다음 메뉴 바에서 [Edit]–[Fill]을 선택하거나 Shift + F5 를 누릅니다. 옵션 창이 나타나면 Contents를 Pattern, Custom Pattern을 앞에서 만든 패턴으로 설정한 다음 〈OK〉를 클릭합니다. Background 레이어의 눈 아이콘( )을 클릭합니다.

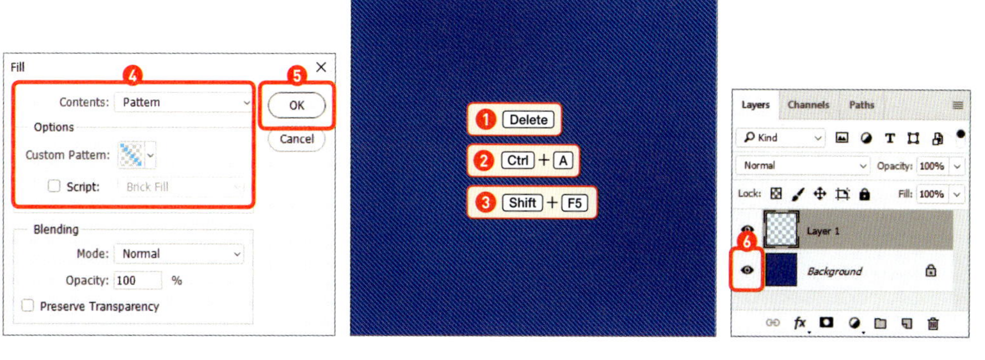

05 새 레이어 만들기 버튼(   )을 클릭합니다. 전경색을 분홍색(#F194BF)으로 설정하고 모서리가 둥근 사각형 툴(   )을 선택합니다. 옵션 바에서 옵션을 Pixels, Radius를 30px로 지정하고 Shift를 누른 채로 화면을 드래그합니다.

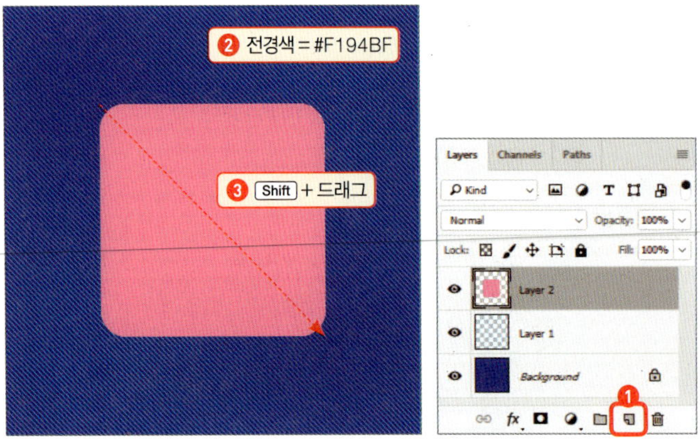

06 Layer 2가 선택된 상태에서 레이어 패널의 레이어 스타일 추가 버튼(fx)을 클릭하고 [Gradient Overlay]를 선택합니다. 옵션을 다음과 같이 설정합니다.

Blend Mode: Multiply, Opacity: 50%, Gradient: #A521A3→투명, Style: Linear, Angle: 135°, Scale: 100%

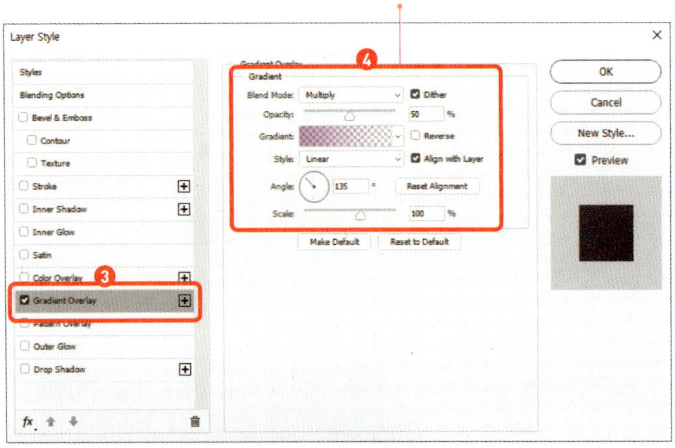

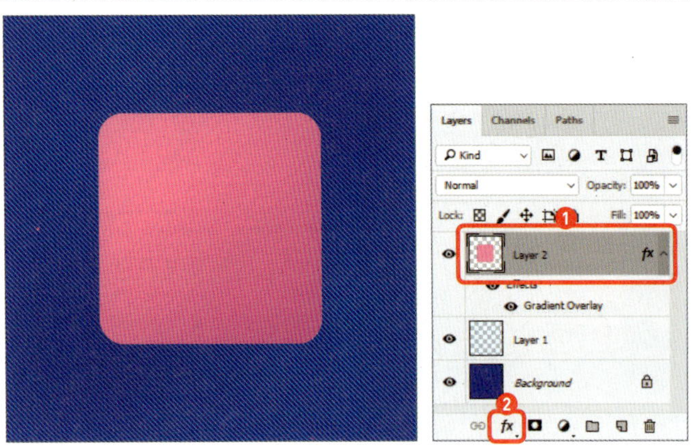

07 왼쪽 옵션 중 [Bevel & Emboss]를 선택합니다. 옵션을 다음과 같이 지정하여 입체감을 넣고 〈OK〉를 클릭합니다.

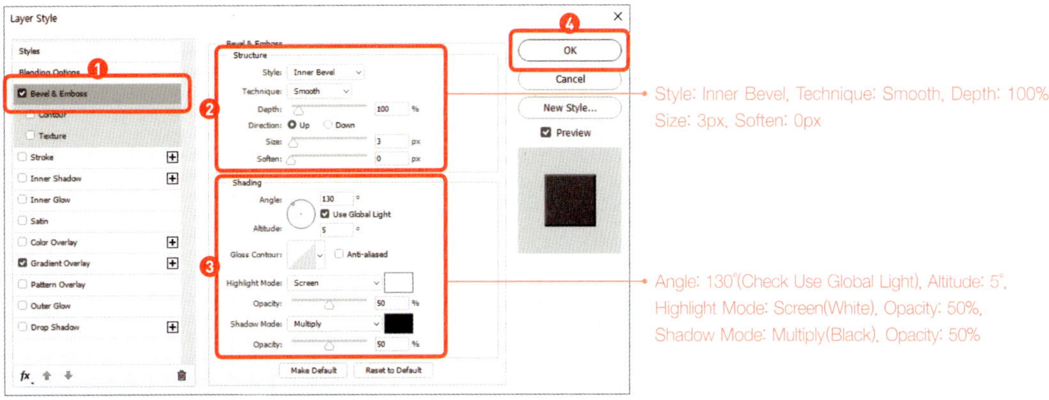

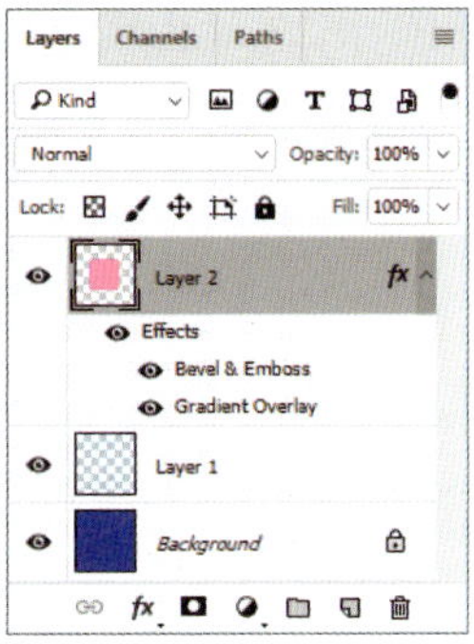

08 새 레이어 만들기 버튼(⧉)을 클릭하고 Ctrl을 누른 채로 Layer 2의 섬네일을 클릭하여 선택 영역으로 지정합니다. 메뉴 바에서 [Edit]-[Stroke]를 선택합니다. 옵션 창에서 Width를 2, Color를 흰색, Location을 Inside로 설정하고 〈OK〉를 클릭합니다.

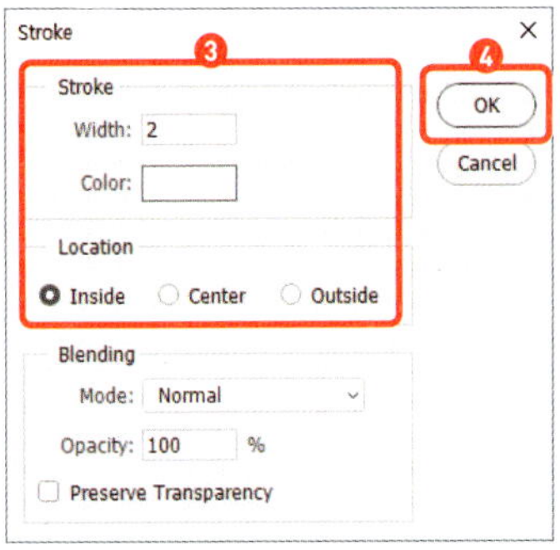

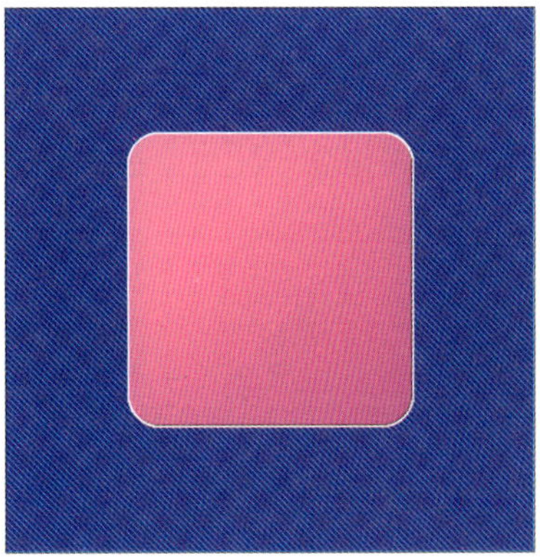

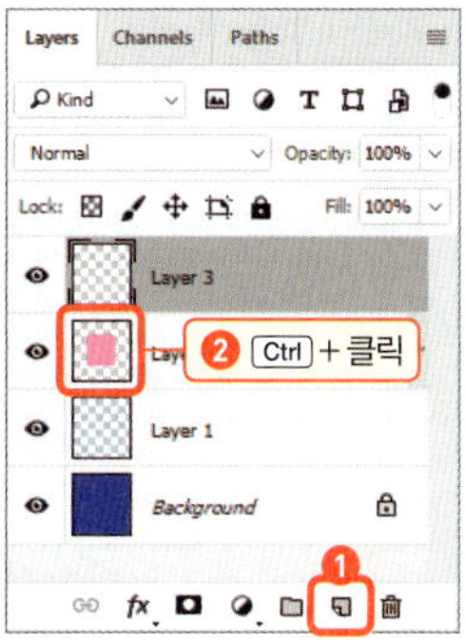

09 다각형 올가미 툴( )을 선택하고 옵션 바에서 Feather를 50으로 지정합니다. 사각형 왼쪽 모서리를 제외한 나머지 영역을 선택합니다.

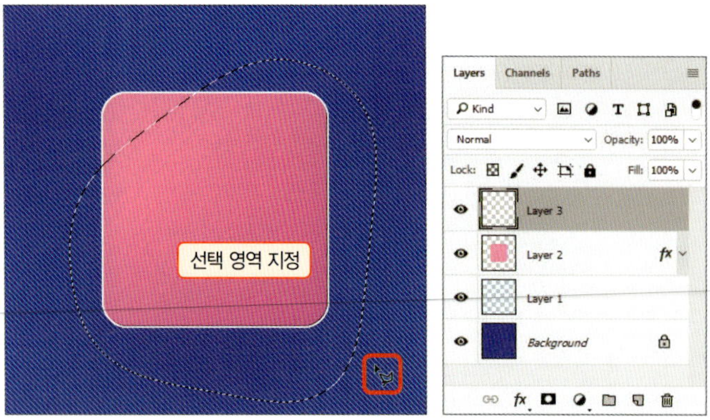

10 Delete를 눌러 선택 영역을 삭제하면 왼쪽 상단이 밝게 빛나는 효과가 만들어집니다. Ctrl+D를 눌러 선택 영역을 해제합니다. Layer 1을 선택하고 Shift를 누른 채로 Layer 3을 클릭한 후 레이어 패널의 새 그룹 만들기 버튼( )을 클릭하여 레이어 세 개를 그룹으로 묶습니다.

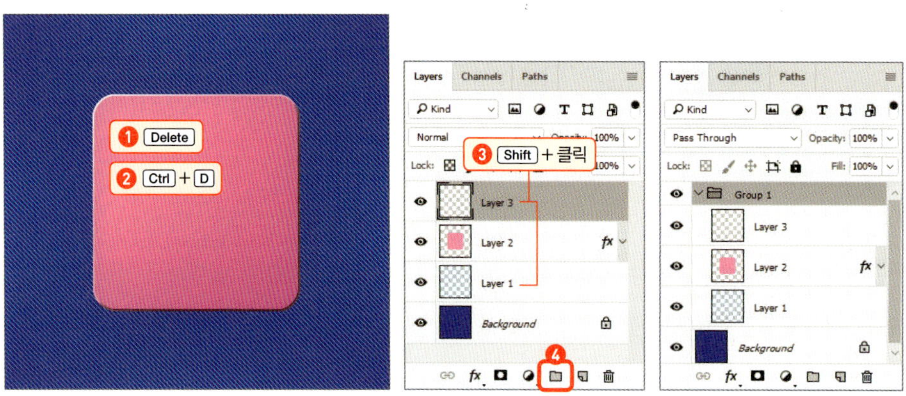

11 새 레이어 만들기 버튼( )을 클릭하고 원형 선택 툴( )을 선택합니다. Shift를 누른 채로 정원을 그립니다. 전경색을 밝은 분홍색(#FDC1DE)으로 설정하고 Alt+Delete를 눌러 내부를 채웁니다.

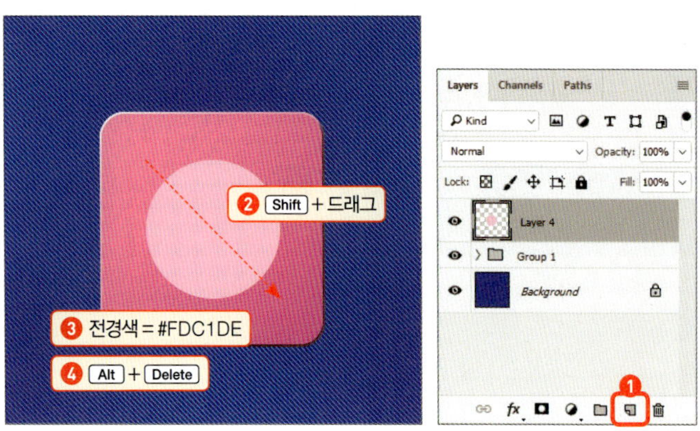

12 원형 선택 툴(◌)을 선택하여 앞에서 그린 원보다 조금 작은 원을 그리고 Delete 를 눌러 안쪽 면을 없앤 후 Ctrl + D 를 눌러 선택 영역을 해제합니다.

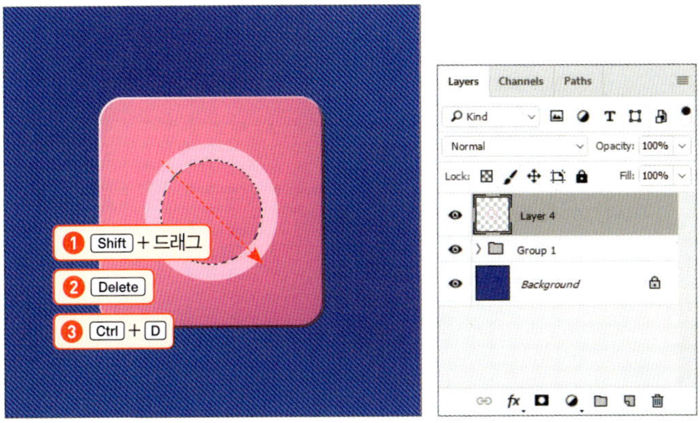

13 새 레이어 만들기 버튼(▣)을 클릭하고 다각형 툴(⬠)을 선택합니다. 옵션 바에서 옵션을 Pixels, Sides를 3으로 설정하고 원 꼭지에 작은 삼각형을 그립니다.

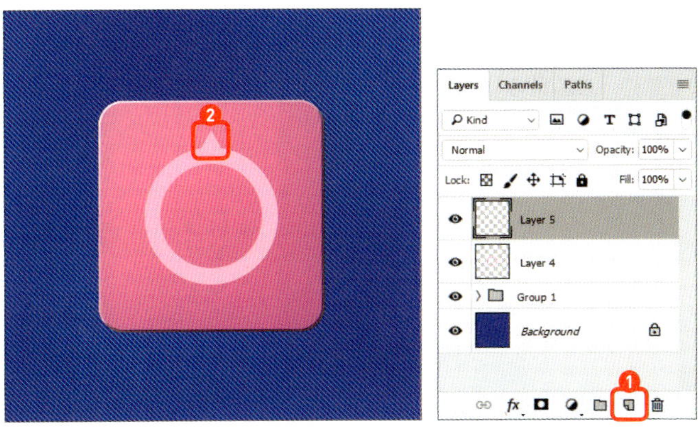

14 Layer 5가 선택된 상태에서 Ctrl + J 를 눌러 삼각형을 복제하고 메뉴 바에서 [Edit]–[Transform]–[Flip Vertical]을 선택합니다. 삼각형이 뒤집히면 원 아래쪽으로 이동시킵니다. Ctrl + E 를 눌러 Layer 5 copy 레이어와 Layer 5를 합칩니다.

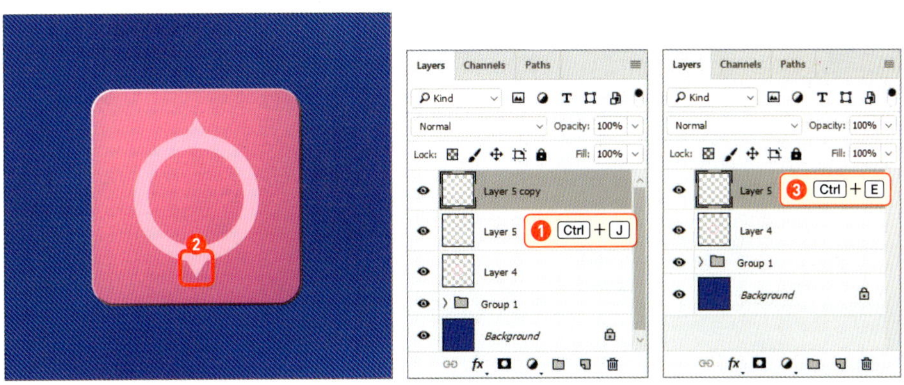

15 Layer 5가 선택된 상태에서 Ctrl+J를 눌러 레이어를 복제합니다. [Edit]-[Transform]-[Rotate 90° Clockwise]를 선택해 복제한 레이어의 이미지를 90°로 회전시키고 Ctrl+E를 눌러 레이어를 합칩니다.

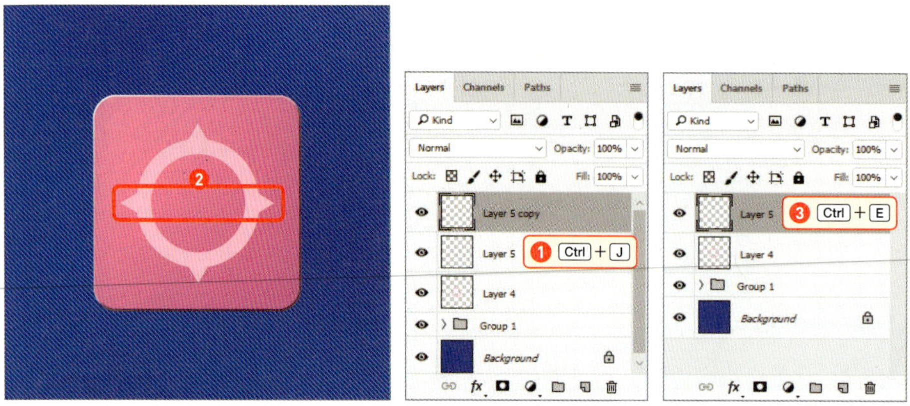

16 Layer 5가 보이지 않도록 눈 아이콘(◉)을 클릭하고 새 레이어 만들기 버튼(◘)을 클릭합니다. 앞에서 실행한 방법을 반복하여 그림과 같이 작은 삼각형을 만듭니다.

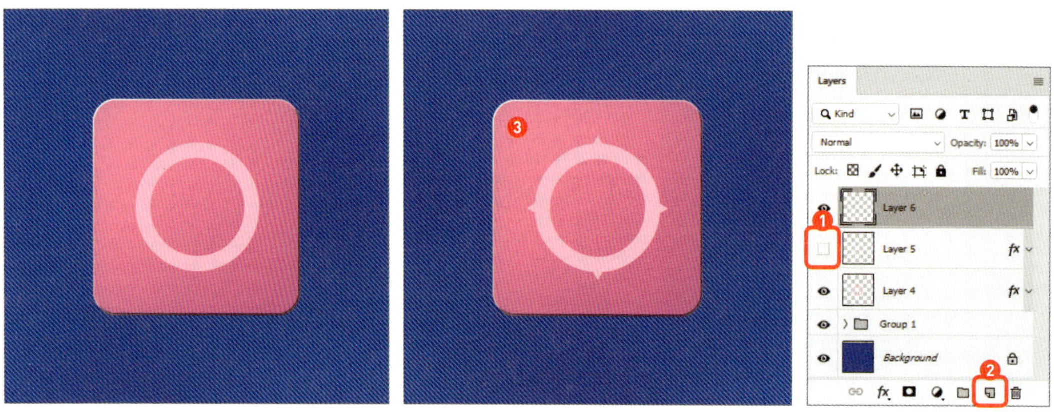

17 작은 삼각형이 있는 Layer 6이 선택된 상태에서 Ctrl+T를 누른 다음 45° 회전시킵니다. 큰 삼각형이 보이도록 Layer 5의 눈 아이콘(◉)을 클릭합니다. Ctrl+E를 눌러 Layer 4~6을 합칩니다.

18 Layer 4가 선택된 상태에서 레이어 패널의 레이어 스타일 추가 버튼(fx)을 클릭한 다음 [Gradient Overlay]와 [Outer Glow]를 다음과 같이 적용해 입체감과 그림자를 만듭니다.

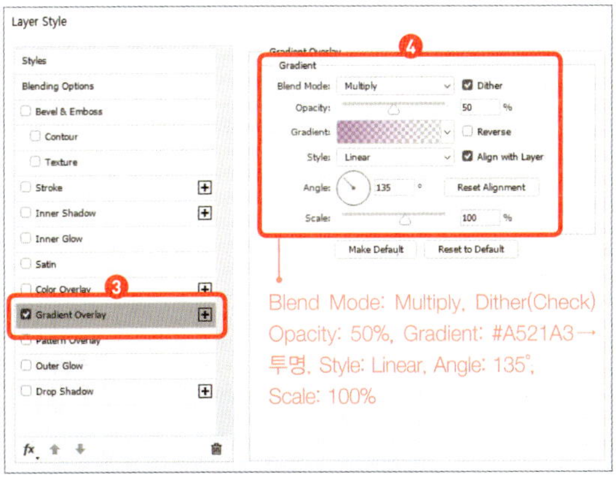

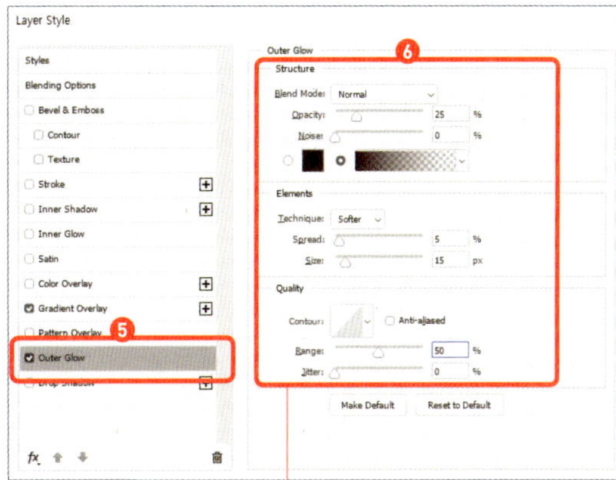

Blend Mode: Normal, Opacity: 25%, Noise: 0%, Color: #53041A→투명, Technique: Softer, Spread: 5%, Size: 15px, Range: 50%, Jitter: 0%

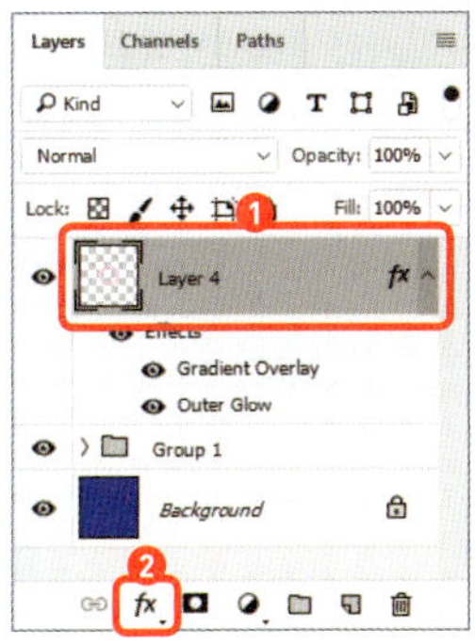

19 새 레이어 만들기 버튼(⊞)을 클릭하고 원형 선택 툴(◌)로 고리 두께의 절반 정도를 채우는 정원을 만듭니다. 전경색을 회색(#D2D2D2)으로 설정하고 Alt+Delete를 눌러 정원에 회색을 채웁니다. Ctrl+Alt를 누른 채로 Layer 4의 섬네일을 클릭하여 원형 내부를 선택한 다음 Delete를 눌러 회색 도넛 모양을 만듭니다.

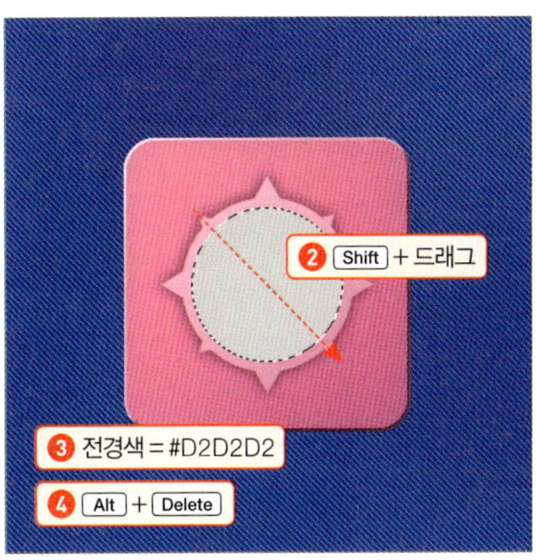

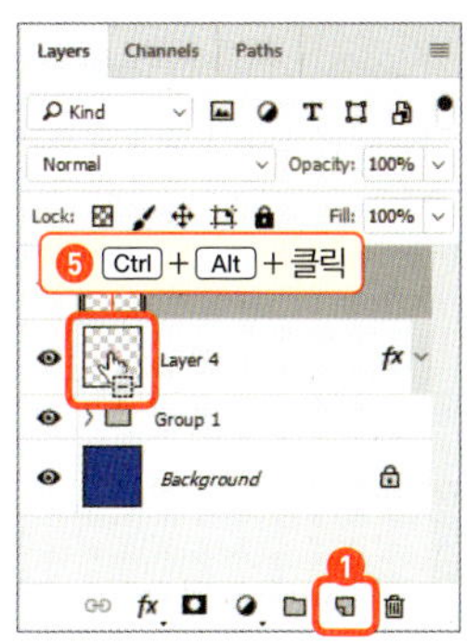

20 다각형 올가미 툴( )을 선택하고 화면을 충분히 확대합니다. 옵션 바에서 Feather를 0으로 입력하고 삼각형 오른쪽만 선택 영역으로 지정한 다음 Alt + Delete 를 눌러 삼각형 안을 회색(#D2D2D2)으로 채웁니다. 같은 방법으로 나머지 삼각형의 오른쪽에도 회색을 채웁니다.

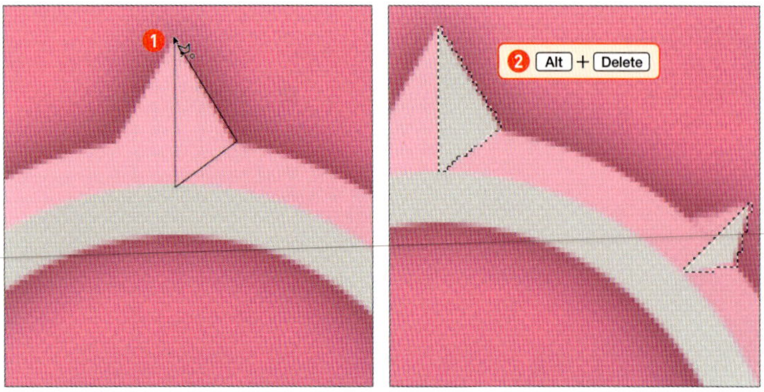

21 Layer 5가 선택된 상태에서 [Edit]–[Stroke]를 선택합니다. 옵션 창에서 Width를 1px, Color를 밝은 회색(#F4F4F4), Location을 Inside로 설정하고 〈OK〉를 클릭하여 테두리를 만듭니다.

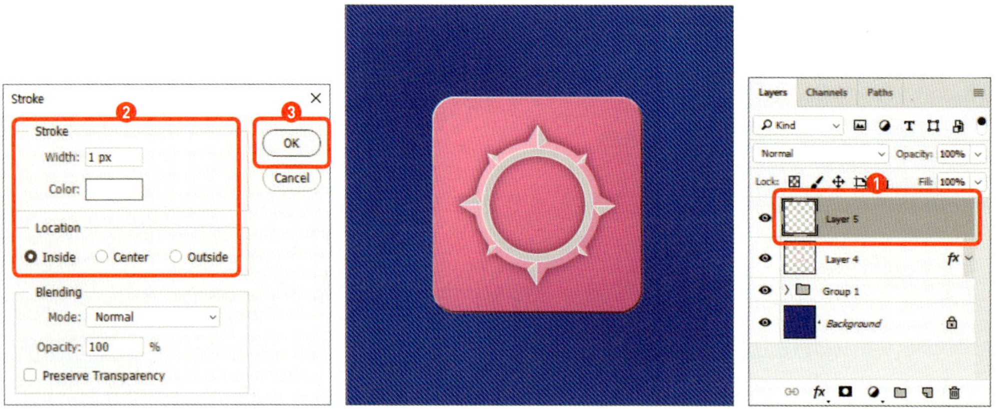

22 레이어 패널의 레이어 스타일 추가 버튼( )을 클릭하고 [Gradient Overlay]를 선택합니다. 옵션 창에서 옵션을 다음과 같이 설정합니다. 그레이디언트가 적용되면 Layer 4와 5를 그룹으로 묶습니다.

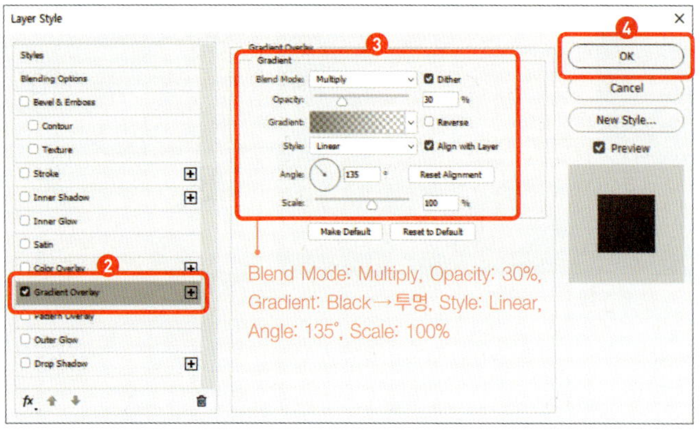

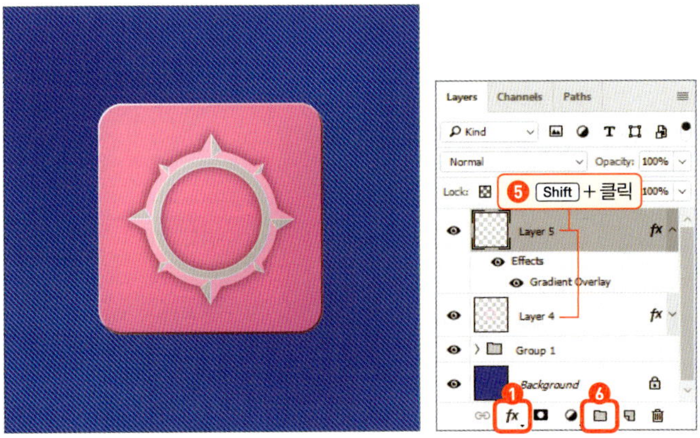

23 사각형 툴(□)을 선택하고 옵션 바에서 옵션을 Path로 지정한 다음 사각형 패스를 만듭니다. Ctrl+T를 눌러 45° 회전시킨 후 Alt를 누른 상태에서 상하를 줄이고 좌우를 늘여 나침반 바늘 모양으로 만듭니다. 완성되면 다음 그림과 같은 방향을 가리키도록 회전시키고 Enter를 눌러 적용합니다.

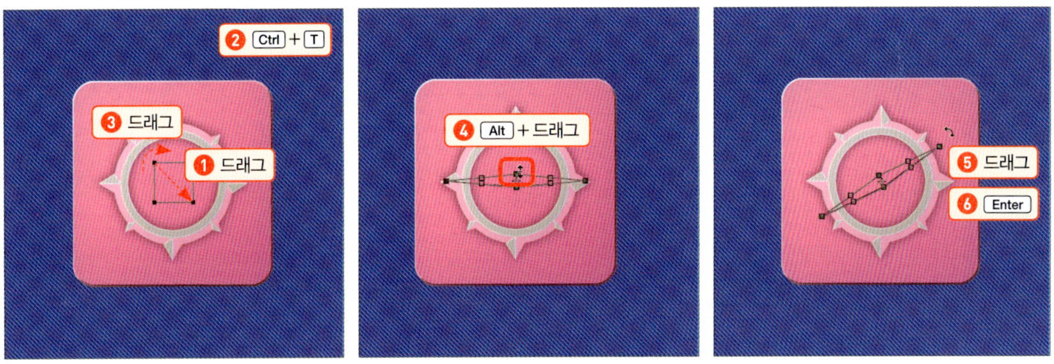

24 패스 패널에서 패스를 선택 영역으로 만들기 버튼(⬚)을 클릭해 패스를 선택 영역으로 전환합니다.

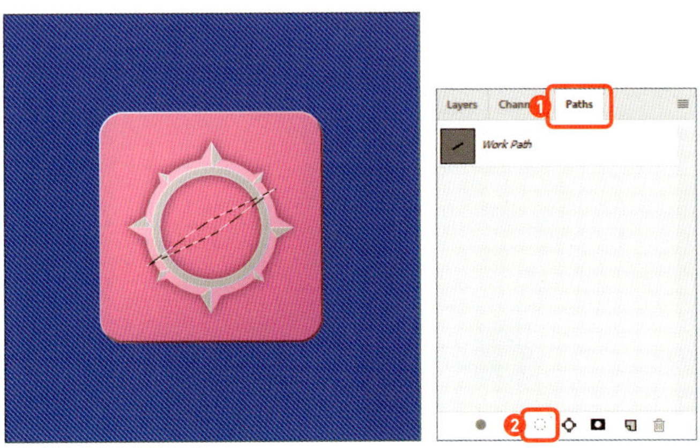

25 레이어 패널에서 새 레이어 만들기 버튼(◱)을 클릭하고 선택 영역에 흰색을 채웁니다. Alt를 누른 채로 그림과 같이 선택 영역을 절반만 선택하고 선택 영역에 이번에는 조금 진한 분홍색(#EC95BC)을 채웁니다.

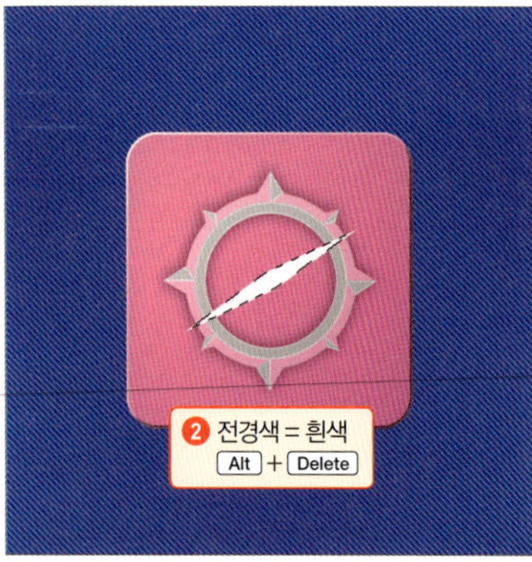

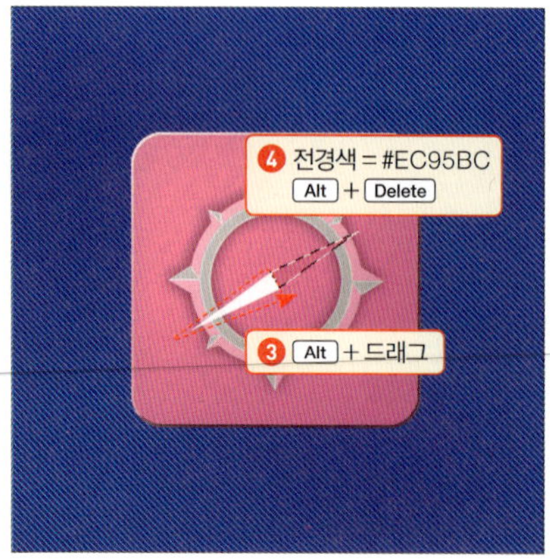

26 이번에는 세로로 절반만 선택하고 Ctrl+J를 눌러 레이어를 복제합니다.

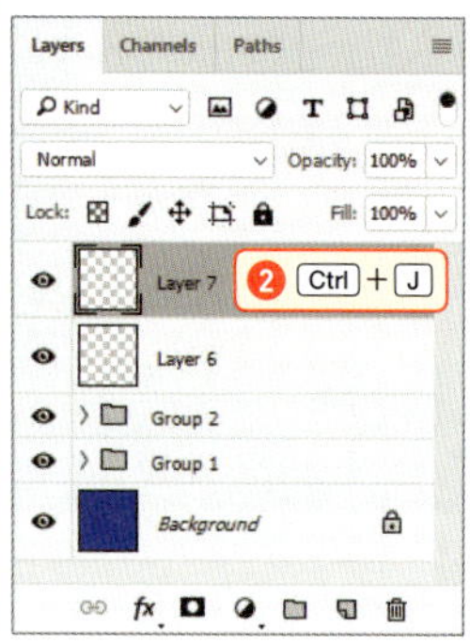

Tip 패스 패널에서 Work Path의 섬네일을 Ctrl을 누른 채로 클릭하면 Work Path의 선택 영역이 지정됩니다.

27 레이어 패널에서 레이어 스타일 추가 버튼(fx)을 클릭하고 [Gradient Overlay]를 선택한 다음 앞에서 사용한 설정을 그대로 둔 채로 〈OK〉를 클릭합니다.

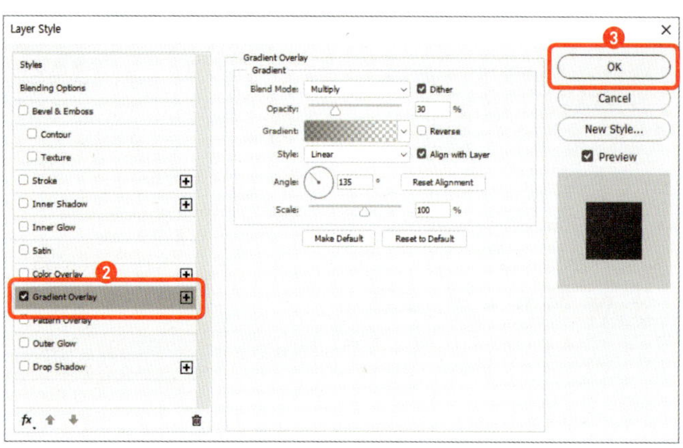

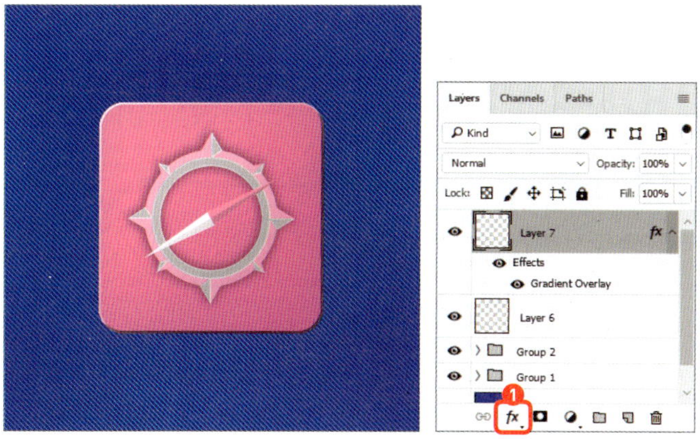

28 Layer 6을 선택하고 레이어 스타일 추가 버튼(fx)을 클릭해 [Outer Glow]를 선택합니다. 옵션을 다음과 같이 설정하고 〈OK〉를 클릭합니다. 지도 앱 아이콘이 완성됩니다.

Blend Mode: Normal, Opacity: 25%, Noise: 0%, Color: #53041A→투명,
Technique: Softer, Spread: 5%, Size: 15px, Range: 50%, Jitter: 0%

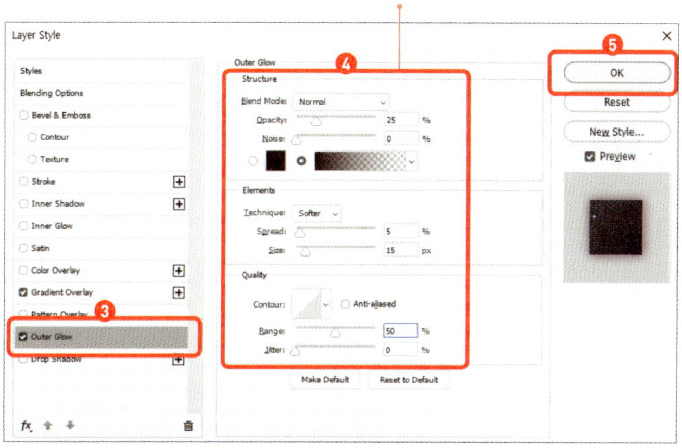

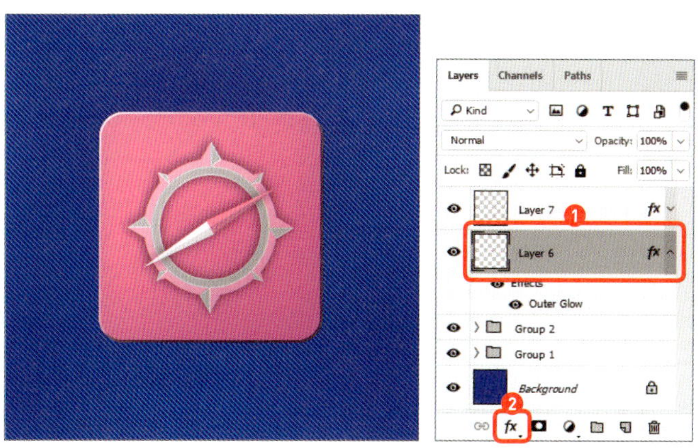

SECTION 02

날씨 앱 아이콘 만들기

• **준비 파일 |** 없음 • **완성 파일 |** weather.psd

셰이프 툴을 이용하여 다양한 모양의 날씨 앱 아이콘을 만들어 봅니다.

■ 완성 이미지

01 메뉴 바에서 [File]–[New]를 선택하고 옵션 창에서 Width와 Height를 각각 500Pixels로 설정한 다음 〈Create〉를 클릭해 새 문서를 만듭니다. 배경을 진한 초록(#374A51)으로 채웁니다.

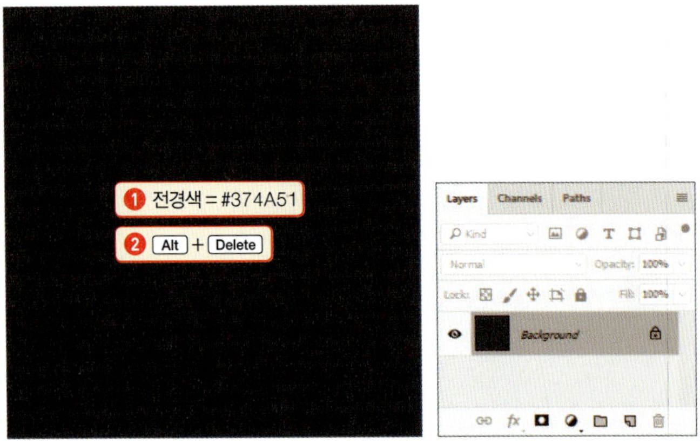

02 모서리가 둥근 사각형 툴( )을 선택하고 옵션 바에서 옵션을 Pixels, Radius를 15px로 설정합니다. 새 레이어 만들기 버튼( )을 클릭하고 Shift를 누른 채로 너비와 높이가 각각 120px인 정사각형 여섯 개를 만듭니다. 정사각형 색은 각각 다르게 지정합니다.

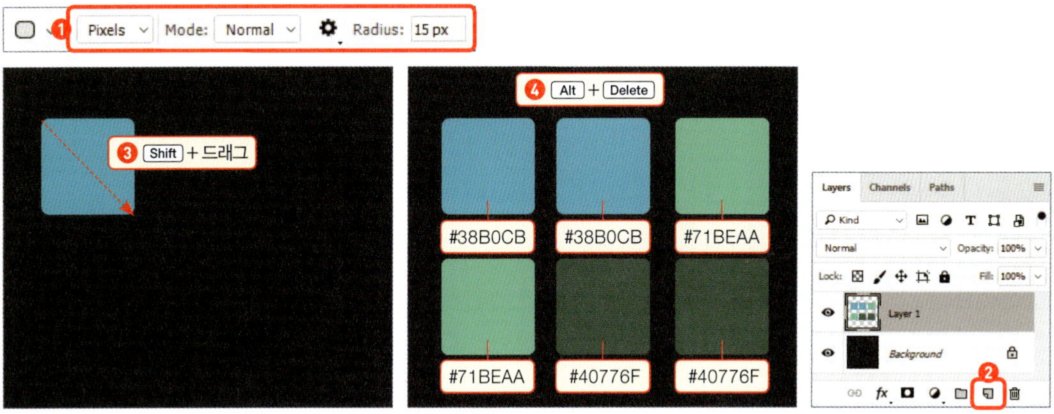

03 원형 툴( )을 선택하고 옵션 바에서 옵션을 Shape, Fill을 노란색(#FFDE02)으로 설정합니다. 첫 번째 박스 안에 지름이 42px인 원을 그립니다.

04 모서리가 둥근 사각형 툴( )로 너비가 8px, 높이가 14px, Radius가 4px인 오브젝트를 그립니다.

Tip 셰이프 툴로 드래그하여 원하는 형태를 만들고 Properties 창에서 색상, 선, 크기 등을 조절할 수 있습니다. 셰이프 툴로 오브젝트를 그릴 경우 자동으로 새 레이어가 생성되며, 패스 선택 툴( )을 이용하여 오브젝트를 원하는 위치로 이동시킬 수 있습니다.

05 방금 만든 모서리가 둥근 사각형을 Alt를 누른 채로 패스 선택 툴( )로 드래그하여 복제합니다.

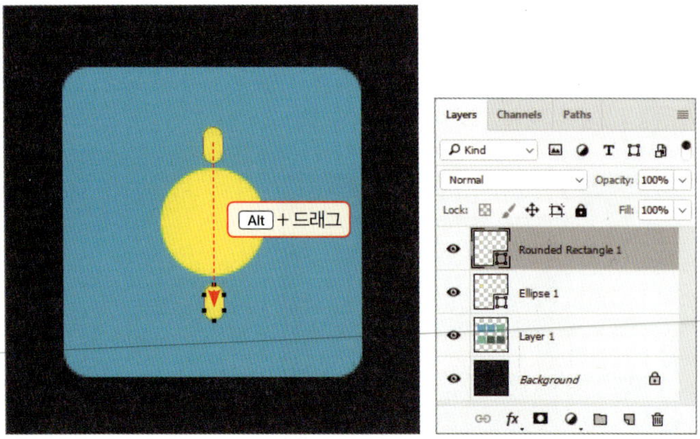

06 이번에는 Alt를 누른 채로 패스 선택 툴( )로 오브젝트 두 개를 한꺼번에 드래그하여 복제합니다. Ctrl+T를 눌러 90° 회전시키고 Enter를 누릅니다.

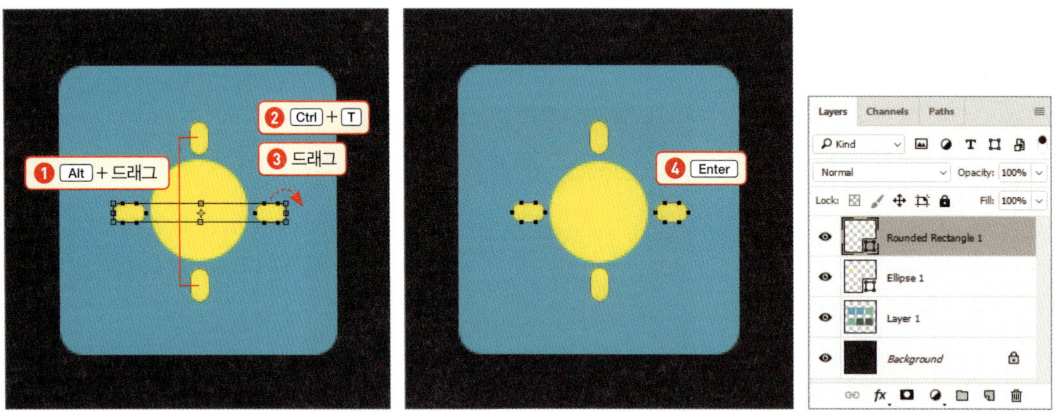

07 같은 방법으로 오브젝트 네 개를 복제한 다음 Ctrl+T를 눌러 45° 회전시킵니다. Ellipse 1 레이어와 Rounded Rectangle 1 레이어를 선택하여 그룹 레이어로 만든 다음 그룹 이름을 '해'라고 지정합니다.

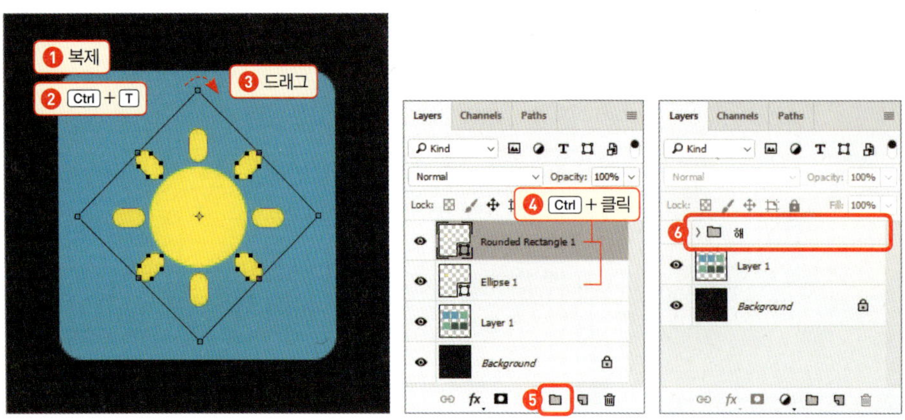

08 해 그룹 레이어를 복제하고 Rounded Rectangle 1 레이어와 Ellipse 1 레이어를 선택한 다음 Ctrl+E를 눌러 두 레이어를 합칩니다. 패스 선택 툴( )로 해를 옆 칸으로 옮긴 다음 Ctrl+T를 눌러 크기를 줄입니다.

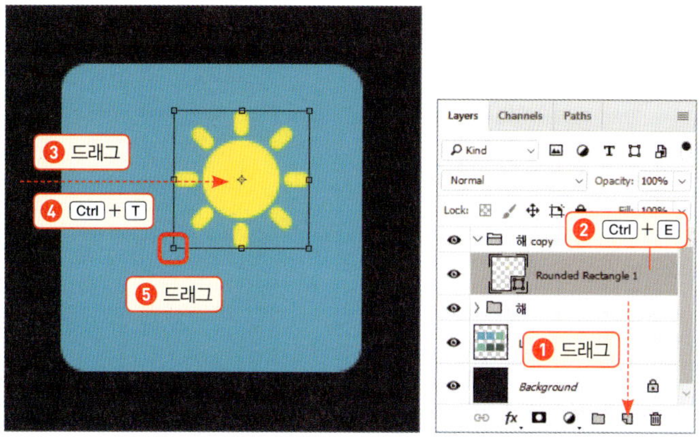

09 모서리가 둥근 사각형 툴( )로 너비가 64px, 높이가 20px, Radius가 10px인 오브젝트를 그리고 밝은 노란색(#FFCD0)으로 채웁니다.

10 원형 툴( )로 작은 원과 조금 큰 원을 그려 구름을 만듭니다.

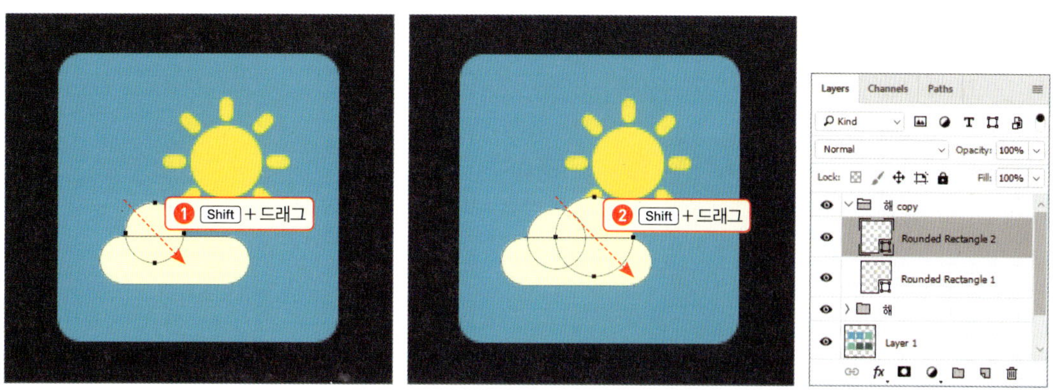

Tip 셰이프 레이어가 만들어져 있는 상태에서 Shift를 누르고 오브젝트를 추가하면 새 셰이프 레이어가 만들어지는 것이 아니라 작업 중인 셰이프 레이어에 오브젝트가 추가됩니다.

11 패스 선택 툴( )로 해와 구름의 위치를 조절하고, 그룹 레이어로 만든 다음 그룹 이름을 '조금 흐림'으로 지정합니다.

12 조금 흐림 그룹 레이어를 복제하여 그룹 이름을 '흐림'으로 변경한 다음 세 번째 칸으로 옮깁니다. 해가 포함되어 있는 Rounded Rectangle 1 레이어를 삭제하고 Rounded Rectangle 2 레이어를 복제한 다음 Ctrl + T를 눌러 크기를 줄입니다.

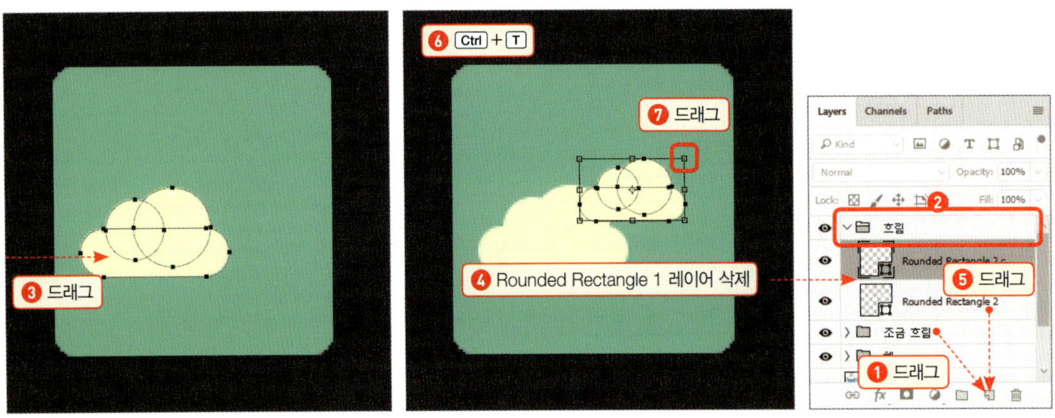

13 Rounded Rectangle 2와 Rounded Rectangle 2 copy 레이어의 위치를 맞바꾸고 구름 색상을 밝은 회색(#EBEBEB)과 어두운 회색(#D7D7D7)으로 변경합니다.

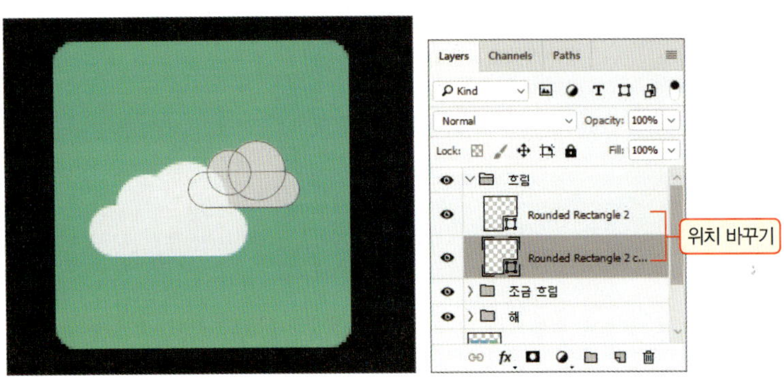

14 이번에는 흐림 그룹 레이어를 복제하여 그룹 레이어의 이름을 '비'로 변경한 다음 두 번째 줄 첫 번째 칸으로 구름을 옮깁니다. 작은 구름이 포함된 레이어를 삭제하고 Ctrl + T를 눌러 남은 구름을 확대합니다.

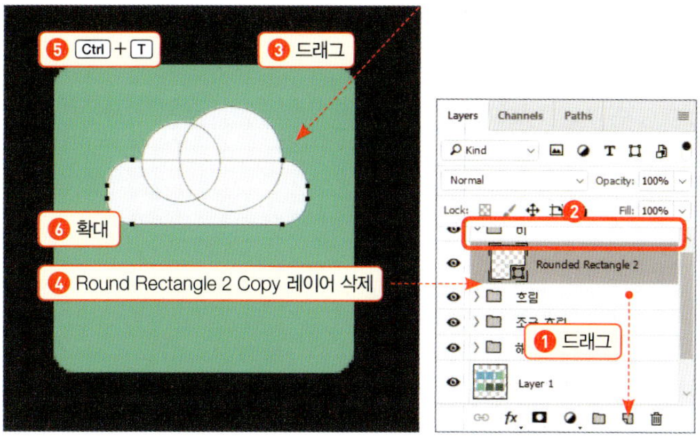

15 구름을 확대하면 모서리가 둥근 사각형 레이어의 Radius 값 때문에 모양이 예쁘지 않습니다. 속성 패널에서 Radius 값을 모서리 높이보다 큰 값으로 입력하면 자동으로 높이의 1/2 크기로 변경됩니다.

16 원형 툴( )로 하늘색(#B4E8FC) 작은 원을 그리고 앵커 포인트 전환 툴( )로 위쪽의 앵커 포인트를 클릭한 다음 패스 직접 선택 툴( )로 드래그하여 물방울을 만듭니다.

17 패스 선택 툴(▶)로 Alt 를 누른 채로 물방울을 드래그하여 물방울을 두 개 더 만들고 위치를 옮겨 비 아이콘을 완성합니다.

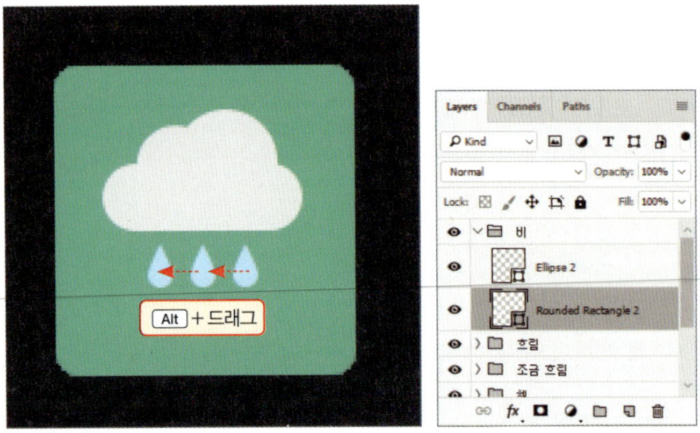

18 비 그룹 레이어를 복제하고 복제한 그룹 레이어 이름을 '야간 흐림'으로 변경합니다. 복제한 오브젝트를 다음 칸으로 이동시킨 다음 Ellipse 2의 빗방울 레이어를 삭제합니다.

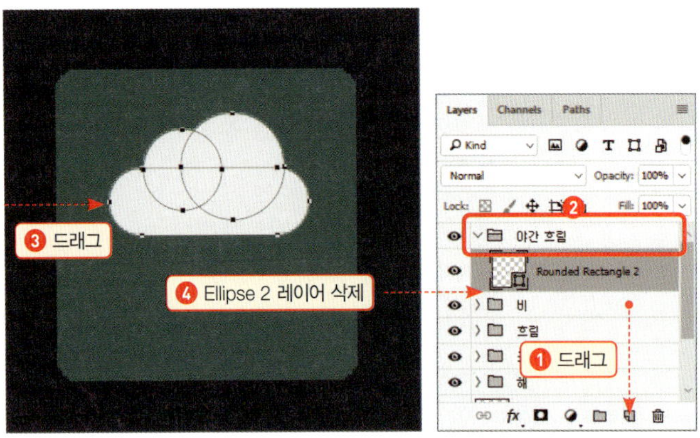

19 원형 툴(◎)로 노란색 원(#FFDE02)을 그리고 Alt 를 누른 채로 작은 원을 하나 더 그려 초승달 모양이 되도록 합니다.

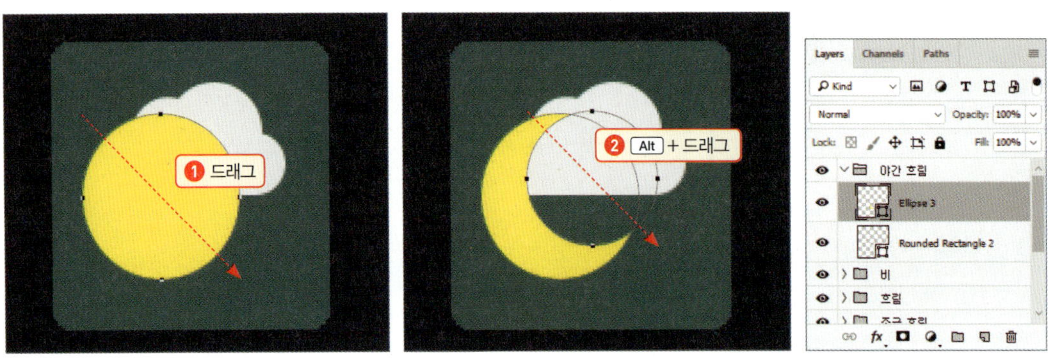

Tip Alt 를 누른 상태에서 그리면 겹치는 부분의 셰이프 영역이 보이지 않게 됩니다.

20 Ctrl+T를 눌러 구름을 조금 작게 줄이고 위치를 잡아 야간 흐림 아이콘을 완성합니다.

21 야간 흐림 그룹 레이어를 복제하고 복제한 그룹 레이어 이름을 '야간 맑음'으로 바꿉니다. 구름이 포함된 레이어를 삭제하여 달 이미지만 남기면 날씨 앱 아이콘 6종 세트가 완성됩니다.

SECTION

03

모바일 UI 키트 만들기

• **준비 파일 |** 없음 • **완성 파일 |** UI_kit.psd

셰이프 툴과 레이어 스타일을 이용하여 모바일에서 사용되는 검색 바, 스위치, 라디오 버튼, 체크 박스, 버튼을 만들어 봅니다.

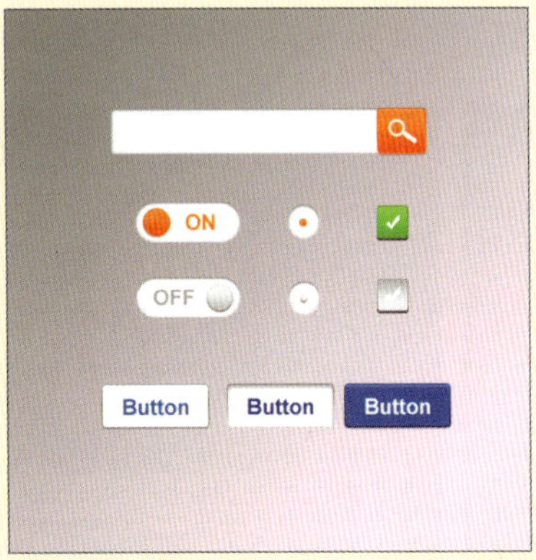

■ 완성 이미지

01 메뉴 바에서 [File]–[New]를 선택하고 옵션 창에서 Width와 Height를 각각 500Pixels로 설정한 다음 〈Create〉를 클릭해 새 문서를 만듭니다. 전경색과 배경색을 회색(#A1A1A0)과 분홍색(#FEE9F2)으로 설정하고 그레이디언트 툴(▣)로 대각선 방향으로 드래그하여 배경을 만듭니다.

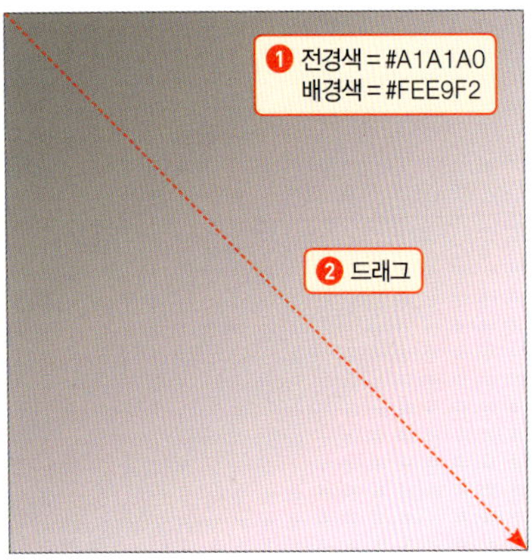

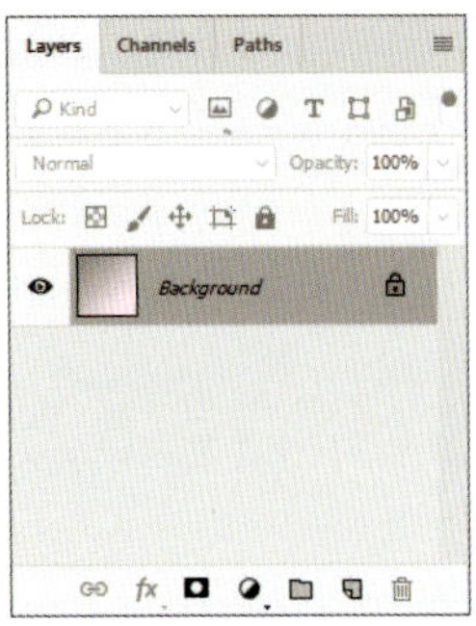

02 모서리가 둥근 사각형 툴(□)을 선택하고 옵션 바에서 옵션을 Shape로 설정합니다. 너비가 300px, 높이가 40px, Radius가 3px, 색상이 흰색인 오브젝트를 그립니다.

03 레이어 패널에서 레이어 스타일 추가 버튼(fx)을 클릭하고 [Inner Shadow]를 선택한 다음 옵션을 다음과 같이 설정합니다.

Blend Mode: Multiply(Black), Opacity: 50%, Angle: 90°(Uncheck Use Global Light), Distance: 1px, Choke: 0%, Size: 3px

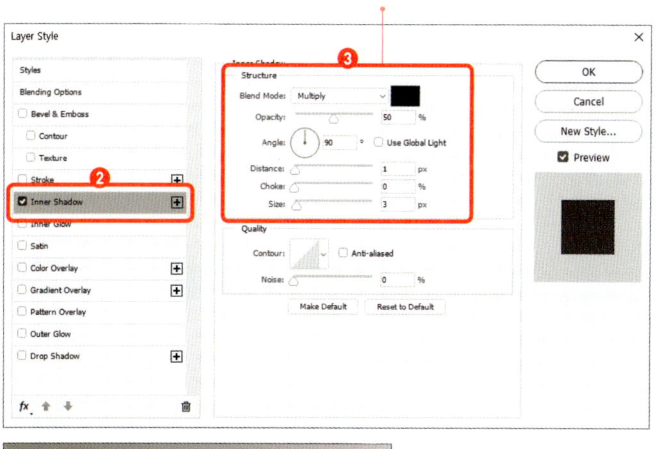

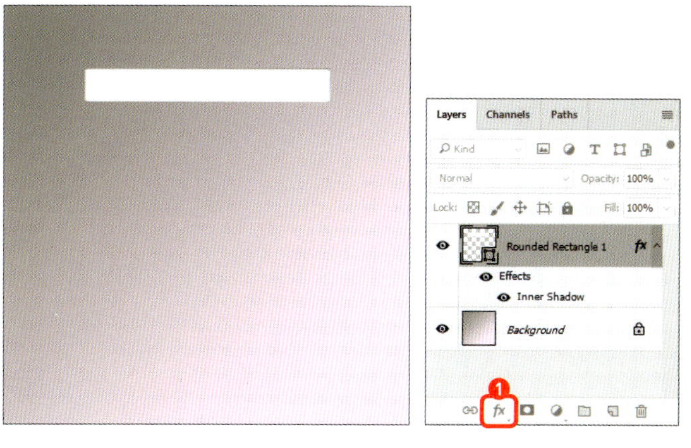

04 [Drop Shadow]를 선택하고 옵션을 다음과 같이 설정한 다음 〈OK〉를 클릭합니다.

Blend Mode: Normal(White), Opacity: 75%, Angle: 90°(Uncheck Use Global Light), Distance: 1px, Spread: 0%, Size: 0px

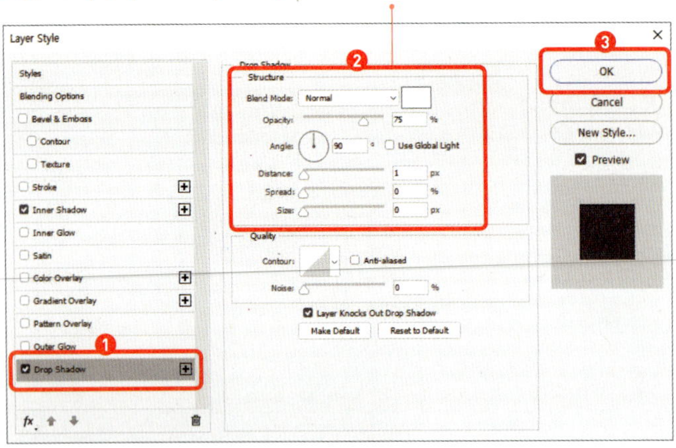

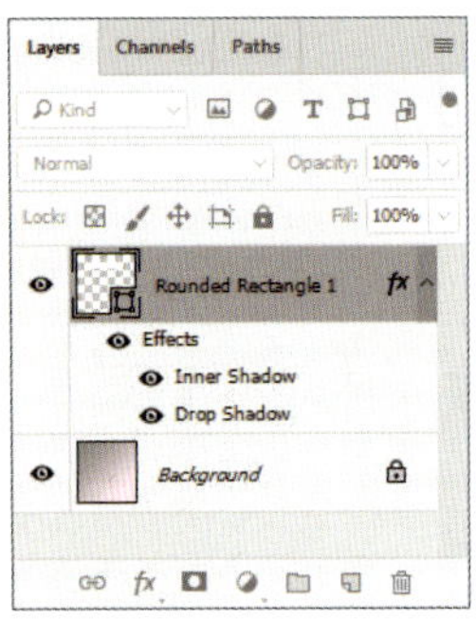

05 모서리가 둥근 사각형 툴(▢)을 선택하고 기존 옵션을 유지한 채로 너비가 45px, 높이가 40px인 오브젝트를 그립니다. Rounded Rectangle 2 레이어가 선택된 상태에서 레이어 스타일 추가 버튼(fx)을 클릭합니다.

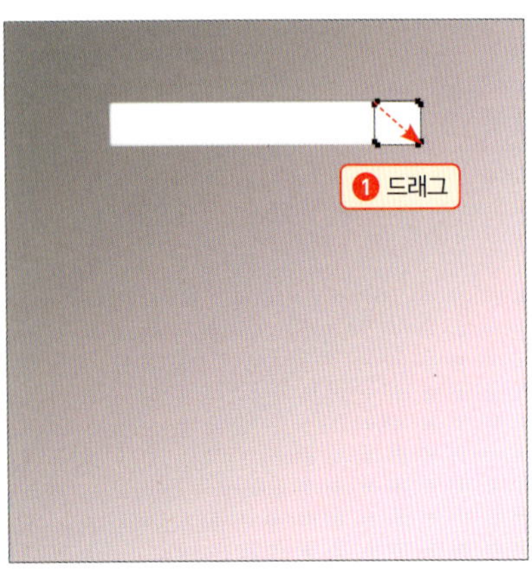

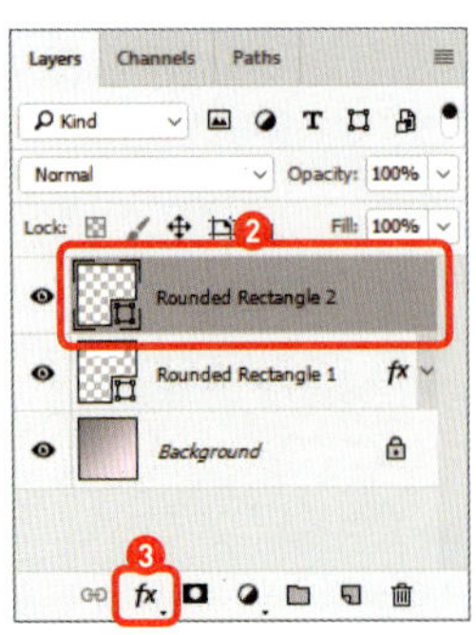

06 [Gradient Overlay]와 [Stroke]를 선택하고 옵션을 다음과 같이 설정합니다.

Size: 1px, Position: Outside, Blend Mode: Normal, Opacity: 100%, Gradient: #F8931D→#FF6633(Location 72), Angle: 90˚, Scale: 100%

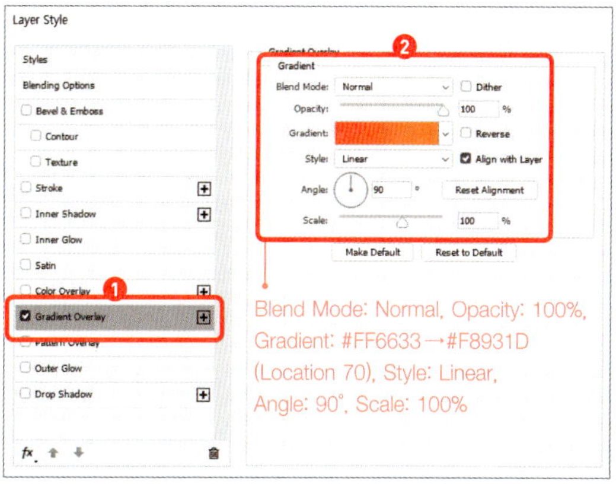

Blend Mode: Normal, Opacity: 100%, Gradient: #FF6633→#F8931D (Location 70), Style: Linear, Angle: 90˚, Scale: 100%

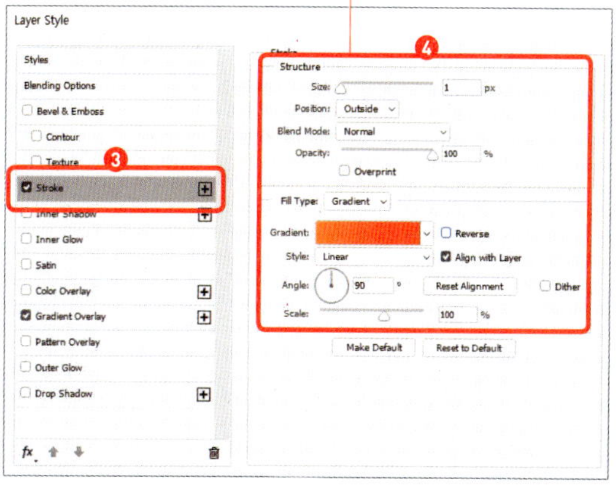

07 마찬가지로 입체감을 주기 위해 [Inner Shadow]와 [Drop Shadow]에도 옵션을 다음과 같이 적용하고 〈OK〉를 클릭합니다.

Blend Mode: Normal(White), Opacity: 30%, Angle: 90˚(Uncheck Use Global Light), Distance: 1px, Choke: 0%, Size: 0px

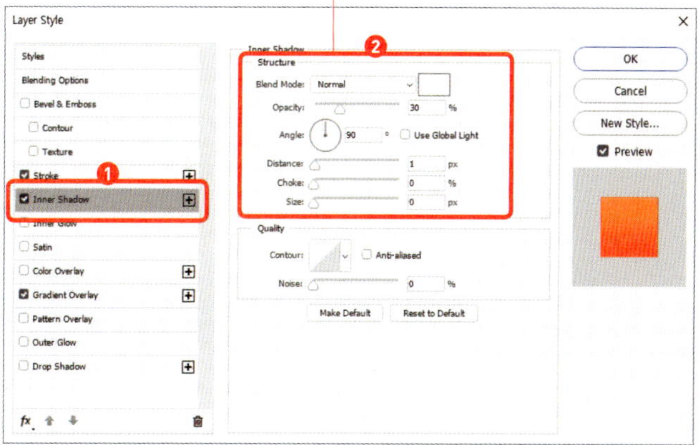

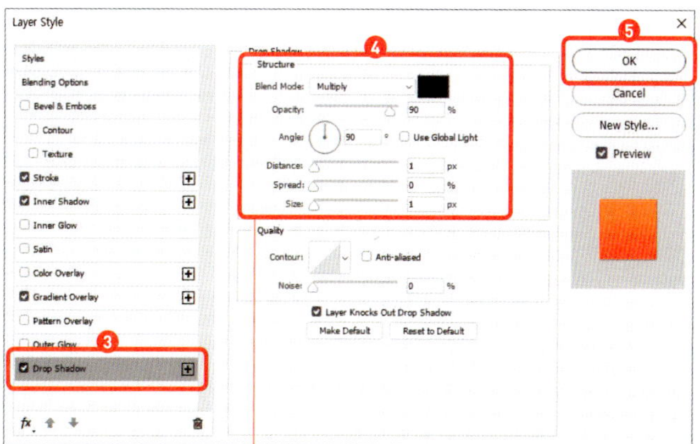

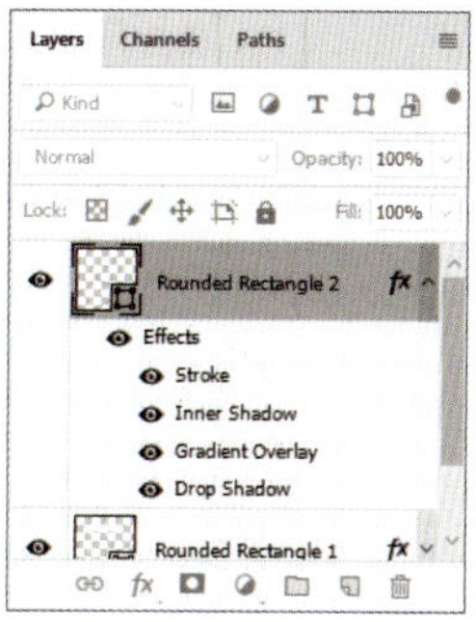

Blend Mode: Multiply(#131313), Opacity: 90%, Angle: 90˚(Uncheck Use Global Light), Distance: 1px, Spread: 0%, Size: 1px

08 커스텀 셰이프 툴(⌂)을 선택하고 옵션 바에서 Shape를 돋보기 모양으로 선택합니다. 버튼 위를 드래그해서 돋보기를 그립니다. Background 레이어를 제외한 모든 레이어를 선택하여 그룹 레이어로 지정한 다음 그룹 이름을 'search'로 바꿉니다.

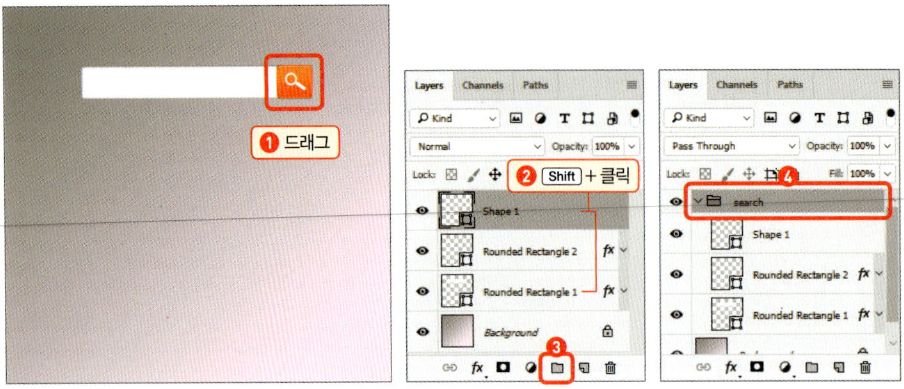

09 이번에는 모서리가 둥근 사각형 툴(▢)을 선택하고 너비가 100px, 높이가 36px, Radius가 18px인 오브젝트를 그립니다.

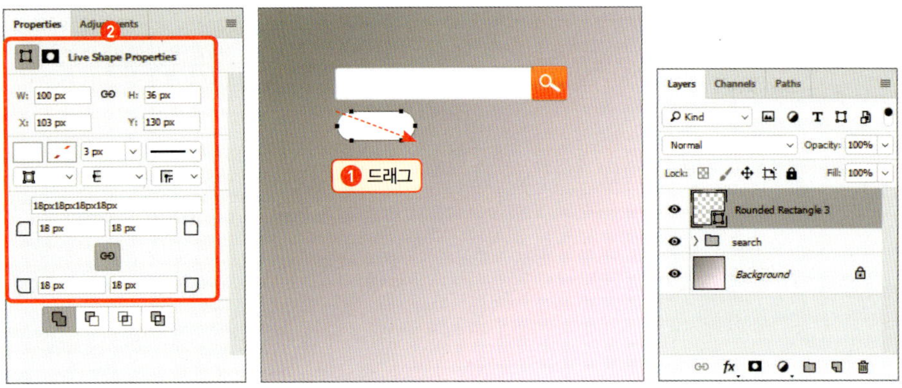

10 Search 그룹 레이어에서 Rounded Rectangle 1 레이어를 클릭하여 선택하고 Alt 를 누른 채로 fx 아이콘을 Rounded Rectangle 3 레이어로 드래그합니다. 앞에서 작업한 레이어 스타일이 그대로 적용됩니다.

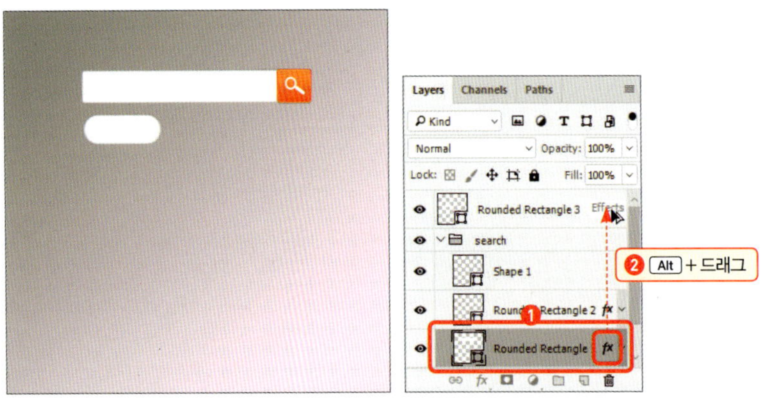

11 원형 툴(◯)을 선택하고 너비와 높이가 24px인 오브젝트를 그립니다. Rounded Rectangle 2의 레이어 스타일을 복제하여 Ellipse 1 레이어에 붙여 넣습니다.

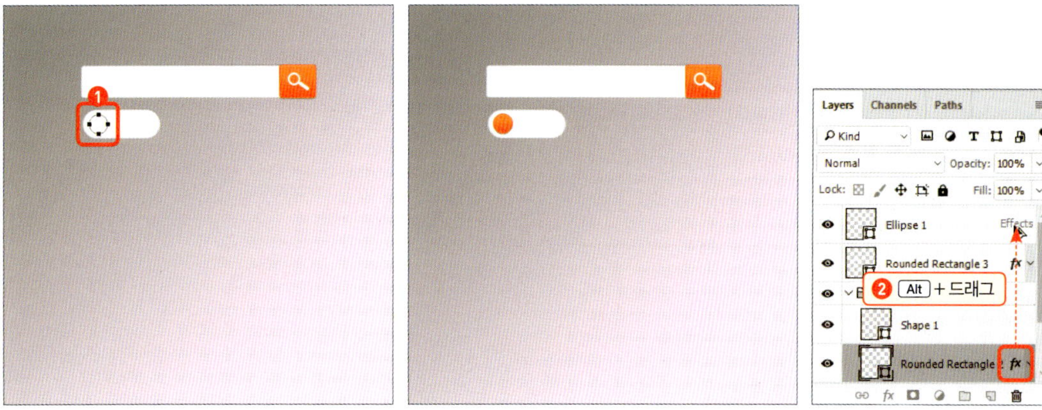

12 텍스트 툴(T)을 선택하여 'ON'을 입력합니다.

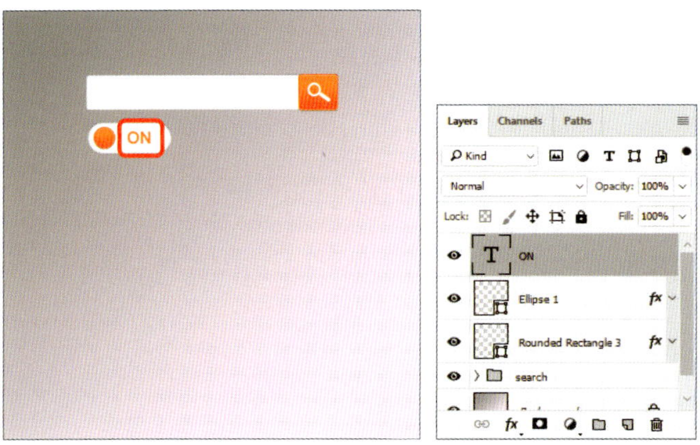

13 새로 만든 레이어 세 개를 그룹으로 묶고 그룹 이름을 'on'으로 바꿉니다. 이어서 on 그룹 레이어를 복제하고 복제한 그룹 이름을 'off'로 바꾼 후 복제한 오브젝트를 드래그하여 아래로 옮깁니다.

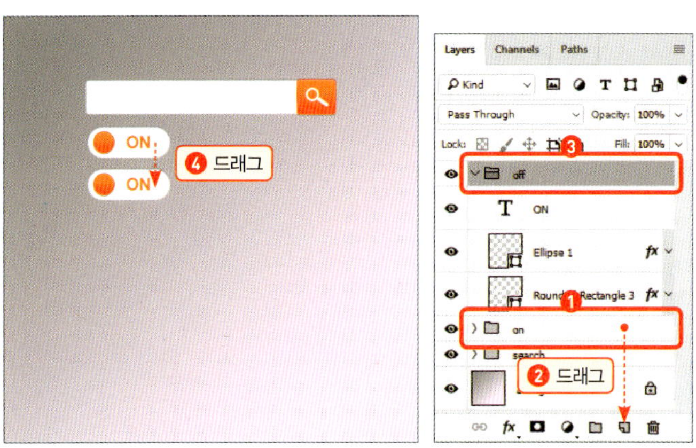

14 Ellipse 1 레이어의 레이어 스타일 중 Gradient Overlay를 더블클릭하여 옵션을 다음과 같이 설정하고 〈OK〉를 클릭합니다.

Blend Mode: Normal, Opacity: 100%, Gradient: #CACACA→#F1F1F1, Style: Linear, Angle: 90°, Scale: 100%

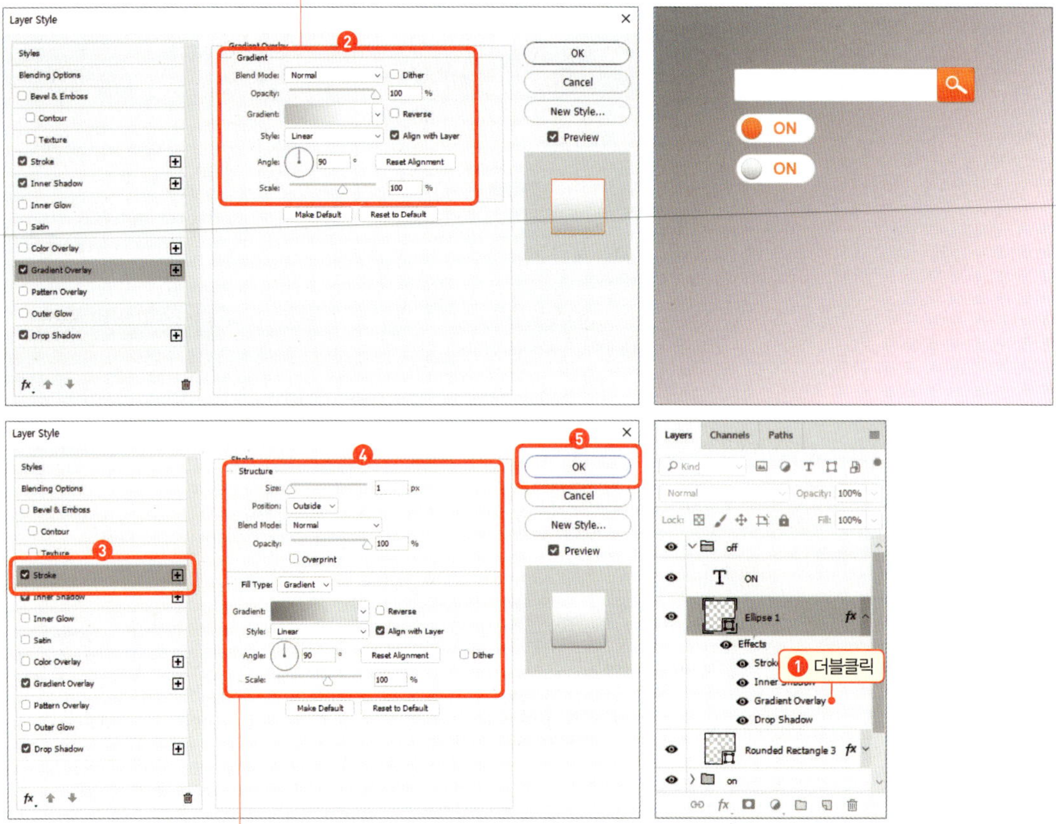

Size: 1px, Position: Outside, Blend Mode: Normal, Opacity: 100%,
Gradient: #F1F1F1→#CACACA, Angle: 90°, Scale: 100%

15 Ellipse 1 레이어의 오브젝트를 오른쪽으로 옮기고 텍스트 레이어는 왼쪽으로 옮긴 다음 섬네일을 클릭하여 텍스트를 'OFF'로 바꾸고 색상을 회색(#B7B7B7)으로 바꿉니다.

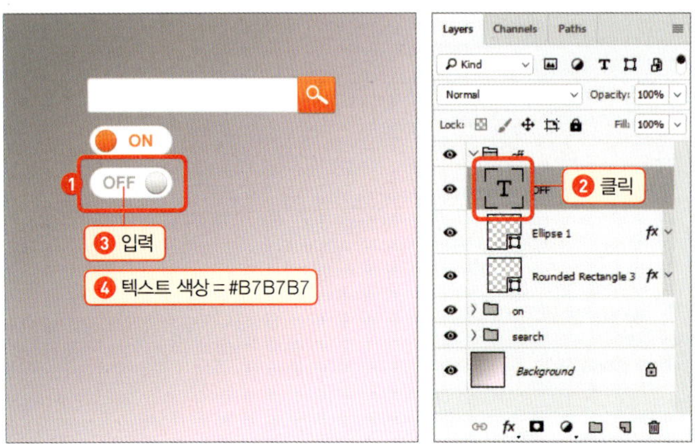

16 on 그룹 레이어와 off 그룹 레이어를 다시 그룹으로 묶고 이름을 'switch'로 바꿉니다. 다음으로 라디오 버튼을 만듭니다. 원형 툴(◎)을 선택하고 ON 스위치 옆에 너비와 높이가 30px인 오브젝트를 만듭니다.

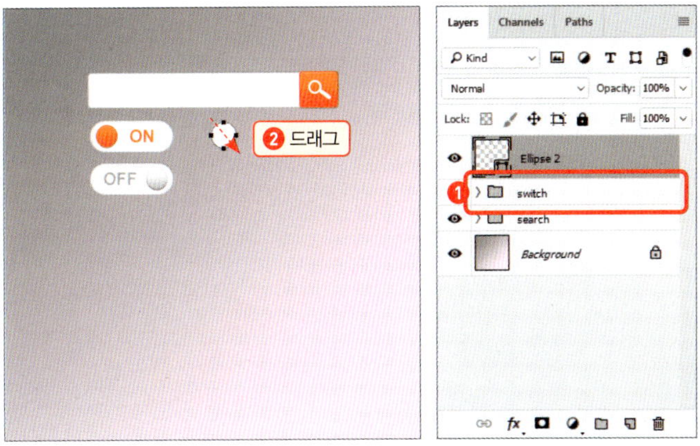

17 Search 그룹 레이어에서 Rounded Rectangle 1 레이어의 스타일을 복사하고 Ellipse 2 레이어에 붙여 넣습니다.

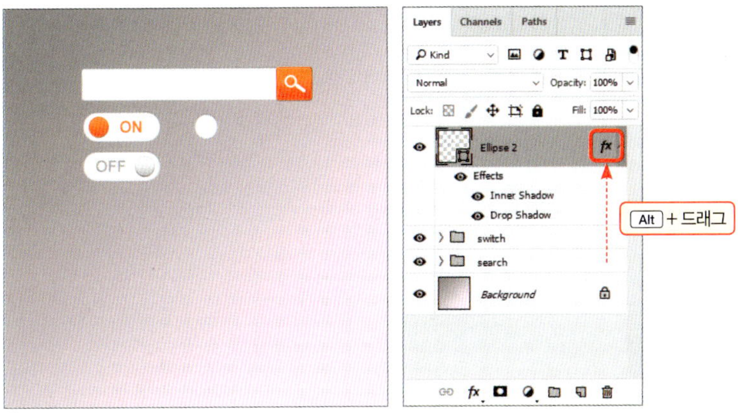

18 원형 툴(◎)로 너비와 높이가 각각 5px인 작은 원을 그리고 앞에서 그린 원 중앙으로 옮깁니다. 이번에는 Rounded Rectangle 2의 레이어 스타일을 복사하여 Ellipse 3 레이어에 붙여 넣습니다.

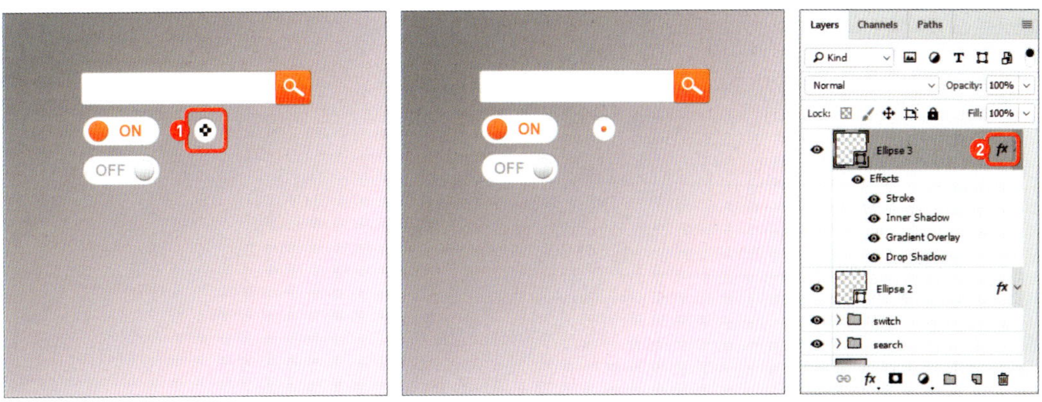

19 Ellipse 2와 Ellipse 3 레이어를 그룹으로 묶고 그룹명을 'radio on'으로 변경합니다. 이어서 radio on 그룹을 복제하여 이름을 'radio off'로 변경합니다. radio off 그룹의 Ellipse 3 레이어 오른쪽에 보이는 [fx] 아이콘을 휴지통 버튼(🗑)으로 드래그하여 기존 레이어 스타일을 모두 제거합니다.

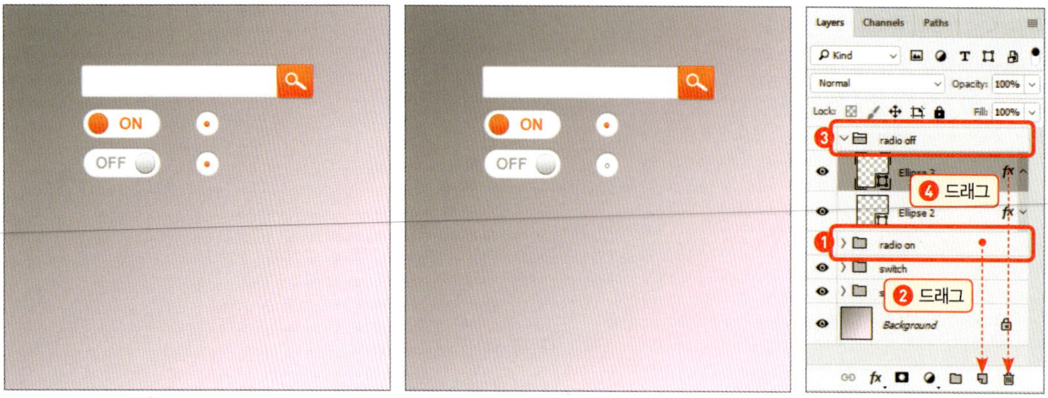

20 Switch 그룹의 off 그룹에 있는 Ellipse 1 레이어의 레이어 스타일을 복사하고 Radio Off 그룹의 Ellipse 3 레이어에 붙여 넣습니다. 이제 Radio 버튼이 완성되었습니다.

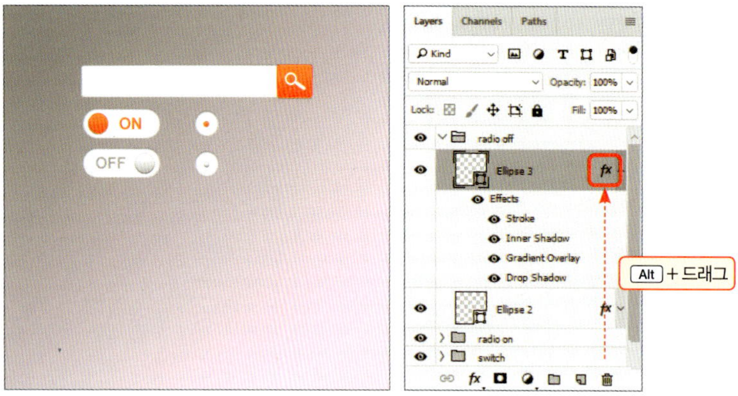

21 radio on 그룹 레이어와 radio off 그룹 레이어를 그룹으로 묶고 이름을 'radio'로 바꿉니다. 다음으로 체크 박스를 만듭니다. 먼저 모서리가 둥근 사각형 툴(▢)로 너비가 30px, 높이가 30px, Radius가 3px인 오브젝트를 그립니다.

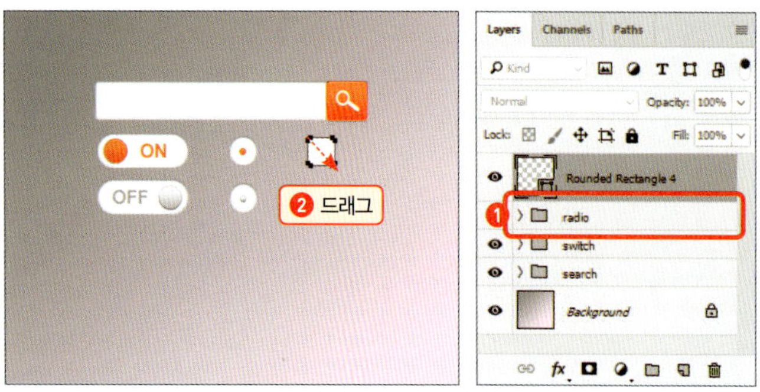

22 Rounded Rectangle 4 레이어가 선택된 상태에서 레이어 스타일 추가 버튼(fx)을 클릭해 [Gradient Overlay], [Stroke], [Drop Shadow]를 선택하고 옵션을 각각 다음과 같이 설정한 다음 〈OK〉를 클릭합니다.

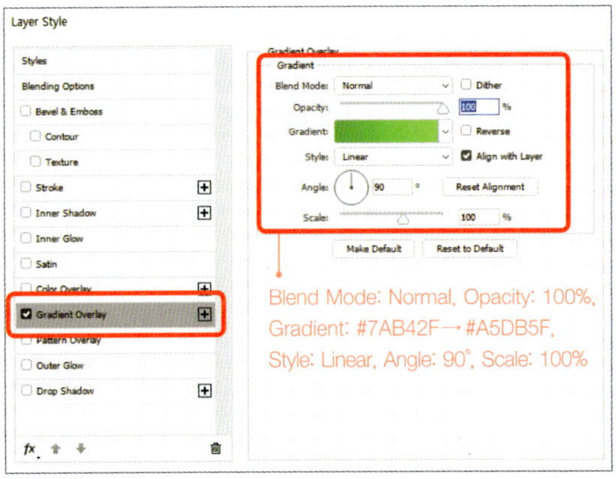

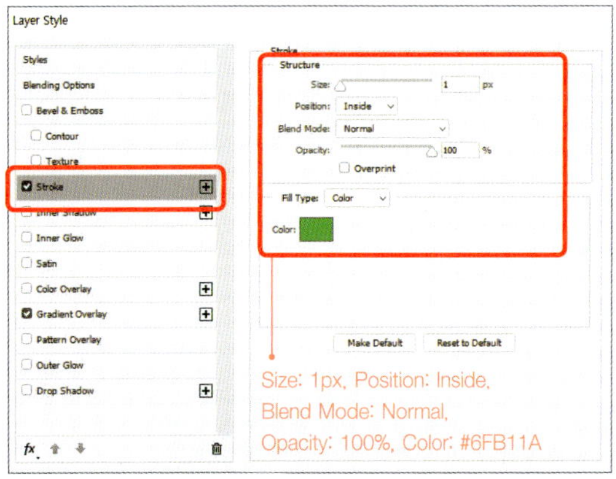

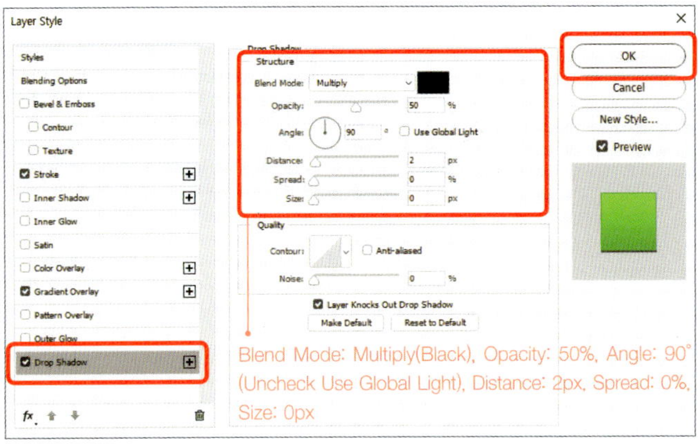

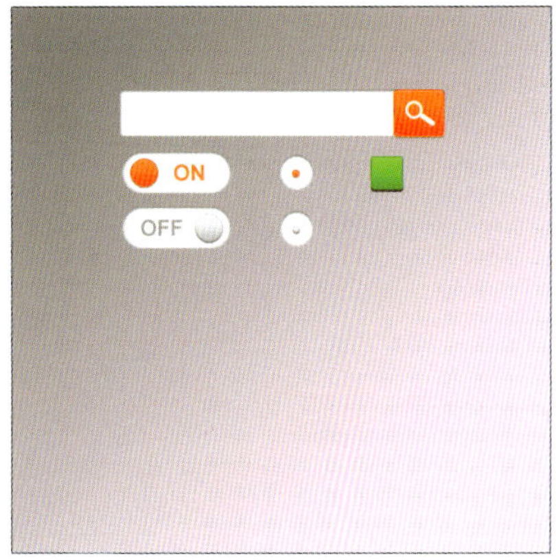

23 커스텀 셰이프 툴(✿)을 선택하고 옵션 바에서 shape를 체크 모양으로 고르고 박스 안에 드래그해서 그립니다.

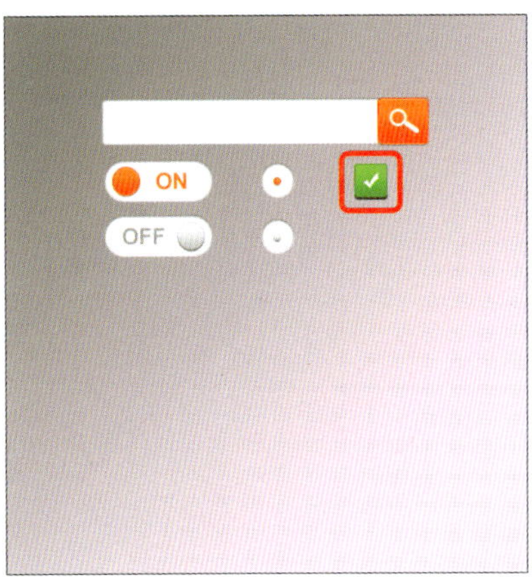

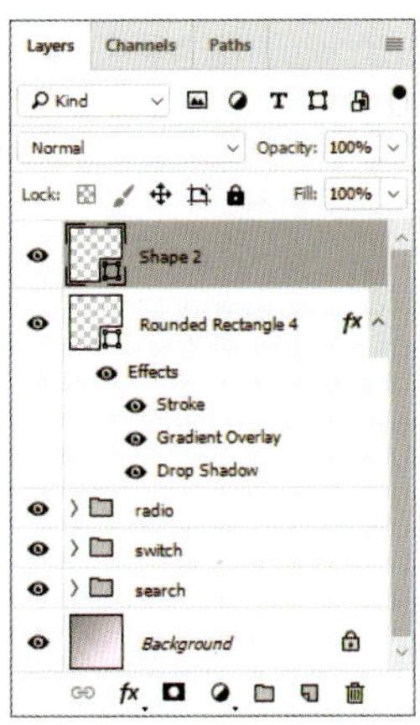

24 두 레이어를 그룹으로 묶고 이름을 'checkbox on'으로 바꿉니다. 이 그룹을 다시 복제하여 'checkbox off'로 이름을 바꾸고 오브젝트를 드래그해서 아래로 옮깁니다. checkbox off 그룹의 Rounded Recrangle 4 레이어의 레이어 스타일을 다음과 같이 변경하고 〈OK〉를 클릭합니다.

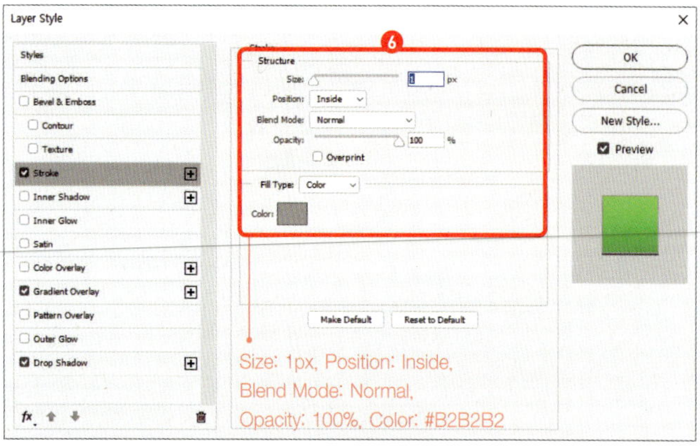

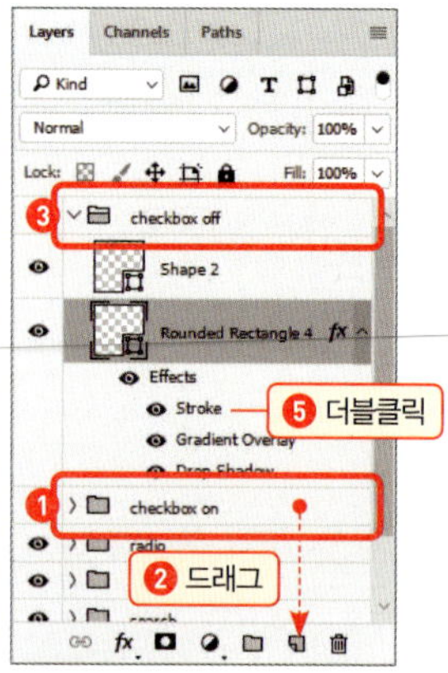

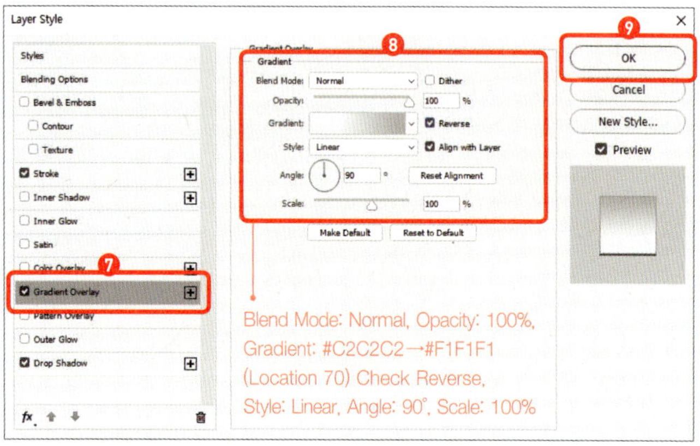

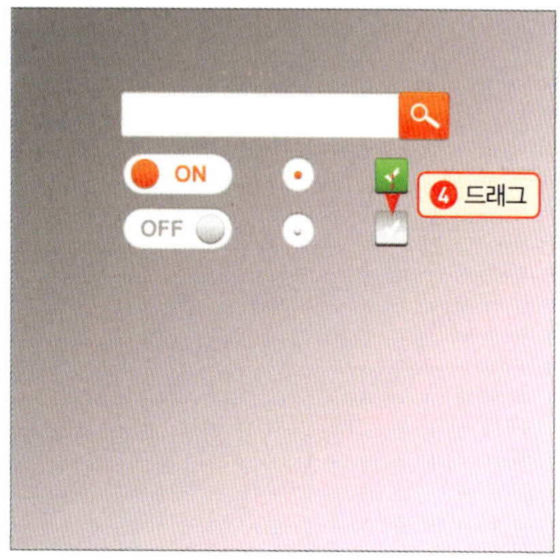

25 모서리가 둥근 사각형 툴(▢)로 너비가 100px, 높이가 38px, Radius가 3px인 오브젝트를 그립니다.

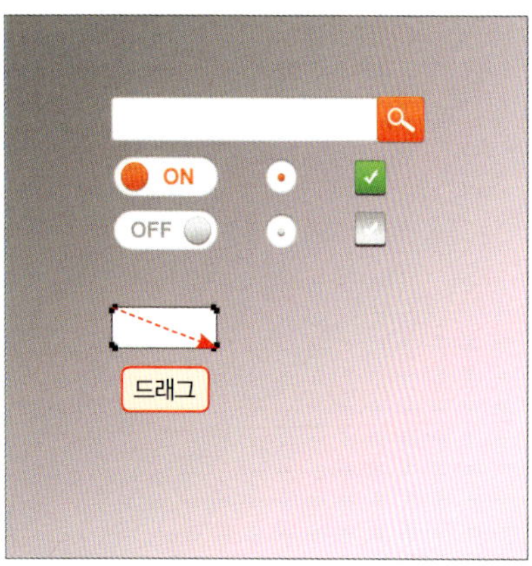

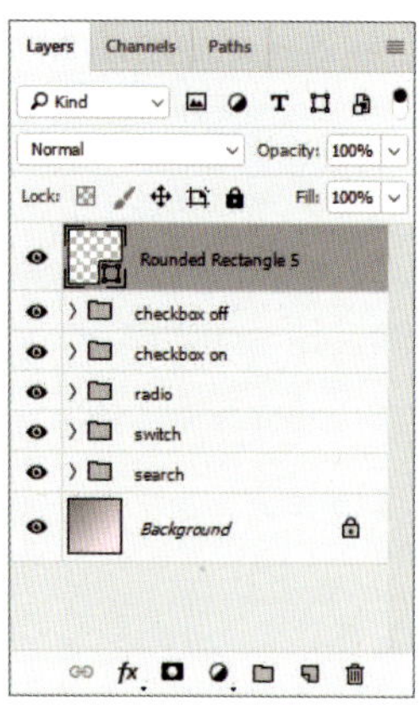

26 Rounded Rectangle 5 레이어가 선택된 상태에서 레이어 스타일 추가 버튼(fx)을 클릭합니다. [Stroke]와 [Drop Shadow]를 선택하고 옵션을 각각 다음과 같이 변경한 후 〈OK〉를 클릭합니다.

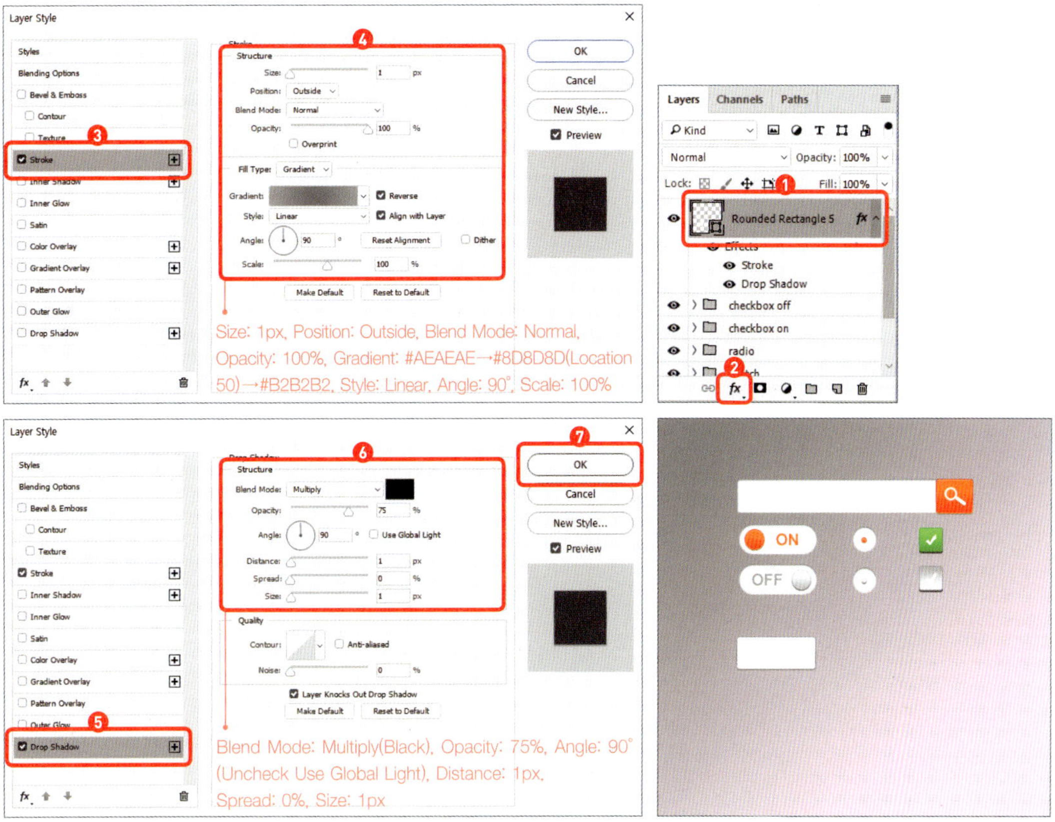

27 텍스트 툴(T)을 선택하고 박스 위에 'Button'을 입력합니다.

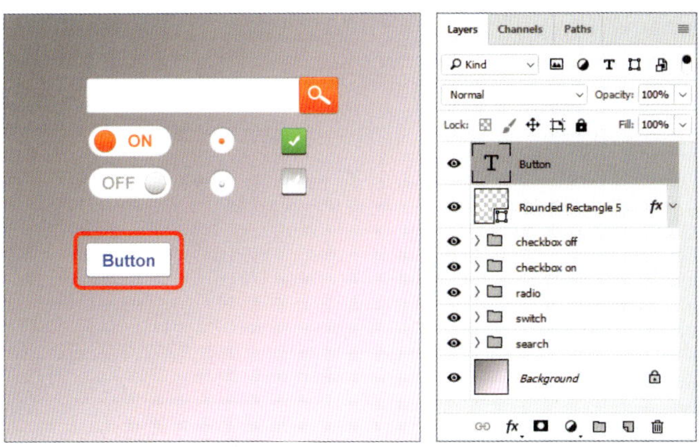

28 두 레이어를 그룹으로 묶고 이름을 'button'으로 바꿉니다. button 그룹을 복제하고 이름을 'button active'로 바꾸고 복제한 오브젝트를 오른쪽으로 옮깁니다. button active 그룹의 Rounded Rectangle 5 레이어의 레이어 스타일을 다음과 같이 변경하여 깊이감을 넣고 텍스트 색상도 눈에 띄게 바꿉니다.

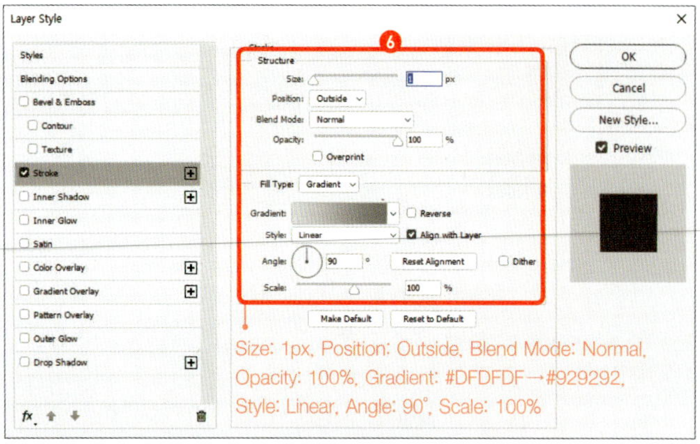

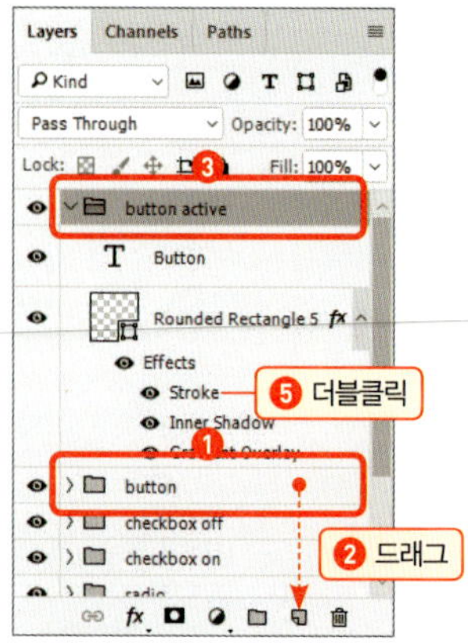

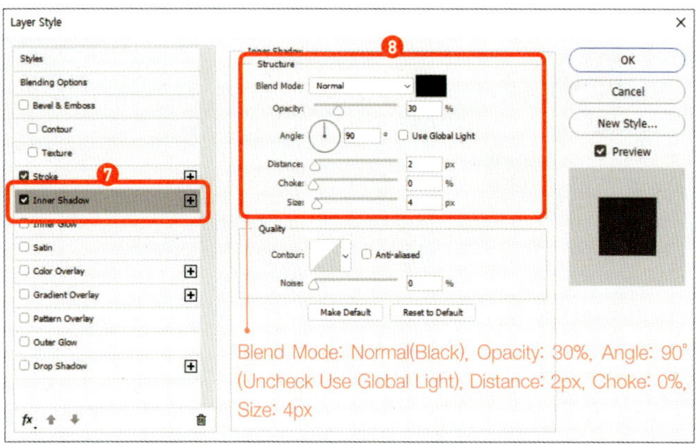

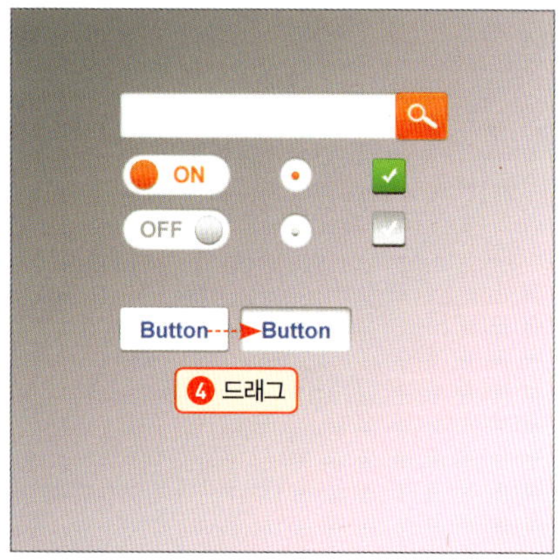

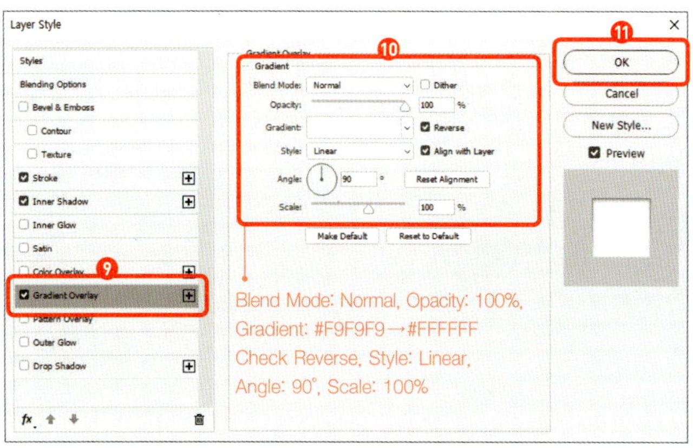

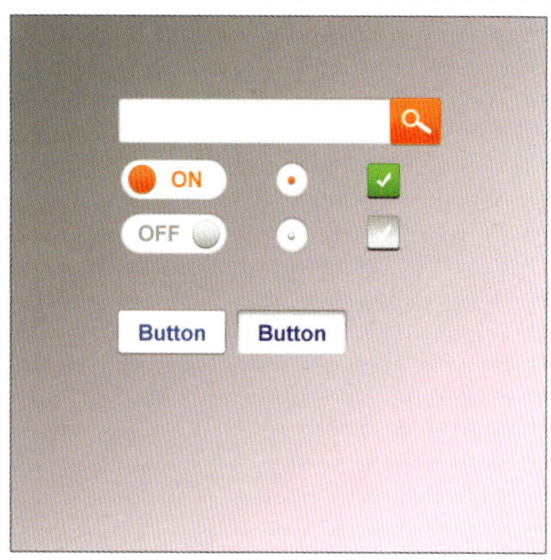

29 button 그룹 레이어를 복제하고 이름을 'button over'로 바꾸고 오른쪽 끝으로 옮깁니다. Rounded Rectangle 5 레이어의 오브젝트를 패스 선택 툴(▶)로 선택하여 면 색상을 파란색(#0081FF)으로 바꿉니다.

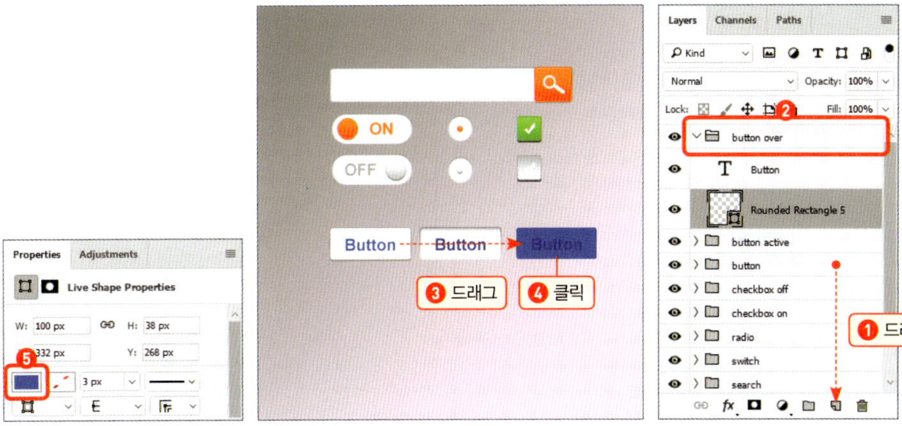

30 button over 그룹의 Rounded Rectangle 5 레이어의 이름을 마우스 오른쪽 버튼으로 클릭하여 [Clear Layer Style]을 선택하여 기존의 레이어 스타일을 삭제하고 다음과 같은 레이어 스타일을 적용하여 마우스 포인터를 가져갔을 때 입체감이 생기도록 만듭니다.

Size: 1px, Position: Outside, Blend Mode: Normal, Opacity: 100%, Gradient: #086CCC→#152E70, Check Reverse, Style: Linear, Angle: 90°, Scale: 100%

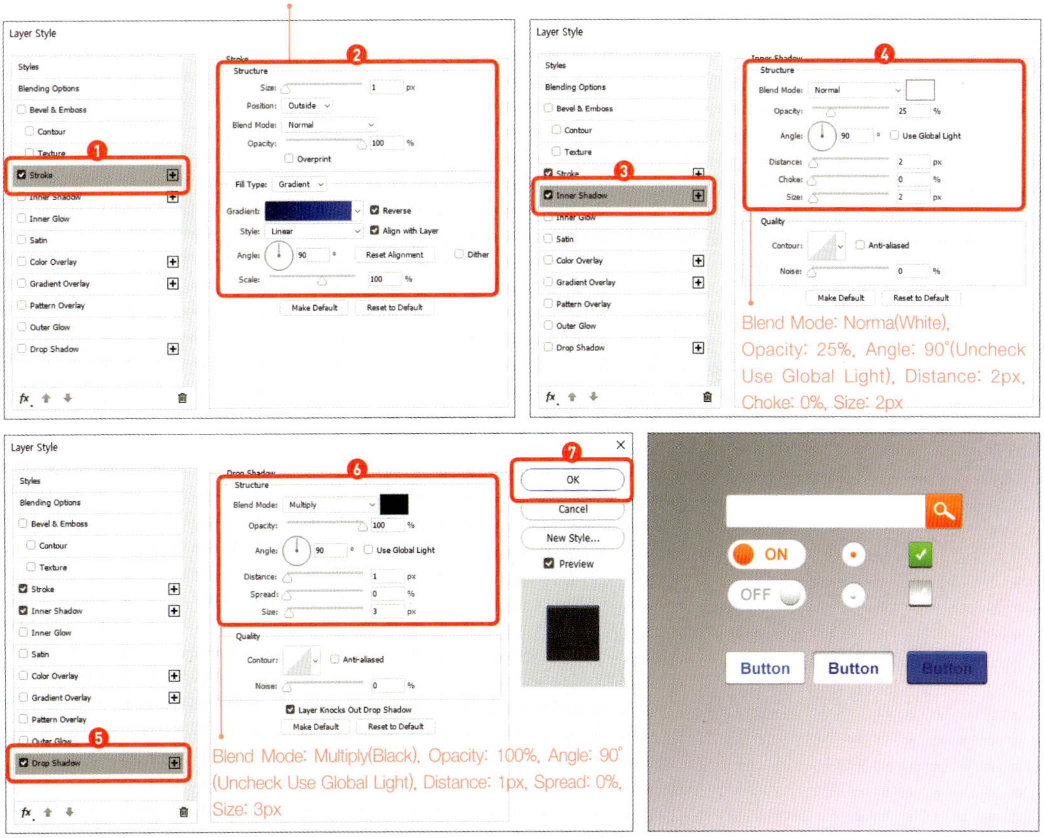

31 텍스트 색상을 흰색으로 바꾸고 위치를 조정하여 모바일 UI 키트를 완성합니다.

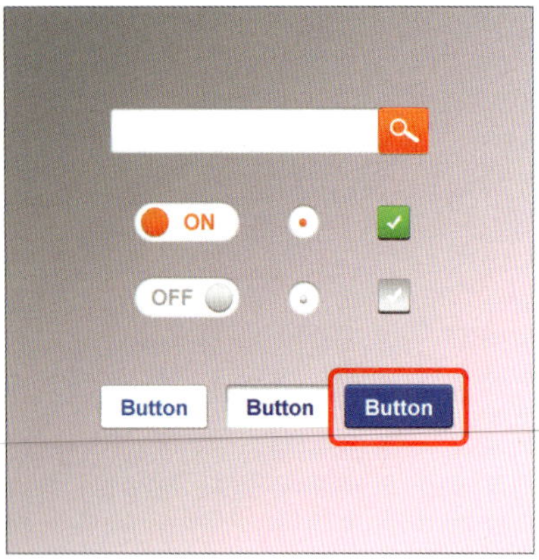

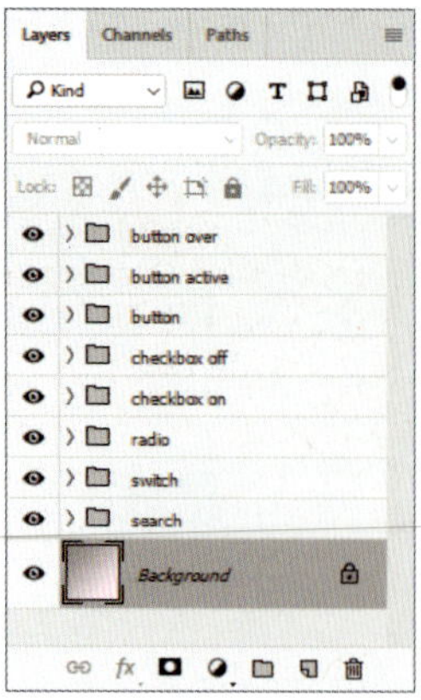

SECTION 04

웹용 버튼 키트 만들기

• **준비 파일 |** 없음 • **완성 파일 |** button_kit.psd

레이어 스타일을 이용하여 웹용 버튼 키트를 만들어 봅니다.

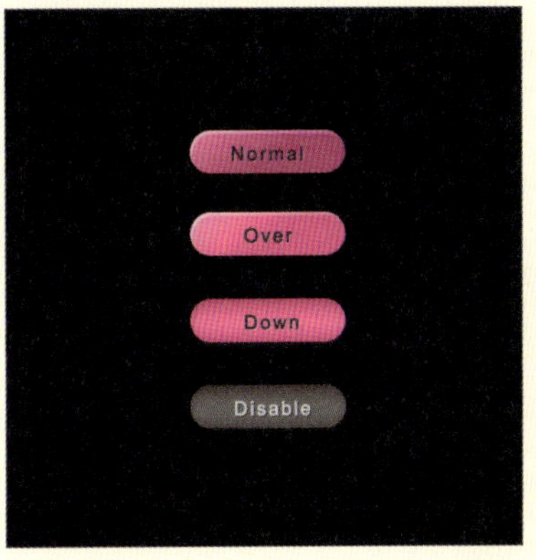

■ 완성 이미지

01 메뉴 바에서 [File]–[New]를 선택하고 옵션 창에서 Width와 Height를 각각 500Pixels로 설정한 다음 〈Create〉를 클릭해 새 문서를 만듭니다. 배경 화면을 짙은 색상(#1B2133)으로 채우고 Ctrl+J를 눌러 레이어를 복제합니다.

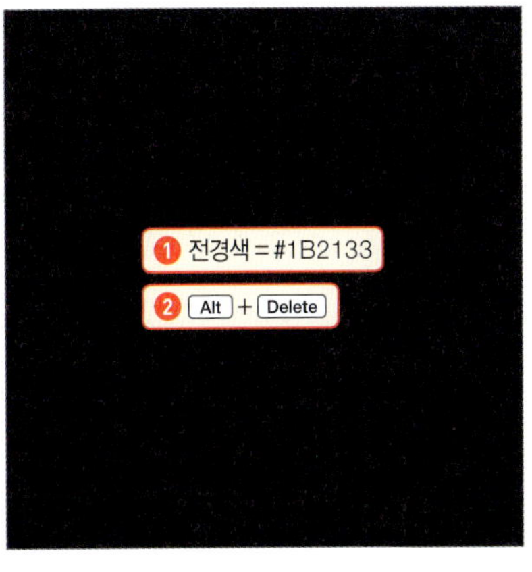

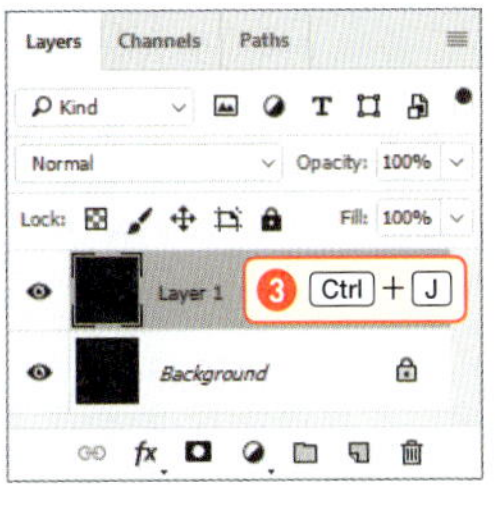

02 [Filter]–[Noise]–[Add Noise]를 선택합니다. 옵션 창에서 Gaussian과 Monochromatic을 체크하고 Amount를 50%로 적용한 다음 〈OK〉를 클릭합니다.

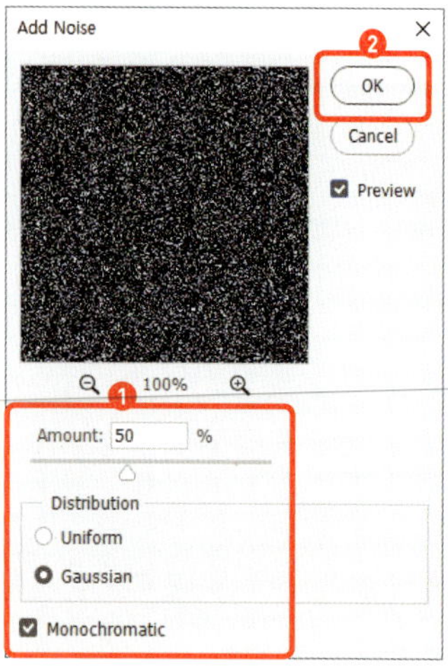

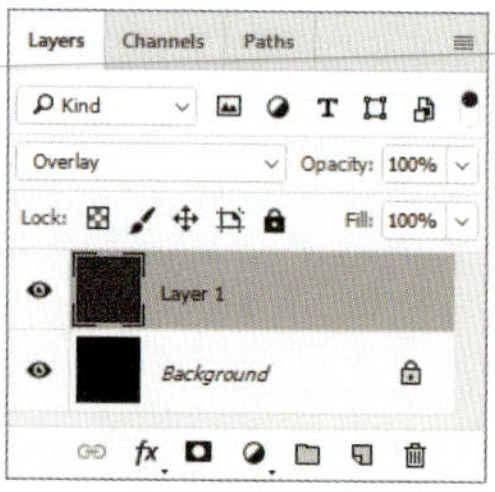

03 레이어의 Opacity를 10%로 조절하고 Layer 1이 선택 된 상태에서 Ctrl+E를 눌러 레이어를 합칩니다.

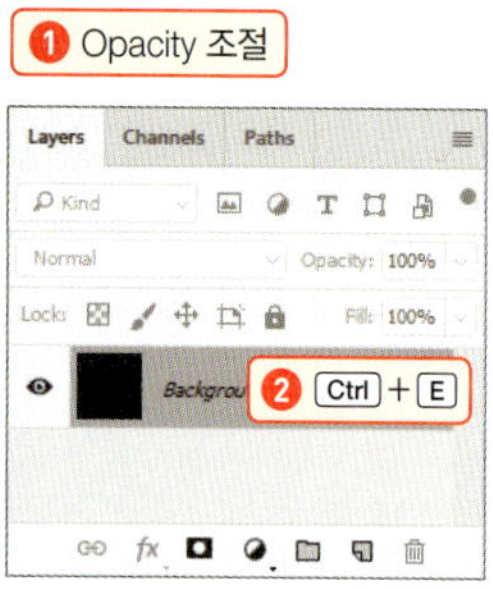

04 새 레이어 만들기 버튼(▣)을 클릭하고 모서리가 둥근 사각형 툴(▢)을 선택하고 너비가 150px, 높이가 40px, Radius가 20px인 분홍색(#E37AAA) 버튼을 그립니다.

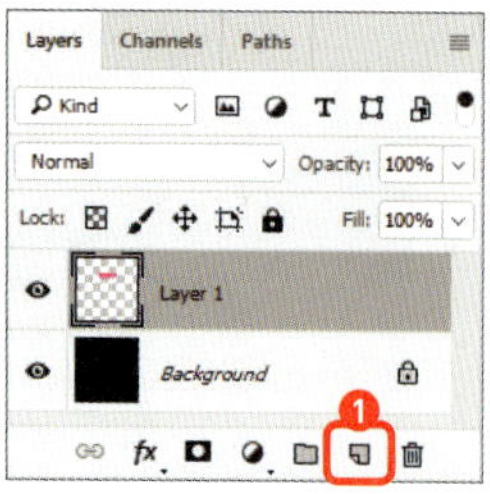

05 Layer 1이 선택된 상태에서 레이어 스타일 추가 버튼(fx)을 클릭한 다음 레이어 스타일 옵션을 다음과 같이 적용하고 〈OK〉를 클릭합니다.

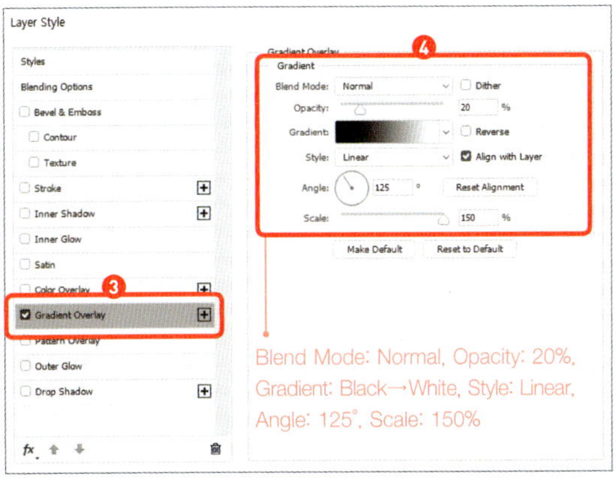

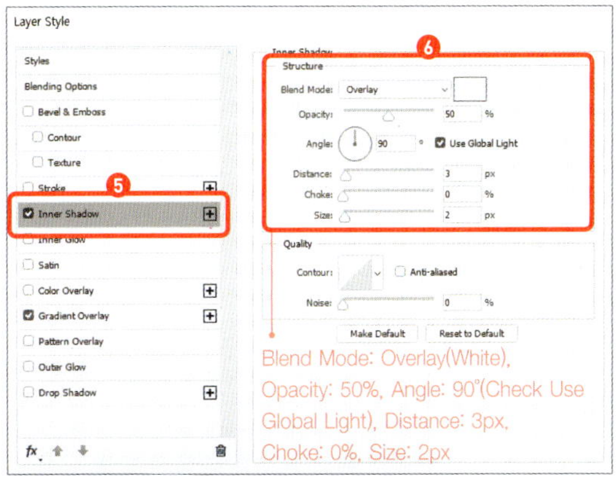

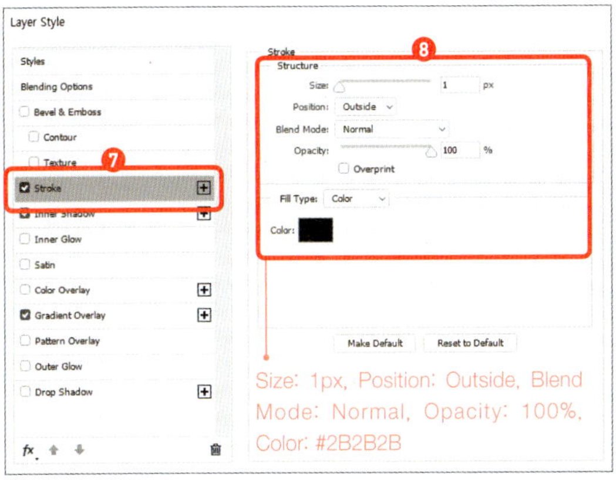

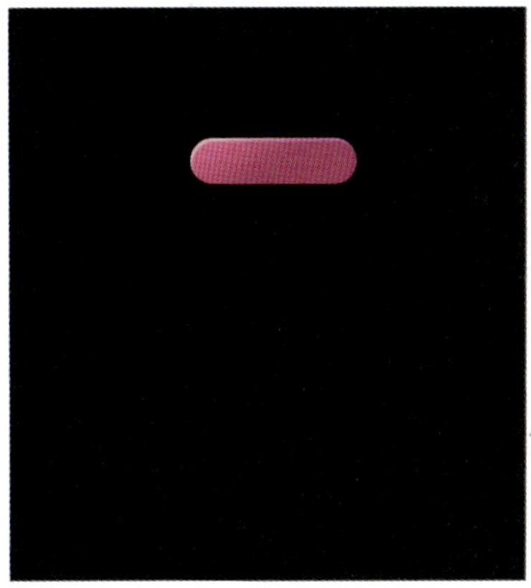

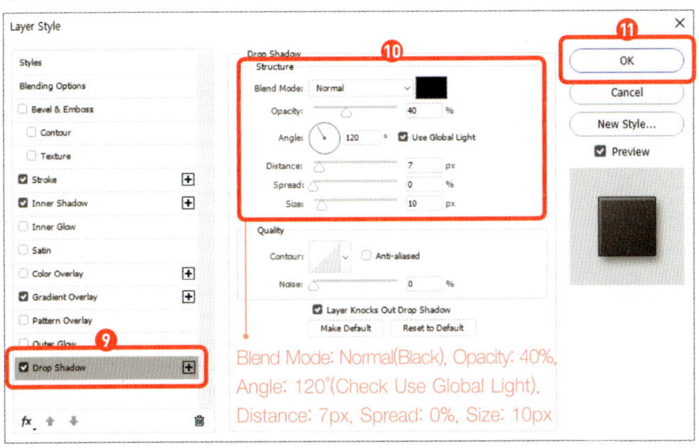

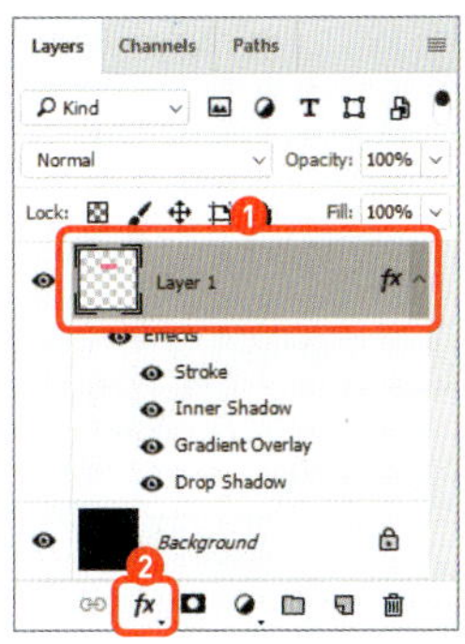

06 텍스트 툴(T)로 'Normal'을 입력하고 레이어 스타일 중 [Drop Shadow]를 추가하여 옵션을 다음과 같이 적용합니다.

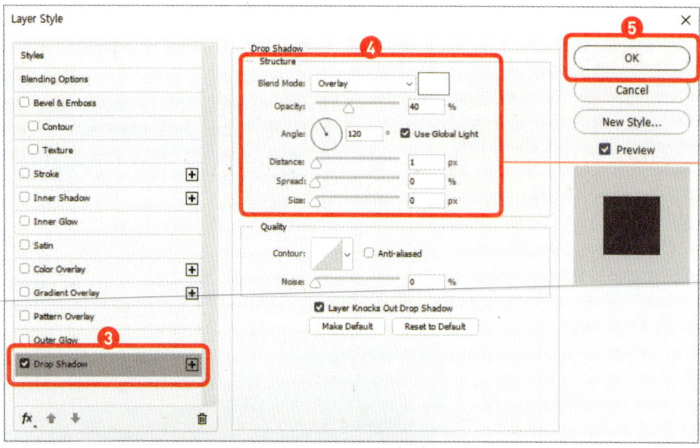

Blend Mode: Overlay(White), Opacity: 40%, Angle: 120°(Check Use Global Light), Distance: 1px, Spread: 0%, Size: 0px

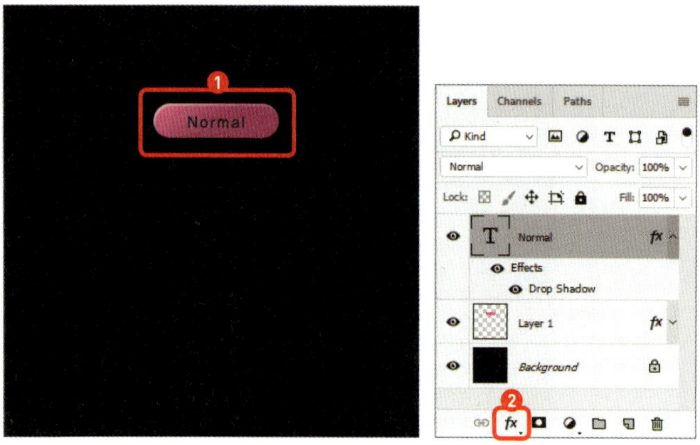

07 텍스트 레이어와 Layer 1을 그룹으로 묶고 복제한 다음 오브젝트를 드래그해서 아래쪽으로 옮깁니다. 첫 번째 그룹의 이름을 Normal로 바꿉니다.

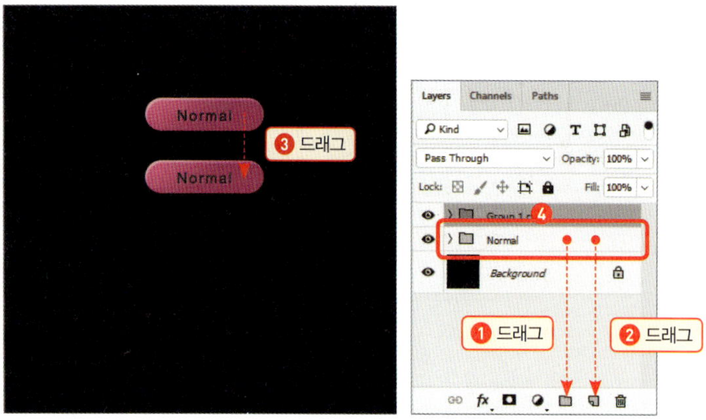

08 Group 1 copy 그룹의 Layer 1을 선택하고 레이어 스타일 중 [Color Overlay]를 추가하여 버튼을 약간 밝게 만듭니다.

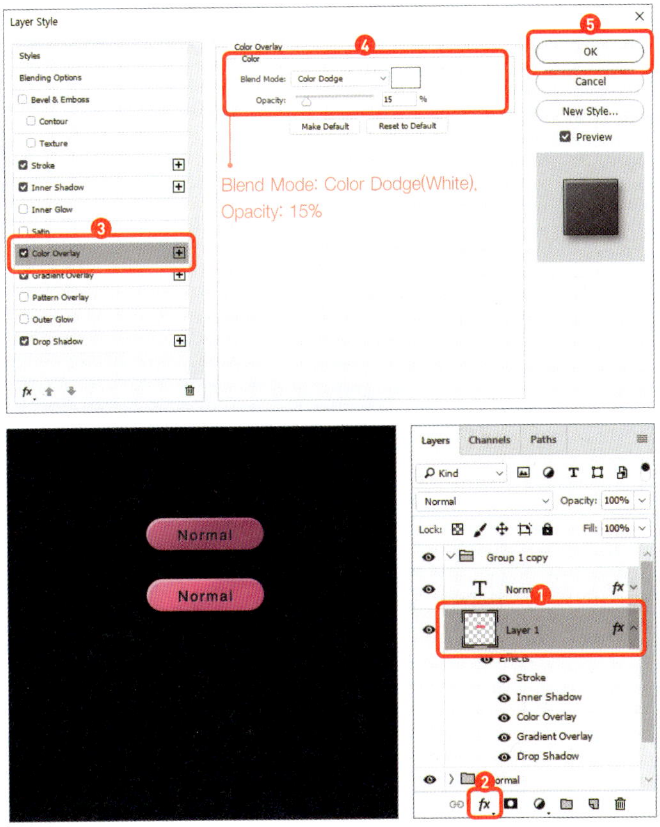

09 텍스트를 'Over'로 바꾸고 그룹 이름도 'Over'로 바꿉니다. 마찬가지로 Over 그룹을 복제하고 오브젝트를 드래그해서 아래쪽으로 옮깁니다.

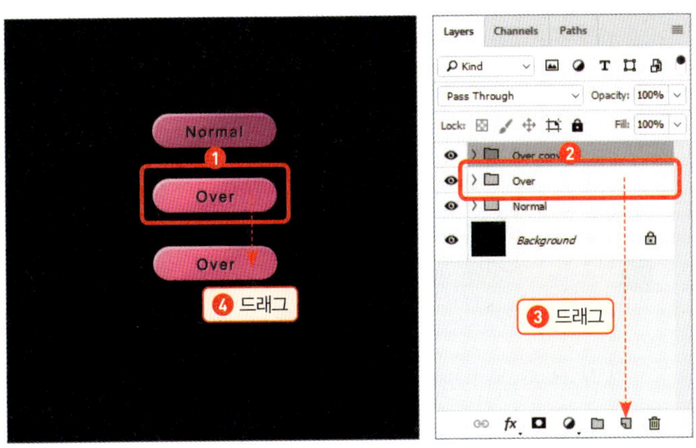

10 복제된 그룹의 Layer 1에서 [Color Overlay]를 보이지 않게 만들고 [Inner Shadow], [Gradient Overlay], [Drop Shadow]를 다음과 같이 설정하여 오목한 이미지로 만듭니다.

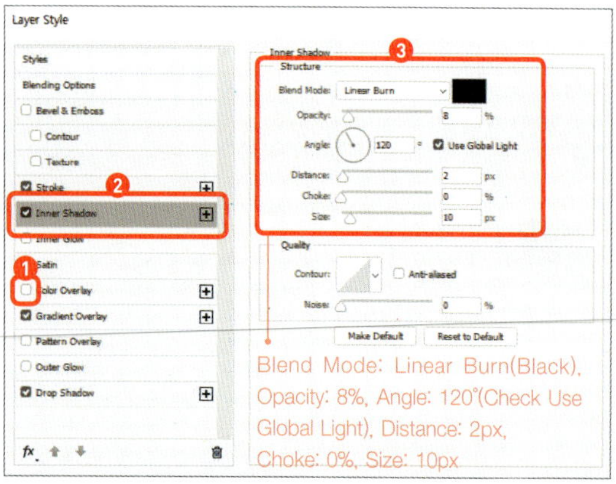

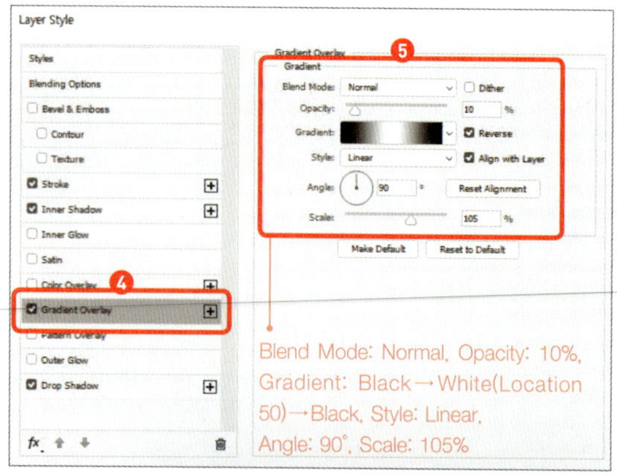

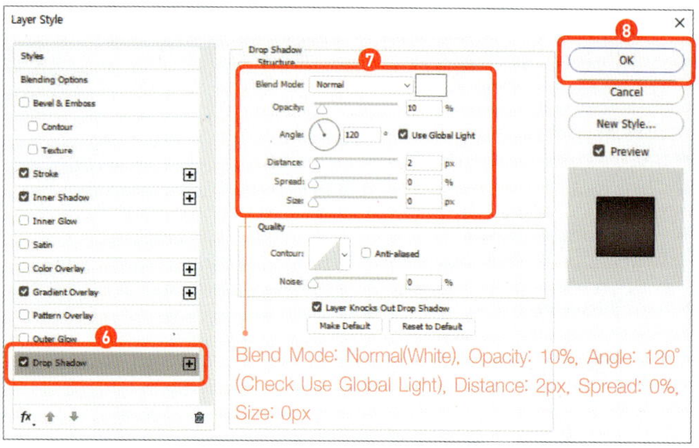

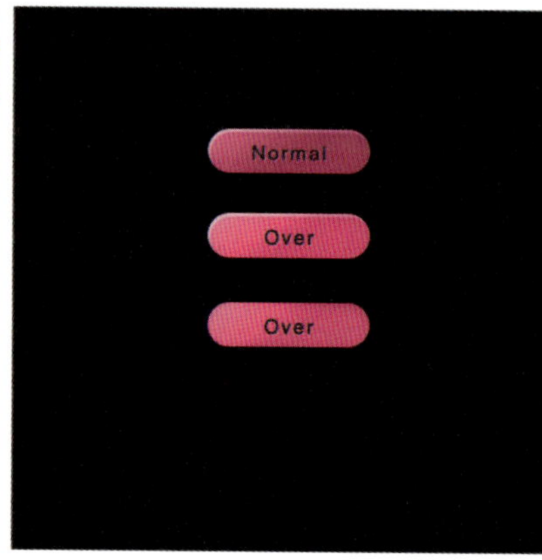

11 텍스트를 'Down'으로 바꾸고 그룹 이름도 'Down'으로 바꿉니다.

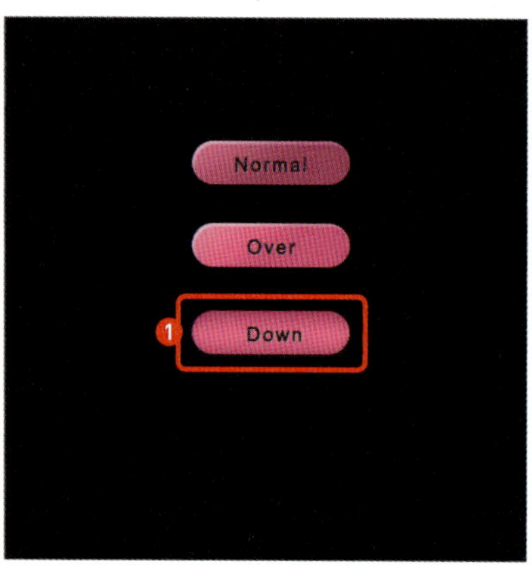

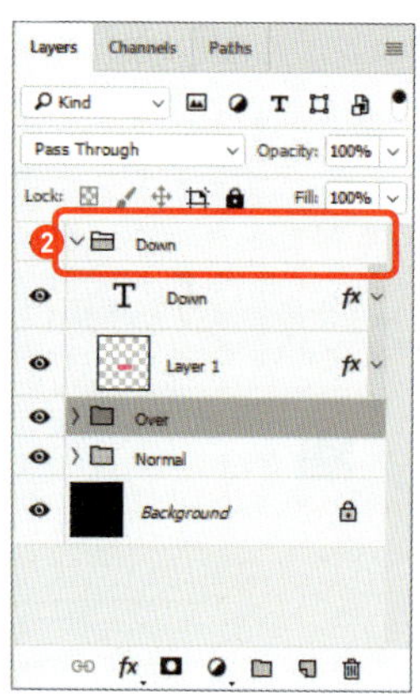

12 Down 그룹 레이어를 복제하고 아래로 옮깁니다. Ctrl을 누른 채로 복제된 그룹에 있는 Layer 1의 섬네일을 클릭하여 선택 영역으로 만든 다음 회색(#7E7E7E)으로 채웁니다.

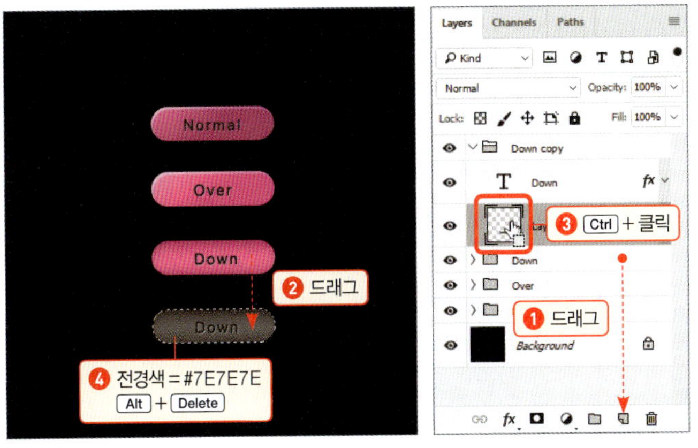

13 텍스트를 'Disable'로 바꾸고 텍스트 색상을 밝은 회색(#D7D7D7)으로 바꿉니다. [Drop Shadow]의 옵션을 다음과 같이 변경하고 그룹명도 'Disable'로 바꿔 웹용 버튼 키트를 완성합니다.

Blend Mode: Overlay(Black), Opacity: 40%, Angle: 120°(Check Use Global Light), Distance: 1px, Spread: 0%, Size: 0px

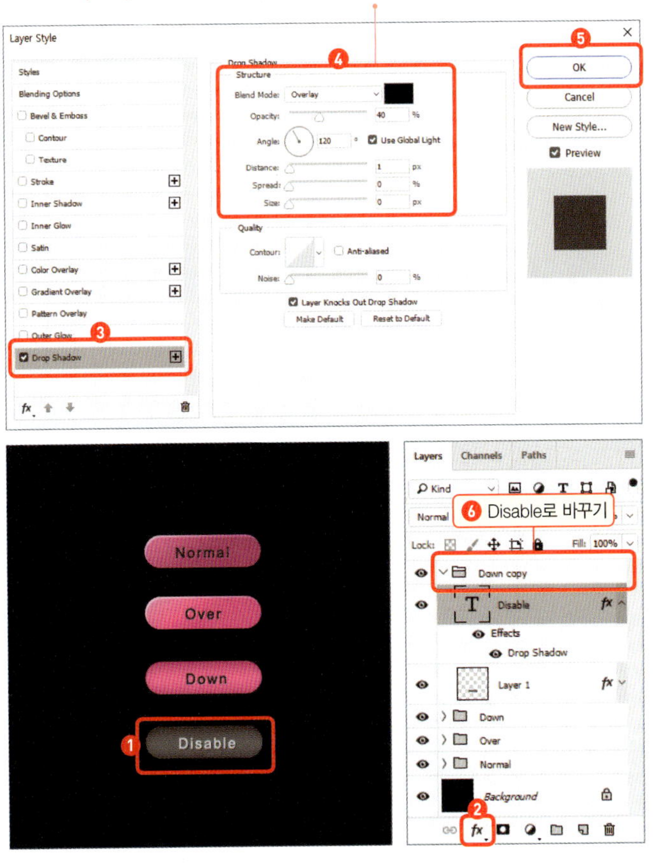

CHAPTER

11

인포그래픽 디자인

인포그래픽이란 정보나 지식을 빠르고 쉽게 파악할 수 있도록 시각적으로 표현한 것을 말합니다. 최근 모바일의 발전과 함께 두각을 나타내고 있는 인포그래픽의 기본 요소는 비주얼(Visual), 내용(Content), 지식(Knowledge)입니다. 포토샵의 다양한 기능을 이용하면 아름답고 효율적인 인포그래픽 디자인을 할 수 있습니다. 이번 장에서는 다양하게 활용할 수 있는 인포그래픽 화면을 만들어 봅니다.

SECTION 01

순차적 내용을 위한 인포그래픽 만들기 1

- **준비 파일 |** 없음
- **완성 파일 |** info1.psd

순차적 내용을 나열하기 위한 인포그래픽 화면을 만들어 봅니다.

■ 완성 이미지

01 메뉴 바에서 [File]-[New]를 선택하고 옵션 창에서 Width와 Height를 각각 500Pixels로 설정한 다음 〈Create〉를 클릭해 새 문서를 만듭니다. 배경 화면은 전경색과 배경색을 회색(#B8B8B8, #E7E7E7)으로 설정하여 원형 그레이디언트로 채웁니다.

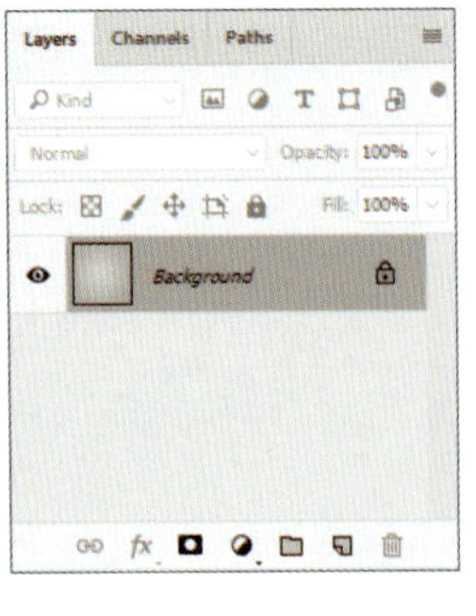

02 새 레이어 만들기 버튼(⧉)을 클릭해 새 레이어를 만듭니다. 사각형 선택 툴(⬚)을 선택하고 적당한 크기로 사각형 영역을 만듭니다. 하늘색(#60DDF1)을 전경색으로 설정하고 Alt+Delete를 눌러 사각형 영역에 채웁니다.

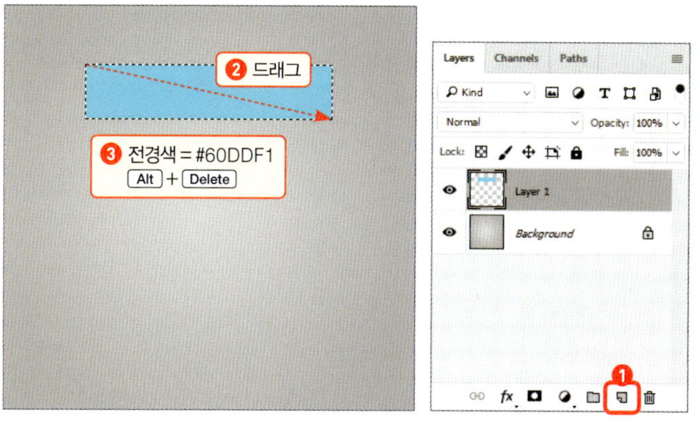

03 선택 영역을 유지한 채로 새 레이어 만들기 버튼(⧉)을 클릭해 레이어를 추가하고 다른 색을 채워 아래에 배치합니다. 같은 작업을 한 번 더 반복합니다.

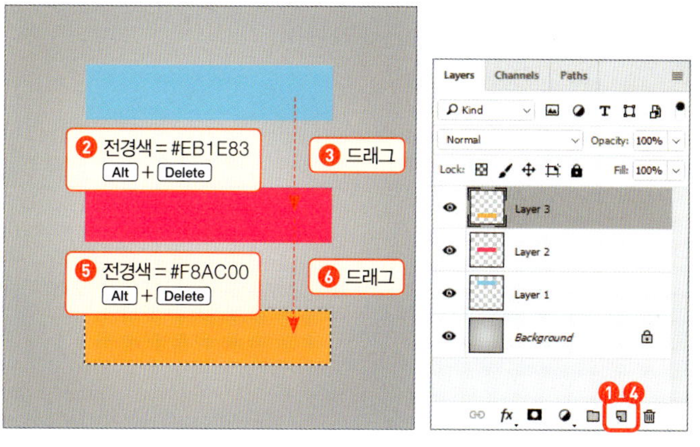

04 전경색을 흰색으로 설정하고 텍스트 툴(T)로 사각형 크기에 딱 맞는 크기로 숫자를 입력합니다.

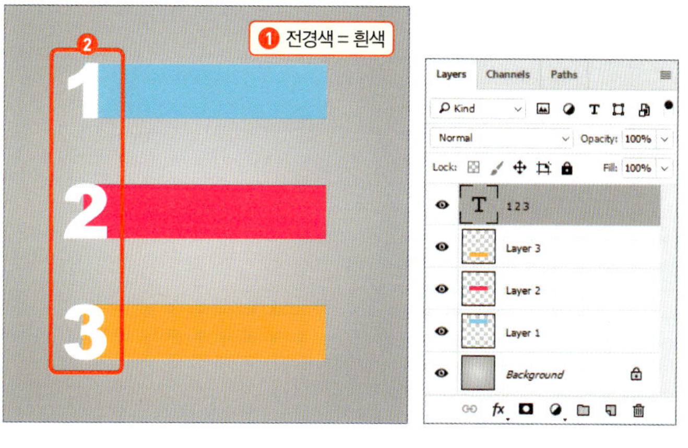

05 올가미 툴([아이콘])로 Layer 2와 Layer 3의 숫자 앞에 보이는 사각형 영역을 선택하여 제거합니다.

06 숫자 레이어를 클릭하여 선택하고 레이어 스타일 추가 버튼([fx])을 클릭하여 [Drop Shadow]를 선택합니다. 옵션을 다음과 같이 설정하여 입체감을 살립니다.

Blend Mode: Overlay(Black), Opacity: 100%, Angle: –180°(Check Use Global Light), Distance: 5px, Spread: 5%, Size: 5px

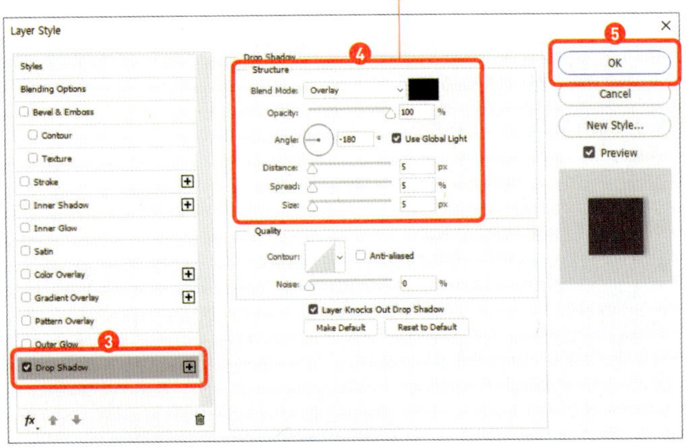

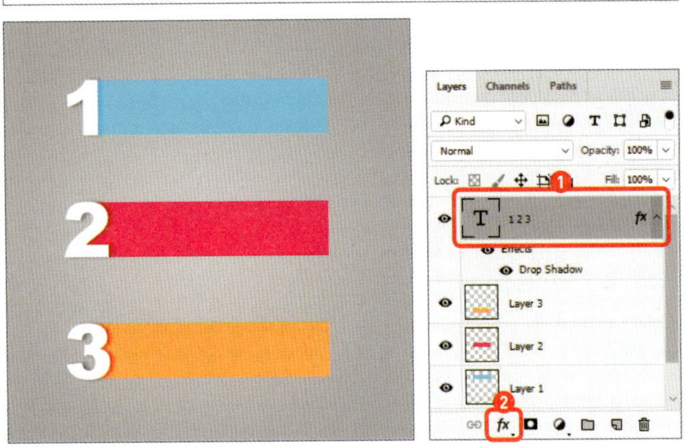

07 Background 레이어를 클릭한 상태에서 새 레이어 만들기 버튼(□)을 클릭합니다. 원형 선택 툴(◯)로 사각형보다 조금 큰 타원을 그리고 진회색(#717171)을 채웁니다. 각 사각형의 오른쪽 끝에 다음과 같이 복제합니다.

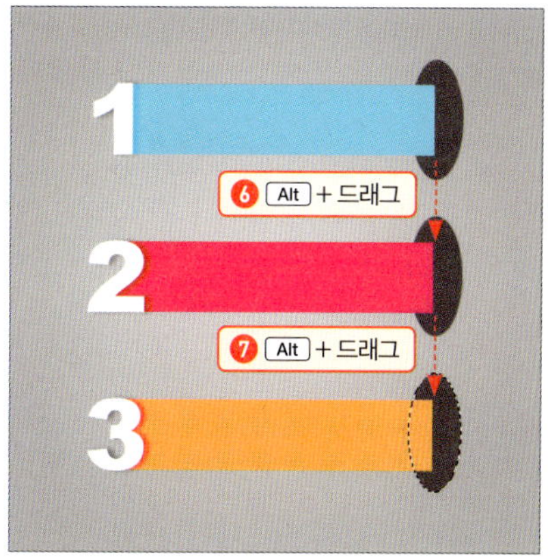

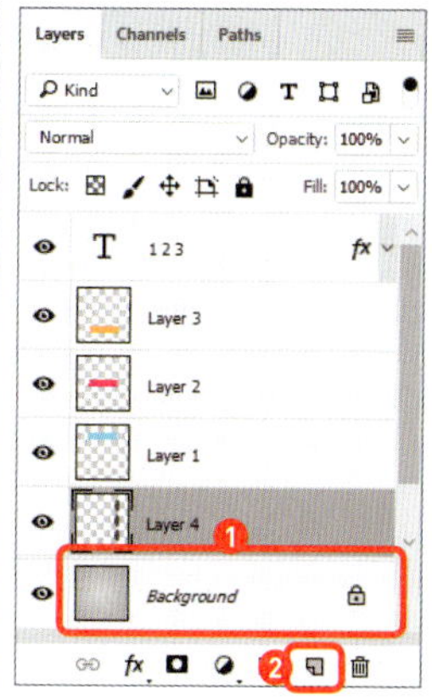

08 Ctrl+D를 눌러 선택 영역을 해제하고 [Filter]−[Blur]−[Gaussian Blur]를 선택합니다. 옵션 창에서 Radius를 15Pixels로 설정하고 〈OK〉를 클릭합니다.

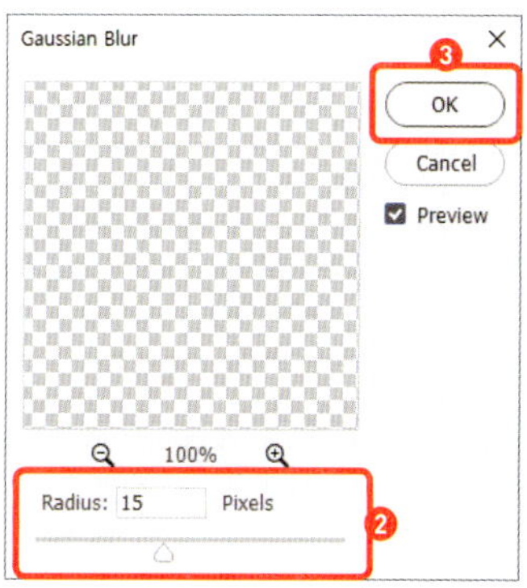

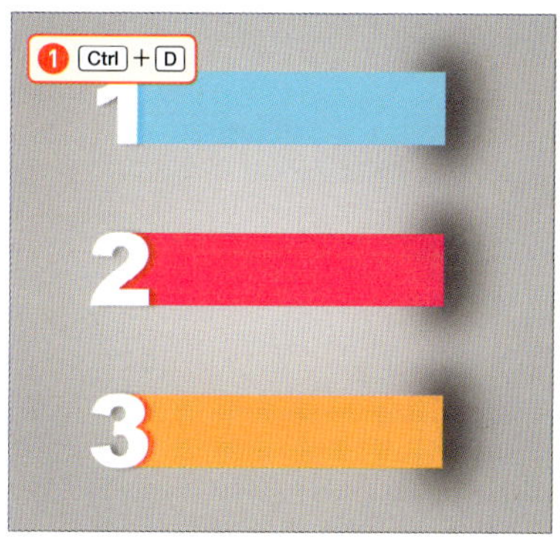

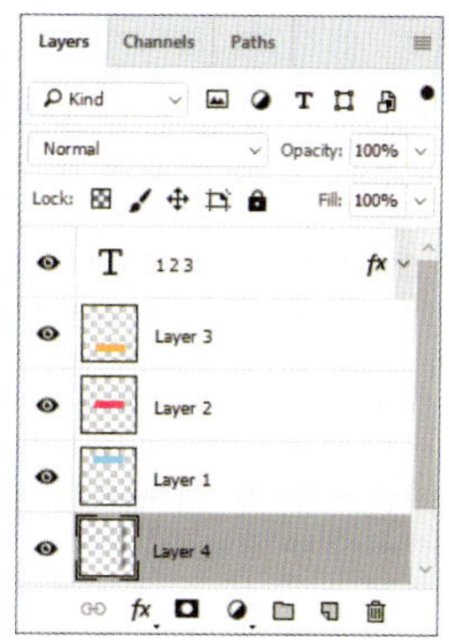

09 Layer 4가 선택된 상태에서 사각형 선택 툴(⬚)을 선택하고 사각형 뒤쪽을 드래그해서 선택 영역으로 지정한 다음 Delete를 눌러 삭제합니다. Ctrl+D를 눌러 선택 영역을 해제합니다.

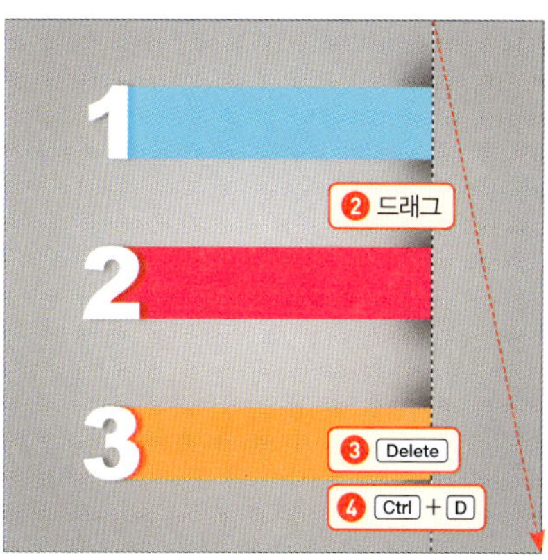

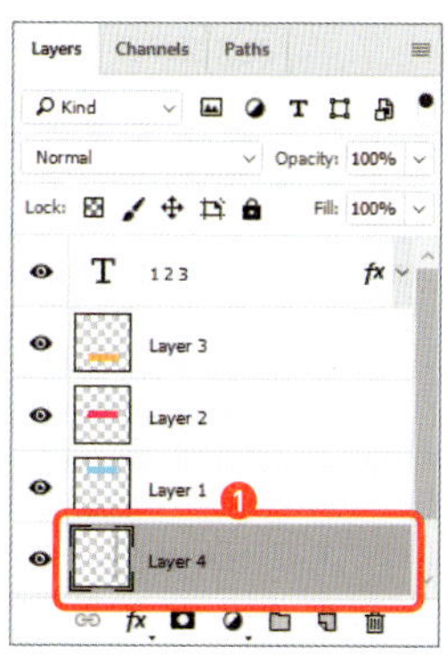

10 번 툴( )을 선택하고 옵션 바에서 옵션을 Highlights로 바꾼 다음 그림자와 맞닿는 Layer 1, Layer 2, Layer 3의 오른쪽 끝부분을 드래그하여 조금 어둡게 만듭니다.

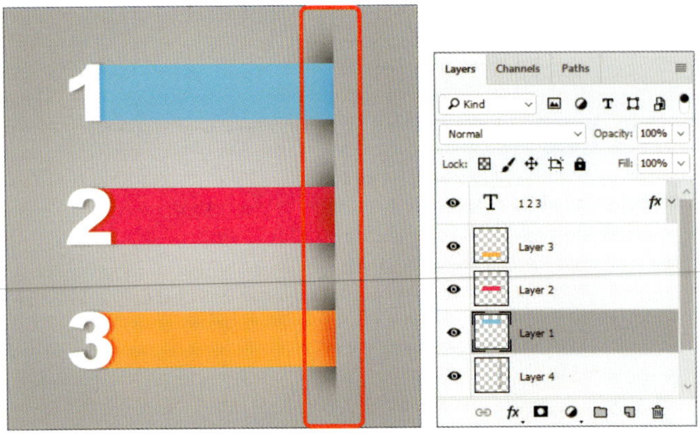

11 텍스트 툴(T)로 제목과 내용을 입력합니다. 제목과 내용은 서로 구분되도록 크기를 다르게 설정합니다. 다음과 같이 1번 제목과 내용을 입력한 다음 각 레이어로 복제한 다음 글자를 수정하여 이미지를 완성합니다.

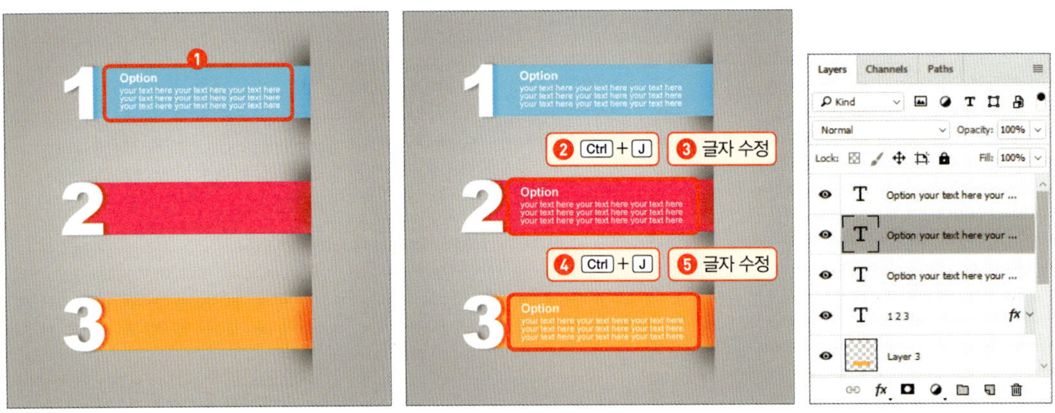

SECTION 02

순차적 내용을 위한 인포그래픽 만들기 2

• **준비 파일 |** icons.psd • **완성 파일 |** info2.psd

순차적 내용을 나열하기 위한 인포그래픽 화면을 만들어 봅니다.

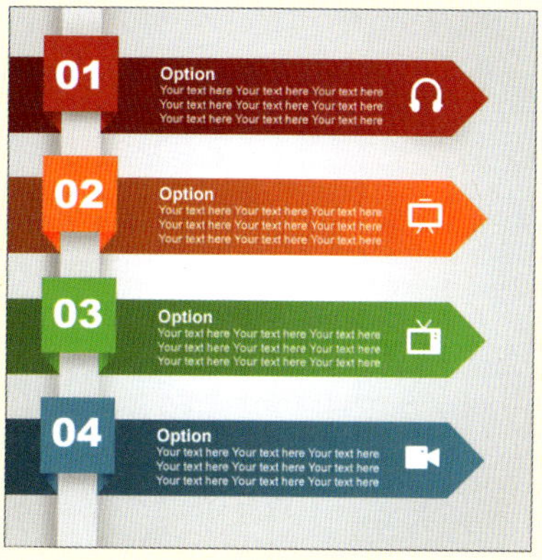

■ 완성 이미지

01 메뉴 바에서 [File]–[New]를 선택하고 옵션 창에서 Width와 Height를 각각 500Pixels로 입력하고 〈Create〉를 클릭해 새 문서를 만듭니다. 배경 화면은 밝은 회색(#BEBEBE)의 원형 그레이디언트로 채우고, 새 레이어 만들기 버튼( )을 클릭해 Layer 1을 만듭니다.

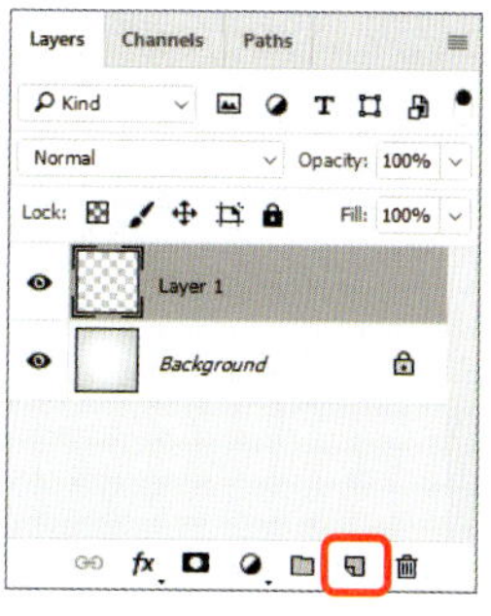

02 전경색을 빨간색(#CA1413)으로 설정합니다. 선형 툴(／)을 선택한 후 옵션을 Pixels로 지정하고 화살표 설정을 아래와 같이 입력한 후 Shift를 누른 채로 드래그하여 오브젝트를 만듭니다.

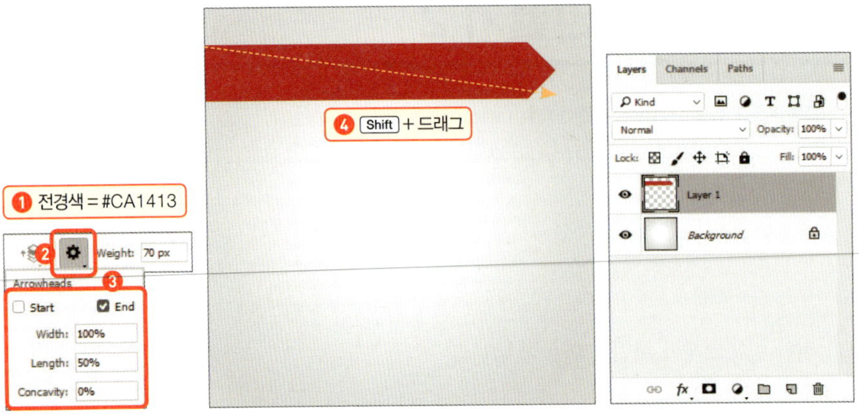

03 같은 방법으로 새 레이어를 만들어가며 같은 크기의 다른 색상을 가진 오브젝트를 그리고 Ctrl+E를 3번 눌러 레이어를 병합합니다.

04 Layer 1에서 레이어 스타일 추가 버튼(fx)을 클릭해 [Gradient Overlay]를 다음과 같이 적용합니다.

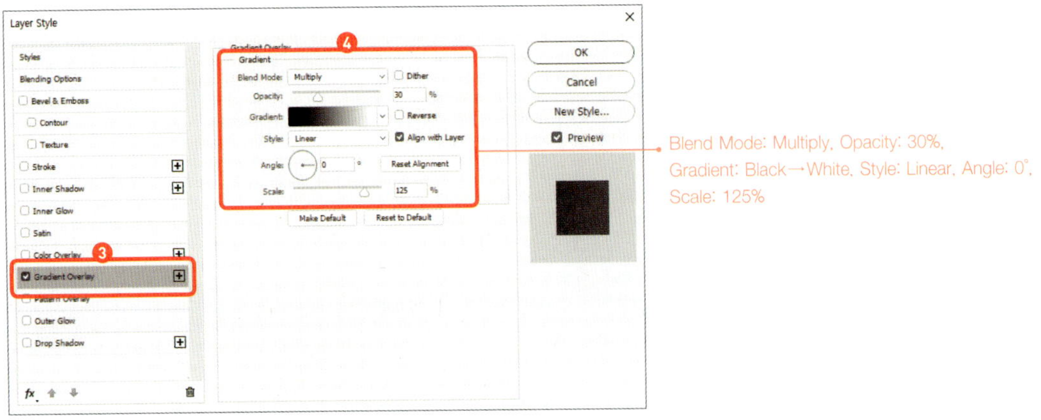

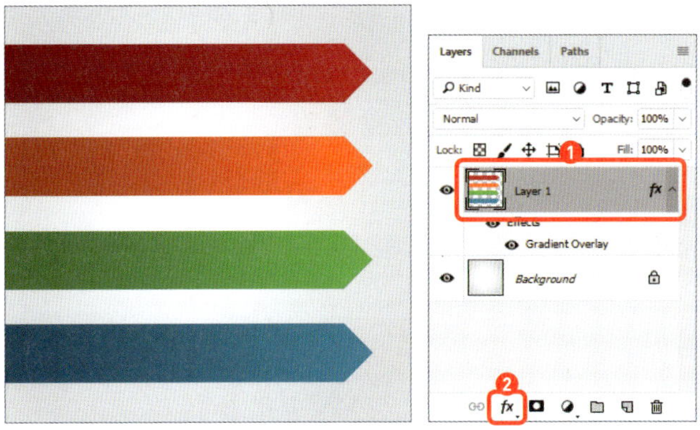

Tip 레이어 스타일을 수정하려면 Effects 레이어를 더블클릭하여 수정합니다.

05 Layer 1을 선택하고 사각형 선택 툴([⬚])로 드래그하여 너비가 70px인 영역을 선택한 후 [Ctrl]+[J]를 눌러 선택된 부분을 복제하면 Layer 2가 만들어 집니다.

Tip 마우스를 드래그하면 너비(W)와 높이(H)가 나타나는데 너비(W)가 70px일 때 마우스에서 손을 떼면 됩니다. 또는 사각형 선택 툴([⬚])의 옵션 창에서 Style을 고정 크기로 설정하고 Width 70px, Height 455px의 사각형을 그려도 됩니다.

06 Layer 2의 이름 위에서 마우스 오른쪽 버튼을 누르고 [Clear Layer Styles]를 선택하여 레이어 스타일을 제거합니다. [Ctrl]+[J]를 눌러 레이어를 복제한 후 복제된 Layer 2 copy를 이동 툴([✥])로 드래그하여 Layer 1의 1/3 지점까지 위로 이동합니다.

07 Layer 2를 선택하고 Ctrl를 누른 채로 Layer 2 copy 레이어의 섬네일을 클릭하여 선택 영역을 불러온 후 Delete를 눌러 삭제합니다. Ctrl+D를 눌러 선택 영역을 해제하고 Layer 2 copy 레이어의 눈 아이콘( )을 클릭하여 안 보이게 합니다. Layer 2를 확인해보면 도형의 1/3만 남은 것을 볼 수 있습니다.

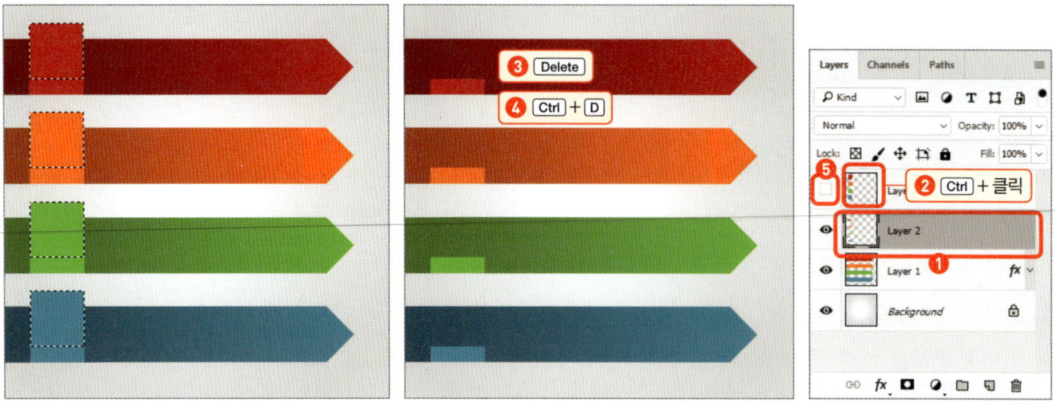

08 Layer 2 copy 레이어의 눈 아이콘( )을 클릭하여 보이게 만듭니다. Layer 2에서 마술봉 툴( )을 선택하여 빨간색 영역만 선택 영역으로 만든 후 [Edit]–[Transform]–[Perspective]를 선택하여 그림과 같이 아래쪽 부분만 드래그하여 양쪽으로 줄입니다. 같은 방법으로 나머지 색상도 아래쪽 부분만 양쪽으로 줄입니다.

09 새 레이어 만들기 버튼( )을 클릭해 Layer 3을 만들고 전경색을 밝은 회색(#E2E2E2)으로 설정합니다. 사각형 선택 툴( )로 드래그하여 Layer 2 오브젝트의 좁은 부분을 선택 영역으로 길게 만든 후 Alt+Delete를 눌러 밝은 회색으로 채웁니다.

10 Ctrl + D를 눌러 선택 영역을 해제하고 Layer 2를 선택합니다. 번 툴( )로 Layer 2와 Layer 2 copy가 겹치는 부분을 드래그하여 입체감을 더합니다.

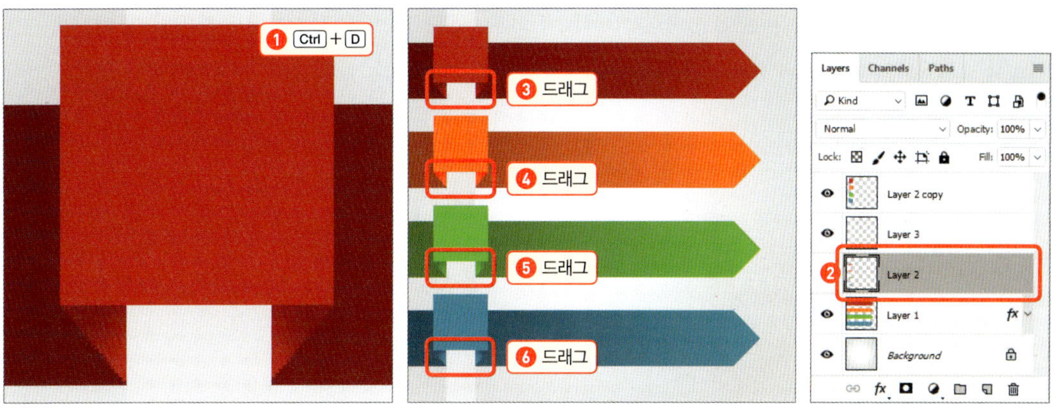

11 Background 레이어를 선택하고 번 툴( )로 Layer 3의 회색 라인과 겹치는 가장자리를 드래그합니다. 드래그한 부분이 어둡게 되어 입체감이 살아납니다.

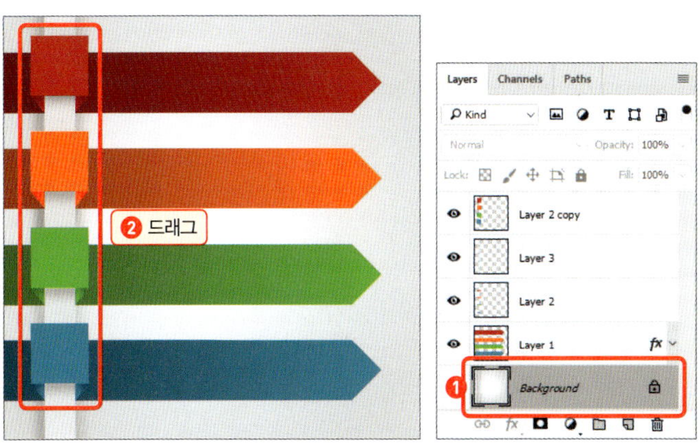

Tip 번 툴( )의 옵션 바에서 Size와 Hardness를 조절하여 자연스럽게 입체감이 표현되도록 칠합니다.

12 전경색을 흰색으로 설정한 후 텍스트 툴(T)로 제목과 내용을 입력합니다.

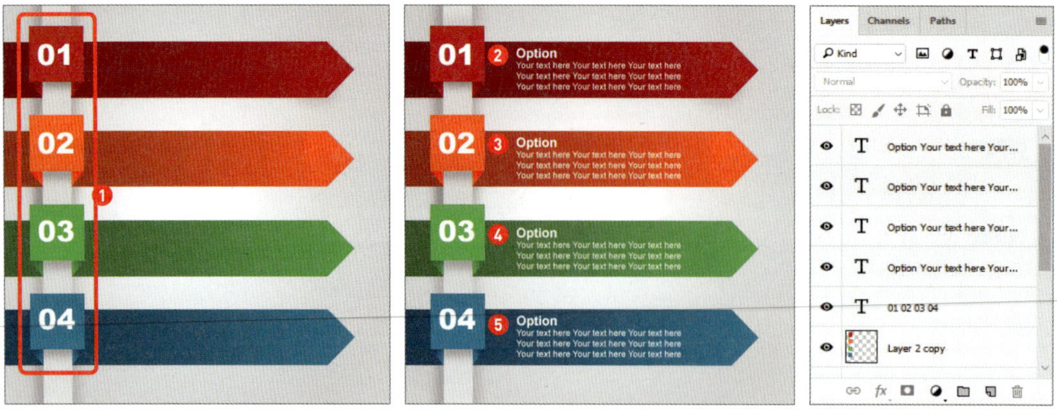

13 Chapter_11 ▸ Section_02 ▸ icons.psd 파일을 열어 레이어 패널에서 Headphones 레이어를 선택한 후 Ctrl+C를 눌러 복사합니다. 작업 화면으로 돌아와 Ctrl+V를 눌러 붙여 넣고 이동 툴(✥)로 빨간색 오브젝트 오른쪽 끝에 배치합니다. 나머지 아이콘(Fullscreen, TV, Panel)도 붙여 넣어 인포그래픽 이미지를 완성합니다.

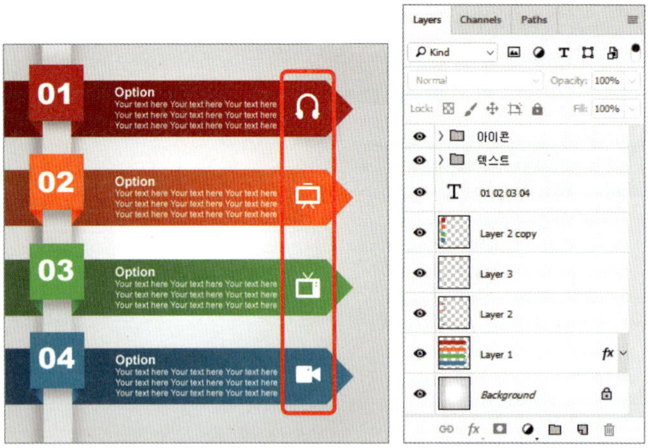

Tip 붙여넣은 아이콘이 보이지 않는다면 레이어 패널에서 붙여넣은 아이콘이 있는 레이어를 위로 드래그해서 배치시킵니다.

SECTION 03

사분면 구성을 위한 인포그래픽 만들기 1

• **준비 파일 |** icons.psd • **완성 파일 |** info3.psd

네 가지 요소로 구분되는 인포그래픽 화면을 만들어 봅니다.

■ 완성 이미지

01 메뉴 바에서 [File]-[New]를 선택하고 옵션 창에서 Width와 Height를 각각 500Pixels로 설정한 다음 〈Create〉를 클릭해 새 문서를 만듭니다. 배경 화면을 회색(#B7B7B7)의 원형 그레이디언트로 채웁니다.

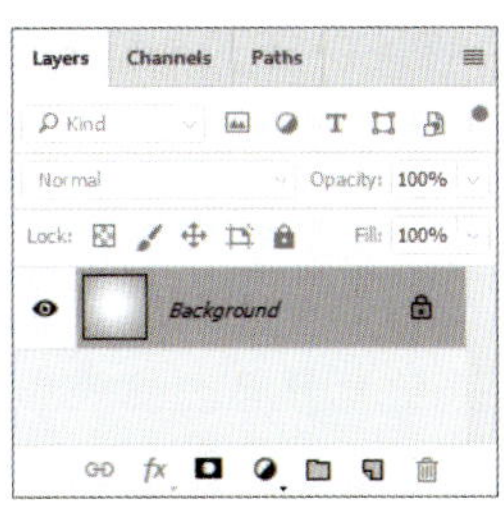

02 새 레이어 만들기 버튼(⧉)을 클릭해 새 레이어를 만들고 원형 선택 툴(◌)로 크기가 180px인 정원을 그립니다. 전경색을 흰색으로 설정하고 [Alt]+[Delete]를 눌러 정원에 흰색을 채웁니다.

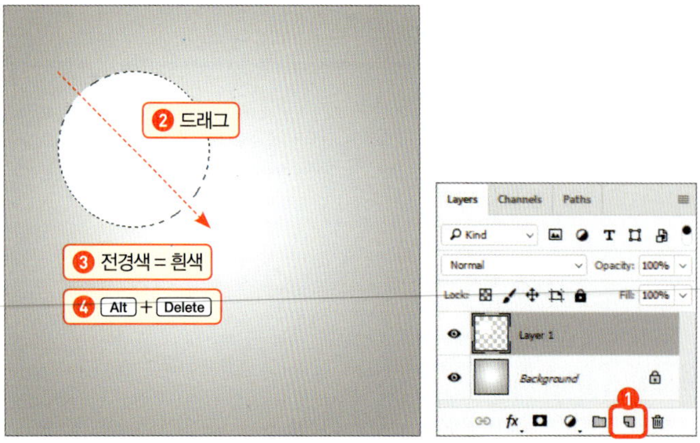

03 사각형 선택 툴(⬚)을 선택합니다. 원 오른쪽과 하단에 딱 맞는 가이드를 만들고 [Shift]를 누른 채로 오른쪽 하단 1/4 부분을 추가한 다음 [Alt]+[Delete]를 눌러 흰색을 채웁니다.

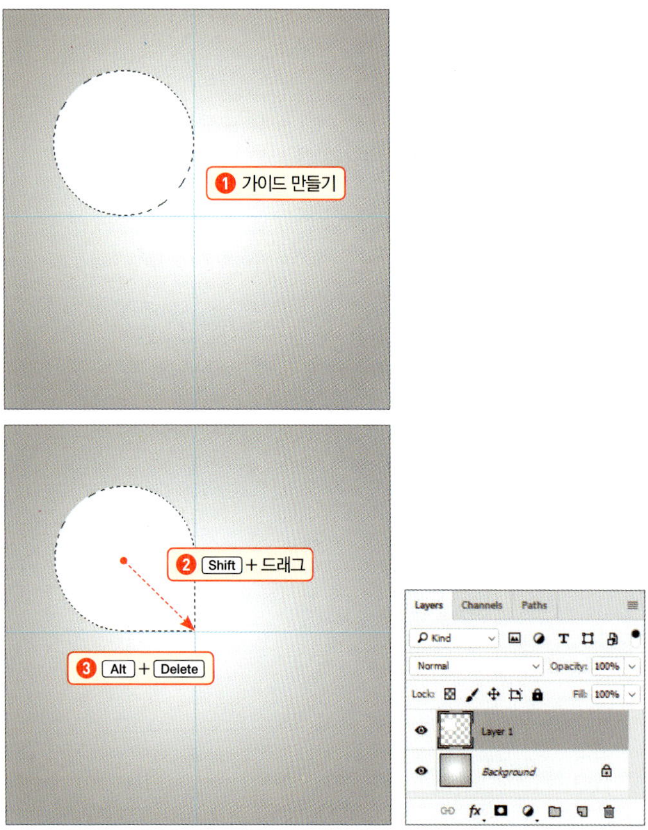

Tip 가이드는 작업 화면의 눈금자에서 아래쪽이나 오른쪽으로 드래그하면 만들 수 있습니다.

04 번 툴( )을 선택하고 옵션 바에서 Range를 Highlights로 바꿉니다. 원 왼쪽 상단을 드래그해서 어둡게 만듭니다.

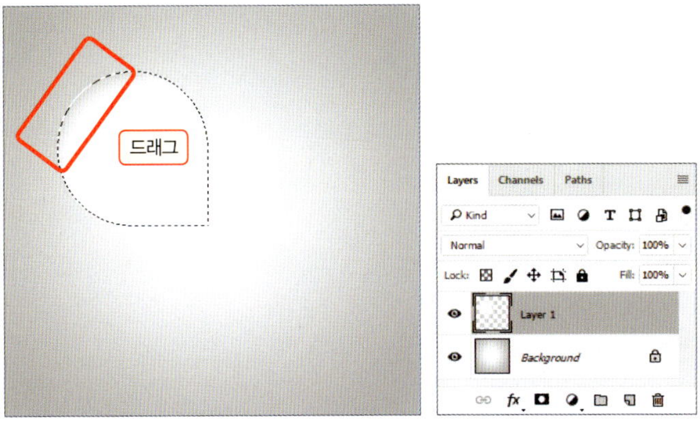

05 Ctrl+J를 눌러 레이어를 복제하고 [Edit]-[Transform]-[Flip Horizontal]을 선택합니다. 이미지가 좌우로 반전되면 오른쪽으로 드래그해서 마주보도록 만듭니다. Ctrl+E를 눌러 두 레이어를 합칩니다.

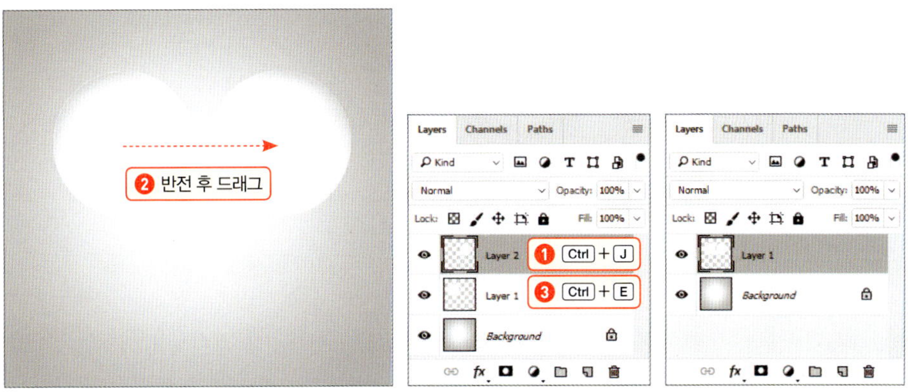

06 Ctrl+J를 눌러 Layer 1을 복제하고 [Edit]-[Transform]-[Flip Vertical]을 선택합니다. 상하로 반전되면 아래로 배치하여 상하로 마주보도록 만듭니다. Ctrl+E를 눌러 두 레이어를 합칩니다.

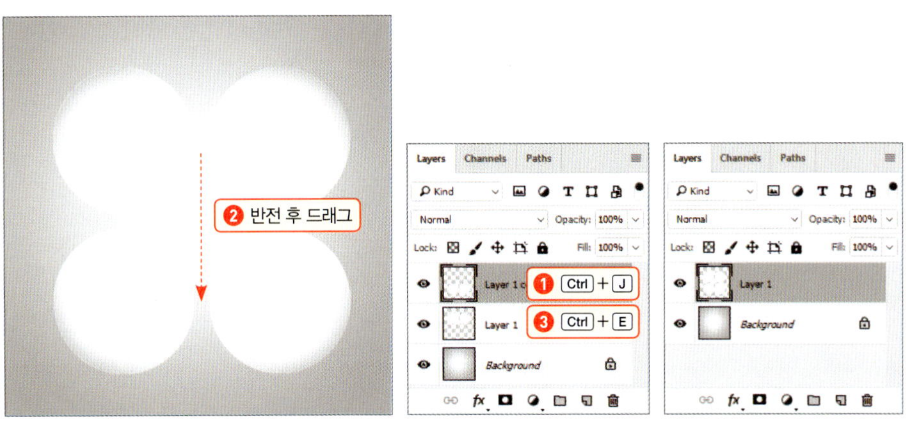

07 Layer 1이 선택된 상태에서 레이어 스타일 추가 버튼(fx)을 클릭하고 [Outer Glow]를 선택한 다음 레이어 스타일을 다음과 같이 적용합니다.

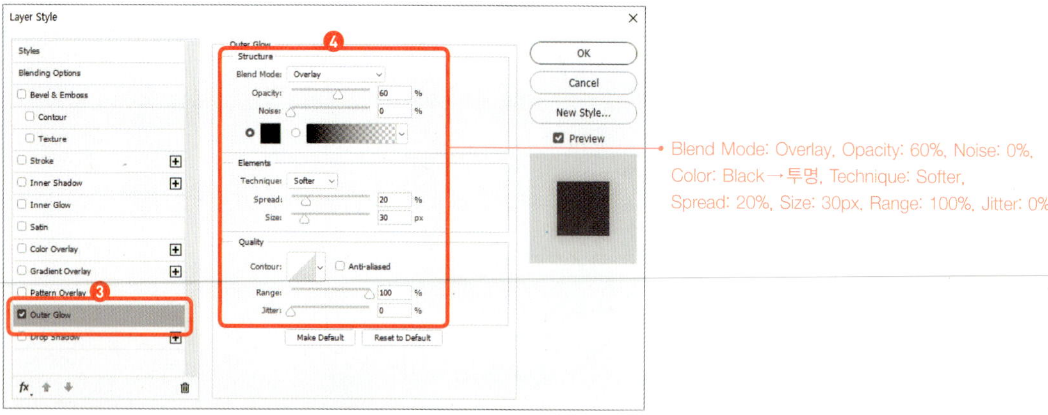

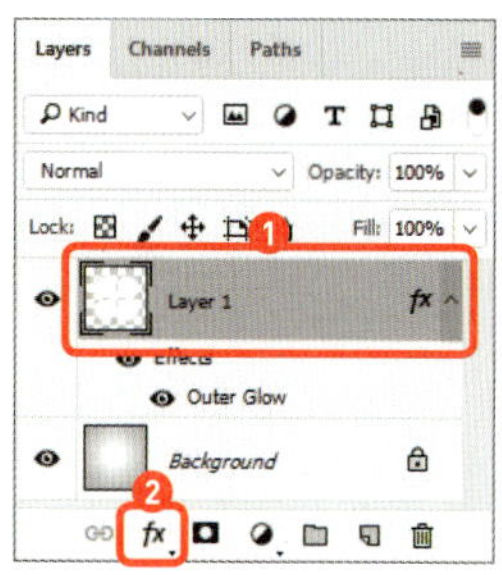

08 새 레이어 만들기 버튼(⊞)을 클릭해 레이어를 추가하고 원형 선택 툴(◌)로 크기가 160px인 정원을 그린 다음 빨간색(#BC1615)을 채웁니다. 같은 방법으로 네 면에 색상이 다른 원을 만들어 배치합니다.

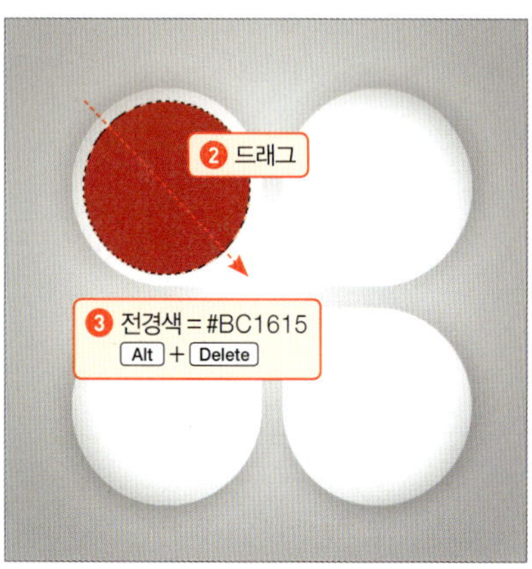

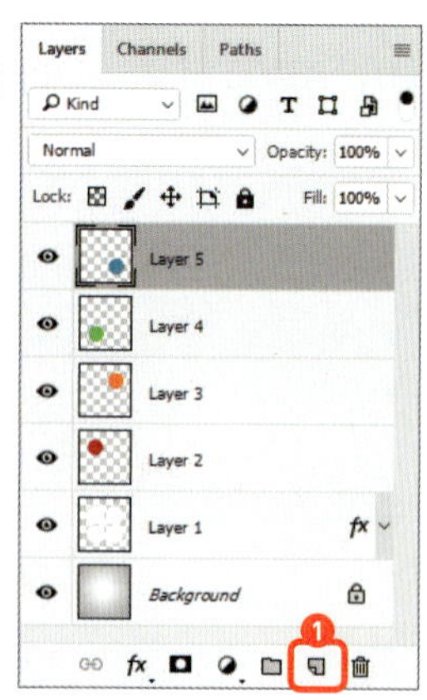

09 Layer 2를 클릭하여 선택하고 레이어 스타일 추가 버튼(fx)을 클릭한 후 [Gradient Overlay]에서 레이어 스타일을 다음과 같이 적용합니다. Layer 2의 이름을 마우스 오른쪽 버튼으로 클릭하고 [Copy Layer Style]을 선택한 후 Layer 3에서 마우스 오른쪽 버튼을 클릭하고 [Paste Layer Style]을 선택합니다. 나머지 Layer 4와 Layer 5에도 같은 방법으로 복사한 스타일을 붙여 넣습니다.

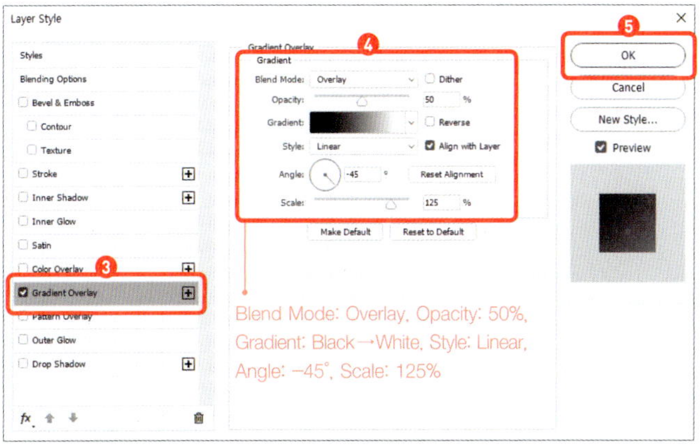

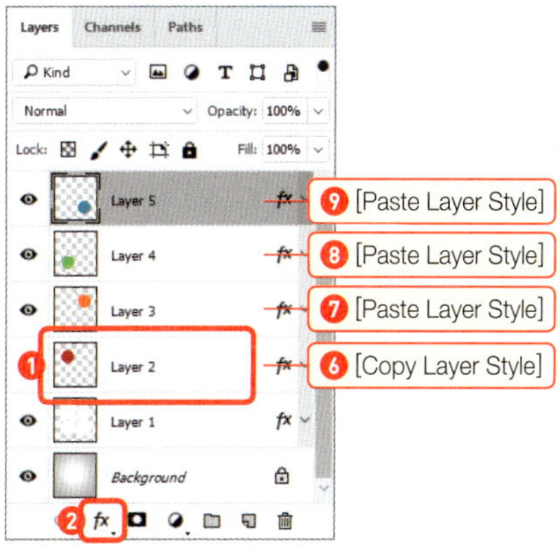

10 각 원형 레이어의 이름을 마우스 오른쪽 버튼으로 클릭하고 [Rasterize Layer Style]을 선택합니다. 레이어 네 개를 모두 선택하고 Ctrl+E를 눌러 합칩니다.

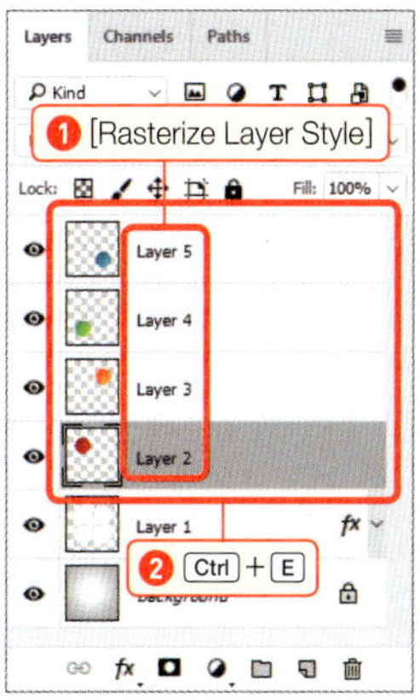

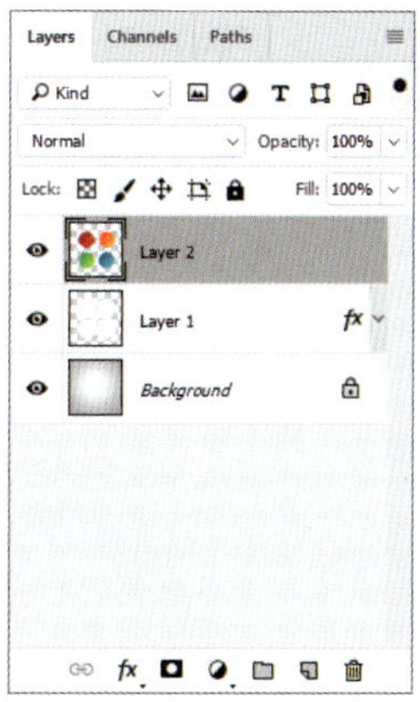

11 새 레이어 만들기 버튼(□)을 클릭하여 레이어를 추가합니다. 원형 선택 툴(◯)을 선택하고 크기가 135px인 정원을 그린 다음 흰색으로 채웁니다. 번 툴(◎)로 정원 왼쪽 상단과 오른쪽 하단을 드래그해서 약간 어둡게 만듭니다. Ctrl+D를 눌러 선택 영역을 해제합니다.

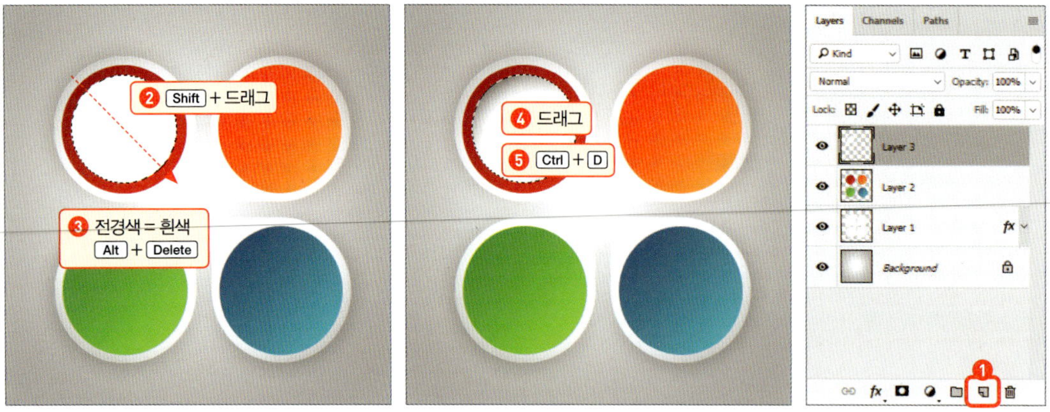

12 Layer 3이 선택된 상태에서 레이어 스타일 추가 버튼(fx)을 클릭해 레이어 스타일을 다음과 같이 적용합니다.

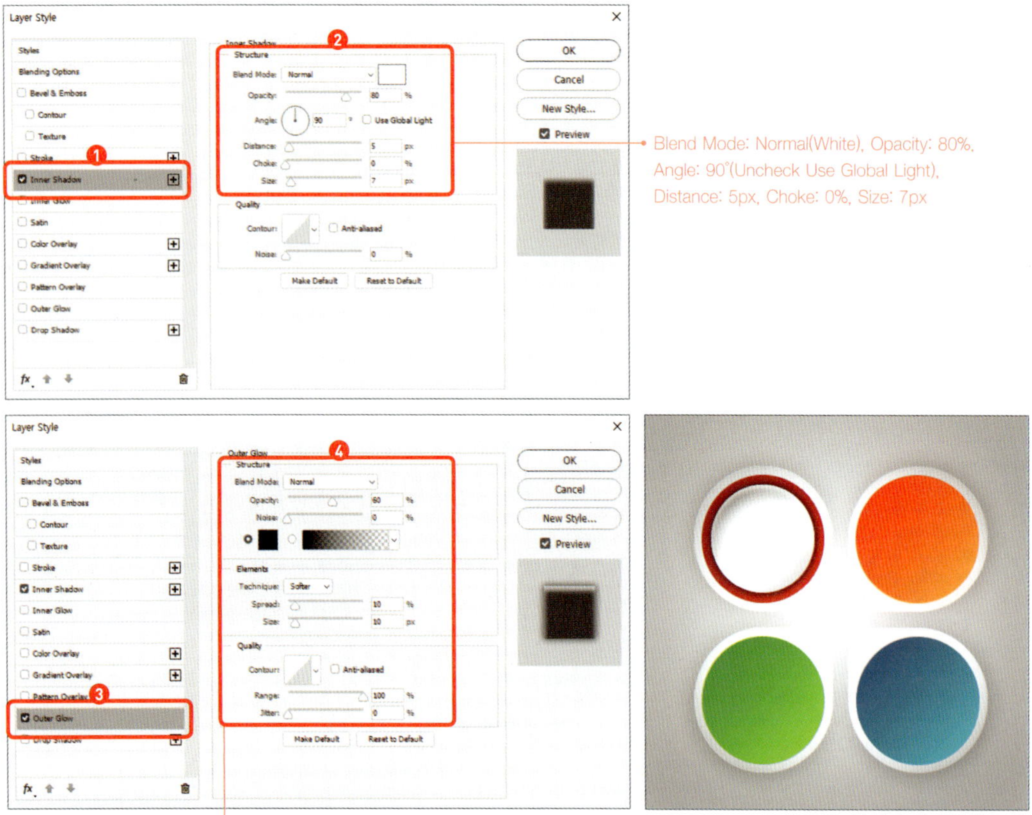

13 [Ctrl]을 누른 채로 Layer 3의 섬네일을 클릭하여 선택 영역으로 만들고 각 원 위로 복제합니다.

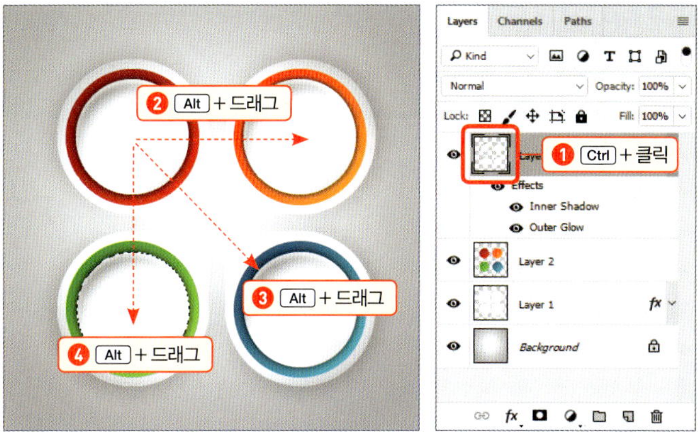

14 텍스트 툴([T])로 제목과 내용을 입력합니다.

15 Chapter_11 ▸ Section_03 ▸ Icons.psd 파일을 불러와 원하는 아이콘을 다음과 같이 배치합니다. Background 레이어의 중심 부분을 조금 어둡게 만들어 이미지를 완성합니다.

SECTION 04

사분면 구성을 위한 인포그래픽 만들기 2

- **준비 파일 |** icons.psd
- **완성 파일 |** info4.psd

네 가지 요소로 구분되는 인포그래픽 화면을 만들어 봅니다.

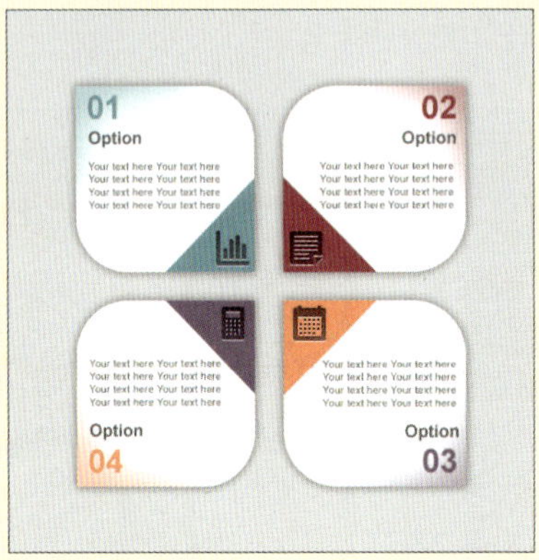

■ 완성 이미지

01 메뉴 바에서 [File]-[New]를 선택하고 옵션 창에서 Width와 Height를 각각 500Pixels로 입력하고 〈Create〉를 클릭해 새 문서를 만듭니다. 전경색을 밝은 회색(#E2E2E2)으로 설정하고 Alt+Delete를 눌러 채웁니다.

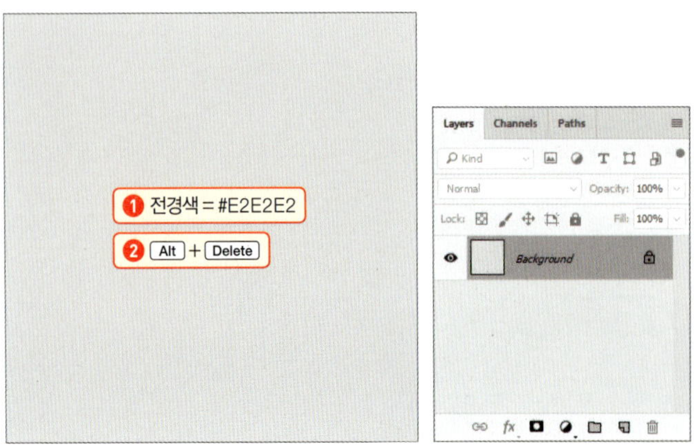

02 새 레이어 만들기 버튼( )을 클릭해 Layer 1을 만듭니다. 원형 선택 툴( )로 Shift를 누른 채로 드래그하여 크기가 100px인 정원을 만들고 전경색을 흰색으로 설정한 후 Alt+Delete를 눌러 선택 영역을 채웁니다.

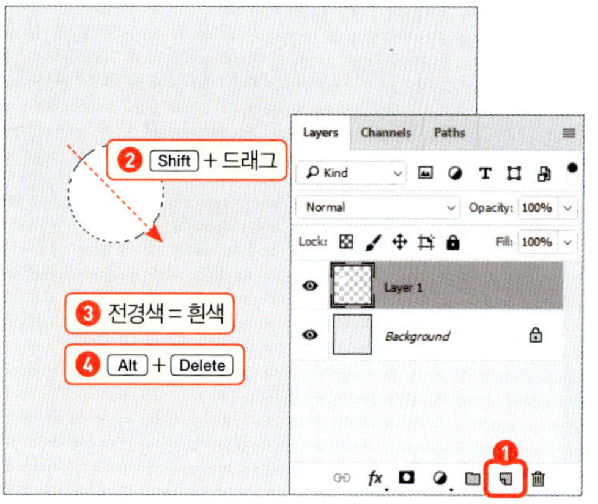

03 이동 툴( )을 선택하고 Alt를 누른 채 드래그하여 흰색 원을 복제하고 Shift를 누른 채로 오른쪽으로 이동하여 45° 위에 위치시킵니다. 마우스를 작업 화면 왼쪽 눈금자와 상단 눈금자에서 드래그하여 다음과 같이 원의 가장자리에 가이드를 만듭니다.

04 사각형 선택 툴( )로 왼쪽 상단에서부터 원의 절반까지 선택한 후 Alt+Delete를 눌러 흰색으로 채웁니다. 같은 방법으로 오른쪽 하단에서부터 원의 절반까지 선택하여 흰색으로 채웁니다.

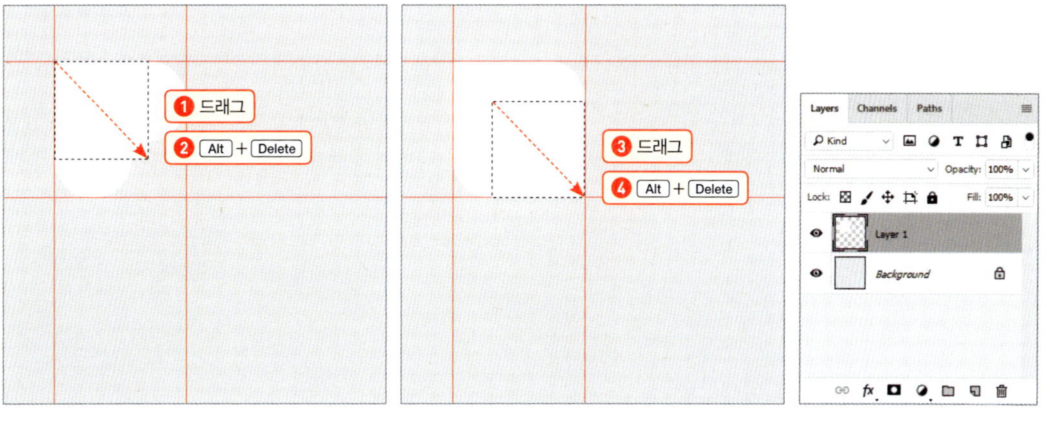

05 선택 영역을 해제한 후 Ctrl+J를 눌러 레이어를 복제한 후 메뉴 바에서 [Edit]–[Transform]–[Flip Horizontal]을 선택하여 Layer 1 copy 레이어를 좌우로 반전시킵니다. 이동 툴( )로 드래그하여 반전시킨 오브젝트를 오른쪽으로 배치하고 Ctrl+E를 눌러 레이어를 병합합니다.

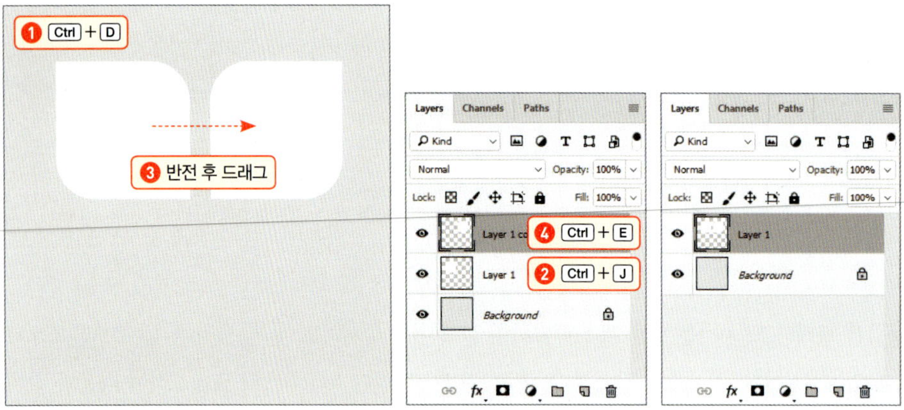

06 Ctrl+J를 눌러 레이어를 복제한 후 이번에는 [Edit]–[Transform]–[Flip Vertical] 메뉴를 선택하여 Layer 1 copy 레이어를 상하로 반전시킵니다. 이동 툴( )로 드래그하여 반전시킨 오브젝트를 아래쪽으로 배치하고 Ctrl+E를 눌러 레이어를 병합합니다.

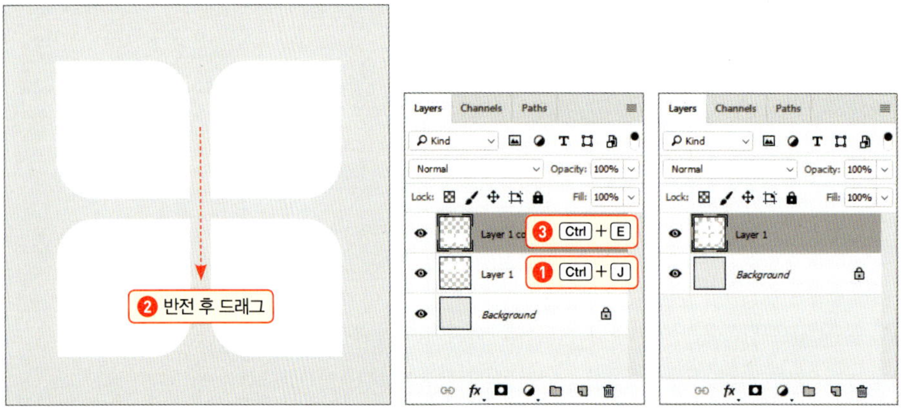

07 Ctrl을 누른 채로 Layer 1의 섬네일을 클릭하여 선택 영역을 만들고 전경색을 연한 청록색(#83B4B9)으로 설정합니다. 브러시 툴( )을 선택하고 옵션 바에서 Hardness는 0%, Opacity는 20%로 조절한 후 왼쪽 상단 오브젝트의 모서리를 부드럽게 드래그하여 색상을 입힙니다. 나머지 오브젝트의 모서리도 같은 방법으로 색상을 입힙니다.

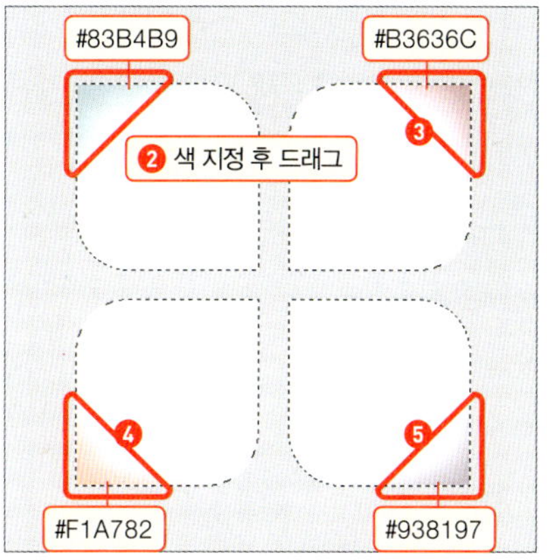

08 Layer 1에서 레이어 스타일 추가 버튼(fx)을 클릭해 [Outer Glow]를 다음과 같이 적용합니다.

Blend Mode: Normal, Opacity: 30%, Noise: 0%, Color: Black→투명,
Elements Technique: Softer, Spread: 10%, Size: 35px, Quality Range: 100%, Jitter: 0%

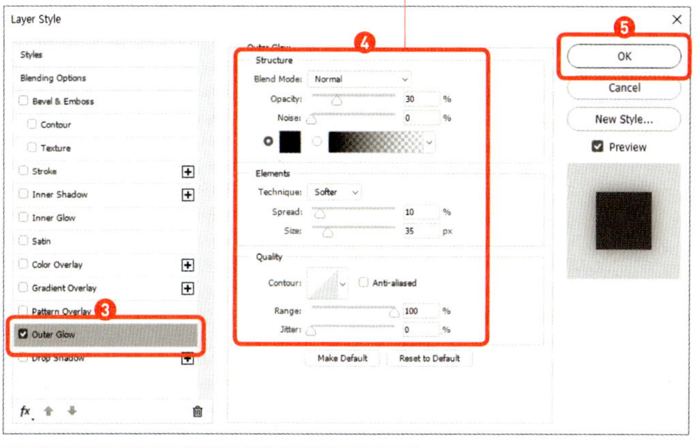

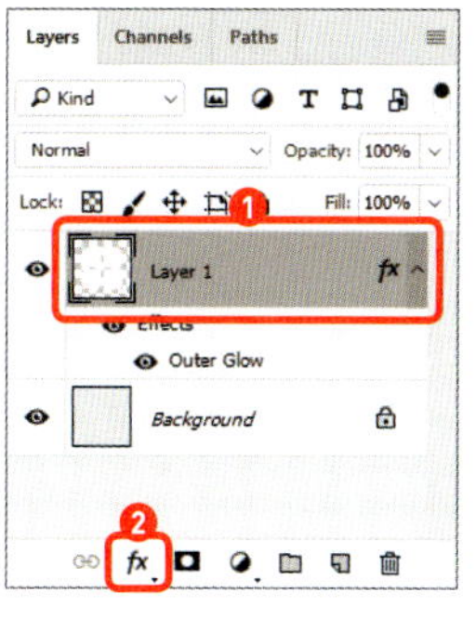

09 새 레이어 만들기 버튼( )을 클릭해 Layer 2를 추가합니다. 사각형 선택 툴( )로 Shift를 누른 채로 드래그하여 너비와 높이가 160px인 정사각형을 만듭니다. 전경색을 흰색으로 설정한 후 Alt+Delete를 눌러 선택 영역에 채운 후 Ctrl+T를 눌러 45° 회전시키고 Enter를 누릅니다.

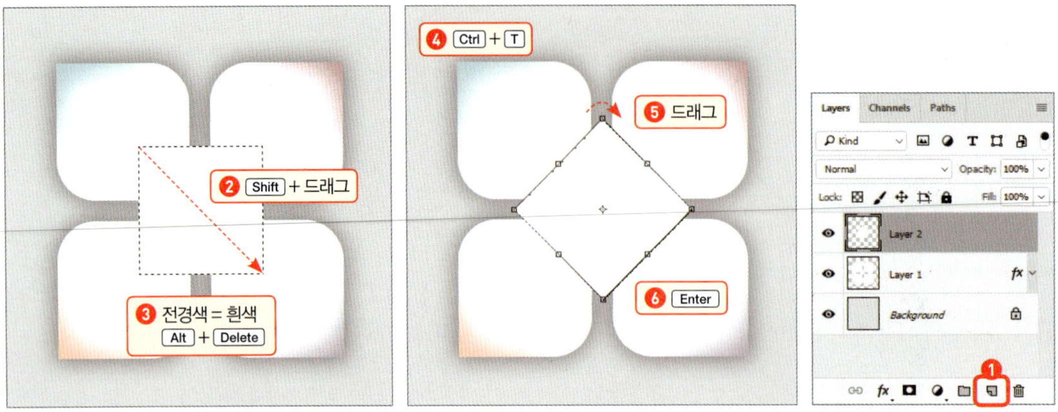

10 Layer 2가 선택된 상태로 Ctrl를 누른 채 Layer 1의 섬네일을 클릭하여 선택 영역을 만듭니다. Ctrl+Shift+I를 눌러 선택 영역을 반전시키고 Delete를 누릅니다. Layer 1의 눈 아이콘( )을 클릭하여 안 보이게 만들면 다음과 같은 이미지를 볼 수 있습니다.

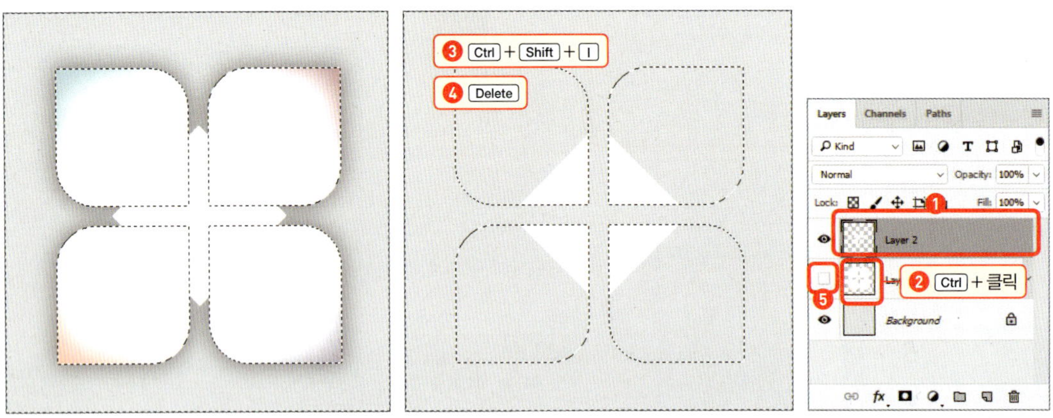

11 Layer 1의 눈 아이콘( )을 클릭하여 다시 보이게 만듭니다. Layer 2를 선택하고 전경색을 연한 청록색(#83B4B9)으로 설정한 후 마술봉 툴( )로 첫 번째 삼각형을 클릭하고 Alt+Delete를 눌러 배경색을 채웁니다. 같은 방법으로 나머지 삼각형에도 색상을 채웁니다.

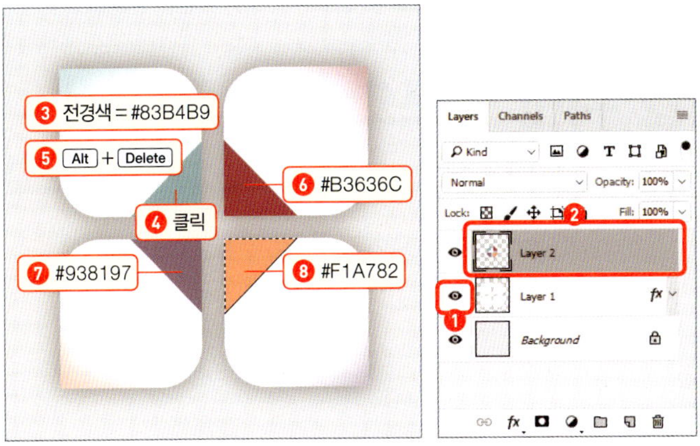

12 텍스트 툴(T)로 각 형태의 귀퉁이에 색상과 일치하는 제목을 입력하고, 안쪽에는 회색(#959594)의 본문을 입력합니다.

13 Chapter_11 ▸ Section_04 ▸ icons.psd 파일을 열어 레이어 패널에서 Stats 레이어를 선택한 후 Ctrl + C를 눌러 복사합니다. 작업 화면으로 돌아와 Ctrl + V를 눌러 붙여 넣고 이동 툴(✥)로 첫 번째 삼각형에 배치합니다. 나머지 아이콘(Calendar, Phone, Note)도 붙여 넣어 인포그래픽 이미지를 완성합니다.

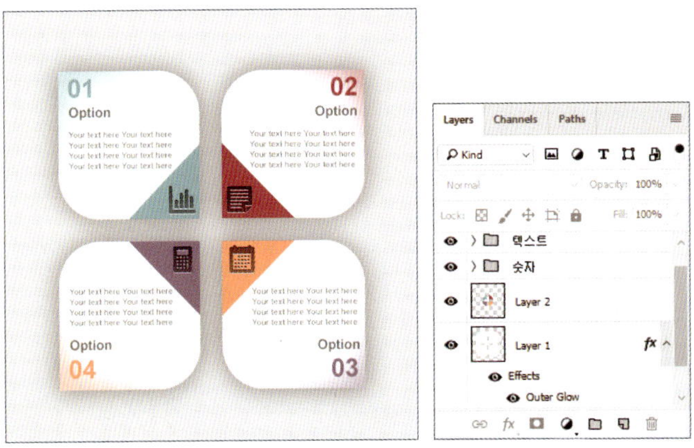

SECTION 05

타임라인을 위한 인포그래픽 만들기

• **준비 파일 |** Icons.pad • **완성 파일 |** info5.psd

시간 순서에 따라 정보를 제공하는 타임라인 인포그래픽 화면을 만들어 봅니다.

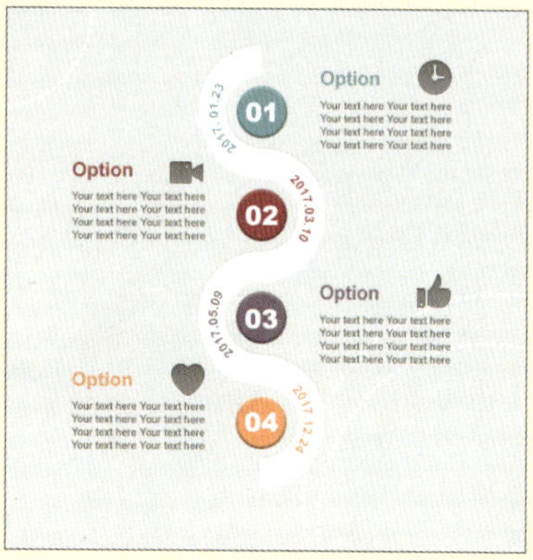

■ 완성 이미지

01 메뉴 바에서 [File]-[New]를 선택하고 옵션 창에서 Width와 Height를 각각 500Pixels로 설정한 다음 〈Create〉를 클릭해 새 문서를 만듭니다. 배경 화면을 Alt+Delete를 눌러 밝은 회색(#E9E9E9)으로 채웁니다.

02 새 레이어 만들기 버튼()을 클릭해 레이어를 추가합니다. 원형 선택 툴()로 크기가 120px인 정원을 그리고 흰색을 채웁니다.

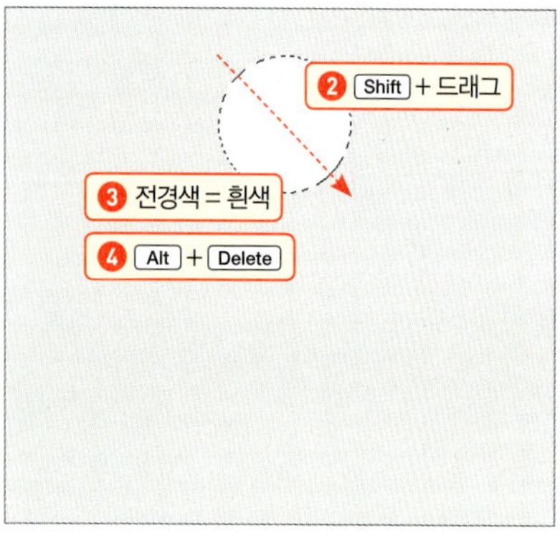

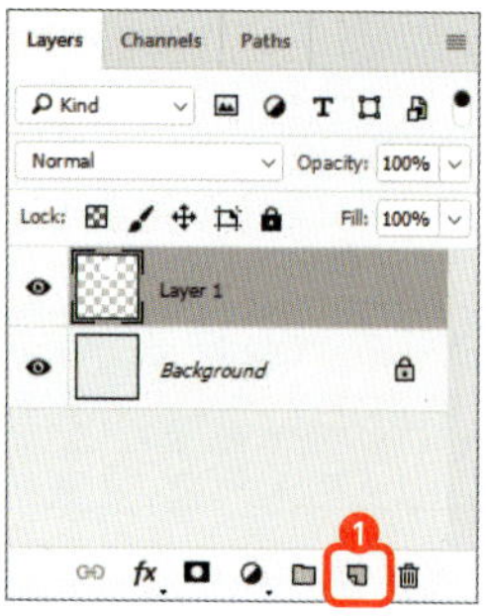

03 새 레이어 만들기 버튼( )을 클릭해 레이어를 추가하고 원형 선택 툴( )로 크기가 70px인 정원을 그리고 흰색으로 채웁니다. Layer 1과 Layer 2를 함께 선택합니다. 선택 영역이 지정된 상태에서 이동 툴( )을 선택한 다음 옵션 바에서 가로 세로 중앙 정렬 아이콘을 클릭해 두 원이 중앙에 놓이도록 만듭니다.

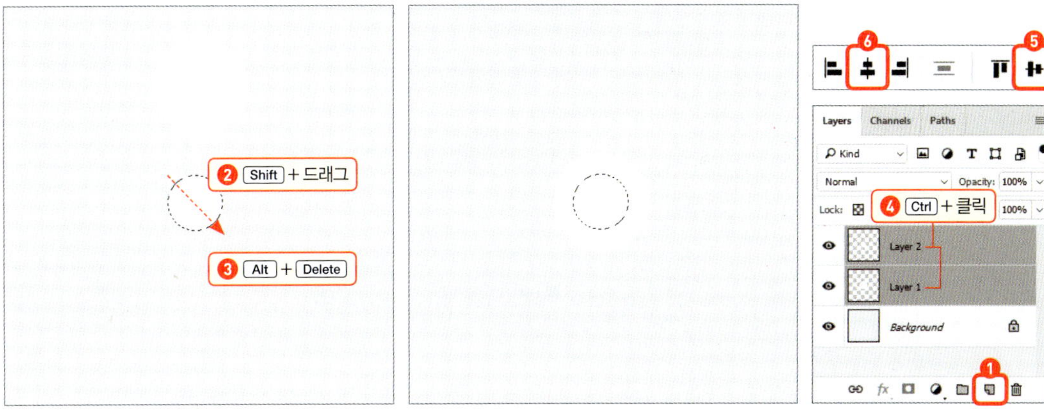

04 Layer 2의 작은 원이 선택 영역으로 설정된 상태로 Layer 1을 선택하고 Delete 를 눌러 선택 영역을 삭제합니다. Layer 2는 휴지통 버튼( )으로 드래그해 삭제합니다.

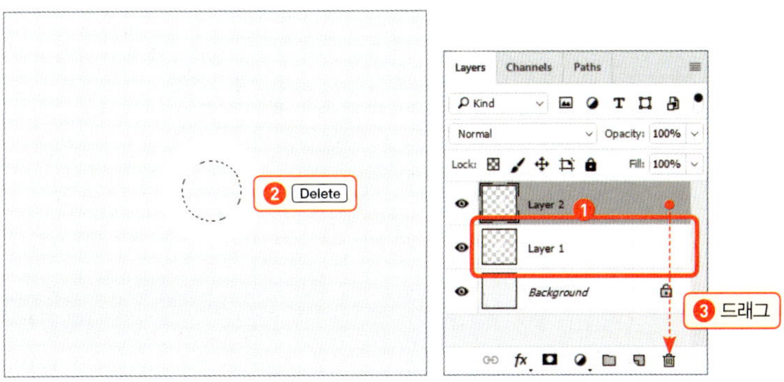

05 사각형 선택 툴( )로 원의 절반을 선택하고 Ctrl+C를 눌러 복사한 다음 Delete 를 눌러 삭제합니다. Ctrl+Shift+V를 눌러 복사한 부분을 새 레이어에 붙여 넣습니다.

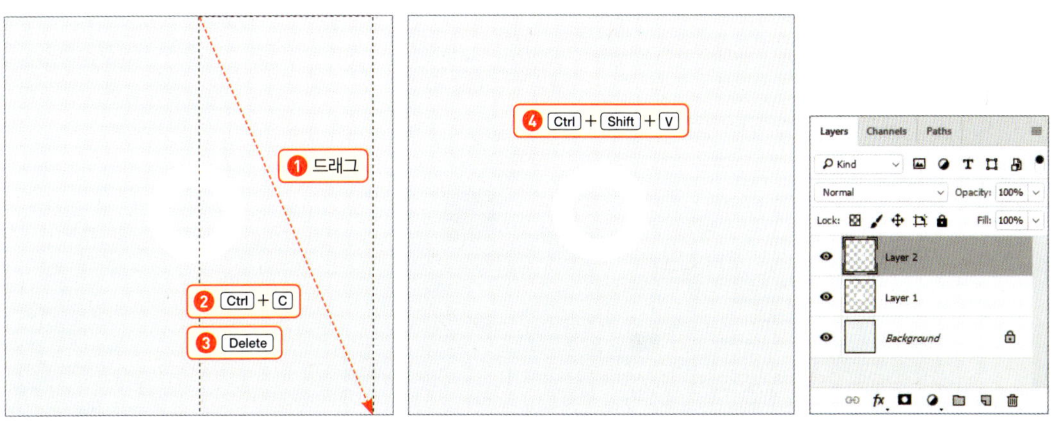

06 이동 툴([✥])로 Layer 1과 Layer 2의 오브젝트를 움직여 S자 형태를 만듭니다.

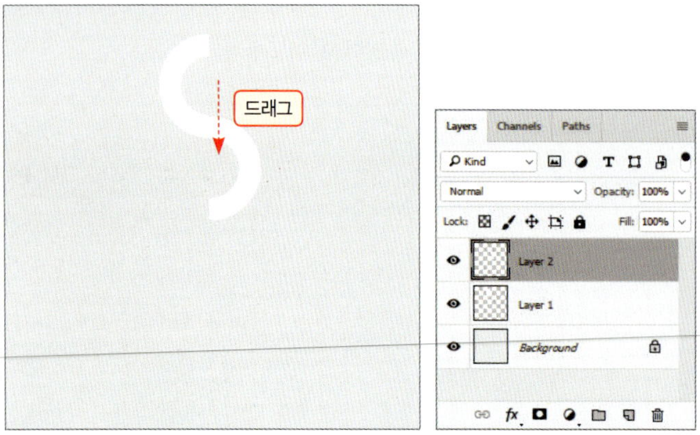

07 Layer 1과 Layer 2를 함께 선택하고 Ctrl+J를 눌러 복제합니다. 이동 툴([✥])로 좀 전에 만든 S자 형태 아래에 오브젝트가 이어지도록 배치합니다. Background 레이어를 제외한 나머지 레이어를 모두 선택한 다음 Ctrl+E를 눌러 합칩니다.

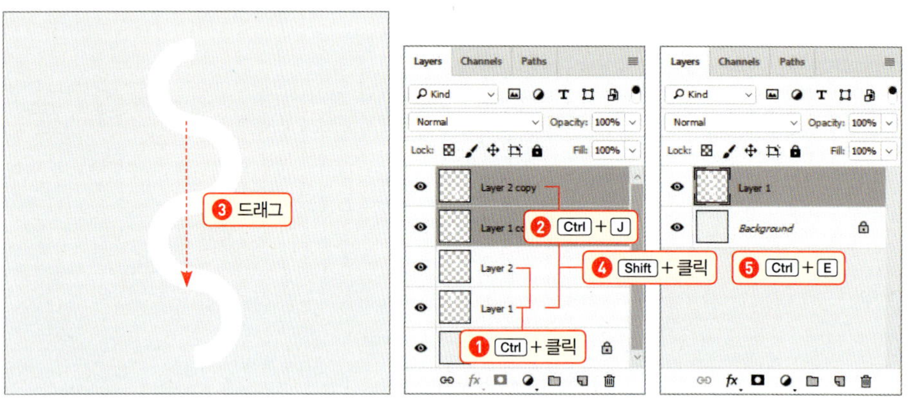

08 Layer 1이 선택된 상태에서 레이어 스타일 추가 버튼([fx])을 클릭하고 [Bevel & Emboss]를 선택한 다음 레이어 스타일을 다음과 같이 적용합니다.

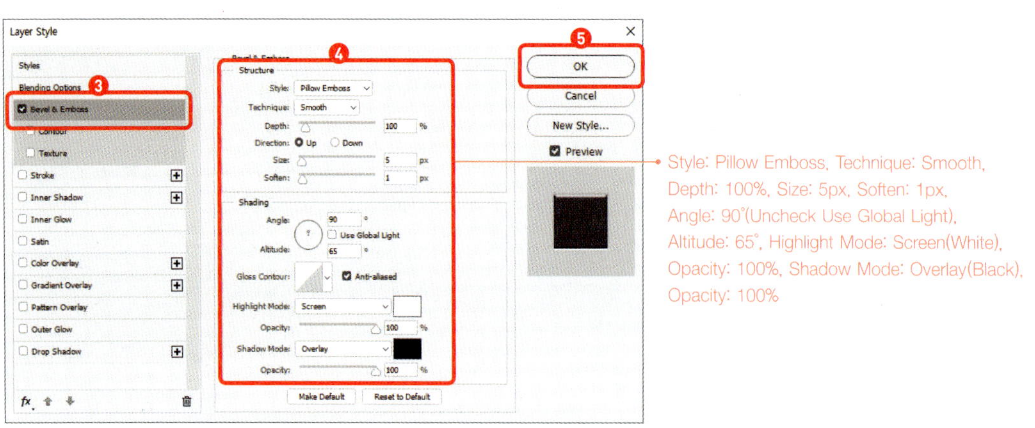

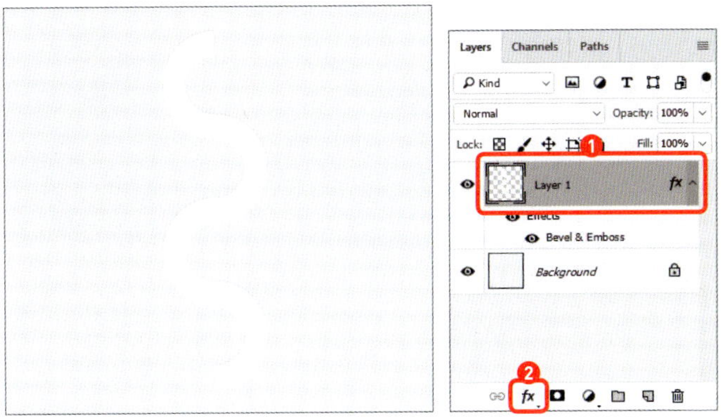

09 새 레이어 만들기 버튼(□)을 클릭해 레이어를 추가합니다. 원형 선택 툴(◌)로 크기가 48px인 정원을 그리고 적당한 색상(#83B4B9)을 채워 넣은 다음 곡선 안쪽 중 맨 위에 배치합니다. Ctrl+Shift를 누른 채로 원을 드래그하여 그림과 같이 각각 배치합니다. 각 원의 색상은 모두 다르게 적용합니다.

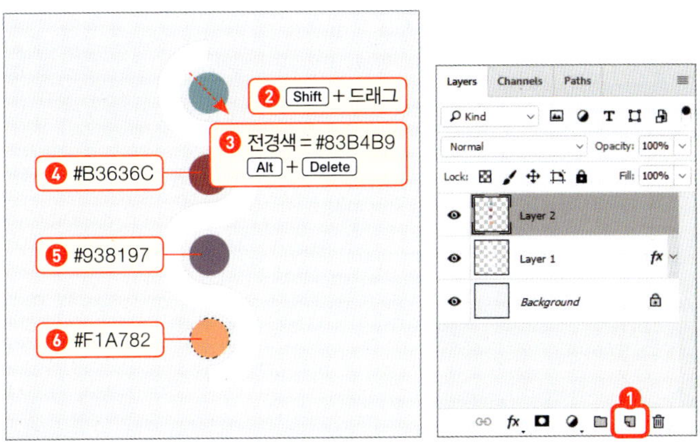

10 Layer 2가 선택된 상태에서 레이어 스타일 추가 버튼(fx)을 클릭하고 [Bevel & Emboss]를 선택한 다음 레이어 스타일을 다음과 같이 적용합니다.

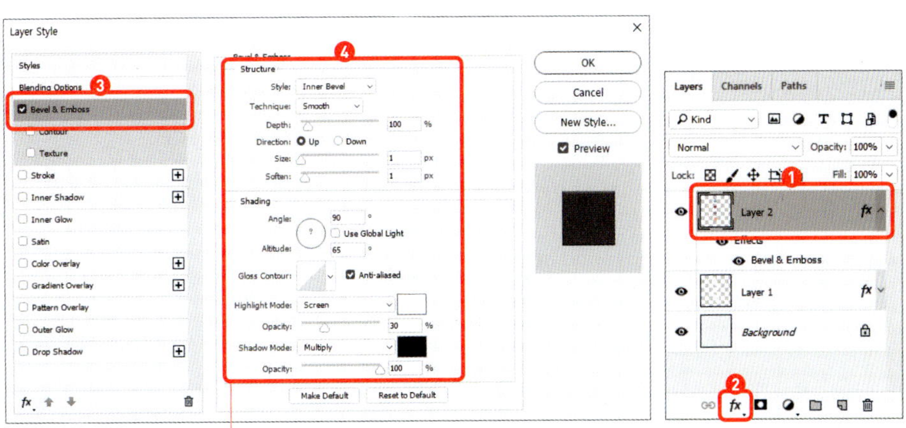

Style: Inner Bevel, Technique: Smooth, Depth: 100%, Size: 1px, Soften: 1px, Angle: 90°(Uncheck Use Global Light), Altitude: 65°, Highlight Mode: Screen(White), Opacity: 30%, Shadow Mode: Multiply(Black), Opacity: 100%

11 전경색을 흰색으로 설정하고 텍스트 툴(T)로 숫자를 입력합니다.

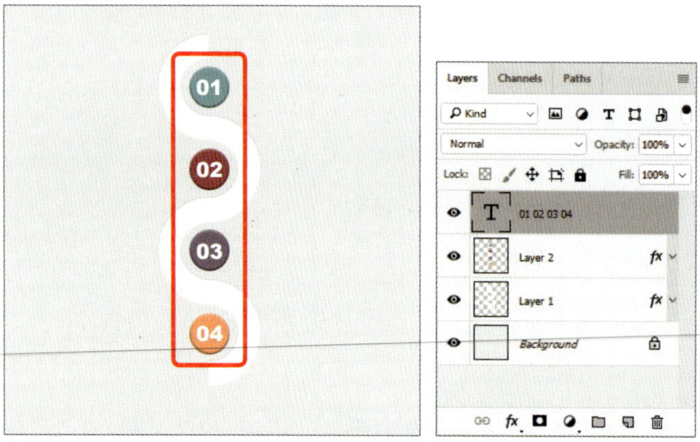

12 원형 툴(◯)을 선택하고 옵션 바에서 옵션을 Path로 설정합니다. 지름이 80px인 정원을 그리고 다음과 같이 숫자 원을 감싸게 옮깁니다.

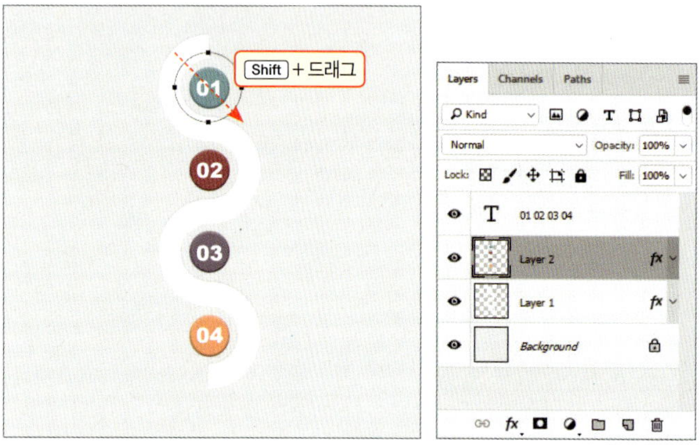

13 텍스트 툴(T)을 선택하고 마우스 포인터를 패스로 가져가면 마우스 포인터가 모양으로 바뀝니다. 이때 클릭하여 감싼 원과 같은 색상으로 제목을 입력합니다. 다른 원에도 같은 방법으로 제목을 입력합니다.

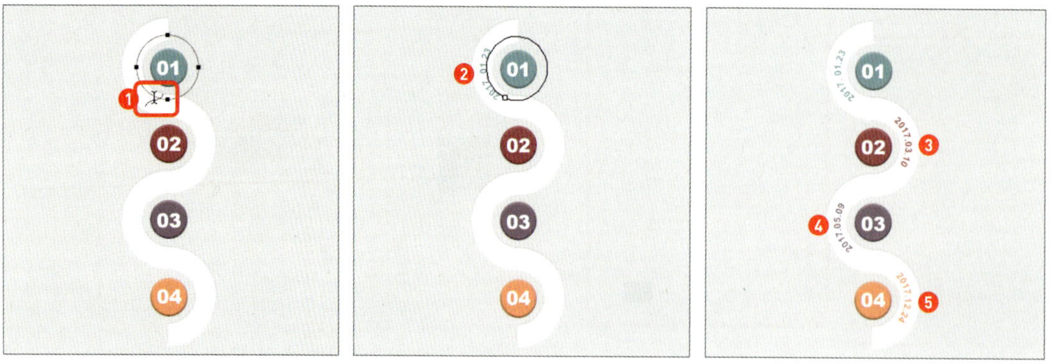

14 각 원이 열려 있는 방향으로 내용을 입력합니다. Chapter_11 ▸ Section_05에서 Icons.psd 파일을 불러와 원하는 아이콘을 각 옵션 오른쪽에 배치합니다.

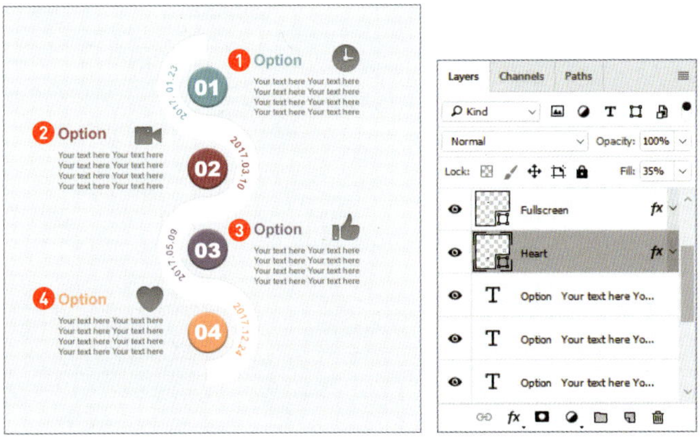

15 원형 툴(◯)을 선택하고 옵션 바에서 Fill을 없음, Stroke를 흰색, 2px로 설정하고 선 모양을 점선으로 선택한 다음 Stroke Options 맨 아래에 있는 〈More Options〉를 클릭합니다. 옵션 창이 나타나면 Dash와 Gap을 각각 2로 입력하고 〈OK〉를 클릭합니다. 왼쪽 위와 오른쪽 아래에 적당히 점선 원을 그려 넣습니다.

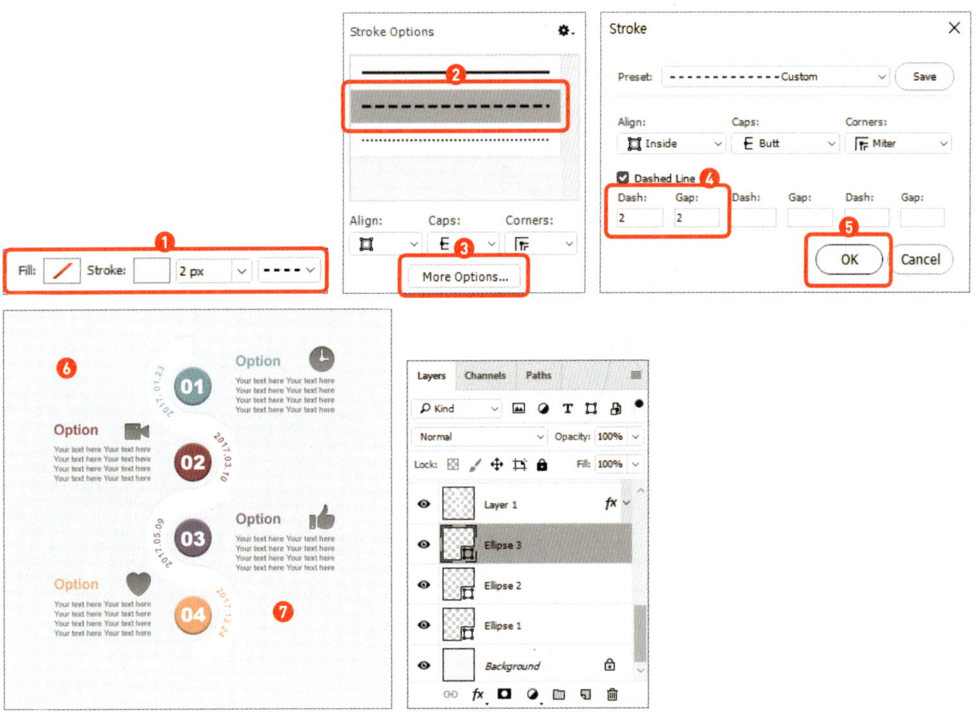

CHAPTER

12

텍스트 디자인

텍스트에 여러 가지 효과를 넣는 작업은 작품에 미치는 효과나 활용도 측면에서 무척 흥미로운 일입니다. 텍스트 효과는 주로 필터, 레이어 스타일, 레이어 모드를 적용하여 만듭니다. 이번 장에서는 레이어 모드를 적용하여 문자에 입체감과 투명감을 불어넣은 문자를 만들어 봅니다.

01 ⁄ 아크릴 문자 만들기

02 ⁄ 아쿠아 손글씨 만들기

03 ⁄ 투명 문자 만들기

SECTION 01

아크릴 문자 만들기

• **준비 파일 |** 없음 • **완성 파일 |** acryl.psd

스타일의 다양한 기능들을 통해 불투명하고 반짝이는 아크릴 문자를 만들어 봅니다.

■ 완성 이미지

01 메뉴 바에서 [File]–[New]를 선택하고 옵션 창에서 Width와 Height를 각각 500Pixels로 입력하고 〈Create〉를 클릭해 새 문서를 만듭니다. 전경색을 붉은색(#A91D1E), 배경색을 짙은 붉은색(#561801)으로 지정한 후 그레이디언트 툴(■)로 드래그하여 다음과 같은 배경을 만듭니다.

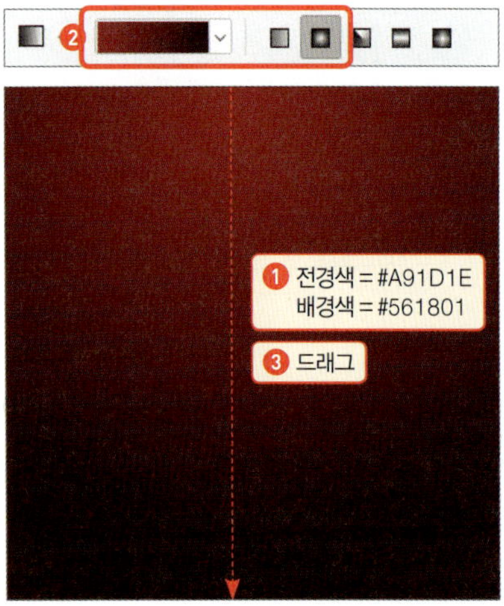

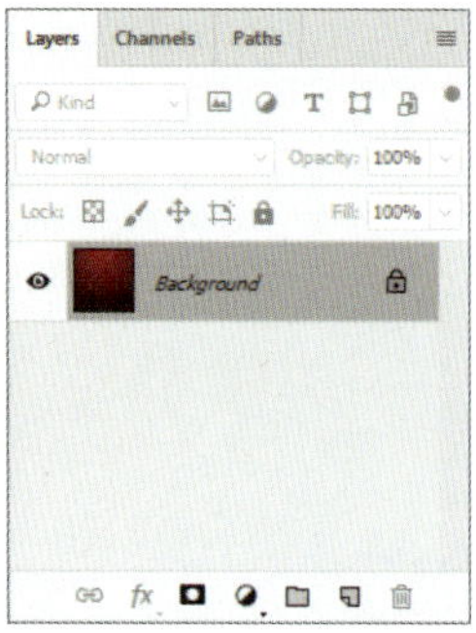

02 메뉴 바에서 [Filter]–[Filter Gallery]를 선택하고 [Texture]–[Texturizer]를 선택한 후 다음과 같이 옵션을 설정하여 배경에 질감을 만듭니다.

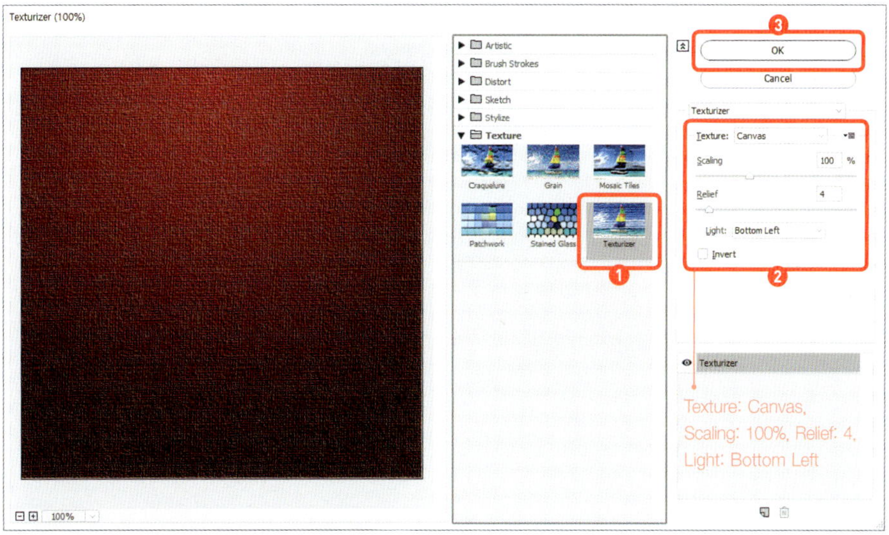

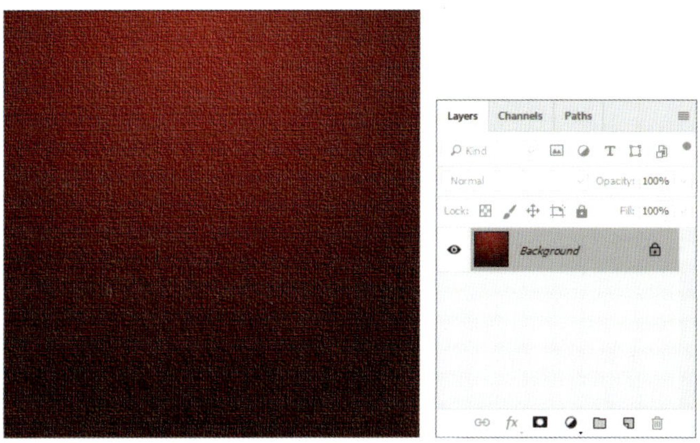

03 전경색을 흰색으로 설정한 후 텍스트 툴(T)로 'ACRYL'을 입력합니다. Ctrl+J를 두 번 눌러 텍스트 레이어를 두 개 복제한 후 복제된 레이어는 눈 아이콘(👁)을 클릭하여 보이지 않게 합니다.

04 ACRYL 레이어를 선택하고 레이어 스타일 추가 버튼(fx)을 클릭합니다. 다음과 같이 [Drop Shadow]를 적용하고, 추가 버튼(⊞)을 클릭하여 다른 옵션으로 [Drop Shadow]를 한 번 더 적용한 후 〈OK〉를 클릭합니다. 레이어의 Fill 옵션을 0%로 변경합니다.

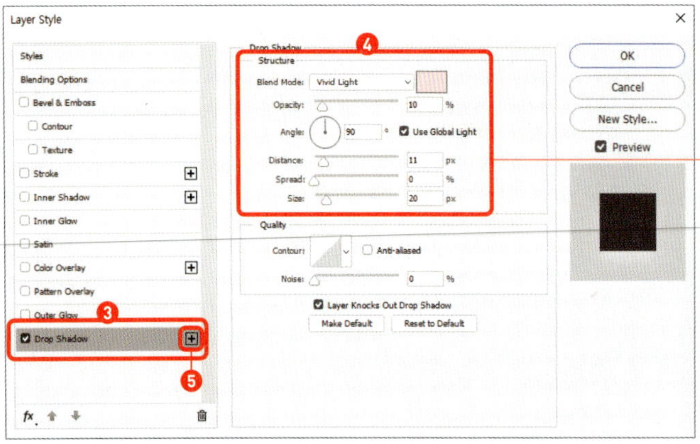

Blend Mode : Vivid Light(#F2DEDF), Opacity : 10%, Angle : 90°(Checked Use Global Light), Distance : 11px, Spread : 0%, Size : 20px

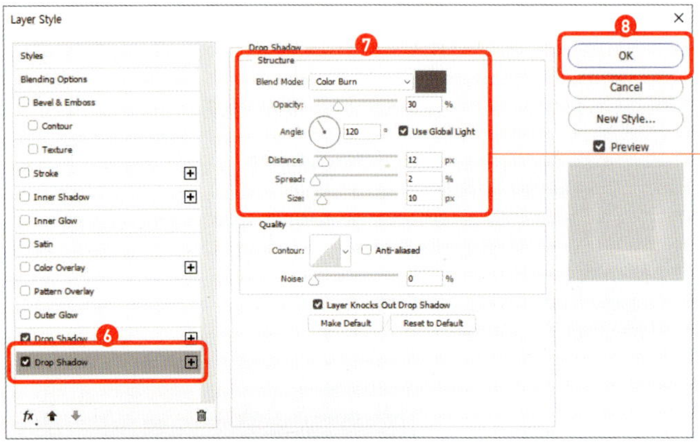

Blend Mode: Color Burn(#837777), Opacity: 30%, Angle: 120°(Checked Use Global Light), Distance: 12px, Spread : 2%, Size : 10px

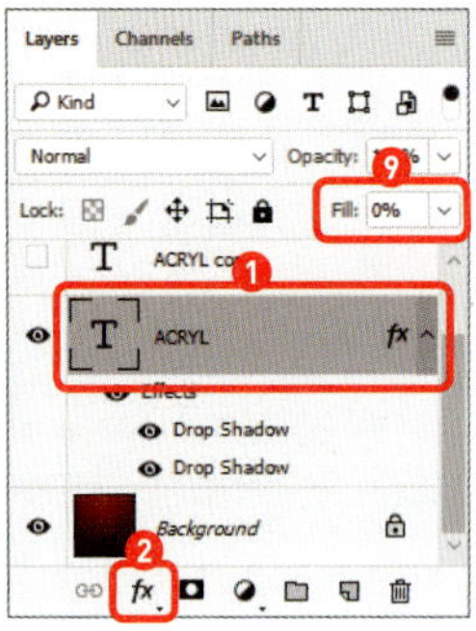

05 ACRYL copy 레이어의 눈 아이콘( )을 눌러 보이도록한 후 레이어를 선택하고 Fill 옵션을 20%로 변경합니다.

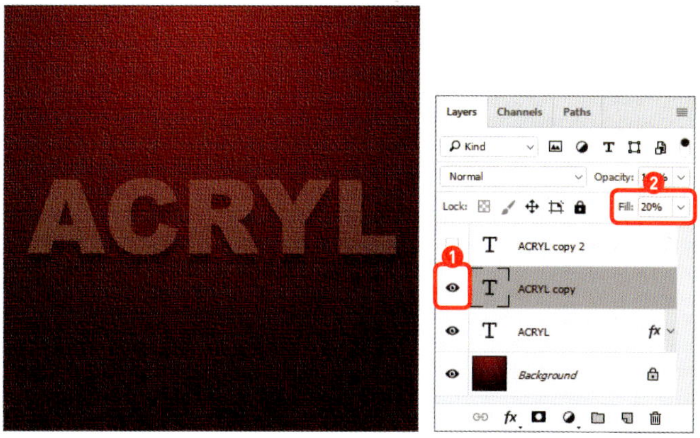

06 ACRYL copy 레이어에서 레이어 스타일 추가 버튼( )을 클릭하고 [Bevel & Emboss]를 다음과 같이 적용합니다. 옵션 창은 닫지 않고 그대로 둡니다.

Contour: COVE-Shallow, Check Anti-aliased, Range: 100%

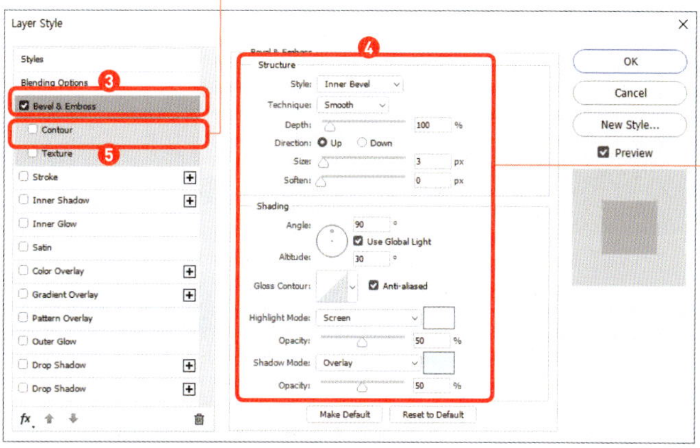

Style: Inner Bevel, Technique: Smooth, Depth: 100%, Size: 3px, Soften: 0px, Angle: 90° (Checked Use Global Light), Altitude: 30°, Highlight Mode: Screen(White), Opacity: 50%, Shadow Mode: Overlay(#E4EEEE), Opacity: 50%

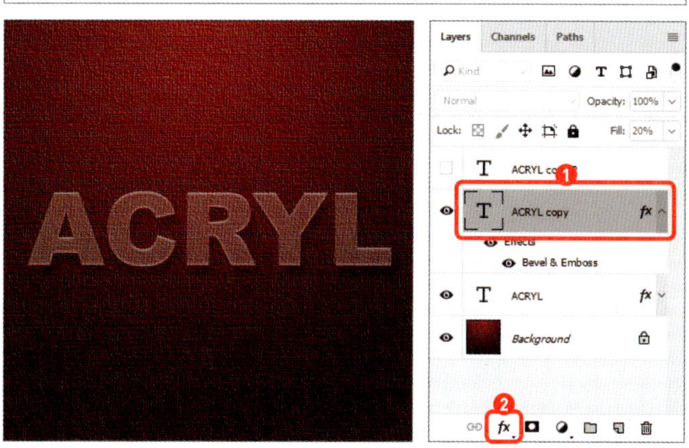

07 계속해서 [Inner Shadow]와 [Inner Glow]를 다음과 같이 적용하여 밝기와 깊이를 더합니다.

Blend Mode: Overlay, Opacity: 30%, Noise: 0%, Color: #F2ECEC → 투명, Elements Technique: Precise, Choke: 0%, Size: 3px, Quality Range: 35%, Jitter: 0%

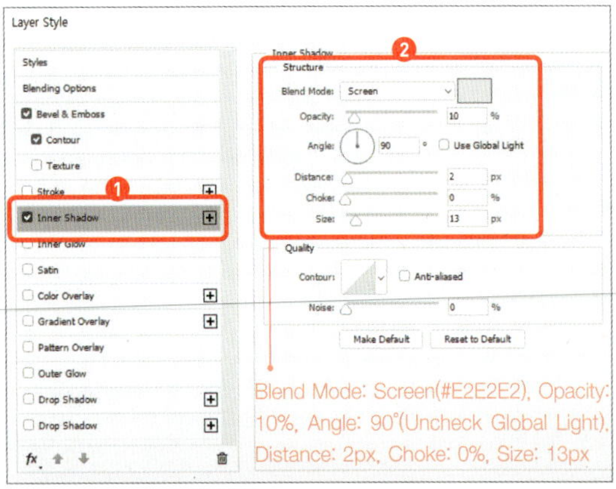

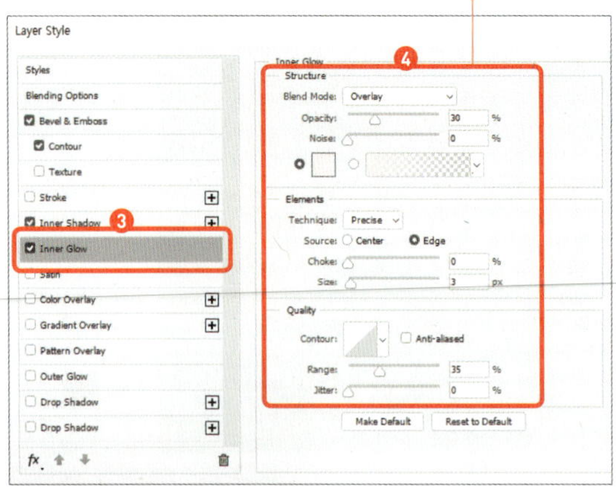

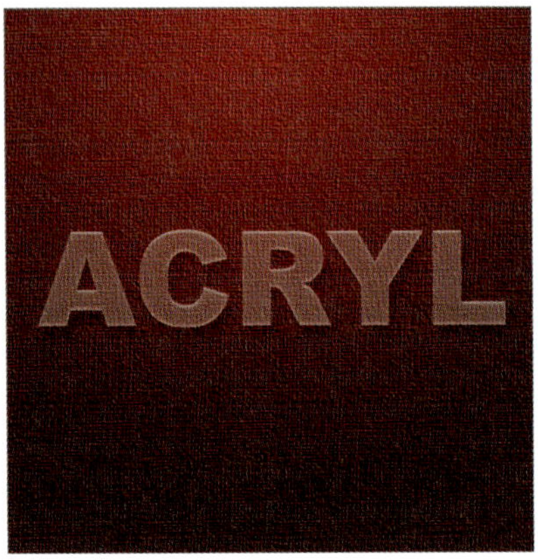

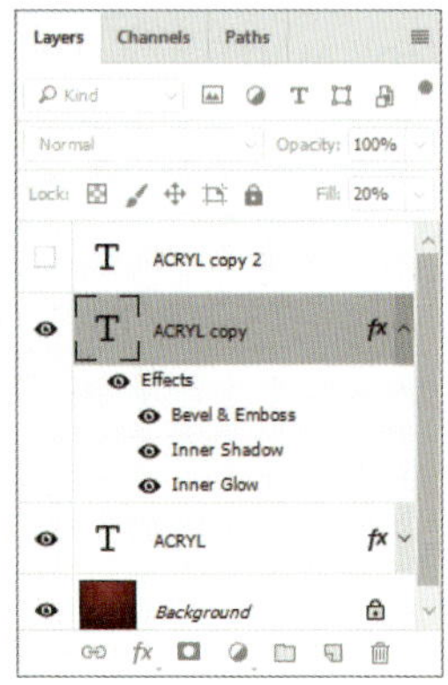

08 추가로 [Gradient Overlay]를 다음과 같이 적용하여 아크릴 느낌을 만들고 〈OK〉를 클릭합니다.

Blend Mode: Soft Light, Opacity: 50%, Gradient: #252321(Location 0) → #656565(Location 22) → #EEEEEE(Location 44) → #585858 (Location 69) → #EEEEEE(Location 70) → #606060(Location 83) → #252321(Location 100), Checked Reverse, Style: Reflected, Angle: 105˚, Scale: 150%

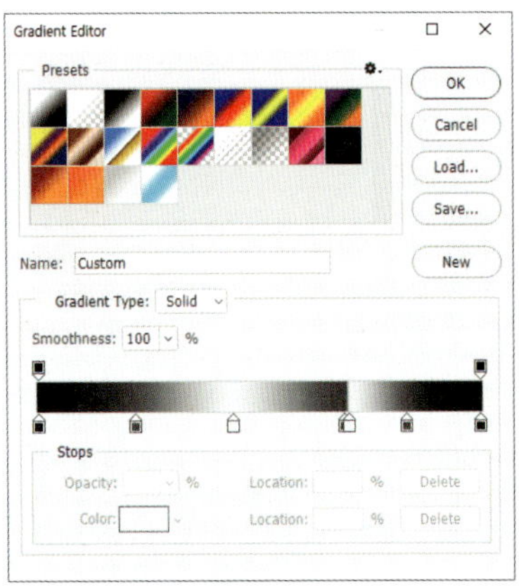

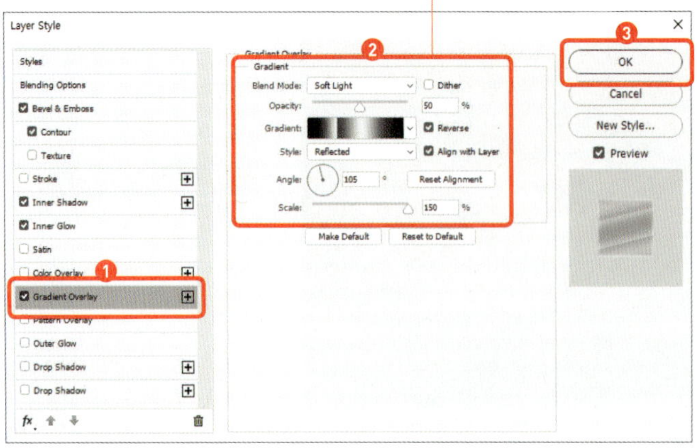

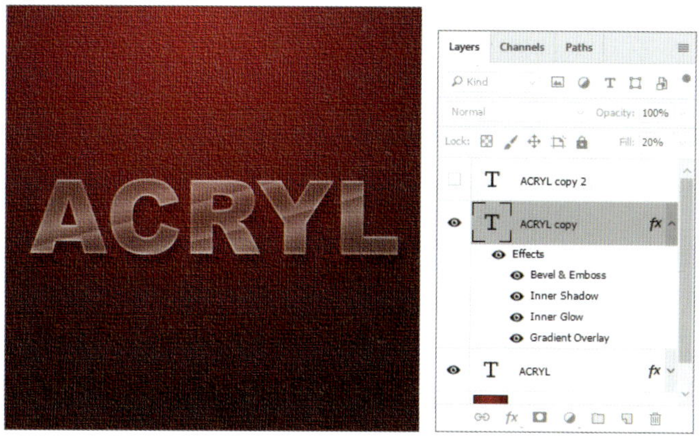

09 ACRYL copy 2 레이어를 선택하고 눈 아이콘(👁)을 클릭하여 보이게 한 후 Fill 옵션을 0%로 변경합니다. 레이어 스타일 추가 버튼(fx)을 클릭하고 [Bevel & Emboss]와 그 하위에 Contour를 다음과 같이 적용해 아크릴 문자를 완성합니다.

Style: Inner Bevel, Technique: Smooth, Depth: 100%, Size: 5px, Soften: 0px, Angle: 90°(Checked Use Global Light), Altitude: 30°, Highlight Mode: Screen(White), Opacity: 50%, Shadow Mode: Overlay(#D0E8E9), Opacity: 50%

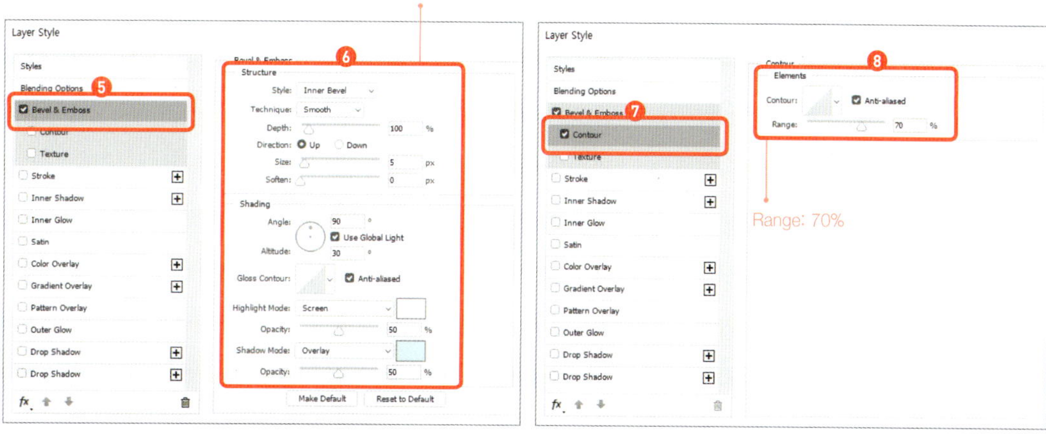

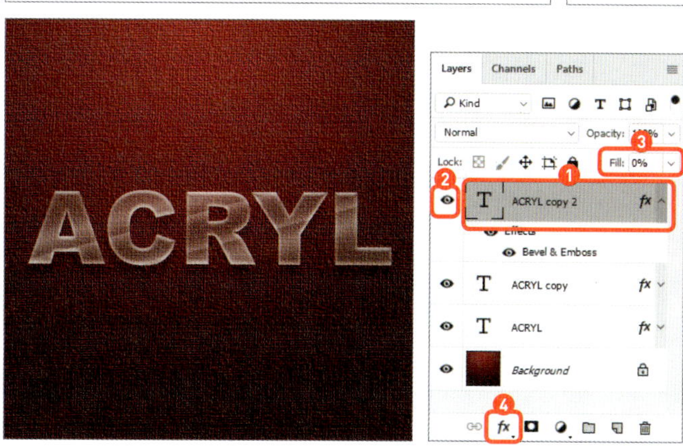

SECTION

02

아쿠아 손글씨 만들기

• **준비 파일 |** 없음 • **완성 파일 |** aqua.psd

레이어 스타일을 스타일로 등록하여 투명한 느낌이 나는 아쿠아 손글씨를 만들어 봅니다.

■ 완성 이미지

01 메뉴 바에서 [File]-[New]를 선택하고 옵션 창에서 Width와 Height를 각각 500Pixels로 설정한 다음 〈Create〉를 클릭해 새 문서를 만듭니다. 새 레이어 만들기 버튼( )을 클릭해 레이어를 추가하고 브러시 툴( )을 선택합니다. 옵션 바에서 Size를 20px, Hardness를 100%로 설정하고 전경색을 하늘색(#22D7F7)으로 지정한 다음 화면을 클릭하여 점 하나를 찍습니다.

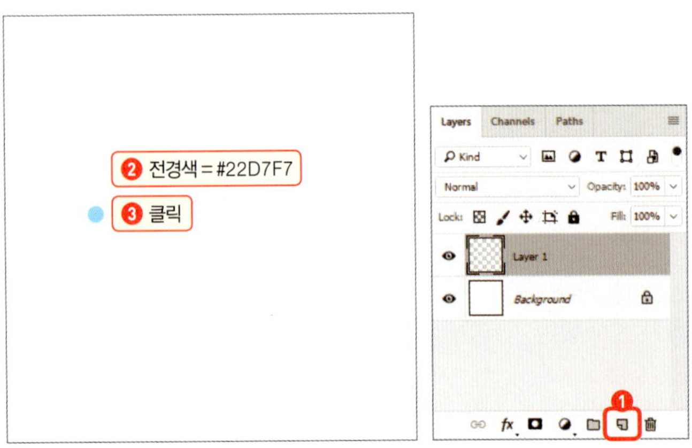

02 Layer 1이 선택된 상태에서 레이어 스타일 추가 버튼(fx)을 클릭하여 레이어 스타일을 다음과 같이 설정합니다. [Bevel & Emboss]의 Gloss Contour와 Shadow Mode의 색상은 꼭 변경해야 합니다.

Style: Inner Bevel, Technique: Smooth, Depth: 100%, Size: 10px, Soften: 7px, Angle: 100°(Check Use Global Light), Altitude: 30°, Gloss Contour: Cove–Deep, Highlight Mode: Screen(White), Opacity: 100%, Shadow Mode: Overlay(White), Opacity: 100%

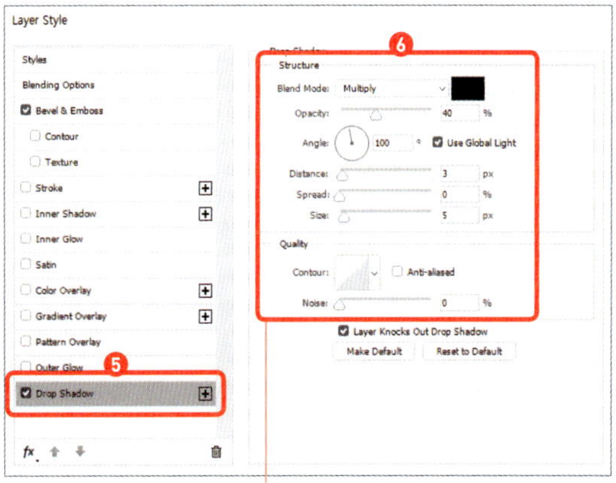

Blend Mode: Multiply(Black), Opacity: 40%, Angle: 100°(Check Use Global Light), Distance: 3px, Spread: 0%, Size: 5px

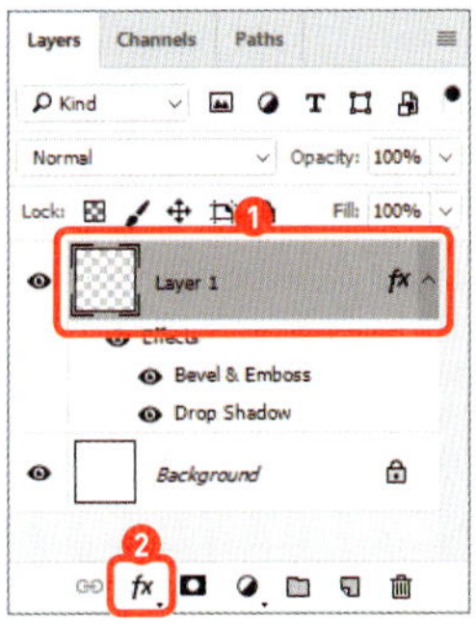

03 스타일 패널에서 새 스타일 버튼(□)을 클릭해 Layer 1의 레이어 스타일을 등록하고 레이어 패널에서 Layer 1을 삭제합니다.

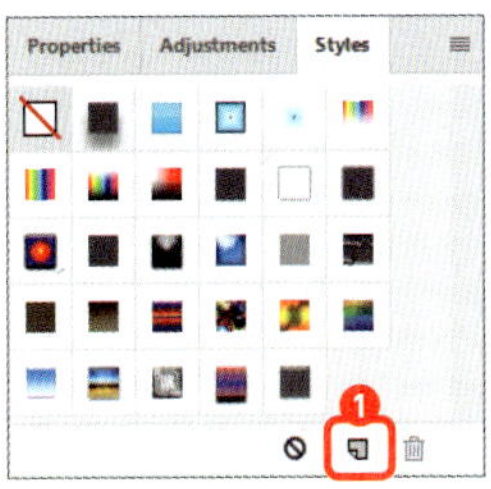

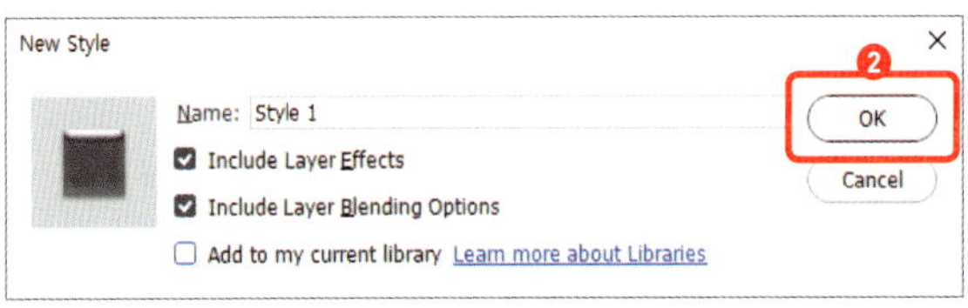

Tip 스타일 패널이 화면에 보이지 않는다면 메뉴 바의 [Window]–[Styles]를 클릭해 줍니다.

04 새 레이어 만들기 버튼(□)을 클릭해 레이어를 추가하고 브러시 툴(□)을 선택합니다. 옵션 바에서 Size를 15px, Hardness를 100%로 설정하고 전경색을 분홍색(#F592C6)으로 지정한 다음 원하는 글씨 모양으로 드래그합니다. 입력이 끝나면 앞에서 등록한 스타일 버튼을 클릭하여 적용합니다.

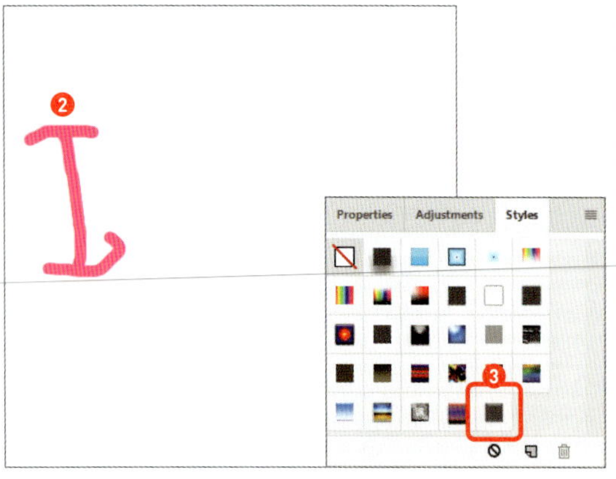

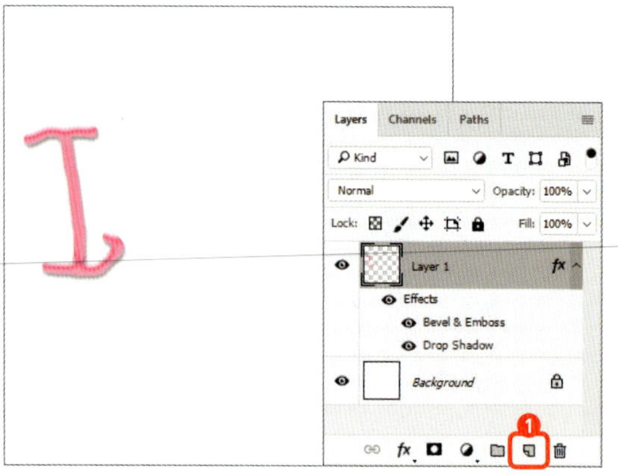

05 Layer 1의 레이어 스타일을 더블클릭하여 옵션 창을 열고 Stroke의 Color를 손글씨 색상보다 조금 진한 분홍색(#E902DC)으로 바꾸고 나머지 설정 값도 다음과 같이 변경합니다.

Size: 1px, Position: Outside, Opacity: 100%, Color: #E902DC

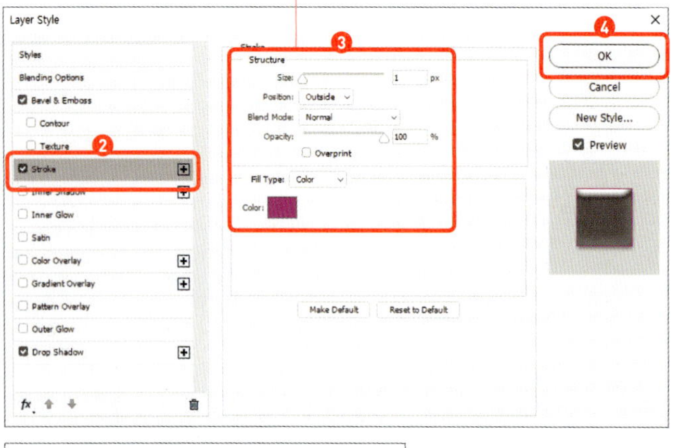

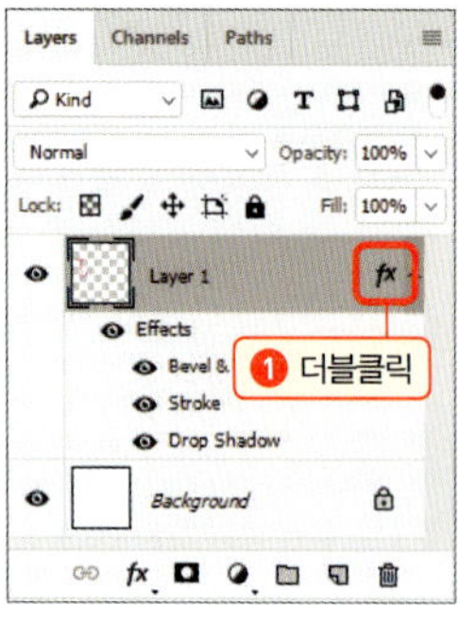

06 새 레이어 만들기 버튼( )을 클릭해 레이어를 추가하고 빨간색(#BD0E14)으로 손글씨를 쓴 다음 앞의 과정을 반복합니다. Stroke Color는 손글씨를 입력한 색보다 조금 짙은 색(#650101)으로 변경합니다.

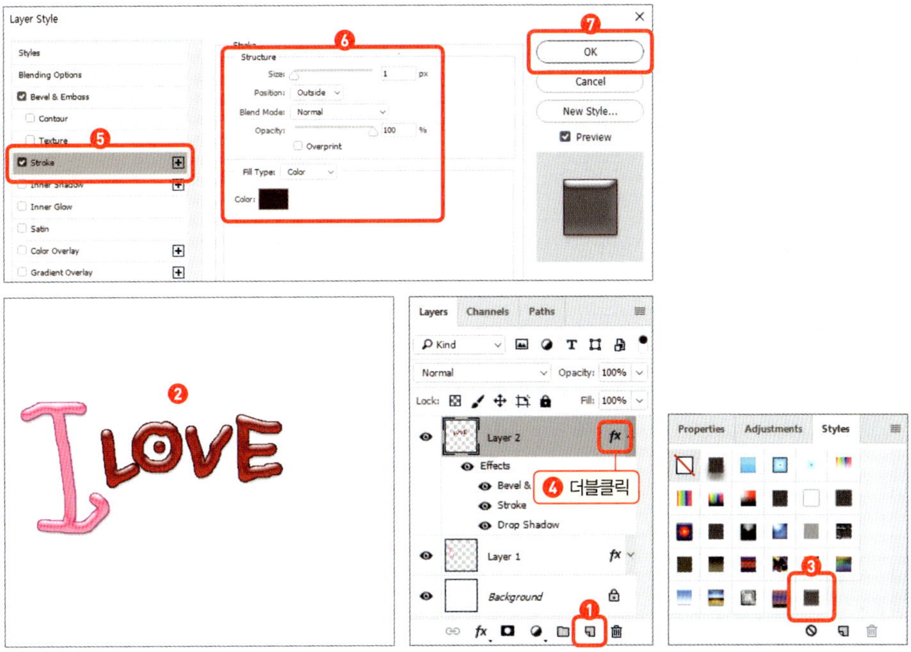

07 다시 새 레이어 만들기 버튼( )을 클릭해 레이어를 추가하고 주황색(#F6872D)으로 손글씨를 쓴 다음 앞의 과정을 반복합니다. Stroke Color는 손글씨를 입력한 색보다 조금 진한 색(#FF5A00)으로 변경합니다.

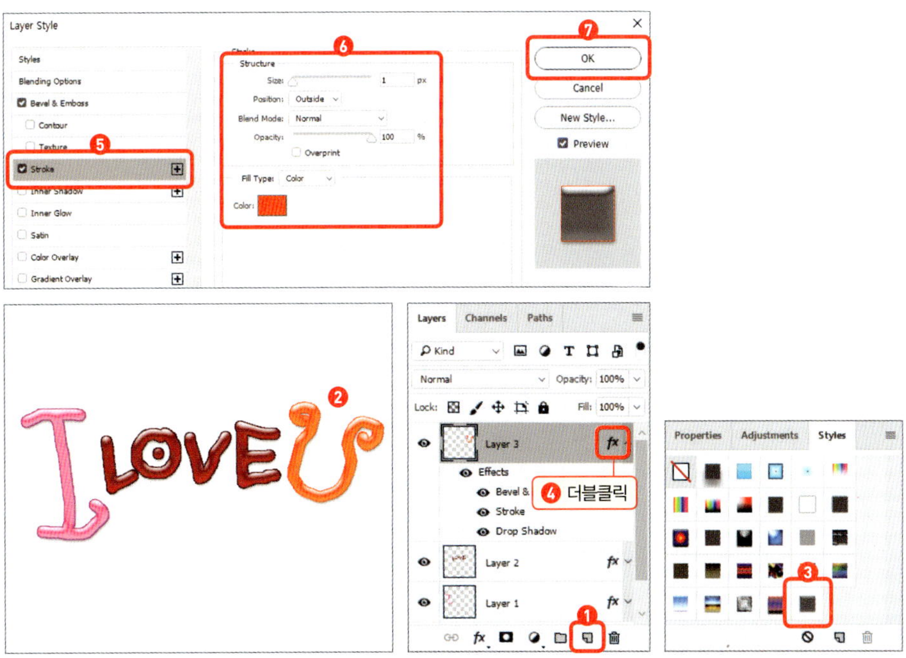

08 같은 방법으로 다양한 장식을 그려 넣어 아쿠아 손글씨를 완성합니다

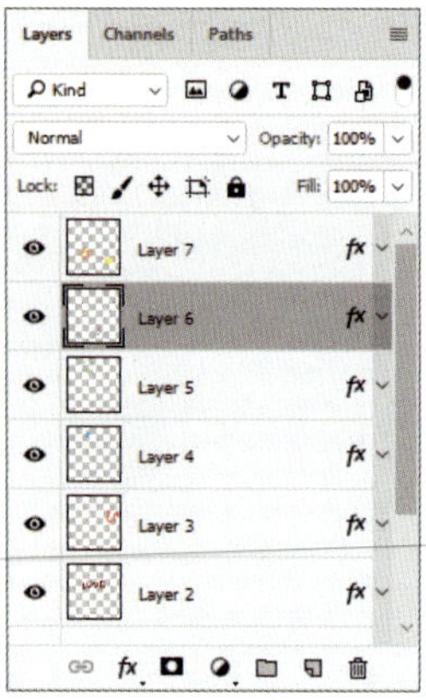

SECTION

03 투명 문자 만들기

• **준비 파일 |** bread.psd • **완성 파일 |** bread_result.psd

레이어 스타일을 이용하여 배경이 투영되어 보이는 투명 문자를 만들어 봅니다. 입력하는 문자의 폰트나 크기에 따라 옵션 값을 조금씩 바꿔서 사용합니다.

■ 완성 이미지

01 Chapter_12 ▸ Section_03 폴더에서 bread.psd 파일을 불러옵니다.

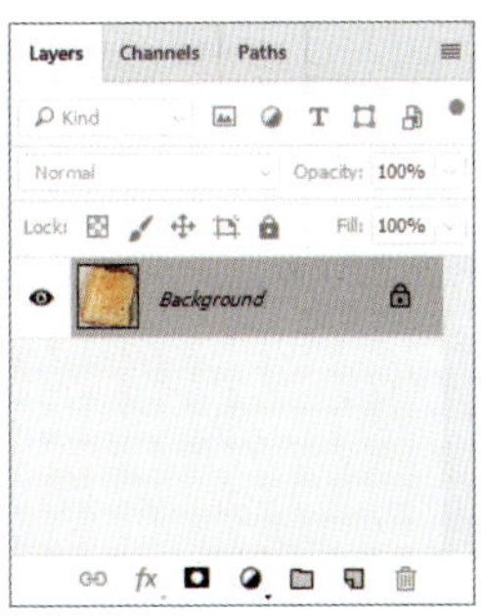

02 텍스트 툴([T])을 선택하여 흰색으로 원하는 문자를 입력합니다. 이때 폰트는 손글씨처럼 가장자리가 부드러운 것으로 고릅니다.

03 [Edit]-[Transform]-[Skew]를 선택하여 텍스트 방향을 토스트와 동일한 방향으로 지정합니다.

04 텍스트 레이어의 이름을 마우스 오른쪽 버튼으로 클릭하고 [Rasterize Type]을 선택합니다. 전경색을 흰색으로 설정하고 브러시 툴([브러시])을 선택한 다음 문자의 각진 부분을 둥글게 만들고 자연스럽게 흘러내리는 느낌도 추가합니다.

05 Ctrl+J를 눌러 레이어를 복제하고 복제한 레이어는 눈 아이콘(👁)을 클릭하여 감춥니다. Honey 레이어의 Fill 옵션을 0%로 설정합니다.

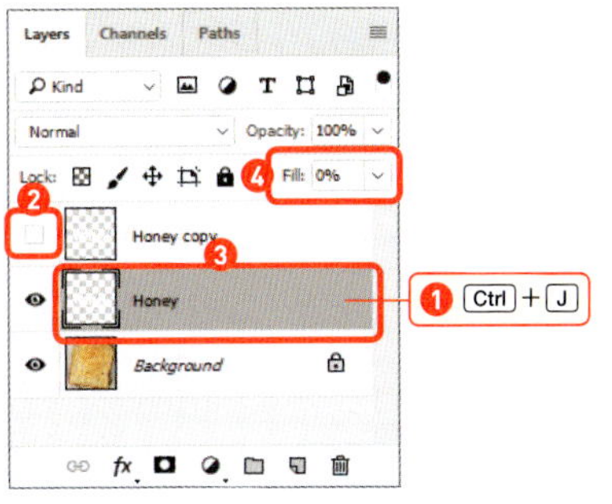

06 Honey 레이어가 선택된 상태에서 레이어 스타일 추가 버튼(fx)을 클릭하여 레이어 스타일을 다음과 같이 설정합니다.

Style: Inner Bevel, Technique: Smooth, Depth: 1000%, Size: 5px, Soften: 2px, Angle: 0°(Uncheck Use Global Light), Altitude: 26°, Gloss Contour: Cone(Check Anti-aliased), Highlight Mode: Color Dodge(White), Opacity: 4%, Shadow Mode: Linear Burn(#411700), Opacity: 15%

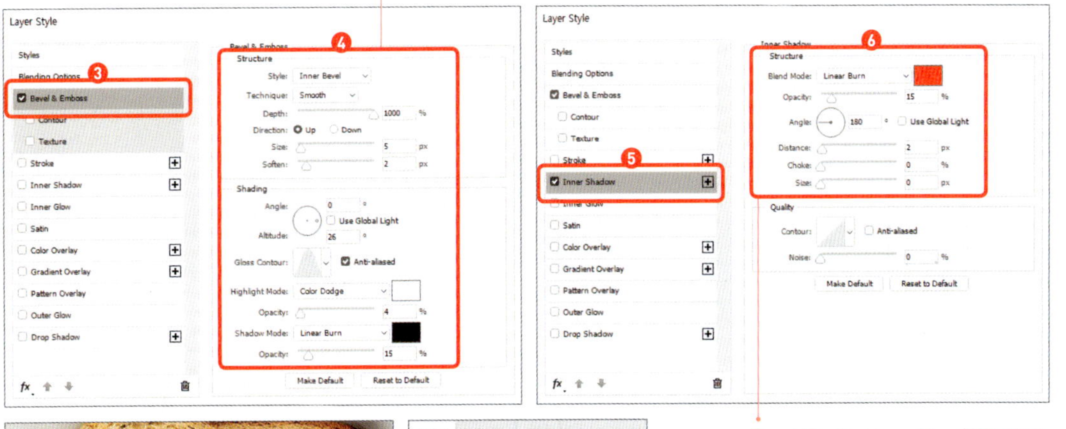

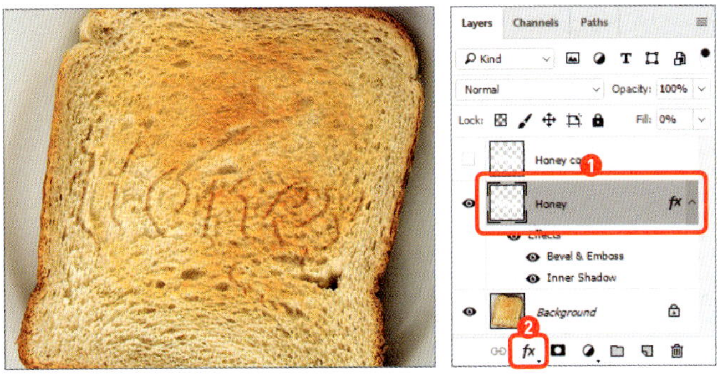

Blend Mode: Linear Burn(#FF4200), Opacity: 15%, Angle: 180°(Uncheck Use Global Light), Distance: 2px, Choke: 0%, Size: 0px

07 Honey copy 레이어를 선택하고 눈 아이콘(👁)을 클릭하여 보이게 한 후 Fill 옵션을 0%로 설정하고 레이어 스타일 추가 버튼(fx)을 클릭하여 레이어 스타일을 다음과 같이 설정합니다.

Style: Inner Bevel, Technique: Smooth, Depth: 300%, Size: 10px, Soften: 0px, Angle: 0°
(Uncheck Use Global Light), Altitude: 40°, Gloss Contour: Linear(Check Anti-aliased),
Highlight Mode: Linear Dodge(Add)(White), Opacity: 20%,
Shadow Mode: Linear Burn(#FFC587), Opacity: 5%

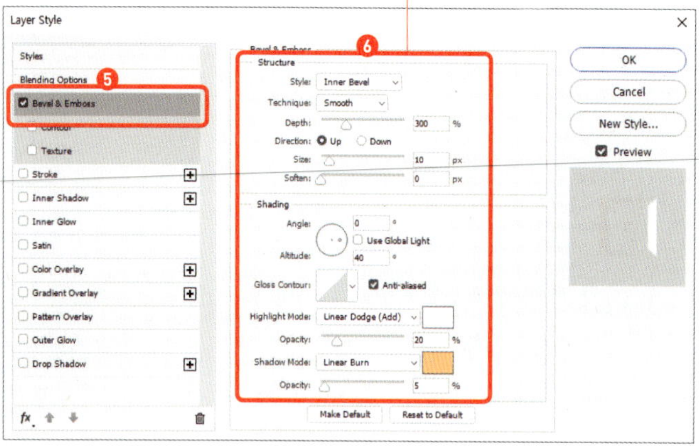

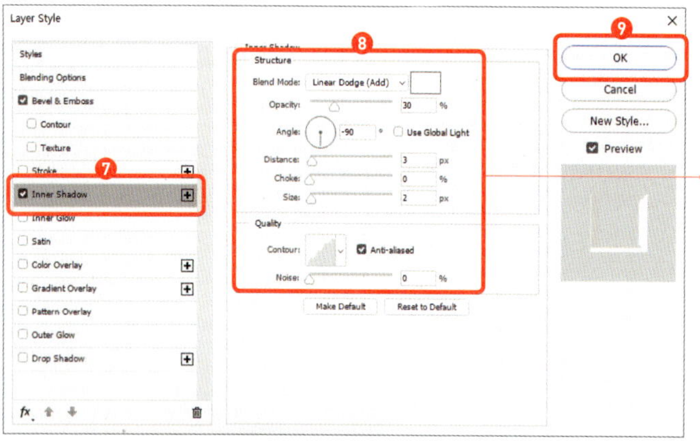

Blend Mode: Linear Dodge(Add)(White),
Opacity: 30%, Angle: −90°(Uncheck Use Global Light), Distance: 3px, Choke: 0%, Size: 2px,
Contour: Rounded Steps(Check Anti-aliased),
Noise: 0%

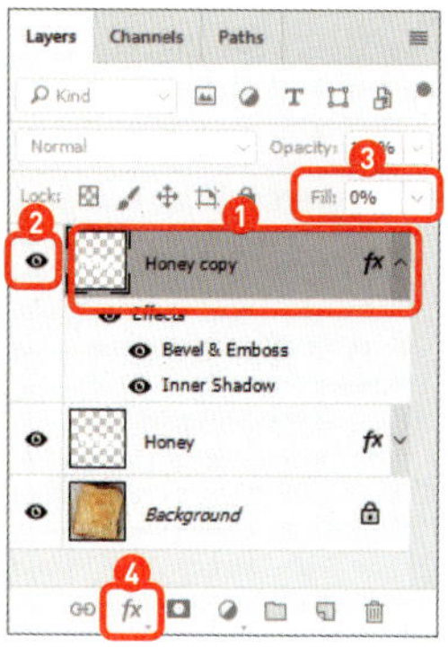

08 계속해서 [Drop Shadow]를 선택하고 레이어 스타일을 다음과 같이 설정하여 입체감을 살리면 투명 문자가 완성됩니다.

Blend Mode: Multiply(#492600), Opacity: 70%, Angle: 0°(Uncheck Use Global Light), Distance: 1px, Spread: 0%, Size: 3px, Noise: 0%

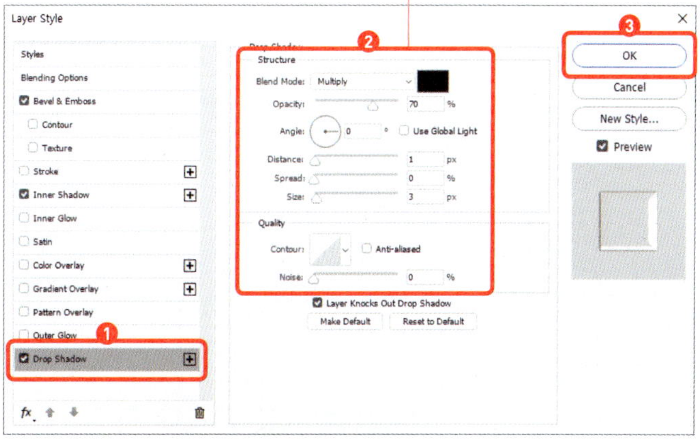

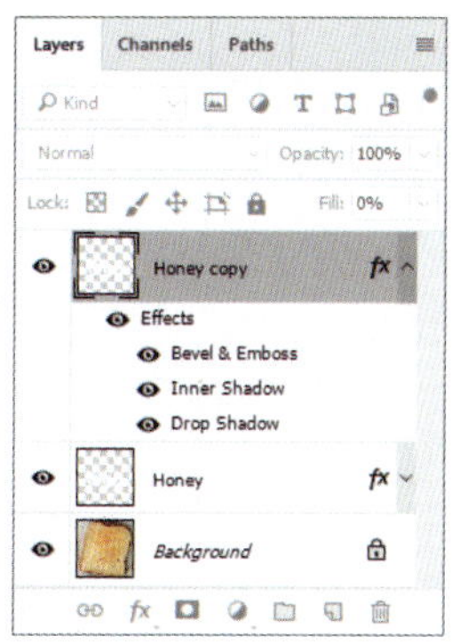

CHAPTER

13

특수 효과 디자인

포토샵의 기본 기능을 익힌 다음에는 '포토샵의 여러 기능을 사용할 수 있다'라는 관점보다 '작품 하나를 만들 수 있다'라는 관점으로 연습해 보는 것이 응용력을 기르는 데 도움이 됩니다. 이번 장에서는 포토샵의 여러 기능을 종합적으로 사용하여 환상적이고 몽환적인 이미지를 만들어 봅니다. 반복 작업을 스타일 패널에 저장해 두고 사용하는 방법도 배워 봅니다.

01 ⁄ 먼지로 변하면서 날리는 효과 만들기

02 ⁄ 반짝이는 별빛 효과 만들기

03 ⁄ 깔끔한 커튼 스타일 배경 만들기

04 ⁄ 수채화 효과 만들기

SECTION 01

먼지로 변하면서 날리는 효과 만들기

• **준비 파일** | dust.psd • **완성 파일** | dust_result.psd

레이어 마스크와 브러시 기능을 이용하여 인물이 먼지로 변하면서 날리는 듯한 이미지를 만들어 봅니다.

■ 준비 이미지

■ 완성 이미지

01 Chapter_13 ▸ Section_01 ▸ dust.psd 파일을 불러온 다음 Ctrl+J를 눌러 레이어를 복제합니다. Layer 1의 눈 아이콘(👁)을 클릭하여 이미지를 감춥니다. Background 레이어를 클릭하여 선택하고 올가미 툴(◯)로 다음과 같이 인물과 인물을 둘러싼 배경을 선택 영역으로 지정합니다. 메뉴 바에서 [Edit]–[Fill]을 선택하고 옵션 창에서 Contents를 Content–Aware로 설정하고 〈OK〉를 클릭합니다.

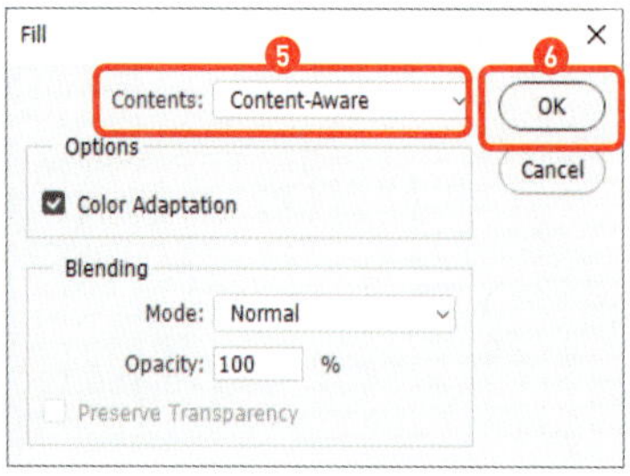

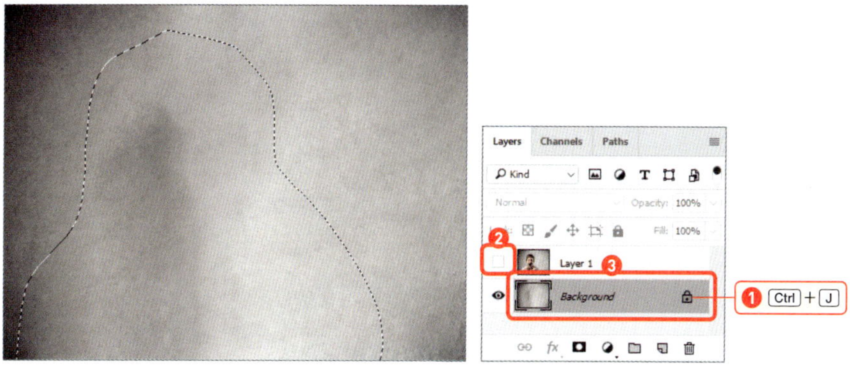

02 Layer 1의 눈 아이콘( )을 클릭하여 이미지를 다시 보이게 만듭니다. Ctrl+D를 눌러 선택 영역을 해제합니다. 퀵 셀렉션 툴( )로 사람을 선택하고 옵션 바에서 〈Select and Mask〉를 클릭한 다음 Refine Edge Brush 툴( )로 머리카락까지 자연스럽게 선택하고 〈OK〉를 클릭합니다.

03 레이어 패널의 레이어 마스크 버튼( )을 클릭해 선택 영역을 마스크 영역으로 만들고 Ctrl+J를 두 번 눌러 레이어를 두 번 복제합니다.

04 복제된 두 레이어의 마스크 레이어 부분을 마우스 오른쪽 버튼으로 클릭하여 [Apply Layer Mask]를 선택합니다.

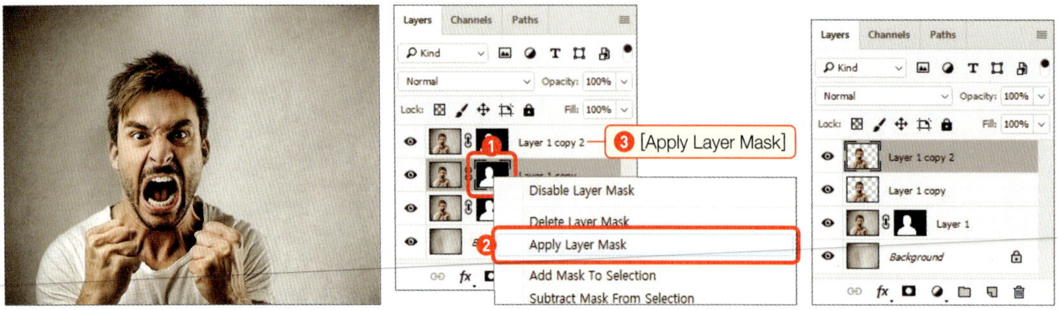

05 Layer 1과 Layer 1 copy 2 레이어의 눈 아이콘( )을 클릭하여 이미지를 감춘 다음 Layer 1 copy 레이어를 클릭하여 선택합니다.

06 [Filter]–[Liquify]를 선택하고 Forward Warp 툴( )을 선택합니다. 옵션 창에서 브러시 Size를 50으로 설정하고 다음과 같이 사람 외곽을 드래그합니다.

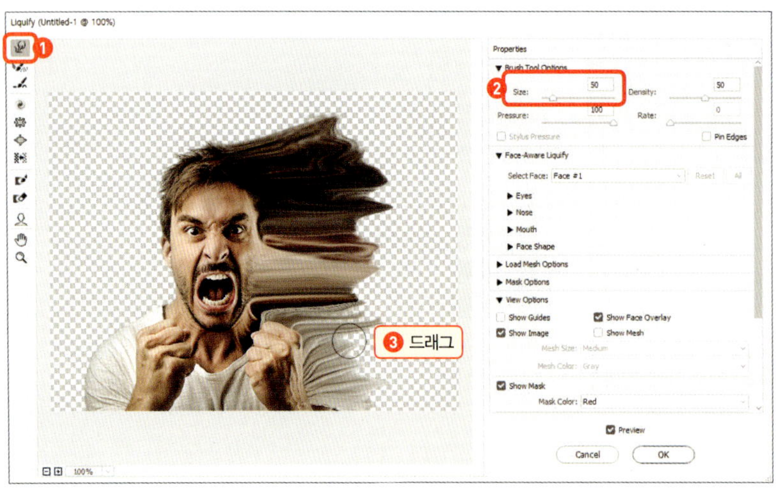

07 어느 정도 왜곡이 되었으면 브러시 Size를 100으로 설정하여 오른쪽 끝까지 왜곡된 이미지로 채워지도록 드래그하고 〈OK〉를 클릭합니다.

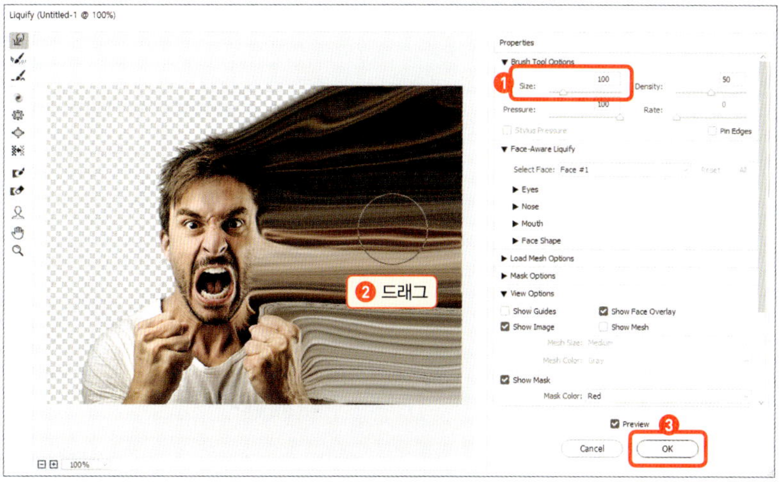

08 Layer 1 copy 레이어를 클릭하여 선택하고 Alt 를 누른 채로 레이어 마스크 버튼(◘)을 클릭하면 검은색으로 채워진 마스크 레이어 영역이 만들어집니다. 이번에는 Layer 1 copy 2 레이어를 클릭하여 선택하고 레이어 마스크 버튼(◘)을 클릭해 마스크 레이어를 만듭니다. Layer 1 copy 2 레이어의 눈 아이콘(◉)을 클릭하여 이미지가 보이도록 합니다.

09 브러시 툴(✓)을 선택하고 옵션 바의 설정 버튼을 클릭하여 [Legacy Brushes]를 불러옵니다. 브러시 설정 패널을 열고 브러시 종류를 Size가 10px인 Square 브러시로 설정한 후 세부 옵션을 다음과 같이 설정합니다.

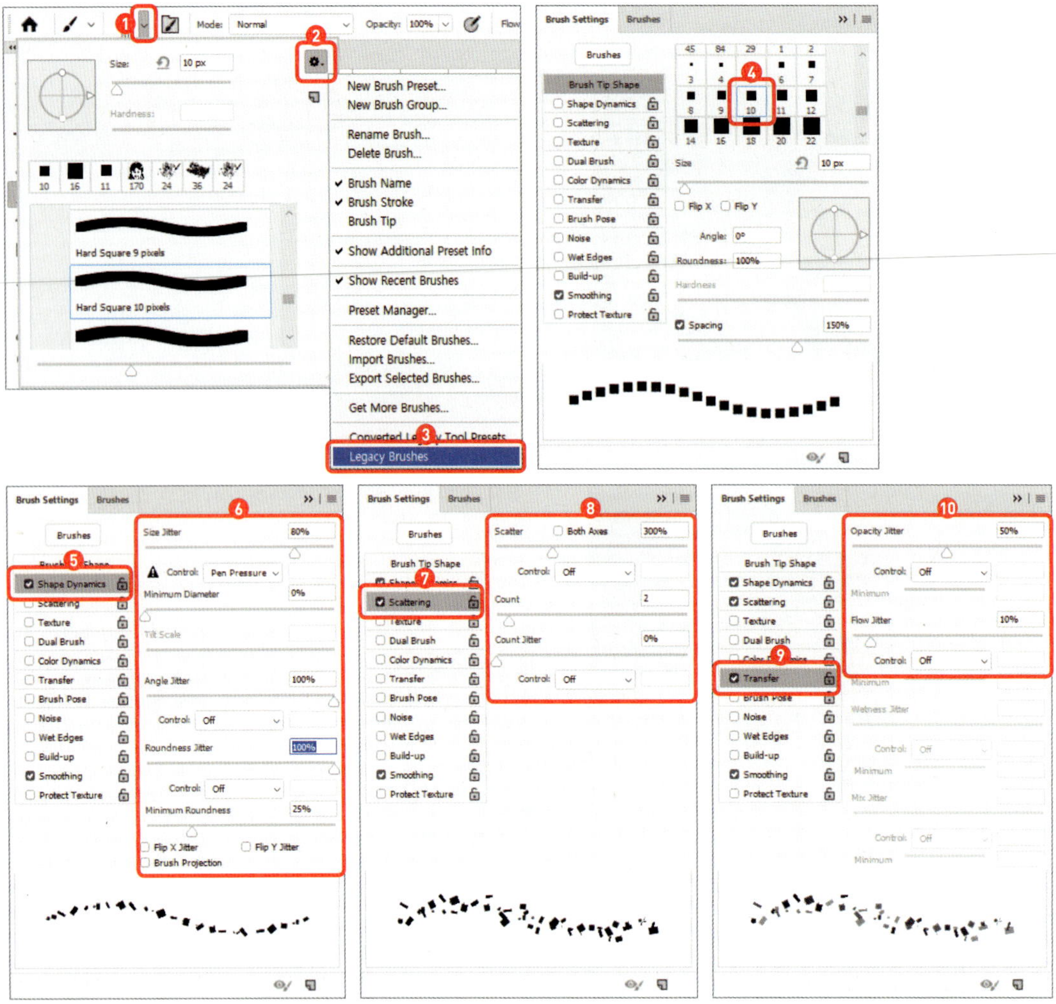

10 브러시 설정이 끝난 다음 옵션 바에서 브러시 Size를 3px로 설정합니다. 전경색을 검은색으로 설정하고 Layer 1 copy 2 레이어의 마스크 레이어를 클릭하여 선택한 다음 오른쪽 부분을 드래그합니다. 어느 정도 비워지면 브러시 Size를 5px로 설정하여 조금 더 외곽까지 드래그합니다.

11 다시 브러시 Size를 7px로 조절하여 오른쪽 경계 부분이 80% 정도 보이지 않도록 드래그합니다.

12 Layer 1 copy 레이어의 마스크 레이어를 선택하고 전경색을 흰색으로 설정한 후 브러시 Size를 7px로 유지한 채 먼지가 날리는 것처럼 오른쪽 방향으로 드래그합니다.

13 이번에는 브러시 Size를 10px로 설정한 다음 오른쪽으로 조금 더 이동하여 드래그합니다. 마지막으로 브러시 Size를 15px로 설정하여 오른쪽 상단을 가볍게 드래그하여 먼지가 날리는 이펙트를 완성합니다.

SECTION 02

반짝이는 별빛 효과 만들기

• **준비 파일** | star.psd, Star_brush.abr • **완성 파일** | star_result.psd

펜 툴( )과 브러시 툴( )을 사용해 환상적인 별빛 효과로 오브젝트를 강조해 봅니다.

■ 준비 이미지

■ 완성 이미지

01 Chapter_13 ▸ Section_02 ▸ star.psd 파일을 불러옵니다. 올가미 툴( )로 사람만 선택한 후 Ctrl+J 를 두 번 눌러 복제합니다.

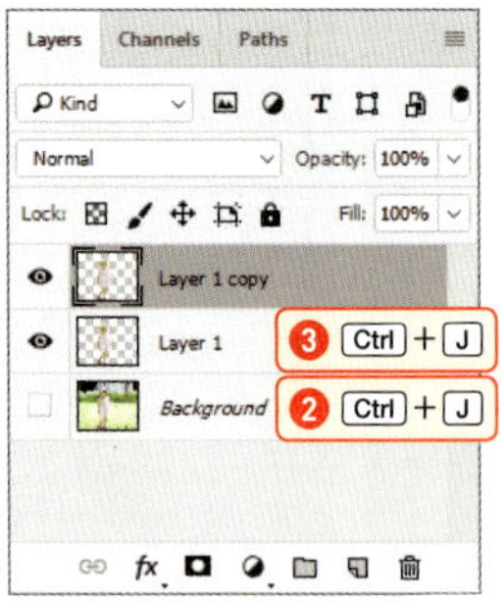

02 Layer 1 copy 레이어를 보이지 않게 한 후 Layer 1을 선택하고 Ctrl 을 누른 채 섬네일을 클릭하여 사람을 선택 영역으로 만듭니다. 전경색을 흰색으로 설정하고 Alt + Delete 를 눌러 선택 영역을 채웁니다.

03 Ctrl + D 를 눌러 선택 영역을 해제합니다. 스머지 툴( )을 선택하고 옵션 바의 설정 버튼을 클릭하여 [Legacy Brushes]를 불러온 후 Thick Heavy Brushes의 Rounded Bristle 브러시를 선택합니다. 브러시 설정 패널을 열고 Size를 40px, Spacing을 50%로 조절한 후 사람의 가장자리 바깥 영역으로 질감이 살아나도록 드래그합니다.

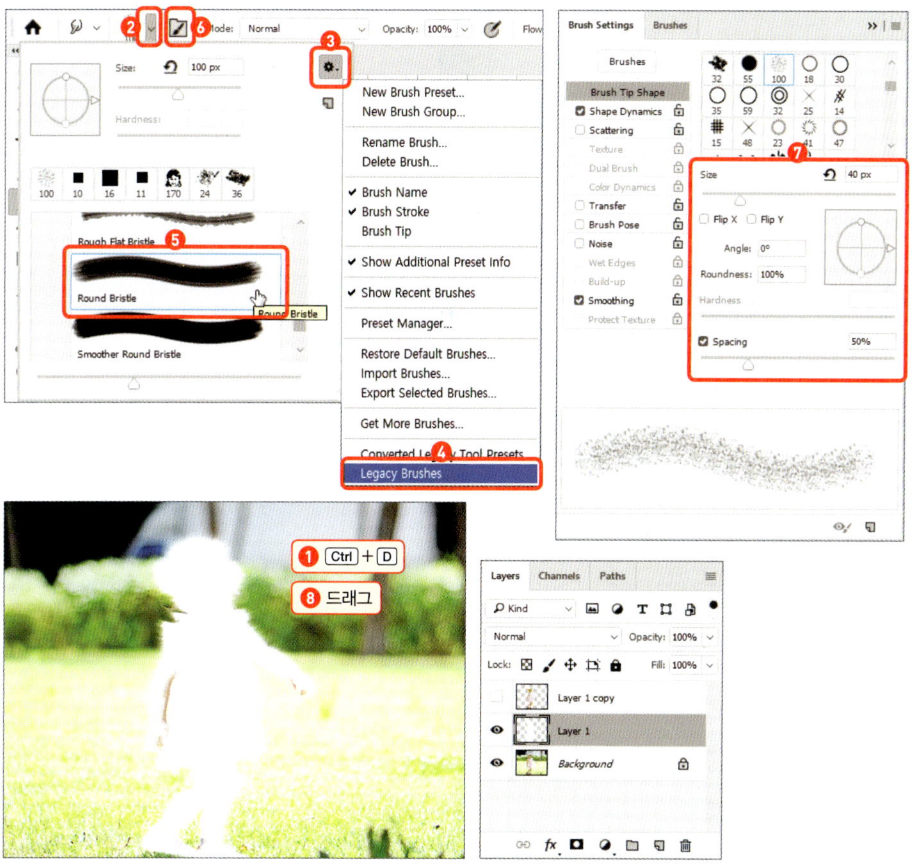

04 Layer 1 copy 레이어를 보이도록 한 후 스머지 툴( )로 가장자리를 조금 더 드래그합니다.

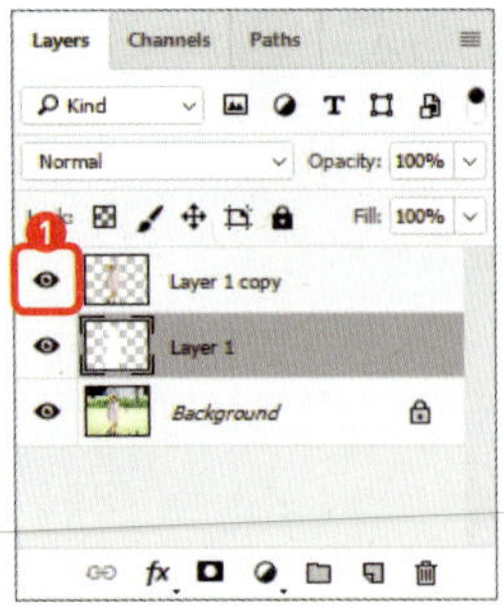

05 Layer 1에서 레이어 스타일 추가 버튼( )을 클릭하여 [Outer Glow]를 다음과 같이 적용해 가장자리가 빛나도록 합니다.

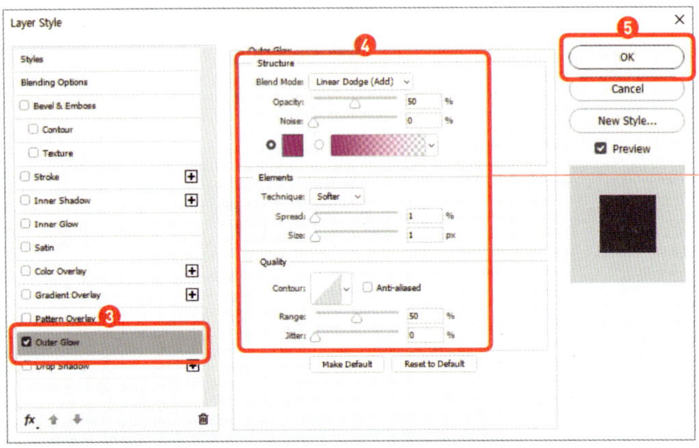

Blend Mode: Linear Dodge(Add), Opacity: 50%, Color: #FF00F6, Element Spread: 1%, Size: 1px, Quality Range: 50%

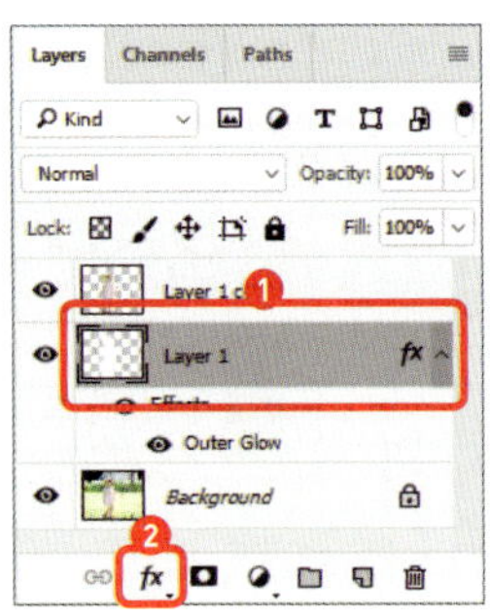

06 새 레이어 만들기 버튼( )을 클릭하여 Layer 2를 만들고 레이어 패널 맨 위에 배치합니다. 펜 툴( )을 선택하고 옵션 바에서 Path로 설정한 후 다음과 같이 각 앵커 포인트마다 드래그하여 곡선을 만듭니다.

07 전경색을 흰색으로 설정합니다. 브러시 툴( )을 선택하고 옵션 바에서 설정 버튼을 클릭한 후 [Import Brushes]를 선택합니다. Load 창이 뜨면 Chapter_13 ▸ Section_02 ▸ Star_brush.abr 파일을 선택하고 〈Load〉를 클릭한 후 Star_brush 브러시를 선택합니다. 브러시 설정 패널을 열어 방금 불러온 Star_brush의 Size를 50px, Spacing을 100%로 설정합니다.

08 패스 패널의 Work Path 이름 부분을 마우스 오른쪽 버튼으로 클릭하여 [Stroke Path]를 선택합니다. 옵션 창이 열리면 Brush를 선택하고 〈OK〉를 클릭합니다. 레이어 패널로 돌아가면 패스를 따라 방금 지정한 브러시가 적용된 것을 확인할 수 있습니다.

09 새 레이어 만들기 버튼(◻)을 클릭하여 Layer 3을 만듭니다. 브러시 툴(🖌)을 선택하고 옵션 바에서 Soft Round 브러시의 Size를 5px, Hardness를 30%로 설정합니다. 패스 패널의 Work Path를 마우스 오른쪽 버튼으로 클릭하여 [Stroke Path]를 선택합니다. 옵션 창이 열리면 Brush를 선택하고 〈OK〉를 클릭합니다.

10 패스 선택 툴()로 패스를 왼쪽 위로 조금 이동시킨 후 브러시 툴()을 선택하고 Size를 3px로 설정합니다. 다시 패스 패널의 Work Path를 마우스 오른쪽 버튼으로 클릭하여 [Stroke Path]를 적용합니다. 패스 패널에서 Work Path는 휴지통()을 클릭하여 삭제합니다.

11 레이어 패널에서 Ctrl을 누른 채 Layer 1 copy 레이어의 섬네일을 클릭하여 선택 영역을 만듭니다. 지우개 툴()로 Layer 2와 Layer 3의 일부 영역을 그림과 같이 지워 선이 사람을 감싸고 있는 형태로 만듭니다.

12 Ctrl+D를 눌러 선택 영역을 해제합니다. 새 레이어 만들기 버튼( )을 클릭하여 Layer 4를 만듭니다. 브러시 툴( )의 옵션 바에서 Star_brush를 선택하고 브러시 설정 패널에서 Size를 100px, Spacing을 100%로 지정한 후 곡선이 꺾이는 지점을 조금씩 드래그하여 별빛이 퍼져 나가는 것처럼 만듭니다.

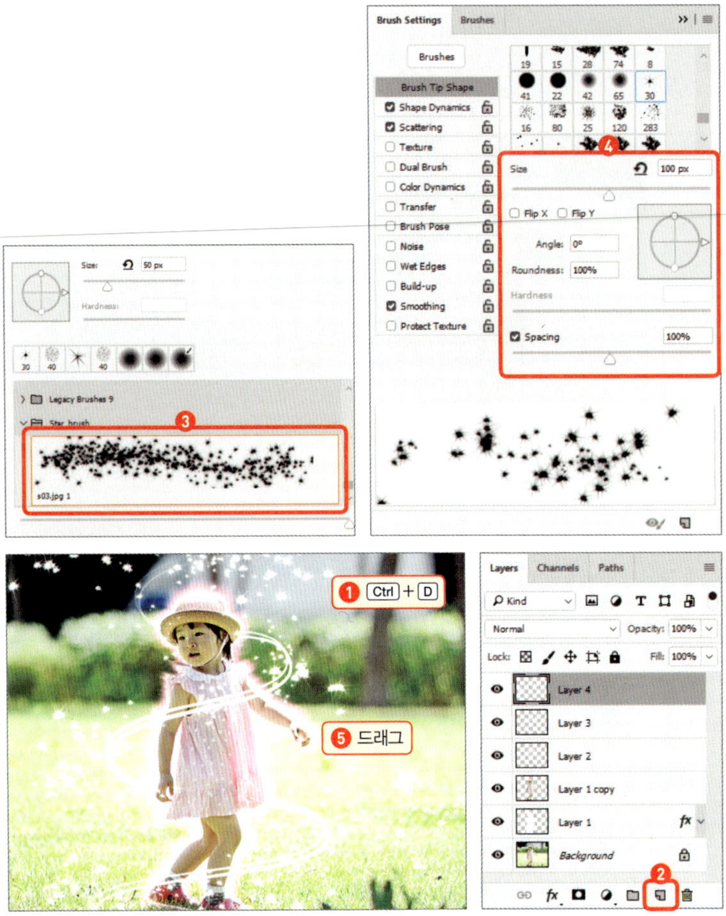

13 Layer 1의 레이어 스타일(fx)을 Alt를 누른 채 Layer 4로 드래그하여 레이어 스타일을 복제합니다.

14 Background 레이어를 선택하고 메뉴 바에서 [Image]–[Adjustments]–[Hue/Saturation]을 선택하여 Saturation을 10, Lightness를 -10으로 설정하여 배경을 조금 어둡게 만들어 인물을 강조해 이미지를 완성합니다.

SECTION 03

깔끔한 커튼 스타일 배경 만들기

• **준비 파일 |** bridal.psd • **완성 파일 |** bridal_result.psd

필터와 레이어 블랜딩 모드를 이용해 커튼 스타일의 배경을 만들어 봅니다.

■ 준비 이미지

■ 완성 이미지

01 메뉴 바에서 [File]-[New]를 선택하고 옵션 창에서 Width와 Height를 각각 500Pixels로 입력하고 〈Create〉를 클릭해 새 문서를 만듭니다. 전경색과 배경색을 검은색과 흰색으로 설정하고 [Filter]-[Render]-[Clouds] 메뉴를 선택합니다.

02 메뉴 바에서 [Filter]-[Pixelate]-[Mezzotint]를 선택하여 Long Strokes 옵션으로 설정하고 〈OK〉를 클릭합니다.

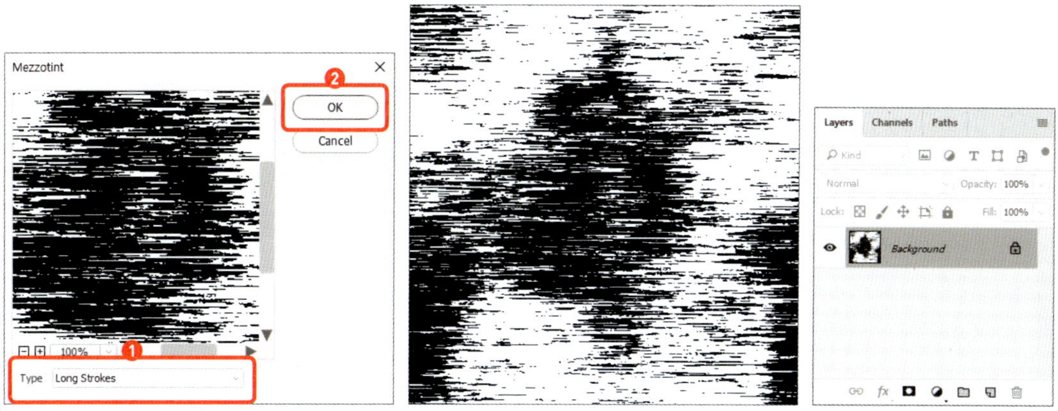

03 메뉴 바에서 [Filter]–[Blur]–[Motion Blur]를 선택하고 Angle을 90°, Distance를 800Pixels로 설정한 후 〈OK〉를 클릭합니다.

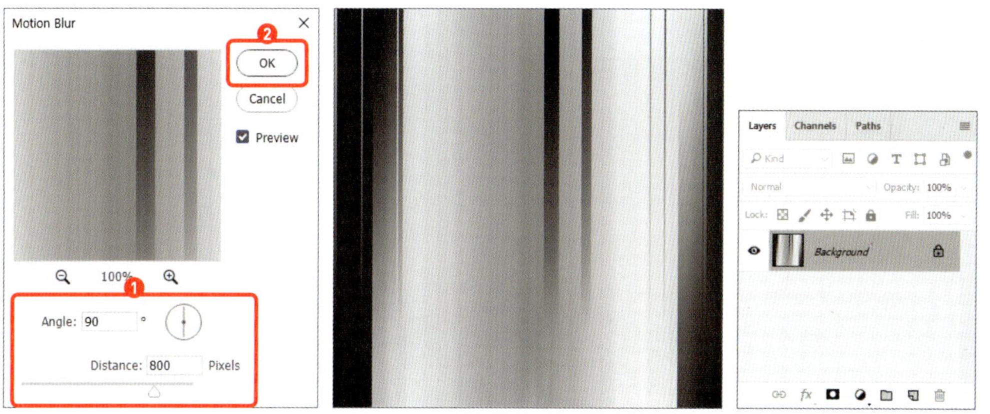

04 그레이디언트 툴(◨)을 선택하고 옵션 바에서 그레이디언트 편집 창을 열어 Gradient Type를 Noise로 설정한 후 〈Randomize〉를 계속 클릭하여 원하는 색상이 나오면 〈OK〉를 클릭합니다. 새 레이어 만들기 버튼(⊞)을 클릭하여 Layer 1을 추가하고 선형 그레이디언트를 왼쪽에서 오른쪽으로 드래그합니다.

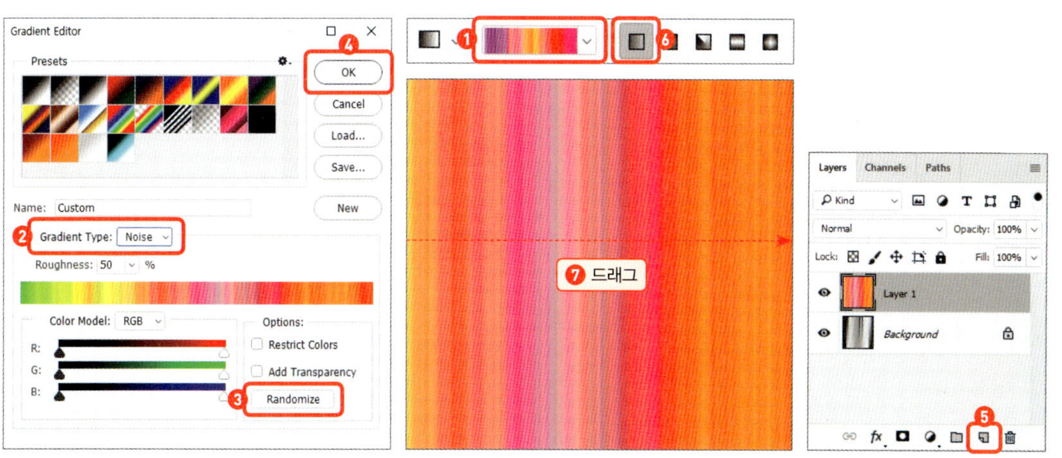

05 Layer 1의 레이어 블랜딩 모드를 Linear Burn으로 설정합니다.

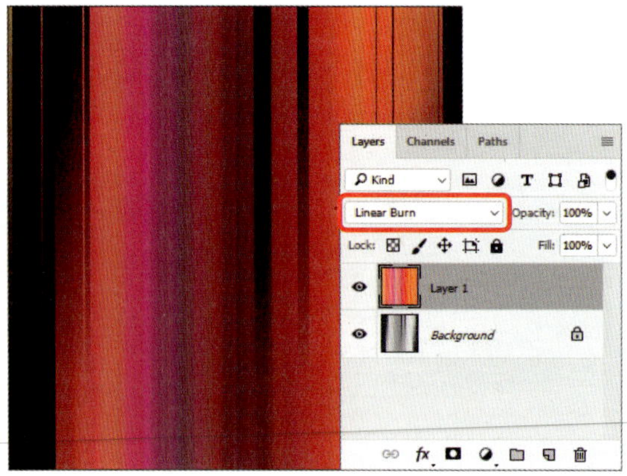

06 Background 레이어를 선택하고 메뉴 바에서 [Image]–[Adjustments]–[Brightness/Contrast]를 선택한 후 Brightness를 150, Contrast를 60으로 설정하여 색상이 환해지도록 합니다. Layer 1을 선택하고 Ctrl+E를 눌러 아래 레이어와 병합합니다.

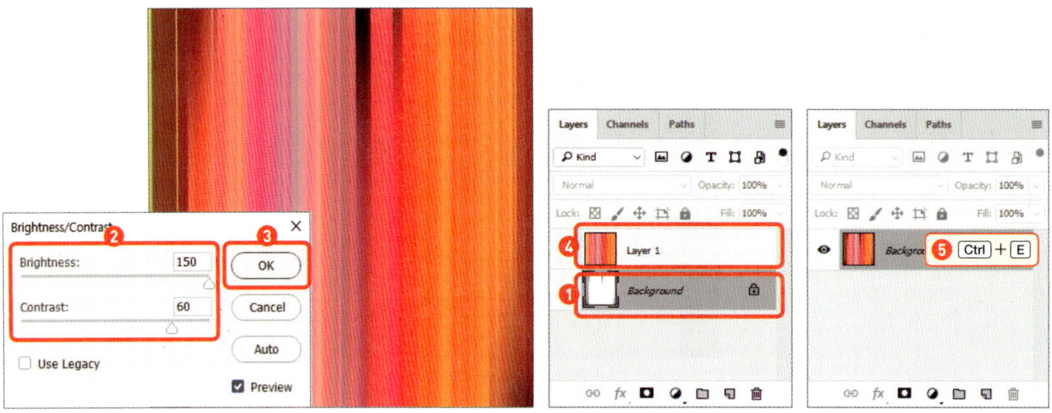

07 새 레이어 만들기 버튼(⊡)을 클릭하여 Layer 1을 추가하고 사각형 선택 툴(⬚)로 텍스트를 입력할 크기 정도의 영역을 드래그합니다. 전경색을 흰색으로 설정한 후 Alt+Delete를 눌러 선택 영역을 채우고 레이어의 Opacity를 40%로 줄입니다.

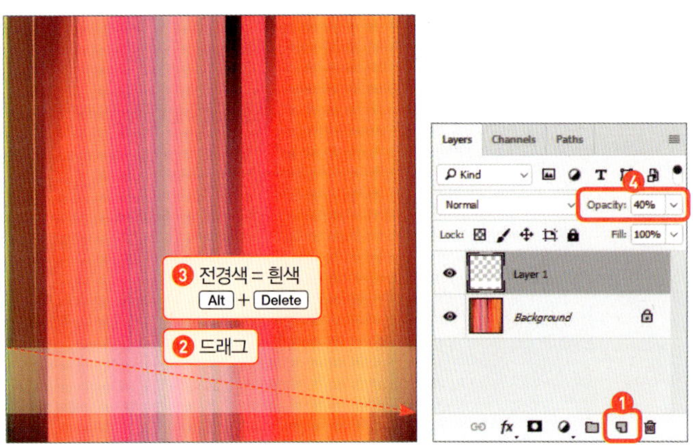

08 새 레이어 만들기 버튼(![new layer icon])을 클릭하여 Layer 2를 추가하고 연필 툴(![pencil icon])의 Size를 1px로 설정합니다. Shift 를 누른 채 사각형 위 아래로 가느다란 선을 그린 후 Ctrl + E 를 눌러 아래 레이어와 병합합니다.

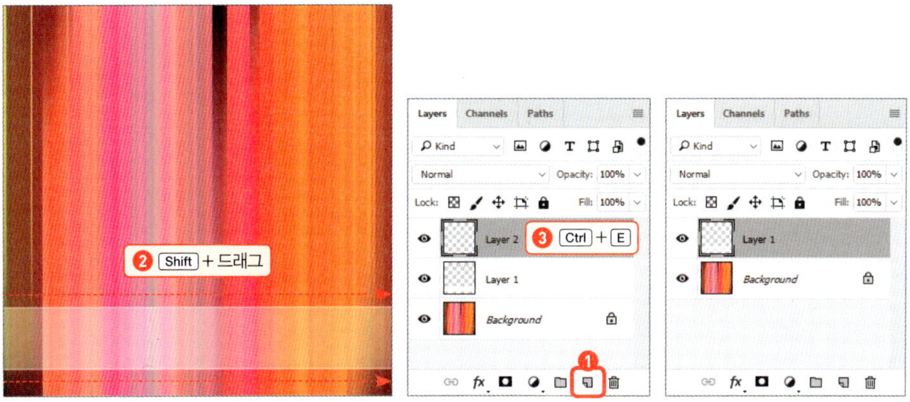

09 텍스트 툴(T)을 선택하고 사각형 영역에 'HAPPY BIRTHDAY'를 입력합니다.

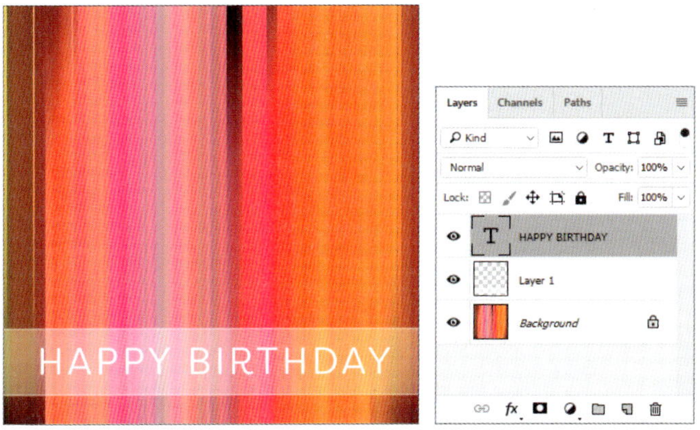

10 Chapter_13 ▸ Section_03 ▸ bridal.psd 파일을 불러온 후 Ctrl + C 를 누릅니다. 작업 중인 화면으로 돌아와 Ctrl + V 를 눌러 꽃을 붙여 넣고 Ctrl + T 를 눌러 바운딩 박스가 나타나면 크기를 줄입니다.

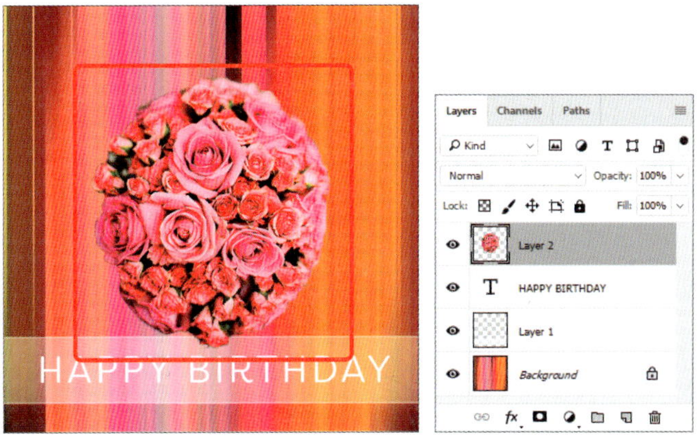

11 Layer 2에서 레이어 스타일 추가 버튼(fx)을 클릭하여 [Outer Glow]를 다음과 같이 적용하여 이미지를 완성합니다.

Blend Mode: Normal, Opacity: 80%, Noise: 0%, Color: #FFA7FD, Spread: 20%, Size: 30px, Range: 100%

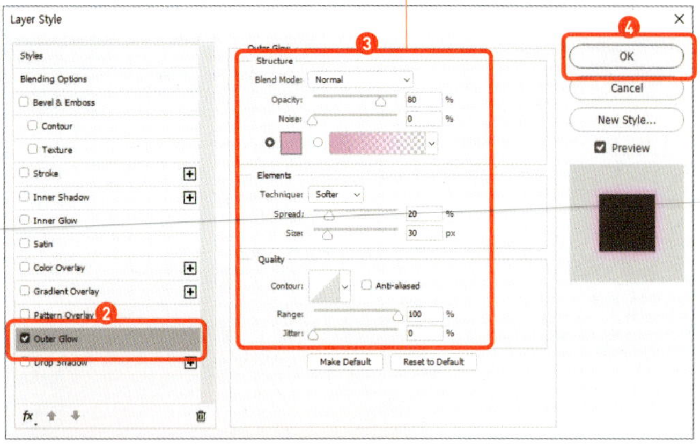

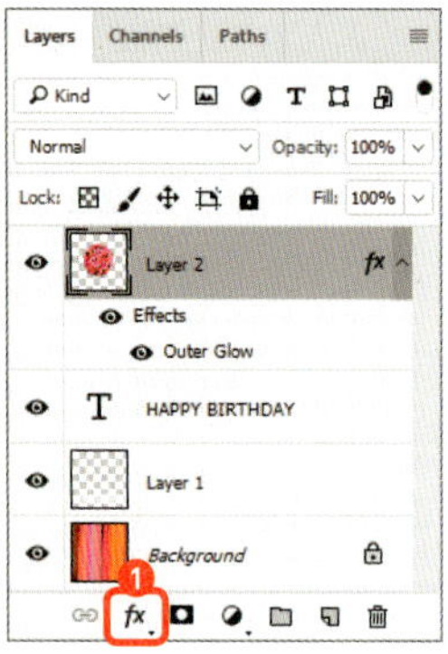

SECTION 04

수채화 효과 만들기

• **준비 파일 |** water.psd • **완성 파일 |** water_result.psd

필터와 브러시 기능을 이용하여 수채화 느낌이 나는 이미지를 만들어 봅니다.

■ 준비 이미지

■ 완성 이미지

01 Chapter_13 ▸ Section_04 ▸ water.psd 파일을 불러온 다음 [Image]–[Adjustments]–[Desaturate]를 선택하여 이미지를 흑백으로 바꿉니다.

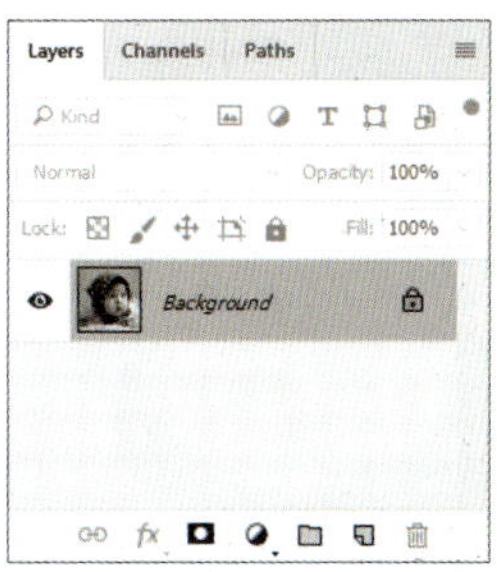

02 메뉴 바에서 [Image]-[Adjustments]-[Brightness/Contrast]를 선택하고 옵션 창에서 Contrast를 100으로 설정한 다음 〈OK〉를 클릭합니다. 이 과정을 한 번 더 반복합니다.

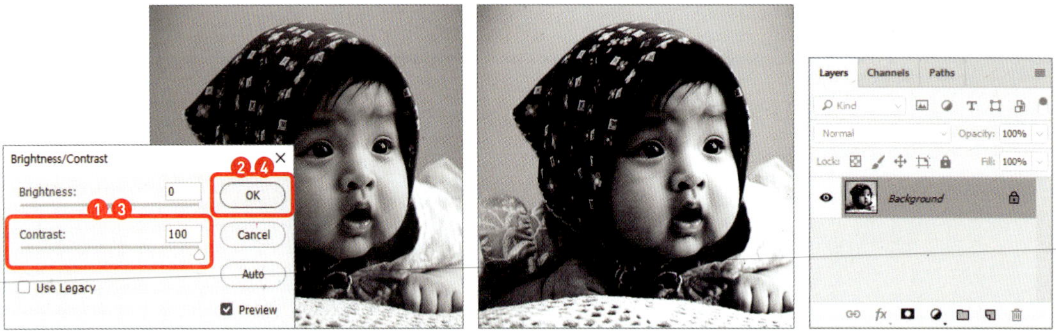

03 [Image]-[Adjustments]-[Threshold]를 선택하고 옵션 창에서 Threshold Level을 75로 설정한 다음 〈OK〉를 클릭합니다.

04 채널 패널에서 Ctrl을 누른 채로 RGB 채널의 섬네일을 클릭하여 선택 영역으로 지정한 다음 레이어 패널로 돌아옵니다.

05 Ctrl+Shift+I를 누르거나 [Select]–[Inverse]를 선택하여 선택 영역을 반전시키고 Ctrl+J를 눌러 검은색 부분만 새 레이어로 복제합니다.

06 Background 레이어를 클릭하여 선택하고 전체를 밝은 회색(#AFAFAF)으로 채웁니다.

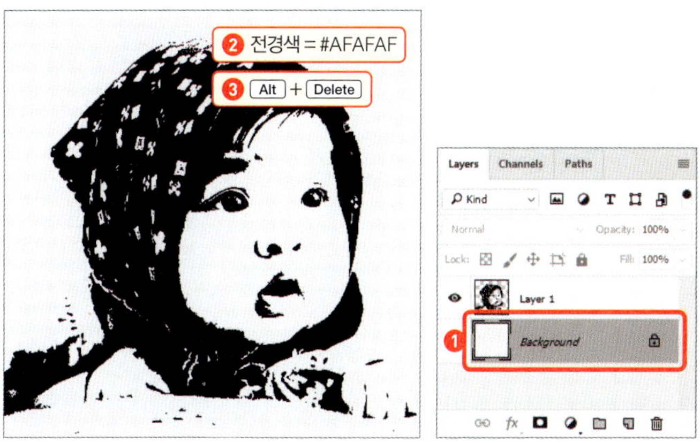

07 [Filter]–[Filter Gallery]를 선택하여 필터 갤러리를 실행합니다. 옵션 창에서 [Texture]–[Texturizer]를 선택하고 Texture를 Canvas, Scaling을 100%, Relief를 4, Light를 Bottom Left로 설정한 다음 〈OK〉를 클릭하여 캔버스 질감을 만듭니다.

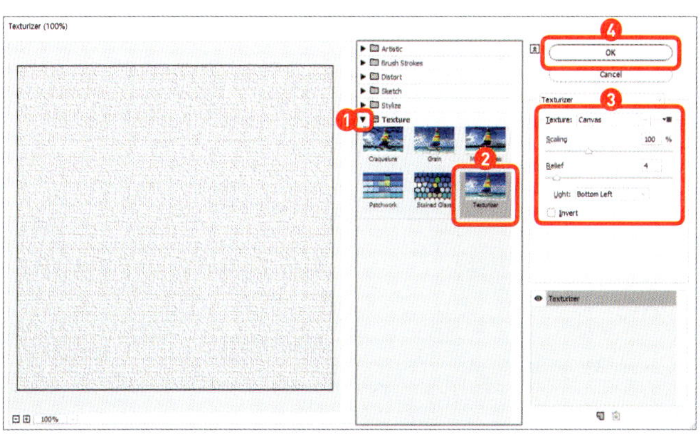

08 새 레이어 만들기 버튼(▣)을 클릭해 Layer 1 아래에 레이어를 추가합니다. 전경색과 배경색을 노란색(#FDD343)과 보라색(#C9148E)으로 설정하고 [Filter]-[Render]-[Clouds]를 선택하여 구름 필터를 적용합니다.

09 원하는 화려한 배경이 나올 때까지 [Filter]-[Render]-[Difference Clouds]를 선택하여 필터를 여러 번 실행합니다.

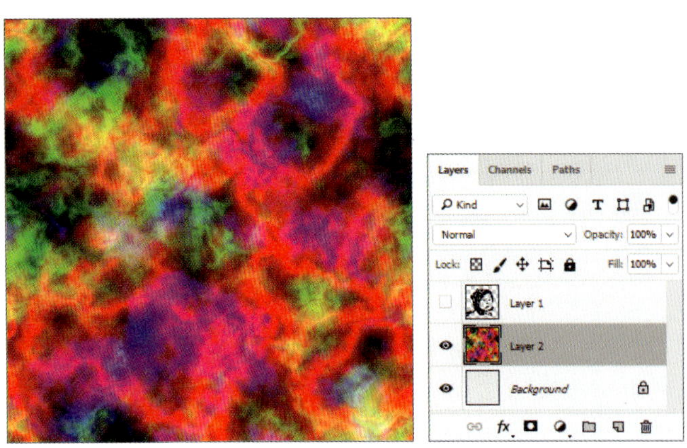

10 [Filter]–[Filter Gallery]를 선택하고 옵션 창에서 [Artistic]–[Watercolor]를 선택하여 다음과 같이 설정합니다. 이어서 옵션 창 아래에 있는 새 필터 만들기 버튼(⧉)을 클릭하여 [Artistic]–[Underpainting]을 추가합니다. 이때 [Watercolor]가 [Underpainting] 위에 있어야 합니다.

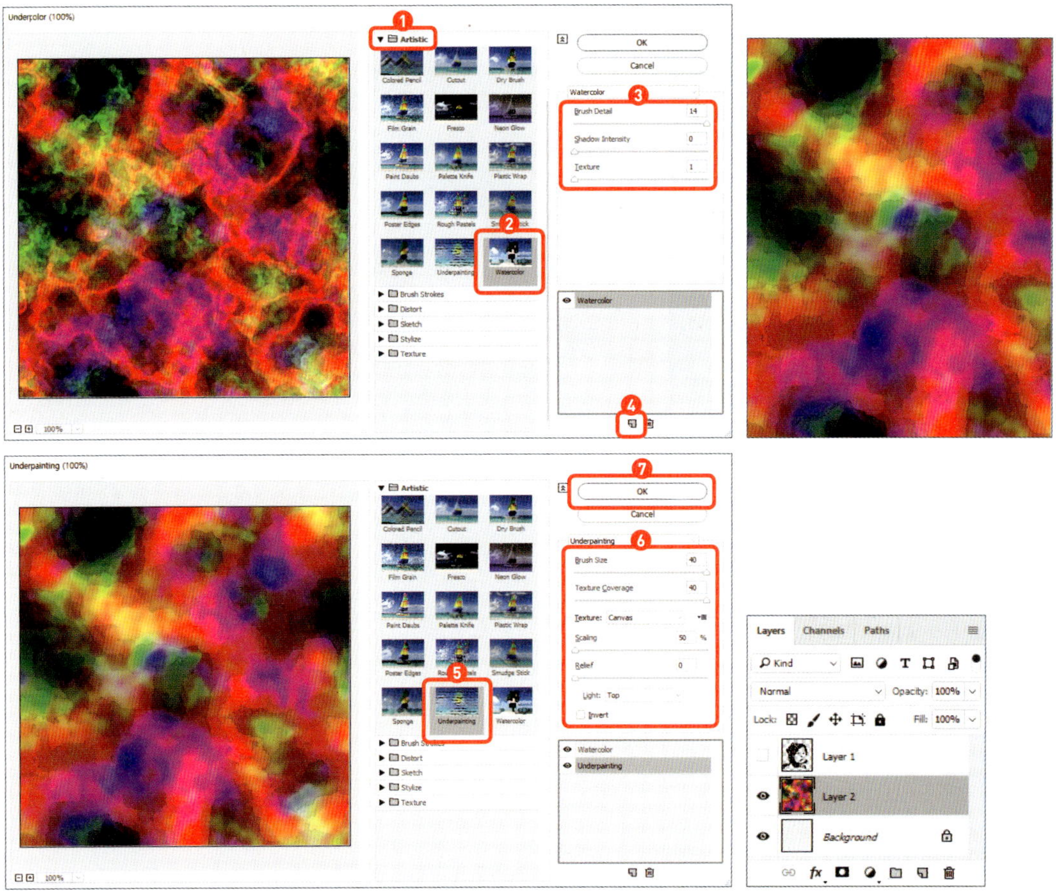

11 Layer 2가 선택된 상태에서 Ctrl을 누른 채로 Layer 1의 섬네일을 클릭하여 아기 얼굴 형태의 선택 영역을 지정합니다. 레이어 패널의 레이어 마스크 버튼(◘)을 클릭하여 선택 영역을 마스크 레이어로 만듭니다.

12 Alt를 누른 채로 마스크 레이어를 클릭하면 작업 화면에 마스크 레이어가 보입니다. 블러 툴(💧)을 선택하여 눈, 코, 입을 제외한 가장자리 영역을 드래그하여 흐릿하게 만듭니다. 다시 Alt를 누른 채로 마스크 레이어를 클릭하면 이미지 경계가 부드럽게 바뀐 것을 확인할 수 있습니다.

13 브러시 툴(🖌)을 선택하고 브러시 설정 패널에서 브러시 종류를 Chalk 23 pixels로 선택한 후 세부 옵션을 다음과 같이 설정합니다.

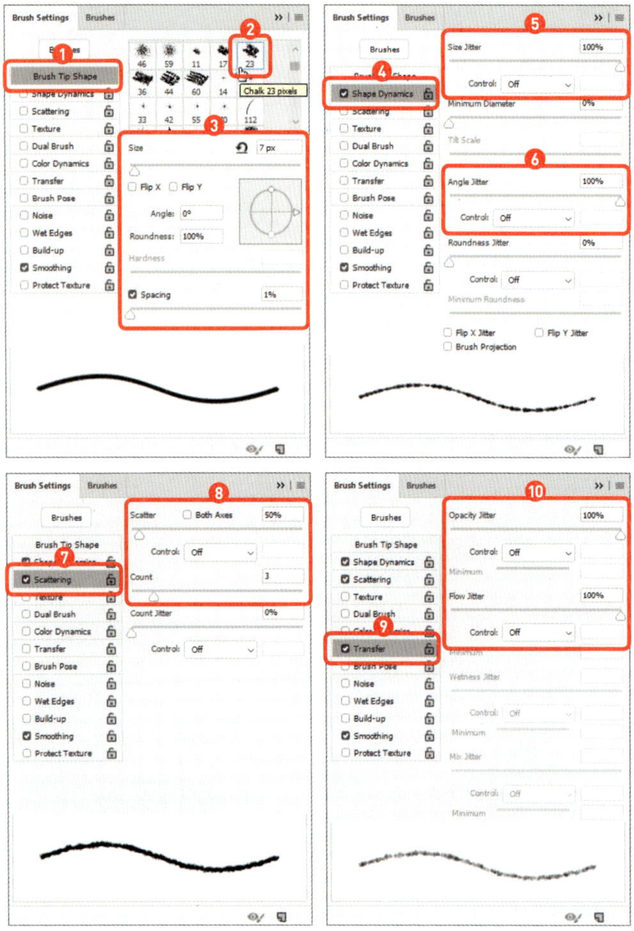

14 Layer 2의 마스크 레이어가 선택된 상태에서 Ctrl을 누르고 Layer 1의 섬네일을 클릭하여 선택 영역으로 지정합니다. 패스 패널에서 선택 영역을 패스로 만들기 버튼(◇)을 클릭해 선택 영역을 패스로 만듭니다.

15 전경색을 흰색으로 설정하고 Work Path 이름을 마우스 오른쪽 버튼으로 클릭한 다음 [Stroke Path]를 선택합니다. 옵션 창에서 Tool을 Brush로 선택하고 〈OK〉를 클릭합니다. 패스 패널의 Work Path를 삭제하고 레이어 패널로 돌아오면 가장자리에 브러시가 적용된 것을 확인할 수 있습니다.

16 브러시 툴(🖌)을 선택하고 브러시 설정 패널에서 세부 옵션을 다음과 같이 설정합니다.

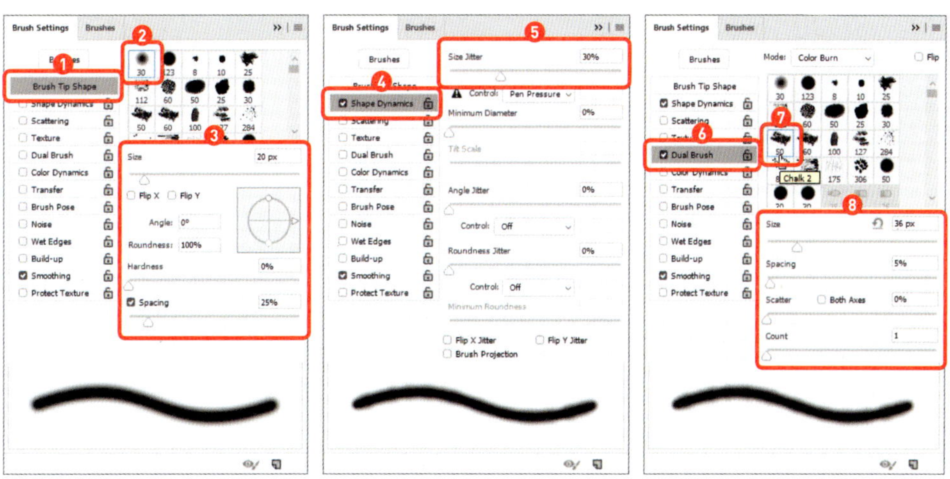

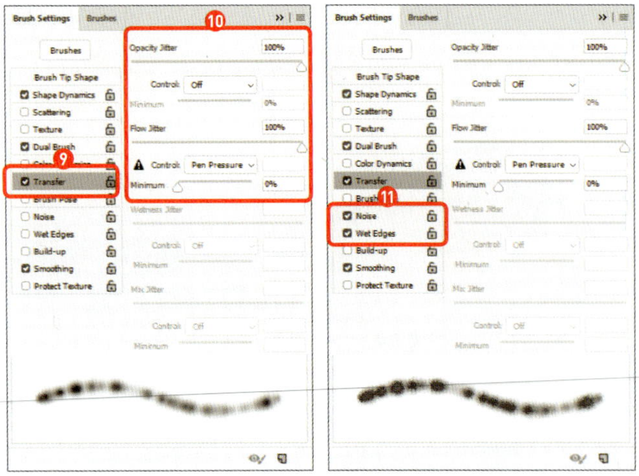

17 전경색이 흰색인 상태에서 Layer 2의 마스크 레이어를 클릭하여 선택하고 다음과 같이 가장자리 부분을 브러시로 드래그하여 수채화 느낌을 강조합니다.

18 Layer 2의 레이어 모드를 Multiply로 바꿔 배경 질감이 나타나도록 하면 수채화로 그린 듯한 이미지가 완성됩니다.

단축키

포토샵을 더욱 빠르고 편리하게 사용하려면 자주 사용하는 단축키를 외워 두는 것이 좋습니다.

❶ 파일 작업 관련

기능	단축키
새 파일 만들기	Ctrl+N
파일 불러오기	Ctrl+O
Bridge 실행하기	Ctrl+Alt+O
작업 화면 닫기	Ctrl+W
열려 있는 모든 화면 닫기	Ctrl+Alt+W
파일 저장하기	Ctrl+S
다른 이름으로 저장하기	Ctrl+Shift+S
웹용 파일로 저장하기	Ctrl+Alt+Shift+S
마지막 저장한 시점으로 되돌리기	F12
프린트하기	Ctrl+P
포토샵 종료하기	Ctrl+Q

❷ 프로그램 조작 관련

기능	단축키
작업 취소하기	Ctrl+Z
한 단계 뒤로 가기	Ctrl+Alt+Z
한 단계 앞으로 가기	Ctrl+Shift+Z
잘라내기	Ctrl+X
복사하기	Ctrl+C
병합하여 복사하기	Ctrl+Shift+C
붙여 넣기	Ctrl+V
같은 자리에 붙여 넣기	Ctrl+Shift+V
마스크 영역으로 붙여 넣기	Ctrl+Alt+Shift+V
Contents Aware 크기 조절하기	Ctrl+Alt+Shift+C
자유 형태 조절하기	Ctrl+T
색상 설정하기	Ctrl+Shift+K
단축키 조절하기	Ctrl+Alt+Shift+K
메뉴 조절하기	Ctrl+Alt+Shift+M

❸ 선택 관련

기능	단축키
전체 영역 선택하기	Ctrl+A
선택 영역 해제하기	Ctrl+D
선택 영역 잘라내기	Ctrl+X
다시 선택하기	Ctrl+Shift+D
선택 영역 반전시키기	Ctrl+Shift+I
선택 영역을 새 레이어로 복사하기	Ctrl+J
선택 영역을 새 레이어로 잘라내기	Ctrl+Shift+J
전체 레이어 선택하기	Ctrl+Alt+A
레이어 찾기	Ctrl+Alt+Shift+F

❹ 레이어 관련

기능	단축키
새 레이어 만들기	Ctrl+Shift+N
레이어 복제하기	Ctrl+J
클리핑 마스크 적용하기	Ctrl+Alt+G
레이어 그룹 만들기	Ctrl+G
레이어 그룹 해제하기	Ctrl+Shift+G
아래 레이어와 병합하기	Ctrl+E
보이는 레이어로 병합하기	Ctrl+Shift+E
레이어 위로 보내기	Ctrl+]
레이어 맨 위로 보내기	Ctrl+Shift+]
레이어 아래로 보내기	Ctrl+[
레이어 맨 아래로 보내기	Ctrl+Shift+[

단축키

❺ 화면 조작 관련

기능	단축키
툴/패널 보기/감추기	Tab
모든 패널 보기/감추기	Shift + Tab
화면 확대하기	Ctrl + +
화면 축소하기	Ctrl + −
눈금자 보이기/감추기	Ctrl + R
가이드 보이기/감추기	Ctrl + ;
가이드 잠그기/해제하기	Ctrl + Alt + ;
그리드 보이기/감추기	Ctrl + '
모든 임시선 보이기/감추기	Ctrl + H
스냅 선택과 해제하기	Ctrl + Shift + ;
작업 화면 보기 모드 바꾸기	F
최대 화면 크기로 보기	Ctrl + 0
실제 이미지 크기로 보기	Ctrl + 1

❻ 이미지 보정 관련

기능	단축키
Levels 창 열기	Ctrl + L
Auto Tone 조절하기	Ctrl + Shift + L
Auto Contrast 적용하기	Ctrl + Alt + Shift + L
Auto Color 적용하기	Ctrl + Shift + B
이미지 크기 조절하기	Ctrl + Alt + I
캔버스 크기 조절하기	Ctrl + Alt + C
Curves 창 열기	Ctrl + M
Color Balance 창 열기	Ctrl + B
Hue/Saturation 창 열기	Ctrl + U
Desaturate 적용하기	Ctrl + Shift + U
색상 반전하기	Ctrl + I
최종 적용한 필터 반복 적용하기	Ctrl + Alt + F

❼ 툴과 패널 관련

기능	단축키
이동 툴	V
선택 툴	M
올가미 툴	L
마술봉 툴	W
자르기 툴	C
프레임 툴	K
스포이트 툴	I
힐링 브러시 툴	J
브러시 툴	B
도장 툴	S
히스토리 브러시 툴	Y
지우개 툴	E
그레이디언트 툴	G
닷지 툴	O
펜 툴	P
텍스트 툴	T
패스 선택 툴	A
셰이프 툴	U
손바닥 툴	H
회전 보기 툴	R
돋보기 툴	Z
전경색/배경색 전환 툴	X
브러시 패널 보기/감추기	F5
색상 패널 보기/감추기	F6
레이어 패널 보기/감추기	F7
정보 패널 보기/감추기	F8
액션 패널 보기/감추기	Alt + F9

찾아보기

찾아보기

찾아보기